창의적 통합 예술 치료 매뉴얼

특수상황의 사람들과 함께하는 무용, 미술, 음악, 드라마, 놀이,
시 치료에 대한 역사, 이론적, 실제적 접근, 평가에 대한 안내서

스테파니 L. 브룩 박사, NCC.
류 분 순 옮김

하나醫學社

CREATIVE ARTS THERAPIES MANUAL

by Stephanie L. Brooke, Ph.D., NCC

역자 서문

21세기에 들어서면서 심리치료 분야는 새롭고 다양한 이론과 과학적인 모델로 빠르게 발달하고 있으며 예술치료는 더욱 그러하다. 고대사회 문화에서는 무용과 음악이 치유와 질병 예방 의식의 핵심적 부분이었으며, 영혼을 치유하고 부정을 예방하기위해 특별한 춤, 노래, 악기, 그림, 연극 등을 의식에 사용하였다.

역자는 1991년 한국에서 처음으로 국립 서울 병원에서 정신과 환자들과 공식적인 임상 무용치료를 시작하였다. 임상 세팅에는 환자 12명과 정신과 의사1명, 간호사 1명, 보조치료사 1명이 한 그룹이 되어 15회기를 한주기로 하였다.

무용치료 그룹에서는 자연스럽게 움직임과 함께 타악기사용, 드라마 작업, 그리기, 만들기, 야외에서 춤추기 등을 하였고 15회기 치료 작업 후 국립서울병원 소극장에서 병원식구들, 외부 손님들, 가족들 앞에서 창의적인 공연을 하였다. 이 후에 장애아동, 성폭력 피해 청소년, 탈북가족, 다문화 가족들과의 작업에서도 무용치료사로서 타 예술과의 접목 작업은 계속 되었다. 이러한 경험은 모든 예술치료사들에게 자연스럽게 일어나는 일이라 생각한다.

또한 역자는 95년부터 미국 무용치료협회의 국제 패널로 또한 일본, 유럽 학회의 워크숍과 세미나에서 한국적 춤과 놀이의 이론과 실제를 발표해 왔다. 그 안에서도 역시 동양과 서양적 통합, 과학과 예술의 통합, 창의적 예술 치료적 통합에 관한 많은 교류들이 있었다.

2000년에 들어서면서 한국에서도 예술치료의 인구는 급격히 늘게 되었다.

예술치료사들은 자신들의 임상분야에서 뒤쳐지지 않기 위해 창의적 양식의 공부와 교육을 계속적으로 하는 것이 중요하다. 그것은 예술 치료사들에게 소진된 효력들을 채워주고 치료분야의 질과 가치에 기여할 것이기 때문이다.

창의적 예술치료 메뉴얼은 미국무용치료 학회 발표에서 만난 책이다.

무용치료, 미술치료, 놀이치료, 음악치료, 드라마치료, 시 치료의 각각의 역사적 발전과 선구자들의 이론, 대상자별 치료적 원리와 실제적 방법, 진단과 평가, 새로운 접근법 등을 체계적으로 다루고 있다.

이 책은 각자 전공분야의 역사와 이론, 방법론, 실제만으로 접근하고 있는 예술치료사들과 심리치료사, 상담자들에게 큰 도움이 되리라 생각되는데, 서로의 분야들이 공통적으로 만나고 있는 여러 가지들을 알 수 있고, 자신의 심리치료 현장에서 적절히 적용 할 수 있는 새로운 접근방법을 찾게 되리라 믿기 때문이다.

다른 한편으로 2010년 5월 예술교육 올림픽인 유네스코 세계 예술 교육대회가 리스본에 이어 두 번째로 서울에서 열린다. 유네스코 세계 예술 교육대회에서는 특별히 예술을 통한 치유와 회복의 분야를 중요시 하여 사회 통합과 화해, 치료와 사회 복귀, 갈등과 평화 구축, 환경과 예술교육을 그 내용으로 하고 있다.

역자는 유네스코 세계 대회의 어드바이저로 참여하면서 예술치료의 큰 힘을 넓고 깊게 사용 할 수 있는 새로운 이론과 과학적 접근, 임상 현장의 연구들이 더욱 활발하게 이루어져야겠다는 생각을 하게 되었다.

끝으로 이 책을 번역 하는데 많은 음악치료사, 미술치료사, 연극치료사, 문학치료사 여러분들이 전공 용어 사용 부분에 크게 도움을 주신데 대해 감사드린다. 나아가 하나의학사의 오무근 사장님의 놀라운 인내심과 겸손함, 따듯함과 그 사랑은 깊이 있는 한 예술치료사를 만난 것 같았다는 말씀으로 감사를 드리고 싶다.

2010년 2월

차 례

저자 서문

어떤 역사의 시기에서나 문화는 지배적인 철학, 도덕, 정치, 경제, 예술로 표현되는 지적 생활의 우세한 경향에 의해 판단된다. 전문 지식인들은 문화의 목소리이며 따라서 지도자, 통찰자, 보호자들인 것이다(애인 랜드의 "신지식인을 위하여"에서).

1993년에 나는 국가 공인 상담자가 되었고 노스 캐롤라이나 랠리에 연구소를 개업 했다. 논문의 일부로 성 학대 피해자를 위한 미술 기반 그룹을 만들었는데(브룩, 1996a) 이 연구에서 미술 활동들은 성인, 여성, 성 학대 피해자 그룹의 자존감 점수를 상당히 향상시켰다. 나는 이것이 그림을 못 그린다고 완강하게 버텼던 사람들에게까지도 효과적이라는 것을 알았다.

이런 형태적 접근법의 사용에 대한 나의 열정은 해리엇 웨이드슨의 세미나에 참석하면서 불이 붙었다. 그녀는 '교역의 도구들' 첫 간행물의 서문을 썼다(브룩, 1996b).

내담자들의 최대 이익과 라슨 박사가 마지막 장에서 매우 놀랍게 논의한 바 있는 업무의 윤리성에 대한 의무를 가지고 나는 노스 캐롤라이나를 떠났고, 뉴욕으로 가서 나자렛 예술 치료 프로그램의 회장이자 이 책의 저자 중 한 명인 엘렌 호로비츠 아래서 공부를 했다. 1995년에 공인 예술 치료사가 되었고, 놀이 치료를 연구하며, 박사 논문 쓸 당시 힐다 글래이저와 직접적으로 일을 할 수 있었다. 또한 케빈 오코너 박사로부터 세미나를 들을 좋은 기회를 가지게 되면서, 나의 관심은 창의적 치료사로 계속 노력하는 것으로 이어졌다. 두 분은 모두 이 책의 공저자들이다. 나의 의도는 모든 창의적 예술 치료들의 교본, 즉 다른 창의적 치료 교범에는 포함되지 않은 아주 특정한 영역인 미술, 놀이, 무용, 음악, 드라마, 시 치료들을 한 데 모으는 것이었다.

이 책의 구성은 우선 창의적 예술치료에 대한 역사적, 발달적 접근법을 제시하였고, 다음으로 그 분야의 이론적 지향을 제시하였다. 이것은 바로 실제적 예술치료 작업을 하는 사람들을 위한 토대가 될것이다. 이론은 작업을 이끌어주며 내담자들에게 사용하는 기술들의 형태에 영향을 미친다. 그리고 평가를 언급하지 않을 수 없는데 이는 비판적 검사 리뷰들과 미술 치료 평가들에 대한 리뷰들을 써왔기 때문이다(브룩, 2004). 마지막으로 창의적 예술치료가 특정한 그룹들에게 어떻게 쓰이는지에 관한 몇 장을 포함시켰다.

이 책에 공헌한 저자들은 그들의 분야에서 공인되고 잘 알려진 사람들이다. 나는 그들의 뛰어난 작업들을 높게 평가한다. 무엇보다 내담자들이 치유되고 성장하기 위한 장으로써 그들이 사용하는 창의적 치료에 전념하는 점을 높이 사고 싶다.

이 책의 표지에 있는 작품은 책을 편집하면서 염두에 둔 창의적 치료사들의 콜라주를 나타낸다. 가면-드라마; 고양이/나비-융의 미술 원형; 팬(Pan)-음악; 로흐샤흐-평가; 무용가-무용/동작 치료; 저널-시 치료; 그리고 살아 있는 동물 친구들-놀이 치료 등. 가면은 특히 중요했는데 그것은 호로비츠 박사로부터 배운 방법이었다. 몇몇 저자들이 자기 감정들에 관해 말을 할 때 처음에는 방어적일 수도 있는 내담자에게 가면의 중요성에 관해 기술하고 있다는 것을 알게 될 것이다. 치료를 위한 연대가 만들어지고 내담자가 준비가 되면 그들은 가면과 자신의 내적 감정 사이를 연결 시킬 수 있게 된다. 이 모든 창의적 치료 접근법들: 무용, 미술, 놀이, 음악, 드라마, 시는 내담자들에게 그들의 이야기들을 이야기하고 자신에 대한 새로운 정의를 향해 나아갈 수 있게 해줌으로써 의미 있는 행동들을 제시한다(브루너, 1990).

이 책은 각각의 창의적 치료사가 자기 분야의 역사적 발전을 보여주기 때문에 흥미롭다. 많은 사람들은 이것들이 새로운 치료라고 잘못 생각한다; 하지만 이런 치료의 사용 중에는 선사 시대까지 거슬러 가는 것도 있다. 공식적 조직을 만들려는 운동은 이 분야들에서 최근의 일인이다.

각 절에서는 이론적 접근법들이 논의된다. 창의적 치료사는 자신이 내담자에게 사용하고 있는 활동들을 정당화하기 위한 이론적 토대를 가져야 하기 때문에, 특히 중요하다고 생각한다. "단지 그 이유 때문에" 또는 "나는 그것이 효과적일 줄 알았다"라는 말로는 충분하지 않다. 이론적 기반에 대한 명확한 이해는 내담자와의 작업을 이끄는 데 필수적이며 윤리적인 측면에서도 중요하다.

또 다른 하나는 평가를 다루는 장들이다. 그것이 규범적 검사나 인터뷰 또는 사례 관찰이든, 비공식 평가든, 이러한 검사들은 창의적 치료의 분야에 큰 기여를 하는데, 이는 내담자들에게 이러한 접근법들을 사용하는 것에 대한 정당성의 근거를 제공하기 때문이다. 법원 소송 절차에 전문적인 증인으로 일을 하는 치료사들에게 평가의 기준 근거, 유효성, 신뢰성에 대한 완전한 지식은 결정적으로 중요하다. 우리는 유효하고 믿을 만한 검사를 수행하고 창의적 분야에 대한 연구 수집을 위해 그것들을 이용할 필요가 있으며, 그것은 창의적 치료들에 대한 신뢰를 갖게 하고 창의적 예술 치료사들이 그들의 작업결과를 살펴볼 수 있는 과학적 접근을 하는데, 헌신하고 있다는 것을 보여준다.

프리에레(1971)는 "의식 바꾸기" 라는 용어를 그들의 일을 둘러싼 억압적인 신화들과 오해들로부터 사람들을 해방시키는 사회변화적 접근법으로 사용했다. 프리에레는 이것을 비판적 사고, 틀 바꾸기와 관련된 변형 과정으로 간주했다. "생각은 그 자체로 행동과 분리되지 않으며 반대로 연관된 위험에 대한 두려움 없이 계속해서 일시적으로 몰두하는 것이다."(프리에레, 1971). 창의적 예술 치료사들로서 우리는 안전하고 치료적인 분위기에서 다양한 창의적 치료들을 통해 우리의 내담자를 해방시키며, 그렇게 함으로써 내담자는 두려움 없이 위험에 맞서고 궁극적으로 성장하고 치유되는 것이다.

많은 재능 있고 창의적인 예술 치료사들의 도움으로 이 책은 의식을 바꾸고 사회 변화를 촉진하는 데 들여진 노력이다. 호코이(2005)에 따르면 창의적 치료와 사회적 행동은 신화들과 부당한 사건들을 단절하려는 목표를 가지고 서로 연결되게 된다. "창의적예술 치료사들은 부당한 사회적 제도에 연루되어 있지 않은지 스스로를 돌아보고, 상담실 안이든 밖에서든 불균형들을 적극적으로 고쳐 나감으로써 정의를 위해 일하는 도덕적 자세를 가져야 한다. 창의적예술 치료사들은 서비스를 받고 있는 개인들의 특별한 필요와 세계관을 고려하기 위해 이론적 도그마와 문화적 가정들을 포기함으로써 행동 연구 접근법을 채택하도록 제안된다."(호코이, 2005).

골럽(2005)은 창의적 예술치료에서의 사회적 행동을 "공동체의 이익을 위한 공동체의 공유"로 설명한다". 이 책의 저자들은 그들 분야에 대한 정보를 제공함으로써 사회적 행동과 의식 바꾸기에 참여하고 있는 것이다: 창의적 예술치료들이 특정 집단들의 변화를 촉진하는 데 쓰일 수 있는 윤리적인 방법들을 증명할 뿐만 아니라 역사적 발전, 이론적 접근법들, 평가들의 장단점도 보여주는 것이다.

1장

미술치료의 실제

패트리시아 세인트 존

서론

미술 치료는 상징, 은유, 시각 이미지 그리고 신체적 정신적 건강을 치유하고 회복하기 위한 미술 창작 과정을 활용한다. 미술 치료의 기원은 문자사용이전 사회의 시각적, 상징적 생산들을 묘사하는 단어의 사용을 앞서고 있다. 문자사용이전 사회는 신들과 소통하는 치유를 위한 종교 의식과 인간들 간의 의사소통을 위해 시각 상징과 이미지들을 사용했다. 장식 도구와 수단들은 그들을 "특별하게" 만들었다(디싸야나케, 1988). 미술이라는 용어는 다른 의미로 진화했지만 내적 자원들과 치료를 개발하는 미술의 힘과 창의적 과정은 남아있다. 초기부터 그 분야는 자체를 정의하기 위해 계속 진행되었다. 미술 치료전공 학생들과 전문가들은 일찍이 미술 치료의 정의가 언제나 진화하고 있다는 것을 배웠다. 미국 미술 치료 협회는 다음과 같은 정의를 제공했다.

> *미술 치료는 질병, 외상 또는 삶에서의 도전을 경험하는 사람들 그리고 개인적 발전을 추구하는 사람들에 의한 전문적 관계 안에서의 미술 창작의 치료적 활용이다. 창의적 미술은 미술 생산과 과정들에 대한 반영을 통해 사람들은 자신과 타인들에 대한 인식을 확대하고 증상, 스트레스 그리고 외상적 경험들에 대처할 수 있다; 인지 능력을 향상시키고; 미술을 창작하는 삶을 긍정하는 즐거움을 즐길 수 있다(AATA 뉴스레터, 2004).*

이 같은 정의는 미술 치료 전문가들 간의 생생하고 열정적인 논쟁의 시기로부터 등장했다. 미술 치료의 지지들은 유럽 정신병동에 있는 환자들에 의한 미술작품 안에 매혹적인 형식을 띠게 되었고(맥그레고르, 1983; 픽포드, 1967; 프린조른, 1922), 정신과 의사들에 의해 모여진 환자의 미술품들은 많은 의문을 제기했다. 광기가 창의성을 자극했는가? 환자가 제정신을 다시 얻게 됨에 따라 미술 창작이 줄어들었는가? 환자들의 미술작품이 특별한 특성이 있었는가? 그리고 그것이 훈련 받은 미술가들의 그것과 비슷한가 아니면 다른가? 미술작품이 진단에 도움을 줄 수 있을까? 환자들이 왜 미술작품을 창작했는가?

무의식에 대한 이론에서 프로이트(1900/1955)는 창의적 행위들이 미해결, 무의식적 재료의 결과였다고 제안했다. 만일 그렇다면 누구나 미술가들의 미술작품에서 초기 외상의 증거를 찾을 것이다. 광기와 창의성 사이에 연관이 있었는가? 아니면 대신 미술이 치료 과정을 만들었는가? 그리고 창의적 과정이 환자들의 치료에 유용할 수 있었는가? 융(1964)이 개인적으로 발견했듯이, 그림은 그 자신의 문제적 자료의 탐구를 가능하게 했다. 하지만 이것이 환자들에게도 적용이 가능하였는가?

미국 미술 치료의 두 창시자인 마가렛 나움버그(1947)와 이디스 크레이머(1958)는 미술의 치료적 잠재력에 동조했다. 나움버그는 미술 치료(융거와 아사와 1994)라는 용어를 만들어내는 것을 주장했으며, 그는 이후 그레이머의(1971) 장애아동과의 작업에서 미술 치료라고 불리었다. 사례 연구에서 각 선구자들은 치료에 대한 그들의 독특한 접근법을 증명했다: 나움버그는 치료안에서의 미술로 크레이머는 치료로서의 미술이다(울만 1987/2001).

혁명적 치료 접근법은 나움버그와 크레이머에게서 그치지 않았다. 엘리노어 울만은 1961년에 미술 치료에 헌신된 첫 잡지 "미술 치료 회보"를 만들었다. 이 잡지는 미술 치료사들이 서로의 작업에 관해 배울 수 있게 하는 현장을 제공했다. 정신의학 학회들의 논문 발표와 환자 미술작품을 전시함으로써, 초기 미술 치료사들은 의료 공동체에 의한 미술 치료의 이점에 관해 숙지시켰다. 이 학회들 중 한 곳의 소 그룹에서 국가적 협회를 만들 시기라는 데 동의를 하였다. 1969년에 설립된 미국 미술 치료 협회(AATA)는 다음해에 1회 연례 학회를 개최했다(융거와 아사와, 1994).

그 다음 20년은 심리학에서의 새 이론발전의 영향으로 미술 치료에 대한 접근법들이 확산되면서 급속한 성장과 엄청난 혁신과 다양성의 시기로 특징지어졌다. 융거와 아사와(1994)는 이 시기의 미술 치료사들에 대해 다른 많은 창의적 인물들과 같이 미술 치료가 어떻게 정의되고 실천되어야 할지에 관해 열정적이었다고 회고한다. 그들은 또한 어떻게 누가 차세대 미술치료사들을 훈련시켜야 할지 그리고 미술치료가 다른 정신적 직업들과 어떤 차이가 있는지에 관해 논쟁했다. AATA의 위원회들은 훈련, 윤리 기준 그리고 미술 치료사들로서의 실천 기준에 대한 지도안을 개발했는데, 모든 직업에서처럼 언제나 변화는 있었다.

최근 20년 동안(1984-2004)미술치료에 관한 주 면허에 따른 반동으로 지속적인 변화가 나타났다. 단기 치료, 책임보호, 더 넓은 범위의 민족적 문화적 그룹들에 대한 치료, 대형 정신병원 비우기, 성적 폭행, 외상적 뇌 손상, HIV 양성 에이즈 환자 같은 치료 그룹들에 대한 확인은 미술 치료사들에게 혁신적 치료를 만들어내는데 도전하게 했다. 외래환자, 간호 요양소, 암 병동 그리고 노숙자 보호소 같은 치료 현장들의 다양성은 교육, 훈련 그리고 기준들에서의 변화를 요구했다.

초기 미술치료사들은 보통 정신 병원에서 장기치료 중인 입원환자들을 치료했지만,(웨드슨 1980) 결국 미술 치료사들은 광범위한 치료환경에서 단기, 그룹 미술 치료를 실행했다. 그렇게 많은 환경의 미술 치료가 있음에도 그것 때문에, 이 직업은 미술 치료의 효력과 효율성 증명 방법과 씨름하게 되었고 또 국가적 인지를 얻게 했다(캐피탄, 2004).

이 장은 미국에서의 미술 치료의 시작부터 현재까지 혁신으로써 그 분야를 만들어낸 이들을 강조하며 추적한다. 이것은 어떻게 미술 치료가 성장하였는가를 알 수 있다.

미술치료 발전의 합류 분야

미술치료는 여러분야가 만나서 진화했다. 미술치료가 1700년대 후반부터 1900년대 초반까지의 여러 분야에서의 발전의 합류로 인해 발생했다는 것이 일반적으로 일치하는 생각이다. 이 분야들은 정신의학, 정신분석, 미술사, 심리투사 기술 그리고 교육이다.

정신의학

유럽에서 19세기 동안 정신병 수용소 환자들은 그림과 조각을 창작하는 데 필요한 재료들로 빵이나 종이 조각들을 이용했다. 독일 정신의학자 한스 프린존(1886-1933)은 그런 작품들의 최초 편찬물 중 하나인 "프린존 컬렉션"을 수집했다(프린존, 1922-1995). 1800년대 후반 세사르 롬브로소와 폴-맥스 시몬은 광기 또는 변성과 창의성 간의 관련성 그리고 환자 미술의 특성이 진단과 치료를 위해 유용한가에 관해 의문을 제기했다(맥그레고르, 1983).

다른 정신의학자 프리츠 모어(1874-1966)는 그가 "특정 디자인의 특징적 형태와 정신병의 특정한 형태를 연결시키려고"(호건, 2001) 노력한 "정신병자의 그림과 그 유용성"(1906)에 관해 20세기에도 탐구를 계속했다. 그의 체계적 평가는 환자들이 단순한 모양을 복제하도록 요구했다. 이 평가는 그들의 자동적 이미지보다는 인지와 운동 기능에 기반한 환자의 현 상태를 평가하는 것이었다(호건, 2001). 모든 정신의학자들이 평가 목적으로 미술작품을 이용했던 것은 아니다. "프로이트와 롬브로소의 작업 모두에는 그림 상징을 통해 표현된 원시적 정신상태에 대한 강조가 있다"(호건, 2001).

정신분석

프로이트의 독창적인 저작 "꿈의 해석"뿐 아니라 꿈에서의 억압, 투사, 무의식 그리고 상징에 대한 이론들은 정신병을 이해하는 데 시각적인 이미지들의 중요성을 밝혀냈다. 프로이트는 자유 연상이 무의식을 불러오고 억압된 것들을 의식 수준으로 불러왔다고 추측했다. 나아가 자유 연상은 초기 과정의 생각을 이차적 과정 수준으로 고양시켰다. 프로이트를 설명하면서 픽포드(1967)는 미술 작품은 꿈과 마찬가지로 네 가지 주요 과정에 기초해 상징적 내용을 포함한다고 기술했다. (1) 상징적 변형 (2) 응축 (3) 정서의 전치 (4) 이차적 합성 상징적 변형은 환상과 충동을 대체하지만 그것들과 유사한 이미지를 뜻한다. 예를 들어 남성의 기관은 "창, 총, 뱀, 치아……"를 상징하는 반면 여성의 기관은 "… 공기, 컵, 병 그리고 집 같은 용기의 형태를 띠었다"(픽포드, 1967). 프로이트는 나아가 투사가 미술 작품의 스타일과 내용에서 중요한 역할을 한다고 했다. 일차 이차 과정의 환상 재료는 상징적 이미저리에 따라서 미술작품으로 진화했다.

레오나르도 다 빈치 같은 미술가들의 일생 사에 대한 프로이트의 연구는 무의식적인 재료가 꿈과 더불어 미술작품 속으로 투영되었다고 암시했다(픽포드 1967). "레오나르도 다 빈치 연구"(1919 픽포드 인용 1967)에서 프로이트는 다빈치의 마돈나와 성 안느 아이(루브르)를 다빈치의 어린 시절 경험에 기초해 해석했다. 프로이트는 그 작품에서 무의식적으로 그려진 독수리는 동성애적 경향을 보여준다고 했다. 상징적 해석의 어려움에 대한 하나의 예에서 프로이트의 시각은 불완전한 것으로 보였다. 사실 다빈치는 그의 비망록에 매 모양의 연에 대한 매혹에 관해 썼다. 다빈치의 비망록을 번역한 한 독일인이 독수리라는 단어를 연으로 바꿨고, 다음과 같은 프로이트 해석이 생겼는데 즉 독수리로서의 마돈나가 그것이다. 프로이트는 다빈치의 초기 경험을 어머니의 가슴을 대신하는 남근모양의 꼬리가 있는 그 작품의 기초로 보았다. 다시 말해 프로이트는 다빈치가 남근 있는 어머니에 대해 동일시했으며 동성애적 경향의 초기 근원이 무의식적으로 재현되었다고 추측했다(픽포드, 1967). 그리하여 다빈치 코드는 깨지지 않은 채 남게 된다.

상징적 이미지는 미술가에게 의미가 있을 뿐 아니라 그 무의식이 작동하는 보는 사람에게도 공명이 되었다. 정신분석적 시각에서 "미술은…… 부분적으로 투사에 의해 환상들이 밀려나고 외면화되는 자아 방어의 과정이며, 또 부분적으로는 가장 위험한 환상은 해롭지 않은 것이라는 것을 자아가 깨닫는 치료적 과정이다"(픽포드, 1967). 미술 창작의 과정에서 고양되거나, 자아 방어는

"……갈등과 스트레스 적응 그리고 리비도와 공격성의 건설적인 사용"을 가져다 준다(필포드 1967). 미술사 훈련을 받은 정신분석가 크리스(1952)는 신-프로이트적 입장에서 이러한 아이디어들을 탐구했으며, 미술 치료에서 두 창시자인 마가렛 나움버그와 이디스 크레이머는 프로이트의 아이디어를 그들의 실습에 적용했다. 그들의 작업에 대한 논의 "미술 치료의 선구자들"을 참고하도록 한다.

미술치료에 대한 융의 영향 역시 중요했으며 다음 장에서 서술될 것이다. 프로이트의 제자, 융(1964)은 프로이트의 유아 성욕과 억압된 리비도 이론을 거부했다. 대신 그는 모든 인류의 기억속에 집단 무의식으로서 존재하는 원형과 보편성 이미지 이론을 고안했다. 이러한 상징들은 다양한 종교, 의식 그리고 다양한 문화의 미술 작품에 존재한다. 그중 만다라는 바퀴와 태양에 관련된다. 나움버그와 그녀의 여동생 플로렌스 케인은 융의 아이디어 중 일부를 그들의 작업에 구체화시켰다. 이후, 여러 미술 치료사들(예, 키스, 1983; 월러스, 1975)이 그것을 적극적 상상력이라 부르면서 그의 아이디어를 미술 치료 실습에 적용했다. 정신분석 이론은 보는 이가 모호한 이미지들에 대한 자유연상을 하게 하는 검사의 형태에서 투사 기술의 발전에 대한 기반을 제공했다.

투사 기술

로흐샤흐 검사(로흐샤흐, 1921)와 주제 통각 검사(TAT)(머레이, 1943)는 행동에 영향을 주는 개성과 무의식 재료에 대한 이해를 제공했다. 미술 치료에 대한 적용은 "인간 모양 그림에서의 개성 투사"에서 설명한 카렌 마코버의 평가, 다른 미술 치료사들(울만 개성 평가 과정, 1975 그리고 쿼아트코스카의 "가족 평가 과정" 1978)에 의해 고안된 이후의 평가에서 발견되었다.

심리학자 플로렌스 굿이너프(1926)는 사람 그리기(DAP) 테스트를 개발했다: "……아동의 지능을 평가하기 위한 최초로 발표된 그림 검사 테스트가 그것이다"(그로스-마르낫, 1984). 누구나 그림에 포함된 항목들의 숫자를 셈으로써 아동의 지능 지수를 계산할 수 있는데 이 검사는 브룩(2004)에 의해 논평되었다. 굿이너프는 정확한 항목의 그림이 지능과 관련 있다고 가정했다. 데일 B. 해리스의(1963) 이후 DAP 개정은 세 개의 그림을 요구한다: 남자, 여자 그리고 자신의 그림으로, 그로스-마르낫에 따르면(1984), "굿이너프와 해리스는 모두 아동의 형상 그림은 매우 지적인 과업이며 개성 특성이나 내재된 갈등을 추론하기 위한 투사 기술로 이용될 수 없다고 주장했다" 카렌 마코버는 그 DAP가 지능만을 평가한다고 비판했고 "개성 변수들"을 평가할 것을 제안했다(그로스-마르낫, 1984). 미술 치료에 대한 마가렛 나움버그의 첫 번째 책이 나온 지 2년 이후 마코버의 개정 평가 체계가 나왔다. 그것은 아동의 지능과 개성 변수들에 대한 테스트로부터 교육에서의 혁신적 적용으로의 용이한 단계였다.

교육과 미술 교육에서의 움직임

1800년대 후반과 1900년대 초반의 아동 연구 움직임은 아동들이 인식 가능한 발전 단계를 통해 발달한다고 가정했다. 에벤에셀 쿡(1885)은 교육자들이 아동의 발달 단계와 관심을 고려할 것을 제안했다(해리스, 1963에서 인용). 이러한 아이디어는 그 당시의 복제-그림 기술과는 근본적으로 달랐다. 코라도 리치(1887)는 이태리의 아동그림에 대한 연구에서 그림들이 그 아동의 심리에 대한 실마리를 제공할 수 있다고 했으며 시릴 버트(1921)는 (해리스 1963에서 인용) 발달 단계들에 대한 이론을 다듬었다. 이 초기 작업에 의해 정신분석학 지향의 미술 교육자 빅토르 로웬펠드는 "창의적이고 정신적인 성장"(1947)을 통해, 초기 낙서로부터 청소년기까지의 아동의 그림들에서 여섯 가지 발달 단계를 묘사했다. "치료 미술"(1957)이라는 장에서 그는 미술로서도 장애 아동들을 가르칠 수 있고 그래야 한다고 시사했다. 특수 학생을 포함한 모든 아동에 대한 평등 교육을 실행한 1970년대 중반의 연방 법제정의 과정(예, 공공법 1975)에서 미술 치료사들은(앤더슨, 1978/1992; 헨리, 1992) 특화된 미술 교육을 개발했다. 이는 몇몇 학교 체계로에서 미술 치료 실습을 이끌어냈다(부시, 1997).

진보적 교육자이자 콜럼비아대 교수인 존 듀이는 아동들이 1800년대 후반과 1900년대 초반에 유행한 기계적인 암기 실습보다는 목적이 있는 활동에서 가장 잘 배운다는 아이디어가 잘 수용된 아이디어라고 제시했다. 그의 대학원생인 미술 치료의 초기 창시자 마가렛 나움버그는 1914년에 맨하탄 아동 학교(이후 월든 학교)에서 진보적이고 정신분석적인 아이디어를 적용시켰다(데트르의 프랭크 외, 1983). 월든 학교는 알프레드 스티그리츠의 화랑 "미국적인 장소"를 포함한 시각 미술가와 작가 그룹이 있는 뉴욕시라는 비옥한 지적 환경에서 자리를 잡았다. 그 화랑은 피카소, 마티스 그리고 브라크 같은 젊은 미술가들의 작품을 위한 첫 번 째 미국 전시회를 연 곳이다(데트르의 프랭크 외, 1983). 아동을 위한 교수법은 진보적이고 정신분석적인 원칙에서 파생되었다; 알려진 미술가와 작가로 구성된 교사들은 무의식의 역할에 대한 이해를 교육에 도입하였고, 아동들이 교육을 받는 것뿐 아니라 학교는 그들의 정서적 교육도 제공해야만 한다. 진보적 기술의 선상에서 교사들은 자기-동기 학습의 중요성을 인식했다. 교육 사상의 핵심에 정신분석적 원칙을 둔 나움버그는 아동들의 억압과 정신 건강을 개선하는 도구로서 그들의 생각, 환상, 희망 그리고 두려움을 자유롭게 표현할 수 있어야 한다고 강조했으며, 나움버그는 그 학교에서 보낸 기간을 "아동과 세계"(1928)에서 그렸다.

나움버그의 여동생 플로렌스 케인은 1920년경 그 학교 미술 교사로 합류했다. "우리 안의 예술가"에서 표현된 그녀의 혁신적인 기술은 시각 미술, 노래, 방어를 느슨하게 하는 움직임을 결합해서 아동들의 시각적 표현을 위해 자신들의 주제와 아이디어를 발견하도록 북돋우는 것이었다. 그 주제로서의 분위기나 느낌을 통해, 아동들은 어른의 모델에 의지하기보다는 스스로의 경험에 기반해 자신들의 시각적 해석을 발전시킬 수 있었다. 엘리노어 울만과 해나 액사 퀴아트코우스카는 무의식을 이끌어내는 케인의 낙서 그림 기술을 구체화한 평가 과정을 고안했으며, 나움버그는 미술 치료의 첫번째 창시자로 그녀의 학교를 설립했다.

미술 치료의 선구자들

미국에서서는 의료 공동체 안에서 정신분석적으로 지향한 정신과 의사들이 미술 치료를 인정하였다(크레이머, 1958; 레빅 1968; 나움버그, 1973; 울만, 1975, 융거와 아사와 1994에서 인용). 미국에서 최초이자 가장 잘 알려진 미술 치료사들은 마가렛 나움버그와 이디스 크레이머이며, 또한 엘리노어 울만과 해나 액사 퀴아트코우스카 또한 그 분야의 초기에 귀중한 기여를 했다.

마가렛 나움버그

미술 치료의 어머니로 알려진 마가렛 나움버그는 프로이트와 융의 분석에 영향을 받았다. 그녀는 정신역동적 방법을 지향했다. 그녀는 뉴욕 정신 의학회에서의 문제행동아동들과의 작업에 기초해 "역동적 미술 치료"를 적용했다. 정신분석학적 이론에 기초해"…… 그녀는 환자들이 곧게 앉아, 의존적이기 보다는 능동적인 행위로 자신의 이미지를 분석하고 해석해야 한다고 주장하면서 전통적인 분석 기술에서 벗어났다"(융거와 아사다, 1994).

나움버그는 미술 치료가 정신분석과 같이 전이적 관계와 미술 창작을 통해 서서히 극복되며, 치료사에 의존하는 형태 안에서 일어난다고 말했다. 그리하여 내담자 자신의 문제들의 원인을 보다 분명하게 볼 수 있게 되어 미술 작품에 대한 자기애적 심적에너지를 발전시켰다. 자발적으로 생산된 미술작품은 미술 치료사가 있을 때 창작될 필요는 없었다. 대신 세션들은 미술작품에 대한 언어적 자유연상에 할애될 수도 있었다. 그러므로 내담자는 자신의 해석에 도달했다(나움버그, 1958). 나움버그는 "미술 치료 접근법은 상징적 이미저리, 무의식, 억압된 감정 등을 특화된 비언어적 기술의 확산을 제공한다"고 주장했다(나움버그, 1973). 그녀는 프로이트의 환자들이 종종 그들의 꿈을 그릴 수 있으면 하고 바란다는 말했다는 사실을 설명했다.

이 새로운 분야에 대한 상상력이 풍부한 작가, 강사 그리고 대변인 나움버그(예, 1947, 1950, 1953, 1966)는 사회 사업과 사회 조사를 위한 새 학교와 뉴욕 대 학생들에 대한 교육을 통해 미술 치료의 확산을 장려하였고, 엠마누엘 해머의 "투사 그림의 임상적 적용"(1958)은 미술 치료를 정신분석적/심리역동적 그룹 안에 확실히 위치시켰다. 그녀의 접근법, 심리치료 안에서의 미술은 미술-창작 과정이 자유연상과 미술 작업의 내담자 초기 해석 보다 덜 중요하다는 것을 나타냈다. 즉, 미술 치료사는 미술 훈련을 받을 필요는 없지만 심리역동 이론과 실제를 알 필요는 있었다.

이디스 크레이머

반대로 이디스 크레이머는 치료가 자유연상과정을 통해 무의식적 요소를 밝히는 것 보다는 미술-창작 과정 자체에서 일어난다고 주장했다. 그녀는 미술 치료를 이렇게 정의했다: "……미술 치료는 일차적으로 자아를 지지하고 정체성 감지 발달을 기르며 일반적인 성숙을 촉진하는 수단으로서 여겨진다."(크레이머, 1971). 그녀는 미술 창작이 미술치료사의 작업에 있어서 중심이라고 설명했다.

> *미술 치료사의 기본적 목표는 창의적 작업이 줄 수 있는 즐거움과 만족으로 인한 경험을 모든 개인에게 의미 있고 가치 있게 만드는 그의 통찰력과 치료 기술로써 장애인들이 이용할 수 있게 만드는 것이다(크레이머, 1958).*

미술 치료가 어떻게 기능하는가에 대한 그녀의 아이디어는 나움버그와 다르다.

그녀는 미술 치료 과정에서의 승화에 대한 아이디어를 강조했다. 미술 치료는 승화의 과정을 촉진하고 이 과정을 도왔다. 그녀는 "생산의 미술적 질이 승화의 깊이와 힘을 지시하기 때문에 미술 치료사는 학생의 재능의 한계 안에서 수행의 높은 미술적 수준을 장려할 것이다"(크레이머, 1958).

> *미술치료사의 주 행동 영역은 만질 수 있는 시각적 이미지들로 형성되는 재료가 최종 변형을 겪는 승화 과정, 우리가 미술이라 부르는 것에 도달하는 현실과 환상, 의식과 무의식 사이의 독특한 섞임으로 남는다. 이 지점에서 미술 치료사는 학생 스스로의 재주가 실패하는 그의 기술과 통찰을 대신할 수 있도록 그 과정을 돕는다(크레이머, 1958).*

나움버그와 달리 크레이머는 미술 치료사와 내담자간의 전이 관계가 치료를 위해 의존되어서는 안 된다고 제안했다. 대신 치료적 관계는 설정되어야 하고 전이는 "…… 학생 작품을 위주로 일어난다."(크레이머, 1958)

> *학생에 대한 치료적 관계는 심리치료에서 보다 덜 밀접하게 남는다…… 그것은 심리치료에*

서처럼 치료적 상황의 핵심이 되지 않지만 학생을 생산적으로 만드는 과업에 종속적으로 남는다(크레이머, 1958).

그녀의 신-프로이트적인 에고 심리학적 접근은 특히 정서상 문제가 있는 아동들과 일하기에 적합했다. 강한 자아는 이 같은 재료를 이끌고 변형시킬 필요가 있었고 내담자들은 종종 약하고 덜 발달된 자아를 가지고 있었기 때문에 미술 치료사가 제3의 손이 되어, 자아를 강하게 만들 기회를 제공하는 것으로 그 과정을 도왔다.

수년간의 대학강의, 네 권의 책(1958, 1971, 1979, 2001b) 그리고 셀 수 없는 기사들과 강의가 그녀의 아이디어와 실제를 알렸다. 그녀의 접근, 치료로서의 미술은 미술 창작을 치료의 핵심에 위치시켰다. 그에 따라 미술 치료사는 우선 인간 행동과 내재 원칙 또 그 과정들을 이해하는 미술가여야 했다. 미술 치료에서 미술에 대한 크레이머의 강조는 그녀가 정신분석적 아이디어를 습득했던 그녀의 출생지 오스트리아에서의 미술 훈련으로부터 파생되었다. 이후 그녀는 정통 프로이트적 분석을 경험했다. 1930년대에 프라하에서 피난한 외상 입은 아동들과의 크레이머의 작업은 미술에 대한 치료적 사용을 생성시켰다. 나치 침략을 피하기 위해 그녀는 뉴욕 시로 1938년에 이민을 해 철공소뿐 아니라 윌트윅 소년 학교, 리틀 레드 기숙학교와 리크와 와츠 아동 홈에서 일했다. 이 시기에 그녀는 "나는 내 자신을 임상 미술 치료사가 아니라 화가 미술 치료사(임상 작업에 대해 어떤 것을 이해하지만, 정말 미술을 치료로 이용하는 것을 뜻하는 사람)라고 생각한다"(크레이머와 맥마한, 1989)고 언제나 강조하며 그림과 조각을 계속했다. 미술 생산품에 대한 자유 연상보다는 미술 창작의 창의적 과정에서 치료 잠재성에 대한 크레이머의 강조는 미술 치료의 실제에 대한 제2의 접근법을 가능하게 했다. 융거와 아사와(1994)는 말했다.

이 두 가지 관점은 종종 자신들의 입장의 이점을 시끄럽게 주장하는 추종자들과 함께 직업이 진화함에 따라 교전지를 형성했다. 이후 훈련 프로그램들이 이 두 이론 중 하나에 부착되는 경향이 있었다. 논쟁은 지금까지도 계속되고 그 분야의 생동감에 기여하고 있다. (p.31)

셋째 창시자 엘리노어 울만은 나움버그와 크레이머의 아이디어를 결합했다.

엘리노어 울만

울만은 미술 치료만을 위한 미국 최초의 잡지, 미술 치료 회보를 1961년에 만들었고 그것은 1970년에 미국 미술 치료 저널로 이름이 바뀌었다(융거와 아사와, 1994). 1974년에서 1985년까지 이것이 AATA의 공식 저널이었다. 저널 편집자로서 울만은 높은 기준과 그 직종에서 지속적인 대화를 선전했다. 그의 저널을 통해 미술 치료사들의 실습과 생각이 전국에서 가능하게 되었다.

울만은 나움버그의 강의들을 지원했고 그 저널의 첫 번째 기사를 쓰도록 크레이머를 초청했다(융거와 아사와, 1994). 나움버그와 크레이머처럼 그녀는 접근을 정신분석적 이론을 기반에 두었지만 치료로서의 미술과 심리치료에서의 미술 접근법을 모두 구체화했다(울만 2001). 둘 사이를 구별하면서도 새로운 방식으로 그 둘을 한 데 불러모으는 미술 치료는 내적 세계와 외부 세계를 식별하는 방법이다(1961)라고 그녀는 기술한다. 미술치료는 혼란스런 감정을 줄여주고 개성에서의 변화가 내담자 개인의 자질의 영속적 일부가 되게 한다고.

미술 치료 실습의 맥락에서 울만은 나중에 울만 개성 평가 과정(UPAP: 울만, 1975)이라 이름 붙여진 첫 번째 치료 시기에 주어지는 진단 도구로서의 최초 평가 중 한 가지를 고안했는데, 환자 병리와 강점에 대한 식별로 치료 목표를 설정했다. 평가 중 생산된 네 가지 그림에 대한 해석은 정신분석적 기반이었고 미술 치료사의 해석적 기술에 강하게 의존하는 것이었다. 또 하나의 정신분석-지향 미술 치료는 전 가족을 포함하는 접근을 요구하는 분열증 환자들의 치료를 고안하는 데 가장 잘 알려져 있다.

해나 액사 퀴아트코우스카

퀴아트코우스카는 그녀의 미술 치료 작업을 1955년에 시작했다. 그녀의 여섯-그림 평가인 가족 미술 평가(퀴아트코우스카, 1967; 1978), 울만의 지도(UPAP; 울만 개성 평가 과정, 1975)와 케인(1951/1983)을 구체화했고 가족과 그룹 작업에 특별히 적합한 방법을 사용했다. 그녀의 혁신은 그녀의 저작들과 대학 강의를 통해 알려졌고 또한 AATA 연구 위원회 첫 번째 의장으로서도 알려졌다. 이 창시자들의 작업은 미술 치료를 정신 건강 공동체에 소개했고 미술 치료의 전문화를 자극했다.

국립 미술 치료사 협회 조직

AATA 자료 보관에서 원본들을 사용한 융거와 아사와(1994)의 작업 덕분에 우리는 어떻게 미국 미술 치료사 협회가 생겨났는가를 알 수 있다. 1960년대 중반까지 몇몇 미술 치료사들의 국가 협회 조직에 대한 논의가 있었다(예, 캔사스 메닝거 클리닉의 돈 존스와 로버트 올트; 오클라호마의 샌드라 캐진과 마지 하워드). "단지 병리 측정 보다는" 미술을 이용한 치료에 강조점을 두었다. 1968년 미국 정신과 협회(APA) 연례 모임에서 7명의 미술치료사가 환자들의 작품을 발표했다(나움버그, 퀴아트코우스카, 레빅). 그들은 두 정신과 의사와 만났고 그 결과 "미국 미술 치료협회의 설립 가능성"에 대한 논의가 시작됐다(1968년 5월 14일 모임이 있은 직후 융거와 아사와, 1994). 이어지는 모임에서 그들은 규범을 쓰고 채택하고 하스만 병원 미술 치료 프로그램 국장 미라 레빅을 회장으로 한 임원진을 선출했다. 그들은 버지니아 워랜튼에서 첫 번째 연례 회의를 개최했고 전국 회원들에게 소식지를 배송했다.

국가 협회의 설립으로 미술 치료사들은 직업 정의, 직업 기준 그리고 훈련 지도안 등의 진행 과정을 시작했다. 정신 건강 분야, 새로운 이론적 지향, 내담자 모집단에서의 급격한 변화 그리고 전통적 정신과의학적 모델로부터의 이동은 1970년부터 현재까지 이모든 주제들에 대한 열정적 논의에 기여하고 있다.

영역 확장 : 1969-1989

1969년부터 1989년의 기간은 급속한 변화의 시기였다. 미술 치료에서의 새로운 접근법은 급속히 다양화 되는 내담자 집단의 필요성들에 역점을 두었다. 비록 입원환자의 정신과적 치료가 치료 환경의 현장을 지배했지만, 단기 치료기간이 전통적인 장기 치료를 대체했다. 퇴원 후 환자들은 공동체 환경에서 지속적으로 치료를 받았다. 미술 치료는 발달 지체, 가족, 학교 아동들 그리고 그들의 창의적 잠재성을 높이고 싶어하는 사람들에게 적합한 치료가 되었다.

미국 미술 치료 협회는 미술 치료사들의 훈련을 새로운 직업을 개발하는 데 있어서 중요한 다음 단계로 간주했다. 그것은 미술 치료 훈련이 석사 수준이어야 할 것을 확립했다. AATA는 미술 치료 훈련을 위한 지도안을 발표했고 AATA 승인 신청을 하는 프로그램들로부터의 신청서를 검사하기 위해 교육 훈련 위원회(ETB), 특별 위원회를 지정했다.

1973년까지 AATA는 AATA의 교육 프로그램 승인 위원회(EPAB), 구 교육 훈련 위원회에 의한 승인 기준을 지정했다. 그리고 몇 개의 프로그램에서 석사 수준의 공식 훈련을 시작했다: 루이스빌 대학 1959년과 1973년, 하스만 병원 1967년 그리고 프랫 대학 1970년(융거와 아사와, 1994). 1985년까지 AATA는 14개의 승인된 훈련 프로그램을 목록에 올렸다; 1992년에는 24개의 프로그램이 AATA 승인 지위에 있었고, 현재(2004년)는 28개의 프로그램이 AATA 승인 목록(www.arttherapy.org)에 이름을 올렸다. 승인된 프로그램들은 AATA 이사회에 변화를 권고하는 AATA의 교육 위원회 업무인 교육 기준을 편찬했다. 주기적으로 개정 기준들은 정신 건강 공동체에 의해 확인된 내담자 집단과 직업 실천 기준들에서의 변화를 보여주었다.

미술 치료에 대한 새로운 접근법들

AATA의 설립과 더불어 1969년에서 1989년 동안의 기간은 정신분석/심리역동 모델과 관련된 의학/정신과 공동체와의 초기 연결에서부터 새 심리학적 이론들을 미술 치료에 적용시킨 접근법들로써 영역의 확장을 보여주었다. 비록 정신분석/심리역동적 방법이 일부 프로그램에서 계속 교육 되고, 몇몇 미술 치료사들이 계속해서 실습에 이 접근법을 사용하기는 했지만 다른 접근법들이 서서히 그 분야에서 확장되었다. 대상 관계와 자기-심리학이 정신분석학 이론을 진보시켰는데, 융의 체계가 창조된 이미지를 중심으로 작업할 것을 강조하는 미술 치료사들에게 호소력이 있었다. 인간중심적 과정이 인간 잠재력 운동의 부분으로써 그리고 칼 로저스, 아브라함 마슬로 등의 저작으로써 1970년대에 시작되었다. 동시에 심리교육의 발달적 접근이 특수 교육 환경에서 아동과 성인을 치료하는 과정에 나타났다. 아동 치료가 전 가족에 영향을 주기 때문에 가족 미술 치료는 체계적인 기술 사용을 했다. 그룹 미술 치료 또한 체계적 기술 즉 병원과 다른 기관 환경에서 선호되는 형태를 역시 적용시켰다. 많은 미술 치료들은 통합 접근법적 방법의 사용을 선호하거나 각 치료 단계에 적절한 방식을 선택했다. 각 방법은 주디스 루빈의 "미술 치료에 대한 접근"에 기초하여 아래에서 논의된다.

심리역동 접근과 신-프로이트적 경향들

마가렛 나움버그와 이디스 크레이머의 선구적 작업은 심리역동과 신-프로이트적 방법들로 위에서 설명된 것처럼 나타났다. 세 명의 미술 치료사들은 신-프로이트적 과정을 포용했다. 아더 로빈스(예, 1987a)는 그의 접근법을 신생아부터 2살 반까지의 아동이 어머니에 대한 집착을 형성하고 난 후, 정체성과 대상 항상성 형성 과정에서 분리되고 개별화된다고 추측한 대상 관계 이론에 기초하였다(로빈스, 2001). 이러한 과업들의 문제점들은 정신병에서 깊은 신경증까지의 범위의 문제로 귀결되었다.

내담자와 미술 치료사간 역동 관계의 구성요소로써 미술 작품은 "……연상된 방어와 발달적 문제들뿐 아니라 내적 대상 관계들을 비추는 용기 또는 조직자"로 보일 수 있었다(로빈스, 2001). 전이와 역전이 재료를 이용하는 공감의 과정을 통해, 미술 치료사는 정체성과 대상 항상성의 형성을 목표로 하는 상실과 분리의 고통스런 과정을 통해 내담자을 지도했다.

밀드레드 라크만-샤팽(2001)은 코헛의 이론(1971)에 기반한 자기-심리학 기술을 이용했다. 치료는 반영의 형태를 띠었으며 그녀와 내담자를 동시에 그렸다. 공감을 이용한 그녀의 그림은 내담자를 반영하고 반응하였으며, 내담자를 양육하고 응집력 있는 자아 발전을 돕는 것을 목표로 하는 대화가 이어졌다. 미술과 미술 창작은 내담자가 "… 부끄러움 없이 개성과 자기 감각 속으로 통합되지 않은 거대하고, 전시적인 소망들"을 표현하는 방법을 발견하도록 도왔다(라크만-샤팽, 2001).

주디스 루빈(1978)은 "……자아 심리학, 대상 관계, 자기-심리학"을 결합했다. 하지만 그녀의 이론적 기초는 기본적으로 정신분석적이다(루빈, 1978); (융거와 아사와, 1994). 나움버그와 크레이머는 그녀의 접근법에 영향을 미쳤다. 그녀는 치료를 "배출, 노출, 방어 또는 소통 부분의 도구로서의 미술에 대한 사용뿐 아니라, 창조적 과정 자체의 통합적 양상"(루빈 1987)에 기초를 두었다. 그녀의 혁신 중에는 상징적 메시지들을 해독하는 비체계적 평가와 방법이 있었다. 그녀는 그 치료 과정을 치료의 마지막에 대해 "시험하는" 단계로서 설명했고(루빈 1978), 좋은 미술 치료사의 특성의 윤곽을 만들었다(1984). 다른 이들은 이미지와 능동적 상상 자체를 미술 치료의 기초로 이용했다.

융적인 접근법

두 명의 미술 치료사들이 융적인 접근법을 재현했다. 첫째는 영국 콘월에서 개업한 융적인 분석가이자 미술 치료사 마이클 에드워즈였다. 에드워즈는 1917년경 융이 그의 환자들에게 "무의식적 이미지와의 관계"에 들어가기 위해서 "…그들의 꿈과 환상 재료에 대한 시각적 재현을 할 것"을 요구한 것에 주목했다(2001). "환자와 치료사 사이를 중재하는", "완충, 여과, 차단, 용기(Container)"를 제공하는 이미지로써(에드워즈, 2001) 대화는 숨은 재료를 드러내고 의식을 끌어내는 것을 보장했다.

융적인 분석가이자 뉴멕시코, 산타페에서 개업 중인 정신과의사, 이디스 월러스는 적극적 상상과 명상(1975, 1990)을 사용하였다. 치료 중심에는 "…… 정신 깊숙히에서" 올라오는 그려지거나 색칠된 이미지가 있었다(월러스, 2001). 대화보다 월러스는 그 이미지에 대한 이야기를 쓰라고 내담자에게 요구했다.

> *이러한 방식은 개인적 자아 수준에서뿐 아니라 심오한 역사적 사실에서도 진실이 무의식에 있으며 집단적 무의식으로부터 발생하는 원형적 이미지들에서 드러난다는 것을 전제로 한다. 융이 "자기"라고 부른 중심 원형은 치료에서 특별히 중요한 것이다. 그것은 발생할 수도 있는 어떤 불균형에 대해서 보상을 하면서 조절, 안정화 기능을 가진다(월러스, 2001).*

정신분석적/심리역동적 접근의 결정주의적 특성으로 보일 수 있는 것과 반대로, 다른 것들은 개인적 책임과 그의 삶을 모양 짓는 데 있어서의 능동적인 역할을 하는 것에 강조를 둔다.

인간중심적 접근법들

미술 치료에 대한 인간중심적 접근법들은 정신분석/심리역동 그룹의 그것들보다 더욱 다양하다. 루빈은 이것을 "인간 특성과 인간 조건에 대한 낙관론적 시각"이라고 설명했다(2001). 조셉 가라이(2001)는 창의성이 불멸성을 얻기 위한 우리의 삶과 죽음과의 투쟁 때문이라는 개념을 거부한 "인간중심적-전체론적" 접근법을 사용하였다(밀루, 1968; 랭크, 1932, 1973 가라이, 2001에서 인용). 그는 융적인 꿈의 해석을 포함한 집단 무의식, 원형, 상징 개념을 구체화하였고, 창조성을 통해 개인은 개별화되었으며, 내담자는 자신의 삶에 책임을 지기 위해 그림을 사용했다(가라이, 2001).

말라 베텐스키는 그녀의 작업을 현상학적 미술 치료(1973; 2001) 또는 내담자의 이미지를 만들기 위해 그 자신의 재료를 선택할 수 있는 자유로운 표현적 과정이라고 설명했다. 이미지에서의 색과 선은 표현적인 특성이 있다. 동형이질의 형태 개념을 이용하여 그리고 선, 형, 색 사이의 식별 관계에 대한 로흐샤흐의 해석을 빌려와서, 그녀는 "무엇을 봅니까?"라는 용어의 구조화된 대화로 그들의 이미지를 만들고 나중에 그것에 대해 말을 하도록 내담자들을 장려한다(베텐스키, 1995). 그와 같은 주의깊은 미술 치료사는 내담자를 그렇게 묘사된 대상과의 더 깊은 수준의 연관을 맺게 이끌었다. 그 목표는 현상학적 통합 또는 자기-발견이었고 내담자는 자신에 대한 개인적 책임을 지게 되었다(베텐스키, 2001).

제니 라인 또한 형태 미술 경험(1973/1996; 2001)에 대해 강조했다. 이 접근법은 프리츠 펄스(1969)에게 받은 훈련에 기초해, 차단 감정과 지금-여기라는 느낌을 중점적으로 다루었고 해석은 권장되지 않았다. 내담자들은 자신들을 더 잘 이해하기 위해 이미지에 목소리를 부여했으며, 미술 치료사와 내담자는 팀으로 일하는 동등한 동료들이었다. 자각을 발전시킨 내담자는 심지어, "그들이 치료에서 필요한 것을 지시할" 수도 있었다(라인, 조던, 1989).

루빈(2001)은 나탈리 로저스(1993)의 표현적 미술 치료 접근법을 인간중심적 모델로 간주한다. 가라이, 베텐스키 그리고 라인과 같이 강조점은 "공감, 정직 그리고 보살핌"(로저스, 2001)의 치료적 관계 내에서의 "적절한 자기-방향을 발견하는 개인의 능력"에 주어졌다. 그녀의 접근법이 다른 점은 그녀가 "무용, 미술 그리고 음악, 쓰기, 시, 이미저리, 명상 그리고 즉흥 연극" 등의 "미술을 우리 내면의 진실들과 소통하는 언어로 이용함으로써 감정을 시각적 형태로 표현"(2001)하기 위해 통합했다는 점이다.

팻, B. 앨런(1995)은 열린 스튜디오 과정을 선전했고 그녀는 미술 치료를 영적인 통로로 보았다. 나움버그의 조언에 의해 앨런은 융과 케인(2001)으로부터의 영감을 받게 된다. 참가자들은 그들 자신의 목표를 확인하고 그 설정에 대해 책임을 졌다. 미술 창작은 그 사람의 작품을 정제시켰으며, 미술 작품과 이야기 하는 행위는 어려움에 봉착했지만 신뢰를 향상시켰다. 미술 치료사는 "우리가 경험하는 모든 것을 기록하는"(앨런 2001) 증인이 되었고, 궁극적 목표는 개성의 변형이었다.

심리교육적 접근법들

심리교육적 접근법은 모든 장애 아동을 위한 교육법(1975)이 특수아동들이 최소한의 제약적 환경에 놓일 수 있도록 보장한 1970년대에 유명세를 얻었다. 결과적으로 더 많은 특수아동들이 공립학교 미술 교실에서 보통 교육을 받게 되었다. 행동, 인지-행동, 발달 미술 치료 그리고 인지와 정서 평가가 주된 방법이 되었다. 그들의 공통점은 새로운 기술들과 부적응 행동을 대신할 행동들을 배우는 데 강조점을 주는 것이었다. 행동 변화는 내담자의 세계관을 바꾸었다.

이디스 로스(1978)의 현실 모양 짓기 방법은 행동 이론을 미술 치료에 적용시킨 것이었다. 이것은 사람들이 그들의 환경으로부터 배우고 그러한 환경이 그 배움을 유지했다는 것을 뜻한다. 바람직하지 않거나 문제가 있는 행동은 식별하여 고치고, 또 다시 배우거나 변경시킬 수 있다. 로스의 방법은 두 명의 심리학자들로부터 나왔는데 파블로프(1927)는 정서 학습에 초점을 맞추었고 스키너(1953)는 행동 교정에 집중했다(로스, 2001). 현실 모양 짓기는 치료 효과가 측정될 수 있던 것에 대한 기준선을 설정하기 위해 표준 행동 교정 기술을 사용 했다(목적 행동을 식별하고 내역을 취해 치료 관계를 발전시키고 치료 목표를 정하고 그 목표와 바람직하지 않은 행동의 빈도를 평가).

마르시아 로살(2001)은 인지-행동 이론을 특수아동을 위한 미술 치료에 적용했다. 아론 T. 백(1976)은 인지 이론에 기초한 인지-행동 접근을 창시했다. 그 유명세는 1970년대에 증가했다. 그에 대한 추정은 생각, 느낌 그리고 행동들이 통합적으로 서로 엮여 있다는 것이었다. 내담자가 미술작품에 투영하는 것은 긍정적이든 부정적인 이미지든 미래 행동의 중요한 결과와 내담자의 느낌과 행동을 드러내었다.

메리 우드(1975)는 장애 아동들에 대한 발달에 기초한 치료를 선호했다. 그녀는 그것을 "……심각한 정서적 행동적 장애를 가진 어린 아동들과의 치료적 중재에 대한 심리교육적 접근"이라고 설명했다(우드, 1975). 그 목적은 "…그 같은 아동의 사회적이고 정서적인 성장을 돕는" 것이었다(우드, 1975). 치료사는 성공적인 학습 경험들이 그 아동의 발달적 수준에 있는 즐거운 환경을 제공했다. 보통 발달적 단계들은 주기적 과정 평가에 대한 치료를 지도했다(우드, 1975). 미술 치료사 제럴딘 윌리엄즈는 그의 책 "미술 치료의 개발"(1979)에서 묘사된 체계화되고 발달적으로 기초한 치료 프로그램을 개발하기 위해 우드와 함께 작업했다.

캐롤 아크-펠드만과 수잔 컨클-밀러(2001)는 피아제(1951)의 감각운동과 사전조작 단계에서 심각하게 장애가 있는 0세에서 7세 범위의 장애아동들을 위한 미술 치료 방법을 만들었다. 공식적 평가에 의존한 목표는 애착을 키우고 분리를 지지하며, 단순 운동 반복을 개발하고 인과 관계의 발견과 순차적 명령을 촉진하는 것을 포함했다(아크-펠드만과 컨클-밀러, 2001). 그 사전조작 아동은 재현을 향해 발달했고 생각과 감정에 라벨을 붙이는 언어를 발달시켰으며 개념들을 이해했고 보다 자율적이 되었다(아크-펠드만과 컨클-밀러, 2001).

피아제(1951; 피아제와 인헬더, 1967)의 저작은 1982년과 1996년 사이 출간된 세 가지 미술-기반 평가로 잘 알려진 롤리 실버를 이끌었다. 세 가지 미술기반 평가는: 인지와 정서의 그림 시험; 이야기 그림; 우울증 여과; 그리고 자극 그림과 기술(2002)에서 그녀는 아동들, 청소년, 성인의 인지와 정서 수준을 평가하는 도구들을 만들었다. 실버 그림 기술에 대한 최신 리뷰는 "트레이드의 도구들" 제2판(브룩, 2004)에서 볼 수 있다. 수많은 양적, 질적 연구들에서 광범위한 집단과 연령 그룹을 통해서 이 평가들의 유효성과 신뢰성을 시험하였다. 실버와 동료들의 작업은 치료 과정과 결과를 평가하는 도구들로서 국제적 주목과 수용을 얻었다. 다른 미술 치료사들은 특수 아동들에 대한 심리교육적 접근이 가치가 있고, 전 가족에 대한 치료는 고려할 만 하다고 생각했다.

체계적 접근법들

주디스 루빈은 그녀의 책 "미술 치료에 대한 접근법" 제2판에서 가족과 그룹에 대한 체계적 기술에 주목했다. 체계적 접근법은 특별히 가족과 그룹 치료를 위해 고안된 실제로써, 그 과정은 내담자를 체계의 일부로 보았다(루빈, 2001). 바바라 소볼(2001)은 가족과 작업을 했고 캐서린 윌리엄즈(2001)는 그룹작업 전문이었으며, 셜리 릴리(1994; 2001a; 2001b)는 랜드가튼(1981; 1987)이 그랬듯이 역시 같은 관점에서 작업을 했다.

소볼과 윌리엄즈(2001)는 퀴아트코우스카를 가족 체계 미술 치료의 근거를 제공해준 것으로 간주했고 그녀의 가족 미술 평가(FAE; 퀴아트코우스카, 1978)를 문제 영역을 식별하는 가치 있는 평가 도구로써 인용했으며, "감정과 관계를 탐구하고 가족에 대한 해석에 기초하여 분석적으로 만들기 위해" 퀴아트코우스카의 18개월 치료 프로그램을 이용했다(1978, 소볼과 윌리엄즈, 2001).

소볼은 1982년 그녀의 접근법을 환자들의 문제점들은 가족이든 다른 그룹이든 전적으로 정신 내적이기보다는 개인상호간의 것이다(루빈, 2001)라고 설명했다. 개인은 환경에 적응했으나 때로 그 환경은 불건전했고 불건전한 적응을 요했으며, 치료 중인 개인이 더 건강하게 됨에 따라 그 환경/체계/가족 또는 그룹이 변화의 압력에 직면했다. 전 가족 치료는 "새롭고 더 건전한 상호작용 패턴을 도입하기 위한 첫 번째 단계로써 진행 중인 수행 또는 가족 체계의 조직에 대한 혼란, 중단, 확대 또는 방해로써의" 조건을 만들었다(소볼과 윌리엄즈, 2001).

그룹 미술 치료에서 문제 병력과 경험이 있는 개인들은 서로간의 상호작용을 했다. 특히 관계에서의 문제들은 보통 한 그룹의 맥락에서 발생했다. 소볼과 윌리엄즈(2001)에게 미술 창작은 "때때로 참가자들이 관계 맺기를 피하는 것을 도울 수도 있지만, 또한 몇몇 가족 또는 그룹 구성원들이 비관습적인 방식으로 함께 견뎌내도록 함으로써 관계를 적합하게 만들 수도 있다" 이러한 방법은 소통을 용이하게 했고 그룹 구성원들은 서로 연결을 맺었으며 관계 문제들은 미술 작품을 통해 풀어나갔다. 다음에 나오는 몇몇 미술 치료사들의 작업은 절충적이거나 통합적인 노력을 쏟은 것이었다.

절충적, 통합적 접근법들

절충적 접근법은 AATA 구성원들에게 가장 선호되는 모델이었다(엘킨스와 스토발, 2000). 이는 오늘날의 미술 치료사들이 행한 접근법을 택하지 않고 내담자의 필요에 기초해 선택하고 정한다는 것을 보여준다. "랜덤하우스 대학 사전"은 절충적이라는 말을 "철학, 약품 등에서 하나의 체계를 따르지 않고 모든 체계의 최선의 요소로 간주되는 것을 선택해 이용하는 것"이라고 정의했다(스타인, 1975). 위에서 설명 되었듯 엘리노어 울만의 작업은 정신분석적 원칙에 기초하여 치료로서의 미술을 심리치료에서의 미술 접근법과 통합했다. 통합이라는 것은 "전체 또는 더 큰 단위를 생산하기 위한" 구성, 결합 또는 완성을 뜻한다(스타인, 1975).

절충주의 미술 치료사 해리엇 웨더슨(1980; 1987)은 우선 퀴아트코우스카에게 영향을 받아 그녀의 치료 집단의 필요에 따라 다양한 접근법을 이용했다. 그녀는 어떤 접근법을 언제 왜 사용하는가에 대해서 분명한 생각이 있었다. 다년간의 실습은 "절충적 층위의 케익"(2001)으로 귀결되었다. 그녀는 그룹 역동 이론뿐 아니라 프로이트, 인본주의, 실존주의, 형태, 발달 그리고 행동 접근법도 이용했다. 웨더슨은 이론이 바로 "우리 작업의 필수 토대"(웨더슨, 2001)라고 썼다. 어떤 이론을 치료에 선택할 지가 그녀의 방법론에서 중요한 점이 되었다.

숀 맥니프는 파올로 닐이 "상호양식 표현 치료"(맥니프, 2001)라고 이름 붙인 접근법인 그의 작업에 모든 미술 치료를 이용하는 것을 선호했다. 맥니프는 "미술 치료의 실제는 모든 감각을 통한 표현의 보다 종합적인 이해에 의해 향상된다"고 주장했다(맥니프, 2001). 소리, 동작 그리고 퍼포먼스는 맥니프가 위니콧의 환경 지지와 유사하다고 말했던, "안전하고 창조적으로" 유지된 환경에서 시각적 작업과 결합되었다(맥니프, 2001).

마지막으로 크레이머와 같이 연구한 데이빗 헨리(1992)는 한 시간 요소로 구성된 5가지 치료적 커리큘럼을 고안함으로써 교육 환경에서 미술 치료를 이용하게 됐다. 동기부여, 집중, 아이디어 표현 그리고 학생의 개별 교육 계획(IEP)에 따라 설정된 교육 목표를 역점으로 다루기 위해 읽기, 미술작품 그리고 쓰기의 통합은 헨리의 수법이 되었다. 그 목표는 학생을 교육 과정에 참여하게 하고 "성인기까지 버틸 수 있는 건전한 대처 능력"(헨리, 2001)을 키우는 것이었다. 이상은 20세기 말까지 미술 치료의 진화한 실제의 윤곽을 보여주었다.

요약과 결론

시각적 상징들은 문자이전 사회에서 의사소통을 하고 치료를 하기 위한 주요 요소였다. 19세기에 앞선 생각을 했던 유럽 정신과의사들은 정신병원 환자들이 칠하고, 조각하는 것을 장려했다. 때로는 퇴행 미술이라고 언급되는 그들의 생산은 가능한 진단 수단으로써 주목을 얻었다(호건, 2001). 롬브로소(1835-1901)와 노르도(1849-1943)는 광기와 천재성을 함께 연관 지었다(호건, 2001). 19세기 말에 이르러 아동 연구 운동은 아동들의 그림에 주의를 집중시켰고, 1900년대 초의 과학 운동은 아동들의 그림이 지적상태를 측정하는 데 쓰일 수 있다는 생각을 끌어안았다.

미술 치료는 무의식을 끌어내는 도구로써 프로이트의 자유연상 방법과 보편적 원형과 집단 무의식에 관한 융의 이론들의 영향하에 모양을 갖추기 시작했다. 둘 다 내담자의 꿈에서의 시각적 이미지에 의존했다. 이러한 아이디어들은 1930년대 마가렛 나움버그에 의해 고안된 미술 치료의 접근에서 더욱 중요해졌다. 전이 관계 내에서 그녀는 내담자들이 심리치료에서의 미술이라고 명명한 실습인 무의식을 드러내고, 그들의 이미지들을 해석하는 도구로써 그들의 미술 작품에 대한 자유연상을 하도록 고취했다.

한편, 1950년대에 이디스 크레이머에 의해 개발된 치료로서의 미술은 미술 창작 과정을 치료에 이용하는 또 다른 방법을 소개했다. 크레이머는 치료적 협력에서 미술 치료사는 환자의 자아를 지지하고 고양시키는데, 능동적인 역할을 맡고 있다고 제안했다. 치료로서의 미술은 또 하나의 실습 방법을 제공했는데 이는 융거와 아사와가 말했듯(1994) 바로 그 선이 그려진 것이다. 엘리노어 울만은 두가지 방식을 통합했고 해나 액사 퀴아트코우스카는 분열증 환자들과의 노력으로부터 가족과 작업하는 기술을 고안했다.

1961년, 울만은 전적으로 미술 치료를 위한 잡지를 만들었고 1969년 전미 미술 치료사들은 미국 미술 치료 협회(AATA)를 결성했다. AATA 구성원들은 교육 기준, 윤리적 실천 그리고 등록 요건 등을 구성하였다. 훈련 프로그램은 학생들이 다양한 환경에서 일할 수 있도록 준비시키기 위한 교육 기준들을 채택했다.

치료에서의 혁신은 1970년대와 1980년대에 최근의 심리학 이론들에 매우 적합하게 확산되었다. 미술 치료사들은 신프로이트, 인간주의, 심리교육 그리고 체계성 등을 포함한 광범위한 이론을 이용했다. 그들은 학교, 외래환자 임상, 주간 치료, 의료 환경에서 외상 피해자들과 노숙자 쉼터, 양육 홈, 호스피스 그리고 다른 많은 곳에서 실습을 했다.

새로운 복합성이 내제된 이 실습 환경의 다양성은 미술 치료사들을 위한 교육 훈련에 대한 관심의 증가를 필요로 하게 만들었다. 미술 치료사의 주 면허제는 훈련을 표준화하는 압력을 창출했다. 책임성이라는 개념은 미술 치료의 그 효율성을 증명할 것을 요구했다.

미술치료의 축약된 역사가 그 분야의 뉘앙스와 복잡함을 정확히 보여줄 수는 없다. 그 분야의 형성에 대한 최초의 동기는 그 세명의 선구자들에 의해서였다: 엘리노어 울만, 이디스 크레이머 그리고 해나 액사 퀴아트코우스카 "미국 미술 치료"(1978)에서 미술 치료를 정의했고, 어떻게 실천할 것인가 논의했다. 다이앤 월러(1991)는 영국에서의 미술 치료의 형성을 "전문화: 영국 예술 치료의 역사: 1940-1982"에서 설명했다. "치료 미술: 미술 치료의 역사"에서 수잔 호건은 1790년부터 1966년까지 영국 미술 치료의 시작을 추적했다. 미국 미술 치료 협회의 자료 보관소에 있는 역사에 기초하여 인터뷰, 서한, 메모, 개인 보고서를 발표했고, 맥신 B. 융거와 페이지 P. 아사와(1994)는 "미국 미술 치료의 역사"에서 미국 미술 치료 협회(AATA)의 형성을 이끈 사람들과 사건들, 그 분야의 주요 운동들에 대한 연대기적 사실들을 제공했다. 그녀의 연대기적으로 편집된 책 "미술 치료에 대한 접근법들"에서, 주디스 A. 루빈(1987/2001)은 정신분석적 접근부터 체계적이고 통합적인 접근들까지 미술 치료에 대한 주류 접근법들의 실행자들에 의해 쓰여진 장들을 보여주었다. 이 책들은 미술 치료의 역사에 대한 깊이 있는 제시를 해 주었다.

2장

융 학파 미술 치료의 이론과 실제

호다 마즈루미안

서론

이 장의 중심 목표는 미술 치료의 발전과 실제에 대한 C. G. 융의 공헌이다. 프로이트와 융의 극심한 갈등은 1913년 그들의 결별을 부추겨 그 후 개인을 초월한 집단적 무의식까지 아우르는 융의 심리학 이론 구성으로 이어졌다. 이 장은 모든 인간성에 공통된 원형들의 핵심성 그리고 고유하며 동시에 보편적이고 적극적인 상상을 통해 모든 이가 자신의 내적 이미지에 도달할 수 있는 과정의 개념들을 포함한다. 창의성, 미술 창작 등이 미술 치료의 이론적 지향과 실제에 영향을 미친 방식과 그와 관련된 융의 아이디어 발전에 주목한다.

미술 치료를 위한 촉매로서의 프로이트와 융의 이론적, 철학적 갈등

미술 치료의 근대적 실천 발생을 자극한 첫 번째 충동은, 꿈꾸는 자들은 이미저리로 꿈을 꾸며 "나는 그것을 그릴 수 있지만 말로는 어떻게 해야 할지 모른다"(프로이트, 1963)고 종종 언급했던 프로이트부터 싹 텄음에 의심의 여지가 없다. 루빈이 설명했듯 마가렛 나움버그는 프로이트가 그 중요한 발견에도 불구 "그림을 고전적 기술의 일부에 포함시킴으로써 이 개념을 음미하지 않았다"(루빈, 1987)고 믿었다. 미술 치료를 포함하여 다른 창의적 양식들은 프로이트의 이전 후계자 칼

구스타프 융에게 시작되었다. 그것은 1913년의 결별로 이어진 프로이트와 융 사이의 다면적, 이데올로기적 또 이론적인 갈등이었다.

코넷(1998)은 심리학과 영성 사이의 균열은 상당부분 정신분석이 유대인의 현상으로 여겨져 계속해서 주변화될 것이라는 프로이트의 불쾌함에서 기인된 것이라고 주장한다. 코넷은 영적인 관심을 그의 정신분석적 모델에 포함하는 융의 급진적 아이디어들에 기울였다. 융은 개신교 목사인 부친의 입장 때문에 프로이트에 의해 상당히 견뎌야 했다고 주장한다. 프로이트의 이성주의와 과학적 긍정론에 대한 벗어나지 않는 애착은 "인간 행동은 설명 가능하고 예상 가능하며 궁극적으로 정확한 지식과 그 지식의 적용도 통제 가능하다"는 환상으로 이끌어왔다.

성역동에 대한 지나친 강조는 프로이트의 이론을 생각할 때 융에게 주요 관심사인 듯 보인다. 융(1933)은 "프로이트가 성욕을 유일한 심리적 욕구로 간주하기 시작했고, 내가 그와 결별한 이후에야 그는 다른 정신적 활동들에 대한 동일한 지위를 부여했다. 나는 욕구와 충동만을 다루는 심리학의 임의성을 피하기 위해 에너지의 개념 하에서 다양한 정신적 욕구들과 힘들을 포섭해왔다."

복합체의 개념 또는 정서적으로 충전된 느낌 그리고 원형적 이미지들은 프로이트와 융 사이의 차이에 대한 또 하나의 주요 지점이었다. 자코비(1959)에 따르면 프로이트는 그 복합체를 단지 병리학의 징후로서 간주했다. 한편 융은 그 복합체를 심리학적 건강과 연결되는 복합성으로 보았다. 필립슨(1994)은 "삶의 병리학적인 면에 대한 지나친 강조와 인간을 그의 결점…의 측면에서 전적으로 해석하는 것에 대해" 프로이트와 아들러를 모두 비판하는 융을 인용했다. "나는 무엇이 건전하고 건강한가의 측면에서 인간을 보는 것을 선호한다."

에드워즈(1987)는 그들의 꿈과 환상에서 생성된 이미저리의 다양한 접근에 대해 프로이트와 융 사이의 중요한 구분을 강조한다. 그는 "프로이트가 꿈, 환상 또는 무의식적 요소를 정신분석적 이론의 측면에서 해결되고 설명될 수 있는 퍼즐로서의 그림으로 다루었던 반면, 융은 그 자체의 권리를 가진 실존으로서의 무의식 이미지를 연관 짓고자 노력했다"(에드워즈, 1987).

원형들과 집단 무의식

홉크(1999)는 융이 무의식을 잊혀지고 억압된 개인적 기억의 저장고인 1차원 이상으로 보았다고 설명한다. 융은 프로이트의 개인적인 무의식을 이차적이며 더 깊은 무의식적 층위로서의 개념을 다시 명명하였고, 그러한 집단적 무의식을 "모든 인류에게 공통적인 심리 인지 패턴"(홉크, 1999)의 저장고라고 이름 붙였다. 이런 패턴들은 모든 문화에 공통적으로 "상속되는 무의식적인 아이디어와 이미지들"인 원형들을 포함했다(레버, 1995).

융 이론에서 가장 중심적인 원형 가운데 두 가지는 아니마와 아니무스이다. 두 단어는 라틴어로 영혼을 의미한다. 아니마는 남성 정신의 여성적 부분으로 묘사될 수 있고 아니무스는 여성 정신의 남성적 면이다. 프라이리어와 코르빗(1992)은 "인간이 그들의 자아 또는 남성성 그리고 여성성에 해당하는 면이 있는 의식이 무의식적이라는 것을 식별한다면, 여성의 남성성은 무의식적인 반면 스스로는 의식적으로 여성적이라 식별한다." 홉크(1992)에 따르면 그것은 모두다 의식적 지각의 수준 아래 있으면서 불완전하게 기능하고 있는 것을 뜻하면서, 융은 이러한 원형들을 열등기능으로 여겼다.

반대 성의 내적인 표현을 불완전하게 형성한 이 나르시스적 투사는 종종 남자들이 마돈나 형상인 부인과 여자친구들을 구속하고 있으며 여성들은 반짝이는 갑옷을 입은 채 그들의 기사를 기다리고 있는 듯한 행위로 보인다. 말하자면 우리는 불완전하게 나타나는 반대 성의 측면을 우리 자신의 내적 자아들에서 완벽하게 본다.

그 그림자는 그들이 숨기길 바라는 받아들여질 수 없는 생각, 느낌, 욕망 그리고 충동을 포함하며 스스로에 대해 좋아하지 않는 모든 것을 요약하는 원형으로 묘사될 수 있다. 그것은 또한 인간 생동, 창의성 그리고 지식의 근원이 되기도 한다. 정신의 이러한 측면은 종종 거부, 억압 또는 투사된다. 에드워즈(1987)는 치료에서의 그림자로부터 기원하는 이미지들은 "타자성"을 가지고 환자 스스로에 의해 "두려움을 받거나 거부된다." 융(1996)은 우리 그림자에 대한 학습과 그것에 대한 우리 의식에서의 통합의 중요성에 주목했다. "그 그림자는 개성의 산 부분이며 따라서 어떠한 형태로든 살아남기를 원한다. 그것은 존재 바깥에서는 논의될 수 없고 해롭지 않은 것으로 합리화될 수 없다." 융은 또한 "의식적 태도의 단편적 시각에서 보면 그 그림자는 개성의 열등한 요소이고 강렬한 저항을 통해 결과적으로 억압된다. 하지만 억압된 내용이 어떠한 운동도 가능케 하지 않고 반대의 결합을 생산하는 한 의식적으로 변해야 한다"(키에스, 1976). 홉크(1999)는 융의 말을 따라서 "… 개성화 과정은 거의 언제나 정신 건강을 위한 노정에서 최초이자 가장 중요한 과업인, 자아의 의식적 감각 속에서 그림자의 겸손한 통합으로 시작된다"고 한다.

자기는 전체성의 원형이다. 융은 의식적/무의식적 정신을 포용하면서 자신을 "…… 의식적인 자아에 종속적인 양"으로 정의한다. 홉크(1999)는 "완성과 통합"을 모두 상징화하는 융이 세계의 종교 체계 중 많은 부분에서 나타나는 상징들로 인에 흥분했다고 주장한다. 월러스(1987)는 그녀가 "창의적 기원"이라고 부르기를 선호한 "……자기가 치료적 요소로 특히 중요하다. 그것은 발생할 수 있는 어떠한 불균형을 보상하는 통제성과 안정화의 기능이 있다"고 주장한다.

산스크리트어로 성스러운 원을 나타내는 만다라는 자연을 통해 반복된 고대선사의 상징을 해독한다. 더불어 그것은 세계의 다양한 문화에서 되풀이 반복되는 동기이기도 하다. 만다라는 원형이며 그것은 곧 미술 치료사들에게 지속적으로 변화하는 자아의 성격과 그 전체성의 회화적 상징에 대한 그래픽 표현으로써 특별한 관심사가 된다. 맥과이어와 헐(1977)에서 융은 "만다라는…… 내적 질서의 원형이다…… 그것은 전체성의 상징이다…… 질서를 가져오며 질서의 가능성을 보여준다"고 말한다. 융(1973)은 만다라 원형이 정신이 혼돈과 어지러움의 상태에 있을 때 그것을 표면화하는 듯이 보인다는 것에 주목한다. 그는 만다라가 이 같은 방향상실과 조직 그리고 고요함에 대한 긴장의 상태를 변형할 수 있다고 주장한다. 융은 프로이트와 그의 외상적 결별에 따른 정신적 혼동의 시기인 1916년에 그의 첫 번째 만다라를 그렸다. 그는 그 후 만다라의 성격이 변화하고 어떤 주어진 시기에 그의 내적 조건에 상응하는 경향이 있다는 것을 깨달았다.

고대 그리스 연극에서 페르소나는 특정 인물을 나타내기 위해 배우가 쓴 가면을 뜻했다. 융은 우리 자신의 공적인 이미지를 보호하고 우리의 상처받기 쉬운 내면의 진실을 보호하기 위해 사회적 가면을 쓰는 우리의 경향을 지시하기 위하여 이 용어를 빌려왔다. 홉크(1999)에 따르면 융은 그가 개인의 내적 삶에 마음을 빼앗겨 종종 경멸적인 용어로 페르소나에 대해 이야기 하는 경향이 있었다고 한다. 하지만 그는 융이 페르소나를 자아와 외부 세계 사이의 필요한 중재자로도 평가했다고 주장했다. 홉크는 페르소나의 과잉발달은 한 사람의 사회적 지위나 직업적 역할에 대한 과잉동일시를 낳을 수 있다고 주장한다. 한편 부적절하게 발달된 페르소나는 한 사람을 충분히 보호되지 않은 채 내버려 두고 정신적 손상이나 훨씬 더 상처받기 쉬운 상태로 놔둘 수도 있다.

현명한 노인, 어머니, 아버지, 성스런 아이, 처녀, 영웅 그리고 사기꾼 같은 수많은 중요한 다른 원형들이 있는데, 그들에 대한 단순한 음미는 이 장의 영역을 넘어서기 때문에 여기서 논의되지는 않을 것이다. 독자는 더 많은 공부를 위해서 융의 전집 같은 다른 자료를 참고해야 할 것이다. 그것은 원형에 대한 주의 깊은 연구와 그들의 보편적인 파장에 대한 것이 될 것이고 우리는 용기이자 동시에 샘인 집단 무의식의 섬광에 대해 각성하게 된다.

융은 20세기의 첫 10년간 여러 나라를 여행하면서 집단 무의식에 나타난 보편적 인간 경험을 통해 그의 개념을 발전시켰다. 그의 여행지는 "북 아프리카, 뉴 멕시코의 푸에블로 인디안들, 동 아프리카 그리고 마지막으로 인도" 여행에 이어 미국이 포함되었다(자페, 1979). 그는 다른 문화에서 나타나는 신화 흐름의 유사성에 놀랐고 그것들이 꿈, 종교 그리고 신화를 통해 다양한 사람들을 결합하는 더 깊은 연결고리임을 이해했다. 그는 미국 원주민, 모래 페인팅, 인디언 조각 그리고 아프리카의 의식적 소산물 같은 성스런 미술 형식들에서 그러한 신화들을 발견했으며 융의 노력으로 모든 인간성을 연결시키는 끈인 그 이미지들이 발굴됐다(자페, 1979). 미술과 치료에 대한 그의 접근은 보편적인 다문화적 공통점들에 뿌리를 두게 된다.

맥코네기(1986)는 융의 분석적 미술 치료가 다문화주의와 동의어라고 주장한다. 그는: 그 이미지는 무의식의 단순한 개인적 층위를 넘어선다고 말한다. 따라서 환자의 문제는 단지 개인적인 일이 아니라 보편적으로 인류의 문제를 다루는 어떤 단일한 문화의 사람들의 개인적인 경계를 넘는 것이 되어버린다고 주장한다.

맥코네기(1986)는 "질병에 의해 별자리를 이루게" 되는 그것이 바로 신화적 이미지의 근원인 원형적인 재료라는 시각을 표명한다. 그는 치료사의 기능이 환자를 스스로의 이미지의 원형적 함축과 연결시키는 것을 돕는 일이라고 믿는다. 그에 따르면 한 이미지의 맥락적 연상들은 환자에 의해서만 제공될 수 있다. 융의 용어로 그들의 이미지에 내포 된 주관적 의미에 대해 환자 자신의 정성을 유인하는 과정이 곧 확대라고 불린다. 확대는 환자의 난해성 발견으로 이어질 수 있고 환자가 그 자신의 난해성적 맥락에서는 어떻게 움직이는지에 특별히 주의를 기울여야 한다. 요약하면 맥코네키(1986)는 개인적 이미지와 그로부터 연상된 난해성은 그들의 원형적 의미와 환자 자신의 연상의 맥락에서 가장 잘 이해될 수 있다고 말한다. 원형 미술 치료는 모든 문화에 공명하는 보편적 상징에 기초하며 그 실천은 다문화적일 필요가 있다.

융의 혼란과 적극적 상상의 발견

프로이트와 융 사이의 매서운 직업적 결별로 인한 공적이면서도 개인적인 화해를 할 수 없는 다른점으로 융의 환자들과의 작업과정에서 미술에 대한 체계적인 촉매가 되었다. 무용치료사인 조안 초도로우(1990, 1997)는 융이 프로이트로부터의 분리 이후 엄청난 정신적 혼란을 어떻게 경험했는지 생생하게 묘사한다. 강제적이고 교란적인 이미저리에 괴롭힘을 받으며 그는 취리히 대학 정신과 교수 직위를 그만두었다. 그것은 융이 전 생애를 돌아봤을 때 심리적 고통의 뿌리에 까지 닿는 혼란의 시기였다. 이 내적 혼란은 융이 영아기의 놀이로 돌아갈 필요가 있다는 것을 확신시켰고 이런 식으로 그는 분석적 접근법에서, 종종 무의식적인 원형 이미저리에 구체적인 형태를 부여하는 데 쓰이는 중추적 방법론인 적극적 상상의 과정을 발견했다. 위대한 내적 저항과 굴욕감에도 불구하고 융은 자신의 강한 확신에 충실했고, 결국 그가 빠졌던 심리학적 위기로부터 회복하게 해준 아동기의 환상으로 축소판 도시를 지으면서 호숫가에서 많은 시간을 보냈다.

맥그레고르(1989) 또한 융의 정신적 상태를 "정신병에 가까워짐"으로 묘사하면서 이 시기에 융의 삶을 검토했다. 그는 융이 그의 환상을 만다라 스케치와 그림들을 통해 검은 책에 쓰고 빨간 책에 옮김으로써 형태를 부여 받는 과정을 설명했다. 이 2단계 과정은 그 후 적극적 상상의 적용을 위한 핵심 방법론이 되었다.

월러스(1987)는 적극적 상상을 가리켜 "스스로에 의해 고안된 내면적 이미지의 흐름을 관찰 하고자 하는 자기반성의 방법"이라고 한 융의 정의를 인용한다. 그녀는 단계별로 그 과정을 묘사한 융이 헤르만 케이셀링에게 쓴 서신을 언급한다. 융은 케이셀링에게 충고했다:

- 누구 또는 무엇이 살아있는지를 자문하시오. … 누가 또는 무엇이 나의 정신적인 삶에 들어와 혼란을 일으키고 또 듣기를 원하는지를.
- 당신의 시끄러운 의식을 끄고 조용히 내부의 소리를 듣고 당신의 내면의 눈 앞에 나타나는 이미지를 보시오.
- 무엇이 비판 받지 않는지를 기술하시오. 할 수 있든 없든 이미지들을 열심히 그리고 칠을 해야 합니다.
- 무의식에게 새로 일어난 그 어떠한 의문들이라도 질문하기 위해 하루를 기다리시오.
- 그것들이 얼마나 타당하든지 그 합리화를 무시하시오.

융의 이론은 발생하는 이미지들의 의미를 이해하기 위해 도덕/윤리적 책임을 떠맡는 것 그리고 정신으로 그것들을 통합하는 것을 포함해 무의식으로부터의 이미저리의 발현에 초점을 맞춘다. 월러스에 따르면(1987) 마리-루이스 폰 프란츠는 적극적 상상 과정을 체계화했고 그것을 네 단계로 나누었다:

1. 자아를 괴롭히는 생각 패턴으로부터 마음을 비우라.
2. 이미지를 못 본 채 지나치는 것과 그 과정이 방해 받는 것에 열심히 집중하는 것 사이에서 균형을 이루며 이미지를 자각의 범위 속으로 들어오게 하라.
3. 글쓰기, 칠하기, 조각, 무용 또는 음악 연주에 의해 구체적인 형식으로 이미지와의 조우를 표현하라.
4. 받은 메시지들의 의미를 숙고하라.

이미지의 우선성

왓킨스(1981)는 미술 치료의 과정에서 무의식으로부터 불려 나온 이미지들과 관련된 여섯 개의 다른 기본적 관점들을 기술한다. 이것들은 진단적이고 위험한 것으로 인지된 것, 치료만을 위한 것, 해석적, 치유력이 있는 표현 그리고 있는 그대로의 이미지를 존중하는 것 등을 포함한다. 먼저 진단적 접근에서 내담자는 자신의 치료 일부로 보이지 않는 세션의 시작 또는 끝에서 이미지를 생산하도록 조장된다. 환자의 적지만 소중한 참여가 있고 미술 작품은 분석을 위해 미술 치료사에 의해 보관된다.

두 번째 접근법은 무의식과 그 표현을 위험한 것으로 구상하는 관점이다. 책임감 있는 임상치료사들은 그들의 정신으로부터 혼란스러운 이미지들을 상기시키는 내담자의 성향과 공모하는 것을 피해야 한다. 그렇게 하는 것은 망상과 다른 긍정적인 분열증적 증상들을 키우고 상응하는 것으로 보여진다. "공예와 그림이 강조될 수 있지만 환상에 도달하는 미술은 안된다"(왓킨스, 1981).

셋째로 그 이미지 자체가 내담자를 통해 보여진다. "그 이미지가 치료를 하는 것이 아니라 우리가 그 이미지를 치료한다." 미술 치료사는 가치 판단을 내리고 환자 자신이 긍정적 또는 자아-향상 이미저리라고 생각하는 것을 창작하는 행위를 독려한다. 불안한 이미저리가 있는 미술작품으로부터는 고의적으로 관심을 거두어야 한다.

네 번째는 왓킨스가 "해석적"이라고 명명한 것이다. 그 이미지는 내담자의 개인적 역사로부터 발생하는 "외상적 사건들과 심리적인 쟁점"의 표명으로서 해석자에 의해 추구되는 숨은 메시지보다 덜 우선적으로 주어진다. 그런 이미지들의 원인은 채워지지 않은 욕망들로 추정되는 상징들이며 더 만족스러운 현실이 환자에 의해 경험될 경우에는 증발된다.

다섯째 접근법에서는 이미지 자체가 치료적인 대행자로 가정된다. 환자와 치료사 간의 치료적인 관계와 이미지에 대한 그들의 상호적 해석은 치료에 영향을 주는 것으로 보이지 않는다. "실질적으로 상상계와 현실계의 통찰력 있는 통합을 형성하는 시도가 없다."

왓킨스는 이미지가 환기할 수 있는 걱정과는 상관 없이 존중이 제공되는 곳에서 여섯째 접근법을 옹호한다. 적극적 상상이 고무되고 그 이미지나 그것이 나타나는 방식을 조작하기 위한 어떠한 시도도 없다. 그 이미지는 그것을 통해 현실을 경험하는 "눈"으로 보여진다. 미술 치료사의 역할은 환자가 섞이지 않은 이미지를 유지하고 그것이 주어야 할 은유적 의미들을 이해할 수 있도록 돕는 훈련된 조력자로서의 생생한 중재로 보인다(왓킨스, 1981). 미술 치료사들이 그들 환자의 이미지들의 통합성 안에 충실하게 남으려면 그들 자신 이미지들과의 대화를 유지해야 한다.

그레그 퍼스(2002)는 나무, 집, 개별검사(벅, 1973)와 같은 투사적 기술을 사용하는 이론가들의 작업에 매혹되었고 그들이 "……개인의 그림에 관한 심리적, 신체적 정보에 대한 통찰력 있는 지시자들" 이라는 것을 발견했다. 이 평가는 브룩(2004)에 의해 리뷰 되었다. 퍼스는 그의 책 "그림의 비밀스런 세계"를 내담자의 그림의 암호해독과 이해의 도구이자 그들의 정신에 대한 통찰을 얻는 도구라고 묘사한다. 그는 융이 상징들의 우선성을 경시한 것에 당황하였고, "…그들의 무의식적 내용의 그림 분석"을 위한 어떤 공식적 장치를 고안하지는 않았으므로, 그 자신의 체계를 고안했다고 말한다. 그의 전제는 치료사가 그 환자들과의 관계에 있어 자신의 역할을 상상력이 정신으로부터 표면화되는 이미지들을 위해 체계적으로 발굴되는 수동적인 환자의 것으로 변화시킴으로써 치료적인 요인들을 밝힐 수 있는 능동적 대행자라고 말했다.

이 모든 것이 융의 이론적 신념들의 정신에 어긋나는 듯 보인다. 필립슨(1994)이 제안하듯 "미술 작품이 분석될 수 있는 신경증을 표현하는 것처럼 다루어지는 것은 융이 생각해 낸 결과가 아니다." 그는 이런 종류의 분석은 융이 그 내담자들의 이상한 환상들에 대해 깊이 탐구하기 위해 개발한 종합적 분석 방법보다 가치가 덜 하다고 주장하기에 이른다.

조이 그카베리언(1992)은 주로 미술 치료 과정에서 전이의 광범위한 함의에 초점을 맞추었다. 그녀는 이미지들이 전이 과정의 기본적 부분일 뿐 단지 내담자에 의한 그들의 그래픽 외면화가 아니라고 가정한다. 그녀는 상징적 의미를 구체화하는 이미지들과 대상/개념을 그리는 것들 사이에 구분을 한다. 그녀의 주장에 따르면 전자의 이미지는 정신으로부터 발생하는 깊은 상징주의 안에서 더욱 풍부하며, 그것은 내담자의 완전한 참여와 관련된 치료적 관계를 통해 분석될 수 있다. 팻 B. 앨런은 그것들에 대한 그림, 명상 그리고 글쓰기로 그의 정신으로부터 드러난 자동적 이미지들에 반응하며 깊은 헌신을 하는 융의 "혁명적 심리학적 아이디어들"에 영향을 받았다고 한다.

맥니프는 융의 작업을 "…미술 치료 실천의 인정되지 않은 기원"(프라이리어와 코르빗, 1992)으로 본다. 그는 융에게 그가 "이미지 대화"(맥니프, 1992)라고 이름 붙인 적극적 상상의 과정을 예견한 공이 있다고 한다. 맥니프(1998)는 그의 이미지 탐구 방법이 융의 적극적 상상과 유사하다고 말한다. 맥니프의 방법론 또한 "창의적인 상상과 그 '불확실한 경로'에 대한 몰두에 열중하는"(맥니프, 1998) "발견의 항해" 도중 융과 결합하면서, 미술-기반 연구의 틀에 대한 의문시를 수반하였다.

실행 중인 미술치료에 대한 융학파 접근법

융적인 것이라고 불릴 수 있는 이론적 틀을 발전시키는 데 있어서 합의를 시도하기 위한 전문가들의 작업을 살펴 보고자 한다. 이 부분에서는 융이 그의 모든 조사에 적용했던 개념적 접근법에 내재한 유연성과 다양성을 중점적으로 다룰 것이며, 융이 "자연적으로 반대 정신은 역동적인 과정이다: 라고 말한것 처럼, 그것은 가장 진실한 단어적 의미에서 양면을 표현하며 폭포가 위와 아래를 중재하듯이 상징적으로 행동한다"(초도로루, 1997)고 가정한다.

도허티(1974)는 모두 분열증의 진단을 받은 "18세에서 55세의 다섯 명의 여자"로 이루어진 미술 치료 그룹을 공동 인솔하는 것을 묘사했다. 최초에 치료사들은 그룹에게 "자신의 그룹 그리기"를 하였고 하반기 동안 미술 작품을 대상으로 진행했다. 그들이 자신들의 표상을 그리고 서로의 작품을 돌려봤을 때 이 접근법은 구성원들 사이의 소외감을 낳았다. 진행은 진부성과 요점 없는 대화를 이끌었다. 그들이 활동의 초점을 미술 중심으로 바꿨을 때 그룹 과정에 내재된 두려움과 위험의 표현을 향한 움직임이 있었다. 다음으로는 풍경의 주제에 대한 혼돈스런 반응이 있었다. 하늘, 땅 또는 물의 기원에 대한 합의가 없었고 참가자들은 "공격적인 태도"로 서로의 영역의 우위에 서려고 하기 시작했다. 이 시점에서 한 구성원이 그들이 기하학적 도형으로 작업하겠다고 주장했을 때 리더십의 축이 치료사들에게서 그룹으로 바뀌었다. 그 결과로 만다라-형의 공동 벽화로 분별할 수 있는 그룹의 응집력이 이어졌다. 도허티는 만다라들이 정신 통일을 촉진한다는 융의 이론이 확인되었다고 결론 내렸다. 그녀는 미술 치료에 대한 융적인 접근법이 환자들로 하여금, 그림자의 원형이 "먹어 치우려고 위협하는 괴물의 사랑하고 사랑 받는 바램에 대한 뒷면인 것"처럼 보여지게 해주는 면에서 효과적이라고 결론 지었다. 그 예로 반대 연합에 대한 고전적인 융의 개념이 미술 치료 과정에서 발견되었다.

윌머(1976) 역시 유사한 모집단을 다루었는데 1974년 샌 안토니오에 있는 퇴역군인 행정 병원에 있는 치료 공동체의 맥락에서 내담자들과 가졌던 그의 작업을 서술했다. 그는 이 공동체를 가리켜 그 안에서 내담자들이 프로그램에 머물도록 동기화되며 자신들의 내적 진실들을 다루고자 하는 "융적인-지향"으로 묘사했다. 약물은 폭력적이거나 심하게 파괴적인 행동들에 대한 통제를 조절하기 위해 절대적으로 필요한 최소 양으로 줄었고 망상, 환각 그리고 다른 정신병적 증상들의 통제에는 주어지지 않았다. 내담자들은 약물을 사용하는 대신 하루 중 밤 낮 언제나 미술을 창작하도록 장려되었다. 윌머는 "항 정신성 약물들이 인지 학습, 지각, 공동체, 자발적 창의성"을 방해한다는 임상적 증거가 있다"고 주장한다. 그는 환자의 혼돈스런 내면의 삶의 수용을 "의미 있고 상징적이며 설득이나 약으로 없애는 게 아니라 겪어야 할 필요한 단계"라고 옹호한다. 그는 이것을 희망의 주입과 부서진 정신의 재통합으로 이끈다고 믿는다.

피넬리(1975)는 대화 그림과 기술의 기초들 또는 분석자와 피분석자 사이의 비언어적이고 자동 시각적인 소통의 형태를 설명한다. 그녀는 공유된 미술 작품이 그녀와 피분석자 사이의 관계에 그래픽 형태를 주며 그에 따라 그것을 볼 수 있게 한다고 믿는다.

> *그 기술은 두 가지 기본 특성이 있는데 이미지와 대화가 그것이다. 대화는 그래픽 말하기와 대답하기로 일어난다.*

피넬리는 사람들과 일할 때 두 극단에 주목했다. 한 극단에는 말로 하는 대화를 믿지 않고 대신 이미지들에 쇄도하는 사람들이 있다. 다른 한 극단에는 말 뒤로 숨고 그들의 내적 이미지들에 접근하는 데 있어 도움이 필요한 개인들이 있다. 전자에 대해서 피넬리는 통제를 돕고 후자는 그들의 이미지를 찾는 것을 촉진시킨다. 그녀는 이 과정이 치료사에게 보다 예민한 위치를 부여한다고 믿는다; 따라서 공감과 신뢰가 이뤄질 가능성을 높이게 된다. 그가 주장하는 양극 통합에 대한 융의 원칙적 맥락에서, "…자연과 더불어 그리고 반해서 나아가는 우리가 연관된 그 과정은 오만과 겸손, 소외와 소통, 거부와 수용…의 경험을 요한다." 그것은 "변형 이미지들"이 표면으로 나오고 보이게 되는 역설적 "중용"에 있다. 게다가 피넬리는 이 과정 중에서 보통 부정적이고 공격적으로 보이는 이미지들이, 긍정적이고 영감을 주는 것처럼 보이는 정상적인 사람들에게 연관될 수 있고 자발적으로 경험될 수 있다는 생각을 표현한다. 임상가는 개인적 무의식이 자신의 피 분석자들의 집단 무의식에 대한 표현을 견뎌야 할 수도 있다는 것을 반드시 깨달아야 한다고 경고한다. 만일 분석자가 길 밖으로 나오는 법을 배우게 되면, 피 분석자가 "아동과 부모의 원형적 배열 사이와 상처들이 최초로 생긴 비 자아 수준에서 치료되는 것이 가능하다".

키에스(1976)는 그림자 원형을 환기하고 통합하는 과정을 논의한다. 그녀의 방법론은 글쓰기, 명상적 확대 그리고 미술 창작의 이용을 포함한다. 그것은 비슷한 특성을 가진 동성 구성원들에게 가장 강하게 투영되는 그림자의 다양한 면들을 식별하고 그리는 행위이다. 이것은 그들에게 목소리를 부여하고 현재 시제로 그들의 에너지를 행동화함으로써 그림자의 양상들을 형태화하기 위해 각 개인을 초청하는 것에서 정점에 이른다. 다른 방법은 내담자들이 "모든 인지 가능한 인간 감정과 행동"을 포함한 여러 다양한 사진들을 선택하는 것을 동반한다. 참가자들은 긍정적으로 해석한 5-6개의 이미지를 뽑고 부정적으로 인식한 5-6개의 이미지를 뽑아, 개인적으로 의미 있는 태도로 그들의 배열에 특별히 주의를 기울여서 그것들로 콜라주를 만들도록 요청을 받았다. 키에스는 내담자들이 그림의 중앙에 그들의 일생에서 현재 일어나고 있는 중요한 문제들을 재현한 이미지들을 배치하는 경향이 있다는 걸 알아냈다. 그들이 의식적으로 관심을 가진 이미지들은 중심 주제의 오른편에 놓였고 그 왼쪽에는 그림자의 투영 또는 거부된 측면이 놓였다.

셀레겔리스(1987)는 "미술 심리치료"에 대한 융적인 접근법의 맥락에서 만다라의 이론과 임상 적용을 경험적으로 탐구하려고 했다. 특히 그녀는 사각형과 대비되는 원형으로 생산된 미술작품 사이의 식별 가능한 차이를 조사했다. 그녀는 그것이 꺾인 선이 두려움 또는 적대적인 감정과 관련되는 증거라고 주장한다. 자신의 가설을 시험하기 위해 그녀는 17세에서 25세 사이의 대학생들 32명을 택해 임의로 두 그룹으로 나눴다. 한 그룹은 원 안에 그림을 그리게 했고 다른 그룹은 사각형 안에서 그리게 했다. 셀레켈리스는 만다라가 내담자-미술가와 보는 이 모두를 고요하고 누그러지게 하는 효과가 있다는 융의 주장을 지지하고, 또 원 안에는 각이 더 적다는 그녀의 가설을 지지해 주는 결과로서의 그림들 안에 통계적으로 중요한 자료가 있음을 알아냈다.

프라이리어와 코르빗(1992)은 내담자 미술 치료 실천 중 즉석 사진의 사용을 확대 했다. 치료 참가자들은 내적 감정의 상태에 맞게 사진을 위한 포즈를 취하게 되었고 그림, 색칠, 콜라주 그리고 조각 요소들 같은 다른 매체의 통합을 허용함으로써 그들이 자신의-이미지에 맞서도록 권장되었다. 개인 이야기를 그들 자신의 개인적이고 신화적인 이야기로 바꾸도록 권장하고 그들은 다양한 내담자들의 여러 가지 필요성에 맞는 가능한 접근법들의 총수를 늘리면서, 사진 미술 치료를 새로운 분야가 아니라 미술 치료사들에 의해 사용되는 매체들의 범위 내에 있는 또 다른 매체로 본다. 융은 다음과 같이 인용된다. "…… 인간성의 다 차원성은 다양한 심리적 특성을 만족시키기 위해서 매우 다양한 입장과 방식들을 요한다"(프라이리어와 코르빗, 1992). 다시 말해 그림을 너무 무섭게 생각하는 사람들은 즉석 사진을 더 기꺼이 생각한다. 사진 미술 치료의 이용에 있어 그들이 내세운 목표 중 하나는 "정서적 장애에 가시적인 모양을 부여하는" 융의 개념이다. 이렇게 이미지는 필요하다면 대면, 논의, 변화될 수 있는 명확한 초점이 된다. 그들은 다변적인 미술 치료 과정들을 통합하는 것을 권하기 위해 그들의 내담자들에게 카메라, 필름, 다양한 미술 매체, 공예 도구 그리고 재료들을 제공한다. 미술은 깊은 정신으로부터 고양되었지만 무의식적인 재료들의 표현을 위한 촉매로 여겨지며 그것은 자신으로의 접근이 더 쉽게 만든다. 한편 "내적 자신과 종합되거나 통합되는", "사진은 자기 바깥으로부터의 이미지로서 시작된다". 융은 자기-이해는 자기-지식의 상승을 요한다고 주장했다. 자기-지식을 높이기 위한 방법 중 하나는 각 참가자가 기록을 진술하고 그들의 페르소나, 이를테면 그들이 외부 세계에 나타내는 가면 등의 다른 면들을 조사하는 자화상 상자를 의식하는 것이다. 이런 이미지들은 따라서 그들의 진짜 숨겨진 자기와 비교가 되며 그들은 그 페르소나를 포기할 수 있고, 그들의 진짜 자아를 다른 사람들에게 드러낼 준비를 할 수 있게 해줄 것이다.

융의 이론적 관점은 미술-기반 평가 과정들의 분야에서 발전의 주요 원인이 되어왔다. 도리스 아링튼(1992)은 그것을 "융적인" 아링튼의 시각 선호 검사, 마리 카드 검사, 올드 마스터즈 시리즈 그리고 슈메이커의 무지개 현상 등으로 나열한다. 이에 관심을 둔 임상가가 언급된 텍스트를 참조할 수도 있으므로 처음 두 개는 이 장에서 다루어질 것이다.

아링튼의 시각 선호 검사는 미술치료사들이 그들 내담자들의 미술작품에 자주 등장한 무수한 이미지들의 총합에서 선택했던 56개의 그래픽 기호들을 포함한다. "그 카드들은 네 가지 융의 범주들을 대표한다: 여성적, 남성적, 자기(자기 인식) 그리고 변형(변화) 개념들"이 그것이다. 참가자들은 가장 좋은 것부터 싫은 것 순으로 이미지의 번호에 점수를 매기도록 요구 받는다. 이 시험은 아이가 있는 주로 백인 여성 "128명에게 경험적으로 시험"되어왔다고 한다.

마리 카드 검사는 켈로그에 의해 개발되어 25년 이상 사용되어왔으며 만다라 사용을 수반한다. 시험 중 참가자들은 유성 파스텔로 직경 10.5인치의 원 안에 그림을 그리고 색을 칠하도록 요구

받는다. 그 결과 만다라는 "색, 움직임 그리고 상징들을 기본으로" 해석 되었다. 26개의 카드는 인생의 13 단계와 38개의 색칠된 종이에 일치하는 것으로 발전되었다. 참가자들은 다섯 장의 카드와 각 카드와 일치하는 색깔을 택하도록 요구 된다. 이 검사는 훈련된 교사들에 의해서만 수행된다. 타일러(2003)는 참가자의 수용, 거부의 선택 그리고 두 가지 카드 형태에 대한 색깔 체계의 지정에 강조를 두는 마리 평가 검사의 세부사항을 다듬었다.

결론

우리는 융이 최초의 미술 치료사로서 차별성이 있는 사람이라고 매우 강하게 확신할 수 있다. 융(1960)은 일찍이 1916년에 "정서 장애는……그것을 본능적으로 확신함이 아니라 그 시각적 형태에 의해서도 다루어질 수 있다"고 말했다. 융은 환자는 기술적이고 미학적인 숙달이 중요하지는 않지만, 그 목표는 무의식적 이미지를 손에 만져지게 만드는 즐거운 환상 활동에 접근하는 것이며 그런 정서적인 면을 색칠하고 그림 그리게 할 수 있다고 계속 말해왔다. 융거와 아사와가 환기시키듯 마가렛 나움버그와 그녀의 여동생 플로렌스 케인이 모두 1916년에, "……확실히 융적인 매력과 영향을 나타내는", "무의식의 심리학"을 번역했던 비어트리스 힝클에 의해 분석되었다는 사실을 아는 것이 또한 중요하다. 아마 프로이트와 융의 차가운 결별과 에드워즈(1987)가 "전이 맥락"이라고 언급한 추종자들 사이에 작용하는 것 때문에, 나움버그는 프로이트와 융 사이에서 선택하도록 이끌렸다. 그녀는 점점 자신을 이 시기 이후 프로이트의 저작들과 이론들에 동일시했다.

말치오디(1999)는 미술 치료사들에 의한 심리학의 개념들과 실천들의 자유로운 증가가 주로 "미술 치료 교육에 대한 나움버그의 우세하고도 지속되는 영향"에서 기인할 수 있다는 데 동의한다. 강하고 카리스마 있는 인물인 나움버그가 미술 치료사의 세대들에게 많은 영향을 미쳤고 계속해서 영향을 미치고 있다는 것은 분명하다. 융의 집단 무의식 이라는 주요개념과 표면적으로 경험적인 방식, 원형의 근본 영향, 적극적 상상의 과정 그리고 근본적으로 인간의 영적인 성격에 대한 그녀의 적용은 미술 치료 공동체를 극단화해 온 유행을 불러왔다.

린다 간트(1998)는 거의 모든 다른 신화의 정확도를 의문시하는 과학적 극의 대표자로 볼 수 있다. 과학적 탐구에 대해 저항하고 거부하는 많은 동료들에 당황한 그녀는 심리학자, 통계학자에 의해 발전된 신화로서 내담자의 이미지들에 대한 객관적인 측정을 옹호한다. 그녀는 미술작품들이 구체적인 대상들 과학적 탐구를 위한 이상이라고 주장하며 내담자들에게 적용된 그러한 신화들이 환원주의적이라는 것을 부인한다.

웨더슨(2002)은 반대로 "그 심리치료 작업들을 증명하는 연구들이 거의 없음에도, 우리는 그 미술 치료 작업들을 증명할 연구결과들을 원한다"고 외친다. 그녀는 "우리의 눈을 열어 우리 앞에 있는 내담자들의 미술작품이 미술 치료 과정에서 진정한 마법이라는 것을 볼 것…"을 옹호한다. 만일 그렇게 한다면 우리의 내담자들이 "……그들의 삶에 대해 말을 할 것이고, 마음을 열어 보살피는 방식으로 그들에게 닿을 수 있다"고 약속한다.

앨런(1995) 또한 미술 창작을 그녀의 "영적 통로"로 보고, 정신 건강 분야가 미술 창작을 가진 이후의 작업으로써 미술 치료 발전이 "또 다른 치료 양식과 똑같이 규정된 목표들과 이미지들에 할당된 이미 결정된 의미를 요구하는 결과들을 인정하는" 것이라고 말한다. 그녀는 "이 같은 종류의 직업론은 미술에서 가장 유력한 특성들, 즉 경계를 허물고 우리의 상호연관성을 드러내며 우리 고유성의 존엄을 드러내는 능력"을 빼앗는다고 우리에게 경고한다.

아이러니하게도 아무도 그러한 논쟁을 융만큼은 즐기지 않을 것이다. 특징적 방식을 통해 그는 그것들의 장점을 위한 양극단을 잘 주장해 왔고 반대의 연합에 의해 중용에 도달해왔다. 그는 "개별적 삶의 특별한 다양성이 근본적으로 그의 이론적 신조와 일치하지 않더라도, 의사 자신에 의해서 종종 아주 무의식적으로 적용되는 이론의 지속적인 변경을 필요하게 만든다"(쇼도로프, 1997)고 믿었기 때문에 다변적인 사유와 태도를 감내하고 거기에 머무르도록 우리를 지도했다.

미술 치료에 대한 융적인 접근법은 고정되어 있지 않고 내담자들의 필요에 대응하는 치료사를 방해하는 이데올로기적 명령들의 불변의 체계이다. 그의 기본적 목표에 대해 융은 "나의 목표는 내 환자가 그 자신의 성격에 대해 실험을 하기 시작하는 심리 상태-즉 어떤 것도 영구적으로 고정되어 있지 않고 어쩔 수 없이 돌처럼 굳어지지 않는 유동성, 변화 그리고 성장의 상태를 가져오는 것이다"(쇼도로프, 1997).

미술 치료사들은 동일한 해법을 자신들의 분야에 잘 적용하고 유동성의 상태를 가져올 수 있다. 우리는 다양한 이미지들에 대한 체계적 접근으로부터 배울 수 있다는 것을 알기 위해 과학적 접근에 귀 기울여야 한다고 생각한다. 어떠한 방식으로써 원형들은 정신적으로 뿌리 깊은 코드화들이다. 그들에게 그들의 딜레마는 치료 과정에서 우월한 능동적 대행자로 느끼는 것을 어떻게 피할 수 있고, 또 그들이 돕는다고 주장하는 바로 그 내담자들을 어떤 방법으로 소외시키지 않을 수 있나 하는 것이다. 동시에 우리는 미술 치료 과정에서 신비적인 것을 고수하는 이들을 존중하고, 과학이 인간 정신의 미묘한 내적 작동들에 대한 모든 해답을 가지고 있지 않다는 것을 이해해야만 한다. 맥니프(1992)는 융을 인용하여 우리가 그러한 신비를 설명하고자 한다면 "그 새는 날아가 버린다"고 주장한다.

3장

평가 태도

앤 밀즈

서론

표현미술 치료사가 되기 위해서는 무용, 시각 미술, 시 또는 음악 등의 양식들 중 어떠한 것이든 선정하여 미술가의 친숙함을 미리 발달시켜야 한다. 우리는 일본 수묵화 붓을 잡고, 묵을 묻히고, 쓰고, 씻는 적당한 방법을 배우기 시작한 서양의 시각 미술가에 의해 예시될 수 있는, 미술에서의 학습 기술들로서 내재된 훈련을 기억한다. 그 기술 세트는 실패했고 제2의 천성이 될 때까지 (서툴렀기에) 조심스럽게 연습 되어졌다. 결국 통합과 변형의 과정을 통해 그 기술들은 미술가의 일부가 되었다. 그 자신의 스타일에 맞는 방식으로 일본 붓을 쓰면서 미술가 또한 질적인 것과 가치의 문제에 주의를 기울이며 도구를 바로 사용하게 된다(아이비와 아이비, 2003).

평가를 능숙하게 관리하는 것을 배우는 것 역시, 혹독함이 아니라 오히려 문제들을 단순하고 "보다 솔직하게"(포드볼, 1983) 만드는 데 도움을 주고 "우리 자신을 관리하는 표현과 우리 삶의 질"(웰우드, 1983)이라는 의미에 대한 훈련이 필요하다. 새 지식이 통합되고 임상가의 치료 스타일의 일부가 될 때 평가 관리에서의 능력이 성취되면 변형의 시간이 뒤따른다. 평가를 관리하는 미술 치료사의 행동은 자유롭고 진실하며 또한 올바를 수 있다. 훈련에서 자유로의 이처럼 복잡한 발달 순서는 논의가 거의 안되었으며 종종 이루어지지도 않는다.

몇몇 미술 치료사들은 그들이 진단(파머, 맥거핀과 윌리엄즈, 2002; 밀즈, 1986) 또는 테스트

상황의 인식된 엄밀성(코헨, 2004), 즉 "평가의 개념을 편하게 여기지 않기 때문에"(페더와 페더, 1998) 평가 관리 기술을 개발하지 않았다고 한다. 나는 때로 미술 치료사들이 하는 표준화된 미술 인터뷰 훈련에 대해 한 사람이 다른 이에게 주목할 자유를 주는 구조라기 보다는, 제약 또는 처벌로 보고 반항하는 것이라고 과감히 말할 것이다. 결과적으로 많은 미술 치료사들은 표준화된 평가에 대해 바른 용어나 미술 재료를 사용하지 않는다(밀즈와 굿윈, 1991). 때로 미술 치료사들은 그들이 특정 지도안을 따라야 할 경우에 그들이 주어야 할 것이 세션으로부터 차단되는 것임을 가장 잘 느낀다. 나는 누구나 이렇지 않기를 바란다. 긴장을 풀고 치료사로서의 자신의 스타일을 이용하는 것이 중요한 반면 규약 훈련을 통달하는 것이 우선시 되어야 한다. 무엇보다 평가 인터뷰는 단지 대화가 아니다. 그것은 차례가 있으며 잘 구성이 되어서 질문자는 대화를 통제하려고 할 것이며 내담자는 불편한 감정과 기억들(벤자민, 1974)에 머무르도록 요청 받을 수도 있다. 규약을 따르는 데 있어서 양방향성을 가지는 것은 자기 멋대로이거나 내담자에 대해 불공평할 수도 있다.

평가 인터뷰의 핵심 가치는 그 사람을 끌어들이려고 하는 것(그로스-마르낫, 1997) 또는 퀴아트코우스카가 그의 가르침에서 강조했듯이 미술 재료를 이용해 다른 사람과 상호작용하려는 것이다(J. K. 윌리엄즈, 개인 통화, 2004년). 그 외의 다른 모든 것은 "부차적이다"(벤자민, 1974). 만일 누가 단지 "정보를 얻거나" 또는 "등급 평가를 하려고" 거기 있다면, 그 내담자은 도구가 되는 셈이며(즉, 대상이며 인간이 아닌) 그것은 형편 없는 방법론이고 도덕적으로는 더 나쁘다.

최근에 나는 연구 참가자들(일반 성인 연구에 참여한 자원자들)에게 미술 치료 학생의 입장에서 내가 미술 치료 평가를 관리하는 것을 관찰할 수 있었는지를 묻기 시작했다. 그 후 많은 학생들이 개별적으로 청강을 허가 받았다. 그 학생들이 그 후 미술 인터뷰의 따뜻함과 "인간적임" 그리고 그림 토론의 풍성함에 대해 놀라움을 표현했을 때 나는 약간 당황했다. 나는 그들이 평가 목적의 미술 인터뷰에 대해 오해를 하고 있고, 또 그 과정에 너무 몰두해 미술과 그 사람에게 마땅한 주의를 기울이지 않았을 것이라고 추론했다. 사람들에게 적당한 방식으로-너무 좁거나 너무 느슨하지 않다는 뜻의-평가를 관리하는 법을 가르치는 것은 문헌에서 논의되지 않았다. 이 장에서 나는 주로 학습곡선의 시작에 있는 미술 치료 대학원생들의 용어로 서술을 할 것이지만, 나의 설명은 경험 많은 임상가뿐 아니라 다른 정신 건강 직업에 있는 훈련생들에게도 적용될 수 있다. 나의 목적은 학생들과 다른 이들이 내가 평가 태도라고 부르는 것을 해석함으로써 유능한 평가자들이 되도록 돕는 것이다.

과학적 접근 치료

심리학 분야에서 "과학적 접근 치료사"란 임상적 작업을 통한 정보를 자신들의 연구에 부여하는 사람 그리고 그 연구가 다시 자신의 임상적 작업에 정보를 주는 사람을 말한다. 미술 치료의 분야에는 치료자로서의 미술가"라는 용어가 있으며(밀러, 2001년), 나는 그 말을 스튜디오 환경에서 작업하고 창의력을 치료로 간주하는 사람을 가리켜 쓴다. 미술가-치료사의 개인 미술 창작은 다른 사람과 하는 그들의 작업에 영향을 주고 그 반대의 경우도 마찬가지이다. 임상 작업에 접근하는 이 두 가지 방식은 체계적 대 자발적, 객관적 대 주관적, 심리측정학적 대 인상주의적, 통계학적 대 직관적인 것으로 단순하게 이분될 수 있겠다.

앞의 접근은 양으로 나타낼 수 있는 시험과 정보의 통합에 초점을 맞춘 기술적 스타일로 간주될 수도 있겠다. 후자의 접근을 하는 치료사들은 그들이 평가를 하지 않지만 "다른 또는 더 비공식적인 방식으로의 비슷한 기능을 한다"(밀즈와 굿윈, 1991)고 말할 수도 있겠다. 그러한 경우에서 미술 인터뷰는 두 사람 사이의 미술-기반 상호작용의 독특한 특성에 초점을 맞출 것이다. 그 도전은 우리의 직업과 자신 안에서뿐 아니라 (캐플란, 2000) 우리가 어떻게 조사할 것인가에 대한 정체성과 세계관 사이에서 균형을 찾는 일이다. 토론의 목적에서 나는 그 두 가지 패러다임을 분리했지만 이론과 교육은 실제적으로 평행선상에 있을 필요가 있다.

평가

"평가"라는 용어는 웨더슨이 정의한 바대로 "어떤 특정한 결과, 종종 진단을 생산하기 위한 수단으로 쓰이는 더욱 형식적인 과정"(2002)의 뜻이다. 관련 용어인 규약은 표준화 된 미술 치료 평가의 관리를 위한 서면 지시를 의미한다. 일반적으로 이러한 정의들은 우리의 정체성들 중에서 과학자-실행자의 부분을 뒷받침한다.

평가 과정들 자체는 브룩이 리뷰한 그 도구가 연구 또는 진단에 관련된 것으로 인식되느냐(나무에서 사과 따는 사람PPAT 같은, 간크와 타본, 1998) 또는 그 미술 재료들이 미술가가 사용한 것과 동일한 것인가(울만 과정과 같은, 울만, 1992)에 따라 심리측정 캠프 또는 인상주의 캠프 중 한 편으로 분류된다. 하지만 전문가가 미술 인터뷰를 하는 태도는 평가 규약보다 상호작용의 품질에 대해 더 큰 영향을 받는다. 예를 들면 그 규약은 미술 창작의 시간 제한을 정할 수도 있으며 그것은 활동적인 설정에서 도움이 될 수 있다. 하지만 이미지들의 언어적 처리에 대해 시간 제한을 정하는 것은 규약이 아니라 임상가의 특권이다. 실제적으로 이는 때로 미술에 대한 토론이 평가 자체의 관리보다 더 오래 걸릴 수 있다는 뜻일 수도 있다. 전체 미술 인터뷰는 10분(입원환자)에서 1시간 15분(외래 환자의 개별 실습)까지의 범위에 있다. 그 사람과 미술 생산품에 대한 반응의 민감성은 아래에서 있을 논의처럼 평가 과정의 기술이 도입되는 것에 있다.

평가 과정의 훈련 학습

많은 미술 치료 과정생들은 그들이 평가를 배우기 시작할 때 낯선 땅에 들어서는 것처럼 느끼고, 평가 관리를 그들의 임상가로서의 작업의 한 면으로 보지 않는 경향이 있다. 대신 평가는 때로 다르고, 열등하고, 지겨우며 또는 무서운 것으로 인식되기도 한다. 몇몇은 평가 훈련(재료들, 시간 제한 또는 용어의 정확성)을 억압적으로 보거나 자신들의 수행에 대해 지나치게 염려하게 된다. 염려를 적게 하는 것이 그 사람의 수행을 증명할 수 있는 반면, 너무 많은 염려는 수행을 방해할 수 있고 심지어는 환자의 말에 대한 집중력을 방해하기도 한다. 평가 관리자들에게는 실수가 일어나는 것을 이해하는 게 중요하다. 벤자민(1974)은 "죄송해요; 내가 방금 전 부분을 놓쳤네요. 뭐라고 말씀하셨죠?"라고 말하는 것은 얼마든지 허용된다는 것에 주목했다.

유능하고 책임 있는 치료사가 되기 위해서는 한 가지 평가의 관리도 정확하게 이루어져야 한다. 하지만 단순히 정확함이 한 사람의 감정 상태, 개인적 특성들 그리고 주어진 환경에 대한 판단을 배우려고 할 때 가능한 최선의 결과를 주지만은 않을 것이다.

> *객관적 심리측정 접근법은 지능이나 기계적 기술들을 측정하는 것 따위의 능력 시험에서 가장 적절하게 응용된다. 그러나 사용자가 의존성, 권위주의 또는 염려 같은 인격적 특성들을 평가하려고 할 때 그 유용성은 떨어진다. 인격적 다양성 훨씬 더 복잡하고 따라서 역사, 행동 관찰 그리고 개인간의 관계의 맥락에서 확인될 필요가 있다(그로스-마르낫, 1997).*

그러므로 객관적 접근은 대부분의 미술 치료 평가 상황에서 덜 유용하다(그로스-마르낫, 1997). 주관적 접근은 개인의 행동과 어떻게 답변자가 질문자 그리고 미술 과제와 연결되는가를 관찰하는 질문자의 능력을 지원한다. 이것은 미술 치료사가 그 내담자의 진단과 강점 그리고 새로 생긴 가설들에 대한 시험에 답변자를 이용할 수 있는 복합적이고 가치 있는 정보를 마련한다(그로스-마르낫, 1997).

범죄학과 약학 같은 정신 건강 관련 분야에서 임상 예견의 정확성 테스트는 주관적 또는 직관적인 접근이 통계적 접근법 보다 덜 정확하다는 사실을 보여준다. 즉, 진단 또는 상습성을 예견하기 위해 연구-기반 통계 모델들을 사용하는 접근법이 임상적 인터뷰 보다 더 우수한 것이다(도스, 파우스트와 밀, 1989). 더 나아가 임상 예견의 정확성은 심지어 경험으로도 증진되지 않을 수 있다. 이러한 발견들은 미술 치료에 대해 일반화될 수 없지만 내담자를 잘 섬길 수 있는 미술 치료사 훈련 방법을 위한 약간의 함의가 될 수는 있다. 이는 평가 연구를 이해하는 것이 아마도 임상자들에게 필수적일 수 있다는 추정에 무게를 실어준다. 그들은 다양한 미술 치료 평가 과정들의 강점과 약점 그리고 통계적으로 사람들이 그것들에 어떻게 대응하는지를 알아야 할 필요가 있을 것이다.

많은 미술 치료사들이 단지 진단 그림 시리즈(DDS; 코헨, 밀즈와 카작, 1994)같은 분석적 연구와 관련된 평가 과정을 관리하는 것은 진단적 정보로 귀결될 것이라는 잘못된 인식을 갖고 있다. 사실 정신진단 분류나(DSM이나 ICD), 그 한계 다양한 진단들의 상호작용에 대한 개념, 정신병리학의 다중 인과관계 개념, 환자의 사회적 맥락의 중요성에 대한 이해 등 뿐 아니라 정신병리학의 개념도 완전히 이해할 필요가 있다. 또한 미술 평가 등급 용어들 그리고 연구 결과들과 그 강점과 약점 등을 정확하게 이해해야 한다. 물론 더 많은 연구 결과가 존재할수록 익숙하게 되는 일이 더 복잡하고 주춤하게 만들 수도 있다. 당연히 DDS를 한번 관리하는 것만으로 임상가가 이 도구에 대해 자신감을 느끼게 하는 데 충분하지는 않을 것이다.

미술 치료사가 평가에 관해 배울 때 객관적인 시점이 뛰어나다면 그것은 탓할 일이 아니다. 무엇보다 미술 치료 평가를 관리하는 것에 대한 대부분의 소개 글들이 무슨 재료를 쓸지, 무슨 말을 할지, 얼마의 시간을 허용할지, 어떻게 그림의 등급을 매길지에 초점을 둔다. 학생에게 있어서 내담자는 방에 들어와 재료들을 집어 들고 그것들을 지시에 따라 사용하기 위해서만 존재하게 될 상상적 인물 같이 보일 것이다. 주어진 미술 치료 평가에 대한 표준 연구들은 이 평가 규약에 대한 누적적 반응에서 관찰된 것을 선호한 나머지 개별 환자를 무시하는 경향이 있다(예, 실버, 1990; 실버, 1997). 임상자의 주관적 반응도 중점적으로 다루어지지 않는다. 최근의 서적은 임상 실습에 있어서 정신병리학을 측정하는 법을 다루는 정신과의사들과 다른 의사들을 겨냥하고 있다; 하지만 임상자의 성격에 대해 언급하지는 않는다(파머, 맥커핀과 윌리엄즈, 2002).

그러나 시험자 자신의 인격과 감정 상태, 내담자에 대한 그의 반응, 관리 시험에 대한 그의 보통의 방식, 재능, 민감성, 표현성 그리고 다른 경향들과 환경들에 따라 다소 기여할 것이며……그는 절대 그 상황에서 허구가 아닐 것이다(해머에서 인용됨, 샤퍼, 1980).

정신 건강 문헌은 진단을 언급하지 않는 인터뷰에 동의하는 책들, 공감 또는 폐쇄를 언급하지 않는 진단 인터뷰에 관한 책들을 포함한다. 이러한 이분법은 평가를 연구할 때 배운 모든 것을 잊어버리게 만드는 임상자의 경향을 강화시킬 수 있다.

이분법을 보여주는 미술 치료 문헌

몇몇 미술 치료사들은 이 접점에서 특히 치료사와 내담자 사이의 권력 차이가 가시적이기 때문에(데이비스, 1971) 미술 치료 평가 규약을 따르는 것이 불편할 수도 있다. 평가가 처음이거나 내담자와의 유일한 세션에서 일어나는 경우-즉, 상호 영향을 포함하는 이전의 관계가 부재한-때의 구별은 특히 주목 할만 한다. 치료사들이 "권력적 이점을 유지하는 전략"을 가지고 있고 내담자들은 또 권력 경쟁을 위한 나름의 작전들이 있으므로, 양 당사자들은 그들의 세계관에 의존해 덜 경쟁적인 권력 구조를 선호할지도 모른다. 이 같은 권력 구조의 정당성을 의심하는 한 미술 치료사(아마도 문화적으로 제재 받는 치료사의 역할을 인정 안 하기 때문이거나, 또는 전문가처럼 느끼지 않기 때문에)가 내담자에게 그 지시사항들을 단지 제안으로 여길 것을 권하는 변명하는 듯한 어정쩡한 방식으로 지시사항을 제시할지도 모른다. 이것이 평가를 관리할 미술 치료사의 동기를 조사하는 중요한 이유이다.

왓킨스의 고전적인 1981년 논문에서 그녀는 진단 접근법을 환자 자신의 이해를 위해 임상가로부터 환기되는 이미지 중 하나로 정의하기 시작했다. 그녀는 그 이미지가 치료의 일부로도 또한 환자가 통찰력을 얻는 것을 돕기 위한 목적으로도 간주되지 않는다고 말했다. 투사검사는 특별히 이 접근법을 예시해준다. 그녀는 "그림에 대해 환자의 상호작용이 전혀 없고 그 그림들이 분석을 위해 미술치료사에 의해 압류된다"(왓킨스, 1981)는 데 주목했다.

왓킨스는 아이디어 촉진 목적을 위한 순수한 형태를 제시하고 있었다. 그녀는 가장 부정적이고도 그늘진, 객관적인 접근의 표현들을 분명히 밝혔다. 이것은 표준화된 도구로 작업할 때는 치료가 행해질 수 없다는 널리 퍼진 추정을 포함한다. 나는 이런 종류의 행동이 일어나지 않는다는 말에 동의하지 않을 것이다. 왓킨스가 취했던 희미한 시각은 여전히 표준화 된 미술 인터뷰의 형태를 지향하는 많은 미술 치료사들 사이에서 공유되었다. 이것에 대한 하나의 표현은 평가를 연구 도구들로만 생각하는 경향 또는 역으로 모든 연구가 평가를 체현해야 한다고 생각하는 경향이다.

로빈즈와 시블리(1976)는 환자 진단에 쓰이는 기술들, 객관적 정보 수집에 사용되는 기술들 그리고 치료 기간에 의사소통을 개선하는 데 쓰이는 기술들을 구분했다. 그들은 이런 기술들을 각각 투사적 기술들, 연구 기술들 그리고 치료적 기술들이라고 불렀다. 비록 로빈즈와 시블리의 주장이 겹치는 부분이 있다는 것에 주목했지만, 분리된 범주들이라는 그 사실은 이 기술들의 목적뿐 아니라 수단도 상이하다는 것을 함의하고 있다. 진단 또는 연구를 목표로 하는 상황에서는, 치료사와의 열린 상호작용을 증진하는 신뢰와 호기심의 분위기가 치료를 목표로 하는 경우들 이상으로 바람직하다는 사실은 다뤄지지 않았다. 미술 치료사들의 작업은 비록 우리 문헌이 여기에 주목을 하지 않았지만 객관적이고 주관적인 측면들이 통합될 때 더 우수하다.

런던 타비스톡 대학의 모토는 "치료 없는 연구는 없고; 연구 없는 치료는 없다" 이다. 그것은 감탄할만하고 완수할 수 있는 윤리적인 입장(M. 에드워즈, 1985년)을 뜻한다. 기술의 스타일 또는 계층 사이의 엄밀한 구분들이 표면적으로는 옳을 수 있지만 어느 정도는 오해 받기 쉬운 것이다.

임상치료사를 친절하고 호기심 있고 관심이 많고 또 비판단적이라고 묘사할 때, 독자는 이 사람을 평가나 치료를 하고 있는 사람으로 생각하는가? 치료 기간 중 추가적인 다른 활동들이 있다고 하더라도 그 설명은 양쪽에 다 걸맞아야 한다(예, 정신분석학-지향의 미술 치료 기간 중, 전문가의 해석은 가능하다). 일반적으로는 평가 기간과 치료 기간 사이의 질적 구분이 지나치게 강조된 것 같다(맥키논과 미셸, 1971).

비밀의 중요성

연구 목적으로 미술 치료를 수집하는 것은 규약을 따르고 참가자가 전문적 관리를 받는 것처럼 수행되어야 할 필요성이 있다. 그리고 임상적 목적을 위한 미술 평가는 규약을 따르고 치료사의 스타일로 수행되어야 할 필요가 있다. 이 두 가지 상황의 유일한 차이점은 규약을 위반하고 통제를 벗어나는 일이 일어나는 경우일 것이다. 이것은 기간 중 이전에 처방된 재료들의 일부가 아닌 숨겨진 연필로 그림을 그리는 일 등을 포함할 것이다. 그러한 경우에 미술과 그 세션은 여전히 유용한 임상적 정보를 산출하겠지만 미술 생산품들을 연구 샘플의 일부로 사용할 수는 없다.

모든 유능한 정신 건강 전문가들은 미술 작품을 환자와 논의 할 수 있어야 한다고 가정하는데(하몬드와 간트, 1998), 특히 이것은 미술 치료사들에게 있어서 더욱 그러하다. 하지만 미술 치료사들은 종종 세션에 언어를 가져오는 데 있어서의 그들의 기술에 대해 확신하지 못한다. 아마도 이런 이유로 미술 평가의 마지막 세션에 적절한 폐쇄를 제공할 필요가 충분히 강조되지 않았을 것이다. 나는 진단 그림 시리즈를 관리한 후 선택 가능한 질문의 목록을 보았을 때 소름이 끼쳤던 기억이 떠오르면서, DDS의 공저자인 배리 코헨(1994)으로부터 배우는 것은 보다 더 공포스러운 것이었고, 몇몇 미술 치료사들은 그림이 일단 그려졌을 때 무슨 말을 할지 몰랐기 때문에 그 목록을 유용하게 느꼈다고 생각한다. 그 질문들은 공격적인 것이 아니다(예, "이 나무는 당신이 알고 있는 것인가 아니면 상상의 것인가?"). 그리고 대답들은 몇몇 연구자들에게 대단한 관심거리였다(크레스, 1992). 하지만 미술에 대해 이야기하는 데 도움이 필요한 한 개인이 미술 평가를 관리하는 일이 유능한가?

브룩의 책에서 리뷰가 된(2004) 레빅의 정서와 인지 미술 치료 평가(LECATA: 레빅, 부시, 블랙모어, 버첼, 데쉬거, 이어우드, 가버, 크누스, 오키파, 파이퍼, 플라츠 그리고 톨비, 1989)에 따르면 한 예외로써 미술 치료 평가들은 구성된 미술에 대해 창작 후 인터뷰를 제공하지 않는다. 대신 미술 치료의 창시자 엘리노어 울만은 한탄하듯이(울만, 1992) 우리가 종종 모호하고도 엉뚱한 소리, 즉 언어의 종류로서의 미술을 진행한다고 말한다.

이 남용된 표현으로 우리가 뜻하고자 하는 게 무엇인가? 여기에 주장하려는 정의 중 일부가 있다. 연구자들/미술 치료사들이 미술 창작에 언어적 진행이 뒤따르게 된다는 것을 지시할 때, 그것은 곧 그들이 반-구조화된 연구 인터뷰 또는 사회적 상황 보다는 심리치료의 스타일로서 상호 대화를 수행할 것이라는 것을 뜻한다. 진행의 목표는 가능한 한 점잖고 위협적이지 않은 것; 미술을 만든 개인을 지배하거나 방해하는 것을 피하기; 아주 면밀히 듣기; 내용을 기억하면서 행간을 읽기; 미술을 만든 사람으로부터 깊은 반응을 유도하기; 그리고 참가자의 정서, 행동, 기억 또는 이야기가 그들 자신의 언어로 떠오르게 내버려두는 것 등이다.

그 과정은 제약적이지도 않고 구조화 되어 있지 않다. 질문들은 미리 정해지지도 특정한 순서로 묻게 되지도 않는다. 그것은 미술 작품(그리고 참가자들에 의해 경험되었을 법한 미술 창작의 과정)에 관해서 더 많이 배우는 것을 의도한 개괄적 인터뷰이며, 환자에 대해 더 많이 배우는 것을 목표로 한다. 자유 해답 식의 질문이 제기되고 참가자는 자신이 원하는 대로 대답한다. 예를 들면: "[그림의 한 부분에 대해] 나에게 말하라.", "이 그림을 그리는 것은 어떤 느낌이었나?", "당신이 내게 알려주고자 하는 것이 더 있나?" 명확화 조사("나는 내가 …를 이해했는지 확신하고 싶다") 그리고 최소한의 자극제(고개 끄덕임 또는 "아하")가 사용될 수도 있다.

연구 목적으로써 미술 치료 평가를 관리하는 사람을 만나는 것과 적절한 폐쇄를 제공하는 데 실패하는 것-참가자가 자신의 정상적이고도 상대적으로 잘 방어되는 항상성으로 돌아가는 시간-은 틀림없이 비윤리적일 것이다. 이와 비슷하게 우리는 미술 인터뷰 중에 답변자의 수행에 대해 피회견자에게 정보를 주는 데 대한 윤리적 의무가 있을 수도 있다. 미국 상담 협회뿐 아니라 AATA의 윤리 규약은 평가 결과 보고를 참조한다. 보통 우리는 그것을 정신 건강 전문가를 참고하는 보고서라고 생각한다. 그러나 심리학의 윤리에 있어서 검사 또는 다른 형태의 평가 결과들이 평가받는 사람과 공유된다는 사실은 분명하다. 포프와 바스케즈(1998)는 이번에는 지불을 커버하지 않을 수도 있기 때문에 이것이 임상의에 대해 비현실적인 청구를 할 수 있다는 데 주목했다. 그들 또한 임상의와 내담자 모두 평가 과정에 시간을 아주 조금만 쓸 것을 예상하도록 권장했다. 보다 더 중요한 것은 그들이 평가 결과들에 대해 치료사들과 내담자들이 토론하는 것을 불편해 할 수도 있다. 그것은 누군가가 여전히 미술과 정신 병리학뿐 아니라 그 검사에 대해서 배우고 있을 때 분명 위협적이 될 수도 있다. 좋은 소식만 주는 바람을 다루는 것, 기술적 언어 대신에 단순한 언어를 사용하는 것 또는 갈등이 있거나 불완전한 해석들을 이해하는 것 역시 매우 어렵다. 이와는 다른 요인들로써 아마 임상자들의 반응이 평가의 더 큰 과정의 측면인 역동적이고 상호적인 과정이라는 것을 잊어버리고, 내담자에 대한 결과를 버리거나 반응을 유보하게 만들 수도 있다(포프와 바스케즈).

특별 조건들

그들이 가진 능력에 자신이 없는 사람은 제대로 하려고 하는 데에 너무 많은 초점을 맞추는 경향이 있을 수 있다. 초보 답변자들은 그들의 시간, 공감 관심 그리고 이해를 바라고 있다는 점을 명심해야 할 것이며, 이 모든 것은 미술 치료나 특정 평가 과정에 대한 어떤 지식보다 먼저 존재해야 할 것이고 이것이 바로 그 내담자을 위한 유일한 기회일 수 있다.

최선의 조건들은 답변자가 자신의 규약을 알고 적절한 재료들이 준비되어 있다는 것을 확신하는 경우이다. 이것은 언어적 지시를 정확하게 줄 수 있도록 부정행위용 쪽지나 신호 카드를 소유할 선택권도 포함한다. "내가 오늘 당신과 최선의 인터뷰를 하고 있는지 확신할 수 있도록 이 카드에서 다음의 단어들을 읽을 것이다"라고 이야기 할 수도 있다. 아마도 의심스러운 조언이 있다면, 당신은 그것을 가지고 있으므로 내담자에게 어떤 것이든 말할 수 있지만 문제가 되는 것은 어떻게 그걸 이야기 하느냐이다. 여기서의 목표는 완벽함이 아니라 준비되고 자신 있는 질문인 것이다. 접견자가 불편하면 피 접견자도 역시 불편할 것이다(벤자민, 1974).

피 접견자의 사생활을 보장하는 것도 중요하다. 나는 다른 사람들이 통과하기 위해선 지나다닐 수 밖에 없는 방들에서 행해지는 미술 치료 평가를 보았다. 사적인 공간이 가능하지 않다면 사람들이 지나다니는 것을 다른 데로 돌리거나 참가자가 산만함을 방지하려는 시도 정도는 해야 한다. 이것은 타인에 의한 어떠한 것도 멀리하는 것 그리고 휴대폰을 꺼놓는 것 등이 포함된다. 규약의 일부가 아닌 그림 도구(연필 또는 휴지)는 시야 밖으로 치워야 한다.

내가 미술 평가 과정을 소개할 때 때로 참가자들이 묻는다, "무슨 일을 하려고 합니까?" 그리고 내가 관찰 계획을 말하면 약간 긴장한다. 그들은 나도 함께 그림 그리기를 원할 수도 있지만 이것은 그 세션의 목적에 대해 도움이 되지 않을 것이다. 나는 작은(호두크기) 점토 조각만 있으면 도움이 된다는 것을 알아냈다. 나는 이 점토 조각으로 작업을 할 것이고 그들을 가끔 쳐다 볼 것이다. 내담자들은 내가 여전히 관찰하고 있지만 보다 자연스럽게 느껴지도록 한다는 것을 이해하는 듯하며 이렇듯 분명한 초점의 변화는 그 과정을 보다 편안하게 만들 수 있다.

내 미술 치료 훈련에서 얻은 고무적인 충고들이 물론 가장 중요하다. 첫 세션에 뭘 할까 하고 물었을 때 내 프로그램의 감독 마이클 에드워즈는 "조용히 앉아서 아무 것도 하지 말고 있으라"고 충고했다. 다시 말해 무슨 일이 일어날 수 있게 내담자들을 보고 듣고 자리를 마련하라는 것이다. 당신이 다음에는 무슨 말을 할까 무엇을 할까에 지나치게 신경을 쓰는 것은 듣기와 관찰, 호기심 그리고 내담자의 리드를 따르는 것을 가로막는다. 이것은 절대 수동적 자세가 아니다. 그것은 "우리의 귀로 듣지만 우리의 눈, 마음, 가슴, 피부, 내장으로도 들을 수 있다는 것을 기억하는 데 도움이 된다"(에크만, 벤자민 인용, 1974).

수련자의 목표들

배리 코헨은 때때로 농담처럼 "미술 치료 주술"-그것은 미술 치료사는 미술 자체 만을 기초해서, 자신의 지식을 드러내기는 하지만 설명을 할 수 없는 그런 경우를 언급한다(B. M. 코헨, 1984). 우리는 그런 순간들에 대해 들었고 그 중 몇몇은 보았으며 또 우리 중 몇몇은 이러한 고유 권력들을 실행해온 미술 치료사였다. 내담자의 의학적 상황에 대해 정확하게 이야기 하기 위해 무지개 그림을 그리는 것을 보는 것에 기초한, 따라서 무지개 그림 평가에 익숙한 미술 치료사의 능력이 그 예가 될 것이다(슈메이커, 1982). 이 특별한 지식에 어떻게 거의 바로 도달하는지 말로 설명하는 것은 관찰과 무늬 맞추기(밀즈, 2003)를 조심스럽게 공부하는 것에 의해 이해될 수 있으며(신비한 선물이 아닌) 이는 곧 가르칠 수 있는 기술이기도 하다. 정신 건강 전문가 동료들이 따르고 믿을 수 있으며, 그들의 판단을 해석하는데 유능한 미술 치료사들에 의해 검증된 것처럼 미술을 읽는 이 같은 능력에 말을 활용하는 것은 매우 중요하다. 나는 이를 통해 많은 초보 미술 치료사들이 그들이 보인 것 보다 더 많은 것을 미술에서 읽을 수 있다거나, 자신의 권력(보통, 반항적으로 그려진 낙서)을 드러내는 것에 지적 받을 지도 모른다는 두려움의 표현을 말하려 한다. "미술 치료 주술"에 대한 내담자의 두려움 또는 갈망은 단지, "나는 마술 쇼를 할 수 없다; 당신이 성실하고 솔직한 참가자가 될 필요가 있다"라고 말하는 것으로라도 전해져야 할 것이다. 때로 훈련중인 미술 치료사는 자신의 감독자에 의한 "미술 치료 주술"를 목격하고 이것을 목표라고 생각하기도 한다. 유능하게 평가를 관리하는 것을 배우는 사람은 스스로 이 기준에 집착해서는 안 된다. 미술 치료사들은 다른 학문에서 우리의 동료들을 좌절시키는 경우가 있더라도 확실성을 강조하도록 되어서는 안 된다. 오히려 평가 세션을 위한 적당한 목표들을 가지는 것이 우리가 책임 있는 전문적인 태도로 행동하는 것을 유지시킬 수 있다.

초보자는 그가 이용중인 수단 뒤에 있는 연구 발견들에 대해 특정 지식 없이도 대답할 수 있는 질문들에게 초점을 맞추어야 한다. 여기에 벤자민(1974)의 작업에 의해서 주로 영감을 받은 그런 질문들이 있다. 내담자가 자신에 대해 어떻게 생각하고 느끼는가에 관해 미술은 무엇이라 말하는가? 자신의 신체에 대해서는? 특히 중요한 관계의 타인에 대해서 어떻게 생각하고 느끼는지에 대해 미술은 무엇을 표현하는가? 내담자의 눈에 다른 사람들이 자신에 대해 어떻게 생각하고 느끼는가에 관해 미술이 무어라고 말하는가? 자신이 하길 원하는 것들을 스스로 생각하고 느끼는 것에 대해 미술은 무엇을 이야기 하는가? 미술은 자신의 목표들에 대해 어떻게 말하는가? 자신이 사용하거나 사용할 수 있을 것 같은 메커니즘을 다루는 것에 대해 미술은 또 무엇이라고 말하는가? 자신의 가치들 또는 삶의 철학에 대해 어떻게 이미지가 반영되며 미술은 뭐라고 말하는가?

여기에 주로 왓킨스(1981) 작업으로부터 비롯된 질문들이 있다. 그것은 단지 페이지에 표시하는 것만이 아니라 무늬에 대한 인지와 내담자의 삶에서 유사한 순간들로 이끌 수 있는가? 내담자의 삶에서 살아 있는 것들 중 미술작품에도 살아 있는 것은 무엇인가? 그림의 많은 세부사항들이 등급을 매길 수 있는 것으로서만이 아니라 전체적으로 특정한 이미지의 필요한 일부로써 보여져 오고 있는가? 어떻게 이미지가 깊어지거나 확장될 수 있을까? 당면한 문제에 대한 자체의 해결책을 이미지는 어떤 식으로 만들어내는가?

미술 치료사는 일반적으로 의사 또는 다른 정신 건강 종사자들의 범위에서 귀중한 전문성을 가졌다고 간주되지는 않는다. 왜냐하면 미술은 주변화되고 선형적 소통으로서 다른 가정 하에서 관련 맺고 있기에 평가적으로 미술의 사용은 새롭고 어리석거나 심지어는 매우 위협적인 것으로 내담자에게 간주될 수 있다. 이러한 점 때문에 관찰 소통 또는 모호한 결론에도 특별한 주의를 기울여야 한다. 미술 인터뷰를 통해 만질 수 있는 기록은 치료 팀에 대한 임상가의 발견들을 보여주는데 도움을 줄 수 있지만 또한 유사한 훈련이 부족한 동료들의 투영에는 교란적으로 열려 있기도 하다. 능동적으로 발표하지 않을 때는 덮여있어야 하고 그 발표를 연습하여 한 작품을 구체화 할 준비를 하고, 또 용이한 발표가 될 수 있도록 미술을 평이하게 유지할 필요성이 모든 미술 치료사들에게 숙지되어야만 한다. "미술 치료사로서 나는……"이라는 선언문은 약간은 쓸모가 있다; 예를 들어, "미술에서 발달적 표시자들을 인지하기 위해 나는 훈련 받는다." 또는 "나는 일 년에 정신병 미술의 예를 X 개 본다." 우리의 직업은 고급 수준의 능력을 요하지만 그 수입과 명성은 상대적으로 낮으며 그것은 의식적 무의식적으로 전지적 수치 그리고 죄책감을 자극하는 회한, 자격, 희망의 느낌을 키울 수 있다. 균형을 맞추는 분위기에서 우리는 이에 대해 행동하기를 거부해야 하며 대신 덜 극적이라면 구체화될 수 있는 선언문의 사용을 위한 전문적 책임에 가치를 부여해야 한다.

결론

평가, 미술에 대한 지식 그리고 인간 행동의 복합성에 대한 지식을 통합하는 능력은 많은 양의 실천적이고도 체계적인 연구를 요하며(브룩, 2004; 킹엣, 1980), 전문성을 성취하기 위해 무수한 시간이 요구된다.

미술 치료뿐 아니라 심리학에서의 엄청난 양의 평가적 결점도 그러하다. 나의 예상은 통달과 평가의 전체 가치가 느낌의 안착이 미숙한 이후부터 드러날 것이라는 것을 이해함에 따라 미술 치료사들의 목적이 진지한 평가를 관리하는 훈련에 가까워질 것이라는 것이다. 겸손한 목표들이 시금석이다. 언제나 인간이 기계가 아니라는 것을 명심해야 하며 학습 훈련 단계와 스타일 또 성공적인 통합의 자유 사이에는 내부적 균형 그리고 미술과 과학 사이에서는 외부적 균형이 필요하다. 우리가 평가 태도를 고용할 때 우리에게는 미술가의 호기심과 과학자의 엄정함이 있어야 한다.

4장

부적응 청소년의 개인 미술 치료

수잔 보이스

서론

이 장에서는 반항적 10대들과 함께한 미술 치료 작업에 대해 논할 것이다. 모든 치료와 상담 계획과 마찬가지로 내담자의 참여가 치료의 성공에 중요하다. 신중하거나 감정적으로 보호받는 내담자들과의 만남이 드문 일은 아닌 반면 청소년들과의 작업에 관한 한 예외적이기보다는 오히려 규범적일 수 있으며, 청소년들은 "보호받는다"는 것이 새롭고 더 깊은 의미를 부여할 수 있다.

청소년들과의 작업은 의식적으로 한 선택은 아니었다. 내가 좋아하는 선생들 중 하나인 데비 굿 박사 ATR-BC는 "당신을 필요로 하는 일이 무엇이든 그것은 당신에게로 곧장 향할 것이다"(D. 굿, 1995)라고 말한 적이 있다. 정신 병원에서의 인턴쉽 배치 기간에 적대심과 공격성의 수준이 충격적이던 10대 갱단, 창녀들 그리고 마약 중독자들과 대면했다. 비록 개인적으로 피해를 입은 일은 없지만 정신 건강 관리가 필요한 청소년들은 내가 꿈꾸던 그룹이 될 수 없다고 느꼈던 분명한 기억에서 벗어나야 했다. 수년이 지나고 내 자신이 전 연령 대상의 공동체 정신 건강 에이전시에 고용된 것을 알게 되었고, 조사 범주에는 나이든 내담자들, 어린 아이들 그리고 청소년들도 있었다. 놀랍게도 청소년과의 에이전시 경험은 완전히 달랐는데, 업무를 통해 알고 사랑하게 된 10대들은 치료 과정 중에 있었다. 그들은 호기심이 있고 쾌활하며 도전적이었지만 절대 위협적이지 않았다. 아마도 이전 선생이 내게 제안했듯이 그 때는 치료의 관점에서 청소년 문제를 다루는 시간이었고 나는 더 이상 두렵지 않았다.

미술 치료는 비언어적인 방식들로 내담자와 소통되며 특히 제한적인 언어 기술이 있는 내담자들을 위해 유용하다. 미술 치료가 어린 아이나 발작한 적이 있고 실어증을 겪고 있는 어른을 위한 의사소통의 대안적 수단을 제공한다는 뜻이다(로빈스 외, 1986). 동시에 미술 치료는 뛰어난 언어 기술들이 있는 사람들도 지지할 수 있는데, 지나치게 지능적인 경향이 있는 사람들은 말로 벽을 만들 수도 있어서 전형적 대화 치료가 더 힘들게 된다(K. 슬라이-린튼, 1997). 미술 창작은 자연스러운 대화를 통해 극복되고 활용되어 중요한 주제들에 착수할 수 있게 하며 특정 문제, 감정 그리고 상황을 표현할 적절한 단어들을 찾는 데 어려움이 있는 다른 언어 사용자들에게 이용될 수도 있다. 그러나 청소년들에 관한 한 미술은 대화를 열어 주는 기회를 통해 안전한 표현 방식을 제공한다. 방안에 미술이 존재하는 것은 대화에 제3자를 초청하는 것과 같으며, 미술 생산품에 대한 토론은 초점을 내담자에게서 직접 거두어 치료사와 내담자 양쪽에게 서로 이외의 것들을 돌볼 수 있게 해 준다.

미술은 이야기, 공포 또는 경험을 외부화하고 형식화하는 데 사용된다. 종이나 점토를 이용 하는 것에 대해서는 거론할 점이 많은데 그것은 촛점을 옮겨 자신 바깥에 이미지를 놓는다. 미술 생산품은 감정들을 표현하는 안전한 방법으로서 아무도 그림을 그리는 데 있어 상처를 받지 않으며, 그것은 과거에 대해 말하고 현재를 탐구하고 미래를 발견하는 데 쓰일 수 있다. 또한 서사적 구성요소가 있고 나의 출신, 현재, 미래의 기록을 제공하게 되고 동시에 즐거운 일이 된다. 치료실에 온 내담자들은 종종 외부 세계에서 거칠고 고통스런 삶을 살지만 한 달에 한 두 번 정도의 짧지만 즐거운 시간이 스트레스가 많은 매일의 삶을 사는 그들에게 충분한 지원을 해줄 것이다.

때로는 내담자들도 몇 년간의 무자비한 스트레스와 압도당하는 느낌 때문에 얼어있기도 하지만, 감정은 원래 익숙하지 않거나 위협을 느끼기 시작할 때 오랫동안 멈춰 있을 수 있으며, 정서들을 식별하고 감정들의 신체적 감각을 평준화하는 것을 모두 미술 생산품의 창작에서 지원될 수 있다. 이미지들과 개념들의 창조적 흐름을 모의 실험하는 것은 종종 그 사람 내면에서의 창조의 흐름과 닮아있으며, 세계를 활기차게 만드는 바로 그 창조력이 개인적인 신체적 정신적 활력도 지원하는 것으로 그것을 깨우는 것은 지식이 있고 잘 훈련된 미술 치료사의 지도 하의 안전한 치료적 환경에서 이루어질 수 있다.

이 장에서 위에서 나열된 목적들을 다루는 세 가지 사례 연구를 발표할 것인데 외부화, 설화, 안전, 소생 그리고 재미. 미술 치료 방법의 모든 이름은 변화했으며 여기에는 행운의 과자 사용도 포함된다. 동기, 그림, 콜라주, 박스 안의 정서에 대한 상징적 봉쇄 그리고 점토로 만든 긴장을 푸는 염주와 같은 행운의 도구들까지.

행운의 과자

한 젊은 여성은 16살 때 내가 일하던 정신 건강 에이전시의 사무실에 왔는데, 그녀는 외국에서 매춘 생활을 하던 어머니의 일곱 명의 아이들 중 하나로 태어났으며, 이 젊은 여성의 첫 기억은 형제들과 고아원에서의 일들이다. 고아원을 포기한 것 외에 첫 번째 학대의 기억은 그녀가 아팠을 때 그녀를 이용했던 언니와 관련되어 있었다. 이 젊은 여성 알리시아(가명)는 후에 입양되어 열 살쯤 미국으로 왔고, 12살 때 입양 가족이 그녀를 거부한 이후 주 보호 시설로 돌아가서, 우리가 만났을 때까지 그녀는 다른 고아원에서 여러 번 수양 가족에게 갔었지만 역시 실패였다. 그녀는 몇 년 동안 치료를 받다 안 받다 했으며 때로 그녀는 기분과 행동이 누그러지는 것을 도우는 다양한 약물들을 복용했었다.

우리가 만났을 때 그녀는 나이에 비해 더 어려 보였는데, 그녀는 잘 훈련된 분명한 표현력을 가졌으며 매력적이었고 집중을 잘 했으며 지적이고 매우 신중했다. 그녀를 알아감에 따라 나는 그녀가 훌륭한 학생이라는 사실을 알게 되었는데 그녀는 최근에 여동생이 될 두 명의 친 딸을 둔 젊은 부모들의 새로운 입양 가정으로 갔다. 그녀는 새 환경을 믿고 적응하는 문제에 대해 논하기 위해 나에게 와서, 사무실의 가장 먼 구석에서 대각선에 위치한 방 안에서 알리시아는 나로부터 최대한 멀리 앉아 있었다. 그녀는 팔을 꼬고 나와 눈을 마주쳤고 사무적인 태도로 말했으며, 알리시아는 과거에 대해 어떠한 것도 이야기하길 원치 않았다. 이력상 그녀는 안전한 경계를 유지하는 게 어려웠는데, 그녀는 학교 친구들이 비밀을 유지하기에는 변덕스럽고 믿음직하지 않다는 것을 모른 채 누군가에게 가족 배경에 대해 거의 모른다고 말했을 수도 있다. 하지만 이 치료 세션에서 그녀는 완전히 반대였다.

그녀는 양부모가 그들의 방에 들어오는 것을 허락하지 않았지만 친 딸들에게는 허락한 것 말고는 새로운 수양 가족에게 상당히 잘 적응하고 있는 듯 했으나, 그들이 그녀를 못 믿는다고 생각했기 때문에 그들의 신임을 사려고 열심히 노력 중이었고 그녀도 역시 그 수양 가족들을 믿지 못했다. 그녀는 과거에 어른들에 의해 여러 번 버려졌고 그들을 믿을 만한 여유가 없었으며 알리시아는 말도 그림도 원하지 않아서 그녀와의 의사소통 수단을 개발하는 것은 힘들 것 같았다.

미술 치료사 동료 중 한 명인 제프 브로디는 내담자에게 미술 창작에 참여하게 하는 자극제로 행운의 과자와 행운 모으기라는 유용한 수단을 알려주었다. 자극 그림에서는 미술 생산품을 위한 주제로서 어떤 종류의 동기를 이용하는데, 그것은 영감을 위한 단순한 이미지들로 이루어질 수도 있고 경우처럼 행운의 과자 속 종이의 문장일 수도 있다. 그 자극제는 참가자에게서 관련 개념들을 일으키며 독특하고 개인화된 이미지가 치료 시작의 역할을 하게끔 발전될 수 있다(J. 브로디, 2003). 행운의 과자 쪽지는 눈을 감고 안본 채 뽑을 수도 있고 혹은 각각 읽혀질 수도 있으며 의도적으로 하나를 고를 수도 있다. 나는 알리시아에게 내 사무실 작은 그릇에 놓은 행운의 과자들 중에서 하나를 고르라고 했는데, 그녀는 모두를 훑어보더니 하나를 고르고 읽었다. "당신은 절대 꼴찌가 아니고 언제나 일등일 것이다."

나는 그 행운이 그녀의 삶에 어떻게 적용될 지 그림을 그리라고 제안했지만, 그녀는 그리기를 거절하고 팔을 가슴에서 꼰 채 고정되고 어두운 눈으로 내 눈을 마주했고 나는 몇 분간 그렇게 그녀와 함께 앉아 있었다. 그 다음 나는 그녀에게 다른 방식으로 그 의미를 보여 줄 수 있는 지 물었는데, 아마 그녀는 내 사무실에 있는 다른 물건들 몇 개를 이용해 한 장면을 만들어 낼 수 있을 듯했다. 그녀는 작은 플라스틱 동물들을 집어 나란히 세웠으며 앞에 있는 것은 어깨 너머 뒤를 보고 있는 암 사자였고 다음 것은 입이 열린 악어, 다음엔 돼지, 코요테, 스컹크 순으로 그녀는 내게 그녀가 맨 앞의 사자이고 그 뒤는 친구들이라고 말했다. 그들은 그녀를 따르고 있었는데 그녀는 계속 뒤를 돌아보면서 어디로 갈지 확신하지 못했다. 그녀와 문제가 있는 친구들의 뒤쪽으로 갈 수도 있다는 사실을 걱정하며 그녀는 앞으로 갈 수 있는 길이 어딘지 전혀 확신을 못했다.

플라스틱 동물 형상들을 배열한 알리시아의 용기는 그녀의 내적 사유와 두려움에 대해 나와 대화 할 수 있는 기회를 열어주었고, 그런 다음 위협적인 입을 벌리고 있는 악어에 대해 이야기 할 수 있었다. 그녀는 돼지와 코요테라고 생각했던 친구에 대해 이야기 할 수 있었고, 스컹크라고 생각했던 친구에 대해서도 이야기 했다. 누구의 이름도 대지 않고 그녀 주위의 인격들이 그녀에게 어떤 의미인지를 식별해 냈다. 나는 계속 그녀가 직접 고른 동물로 다시 돌아갔는데 암사자(정글의 여왕)는 뒤를 돌아다 보면서도 앞으로 활보하고 있었다. 알리시아의 허락 하에 나는 동물을 골라서 돌려세웠고, 이제 그것은 미래를 향해 어깨 너머로 보면서 친구들이 서 있는 줄 쪽의 방향으로 걸어가고 있었다. 우리는 그 위치의 느낌과 의미상의 차이에 대해 토론 할 수 있었으며, 그리고 나서 그것을 알리시아가 원래 해놓았던 대로 바꿔놓았다. 이런 과정들을 통해 알리시아는 그녀의 삶의 여정과 그녀가 대면하고 있는 가능한 선택을 평가할 수 있었다. 나는 그녀의 과거가 얼마나 위험했는지 알게 되었으며, 그녀의 삶이 어떻게 바뀌고 있는지 직접 이야기 하지 않고도 그녀의 청소년기 세계에서의 몇 가지 중요한 선택에 대해 다룰 수 있었다. 그녀는 그 세션이 안전하고 경청을 이끌어 낸다고 느꼈는데 사회 복지사의 말에 의하면, 그녀는 다시 오고 싶다고 느끼면서 세션을 끝냈다고 했다. 나는 그녀 뒤에 있던 위협적인 악어 입에 대해 의아해하게 되었는데, 그 암 사자는 그러한 과거의 위험들로부터 벗어나, 무엇이 뒤를 따르고 있고 또 얼마나 가까이 있는지를 뒤돌아보면서 아마도 외상 후 스트레스 장애(PTSD)를 보고 있는 듯 보였다.

PTSD 악몽들

지난 치료 기록을 읽고 알리시아의 이력을 알게 되면서 나는 알리시아가 PTSD 진단을 받았다는 걸 알았다. 반복적인 악몽들이 PTSD의 한 증상일 수 있다는 것을 깨닫고 악몽을 치료하는 치료적 접근법을 연구했다. 내가 겪은 것 중 가장 흥미로운 연구는 뉴 멕시코 대학 의대를 통한 대학 수면 연구 프로그램의 수석 연구원, 베리 크라코우 박사에 의해 이루어진 작업이었다(크라코우 외, 1995). 그들의 통제 연구의 치료 단계들은 3단계 과정으로 된 상상적 시연을 포함한다.

> *환자는 악몽에 대해 쓰거나 떠올리고 나서 악몽을 "새 꿈으로 바꾸고 매일 몇 분간 깨어 있는 동안 그 바뀐 이미지들을 정신적으로 시연을 한다. 그들의 초기 연구에서 치료를 받은 100명 중 70%가 나쁜 꿈이 현저하게 줄거나 사라졌다고 대답했다. 장기 후속 연구에서 이 결론들은 18~30개월간 지속되었다.*

알리시아는 몇 달간 격주로 나를 찾다 왔으며, 나는 이상하고도 무서운 꿈을 꾼 적이 있는지 물었다. 그녀는 자주 꾸는 꿈에 대해 이야기했는데, 그 꿈에서 그녀의 여동생을 죽이려는 악한 무언가에 쫓겨 뒤뜰에 몰려 그녀는 살해 당했고 알리시아는 그녀를 구출해 줄 수 없었다. 나는 그녀에게 그 꿈에서 꿨으면 하는 다른 결말을 그리라고 했더니 알리시아는 미술을 창작하는 것을 거부한 채로 있었지만 이야기는 계속 하려고 했다. 다른 결말이 일어날 수 있는 단어들로 묘사를 하라고 했을 때 그녀는 "다른 일은 일어날 수 없어요."라고 주장했다. 아무리 북돋워 주어도 다른 어떠한 결말도 저항하고 계속해서 거부했다. "그게 끝날 수 있는 유일한 방법이에요."

의도치 않게 나는 그것이 반드시 사실은 아닐 수도 있다고 대답했다. 알리시아는 완전히 새로운 것을 생각할 수 있었을까? 나는 그녀의 상상력을 펼쳐보라고 제안하자 다시 그녀는 가슴에서 팔을 꼬고, 나로부터 가장 먼 의자에서 미술 책상과 미술 재료로부터 닿지 않도록 멀리 앉아 있었다. 나는 잠시 그녀와 함께 조용히 앉아 있었고, 그녀가 대답을 안 할 것이라고 내가 확신하게 되었을 때 나는 팔을 올리고 내 의자로부터 뛰어 오르는 행위를 하게 되었다. "만일 슈퍼맨이 내려와 그녀를 데려간다면? 당신은 그걸 상상할 수 있나요?", "만일 슈퍼맨이 덤벼들어 그녀를 잡아 안전한 장소로 그녀와 함께 날아간다면?"

알리시아는 뒤로 기대어 나의 익살에 미소를 지으며 "당신은 미쳤어요." 하고 낄낄 웃었다. 알리시아는 환상 구조 작전을 만드는 데 동참하는 것을 거부했지만 내가 그 시범을 계속하도록 해주었다. 나는 그녀에게 매일 몇 분간 꿈의 결말을 재검토하고 그녀에게 일어날 수 있을 거라 생각되는 새로운 안전한 면들을 추가하라고 했다. 새로운 꿈의 결말은 치료사 보다는 내담자에 의해 만들어지는 것이 이상적이다. 비록 그 내담자는 나의 새 결말 창작에 동참하지 않았지만, 그 후 방문시의 후속 인터뷰는 그녀가 더 이상 보고할 악몽이 없다는 것을 확인 시켜주었다.

외상 그림 시리즈

10대 내담자 가운데 한 명인 제니는 14살로 그녀는 생모가 장기 알코올 중독이어서 그녀를 보살펴 줄 수 없었기 때문에 아버지와 양어머니와 함께 살고 있었다. 처음 만났을 때 제니는 14살보다 더 나이가 많아 보였는데, 그녀는 어른이 다니는 회사에서 몇 년 있었고 친어머니의 알코올중독도 보살펴야 했기 때문에 어른들과 대화하는 것을 익숙해 했다. 그녀와 양어머니는 아주 좋은 친구 같이 내 사무실에서 서로 농담을 주거니 받거니 했다. 우리가 서로를 더 알게 되자 그들 간의 관계가 점점 분명해졌고, 또한 점점 흐려졌다. 그들의 농담 중 대부분은 그들 자신과 내가 더 편하게 느끼도록 하기 위한 거짓 쇼였다. 사실 제니는 과거에 최소 두 번 이상 자살을 시도했고 양어머니는 그녀 혼자 남겨질까를 걱정했었다. 집안에 제니가 있는 것은 경제적인 부담이 되었으며, 그녀의 옷과 개인 물건들은 많은 공간을 차지 했다. 게다가 그녀는 가장 피해 입은 당사자로서 가족안 에서 모든 심리적 공간의 중심 무대에 있었다.

언제나 일을 하고 부재중인 그녀의 아버지 그리고 집안에는 제니와 동갑인 의붓자매와 남동생도 있었다. 제니의 생모는 여러 명의 술 취한 남자친구들과 동거하면서 학대를 당했으며 제니는 그 어머니의 친구들 중 한 명의 아들에게서 성폭력 당했다. 그녀의 인생에는 어디서부터 시작할지 모를 정도로 아주 많은 힘든 사연들이 있었다. 제니에 대한 결정을 하면서 나는 웨스트 버지니아, 모건 타운의 외상 회복 연구소의 간트와 티닌(2003)에 의해 개발된 접근법을 사용하기로 했는데, 외상을 치료하는 미술 치료의 기본 과업은 설화 진행과 이야기 외면화 등을 포함한다(화이트, 1997).

간트와 티닌(2003)에 의해 개발된 외상 치료, 이미저리 시리즈는 적어도 여덟 개의 연속적인 미술 프로젝트를 포함한다. 이 그림 시리즈에 앞서 안전한 장소의 이미지가 그 기반과 참조로 쓰이기 위해 만들어진다. 그래픽 설화 진행에서 쓰이는 여덟 개의 그림은 다음을 포함한다: (1) 사전; (2) 놀람; (3) 방해 받는 의도; (4) 얼어붙음; (5) 신체 감각들; (6) 자동 복종; (7) 자기-회복; (8) 사후.

이 장에서 나는 제니의 이미지들과 그 중요성 가운데 세 가지를 다룰 것이다.

외상 작업은 환자가 모든 세부사항과 외상적 경험의 이미지들을 회복하고, 기억의 단편들을 통합하는 설화를 구성하는 것을 목적으로 하며 경험에 대한 폐쇄를 가져다 준다. 이것은 의식적 무의식적 수준 양쪽 모두에서 이루어지고, 외상 작업은 완료되지 않은 경험적 기억의 단편들을 과거 사건의 일관성 있는 기억으로 변환시킨다. 이것을 성취하려면 언어적 저항에도 불구하고 비언어적 정신에 도달하는 것과 그 사람에 대한 언어적 발표를 위한 설화를 준비하는 것이 요구된다. 그렇게 되면 환자는 그 경험에 대한 동일화와 자기표현을 할 수 있다(간트와 티닌, 2003).

외상적 사건을 둘러싼 이미지들을 그리는 것은 아무런 말이 없는 경험의 부분들을 지탱한다. 결과적으로 이것은 외상에 의해 변화된 정신 상태를 명확화하고 해동시킬 수 있으며 기억에서의 간극을 채우는 데 도움을 줄 수 있다. 종이 조각 위에 이미지를 그 사람으로부터 분리시키게끔 묘사하는 것은 그것으로부터의 정서적 거리를 만들고 객관적 시점을 유지하기 쉽게 해줄 수 있다(간트와 티닌, 2003).

내가 제인에게 요청한 첫 번째 과제는 안전한 장소에 있는 자신을 그리라는 것이었다. 이 안전한 장소는 그 후의 힘든 작업을 위한 기초적인 경험을 제공한다. 두 번째 과제는 그녀가 겪은 힘든 시간을 생각하고 그 사건 직전에 무슨 일이 있었는지를 그리는 것이었다. 제니는 친 어머니의 아파트를 떠나 아버지와 양어머니한테 이사 갔던 사연에 대해 작업했다.

제니의 안전한 장소는 여섯 개의 겹쳐지는 산 봉우리의 이미지로 나타났는데, 이것은 페이지의 아래로부터 위로 펼쳐지는 파란 연필로 윤곽을 그리고 속은 하얗게 남아 있는 크고 예리한 삼각형들이었다. 흔히 그려지는 꼭대기가 눈에 덮인 상투적인 산들과는 반대로 산꼭대기들은 녹색으로 그렸고 세 개의 파란 구름, 오른쪽 위 구석에 웃고 있는 태양 그리고 하늘에 다섯 개의 "V"자 모양의 양식화된 새들을 추가했다. 그 다음 그녀에게 자신이 그림 속에 있다면 어디에 있을지를 물었다. 검은 연필로 그녀는 중앙, 뒤편 산들 가운데 하나의 언덕아래 쪽을 걷고 있는 자신을 그렸으며, 그녀는 생생하고 푸른 꼭대기로부터 황량하고 눈 덮인 골짜기로 내려오고 있었다. 제니는 혼자 있는 게 안전하다고 느낀다고 설명했다. 혼자 남겨져 자족적이며 어떤 것도 타인으로부터 필요로 하거나 바라지 않는 곳을 안전한 장소라고 보고하는 것은 내 실습을 통틀어 10대 청소년들에게는 흔치 않은 일로서, 그녀는 그림에서 아주 작고 고립되어 있는 듯했다.

외상 직전에 일어난 제니의 다음 이미지에서 그녀는 검은 연필만을 사용했는데 아무 색도 더해지지 않았으므로 그림은 빈약했다. 종이 가운데에서 큰 텔레비전이 보는 이의 정면에 위치해 있고 뒤통수가 소파 뒤의 보는 이로부터 멀리 있으며 막대기 모양의 양어머니가 중간 오른쪽 출입구에서 있었다. 또 하나의 막대기 모양, 즉 그녀의 의부형제들 중 한 명이 오른쪽 아래에 있는 가구 위에서 그녀와 함께 TV를 보며 드러누워 있었다. 제니는 텔레비전을 마주하고 있는 머리였다. 전경에 위치하고 있음에도 그 머리 크기는 아주 작았다. 해머(1980)는 작은 크기의 자신의 이미지를 부적절함 또는 움츠림의 감정과 연관 지었다. 그 소파 뒷면 너머로 쑥 내민 머리는 아주 작아서 보는 이로부터 반대편으로 향해 있다는 사실이 부적절함의 개념을 드러낼 수 있고(드라키니크, 1995) 세부사항 또는 색의 결핍은 우울함을 나타낼 수 있다(해머, 1980). 제니의 색상, 세부사항의 부족함과 그녀의 작은 머리 크기, 모두 그녀의 정신 상태에 대한 사실적 반영을 제공한다고 생각한다. 그녀가 얼마나 많이 함께 나누려고 했는지를 파악하는 것은 인상적이었는데 어째서 아버지 집에 단순한 방문이 아니라 머무르려고 했는지에 대한 그녀의 이야기는 굉장했다. 그것은 따로 언급 할 필요가 있다.

그녀가 그 시리즈에 묘사한 그 어떤 이미지들보다도 포함될 것이 하나 더 있는데 제니의 "이후" 그림은 종이 아래부터 4분의 1인치쯤에 땅을 나타내는 선이 있다. 그녀가 싸서 옮겨야 했던 물건들 즉 상자를 나타내는 "게임들", "수집품들" 그리고 "낚시질" 등 세 개의 큰 라벨이 붙은 직사각형의 상자들 옆, 낚시질 상자 가까이 무릎을 꿇은 그녀 자신의 막대기 모양이 있고, 그녀 옆에는 기울어진 탁자와 땅에 제대로 닫지도 않는 비뚤어진 다리를 한 의자가 있다. 이런 이미지들이 단지 윤곽으로만 되어 있고 색깔도 안 칠해져 있지만 제니는 이미지들을 그리는 데 색연필을 사용했다. 우울하고 움츠러든 내담자에게 이것은 약간은 희망적인 신호였다. 하지만 그 그림에서 가장 충격적인 이미지는 여전히 그녀 주위의 물체들과 대비되는 그녀 자신의 크기였다. 그녀는 상자만큼의 키도 안되고 그녀 옆 의자의 앉는 부분 높이 정도였다. 제니는 자신을 갓난아기 크기로 그렸다. 그녀가 삶에서 느낀 무력감은 그녀의 이미지에 분명히 나타났다.

걱정을 없애주는 염주들

제니가 어느 오후 사무실에 뛰어들어와 염주가 들어 있는 작은 상자를 집어 들었다. "이것들은 뭐죠?" 그녀는 내게 물었고 우리는 염주를 함께 만들었다. 다 만들었을 때 내 것을 선반 위에 올려놓으면서 그녀에게 작업이 어떻게 진행되었나를 설명했다. 적어도 두 가지 색 이상의 중합체 점토를 사용해 점토를 동그랗게 말아 염주를 만들도록 시켰다. 당신의 걱정을 염주 속에다 속삭이라고 제안했고 염주가 다 구워졌을 때(점토는 보통의 오븐에서 낮은 온도에도 딱딱해 질 수 있다), 그 걱정들은 봉합되어 빠져나올 수 없게 된다는 아이디어를 제니에게 설명했다.

"나는 그걸 믿을 수 있어요." 그녀는 내게 말했다. 나는 보이는 것처럼 세상 물정에 밝은 14살짜리가 이 같은 은유를 통해 치유를 고려한다는 것에 감격했다. 나는 그녀를 위해 계속 점토를 만들어 작업하게 했으며, 그녀는 여러 개의 염주를 만들었고 그것은 모두 다 달랐다. 그녀는 남이 듣지 못하게끔 속삭이기 위해 그것들을 복도로 가져갔다가 도로 들어왔다. 그녀는 염주에 구멍이 있어서 걱정이 새어 나올까 봐 약간 신경을 썼지만, 나는 점토 안에 있을 거라고 점토는 견고하다고 그녀를 재 확신 시켰다. 그후 그 염주들을 구우려고 집에 가져와서 다음 방문 때 그녀에게 다시 돌려 주어 우리는 고무줄에 그것을 엮었고 제니는 그 염주들을 팔찌로 낄 수도 있었다.

힘든 감정들을 상징적으로 봉쇄해야 할 필요성에는 연령의 제약이 없지만 10대에게는 특히 경계들에 대한 탐색이 있다(D. 굿, 1996). 봉쇄는 상자, 즉 다른 이미지들을 한 데 끌어 모아 하나의 조각 또는 점토 같은 도구에 붙이는 콜라주 프로젝트를 사용해 이루어질 수 있다(R. 보트킨, 1995). 땅으로부터 비롯된 점토의 기본 특성은 명확히 확인되며, 덜 분명한 점은 점토가 촉촉하고 가변적인 것에서 마르면 부서지기 쉽고 깨지는 것으로 또 불에 구우면 돌처럼 변하는 물질이라는 점이다. 불을 통과해 변해서 나온다는 은유적 평행은 내담자들에게서도 사라지지 않는다.

점토 혹은 중합체 점토로 작업하는 것이 기본 프로젝트로 쓰일 수 있는데, 만일 한 내담자가 정서의 봉쇄로 허우적거리고 있다면 종종 매체의 선택은 그 내담자을 다시 땅으로 되돌리게 될 것이다. 점토는 팔과 손 근육 운동을 통한 감각적인 침묵의 경험들이다(말키오디, 1990). 이것은 감각 입력을 증가시키고 내담자의 감정과 사유 과정을 조직화하는 데 도움을 주는 방법으로서 유용하며, 내담자 정서의 봉쇄 또는 확장이 필요한지를 조사하고 그에 맞게 재료들을 선택하는 것은 중요하다. 보통 물감과 같은 물기가 많은 재료는 정서를 고양시키고 연필이나 분필 같이 건조한 재료들은 정동을 봉쇄하는 데 소용된다. 물기가 많은 재료는 통제하기가 어렵고 내담자을 혼동하게 만들어 확대된 정서를 보여준다(R. 보트킨, 1995). 이보다 더 친숙한 연필은 통제하기 쉽고 물감보다는 내담자에게 훨씬 더 편할 수 있다. 치료사가 치료 작업이 이루어지는 특성에 맞게 선택되는 연속체에 따라 건조한 것에서 젖은 매체까지의 모든 범위가 있다.

콜라주

나는 콜라주에 사용하려고 내 사무실에 잡지를 쌓아 놓았는데, 또 한 명의 내담자 중 열 여섯 살 여자 아이는 언제나 자기 감정과 수양부모 그리고 자신의 삶에 대해서 통제 할 수 있는 듯했다. 베로니카 에게는 아주 구체적인 미래 계획이 있었다. 그녀가 설사약을 먹고 병적 식사장애에 걸려서 몸무게를 조절 하기 위해 운동을 하는 것이 드러나기 까지는 몇 달이 지나야 했다. 그녀가 나에게 어떤 일을 털어 놓는 것은 너무나 조심스럽고 신중해서 그렇게 열심히 통제하고 있는 것이 무엇인지를 조사하는 일은 어려웠는데, 그 같은 통제 부분은 분명 존재했지만 과연 그녀가 신경을 썼던 그것은 무엇이었을까?

이런 경우 그녀에게 뚜껑 있는 상자를 장식할 것을 제안했다. 학용품 상자를 주고 외부와 내부를 콜라주 하라고 했다. 외부는 그녀가 세상에 보여주는 자기를 나타내고 내부는 그녀가 아무에게도 나누지 않는 비밀의 자아를 담기 위한 것이었다. 그 상자는 그녀의 힘든 감정들 후에 우리의 작업에서 함께 만든 다른 미술 이미지들을 담는 데 쓰일 수 있었으며, 그 상자는 비밀(걱정, 공포 또는 과거)을 안에 안전하게 유지하는 데 쓰일 수 있다.

몇 번의 방문 과정에서 베로니카는 잡지의 풍경 이미지로 상자 윗부분을 덮는 작업을 했다. 상자 윗부분을 꾸미면서 그녀는 그녀의 남자친구, 학교 합창단, 뚱뚱하다는 느낌에 대해 이야기를 나눴다. 그녀는 동물, 목장, 폭포 그리고 꽃들을 사용했으며, 다중의 그림으로 층이 지게 해놓았다. 몇몇 이미지는 겹쳤고 다른 이미지를 완전히 덮었다. 상자 안에 접근하라고 많이 제안했지만 베로니카는 절대 하지 않는 그녀의 반응에 대해 당황했다. 후에 베로니카는 안이 비어 있다는 생각이 든다고 하면서 상자 안 또는 자신의 내부를 들여다 볼 수가 없었다. 이것은 외부 세계에 대한 아주 많은 통제의 반대 측면일 수도 있으며 그녀가 발견할 것에 대한 또는 그 안에 아무 것도 없을 것이라는 두려움이 있었을 것이다. 또한 빈 상자는 그녀가 자신의 내부에서 느끼는 공허함에 대한 은유였을 것이다.

콜라주를 위해 미리 잘라 놓은 이미지들

어린 내담자들에게 인지적이거나 특정 신체에 대한 모방을 위해서 미리 잘라 놓은 이미지를 제공하기도 하는데, 이것들은 각기 다른 상자 속에 단어, 사람 그리고 물건들로 분류되어 있다. 우리 모두에게 우리가 진정 누구인가를 반영하는 이미지들을 찾는 것은 중요하다. 그에 대한 실험으로 일반 출판물들에서 노인들과 유색인종들에 대한 긍정적 반영을 보이는 이미지들을 찾아본다는 것이 그리 쉽지 않다! 우리의 마케팅 문화는 대부분의 인구를 반영하지 않으며 대조적으로 거의 모든 이미지들이 젊고, 피부가 고운 사람들에 대한 것이다. 나는 미리 잘라 놓은 상자에 출판 규범보다 더 진정한 다양성을 반영하는 이미지들을 포함시키려고 애썼다.

여덟 살 브리아나는 백인 어머니와 살았는데 카보베르데 공화국 출신 아버지의 딸이었다. 그녀의 아버지는 감옥에 있었고 신뢰받지 못했으며 그녀의 어머니는 건강에 문제가 있었다. 브리아나는 근심이 있고 혼란스러운 것으로 나타났다.

미리 잘라 놓은 이미지를 이용해 나는 그녀에게 콜라주를 만들게 했는데 콜라주 재료들 특히 미리 잘라 놓아 풀 붙이기 쉬운 재료들을 사용하는 일은 모든 압박감과 판단을 동반한다. 콜라주는 미술 치료 환경을 자유롭게 만드는 특성이 있어서 기쁨과 쾌활함을 가져다 줄 수 있다. 브리아나의 경우 그녀는 생일 잔치, 인형들, 구름, 하늘, 얼굴들 그리고 심지어 행복한 큰 개의 그림을 선택했다. 선택한 단어들과 이미지들을 중에서 생일 모자를 쓴 어린 백인 소녀의 그림이 종이 위 중앙에 놓여 있고, 그 바로 아래 "더 나은 삶"이라는 구절이 있는 것을 보는 것은 흥미 있는 일이었다. 페이지 아래에는 아프리카 계 미국인 여성의 얼굴과 화산 그리고 "나는 옷, 신발, 희망도 없이 여기에 도착하는 느낌이 어떤 지 안다"는 구절이 있었다. 그녀는 개의 이미지를 종이 뒤에 놓았고 그 아래에는 "적이 있다는 신호가 없다"는 구절을 놓았다.

말 없이 브리아나는 내게 외부인이고 개 이미지 같은 적들로부터의 보호가 필요하다는 그녀의 느낌을 보여주었다. 더 이상의 토론은 필요하지 않았지만 그녀에게 가장 중요하다고 생각하는 그림이 뭔지 물었고 그녀는 생일을 맞은 소녀를 택했다.

몇몇 내담자에게는 더 많은 토론이 보장된다. 나는 그 그림에 대해 이야기 하라고 권할 수도 있고 그들에게 좋아하는 이미지를 택하게 하거나 그게 말로 표현된다면 무슨 말을 할지를 물어볼 수도 있다. 우수한 기능을 가진 내담자에게 어떤 이미지가 그녀를 가장 불편하게 하고 그 이유는 뭔지 물을 수도 있다. 우리는 더 많은 주제를 탐험할 수 있고 그것이 이야기로 어떻게 표현 될지를 알아낼 수도 있어서 콜라주는 선택의 다중성을 제공한다.

결론

미술은 말로 표현될 수 없는 상황을 알려주는 데 도움을 제공한다. 그것이 그 이야기 자체이든 아니면 내담자에 대한 그 사건의 영향이든, 미술은 감정을 탐색하고 표현하는 안전한 수단을 제공할 수 있다. 종종 내담자는 어떤 새로운 재료들이 있는가를 알아보기 위해 방문하는 것을 즐긴다. 청소년과 일하는 것은 힘들 수 있지만 때로는 움찔하게 만드는 삶의 과제들에 직면한 그들의 쾌활함을 목격하는 것이 흥미진진한 일이다. 나는 치료 세션들에서 자신의 생각과 감정들을 숨기거나 드러내는 내담자의 능력에 감명을 받지 않는 일이 드물다. 힘든 삶의 시기를 통과하는 내담자에게 수반되는 보상들 그리고 거기에 의미를 부여하는 일은 노력할 가치가 있는 것이다.

5장

학문간 교류에서의 미술 치료: 실어증과 의사소통 장애 작업

엘렌 G. 호로비츠

나사렛 대학 의사소통 과학 장애학과의 셜리 제커스 박사와 나(당시, 대학원 미술 치료 프로그램 학과장)는 2000년에 하나의 실험을 했다: 우리는 언어 치료사들과 미술 치료사들을 모아 같은 내담자들과 동시에 작업을 했다. 그것이 우리 학문간 클리닉의 시작이었고 현재는 언어 치료, 간호 그리고 사회사업으로 확산됐다. 이 같은 학문간 교류로부터 얻어진 것들은 놀라웠다. 또한 나에게는 도전과 학습곡선이 되었다.

초보들을 위해 나는 언어 치료사들의 용어를 익히고 행동 변화 방식들을 받아들이며, 계속 진화하는 영적 미술 치료(호로비츠, 2002)와 특징적 정의에 도전하는 절충주의적인 접근법에 그 영역을 끼워 맞춰야 했다. 치료사이자 학생으로서의 나는 그런 인간적 조건들로 인해 계속된 학습의 상태에서 점차 변화되고 있다. 그리고 나는 이것이 좋은 생각이라고 믿는다. 그것은 내가 교수(예를 들어 지식의 운반자)로서 존경을 받는 동안 나를 계속 생기 있게 만들고, 내가 진정 속해 있는 곳에 나를 위치시킨다: 삶의 조건들과 약점들에 의해 영구히 도전 받는 계속적인 도제, 끝없는 연구자로서.

하여 이 같은 새로운 집단의 난해성을 이해하기 위해서 나는 진정한 언어 치료의 용어를 익혀야 했고 경험이 전무했던 의학적 상태, 즉 실어증에 대해 요구되는 지식을 가져야 했으며 나 자신을 교육하는 일이 필요했다. 지금은 내가 독자를 계몽하길 희망하지만 우선은 희생자들에게 영향을 미치는 다양한 종류의 실어증에 대해 익숙해져야 했다. 아래는 몇 가지 정의이다.

실어증과 발작의 난해성을 이해하는 데 필요한 정의들 :

실어증, 보통 발작 또는 다른 뇌 손상의 결과로 얻게 되는 단어를 쓰거나 이해하는 능력에 있어서의 장애. 웹스터 국제 사전, 제6판.

다음의 정의들은 이 장의 마지막에 표시하게 될 다양한 참고 문헌에서 나왔다(브룩귀어, 1997; 그레스험과 바이스, 1993; 존슨과 베커, 1999; 린치, 2001; 일비세이커와 제커스, 1981; 그리고 apasia.org, 인터넷 사이트들).

브로카의 실어증

이것은 발화 생산이 심각하게 감소하고 주로 4단어 이하의 짧은 발화로 제약되는 실어증의 한 형태이다. 브로카 실어증이 있는 사람들에게는 단어 접근이 제약되며 그들의 음성 형성은 종종 매우 고되고 서투르다. 말을 잘 이해하고 잘 읽을 수도 있지만 글쓰기에서는 제약이 된다. 브로카 실어증은 말의 그 끊기고 수고스러운 특성 때문에 종종 "눌변 실어증"이라고 하기도 한다.

전체적 실어증

이것은 가장 심각한 실어증의 형태이다; 환자들은 알아들을 수 있는 단어를 전혀 만들지 못하고 구두 언어를 거의 또는 전혀 이해하지 못한다. 전체적 실어증 화자들은 읽지도 쓰지도 못한다. 전체적 실어증은 종종 환자가 발작을 겪은 직후에 보이며 그 손상이 광범하지 않은 경우 급속히 개선되기도 한다. 하지만 뇌 손상이 심한 경우 심각하고 지속적인 장애로 귀결될 수 있다. 종종 그들의 발화는 알 수 없는 말이고 듣는 사람에게 어떤 의미를 주지 못한다.

혼합 눌변 실어증

이 용어는 말이 빈약하여 말 할 때 애를 많이 쓰는 환자들에게 적용되며 심각한 브로카 실어증과 유사하다. 하지만 브로카 실어증 환자와는 달리 그들은 말의 이해에 제약을 받으며 초등학교 수준 이상으로는 읽거나 쓸 수 없다.

버니크 실어증

이 형태의 실어증에서는 구두 단어들의 의미에 대한 이해력은 근본적으로 손상되어 있지만 연결된 발화는 그다지 영향을 받지 않는다. 따라서 버니크 실어증은 "달변 실어증"으로 불린다. 그렇더라도 발화는 정상적인 형태와는 거리가 멀다. 이런 종류의 실어증이 있는 내담자은 잘못된 문장을 사용하고 부적절한 단어가 끼어들거나, 심한 경우 신조어들이 발화에 들어와서 뜻을 알 수 없는 말 비슷해진다. 읽기와 쓰기도 종종 심각하게 손상을 입는다.

아노미 실어증

이 용어는 계속해서 그들이 이야기 하고 싶어하는 것들-특히 중요한 명사나 동사들에 맞는 단어를 표현하지 못하는 사람들에 적용된다. 결과적으로 내담자는 문법적 형식과 생사에서의 모호하고 완곡한 표현들에 당황한다. 그들은 말을 잘 이해하고 대부분 적절하게 읽을 수도 있다. 단어를 찾는 데 있어서의 어려움은 말에서와 마찬가지로 글에서도 분명해진다(나는 시각화는 할 수 있지만 생각해낼 수는 없는 단어를 시야에서 계속 놓쳐 버릴 때, 내가 아노미적 순간을 지나고 있다는 농담을 동료들에게 종종 한다(이전의 것과 대비되는). 본질적으로 이것은 내가 아노미 실어증 상태에 있을 때 일주일 24시간 느끼는 것이다.).

다른 다양한 실어증들

발화 임상 의들이 반복적으로 관찰하는 앞의 장애들과 더불어 위에서 언급된 범주들에 딱히 정확히 맞지 않는 결핍된 사항들에 대한 다른 조합들이 있다. 복합 실어증 증후군의 몇 가지 특성들은 고립되어 일어나기도 한다. 발작에 이어 이것은 읽기 장애(실독증) 또는 읽기와 쓰기 (실독증과 실서증)가 될 수도 있다. 심각한 계산 장애들이 종종 실어증과 함께 동반된다. 하지만 몇몇 경우에 환자들은 언어 상실에도 불구하고 뛰어난 계산 능력을 유지한다.

실어증과 동반되거나 혼동되는 장애들

다양한 의사소통 증후군들은 마비, 쇠약, 발화 근육의 불수장애 또는 인식 장애로 인한 것일 수 있다. 그러한 장애는 실어증을 동반하거나 독립적으로 일어날 수 있고 실어증과 혼동되기도 한다. 각각의 장애에 대한 치료와 예후가 다르므로 이러한 장애들을 실어증과 구분하는 것은 중요하다.

운동신경장애

운동신경장애는 운동감각에 계속해서 발생하는 장애를 설명하는 집합적 용어이다. 심한 운동신경장애가 있는 사람들은 감정 표현을 제외하면 보통 몸짓이나 손짓으로 한정된다.

예를 들어 그들은 당신을 그들이 원하는 데로 이끌고 가거나 당신에게 자신들의 요점을 이해시키려고 지갑을 열어 보이지만, 이것은 비언어적으로 의사소통을 하는 그들 능력의 범위일 뿐이다. 특정 실험 결과는 그러한 이별의 손짓, 마시는 몸짓 또는 양치질(수족 운동신경장애) 같은 공통적 행위들이 불가능한 장애를 보여준다. 운동신경장애는 기침 하는 것, 촛불을 끄는 것(안면 운동신경장애) 같은 비언어 운동에 영향을 줄 수도 있다. 그것은 물건들을 조작하는 능력에 대한 전조가 될 수도 있다. 운동신경장애는 종종 환자에게 특정한 행동을 하거나 하는 척 해보라고 시키지 않는 한 분명히 드러나지는 않는다. 이 때문에 환자 또는 가족들로부터는 문제나 불만으로 거의 나타나지 않는다. 하지만 운동신경장애가 있는 사람들의 매우 제한된 능력의 근저에는 정보를 통한 몸짓을 이용해 발화 장애를 보충하는 사실이 있을 수 있다.

발화 운동신경장애

이 용어는 분절과 운율(리듬과 타이밍)의 자발적 생산에서의 장애를 가리키며 발화 병리학자들에 의해 종종 쓰인다. 그것은 아주 일관되지 않은 실수들로 특성화된다.

구음 장애

구음 장애는 손상 된 신경 체계의 여러 지점으로 인한 발화 체계의 쇠약, 침체, 미숙함에서 기인하는 일단의 장애를 뜻한다. 구음 장애는 기본 발화 과정들 전부 또는 일부의 장애와 연관될 수 있다: 호흡 발성, 공명, 발음 그리고 운율, 구음 장애는 언어가 아닌 발화 생산 장애이다(예, 단어 사용 또는 문법). 발화 운동신경장애와 달리 구음 장애로 일어나는 언어 오류들은 비슷한 경우들로 굉장히 일관성이 있다.

치매

치매는 실어증과 종종 혼동 되기 때문에 여기서 짧게 논의 할 필요가 있다. 치매는 뇌 손상 또는 질병에 의한 기억, 지력, 인격 그리고 통찰력에서의 장애 상태이다. 어떤 치매는 픽 병, 알츠 하이머 병 또는 일부 파킨슨 병처럼 진행적이다. 언어 장애는 치매의 다른 형태에서는 다소 두드러지지만 이것들은 보다 광범위한 지적 손상의 그늘에 가려진다. 치매가 아주 흔한 진행적인 장애이므로 예후는 실어증과 굉장히 다르다.

학문간의 주의들 : 그들은 왜 일을 하는가

독자는 실어증에 대한 짧은 개괄과 다양한 특징들을 얻었고 이에 다음과 같은 설명을 덧붙이려 한다. 실어증에 대한 다양한 정의를 이해하는 것을 넘어 이런 그룹들과 작업을 해온 다른 이들에 대한 미술 치료 문헌을 조사했다. 그 결과 설명하기에는 너무도 적은 양: 즉, 출판되지 않은 석사 논문과 하나의 기사 밖에 없었다. 우리는 새로운 영토 안에 있었던 것이다. 언제나처럼 즐겁게 앞으로 나아갔지만 내 첫 대학원 인턴, 콜린 린치와 함께 작업한지 얼마 안되어 실어증뿐 아니라 언어 치료사들의 방법을 배우는 것이 성공의 절정이었다는 것은 아주 분명해졌다.

이 분야에서 4년을 일하고 난 후 나는 마침내 이 작업에 관한 어떤 책을 내기에 충분할 정도로 기초가 쌓였다고 느꼈다(호로비츠 2005). 하지만 적당한 용어로 서면 보고서를 구성한 후에도 이 내담자들과의 작업은 내가 굳게 믿는 것과 결합된 채 남겨지게 되었다. 미술적 인식이 발화와 의사소통의 개선에 기여한 한편 그것의 중심은 내담자에게 말을 하는 것이었다. 이런 사실을 알고는 있었지만 증명하는 데 까지는 몇 년이 걸렸다.

의학박사 데이빗 호킨즈의 저서를 일고 난 후 나는 무슨 일이 일어나고 있는지 확실하게 되었다. 특정 주의를 가정하는 동안 나는 호킨즈의 저서를 읽으면서 과학적으로 조정된 매력 있는 분야로서 이해된 이론적 개념들을 귀결시켰다. 그의 책 "권력 대 세력, 인간 행동의 숨은 결정요인들"(2002)은 의식을 다루고 제거 과정(최저 조정 영역)으로부터 순수 의식(최고 조정 영역)까지 실제로 그것에 대한 지도를 그리고 있다. 그 조정들은 사람들에서 책들까지 모든 것에 대해 해독이 가능하다(모든 것은 특정 에너지 수준에서 진동한다.). 차례로 이것은 인간 뇌와 결합된 어떤 인지기능이 과연 감정적 레퍼토리인가에 대한 나의 이해를 도왔다. 내가 잠금 해제된 정서적 유인들의 결과로서 인지적, 발달적 이득을 목격했지만 실버 그림 실험(실버, 1996) 그리고 벤더 형태 II(브래니건과 데커(2003), 같은 전후 시험을 수행하는 것 말고는 나는 나의 학문적 페러다임을 이해할 수 없었다. 나는 호킨즈의 저서를 읽고 마침내 그것이 말이 된다는 것을 깨달았다. 의식에 대하여 호킨즈가 말했다:

> *결국 그것이 유능하고도 유일한 기능이기 때문에 의식은 자동적으로 간간히 무엇이 최선으로 간주되는 것인지를 선택한다. 특정 자료에 주어진 상대적인 무게와 장점은 개인적으로 또는 집합적 집단 심리에서 작용하는 탁월한 유인자 패턴에 의해 결정된다. 이러한 패턴들은 식별되고 설명되고, 조정될 수 있다: 그러한 정보로부터 인간 행동, 역사 그리고 인류의 운명에 대한 완전히 새로운 이해가 나오게 된다. 그리고 우리는 인간 문제들의 성격을 탐험하면서 역사 과정에 대한 인간의 동기와 실험들을 측정하고 해석하는 데 사용할 믿을 만한 실험 척도가 없다는 것을 알게 된다(2002).*

하지만 굿하트(1976), 다이아몬드(1979) 그리고 호킨즈(2002)에 기초한 운동역학이론들을 통해 이 정보가 진정 과학적으로 믿을 만한 도표를 만들 수 있다는 것이 분명해졌다. 나는 무엇이 정신과 신체가 가장 진보한 외상, 손상 또는 역경(호로비트, 2002)을 극복하게 만드는지를 결코 알 수 없었다. 하지만 내가 "낙관론"의 감정적인 특징과 "의도"의 과정적 특성이 있는 호킨즈(2002)의 자발성의식수준(310 레벨)에 대해 읽었을 때 비로소 나는 다음과 같이 설명된 에너지 수준 서술자를 이해하게 되었다:

> *이 같은 수준은 자존감이 높으며, 인지, 감상 그리고 보상 형태의 사회로부터의 긍정적 반응에 의해 강화된다. 역경으로부터 또 경험으로부터 배우는 그들의 능력들 중에는 자체-교정이 되는 경향이 있다. 그들은 쉽게 훈련할 수 있다(호킨즈, 2002).*

따라서 과학적 조정은 왜 다른 이들은 극복하지 못하는데 몇몇 사람들은 역경을 맞이하고 장애를 극복할 수 있는지의 이유를 설명하고 있다. 호킨즈의 이론은 언어치료 같은 이전의 이데올로기들을 반영한 반면(프랑클, 1984), 그의 개념은 믿을 만한 과학적 기반에서 나온 것이었다.

뇌 주름

오래 전 나는 언어 치료와 미술 치료의 결합이 두뇌가 작용하는 방식과 일치한다고 하는 가설을 세웠다: 좌뇌와 우뇌 사이의 협조가 뇌의 주름을 재생하게 될 것이라는 사실은 매우 그럴 듯 했다(호로비츠, 1999). 그 요소들이 그런 식으로 연결 될 때 뇌의 시냅시스(신경세포 자극 전달부)와 뇌 전체가 재생이 되었고 뇌의 통합(Rewiring)이 이루어질 수 있었다. 그로 인해 인지 기능도 올라갔다; 하지만 인간이 무슨 동기로 그런 일을 하게 되었는지는 그다지 분명하지 않았었다. 호킨즈의 이론들을 읽고 난 후 나는 어떤 동기에서 뇌가 미지의 바다에서 항해를 거쳐서 목적지에 도달하는지를 이해할 수 있었다. 호킨즈(2002)는 다음과 같이 쓰고 있다:

> *따라서 그 표현은 상황에 따라 다르더라도 영혼이라는 게 절대 변하지 않고, 안 보이는 어떤 정수를 뜻하는 것은 분명하다. 이 정수는 굉장히 중요하다; 우리가 우리의 영혼을 잃으면 죽는다-우리는 영감을 주는 것이 없으면 숨을 거둔다-높은 에너지 유인자 패턴들은 동화작용적이며 삶을 지탱해주는 것이다; 그 반대는 이화작용적이고 결국 죽음으로 이끄는 것이다.*

전체 실어증과 고 기능 실어증에 대한 모델이 된 내담자들과 작업을 할 때, 모든 이가 발화/언어치료와 짝을 이루어 치료를 받았든 아니든 미술 치료에서 상당한 인지 정서적 이득을 얻었다. 하지만 그 두 분야가 짝을 이룰 때 가장 향상이 되었다. 그 이야기들은 결과와 평행하고 또 다양하다-다양한 영역들에서의 개선: 삶의 질, 자존감, 운동 기능, 인지적이고 정서적인 보수, 의사소통, 사회화 그리고 우/좌 뇌 반구의 이득처럼. 다음은 밥이라는 한 내담자의 치료 과정이다.

개인 미술 치료 세션 : 밥

배경 정보

밥은 1997년 9월에 그의 좌-중뇌 반구(CVA-대뇌 관 상해)에 큰 손상을 입었고 브로카 실어증, 심한 운동신경장애 그리고 우측 반부전 마비를 보인 71세 남성이었다. 그의 말은 중종 단어 재현(기억) 문제로 인해 손상을 입었다. 그는 1998년 9월 이래로 병원을 찾았다. 삼킬 때의 안전(삼킴곤란증) 에 대한 염려 때문에 그의 부인은 그를 실어증 클리닉에 추천했다. 밥은 2001년 1월과 5월 사이에 세 번의 폐렴이 있었다 그는 항생제 처치를 받고 한 번 입원했다(보통 밥은 그의 발작 이후 매년 폐렴에 걸렸다. 그는 산 역류 치료를 받기도 했고 이비인후과 의사에게 진단을 받았다.).

시작 상태

그의 발작 이후 밥의 일차적 의사소통 방법은 말이었다-많은 노력을 들여 만들어 낸 작은 소리로 느리게 그는 말했다. 그의 발화 생산은 종종 운동신경장애 탓으로 부정확했다. 그의 강점은 청각적 이해가 좋다는 거였고 유머 감각도 한 몫을 했다. 그는 세심하게 들었고 기억력이 좋았다. 베낄 단어가 주어지면 쓰는 능력도 보여주었다.

발화/언어 치료 과정과 목표들

빈칸 채우기가 있는 명사 만들기는 언어적으로 보드메이커 그림책을 동반한다. 이것은 그의 발화/언어 치료 세션과정 중의 밥에게 도움을 주었고 그는 음성적 신호, 반복 그리고 읽기에 잘 반응했다. 생략된 그림들도 역시 그에게 도움이 되었다. 적절한 소리 크기가 신호를 주는 것이 웃을 때 관찰되었다. 야구장으로 데려가세요(Take Me Out to the Ballgame)는 2000년 여름에 사용되었고 제스처 빙고, 단어 빙고 또는 같은 그림 찾기(집안 살림과 유명 식당) 같은 발화/언어 치료 게임이 뒤따랐다. 밥은 로체스터 모노폴리와 포커도 좋아했다.

치료 시작 시의 발화/언어 목표

a. 최소 신호들로 8/10회 /s/와 /dz/ 소리/상징 인식 키우기
b. 10개의 명사 세트에 대한 기능적 단어 생산을 개선
c. 어떤 방식(의사소통 책, 몸짓 또는 단어들)을 이용한 기능적 의사소통 기르기
d. 치료 시나 집에서도 연습할 수 있는 깊은 숨 쉬기 운동 프로그램의 소개

밥의 이력과 목표 때문에 제커스 박사는 밥을 그룹 미술 치료에 추천했다. 그는 내 대학원 인턴 콜린 린치의 남자 그룹에 4달 동안 참여했지만, 다음 학기 중 우연한 세션이 다른 두 남자 없이 진행된 이후로(한 사람은 아프고 다른 한 사람은 그 날 차를 못 탈 상황이었기 때문) 그는 개인 미술 치료에서 도움을 받기로 결정되었다. 하여 나는 그가 다른 내담자과 함께 하는 두 사람의 미술 치료를 시작하기 전 까지 1년간 개인적으로 그와 작업했고 현재 대학원 미술 치료 인턴인 로리 히긴스가 그 다음해에 작업을 맡았다. 앞서 말한 바와 같이 밥은 3년 반동안 미술 치료를 받았다.

개인과 그룹 미술 치료의 목표들

a. 청각 정보 과정 키우기
b. 몸짓, 단어 보상 그리고 그래픽 재료들을 통한 표현 언어의 증대
c. 인지 기술 향상
d. 자존감 그리고 자아 성숙 증대
e. CVA에 관련된 정서/감정 문제들 탐구

밥과의 그룹 미술 치료

남성 그룹에서 사회화는 의사소통 기술 증대의 열쇠였다. CVA이후 비언어적으로 그들 각각 상태에 관련된 그들의 감정들을 표현한 많은 세션들이 있었다. 어떤 한 경우에서 밥은 자신이 어떻게 발작을 느끼는지를 생각했다. 그의 인지 기능 수준(잘 안 쓰는 손으로 하는 작업)은 분명 그를 로웬펠드와 브리테인(1985)에 따른 발달 개요 단계(7-9세)의 최저에 위치 시켰다.

발달적 지연에도 불구하고 분명한 신호들은 많았다; 손과 발이 타인과의 의사소통과 움직이며 다니지 못하는 것에 대한 밥의 표현들을 지시하는 데에는 부족함이 있었다(이때 밥은 보행기로 걸었다.). 청력 상실은 그의 청각 진행에 있어 어려움을 주었고 그 사실은 브로카 실어증에 의해 남은 손상에서 암시되었다(해머, 1995; 오스터와 골드, 1987). 이런 초기 작업들은 이후 치료에 대한 표지였다.

남자들의 동지애가 발작의 쇠약과 여파에 대한 감정 교환에 기여했다. 3개월 후 미술 치료와 언어 치료를 동시에 하면서 나는 우리가 새로운 음악과 운동 치료를 도입할 수도 있을 것이라고 제안했다. 콜린은 아주 창의적이고 유능한 미술 치료 인턴으로서 남성의 초기 성인기를 표현 할 수 있을만한 음악들을 선택했다: 페레 코모, 빙 크로스비 그리고 재미 있는 하루 등. 그녀는 "남자처럼 걸어요"라는 머디 워터스의 노래를 주었다. 그 남자는 그러한 가사 뒤에 있는 허세에 현실적으

로 반응했고 우리는 각자 "그들의 허세를 과시하면서" 교대하게 했다. 놀랍게도 밥은 그 보행기의 도움 없이 음악의 박자에 따라 질질 끌며 방을 돌아 다녔다. 음악의 힘은 각자 안의 내적 힘을 주입했고 그들이 "남자처럼 걷고" 나서 그 방은 재배치되었으며 우리는 그 "걷기 활동"으로부터 얻은 느낌을 그리라고 제안했다. 아래는 밥이 남자로서 느끼는 자화상이다:

그림 5-1 자화상

자연스럽게 이런 행위는 그들 각각의 상실감에 대한 토의로 이어졌다: 각자는 자기 작품을 통해 발작으로 인한 큰 무력감을 나누었고 그들은 서로의 이야기를 경청했다. 밥의 그림은 얼굴적 특성이 부족했지만, 그것은 그의 첫 번째 그림으로부터 커다란 개선이었다. 대부분의 사람들이 이 같은 이미지에 불과한 반면 이보다 이미지가 더 컸던 사람(자신이라고 동일시했던 사람)은 적어도 손과 발이 있었다. 더 작은 사람은 누구인지 확실치 않았다. 다음은 밥의 그림으로 "춤"은 여성과 함께 있는 것이 어떠했던가를 떠올리게 한다고 의사 소통했을 때 그린 것이었다:

그림 5-2 남자로서의 밤

남자와 여자가 모자를 쓰고 있는 반면(아마 그들의 감정들의 밀봉상태를 유지하기 위해), 밥은 그 남자가 그의 파트너에게 다가가고 있는 것을 묘사한 것이었지만 그림의 여성은 아래팔과 손이 없었다. 또한 여성의 허리선 아래에는 아무 것도 그리지 않았고 밥은 스스로를 생식기가 잘린 사람으로 묘사했다(성관계가 발작 이후에도 가능한 반면, 이 그림은 그가 스스로 불완전하다고 느낀다는 사실을 보여준다.). 그럼에도 불구하고 미술 치료사나 언어 치료사가 유도하지 않았는데 그가 미술작품에 "맘(MAM), 우맘(WOMAM)"(원래 철자 그대로)이라고 제목을 붙이려고 했기 때문에 인지력에 대한 교정이 필요했다. 나는 그 세션을 녹화했고 다음 주에 그 세션에서 춤을 추고 있던 부분을 보여주었다. 그들의 춤을 보자 모두 재미있다고 웃었고 곧바로 그들이 끝냈던 부분부터 다시 세션을 시작했다. 세션들 간의 연속성이 확립된 것이다.

그림 5-3 남자, 여자

밥과의 개인 미술 치료

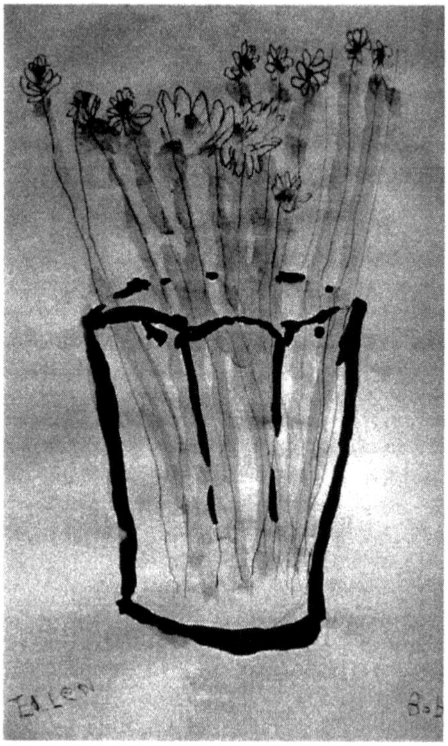

그림 5-4 노란데이지

2001년 10월 8일 다음 학기 두 명의 남성들이 그룹에 나타나지 않았다. 그래서 나는 밥을 홀로 보았고 그것은 아주 좋은 느낌을 주는 날이었다: 우리는 지난 6개월간의 작품들을 다시 보았다. 밥은 시간을 함께 하는데 완벽히 동의하는 듯 보였다. 우리는 음악을 듣고 나서 몇몇 몸짓 그림 작업을 했다. 나는 밥에게 신호를 주기도 했고 그는 "우유 컵" 전 구절을 스스로 배치할 수 있었다. 놀랍게도 그는 이것을 반복적으로 쉽게 할 수 있었다. 후에 나는 그에게 숙제를 냈다: 아무거나 그리고 싶은 것을 그려서 가지고 올 것.

다음주에 그는 과제인 사랑스런 사막의 수채화를 잡지 그림으로 색칠하여 생산했다. 아주 인상적이었고 그래서 나는 다시 노란 데이지 정물화(내가 들고 온)를 그려보라고 했다. 그는 꽃을 그릴 수 있을지 자신의 능력을 의심했다. 내가 그 옆에서 같이 그림으로써 그를 북돋워주기로 결정했지만 임시 팔 붕대로 내 오른손을 감은 상태였다. 공감이 거의 없어도 된다고 하면서 나는 그와 함께 왼손으로 색칠을 했고 우리는 약간은 비슷한 상태가 되었다. 그가 포커를 좋아하고 위험을 무릅썼다는 걸 알게 된 이후로 나는 포커 내기 돈을 칩으로 걸고 올렸다: 그리고 그와 작품을 교환했다-그는 그의 작품을 벽에 걸어도 된다고 동의했다(단지 우리 미술실 내에만이라는 조건하에). 아래에 있는 것이 그 교환물이다.

그림 5-5 옥수수, 국화, 호박, 포도

나는 밥이 내가 예측했던 것 보다 훨씬 더 많은 미술적 표현을 할 수 있다는 걸 알았다. 그로 인해 그 작업이 시작되었다. 나는 인디아 옥수수, 국화, 작은 호박, 포도를 가져갔고 몇 주의 노력 끝에 자존감이 증대 된 밥은 아래의 수채화를 그렸다.

사실 밥은 마음이 풀렸다: 그는 그의 그림을 클리닉 대기실에 걸어도 된다고 했고 하나씩 걸려진 액자 속에는 그의 성장과 재능의 증거들이 춤을 추고 있었다. 2002년 3월에 그는 확실히 그림

그림 5-6 정물화

에 대한 입장을 굳혔다. 나는 그에게 탁자 이젤, 아크릴 물감 몇 개, 붓 그리고 캔버스를 집에 가져가도록 주었다. 그림을 그린 지 몇 달 후 그에게 지시를 할 때 나는 여전히 왼팔(주로 쓰는 팔이 아님)을 사용했다. 그는 아름다운 아크릴 그림을 완성했는데 그것은 언어 치료 클리닉의 대기실에 액자로 걸려 있다. 아래는 그 세 개의 사진이다. 하나는 이미 그려진 정물이고 하나는 열심히 창작의 노력을 하고 있는 밥의 사진이고 마지막 것은 액자에 걸기 전의 정물화이다. 밥과 계속 작업하는 것이 내게는 드문 선물이었다. 그는 현재 대학원 인턴 로리 히긴즈로 담당이 바뀌었지만 계속해서 진전을 보이고 있다. 현재 그는 사랑스런 이태리 할머니 매리와 짝 지어져 그룹에서 만나 볼 수 있다. 나는 마지막 15분 정도에만 등장할 뿐이다: 미술 재료가 재빨리 치워지고, 휴대용 술병들이 등장하고 (술집에서처럼 서로 인사를 하는 흉내만 내는데, 이것은 밥이 현재 (술을 마실 수 없는) 삼킴 곤란증이 있기 때문이다), 포커 칩과 카드가 돌려진다. 매리, 밥, 로리 그리고 나는 내기를 하고 진짜 게임이 시작된다. 우리는 웃고 말하고 승산이 없어도 돈을 걸고 마침내는 속임수에도 불구하고 모두 승자가 된다.

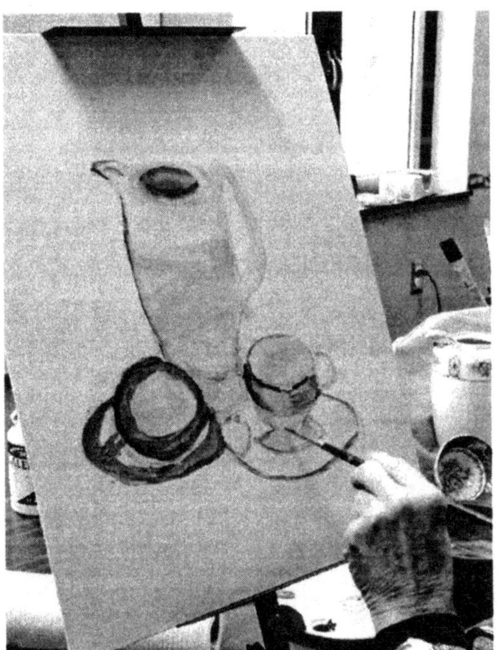

그림 5-7 정물화

그림 5-8 정물화

6장

놀이치료

미스티 D. 반즈

서론

놀이치료는 유명세가 넘쳐진 치료 방법이다. 미국에서 또 다른 나라들에서 지난 20년간 이용되었으며 전문적 놀이 치료 기관들(놀이 치료 협회, 2004)의 회원 수 증가뿐 아니라, 놀이치료와 놀이 기술의 이용에서 증가를 보이고 있다. 놀이 치료는 상대적으로 새로운 양식으로도 생각되지만 그 기술들이 서서히 발생하여 실용적인 치료 양식으로 자리 매김을 한지는 몇 세대쯤 되었다.

놀이치료를 이해하기 위해서는 왜 놀이치료가 생겨났으며, 아이들을 치료하는 데 효과적인 방법으로서 대중적인 자산으로 이해되기 시작했는지를 인지하는 것이 중요하다. 이 장에서 나는 최초의 토대로부터 현재 상태까지의 정신분석학적 치료로부터의 발생, 구조화 또 비체계적/비지시적인 놀이 치료들의 성장을 논의 하면서 놀이치료의 필요성과 발전에 대해 이야기할 것이다.

놀이치료의 매우 간략한 역사의 일부로써 나는 영국 놀이치료협회 등과 같은 놀이치료 지원 전문기관들의 발전을 검토해 보고, 이 장은 놀이치료에 대한 역사적 진화적 접근법을 취할 것이다. 어떤 역사도 현재 진행 중인 발전을 이야기하지 않고서는 완벽하지 않으며 때문에 나는 수년간에 걸친 놀이치료와 그 기관들의 성장을 아우를 것이다. 각 철학과 연결된 이론적인 토대와 관념들을 역사의 일부와 각 놀이치료 체계의 응용으로서 알고 이해하는 것이 매우 중요하지만, 그것들은 이 책의 다른 장들에서 포함되었으므로 이 장에서는 논의되지 않을 것이라는 걸 주목할 필요가 있다.

놀이에 대한 역사적 관점들

역사의 초기, 그 시대의 지배적인 청교도적 태도는 종종 아이들의 놀이를 시간과 자원의 낭비이며 특별한 이득이 없는 것으로 보았던 관점이 있다(쉐퍼와 카두손, 1994). 오늘날에도 놀이와 사회적 활동의 필요성에 대해서는 생산성에 비해 강조하지 않는 한편(쉐퍼와 카두손, 1994), 여전히 아이들에게도 생산적인 것만을 강조하고 그것은 학문적인데 중점을 두고 있다. 대부분 우리 조상들이 놀이를 아무런 생산적 이득 없는 아이들의 오락으로 보았지만, 아래에서 주목할 것처럼 우리 역사에 있어 위대한 정신들은 아이들의 놀이의 힘을 서서히 깨닫기 시작했다(부록).

문학 고전 '작은 아씨들'의 저자 에밀리 디킨슨은, "놀이하는 자들은 복이 있나니 천국이 저들의 것이다"(쉐퍼와 카두손, 1994)라고 말했다. 작가 랄프 왈도 에머슨은 "놀 줄 아는 것은 행복한 재능이다"(쉐퍼와 카두손. 1994)라고 말했다. 더 이전에 위대한 철학자 플라톤은 다음과 같이 말한 것으로 인용된다. "우리 아이들은 아주 어릴 때부터 보다 합법적인 놀이 형식에 가담해야 하는데, 왜냐하면 그러한 분위기에 둘러싸여 있지 않는 한 그들은 잘 행동하고 덕목이 있는 시민들로 성장할 수 없기 때문이다. … 당신은 대화를 한 1년보다 놀이를 했던 한 시간 동안 한 개인에 대해 더 많은 것을 발견할 수 있다."(쉐퍼와 카두손, 1994) 성경 또한 환희와 표현으로서의 놀이의 가치와 이용을 지적한다: "…… 도시의 거리들은 놀고 있는 소년들과 소녀들로 가득할 것이다(스가랴 8:5, 제임스 왕 버전)."

하나의 사회가 놀이는 아이들에게 변덕스러운 활동 이상의 것이라는 것을 깨닫기 시작하면서 오히려 그것은 표현과 성장의 수단을 제공해준다. 아이들과 일하는 전문가들은 또한 놀이 활용의 이점들을 인식하기 시작했다. 모든 전통적 치료 수단들이 아이를 돕는 데 있어서 극적인 결과를 보이는 데 실패한 반면 아동 치료는 다양한 환경과 상황에서 아이들과 함께하는 놀이 치료 기술들을 탐구하고 실행하기 시작했다.

놀이 치료의 역사

놀이치료는 원래 교육적 환경에서 발전되었으며(랜드리스, 1991) 몇 십 년 지나지 않아 아이들의 치료적 처치에 적용되었다(코트만, 2001). 일찍이 1700년대 후반부터 아이들이 작은 성인일 뿐 아니라 독특한 욕구들이 있는 고유의 개인들이라는 생각과 함께, 교육적인 방식으로 아이들과 교류하기 위해 놀이를 이용할 필요성이 야기 되었다(루소, 1979). 이런 생각은 아이들과 일하는 이들이 아이들과 교류하는 방법에 대해 재평가하게끔 만들었다. 아이들이 생산적인 사회 구성원으로서 성인 수준의 기능을 하도록 요구하는 전통적인 생각들과 맞서 싸우면서, 루소(1979)는 한 아이의 표현적인 놀이의 자유로운 정신, 자연스러움을 관찰하고 그것으로부터 배울 필요성을 강조했다.

20세기 초 심리치료사들은 아이들이 성인들과 같은 방식으로 정보를 처리할 수 없다는 것을 깨닫기 시작했다. 아이들은 특정 기간 동안 성인들이 보통 치료를 받을 때 하는 것처럼 그들의 잠재의식 또는 과거를 탐험하기를 원하지도 않고 할 수도 없다(액슬린, 1964, 1969). 하지만 그들은 놀이 할 수는 있었던 것이다.

지그문트 프로이트는 1909년 "꼬마 한스"(코트만, 2001; 랜드리스, 1991; 퍼디, 2004)의 사례에서 아동 치료에서의 놀이의 응용을 입증했다. 이것은 아이가 정서적 장애, 특별히 공포증을 겪는 것을 최초로 인정된 사례였다. 프로이트는 그 아이를 아주 잠깐 동안 만났다. 치료는 아이의 놀이에 대한 그 아버지의 보고들과 장애의 계기에 대한 프로이트의 해석에 기초해 아이에게 반응하고 중재하는 법을 아이의 아버지에게 알려주는 방식으로 수행되었다. 프로이트는 놀이를 아이에게 직접적으로 이용하지는 않았지만 그 사례에 관한 정보를 수집했고 아이의 아버지에게 그 아이의 놀이 행동에 기초해서 아들과 작업하는 법에 관한 명령과 지시를 했다. 아이와 작업하는 부모를 돕는 이런 방법은 후에 자녀 치료(오코너, 2000)로 발전되었다.

치료에서 놀이의 사용에 대한 이런 비판적이고 혁신적인 토대가 형성됨으로써 놀이 기술들은 다양한 경로로 발전되어가기 시작하여 놀이 치료의 발전에는 어떤 단일한 연속체도 없게 되었다. 게다가 놀이가 모든 삶의 상황을 극복하고 관리하는 데 있어 아이들을 도울 뿐 아니라, 아이들을 이해하고 그들과 관계를 형성하며 생산적으로 작업할 때 발생한다는 다양한 범위의 목표와 신념을 가진 많은 치료사들에 의해 이용되기 시작했다. 많은 배경과 이론적 지향으로부터 나온 치료사들이 그들의 어린 내담자들에게 놀이 기술들을 이용하기 시작했다(랜드리스, 1991).

정신분석적 놀이 치료

정신분석적 놀이 치료에는 세 명의 주요 공헌자가 있다. 허민 헉-헬무스, 안나 프로이트 그리고 멜라니 클라인(질, 1994; 랜드리스, 1992; 오코너, 2000; 퍼디 2004). 정신분석 이론에서 놀이 사용은 놀이를 어떤 형태의 아동에 대한 치료적 처치에 적용한 최초의 시도로 간주된다(랜드리스, 1991). 1919년에 허민 헉-헬무스는 놀이를 그녀의 아이들과의 작업에 포함시키기 시작했다. 1920년대 후반에서 1930년대 초반 멜라니 클라인과 안나 프로이트의 실천으로 놀이의 혼입이 촉진되었는데, 즉 정신분석적 놀이 치료의 탄생인 것이다(질, 1994; 오코너, 2000).

허민 헉-헬무스

아이들과의 작업에서 놀이를 간접적으로 이용한 프로이트의 개척 작업 이후, 허민 헉-헬무스는 공통적으로 놀이와 장난감을 아이들 치료에 포함시킨 것으로 인정되는 두 번째 사람이다(질, 1994; 코트만, 2001; 랜드리스, 1991; 오코너, 2000); 아이에 대해 1대1 직접적인 기술을 최초로 사용했다. 헉-헬무스는 아이들은 성인들이 정신분석에 참여하는 것처럼 완전히 참여할 수 없고 종종 그렇게 하는 데 관심 자체가 없다고 믿었으며, 이는 그들을 더 잘 이해하려는 시도로서 그 시대 많은 치료사들이 아이들의 행동에 대한 자료를 수집하는 결과를 낳았다(랜드리스, 1991). 헉-헬무스는 놀이를 이용해 치료사가 아이를 이해할 수 있었다고(코트만, 2001) 느꼈다. 비록 헉-헬무스는 아동과 함께 광범위하게 놀이를 하고 이것을 그 당시 진행했던 아이들에 대한 치료에 포함시켰지만, 그녀는 그 주제에 대해 거의 기술하지 않았고 개별적 이론을 개발하지도 않았다; 그 일은 안나 프로이크와 멜라니 클라인에게 일임 되어졌다.

안나 프로이트

안나 프로이트는 아이들 치료에 있어서 중요한 점으로 자아를 강화시키고 과거를 탐색할 필요성에 대한 전통적 정신분석적 믿음을 유지했다(랜드리스, 1991). 게다가 안나 프로이트는 제한된 해석을 선택했고 보다 전통적인 정신분석적 방법들을 체현하는 성인-지향의 치료로 나아가기 전, 그녀의 아동 내담자들과의 강한 정서적(랜드리스, 1991) 관계를 발전시키는 데 놀이를 이용했다(드류스, 캐리 그리고 쉐퍼, 2001; 질, 1994; 코트만, 2001; 오코너, 2000). 프로이트는 놀이가 관계 형성에 이롭지만 무의식과 과거의 해석 또는 정확한 상징으로 쓰일 수는 없다고 믿었다(코트만, 2001). 프로이트는 또한 놀이가 감정 분출로서의 아주 제한된 기능을 가질 뿐이며, 아이들이 그들의 생각과 감정을 언어화하고 역사와 무의식에 대한 통찰력을 얻기 위해서는 아주 깊고 더 강렬한 작업이 필요하다는 것을 지적했다(코트만, 2001; 랜드리스, 1991).

멜라니 클라인

비록 클라인 또한 아이들의 치료에 있어 중요한 것으로서 자아를 강화하고 과거를 탐색할 필요성에 대한 전통적 정신분석적 믿음을 가지고 있었지만(랜드리스, 1991), 멜라니 클라인과 안나 프로이트는 아이들의 치료로서 놀이의 정신분석적 기술 사용에 대한 다른 접근법들을 취했다(오코너, 2000). 제한된 해석만을 이용한 안나 프로이트와는 대조적으로, 클라인은 아이가 자신의 경험을 완벽히 상징화 해서 전시한 놀이방에서의 놀이가 성인의 언어화와 동등하며 (코트만, 2001; 오코너, 2000), 아이/치료사 관계의 해석에 쓰일 수 있다는 것에 확신을 했다. 클라인은 그들의 놀이가 그들의 무의식에 직접 연결을 이루었다고 믿으면서 6세 이하 아이들의 놀이 기술들을 이용하기 시작했다. 클라인은 놀이를 무의식으로 묻어둔 지난 논쟁들을 탐구하고 통찰력과 이해를 북돋기 위해 이용했다. 이런 목표들을 이루기 위해 클라인은 아이들 전용으로 구분된 각자의 문제를 반영하고 자신이 필요로 하는(드류스, 케리와 섀퍼, 2001; 랜드리스, 1991), 자기만의 장난감 세트를 가지고 놀 수 있도록 하면서 상징적인 장난감들(랜드리스, 1991)을 이용했다. 흥미롭게도 클라인은 놀이방에서 그녀의 인격에 대한 신체적 공격들은 아니지만 언어적 공격만은 허용하면서, 첫 번째로 놀이 치료실 제한에 관한 기존의 관례를 선 보였다(랜드리스, 1991).

구조화된 놀이 치료의 발전

정신분석 이론에 기초한 구조화 놀이 치료(르블랑과 리치, 2001)는 1930년대 말 데이빗 레비, 조셉 솔로몬 그리고 고브 햄브리지 등의 놀이 치료사들의 저작에 의해 고무되었다(질, 1994; 코트만, 2001). 레비는 해방 놀이 치료의 창시자였다. 햄브리지는 재창조 사건들의 혜택을 받았고(오코너, 2000; 퍼디, 2004) 솔로몬은 능동적 놀이 치료를 만들었다(오코너, 2000). 모든 이론가들은 놀이 세션들에서 능동적인 역할을 지시하고 맡는 것은 치료사의 주된 책임이며 치료 결과에 있어 결정적이라는 사실을 믿었다(코트만, 2001; 르블랑과 리치, 2001).

데이빗 레비

1930년대 말 해방 놀이 치료가 10세 이하 아이들에게 특정한 외상적 또는 근심을 일으키는 상황에 관련된 감정을 분출하거나 동화하는, 하나의 방식으로 데이빗 레비에 의해 도입되었다(코트만, 2001). 레비는 해석에 대한 강조의 필요는 없고 그들의 문제적 상황들을 재창조하고 통과하는데 놀이를 이용하는 순수한 이득만 강조할 필요가 있다고 느꼈다(랜드리스, 1991; 퍼디, 2004). 해방 치료에서의 지시들은 장난감들과 같이 한계가 있었다. 레비는 지그문트 프로이트의 반복 강박 이론을 받아들여 아이에게 외상적 또는 근심을 일으키는 사건에 고유한 제한된 장난감들을 제공함으로써, 그 아이가 더 이상 그로 인해 해롭거나 괴롭지 않을 때까지 외상적 사건을 반복적으로 다시 재생할 수 있을 것이라고 믿었다(질, 1994; 코트만, 2001; 오코너, 2000).

조셉 C. 솔로몬

조셉 솔로몬은 능동 놀이 치료라고 알려진 놀이 치료의 형식을 발전시켰다. 이 구조화된 놀이(르브랑과 리치, 2001)를 이용함으로써 동일한 감정들과 행동들이 다른 환경에서는 부적절한 것으로 여겨지지만, 놀이방에서만은 공개적인 사회적 결과 없이 아이가 감정과 행동을 표현할 수 있다. 그는 이런 놀이방 경험들을 가짐으로써 아이들이 보다 사회적으로 적절한 방식으로 행동하는 것을 배울 수 있다고 믿었다(질, 1994; 코트만, 2001; 오코너, 2000). 솔로몬은 과거 외상들로부터의 근심을 줄이기 위해 현재 상황들로 인한 미래의 결과들 간의 구별 또한 강조했다(질, 1994; 오코너, 2000).

코브 햄브리지

코브 햄브리지는 데이빗 레비가 했듯 놀이에서 외상적 사건들을 재생함으로써 (퍼디 2004) 치료 중에 놀이를 이행하는 동일한 과정을 대략 따랐다. 하지만 햄브리지는 근심/외상 상황을 이야기하기 전에 아이와의 강한 치료 관계를 수립하기로 선택했다. 치료적 관계를 발전시키는 데 있어서 햄브리지는 직접적으로 그 아이에게 근심을 심어준 외상적 사건 또는 상황을 재생하려 했다(질, 1994; 코트만, 2001; 오코너, 2000). 그 사건이나 상황이 재생되었을 때 그 아이는 재-상연에 참여하도록 북돋워진다. 재-상연을 마치고 나서 그 아이는 놀이방 바깥으로의 전환을 위한 자유-놀이를 하게 된다(오코너, 2000).

비체계적인 놀이 치료의 발전

비 체계화된 놀이 치료 기술들도 많은 위대한 치료사들의 작업에서 진화되어 구조화된 놀이 치료와 비슷한 경로를 따라 발전했다. 비지시적 또는 아이 중심의 놀이 치료의 몇몇 주요 공헌자들과 옹호자들이 있는데 거기엔 버지니아 액슬린, 개리 랜드리스 그리고 버나드와 루이스 궤니(코트만, 2001) 등이 포함된다. 하지만 이런 놀이 치료사들이 비지시적인 놀이 치료 개발을 시작하기 전에 그 토대는 관계 놀이치료사들에 의해 제공되었다.

관계적 놀이 치료의 발전

내담자의 역사와 무의식에 대한 치료적 관계의 중요성을 강조했던 오토 랭크(질, 1994)의 작업에 기반하여 프레드릭 앨런, 제시 태프트(랜드리스, 1991) 그리고 클라크 무스타카스(드류스, 캐리와 섀퍼, 2001; 질, 1994; 코트만, 2001; 오코너, 2000)는 관계적 놀이 치료를 1930년대에 도입했다. 관계적 치료사들은 스스로 치료할 아이들의 내재 능력을 인정하고 그들의 활동을 지시할 수 있으며 자신의 행동, 특성 그리고 성장에 책임을 질 수 있는 아이의 경험에 초점을 맞추었다. 치료사와 아이의 관계 또한 강력하게 강조 했다(코트만, 2001). 랭크, 앨런, 태프트 그리고 무스타카스는 함께 비지시적 놀이 치료(랜드리스, 1991)의 개발을 위한 기포를 형성했다.

비지시적인 놀이 치료

관계 놀이 치료 작업에 기초해서 칼 로저스에 의해 비지시적인 놀이 치료가 버지니아 핵스린에 의해 1940년대에 처음 도입되었다(액슬린, 1964, 1969; 랜드리스, 1991; 코트만, 2001; 르블랑과 리치, 2001; 오코너, 2000). 관계 놀이 치료가 치료사와 아이 사이의 관계를 강조하고 북돋웠지만 버지니아 액슬린은 수용, 이해 그리고 불간섭의 적절한 분위기가 제공되면 아이들이 치료, 성장 또 자기-실현을 위해 분투할 것이라는 믿음을 더 완전하게 탐구하고 확장시켰다. 치료사가 제공한 분위기에서 아이들은 자신들의 방식으로 그것을 통과하고 수용하면서 그들의 감정, 믿음 그리고 행동을 더 완전하고 자유롭게 탐구하게 될 것이다. 그 믿음은 중재가 아닌 성인의 반영과 수용으로 아이들은 놀이방에 들어가 그들을 압박하는 문제에 대한 작업을 하기 시작할 것이다. 아이들은 상황을 재-상연하고 환경을 재창조하고 또는 그들에게 장애를 준 사건이나 상황을 진행할 수도 있다. 이것을 안전하고 수용적인 환경에서 함으로써 아이들은 내적으로 그들의 갈등을 해결할 수 있을 것이다(액슬린, 1964, 1969; 드류스, 캐이와 섀퍼, 2001; 코트만, 2001; 오코너, 2000).

아이-중심 놀이 치료

버지니아 액슬린의 작업을 따라 텍사스의 개리 랜드리스는 아이 중심의 놀이 치료를 개발하기 위해 비지시적인 놀이치료의 개념을 세웠다. 아이-중심 놀이 치료에서 놀이방의 환경과 아이/치료사 간의 관계는 아이가 가지고 있는 다른 어떠한 경험과도 달라야 한다. 아이-중심 놀이 치료에 따르면 치료사의 주요 목표는 놀이세션에 대한 비상호적이고 비지시적인 접근법을 택하여 아이의 완전한 활동 과정과 세션을 지시할 수 있게 하면서, 아이의 감정과 경험을 반영하는 것이다(코트만, 2002).

자녀 치료

마지막으로 버나드와 루이스 궤니는 아동-중심 놀이 치료가 자녀 치료 중 아이들과 일을 하는 부모들을 돕기 위한 것이라는 많은 관념과 기술들을 설파하기 위해 작업을 했다(질, 1994; 코트만, 2001). 자녀 치료에 있어 치료사들은 부모가 그들 아이들과의 교류에서 매일 기반으로 사용하는 아동-중심 놀이 치료에 내재된 기술들을 가르치면서, 개인적 또는 그룹을 만들어 직접적으로 부모들과 작업을 한다(코트만, 2001). 또한 부모들은 치료 대리인의 역할을 할 수 있게 하면서규칙적으로 집에서 아동-중심 놀이 치료 세션에 아이와 작업하는 시간을 따로 가지도록 권고를 받는다(랜드리스, 1991; 반플릿, 1994).

협회들의 발전

지난 몇 십 년 간 놀이 치료와 놀이 기술들의 교육 옹호 및 증진을 위한 협회들이 세계곳곳에서 생겨났다. 협회들은 세계 여러 나라에서 형성되었고 놀이 치료기술, 신념 그리고 관념들을 채택한 거의 모든 나라에 정신 건강 전문가들이 있다. 그런 조직들 중 대표적인 세 단체는 놀이치료 협회(APT), 영국 놀이치료사협회(BCAP) 그리고 아동과 놀이 치료를 위한 국제 단체/국제 놀이 치료(PTI) 등이 있다.

놀이치료 협회

놀이치료 협회는 아이들의 요구에 특별히 잘 맞는 치료 양식을 개발하는 데 관심을 가진 전문가들을 주축으로(놀이치료 협회, 2004), 1982년 뉴욕에서 찰스 섀퍼와 케빈 오코너에 의해 창립되었다(퍼디, 2004). 섀퍼와 오코너는 조직을 개발하기 시작했고 개리 랜드리스, 루이스 궤니 그리고 존 앨런이 그 개발에 협조하기 위해 새 조직의 이사회에 참여했다.

1984년 놀이 치료협회의 첫 번째 회의가 뉴욕 시에서 열렸고 1987년 텍사스에서는 1988년에 시작될 첫 구성원 모임이 열렸다. 1992년에는 국제 놀이 치료 저널이 처음 출간되었고 1993년에는 등록된 놀이 치료사와 관리자(놀이 치료를 위한 협회사, 2004)를 위한 증명 과정이 도입되었다. 지난 10년 동안 조직은 독립적 지위로 옮겨갔고 가장 최신의 기술, 기법 그리고 조직화의 기회와 접근법을 제공했을 뿐 아니라 위원회, 포상 프로그램, 보조금 프로그램, 지부 운영 규약, 연례회의, 소식지, 저널, 평생 교육 기회, 지도자 개발 등을 형성하면서 놀라운 성장과 발전을 보였다.

영국 놀이치료사 협회

미국에서 놀이치료가 발전한 것 같이 놀이 치료 과정은 영국에서도 비슷한 수순을 따랐다. 1980년대는 새로운 놀이 기술들이 발생했고 영국에서는 놀이의 이용에 대한 대중성도 증가했다. 1992년에는 영국 놀이치료사 협회가 만들어졌다. 현재 영국 놀이치료사 협회는 영국 전역에서 네 개의 훈련 프로그램을 승인하고 있다(영국 놀이 치료사 협회, 2003).

아동과 놀이치료를 위한 국제 단체/국제 놀이 치료

캐나다 놀이 치료 연구소가 1980년대에 캐나다의 아동 정신 건강 센터에 설립되었다. 그 후 즉시 교직원들이 전 세계로부터의 훈련 지원 요청으로 시달렸다. 이처럼 늘어나는 요구에 부합하기 위해 1995년에서 1996년에 걸쳐 아동과 놀이 치료를 위한 국제 단체/국제 놀이 치료가 설립되었다(아동과 놀이치료를 위한 국제 단체/국제 놀이 치료 (PTI), 2002).

놀이 치료의 현재의 경향

놀이 치료 협회와 같은 미국 전문 놀이 치료 협회의 회원은 지난 20년간 폭발적으로 증가했다.

처음에 놀이 치료 협회는 약 50명의 개인 회원이 있었다(오코너, 2000). 놀이 치료 협회 회원은 1988년에 450명이었고 1990년에는 거의 2000명으로 급증했으며(랜드리스, 1991), 1998년 12월에는 3347명으로 계속 늘어나고 있다. 2000년 놀이 치료를 위한 협회는 3600명이 넘는 회원이 있고(오코너, 2000), 2002년 12월까지도 4369명의 개인 회원으로 여전히 증가하고 있다(놀이 치료 협회, 2004). 놀이 치료 협회 리더십, 회원 참여, 연루 그리고 조직으로서의 성장과 탁월함을 위해 진행중인 노력과 부지런한 작업들로 인해, 놀이 치료 협회는 큰 도약과 비약적인 성장을 하며 주춤할 신호를 보이지 않고 있다.

지부 발전-놀이 치료 협회

지부 발전과 참여는 지난 몇 년간 지속적으로 증가해오고 있다. 1998년 12월에 미국, 캐나다, 그리고 남아프리카(놀이 치료 협회, 2004)에 31개의 지부가 있다. 2000년에 그 숫자는 33 지부로 늘어났다(오코너, 2000). 그리고 2002년 12월에는 지역과 국제 지부의 수가 45개의 공인 지부로 도약했다(놀이 치료 협회, 2004).

등록된 놀이 치료사들/관리자들-놀이 치료 협회

놀이 치료 협회에 의해 관리되는 보증된 전문가들의 수는 회원과 놀이 치료 유명세에 따라 늘어났다. 1998년 12월에 706명 등록된 놀이 치료사들과 등록된 놀이치료 관리자들이 있었다. 2002년 12월에 1032명의 등록 놀이 치료사/관리자들이 있었으며, 47%의 성장률을 보여(놀이 치료 협회, 2004) 놀이 치료에 관심이 있는 사람들 수의 증가뿐 아니라 훈련을 받고 놀이 치료 보증을 받은 개인들이 늘어나고 있다는 사실을 뒷받침해준다.

현재 놀이 치료 분야는 비약적으로 늘어나고 있다. 분야가 성장함에 따라 놀이치료사들은 정기적으로 새 환경에서의 새로운 기술과 방법들을 탐구, 이행, 개발하고 있다. 현재 놀이 치료에서의 몇 가지 경향은 가족 환경에서의 놀이 기술들, 자녀 치료의 진행 개발과 이용, 성인 놀이 치료, 치료놀이, 그룹 놀이 치료 그리고 발달 놀이 치료(질, 1994; 랜드리스, 2001)등을 포함한다. 놀이 치료는 다양한 환경에서도 사용되는데 병원, 아동 보호 센터, 학교, 주거지 배치 그리고 아이들이 있는 곳이라면 어디든지 사용된다.

가족 배경에서 놀이 치료

어린 아이들은 종종 감정, 인식 그리고 상황들을 적절히 표현하지 못하기 때문에 전체 가족은 가족 치료 세션들에서 불리한 상황이 될 수도 있다. 가족 치료 세션에 전적으로 참여할 수 없는 어린 아이들은 때때로 감시된 채로 억압 받는다고 느끼거나 혹은 나머지 가족 중 한 명 이상의 구성원도 연결되지 않은 채 수행하는 동안, 전체적으로 전통적인 가족 치료 세션을 무시할 수도 있는데 이에 치료사는 가족 세션에서 놀이 기술을 이용함으로써, 나이 든 가족 구성원들의 이해와 자각을 북돋울 뿐 아니라 그들의 관점, 의견, 느낌들이 구체화되는 것을 확신하는 동시에 어린 아이들을 세션으로 불러들일 수 있다(질, 1994; 코트만, 2001; 랜드리스, 2001).

자녀 치료

1960년대에 버나드와 루이스 궤니에 의해 개발된 자녀치료는 부모의 도움으로 아이의 건강한 사회적 정서적 발달을 증진시킬 뿐 아니라, 유년기 문제들을 해결하기 위한 작업을 수행한다. 자녀 치료는 그들의 아이들과 함께 변화의 대행으로서 부모를 활용한다. 부모에게 기본적인 도움과 놀이 기술을 가르침으로써 치료사는 부모를 아동 치료에 포함시키고, 주간 놀이 치료 세션들에 그들의 아이와 함께 참여함으로써 부모-아이 관계를 개선시킨다(코트만, 2001; 랜드리스, 1991; 반 플릿, 1994).

성인 놀이 치료

성인 놀이 치료라는 새로 개발 중인 분야는 놀라운 잠재력이 있다. 놀이 치료와 놀이 활동을 성인에게 적용시키는 동안 사람과 사상과 감정을 언어화할 수 있는 과제보다는 놀이 치료 자체가 세션의 중심이다. 놀이에 빠지게 되는 성인들과 함께 개인은 대화 치료를 이용해서는 불가능할 듯한 자각의 수준에 도달할 수 있다.

치료놀이

원래 애착 문제를 이야기하기 위해 개발된 치료놀이는 부모-아이 관계를 개선하기 위한 몇 가지의 일반적인 세션들로 이루어져 있다. 세션들은 보육, 놀이, 도전, 구조 그리고 강제 행동 같은 몇몇 차원들을 포함할 수 있다. 최상의 조건이라면 적어도 두 명의 치료사들이 치료놀이 세션에 있게 된다: 아이와 한 명 이상이 작업하며 그동안 다른 이들은 무슨 일이 있는지 이해할 수 있도록 부모를 돕는다(코트만, 2001).

그룹 놀이 치료

그룹 놀이 치료는 주목을 받고 있는 놀이 치료 운동 중 또 다른 경향이다. 그룹 놀이 치료는 다른 그룹 치료들과 마찬가지로 다른 방법들보다 나은 효율성, 새롭고 보다 적절한 기술을 동료들과 시도해볼 수 있는 기회 등의 몇 가지 이점이 있다. 그룹 놀이 치료를 활용하면서 아이들은 성인들과의 교류에서 또래들을 포함시키고, 일상의 삶으로 일반화 될 수 있는 적절한 관계를 연습하며 또 그들이 교류하고 있는 아이들에게서 배우는 등 부가적 이점이 있다(질, 1994; 랜드리스, 2001; 팩맨과 브라톤, 2003).

발달적 놀이 치료

내담자의 부진한 발달 수준 결과를 집중적으로 다루기 위해 발달 놀이 치료가 만들어졌다. 발달 놀이 치료 과정 중 아이의 발달 수준이 조사되고 발달 놀이 치료사들은 그들의 발달 성장 과정을 통해 그 아이를 도우려고 노력한다. 발달 놀이 치료사는 보육을 제공하고 부진한 발달 단계에서 놓친 발달적 필요성들을 충족시키려고 시도함으로써 성과를 거둔다(코트만, 2001).

결론

놀이 치료에 대한 오늘날 개념의 발전은, 아이들을 보다 효율적이고 효과적으로 돕는 데 가장 적합하고 효과적이며 의미 있는 방법을 발견하는 데 있어서의 길고 매우 복잡한 경로를 따른다. 이 경로는 놀이의 힘에 대한 이해와 인정의 결핍이 때때로 놀이 치료의 발전과 응용을 방해했기 때문에 목적과 부딪힘이 있었다. 하지만 놀이 치료의 힘 뒤에 있는 압도적인 증거와 단순한 상식이 가장 거친 시기를 부드럽게 만들었다.

아이들을 치료하는 데 있어서 적합하고 효과적인 방식을 발견하는 놀이 치료 발전의 최초 원인은 오늘날에도 여전히 사실로 남아 있다. 아이들은 성인과 동일한 인지적 언어적 능력을 가지고 있지 않으며 따라서 성인-지향의 치료사로부터 동일한 혜택을 받을 수도 없다. 놀이 치료사가 여전히 필요한지를 물어보게 되면 단지 역사는 시작일 뿐이라는 것을 인지하기 위하여 발전도 역사를 통해 뒤 돌아볼 필요가 있을 뿐이다.

7장

놀이 치료의 이론적 관점들

조슈아 A. 토마스-액커와 샐리 S. 슬로언

서론

아동들에 대한 심리치료는 지그문트 프로이트의 그의 정신분석, 또 아동들에 대한 그의 작업으로 거슬러 올라갈 수 있다(르블랑과 리치, 2001). 프로이트의 딸, 안나 프로이트는 정신분석 이론에 기초해 아동들과의 작업을 위한 놀이 이론과 기술을 발전시켰다(르블랑과 리치, 2001). 정신분석 이론은 개인이 그렇게 생각하고 행동하는 이유를 알아내는 것을 돕는 데 초점을 맞춘다(섀퍼, 2003). 이 초기 이론은 인지와 행동에서 어긋남이 있을 때 치료사들이 개인들과 대면하는 것을 강조했고, 이것은 아이들의 놀이 사용을 통한 자아-발견을 돕는 데 적용되었다. 부모들은 가정과 학교 환경과 치료 세션 이외의 행동을 조사하는 데 참여한다. 정신분석 이론가들은 그들의 관심을 놀이 치료에 적용했으며, 놀이치료는 여러 다른 이론적 관점들과 치료 선택사항들로 퍼져나가면서 진화해왔다(르블랑과 리치, 2001; 섀퍼, 2003).

놀이치료는 내담자들 특히 아이들과 일하기 위해 실행 가능한 선택사항적 치료양식이다. 그것은 안전, 권한부여, 자유 그리고 자기 표현을 위한 지원적 환경을 제공한다. 놀이치료는 아이들에게 그들만의 기술을 이용할 수 있는 안전하고 재미있는 환경을 제공한다. 이 장은 놀이치료에서의 더욱 일반적인 이론적 관점을 탐구할 것이다. 상담과 심리에 대한 이론적 접근법은 많이 있지만 이 장은 주로 세 가지 응용에 집중할 것이다. 놀이치료는 전문화된 훈련을 요하는 기술로(글래딩, 1996) 임상가들은 놀이 치료 처치에 참가하기 전에 필요한 기술과 훈련을 개발할 필요가 있다.

아동–중심 놀이 치료

이 장에서 논의 될 놀이 치료에 대한 첫 번째 이론적 관점은 아동–중심 놀이치료이다. 이 이론적 관점은 놀이치료에서 가장 흔하고 넓게 사용되는 양식들이므로 접근에 있어서 많은 주목이 요구 될 것이다(글래딩, 1996; 피어리, 2002). 버지니아 액슬린에 의해 개발된 아동–중심 놀이치료는 칼 로저스의 내담자 또는 개인–중심 상담 접근법(르블랑과 리치, 2001)에 기반하고 있다. 로저스는 유능한 치료사란 치료 과정에서 자신의 삶을 방해하지 않은 채 개인을 "해방시키고 강화"할 수 있다고 믿었다(로저스, 1992). 로저스의 이론은 상담자들이 내담자의 안녕에 진정한 관심을 가질 필요가 있다는 그의 믿음에서 기반한다. 그는 치료사가 내담자와의 치료적 관계를 발전시키기 위해 필요한 따뜻한 분위기를 만들 수 있다고 믿었다. 로저스(1992)에 따르면 필요한 정보를 얻는데 쓰이는 속임수 기술은 불필요하다. 진정성과 따뜻함은 치료의 과정에서 일어날 수 있는 관계를 얻기 위해 로저스가 주장하는 중요한 요소이다. 그는 감정의 분출은 치료과정에 이익이 되고 치료사가 내담자을 위해 감정을 언어화하는 것을 도움으로써 기능을 할 수 있다고 믿었다. 그러한 접근법은 내담자들이 책임감 있는 선택을 할 수 있도록 돕는다(로저스, 1992). 내담자는 자신의 선택에 대한 책임을 지는 데 지원을 받게 된다. 치료사로부터의 반영은 내담자가 치료사의 관찰로 인한 감정적 패턴으로 통찰력을 얻는데 도움을 준다. 공감적으로 듣는 행위는 이 반영 과정에서 필수적인 것이다.

버지니아 액슬린은 칼 로저스의 학생이자 동료였다(랜드리스, 1993). 그녀는 놀이치료에 대한 아동–중심 접근법을 만드는 데 비지시적인 기술과 철학을 이용했다(랜드리스, 1993). 랜드리스에 따르면 놀이는 아이들의 표현 형식이자 그들의 경험과 감정을 보이는 방법이다. 자기–지시 놀이는 아이들이 치료에서 능동적인 활동을 하고 그 상황에 대한 힘과 지배력을 경험하는 동안의 안전한 양식이다. 아이들은 현실 세계 상황들에 대한 대안적 결과를 발견할 수 있다. 가족, 학교 또는 사회 상황들에서의 바람직한 결과를 연습하고 개인간의 기술을 연습한다. 랜드리스는 놀이치료에 적용된 로저스의 방법이 아이들로 하여금 그들의 요구와 인격을 전달하는 수용적이며 보안적인 환경을 제공한다고 지적한다. 아이들은 전통적인 대화 치료 방법에서 요구되는 그들의 생각을 전달하는 데 필요한 언어적 기술을 항상 가지고 있지는 않으며, 아이의 발달 단계는 성인 세계에 들어왔을 때 그들의 전달능력에 영향을 준다.

액슬린(1947)은 아동–중심 접근의 8 원칙을 정했다. 그녀는 치료사들이 우선 진정으로 그 아동 내담자에게 관심을 가지고 따뜻하며 걱정해주는 친절한 분위기를 발전시켜야 한다고 믿었다. 그런 환경은 치료사와 아동간의 좋은 관계 수립을 용이하게 해주며, 나아가 게다가 치료사는 아동이 자신을 드러낼 때 무조건적으로 아동을 받아들여야만 한다. 허용성과 안전한 치료 분위기는 아이들이 자신을 완벽히 탐구하고 표현할 수 있게 해준다. 액슬린(1947)은 더 나은 이해를 위해 치료사가 아동의 관찰을 반영하도록 하는 관계 구성요소를 포함시켰다. 액슬린에 따르면 이 방법은 각 아동이 문제 해결과 책임 있는 행동을 할 능력이 있다는 이해를 요한다. 이것은 아동이 자연스럽게 앞 방향으로 나아갈 수 있다고 믿는 것을 의미한다. 이런 형태의 치료는 지속적이며 서둘러야 할만한 것이 아니며 아동의 인격 발달과 관계 책임을 기르기 위해서만 한계가 설정되어야 한다(액슬린, 1947).

샌트록(2002)은 인간 개발을 위한 최고의 잠재력을 확신하기 위한 안전하고 수용적인 환경 조건의 필요성을 표명한다. 치료사들은 나름의 의도가 있을 지는 몰라도 아동이 감정적으로나 다른 식으로 더 빠르게 성장할 수 있게끔 강제할 수는 없다. 아동-중심 접근법에서 아이들은 책임감 있는 선택이 권장되는 수용적이고 보호적이며 안전한 환경에서 성장할 기회를 부여 받는다(랜드리스, 1993)고 믿는 치료사들이 반드시 진전을 이루는 역할을 하고 있지는 않는다고 하더라도 대신 그들은 내담자에게 존재하는 성장 잠재성을 계발하는 것이다. 내담자-중심 치료에서의 비지시적인 접근법은 아동이 자기-통제를 깨닫고 그들이 선택권이 있다는 것을 이해하도록 해준다(그리피스, 1997; 라이언과 니드햄, 2001).

액슬린(1947)은 놀이치료가 아이들을 위한 좋은 형태의 스트레스 해소법이라 하였고, 그리피스(1997)는 놀이 치료로서의 중재는 성폭력 피해 아동을 위해서 매우 가치가 있을 수 있다고 덧붙인다. 글레이저(1999)는 극단 상황에서의 놀이치료 사용의 윤곽을 그렸다. 그녀는 홀로코스트 기간의 아이들에 대한 이 같은 접근법의 사용을 연구했다. 글레이저는 강제수용소에서 일어난 잔혹한 일들이 어떻게 묘사되었는가 하는 사실을 통해서 놀이치료의 실용성을 증명했다.

코크란(1996)은 미국 인구가 보다 민족적, 문화적, 종교적으로 급속히 다양화되어 간다고 지적하고, 아동-중심 놀이 치료가 판단과 장애가 없이 자존감 개선을 하는 방식으로 자기-탐구와 자기-표현을 가능하게 해준다고 하였다. 이것은 민족, 인종, 문화 그리고 종교적 배경과 관련된 다양한 생각, 성격 그리고 개인적 특성을 받아들이게 해주고, 치료사의 비지시적인 접근법은 아동에게 자유를 주고 자신들의 배경과 경험을 그들의 탐험과 문제-해결에 적용시킬 수 있는 능력을 준다.

언어적으로 억제된 아이들은 놀이 치료를 통해 감정을 표현하는 데서 유익할 수 있다(코크란, 1996). 아이들은 비지시적이고 지원적인 표현 그리고 안전한 환경에서의 놀이를 통해 언어화하는 자신감을 키운다. 놀이에서의 기본적인 활동과 탐험을 위해서 아동/내담자의 언어화는 놀이치료에서 필수적인 것이 아니다.

이 장에서 논의된 아동-중심 놀이 치료 관점을 요약하자면, 그것은 아이들이 자연적이고 효과적인 매체를 통해 자신을 표현할 수 있는 안전한 환경에서 자라고 발달 할 수 있게 해준다(액슬린, 1947; 그리피스, 1997; 랜드리스, 1993; 샌트록, 2002). 이 매체는 아동을 현실의 삶보다는 장난감을 이용함으로써 무서운 상황에 대해 거리를 유지할 수 있게 한다(그리피스, 1997, 랜드리스, 2002). 그것은 또한 아동이 다른 반응들의 결과에 반응하고 그에 대한 감각을 얻도록 해주며 궁극적으로 자신 삶의 상황에 더욱 잘 대처할 수 있게 해준다.

아동-중심 치료는 개인의 능력과 긍정적이고도 자연적인 특성을 인식하게 한다(액슬린, 1947; 앤드리스, 1993). 치료적 기술들은 아이들이 안전하고 보안이 된 장소에 한해 탐구를 하도록 하면서 안전하고 편안한 방식으로 의사소통을 할 수 있게 한다(액슬린, 1947). 이런 기술들은 그들의 놀이와 상호작용을 지시하기 위한 것이 아니고 관계에서 아이의 책임을 정하고 현실의 경계 내에서 치료의 틀을 잡기 위해 고안된다(랜드리스, 2002). 비지시적인 접근법은 외상을 입은 아이들, 스트레스 해소, 가족 치료, 학교들 그리고 언어 장벽이 있을 때 다양한 문화 집단들에서 사용되는 것을 포함하여 다양한 상황에서 적용 가능하다(코크란, 1996).

아들러의 놀이 치료

놀이 치료의 창의적 처치 양식에서 가능한 두 번째 이론적 선택은 아들러의 놀이치료다. 상담과 심리학에 대한 아들러의 접근법을 이해하는 것은 놀이치료에 대한 접근법을 이해하는 데 있어서 중요하다. 코트만과 존슨(1993)은 아들러 이론의 세 가지 중요한 면을 지적한다. 그들에 의하면 이 이론은 사람들이 내재적으로 사회적 접촉을 필요로 하며 소속에 대한 필요를 느낀다고 지적한다. 그 이론은 또한 "사람들은 자신들의 삶의 방식을 개선하는 경험들을 찾는 창의적이고도 결정을 내릴 수 있는 존재들이다"고 가정한다. 삶의 방식은 개인에게 있어 독특하며 개인의 신념과 가치 체계에서 기초한다. 이 이론은 또한 사람들의 행동이 고의적이고 의도가 있다고 가정한다. 아이들의 나쁜 행동의 목적은 주의나 힘을 얻기 위해서 복수를 하려고 또는 부적절한 감정을 표현하기 위한 것일 수도 있다(데이노, 1999). 유라와 갈라시(1974)는 아이들은 놀이로 그들의 현재 인식과 관계뿐 아니라 미래도 드러낸다는 알프레드 아들러의 신념을 인용한다.

아들러의 이론은 관계를 강조하기 때문에 상담자나 치료사가 치료의 첫 번째 단계에서 아동과 좋은 관계를 발전시키는 것은 중요하다(코트만, 1999; 코트만과 존슨, 1993). 코트만과 왈릭(1989)은 이것을 민주적 관계 형성이라고 묘사한다. 아이에게 편안한 표현 방법을 활용하는 것이 아들러의 놀이 치료에서 중요한 측면을 세우는데 가장 요구되는 것이다(대이노, 1999). 치료사의 조사와 관찰, 아동에 대한 권고 그리고 제한 설정은 아들러의 놀이치료에 대한 접근법의 시작 부분이다(코트만과 조는, 1993). 코트만과 존슨은 치료사들이 아동이 놀이치료에서 보여주는 것들을 관찰함으로써 아동 놀이의 내용을 다시 서술하게 되며, 그 아동의 행동과 놀이의 내용으로 증명된 감정들을 반영하면서 평등한 관계를 이룰 수 있도록 추천한다. 치료사의 역할은 그 과정 동안 아이의 놀이를 계속 관찰하고 그것을 아이에게 언어화하는 것이다. 다음 치료사는 다시 진술함으로써 놀이에서 중요한 점들을 아이에게 알려준다. 치료사는 다음 놀이를 통해 나타난 행동의 연결과 이해를 수립하기 위해 아이에게 연결된 감정을 반영한다.

이전에 설명된 추적, 재 진술 그리고 반영은 가설적 예를 통해 설명될 수 있다. 인형을 가지고 노는 아이를 지켜보는 치료사가 아이에게 말함으로 추적을 할 수도 있다. "제니퍼 너는 네 개의 인형을 가지고 노는 것 같구나." 그리고 나서 치료사는 다음과 같이 말하면서 행동을 재 진술 할 수 있다. "너는 가족이 네 명이고, 너는 네 개의 인형을 가지고 놀고 아빠 인형을 찬장에 올려 놓았구나." 이 같은 정보로 치료사는 그의 판단이 그 놀이를 통해서 표현되고 있다는 느낌을 반영할 수 있다. 치료사는 다음과 같이 말할 수 있다. "네 아빠가 멀리 떨어져 가족과 함께 살지 않아 너는 슬프구나." 이런 기술들의 활용 예로부터 치료사가 놀이 치료 기술들을 훈련하고 능숙해질 필요가 있다는 것이 분명해진다. 이것은 아동에 의한 놀이와 연결되는 감정을 반영하는 데 있어서 특히 중요하다. 치료사가 아이의 감정이나 의도들을 부정확하게 반영한다고 느끼게 만들지 않도록 특별한 주의가 필요하다. 아이와의 평등한 관계 수립을 통해 치료사가 아이의 감정이나 생각을 정확하게 반영하고 있는지에 대한 대화가 자유롭게 이루어지게 된다.

격려 또한 아들러 놀이 치료에서 관계를 발전시키는 중요한 부분인데, 놀이치료에서 아이들이 이룰 수 있는 능력의 과업을 성취하도록 격려하는 것이 성취에 대한 긍정적 의미를 발전시키는 데 중심이 된다(코트만과 존슨, 1993). 치료사로부터의 지원을 통한 능력 인식의 발달은 소속감과 수용성의 감각을 기르는 데 도움을 줄 수 있다.

코트만과 존슨(1993)은 아들러 접근에 일관되는 한계 설정의 중요성을 강조하는데 이것은 나아가 아동과의 건전한 관계를 이룬다. 코트만과 존슨은 놀이치료 대상을 손상시키거나 자기 또는 타인에게 손해를 끼치는 것에 대해 한계를 설정함으로써 아이와의 관계가 진전될 수 있다고 믿는다. 그들은 치료사들이 가능한 한 치료 중인 아이에 의해 제공되는 정보에 대해 제한 하는 것을 삼가야 한다고 경고했다. 이것은 치료사로부터의 판단적 태도나 해석에 의해 저지되지 않는 자기-표현의 자유를 아이들이 가질 필요성 때문이다. 치료사 행동 모델을 통해 건전한 한계를 세우는 법을 아이에게 가르치거나 때로는 아이와 한계를 협상하는 것은 치료적 환경 바깥에서 적용될 수도 있다(코트만과 존슨, 1993).

처음 단계는 아이와 치료사가 말로 교류할 기회를 포함한다(코트만, 1999). 열린 소통은 관계 발전에 필수적이고 아들러 놀이 치료 과정의 모든 단계에서 계속되어야 한다(코트만과 월릭, 1989). 아이와 치료사가 교류하고 서로를 알아가는 것은 중요하며 아이와 치료사는 수업 후에 함께 놀이 치료 방을 치운다(코트만, 1999). 그런 관계들은 치료사와 아이 간에 중요한 교류와 신뢰 쌓기를 가능하게 해주는 점에서 아주 중요하다. 그것은 또한 한계 설정과 관계 발전을 증명하는 것을 가능하게 해준다.

아들러 놀이 치료의 두 번째 단계는 아이의 삶의 방식을 탐구하는 것이다(코트만, 1999; 코트만과 존슨, 1993). 이는 아이의 행동 목표를 결정함으로써 성취된다. 다시 말해 놀이를 통해 아이는 무엇을 이루려고 하는가? 아들러 이론의 일부는 아이들이 주의와 소속감을 찾는 것이다. 따라서 아이들은 좋은 행동을 통해 주의를 끌고 만일 필요하다면 나쁜 행동을 이용하거나 필요한 관심을 끌려고 연기를 할 것이다(코트만과 존슨 1993). 아이들이 부적절 함이나 무력함을 느끼거나 부정을 인지할 때 그들은 부정적인 방식으로 행동할 수도 있다. 치료사들은 양육 기법, 가족 배열 그리고 아이의 가족에 대한 인식과 교류를 결정함으로써 삶의 방식을 조사할 수 있다(코트만과 존슨, 1993). 이것은 치료사에게 아이가 교류와 환경을 어떻게 생각하고 인식하는지에 대한 개념을 준다.

아들러 과정의 놀이치료의 각 단계에서는 치료사가 아이의 감정, 관계 그리고 삶의 방식과 행동에 대한 통찰력으로서 가설을 발전시키는 것이 중요하다(코트만과 존슨, 1993). 이러한 과정은 치료사, 아이, 아이의 가족에 대한 통찰력을 제공하면서 아이를 이끌고 그들의 행동에 대해 교육하는 치료 관계에서 이용 될 수 있다. 치료사는 아이의 놀이에서 은유나 상징적 행동들을 식별할 수도 있다(코트만과 존슨, 1993). 따라서 전문적 판단은 행동을 해석하고 아이의 주의를 끄는 해석에 대한 결정을 하는 데 이용된다. 은유는 아들러 이론에서 중요한데(코트만과 존슨, 1993). 코트만과 존슨(1993)은 치료사와 아이가 치료에서 유용한 은유를 식별하는 한 방법으로서 서로 이야기하기에 참여할 것을 권한다. 그들은 시작, 중심 그리고 끝을 포함하는 이야기의 종류 중 말하는 것을 돕기 위해 장난감이나 물체들을 이용하는 것과 연결될 수 있다고 지적한다. 일단 아이가 이야기를 마치면, 치료사는 자아와 타인들에 대해 보다 진전된 결론을 격려하고 자기-개념을 넓히는 데 도움을 주기 위해 끝을 바꾸면서 이야기를 반복할 수 있다.

아들러의 놀이치료의 세 번째 단계는 아이가 자신의 삶의 방식에 통찰력을 얻도록 돕는 것과 관련된다(코트만, 1999; 코트만과 존슨, 1993). 이 단계에서 치료사는 아이의 시각, 감정 그리고 자신에 대한 인식, 가족 관계, 세계에 대한 인식을 공유한다. 이것은 가족 구성원들과 아이가 가족 내에서의 행동과 역학을 더 잘 이해하도록 해준다. 이 단계는 처음 두 단계의 종합에 기반한다. 돈독한 관계와 치료사가 아이의 삶의 방식에 대해 이해하는 것은 아이가 이러한 통찰력을 공유할 수 있는 기반을 마련하게 해 준다.

넷째 단계에서 치료사는 새로운 행동과 인지에 대해 아이를 재교육하고 재적응하는 데 도움을 주는 놀이 치료를 통해 발전된 통찰력의 활용을 돕는다(코트만, 1999; 코트만과 존슨, 1993). 이것은 상황과 관계를 고려한 새로운 전략과 행동을 개발하며 새로운 태도를 확립하는 데 있어서 치료사와 파트너가 되는 아이와 가족 구성원을 위한 기회이다(코트만, 1999). 치료사가 협동적 노력을 통해 이 과정에서 가족과 연관될 때, 각 가족 구성원은 더 건전한 방식으로 행동과 관계를 재정의하는 데 도움을 준다. 부모들은 그들의 기술을 증진할 수 있고 아이들은 가족과 타인과의 관계에 대한 새로운 이해를 개발할 수 있다.

코트만(1999)은 류와 베트너의 개념을 인용함으로써 아들러원칙 과정의 목표에 대한 명쾌한 요약을 제공한다. 아들러 치료사들은 아이들이 타인과 관계 맺기, 할 수 있다는 느낌을 키우기, 스스로 중요하다고 느끼기, 용기를 배우기 등을 도울 수 있다. 용기는 다른 분야 혹은 새로운 아이디어를 시도해보는 영역에서 중요하다. 그녀는 이러한 "중요한 시도들"이 아들러의 원칙들과 일관된다고 지적했다.

아들러의 놀이 치료 과정은 타인과의 관계성의 문제에서 아동들이 안전하고 비판단적인 환경에서 배울 수 있게 한다. 이런 학습은 소속감에 대한 이해를 개발하는 것을 강조할 수도 있다(코트만과 존슨, 1993). 치료사가 행동에 대한 대안적인 해답을 제공하는 것을 도움으로써 아이들에게 소속감의 이해를 더 강조한다(코트만과 존슨, 1993). 아이들은 참가자의 팀의 일부가 되고 갈등과 문제들에 대한 해결책을 개발하는 과정에 참여하게 된다(대이노, 1999).

자녀 치료

놀이치료는 내담자들에게 힘을 주는 데 있어서 효과적이며, 이것은 자녀 치료에서 특히 분명해진다(래이, 브라톤과 브란트, 2000). 버나드 궤니에 의해 개발된 자녀 치료는 그들의 아이들과 치료적 중재 중에 있는 부모들을 훈련하기 위한 심리교육적 도구이다(래이, 브라톤과 브란트, 2000). 그것은 놀이치료와 가족 치료를 결합시킨다. 아이들은 그들의 관점과 그들이 가족치료 중에 가족 역학에 어떻게 적응하는지를 표현하는 과정을 통해 강화될 수 있다. 자녀치료는 그들이 공통 목표에 도달하기 위해 교류하는 독특한 환경을 보여주는 치료과정 중 부모와 아이가 짝을 이룬다. 그 부모는 놀이를 아이의 의사소통 방식으로 인식하도록 교육을 받고 치료의 목표들을 성취하기 위한 협력자가 된다. 부모와 아이는 그들의 요구를 더 잘 소통하고 표현할 수 있게 된다. 표현을 촉진함으로써 자녀 치료는 이해되기 전까지 선택권을 열어놓는다. 로터와 부시(2000)는 가족들이 이 치료 방식으로부터 혜택을 얻을 것이라는 것을 지적했다.

놀이와 자녀 치료는 가족 치료에 보충적이거나 가족 치료의 자리에 있는 것으로 보인다. 프로이트는 그들의 아이들에게 치료적 중재를 수행하게끔 부모를 훈련하는 개념을 발전시키는 데 공헌을 했다(래이, 브라톤과 브란트, 2000). 가족 치료를 수행할 때 놀이 치료는 아이가 가족 역학을 이해할 수 있는 환경에서 의사소통과 이해의 양식을 확립하는 데 도움이 될 수 있으며, 전 가족이 힘을 얻고 그들의 감정과 가족 교류에 대한 시각을 표현하는 것을 가능하게 한다.

결론

다양한 이론적 관점에 일관된 방법으로 놀이 치료의 형태를 적용해 온 많은 이론적 시각들이 있다. 이 장에 나열된 것은 놀이 치료에 활용된 세 가지 주요 이론적 적용이다. 그러한 응용은 개인, 그룹 그리고 단-장기 치료를 한 특수 모집단들에게서 성공적으로 이용되어 왔으며 놀이치료는 개인 그리고 사회적 문제들에 적용 가능하다. 그것은 내담자의 현 환경과 발달 단계 내에서 사용되고 있는, 자각을 통한 새로운 이해가 주어졌을 때 변화할 수 있는 내담자의 동기에 기초한 비지시적인 접근법이다. 이러한 관점들은 놀이치료가 실제로 이루어지는 방법을 알아볼 기회를 제공한다. 놀이치료는 진화하는 중재로서 다양한 이론적 배경이 있는 실행자들과 연구원들이 놀이치료에 참여함에 따라 새로운 기술과 관점들이 개발되고 있다. 놀이치료는 많이 연구된 논제로 아이들이 놀이치료를 이용하는 데는 꽤 많은 지원이 있다. 아이들에게 그들의 느낌과 인식을 전달하기 위해 자연스러운 자기-표현의 형태를 제공하는 것은 치료사들에 의해 이용되는 가치 있는 방법이다. 부모들과 임상가들은 치료 방법을 탐구하며 적절하고 충분히 연습된 놀이 치료를 아이들에게 활용하고 싶어하게 될 것이다.

8장

애착 장애 아동 치료에서 놀이와 인지적 개입의 연결

케빈 오코너

서론

최근 수년간 정신 건강 실행자들은 애착 장애와 애착 관련 문제들을 가진 아동 내담자들에 대해 극적으로 높은 관심을 보여왔는데, 이는 그에 관한 논문의 대다수가 '치료 놀이 소식지' 2004년 여름호에서 처음으로 나타나기 시작했다는 사실에서 부분적으로 증명되고 있다. 스피츠(1946)의 연구처럼, 한때는 심하게 방치된 결과로 유아들이 경험하는 것으로 보았던 문제들이 이제는 훨씬 더 미묘한 상황들에서 나타나는 것으로 알려지게 되었다. 특히 입양아들과 수양 보호 체계에서 시간을 보내는 아이들은 더 위험한 상황에 처해 있다(휴즈, 1997, 1999). 미묘한 애착 장애는 아이 편에서 보호자에 대한 지나친 집착으로부터 과도하게 거리를 두는 행동까지 그 범위가 미친다. 그 문제의 극단에는 반동적 애착 장애(DSM-IV, APA, 1994)의 기준에 해당하는 행동을 하는 아이들이 있다. 미묘한 애착 문제들이라 할지라도 아이들이 살면서 건강하고 만족스런 대인관계를 발달시키지 못하게 할 잠재성이 있으며, 그것보다 더욱 심각한 증상들이 틀림없이 나타나게 될 것이기 때문이다.

아이들의 초기 애착 경험의 과정과 그 장기적인 영향에 대한 우리의 생각을 상당히 바꿔 놓게 된 몇 가지 결과물이 나오면서 애착 행동에 대한 연구가 널리 확산되었다. 애착 과정에 대한 초기의 개념화 중 일부는 이후의 삶에서 아이들의 관계의 질을 결정하는 데 있어서 아주 중요한 역할을 포착하지 못한 채, 그것을 각인 행동과 대충 동일시했다. 보호자에 대한 아이들의 애착이 가진 심리생물학적인 성격은 현재 폴란과 호퍼(1999)가 잘 요약 하고 있듯이 아주 복잡한 과정으로 보인다. 보호자 목소리, 얼굴 특성, 냄새 그리고 접촉은 아이의 최초 유대감 형성에 본질적인 기초의 역할을 하는 것으로 보인다. 영아가 보호자와의 교류를 얼마나 믿을 만하고 즐거운 것으로 여기는지가 보호자를 안정된 기반으로 볼 수 있는 능력의 핵심이 된다. 아주 어린 아이에게 성공적인 개인화와 세계 탐험 그리고 다른 대인관계들을 가능하게 하는 튼튼하고, 안정된 기반은 보호자 자신이다(말러, 1967, 1972). 이후의 삶에서 초기의 안정된 기반에 대한 아이들의 경험을 통해 그들은 다른 성인과 친구와의 관계를 집 바깥에서의 안정된 기반으로 활용할 수 있다. 이는 유치원 아이들이 상처를 입거나 놀랐을 때 교사를 찾는 데서 쉽게 관찰된다.

초기 경험에서 보호자에 대한 안정된 애착 관계를 박탈당한 아이들은 후에 다른 어른들과의 상호작용에서도 박탈당하는 것을 당연하게 여기는 경향이 있어서, 그들의 발달 과정에서 의지할 수단으로 역할 하는 일종의 안정된 기반을 확립하는 게 어려워진다. 이 때문에 더 심각한 애착 문제가 있는 아이들은 전통적인 놀이 치료 방법을 이용해서 치료하기가 매우 어렵다(랜드리스, 1991). 미국 실행자들에 의해 쓰이는 가장 유력한 모델인 아동-중심 놀이 치료는, 아이의 성장 과정을 가로막지 않는 치료사와의 보호적, 지원적 관계라는 맥락에서 아이들이 놀이를 통해 자신의 문제들을 해결할 수 있다는 전제에 기초한다. 그 모델을 이 집단에 적용하는 데 있어서의 어려움은 이 아이들의 문제의 성격상, 보호적이거나 지원적이고 아주 잘 보살피는 치료사와 함께 하더라도 관계를 경험하는 것이 거의 불가능 하다는 바로 그 사실에 있다.

치료놀이(테라플레이)

치료놀이는 아이와 치료사간 관계의 중요성을 강조하는 또 하나의 놀이 치료 모델이다. 이것과 아동-중심 놀이 치료 사이의 일차적인 차이는 아이와 성장 촉진 관계를 신속히 확립하는 데 있어서 치료사가 가지는 책임의 정도에 있다. 치료놀이 치료사들은 아이가 그 관계로부터 떨어져 나가지 못하게 하면서 아동 내담자들과 지속적으로 상호작용을 한다. 그들은 세션의 모든 순간을 즐겁고 재미있는 방식으로 아이의 필요에 맞게 만들기 위해 노력한다. 구성, 도전, 참여 그리고 양육 활동을 이용해 치료놀이 치료사는 아이들에게 대인 상호작용에서 신뢰와 즐거운 느낌을 쌓아가는 경험을 제공한다. 이는 이 아이들에게 필요한 내면화된 안정적 기반을 보수하거나 만들어주는 데 도움이 된다. 이 기반은 아이들이 주위 환경과 그 안의 사람들과의 상호작용에 성공할 수 있게 해준다.

치료놀이 자체만으로도 아이들의 애착 관련 증상의 일부를 회복시킬 수 있는 뛰어난 대인 관계 경험을 제공해 주지만, 최근의 연구에 따르면 인지적인 요소를 추가할 때 치료가 훨씬 더 효과적으로 된다고 한다. 이 연구는 개인의 실제 결합/애착 경험 보다는 그 경험들을 이해하고 알아가는 방식에 더 초점을 맞춘다(시겔, 1999; 시겔과 하트젤, 2003). 인간이 발전시킨 놀라운 진화 능력 중 하나는 바로 경험을 타고 넘어 재구성하는 능력이다. 좋은 경험들은 나쁘게 재앙적 경험은 좋게 재구성될 수 있다. 후자는 스트레스와 외상에 대한 개인의 저항 능력 또는 회복력을 예견하는 데 있어서 주요한 요소로 보인다. 유사하게 이 재구성은 그들이 경험에 부여하는 의미를 바꾸는 데 도움을 주는 것을 강조하는 해법 중심의 구성주의적 기법의 기초이다(예, 앤더슨과 굴리시안, 1992; 에론과 룬트, 1996). 그러므로 더 큰 아이들이나 성인들에게는 안정적 기반의 역할을 하는 것이 반드시 그들의 실제 보호자 그리고 그 사람과의 경험일 필요가 없으며, 오히려 그 보호자에 대한 내면화된 모델 그리고 애착에 관한 재구성과 회상의 시각인 것이다. 더 큰 아이들에게 있어서 친구 관계의 기초 역할을 하는 것은 바로 이 내면화된 모델이다. 성인들에게 있어서 그들의 모델은 친구 관계의 기초일 뿐 아니라 자신의 아이들과 함께 만들어 가는 관계의 틀이 된다. 이 모든 경우에 그 사람이 회상한 애착 이력의 일관성과 더불어 그 이력과 연관된 감정들을 통합하는 그/녀의 능력은, 현재 애착의 성질에 대한 놀라운 예표들이 된다(포너지, 스틸, 스틸, 모란과 히짓, 1991; 헤세, 1999).

이 장은 경험 요소들과 인지-언어 교육을 결합함으로써 치료놀이와 기타 놀이 교육의 효율성을 증진시킬 수 있는 잠재적 가능성에 초점을 맞춘다. 전자는 즐거움과 타인에 대한 신뢰를 길러주며 후자는 아이가 일관되고 정서적으로 통합된 애착 이력을 발전시키는 데 도움을 준다. 이 경험-인지 통합 모델은 오코너(2000) 그리고 오코너와 암멘(1997)이 설명했듯이 생태계 놀이 치료와도 조화가 될 수 있다.

이 통합은 치료놀이가 아이들과 성인 내담자 모두에게 교정적인 애착 경험을 제공하기 위해 뛰어난 전략의 역할을 할 수 있는 방법들을 살펴봄으로써 시작될 것이다. 수 암멘(2003)은 전반적인 역할의 기능에 따라 **구성**, **도전**, **참여**, **양육**으로 나눠진 틀을 도입했다.

구성과 도전 활동들은 치료사-아동 또는 보호자-아동의 상호작용에서 조직화의 기능을 한다. 구성은 아이들이 안전한 가운데 주변 환경에 성공적으로 접근하고 상호작용 하는 법을 제공하는 데 도움을 주는 행동에 초점을 맞춘다.

도전은 아이들이 과제와 문제들에 성공적으로 접근하고 해결하는 법을 제공하는 인지력에 초점을 맞춘다.

참여와 양육 활동은 보다 조절적인 기능을 하는 경향이 있다. 구성과 마찬가지로 참여는 보다 행동 중심적이다. 아이들은 상호작용을 조절하는 법을 배워 그것을 즐겁고 기쁜 것으로 만든다. 양육은 보다 정서적인데 그것을 통해 아이들은 타인과의 긍정적인 관계가 실제로 어떠한 느낌인지를 알게 된다. 아이가 어릴수록 교육의 성공은 치료놀이의 상호작용과 경험적 특성에 달려 있다. 몇몇 나이가 있는 내담자들에게는 이러한 특성이 부정적인 인지 체계를 우회해서 실제로 상호작용을 경험하게 해준다.

한번의 치료놀이 세션과 아버지와 함께 하는 숙제를 마치고 나서 아버지와의 관계에서의 실망으로 인한 우울증으로 치료를 받고 있다가, 못 믿을 만큼 밝아진 19세의 아이는 미소를 지으며 말했다. "우리의 관계는 갑자기 아주 좋아졌다. 우리의 과거가 바뀐 것 같지는 않다.…하지만 그것이 더 이상 중요하지 않게 된 것 같다."

놀이치료의 효율성

놀이치료의 경험적 특성이 믿지 못할 만큼 강력하기는 하지만 거기에 인지-언어적 요소를 추가하면 세 가지 방식으로 그 효율성을 증대시킬 수 있다. 첫째, 아이들이 어떻게 그들의 현재의 고민을 이야기 해야 할지를 안다면 특정한 교육의 힘이 증가할 수 있다. 예를 들어 그들이 "어리석고, 무의미하며 시간낭비"로 보는 일들과는 다르게 그들이 적절하다고 여기는 일들은 얼마나 열심히 하는지를 생각해보라. 둘째, 인지적 전략을 이용하면 아이들이 다양한 치료놀이 활동에 대해 가지는 자신들의 반응과 느낌을 이해하는 데 도움을 줄 수 있다. 이는 치료사가 치료사와 치료에 대한 아이들의 감정적 반응을 과거에 있었던 사건들과 분리시키는 일을 도와 주는 경우에는 특히 그렇다. 그것의 목적은 정신분석학 용어로 현실로부터의 전이 반응 분리이다. 끝으로 아이들의 치료 경험에 대한 인지-언어적 이해의 발달을 돕게 되면 놀이방 바깥의 삶에서 치료의 이점을 적용시키는 일이 매우 쉬워진다. 치료사와의 힘 겨루기 해결 방식과 부모나 교사들과의 힘 겨루기 해결 방식의 연관성을 볼 수 있게 된 아이들은 더 빨리, 더 효과적으로 그 지식을 이용하려고 한다.

해석 전략들

이 논문의 나머지 부분은 전통적 해석 전략들이 치료놀이 세션의 느낌에 대한 아이들의 이해(통합)를 촉진하는 데 어떻게 이용될 수 있는지 그리고 그들이 세션에서 배운 것을 매일의 삶에서 어떻게 이용하는지에 주로 초점을 맞출 것이다. 이 부분은 "놀이 치료에서의 해석의 가치와 그 사용법"(오코너, 2002)을 약간 수정한 것이다. 해석이 세션 내에서 주로 이용되기는 하지만 그것이 전반적인 치료 과정의 일부라는 점을 아는 것은 중요하다. 치료의 최대 효율성은 다중적 또는 생태적 접근법에 달려 있다. 그러한 접근법에서 치료사는 아이, 가족 그리고 아이의 발달과 맞닿아 있는 다양한 체계들, 즉 학교, 병원, 법, 사회 봉사, 공동체 그리고 문화적, 사회적 체계뿐 아니라 아이가 속한 다른 체계들과 더불어 작업을 한다. 보통 치료사들은 두 방향으로 아동내담자을 돕는 접근을 한다. 하나는 현존하는 다양한 체계 내에서의 기능을 배우는 것을 돕는 것이다. 이것은 개인적 치료놀이와 기타 놀이 치료의 일차적인 기능이다. 다른 하나는 체계를 바꿈으로써 아이가 제대로 된 기능을 하기 쉽도록 만드는 것이다. 해석 과정을 통해 아이와 치료사가 얻은 지식은 보통 모두에게 여파가 미친다. 즉 더 많이 이해함으로써 아이들은 필요한 변화에 대한 도움을 받게 되며 그것을 이용해 치료사는 체계적인 변화를 이끌어 낼 수 있다.

여기에 서술된 여섯 단계를 따름으로써 치료사는 가장 좋은 효과가 있는 해석을 공식화하고 발표하는 데 도움을 얻을 수 있을 것이다.

1. 현존 문제에 대한 내부적 원인과 아이의 증상 그리고/또는 그러한 행동을 계속하게 만드는 요인들에 관한 가설들을 포함하는 최초의 종합적 사례에 대한 공식을 개발.
2. 치료 과정을 통해 아이의 삶이 어떻게 개선될 것인지를 명시하는 현상학에 기반을 둔 아이와의 치료 계약서 개발. 동시에 치료사는 그런 개선을 위해서는 때때로 아이를 불편하고, 슬프고, 무섭게 만드는 문제에 관해 이야기를 해야 하는 노력이 필요하다는 점을 아이에게 분명히 할 필요가 있다. 치료사들은 아이가 얻을 장기적 이익이 단기적 불편함을 훨씬 능가한다는 믿음을 강조해야 한다.
3. 아이를 자신의 문제에 대해 새롭게 이해하도록 만들기 위한 일련의 해석을 개발. 이 새로운 이해는 치료사가 1단계에서 개발한 가설들에 기초한다.
4. 가설들의 정확성을 평가하기 위해 아이의 반응을 관찰하면서, 놀이 중에 기회가 생기면 아이에게 계획된 해석들을 전달하기 시작. 만일 아이가 지속적으로 그 해석들을 거부하거나 행동 변화를 시작하지 않으면 치료사는 원래 사례 공식으로 돌아가 가설을 재고해야 함.
5. 아이가 통찰력을 얻게 되면, 치료사는 대안적 행동과 반응을 유도하면서 아이가 문제를 해결하는 데에 이 새로운 정보를 이용하는 것을 돕는다.
6. 마지막으로 치료사들은 아이들이 그들의 새 지식과 기술을 치료 세션 이외에도 사용할 수 있도록 다양한 행동 그리고 새로운 상황에 적용하면서 해석 자료를 반복한다. 이것은 일반화하는 것을 촉진해 준다.

이 과정을 통해 치료놀이 치료사는 세션에서 전달된 사건이나 감정을 취해서, 그로 인한 갈등과 문제들이 다루어지고 해결이 될 수 있도록 그것들로부터 의미를 끌어낼 수 있다(슬래이드, 1994). 하지만 치료사들은 그들의 선험적인 사상을 아이에게 부과하지는 않는다. 오히려 전통 치료놀이에서 종종 일어나듯 치료가 치료사와 아이 사이의 섬세한 춤이 된다. 치료사는 계속해서 그들의 지식을 아이에게 제공하고 아이의 반응과 수용성을 측정해서 필요하다면, 그들의 생각을 조정하며 이 대안들을 아이에게 다시 제시한다. 모든 일이 잘 풀리면 놀이 치료사의 경력과 임상적 경험이 아이의 성장 동력과 결합되면서 빠른 진전이 이루어진다.

해석이 아이의 문제 해결에 쓰일 의미를 찾고 지식 습득을 돕는 것이라면 그것은 아이가 활용할 수 있는 방식으로 전달되어야 한다. 이는 치료사가 두 가지 과정을 진행할 것을 요구한다. 하나는 치료놀이 활동에 대한 아이의 언어적, 비언어적 반응 뒤의 복잡한 생각과 감정을 아이가 실제로 이해할 수 있는 언어로 때때로 번역하는 것이다. 즉 발달적으로 적절한 언어로 말이다. 다른 하나는 아이가 압도당하지 않도록 천천히 체계적인 방식으로 해석을 전달하는 것이다. 이것을 용이

하게 만들기 위해 저자는 로웬스타인(1951, 1957); 데버로(1951); 비브링(1945); 그리고 루이스(1974)에게서 도출한 다음의 모델을 개발했다.

반영들

나는 이 해석 모델을 처음 개발한 다음(오코너, 1991) 이 해석의 첫 범주를 내용과 동기 두 개의 하위 범주로 나눴다. 내용 반영은 치료사가 아동 내담자의 행위나 언어 배후의 생각이나 감정을 식별하기 위해 하는 진술이다. 아이가 화난 듯 보이거나 소리치는 행동을 하면 치료사는 간단히 "너 굉장히 화난 것 같구나"라고 한다. 아이가 이야기를 할 때 치료사는 내재된 환상을 밖으로 끄집어 낸다. 내용 반영은 재언급이 아니다. 그것은 새로운 자료를 추가 한다. 아이가 "그게 신경이 쓰였어요"라고 말한 바로 다음에, 치료사는 "너 신경 쓰는 것 같다"고 말하지 않는다. 오히려 아이가 어떤 말도 안 하고 대화를 그만두려고 한다면 치료사는 "너 굉장히 신경 쓰는 것 같다"라고 말을 할 것이다. 동기 반영들은 아이가 특정한 말을 하거나 행동을 하는 이유에 관한 분명한 진술이다; "내가 너에게 먹여주기를 원하지 않는다는 걸 알리려고 방금 엠엔엠 초코렛을 바닥에 던졌다고 생각해. 혼자 먹을 수 있지!" 동기 반영들은 치료사에게 훨씬 많은 권한이 있기 때문에 내용 반영보다 훨씬 더 강력하다고 생각이 되며, 그에 따라 보다 조심스럽게 사용되어야 한다.

이러한 반영들은 여러 목적으로 쓰인다. 우선 그것들은 "행동 뒤에 있는 생각과 느낌"에 대한 치료사의 관심을 아이들에게 보여준다. 그에 따라 그것들은 치료놀이 과정이 어떻게 펼쳐질까에 관해 아이에게 알려주는 데에 도움을 준다. 둘째, 그것들은 아이의 정서적 어휘를 확장하는 데 도움을 준다. 반영들을 이용함으로써 치료사들은 아이들에게 깊은 내면의 생각과 느낌을 보다 정확하고 효과적으로 표현하는 데 필요한 단어들을 제공한다. 셋째, 아이의 행동을 말로 대체함으로써 치료사는 세션과 실생활에서 아이의 잘못된 행동 방식을 감소시키는 데 도움을 준다. 마지막으로 그것을 통해 치료사들은 아이의 감정 상태에 대한 자신들의 인식을 확인할 기회를 얻게 된다. 치료사가 잘못 반영을 하면 아이들은 치료사가 말한 것에 대해 부정을 할 뿐 아니라 즉시 수정을 하는 경향이 있다. 이렇게 해서 아이가 다른 식으로는 스스로 말하지 않는 정보를 치료사가 얻을 수 있게 된다.

현재 패턴

이 단계에서 치료사는 치료놀이 활동에 대한 아이의 언어적, 비언어적 반응에서 되풀이 되는 명백한 또는 숨겨져 있는 사항들을 간단히 알아낸다. 치료사는 가능한 한 명확하게 그 반복을 조작할 수 있게 하고 그것들이 어떻게 드러나는지의 예를 들 수 있어야 한다. 그 패턴은 아주 구체적이다: "까꿍 놀이 하면서 울기 시작한 게 이번이 세 번째야.", "지난 몇 번에 걸쳐 너는 우리 세션이 얼마나 어리석은 짓인지 얘기하면서 시작했지." 또는 패턴들이 아주 주제적일 수도 있다: "오늘만 숨바꼭질을 그만하고 싶어서 로션을 바르고 있을 때 도망을 갔고, 우리가 서로 먹여주기를 할 때 바닥에 엠엔엠을 던졌지." 이런 진술의 일차적 목적은 아이들이 자신의 행동을 임의적 사건이 아닌 여러 번에 걸친 일관된 것으로, 그리고 의미 있고 심리학적으로 중요한 것으로 보는 데 도움을 주는 것이다. 일단 이런 일관성의 표지가 붙으면 한 집단에서의 하나의 문제를 해결하기 위해 만들어진 해법이 다른 유사한 행동들에 대해서도 쉽게 만들어질 수 있게 된다. 이것은 이어지는 해석을 위한 기초를 제시해 준다. 우선 치료사가 세션에서 반복된 행동에 표지를 붙이고 나면 다음의 여러 세션에 걸친 패턴이 식별될 수 있을 것이다.

단순 역동

이 단계에서 치료사들은 (1) 이전에 반영된 대로 아이의 생각, 정서, 동기; (2) 전에 확인된 행동의 패턴 사이의 연관성을 뽑아낸다. 예를 들면 치료사는 그 아이가 이전에 설명이 된 것처럼, 양육을 받고 보살핌을 받는 것이 무섭거나 위험하게 느꼈기 때문에 그 활동에서 물러나게 되었다고 말을 할 수 있다. "내가 너한테 '지나치게 잘' 대해 주면 너는 진짜로 무서워해서 뒤로 물러나려고 한다고 생각해. 그런 식으로 너는 다시 두목으로 돌아가지. 너는 내가 널 돌봐줄 필요가 없다는 걸 보여줄 수 있어." 일단 아이가 세션 내의 행동에 대한 단순 역학 해석을 하는 치료사에 익숙해지게 되면, 여러 세션들에 걸쳐 관찰된 행동에 대한 단순 역학 해석을 진행할 수 있다. 이 시점에 치료사는 아이가 최근의 행동의 역학을 이해하는 데 도움을 줌으로써 보다 전통적인 형태의 해석으로 옮겨간다. 단순 역학 해석을 통해 아이는 여러 행동에 걸친 정서와 의미들의 연관성을 볼 수 있게 된다. 아이들은 그들의 행동을 좌우하는 내적 감정, 과정들 그리고 동기들에 대해 민감하게 된다. 아이가 독립적으로 수용하게 되는 각각의 단순 역학 해석들은 이전의 두 가지 해석 단계에 기반하는 것이기 때문에, 그 두 가지의 상호작용을 받아들이지 않게 될 가능성은 적다(오코너, 2000).

일반화된 역동

이러한 해석들은 아이들의 세션 내 행동을 세션 밖 행동과 결부시킨다. 치료사는 아이의 생각, 느낌의 패턴과 여러 맥락에서의 행동 사이의 유사성을 지적한다. 예를 들어 치료사는 "지나치게 좋게" 대하는 것을 회피하는 성향이, 어째서 그런 것에 의존하게 되면 이내 이어지는 무시나 학대로 인해 상처를 받고야 말 것이라는 두려움에서 뻗어 나온 것인지에 관해 지적할 수도 있다. "너는 사람들이 너에게 잠깐만 좋게 대할 뿐이고 곧 그러기를 중단하고 네 감정을 상하게 만들 거라고 걱정하는 것 같아. 그래서 네 쪽에서 먼저 멈추게 되면 너는 실망하지 않아도 되고, 그렇게 하는 게 훨씬 더 안전하다고 느끼게 되는 거지."

유전적 영향

원래의 모델에서는(오코너, 1991) 아이의 현재 문제의 원인들에 대한 해석만이 이 범주에 포함되었었다. 이것들은 아이들에게 그들 문제의 근원에 대한 통찰력을 제공하기 위해 구성되고 전달되는 가장 전통적인 해석 형식이다. 근원 모델을 개발한 이래 이 범주에 대해 아이의 중요한 조직화 신념들에 대한 해석이 있었다. 이것들은 아주 어릴 때의 보통은 반복적인 경험에 뿌리를 둔 아이가 가지는 핵심적인 믿음이다. 예를 들어 세상이 위험한 곳이며 모든 어른들이 잠재적인 학대자라고 믿는 학대 받은 아이 아니면 사랑 받을 만하지 않고 가치 없다고 믿는 방치된 아이를 생각해보라. 이러한 믿음은 아이의 기원적 경험으로부터 나온 것이며 종종 아이가 행동을 바꿀 수 없거나 그러려고 하지 않는 데 대한 일차적인 원인이 된다. 바꾼다는 것은 참을 수 없는 인지적 부조화를 낳게 될 것이다. 양육되는 것에 대한 두려움이 있는 아이에 대해서 치료사는 그 두려움이 진짜 근본적으로 사랑 받을 만하지 않다고 믿는 것과 연관이 있다고 말할 수도 있겠다. 그 근본적인 믿음은 또한 아주 어린 시기에 학대를 한 어머니에게 반복적으로 실망을 한 아이와 연관이 될 수도 있을 것이다. 그러면 치료사는 그 아이가 어머니의 행동이 미친 엄청난 부정적 영향을 극복하고 그의 인지적 능력을 정확하게 평가 할 수 있도록 돕는다.

해석들은 보통 방금 열거된 순서대로 제시된다; 하지만 그것들을 공식화할 때 치료사는 보통 거꾸로 작업한다. 즉 치료사는 먼저 아이의 문제와 아이의 믿음(기원)의 병인에 대한 가설을 세울 것이다. 치료사는 앞(일반화된 역동)에서 보고된 것처럼 아이의 행동 사례들로 이 가설들을 검증할 것이다. 다음으로 치료사는 이런 행동들과 감정들이 세션(단순 역동, 패턴 그리고 반영)에서 어떻게 밝혀지는지에 대한 아이디어를 개발하게 된다. 이런 가설들을 개발하고 나서 치료사는 근원 가설을 긍정하거나 부정하는 그런 쟁점들을 관찰할 것이고 그에 따라 해석을 할 것이다. 전술 했듯 그 가설들은 치료가 진행됨에 따라 지속적으로 재평가되고 개정된다. 해석들의 수준들 또한 그들이 세션에서 사용한 빈도에 따라 나열된다. 치료사들은 그들이 아이 치료의 전 과정에 걸친 약간의 기원적 해석만을 할지도 모르겠지만 대부분은 거의 연속적으로 반영을 한다.

해석 전달에서 고려할 또 다른 문제는 아이가 압도당하지 않고서 정보를 이용할 수 있게 하기 위한 다양한 해석 영향 조정 방식이다. 과거 자료를 직접적으로 아이에게 해석해 주기 전에 "마치 ~인 듯(as if)" 해석하거나 치료적 관계의 맥락에서 해석하면서, 놀이 중간에 해석을 통해 아이와 내용 사이의 "거리"를 조절함으로써 그 영향은 조정될 수 있다.

놀이 중간에 해석을 하는 것은 해석적 자료의 틀을 잡고 그것을 아이의 놀이, 이야기, 그림 그리고 다른 상상 속의 인물들에 적용시키는 것과 관련 있다. 그 인물은 그 아이가 아니라 슬픈 그림의 얼굴 또는 기운 장난감 자동차에 탄 놀란 사람이다. 그런 해석이 아주 정확할 때 아이들은 종종 그것들을 과장한다. 그림 속의 얼굴은 단지 슬플 뿐만 아니라 그리스 비극의 얼굴처럼 억눌려 찌그러져 있다. 대 영웅은 강할 뿐 아니라 무적이다. 이런 해석 형식은 내면화하기 전에 연구할 내용으로부터 상당한 거리를 제공한다.

"마치 ~인 듯"의 해석은 치료사가 해석 자료를 그 내담자에게 직접 적용하기 보다는 그 내담자과 비슷한 특성을 공유하는 다른 아이들에게 적용하는 것이다. 그 아이는 의사의 병원사무실을 무서워하거나 새로 동생이 태어난 것에 질투를 하는 다른 7살짜리 아니면 다른 소년이다. 이 전략은 아주 가까운 거리를 제공하기 때문에 치료사가 과용을 하게 되면 아이들은 종종 그 핑계를 눈치챈다. 그렇지만 이것은 놀이 내용의 해석에서 아이의 실제 삶의 문제 토론으로 전환해 가는 방법 중에 하나이다.

관계 맥락 해석은 아이가 치료사에게 가지는 감정을 치료사가 식별하는 것과 관련이 있다. 치료사가 그러한 해석을 제공할 때 아이와 그 내용 사이에는 거의 거리가 없지만 내용의 강도는 종종 조절된다. 즉 아이들이 어머니에게 화를 내는 것을 인정하는 것보다는 치료사에게 화난 것을 자백하는 것이 훨씬 쉬울 수도 있다. 이런 해석들은 저항과 전이를 관리하는 데 특히 효과적이다. 마지막으로 치료사는 실제 삶의 경험의 맥락에서 아이에게 직접적으로 해석을 제공할 것이다. 이런 해석들은 "너 화난 것 같다" 처럼 간단하거나, "네가 아주 어릴 때부터 네 엄마가 너무 여러 번 너를 아프게 해서 너는 사랑 받을 수 없다고 느끼는구나"와 같이 복잡하다. 치료에서 얻은 이익에 대한 일반화가 일어나려고 할 경우에, 아이의 경험에 해석적 내용을 직접적으로 적용하는 것은 필수적이다(이 해석 모델 공식과 전달은 오코너(2000) 그리고 오코너와 암멘(1997)의 사례에서 자세하게 볼 수 있고 설명이 잘 되어 있다).

효과적으로 일관되게 사용되면 치료놀이의 경험적 특성과 인지적 해석 작업의 결합이 셔크와 러셀(1996)에 의해 확인된 필수 심리치료 과정들의 대부분을 뒷받침한다. 현존 아동 심리치료 문헌과 연구에 대한 광범위한 검토에 기반하여, 그들은 효과적인 아동 심리치료에서 나타난 대부분의 변화의 원인이 되는 11 과정의 목록을 제안했다. 그들의 작업은 놀이치료나 치료놀이가 아니었지만 특정한 발견은 분명 적용될 수 있다.

사례: 토니

이 결합 접근의 요소는 (실제로 여러 다른 사례의 혼합) 다음의 사례에서 잘 설명된다. 치료 받으러 왔을 때 토니는 5세였다. 그와 남동생은 6개월 전에 아이가 없는 부부에게 입양되었다. 그 소년들은 생모가 더 이상 보살필 수 없게 된 게 분명해지자 법원에서 입양 허가를 받았다. 입양 허가 받기 전 그 소년들은 생모의 심각한 방치로 인해 아동 복지 시설을 여러 번 들락날락했었다. 보내질 때 토니의 양부모는 그 집에 온 이후로 그들과의 관계를 발전시키는 데 분명히 실패했다는 것을 매우 걱정했다. 그들은 아이가 믿을 수 없을 정도로 독립적이고 거리를 두고 자제력이 있다

표 8-1
인지 활동과 통합된 놀이 치료에서 나타난 셔크와 러셀의 치료 과정

셔크 & 러셀 (1996) 과정	균등 치료놀이, 놀이 치료 그리고 인지 활동
인지적 과정들	
틀 변형은 아동의 내적 가정들이나 기대들(핵심 믿음)을 변화시키는 과정이다. "네 어머니가 너를 학대했다는 게 모든 성인이 너를 학대할 것이라는 것을 뜻하지는 않는다"	아동이 보호, 건강한 제한 설정과 학대를 구분할 수 있게 돕는 것. 이것은 학대자가 "다 너를 위한 거였다"라고 하면서 그들에게 상처를 주는 아동에게서는 특히 어려울 수 있다. 제한에 대한 단순한 역학적 해석이 놀이방에서 설정됨. 현재 보호자의 행동에 대한 일반화된 해석. 학대자의 행동과 그에 대한 아동의 반응에 대한 발생적 해석.
인지적 과정들	
상징적 교환은 문제가 토론을 통해 더 분명해지는 과정이다. 당신의 경험을 말로 표현하는 과정과 다른 사람의 반응을 듣는 과정은 점차 당신의 경험에 대한 이해를 바꾼다.	이야기 하기, 상상 놀이, 역할극에 아동을 참여시키고 그들의 인생 경험에 대해 이야기함. 인생의 사건 연대표를 작성함. 전체 해석 과정.
통찰력은 단순히 한 사람의 경험의 의미에 대한 재구성이다.	매우 자주 해석 과정을 통해 이루어짐.
기술 발달은 그것으로 한 사람이 적응 또는 보상 기술을 학습하는 과정이다.	직접 교육, 독서치료, 역할극을 통해 이루어질 수 있으며, 인지 문제 해결은 직접 또는 게임과 놀이를 통해 이루어짐.
정서적 과정	
해제반응/해소는 숙달의 느낌으로 귀결되는 감정의 배출을 동반한다.	놀이는 과장된 정서적 표현을 독려함. 생부모에게서 버려진 것에 대해 통곡하는 거창한 가상 '장례식'을 치름. 꼭두각시 인형을 치는 것은 입양이 확정되기까지 기다려야 하는 시간 동안 화를 쏟아내는 가족 법정의 판결을 나타냄. 공격적 활동과 함께, 치료사가 아동이 공격적 환상(허용됨)을 공격적 행위(금지됨)로부터 구분할 수 있게 돕는 게 중요함.
정서적 경험을 통해 아동은 자신의 감정들을 자신의 경험에 대한 전체적인 느낌으로 통합하게 됨. 그들은 왜 그들이 특정한 상황에는 특정한 방식으로 느끼는가를 이해하게 됨.	아동이 유사 감정을 촉발하는 사건들, (예, 어두우면 무서워하고 잠자는 시간을 회피하며 그리고 분리에 대한 근심으로서의 학교 공포증 등) 간의 주제적 연관성을 볼 수 있게 돕는 것. 한 아동은 그/녀가 무서워하는 다양한 것을 나타내는 점토 괴물들을 만들도록 독려될 수 있다. 패턴과 단순 역학 해석.
치료사들은 아동이 자신의 감정들을 식별, 명명 그리고 표현하는 것을 돕는 데 흥미로운 교육을 이용한다.	반영. 네 삶을 모양 짓기 기법(오코너 1983). 독서치료.
아동들이 새로운 복제 전략들을 학습하고 새 방어법을 개발하면서 그들은 더 나은 정서적 통제를 할 수 있게 된다.	아동이 아주 크게 웃고 갑자기 아주 조용하고 차분하게 되고 또 다시 웃게 되는 간지럼 게임 놀이를 하는 것. 단순과 일반화된 역학적 해석들

정서 과정	
셔크&러셀(1996) 과정들	균등 치료놀이, 놀이 치료 그리고 인지 활동
대인 과정들	
놀이치료에서 치료사는 (1) 아동의 정서, 인지, 행동 그리고 사회적 성장과 발달을 길러주는 근거와 도움을 제공한다. 치료사들은 또한 (2) 아동들이 문제들에 직면하거나 현재 아동의 능력 너머에 있는 행동들에 참여할 수 있도록 도움을 줄 때 도움닫기 발판도 제공한다. 치료사들은 그 아동이 과거에 겪은 사람들과 다르게 반응하는 교정적 관계를 제공해서, 그들에게 그들의 핵심 믿음을 무너뜨리는 경험을 제공한다. 틀 변형이 인지적 경험인 반면 이것은 대인적 경험이다.	모든 양육 치료 놀이 활동들. 모든 강화 전략들. 아동의 숙달감과 자존감을 구축해 주는 대부분의 힘든 치료놀이 활동들. 이것은 치료사가 아동이 괴롭히는 사람에 맞서거나 부모에게 힘든 요구를 할 수 있도록 도와 줄 때 일어난다. 또한 역할극이나 연기 놀이를 통해 성취될 수도 있음. 일반화된 역학적 해석. 아동들을 그들의 믿음과 불일치하는 경험들에 연관시키는 것. 예, 모든 성인은 자기를 무시한다고 믿는 아동을 보살핌.

고 설명했다. 아이는 원할 때 그가 하고 싶은 대로 했으며 그는 까다롭거나 심각하게 반항하지도 않았고 오히려 부모가 거기 없는 것처럼 그의 일을 잘 하는 듯 보였다. 그는 남동생을 아주 잘 보살폈지만 남동생과 그 새 부모가 가까운것에 대해 골이 난 것처럼 보였다. 그의 어른스러운 행동에도 불구하고 토니는 고민이 많은듯한 징후를 보였다. 그는 종종 불안해하고 오줌으로 이불을 적셨다. 또한 그가 특정한 대화를 이끌지 못하거나 사건들이 그가 예상한 대로 진행되지 않으면 아주 당황해 했다.

토니의 양어머니에 대한 애착의 재빠른 발전이 시작되었다. 8번의 세션에서 미술/이야기 과제들과 상당량의 해석이 있는 많은 치료놀이 요소들을 결합했다. 그 세션들이 여기서 간략히 설명된다.

첫 세 가지 세션은 어머니가 방에 있는 채로 토니와 치료사 간의 많은 양의 아주 신체적인 교류로 이루어졌다. 어머니는 같이 놀든지 구경하든지 편한 대로 하라는 얘기를 들었다. 처음에 토니는 이 교류에 굉장히 기뻐하는 듯했다. 치료사는 토니를 잡고, 간질이고, 공중에 잡고 흔들고 씨름도 했다. 이런 간단한 신체 활동들은 치료놀이의 모든 차원을 포함했다. 그것들은 치료사에 의해 고도로 구조화되고 통제되었다. 그것들은 토니가 그의 편안한 영역을 벗어나는 행동을 하도록 도전했다. 그것들은 토니가 치료사와 직접적으로 계속해서 교류할 때 매우 마음을 이끄는 것이었다. 그리고 결국 그것들은 치료사의 언어 재강화와 쾌활함의 활용을 통해 양육되고 있었다.

이러한 교류 중에 토니가 재미있어 했다는 사실에도 불구하고 치료사는 세션의 모든 순간을 조절하기 위해 애썼다. 치료사는 애정이 깊지만 확고하게 교류의 조절을 유지했고 토니는 점점 더 공격적이 되었다. 흥미롭게도 그는 치료사와의 교류에서 절대 물러나려고 하지 않았다. 토니의 어머니는 세션 중 아무리 화가 나더라도 절대 불평하지 않았고 그 후로는 행복해했으며 다음 세션을 고대했다고 보고했다. 토니의 공격은 세 번째 세션에서 정점에 다다랐다. 치료사는 문을 열고 토니와 그 어머니를 놀이방 안으로 들어오게 했다. 토니는 대기실에서 조용히 놀고 있다가 치료사에게 본격적으로 신체 공격을 하기 시작했다. 치료사는 토니가 흥분했을 때 즉시 토니를 억제시키고 도움과 안심을 주기 위해 움직였다. 이 모든 과정 동안 토니 분노의 강렬함에 놀란 토니의 어머니는 움직이지 않고 앉아 있었다.

이처럼 아주 어려운 세션의 해결을 논의 하기 전에 우선 치료사가 활동들과 함께 해석자료를 제시할 것이다. 이 처음 세 세션 전체에서 치료사는 토니의 아주 문제가 많았던 초기 애착 경험과 관련된 생각과 두려움을 치료에서 경험하게 된 감정과 연결하는 것을 도우려고 노력했다. 해석적 자료는 두 형식으로 전달되었다. 대부분은 치료 진행 중에 토니에게 직접적으로 전달되었다. 동시에 치료사는 토니가 일관된 환상 이야기로 직면하고 있던 문제들을 통합한 은유를 만들었다.

반영들(세션 1-8): (1) 너는 네가 아주 똑똑하다는 걸 안다. (2) 너는 힘있다고 느끼는 걸 좋아한다. (3) 너는 보스가 되길 좋아한다. (4) 와, 너 아주 놀랐다. (5) 그 모든 화 뒤에 너는 아주 두려운 듯 보인다. (6) 너는 분명 걱정이 많아 보인다.

패턴 해석들(세션 1-2): (1) 너는 어머니가 지시를 하지 않고 어떤 일을 하게 좀처럼 내버려 두지 않는다. (2) 너는 좀처럼 어느 누구도 너와 즐겁게 놀게 허락하지 않는다. 너는 놀이-싸움만을 원한다. (3) 세션에 올 때 마다 너는 보스가 되고 싶어한다. 이 패턴은 또한 은유를 통해 전달되었다. "네 안에 살고 있는 화난 용이 있어서 너를 보호하고 안전하게 만들기 위해 언제나 보스가 되길 원하는 것 같다."

단순 역동(세션 1-5): (1) 나는 네가 어머니에게 뭘 하라고 말하지 않으면 어머니가 제대로 일을 못한다고 믿는다고 생각한다. (2) 네가 재미있어 하지만 스스로 즐기게 놔두지 않아서 네가 보스가 되기 어려운 듯 보인다. (3) 놀이-싸움은 노는 한 방법이고 여전히 힘있다고 느끼는 방법이다. (4) 하지만 보스가 되는 것은 힘 있고 안전하게 느끼는 아주 좋은 방법인 듯 하다. 은유: "그 문제는 용이 너무 강해져서 그가 너를 보호할 뿐 아니라 사람들이 너와 친해지고 사랑하지 못하게 한다."

일반화 역동(세션 1-2): (1) 그것이 네가, 네 새 부모가 너를 돌보고 잘 대하기를 거의 원하지 않는 까닭이다. 그것은 네가 더 이상 보스가 아니고 안전하지 않을 수 있다는 뜻일 수도 있다. (2) 그것은 네가 선생이 보스가 되게 놔두기를 좋아하지 않는 이유이다. (3) 그것은 네가 놀 때 다른 애들이 보스가 되게 놔두지 않는 이유이기도 하다. 은유: "그것이 바로 용이, 너의 새 부모가 너에게 잘 대해 주는 걸 원하지 않는 이유이다. 그는 힘을 잃게 될 것이고 그 일이 일어나면 네가 더 이상 안전하지 않게 될까 걱정한다. 하지만 그 용은 반은 옳고 반은 틀렸다. 그는 그의 힘을 잃는 데 대해서는 옳지만 네가 더 이상 안전하지 않을 것이라는 데 대해서는 틀렸다. 너를 보호해주는 새 부모가 있으므로 너는 이제 안전할 것이다. 그래서 모든 어른들이 네게 진짜 잘해주면 그 용은 더 이상 힘이 없고, 더 이상 사람들이 너를 사랑할 수 없도록 만들지 못하게 된다. 그래서 어머니, 아버지 그리고 너와 나는 그 용이 얼마나 열심히 싸우든지 상관 없이 아주 친절하게 남아 있을 것이다. 우리는 네가 더 이상 안전을 위해 용을 필요로 하지 않는다는 것을 증명할 것이다."

유전적 영향 해석(세션 3): 네 생모와 생부가 너와 동생을 별로 잘 보살피지 않았기 때문에 너는 성인이 될 필요가 있다고 판단했다. 그게 네가 원하는 것을 얻을 수 있게 해주는 데 확실히 도움이 되지만 너를 피곤하고 미치게 만들기 때문에 안 좋기도 하다. 너무 화가 나서 어른들이 네 근처에 얼씬하는 걸 원치 않았다. 은유: "그 용은 네게 일어난 온갖 안 좋은 일에서부터 생겨났다. 용은 너를 보호하고 너를 강하게 만들려고 거기 있었다. 하지만 이제 너는 너를 사랑하는 부모가 있고 그 용은 힘을 잃어간다. 용은 여전히 너를 안전하게 만들기 위해 싸울 필요가 있다고 생각하지만 이제 용의 싸움은 부모가 네게 주어야만 하는 사랑을 즐기려는 걸 어렵게 만들 뿐이다. 용에게 고마워하고 네 새 부모가 너를 사랑하고 보호해 주기를 원한다는 것을 알릴 시간이다."

셋째 세션에서 이 발생적 해석이 전달되고 난 후 토니는 완전히 싸움을 멈췄고 울기 시작했다. 그는 그가 고민에 싸인 듯 울었고 치료사는 즉시 그를 그 어머니의 무릎에 데려다 주었다. 치료사는 토니의 어머니가 그를 보살피고 키스를 하고 그가 안전하게 사랑 받고 있다고 말해주라고 격려했다. 엄마와 아이는 껴안고 20분간 있었고 토니는 천천히 울음을 그쳤고 엄마에게 기대었다.

넷째 세션을 위해 놀이실에 들어오자 마자 토니는 그 용이 없어졌다고 알려주었다. 치료사는 밝게 물었다. "휴가 간 거니 아니면 영원히 없어진 거니?" 토니는 대답했다. "짐 싸서 영원히 가버렸어요." 토니의 어머니는 지난 세션 이후 토니 행동의 놀라운 변화를 보고했다. 그녀는 그가 계속 다정했고 그것이 부모의 눈에 보였다고 했다. 그는 행복해 보였고 긴장을 푼 듯했다. 그는 나머지 가족과 활동을 함께 하기 시작했다.

다음 세션에서도 토니와 치료사는 많은 고도의 상호작용 활동을 계속하면서 토니가 일관된 애착 이력을 시작하는 것을 돕기 위해 고안된 미술과제에 열중하기 시작했다. 그 과제는 일생의 사건 시간표였다. 신시아 브롬버그가 캘리포니아 심리학 전문 대학원생일 때 특별히 두 명의 소년이 엄마와의 분리와 재결합에 대한 일관된 역사를 만드는 것을 돕기 위해 이 활동을 처음 개발했다. 그것은 8인치 너비 몇 야드 길이의 오래된 팩스 용지 두루마리에 이루어졌다. 세션마다 토니 그의 어머니 그리고 치료사는 토니의 출생에서 시작한 시간표에 항목들을 더했다. 그 두루마리의 앞부분에 토니는 그와 동생이 태어나기 전 그의 생부모의 그림을 그렸다. 다음에 그는 그의 생모가 그를 임신한 그림을 그렸다. 그 종이의 아래 모서리를 따라 치료사는 토니가 그린 사건들의 대략적인 일자의 시간표를 추가했다. 그들이 토니가 잘 기억 못해내는 사건에 맞닥뜨릴 때는 치료사 또는 토니의 엄마가 토니의 입양기록이나 추측에 기초해 그렸다. 그의 생부모에 대해서 부정적인 평가는 최소화한 채 많은 수양가정에서의 그의 방치와 입양의 현실은 그저 단순한 사실들로 보여졌다. 그 그림들과 그 강렬함에 대한 느낌을 설명하고 채우는 것은 토니의 몫으로 남게 되었다. 토니가 그 동생을 보살피는 그림은 "사랑"과 "자존감" 이라는 제목이 위에 붙었다. 다양한 수양 가정들과 가족들의 그림들도 포함되었다. 일련의 평행 그림이 이것들 뒤에 따라왔다. 토니는 그와 남동생의 최종 수양 홈스테이를 나타내는 두루마리의 아래를 따라 그림을 그렸다. 이것들 위에는 그의 양어머니가 토니가 양부모와 함께 살게 되는 입양과정에 대해 그렸다. 그들은 그들이 처음 만났던 시간에 대한 그림을 그림으로써 이 선들을 하나로 모았다. 끝으로 가면서 토니와 치료사는 각 세션을 나타내는 그림, 그들 간의 가정 생활이 어떻게 바뀌고 있는지에 대한 그림을 그렸다. 이 활동은 세션 마다 15분에서 20분 정도 걸렸고 끝으로 가면서 토니와 그의 어머니는 세션 사이에 작업을 하기 위해 두루마리를 집으로 가져가기 시작했다. 최종 세션 중에 그 두루마리는 펼쳐져 놀이실 벽에 붙여졌다. 종료 파티에서 토니, 그의 어머니 그리고 치료사가 토니의 삶의 역사, 치료 작업, 그들의 새로운 삶 등을 모두 검토했다. 그리고 두루마리의 끝을 말아 토니에게 주었다. 그와 그의 어머니는 앞으로 그들 삶의 그림을 그 두루마리에 추가하라고 몇 야드의 빈 종이를 받았다. 이런 식으로 토니가 그의 초기 애착 이력에 관한 좋거나 나쁜 사건들을 부정할 필요 없이 그의 새 가족에서 정착을 계속할 수 있기를 희망한다.

결론

요약하면 치료놀이와 다른 놀이 기술들의 경험적인 측면들의 효율성은 체계적인 해석들을 이용함으로써 어떤 아이를 위해서도 많이 향상될 수 있다. 그런 해석들은 셔크와 러셀(1996)에 의해 설명된 필수 치료 과정들을 용이하게 한다. 해석은 아이의 언어 사용을 촉진하고 아이들이 세션에서 매일의 삶에 대해 얻는 이익의 일반화를 크게 향상시킨다. 이 시점에서 여기서 제시된 모델은 확실한 이론적 바탕은 있지만 튼튼한 연구의 뒷받침은 거의 없다. 일반 놀이치료와 특히 치료놀이에서 내재된 치료 과정의 존재, 그런 과정들을 뒷받침하는 해석의 능력 그리고 아이들이 미래의 관계를 쌓아가는 안전한 기초의 역할을 하기 위해 그들의 애착 이력에서 일관된 내면 작용을 하는 모델 개발을 돕는, 결합된 경험-인지-언어적 접근법의 효율성을 검증하는 임상 연구의 필요성은 크다고 여겨진다.

9장
놀이 치료 평가들

찰스 E. 마이어즈

서론

아이들의 삶에서 놀이의 중요성은 아동기 전반에 걸쳐 분명히 나타난다(리프터, 2000). 놀이는 아이의 자기표현에 대한 상징적 언어다. 아이들은 참여할 수 있는 가장 자연스럽고 역동적이며 자기-치료의 과정에서 그들의 경험과 감정들을 쏟아낸다(랜드리스, 1993). 아이의 놀이가 경험적이고 심리적인 세계를 이해하는 창이 될 수 있다는 것은 일반적으로 잘 알려져 있다(페리와 랜드리스, 2001). 놀이는 치료사에게 아이가 생득적 능력을 발달적 관점에서 그들을 둘러싼 세계에 어떻게 적용시키는지에 대한 통찰을 제공할 수 있다. 그리고 아이가 어떻게 그들의 환경 다른 아이 그리고 어른들과 교류하는지를 보여준다(슈미트, 2001). 또한 놀이는 치료사에게 아이의 눈을 통해 세계를 보는 독특한 심리적 도구를 제공한다(페리와 랜드리스, 2001).

창의적 양식들 중 일부로 놀이 치료는 진단, 평가 그리고 처치 교육을 위한 치료 방식을 제공한다. 이 장에서는 여러 가지 놀이 평가를 검토할 것이다. 특정한 관심을 위한 수단들 뿐 아니라 발달적, 진단적 평가들, 부모-아이 교류의 측정을 보게 될 것이다.

학제적인 놀이-기반 평가

학제적인 놀이-기반 평가(The Transdisciplinary Play-Based Assessment)(TPBA; 린더, 1990; 1993)는 아이의 발달, 기술, 학습 방식 그리고 교류 패턴 등의 수준을 결정하는 보다 기능적이고 전체적인 접근의 필요성에 대한 반응으로 개발되었다. TPBA는 체계적인 관찰을 통해 유아기로부터 6세까지의 아이의 구조적이고 비체계적인 놀이를 평가한다. 다음의 네 가지 발달 영역들이 탐구된다: 인지, 사회-정서, 의사소통과 언어 그리고 지각운동. 이 수단의 목적은 초기 아동기 프로그램들 중 아이들을 위한 특정 중재 프로그램 계획 개발에서 전문가들을 돕는 것이다.

이 평가는 6단계로 완성된다. 1단계에서 아이는 비체계적인 놀이에 참여하는데 거기서 아이는 평가자와 놀이를 이끌거나 시작한다. 2단계는 구조적 놀이 활용이다. 3단계는 아이가 친구들과 교류할 기회를 준다. 4단계 중에는 아이와 부모가 구조적 비체계적 놀이에 참여한다. 4단계는 또한 분리와 재회 행동이 관찰 될 수 있도록 부모가 떠나가는 상황이 포함된다. 5단계는 구조적, 비체계적 운동 놀이에 집중한다. 마지막 6단계는 구강 운동 장애와 다른 발달적 관찰을 평가한다(린더, 1993).

TPBA는 유용한 관찰 도구이면서 아이의 다양한 발달 수준을 조사하고 강점, 약점을 결정하고 중재가 필요한 영역을 식별하며 학습 방식과 교류 패턴을 구별하는 데 쓰일 수 있는 역동적인 과정이다. 결과들은 중재를 위해 적합한 목표를 확인하고 발달 진행을 향상할 것 같은 전략을 발견하는 데 있어 교사들과 치료사들을 도울 수 있다. 이 지도안은 또한 발달 과정의 진행중인 평가의 목적을 위한 관찰적 도구 역할을 할 수도 있다(린더, 2000). TPBA가 중재가 필요한 영역을 식별하는 반면 가정과 학교를 위한 교육 제안에 관한 정보는 거의 제공하지 않는다.

발달적 놀이 조사

발달적 놀이 조사 도구(Developmental Play Assessment DPA: 리프터 외, 1988)는 아이가 무엇을 아는지, 학습 과정 상 자신은 어디 있는지 그리고 아이가 현재 직면한 발달적 한계들은 무엇인지를 조사하기 위하여 발달 지체나 장애가 있는 아이들의 놀이 활동을 평가하려고 개발되었다. DPA는 유효한 놀이 활동들을 발달적으로 식별하기 위해 고안된 조사 도구다. DPA에서 식별되고 양이 측정되는 놀이 행위들은 인지/발달적 관점에서 개념화된다. 이는 발달 과정을 촉진할 수 있는 중재를 가능케 한다(리프터, 2000). 교육적 치료적 중재들의 계획에서 유용한 도구인 DPA는 또한 조사와 진단 목적으로도 쓰일 수 있다. DPA에서 수집된 자료는 놀이 치료 처치 프로그램을 육성하는 데 활용될 수도 있다(브룩, 2004).

아이의 행동을 약호화하는 데는 세 단계가 있다. 첫째, 아이의 놀이 행동들이 원래의 빈도수로 기록된다. 둘째, 놀이 행동들은 활동들의 범주들로 재구성된다. 여기서 채점자가 활동들의 빈도와 형태를 결정할 수 있다. 마지막으로 채점자가 시험 출제자들에 의해 요약된 발달 순서에 따라 행동들을 요약한다. 그 결과는 다음과 같이 범주화된다: 학습 숙달, 발생하는 학습 패턴, 놀이 범주들의 부재. 숙달은 조작상 30분의 기간 내에 나타난 적어도 네 가지 다른 형태가 있는 범주에 대해 최소 10번 이상 발생한 것으로 정의된다. 발생은 최소 2가지 다른 형태로 나타난 범주가 있는 적어도 4번의 발생으로 정의된다(리프터, 2000).

DPA는 발달적 장애들 특히 언어 지체 나 언어 장애에 대한 조사에 유용하며 기준이 되는예는 주로 자폐 아동들로 이루어져 있다. 다양한 집단과 작업을 하면서 표준화를 탐구하기 위해서 더 많은 연구가 필요한데 기준이 되는 예의 규모도 작았다. 중재의 교육과 이행 방법들은 여전히 연구 중이며, 추가적인 유효성과 신뢰성 연구가 DPA에 대해 필요하다(브룩, 2004).

마샥 교류 방법

마샥의 교류 방법(Marshak Interaction Method MIM; 린더만, 부스와 챔버즈, 2000)은 두 개인 간의 관계의 성격을 관찰하고 평가하기 위한 구조적 기술이다. MIM은 부모가 아이에 대한 보호와 간호 능력, 아이의 관계 형성 능력, 성인-아동 관계의 질에 대한 결정을 돕기 위해 성인과 아이 간의 관계를 측정한다. MIM은 생물학적 부모와의 재결합뿐 아니라 수양, 양육 부모 배정을 고려하는 데 쓰이고 있다.

MIM은 네 가지 차원에서의 행동 범위를 끌어내기 위해 고안된 일련의 단순한 과제들로 이루어진다(린더만, 부스와 챔버즈, 2000). MIM은 부모의 능력을 평가한다: (1) 구조, 제한 설정 그리고 적절한 질서가 있는 환경 제공; (2) 참여, 아이를 아이의 상태와 반응에 맞는 교류에 참여시킴; (3) 양육, 주의, 위로 그리고 보호에 대한 아이의 필요에 충족; (4) 도전, 발달적으로 적합한 수준에 도달하려는 아이의 노력을 지원하고 격려함.

동시에 MIM은 네 가지 차원에서 부모의 노력에 반응하는 아이의 능력을 조사하고, 보통 다음의 네 가지 차원을 포함한다: 애착 증진, 환경의 환기, 목적에 맞는 행동 지도 그리고 긴장 극복 지원. 또한 과제들은 그들이 함께 이루어지는가 아니면 각 개인마다 따로 이루어지는가에 따라 그리고 그들이 회귀적이거나 노력하는 행동을 초래하는가에 따라 나뉜다(브룩, 2004). MIM은 성인과 아동 모두 그리고 그들의 관계에서 강점을 관찰할 기회를 제공하며, MIM은 가족 관계를 강화하고 그러한 필요를 충족시키는 중재를 고안하기 위한 중재도구로 이용될 수도 있다(린더만, 부스와 챔버즈, 2000).

MIM은 성인-아이 관계의 성격과 질을 조사하려고 고안되었고 그 강점은 교류의 성격과 질을 관찰하기 위한 상세한 과정에 있다. 비록 그것이 연구 수단으로서 잠재력이 있지만 그 조사는 기준이 되는 예에 있어 표준화되어 있지는 않다. MIM을 이용한 연구는 아주 작고 다양하지 않은 사례들을 활용해오고 있으나, 다른 모집단들에 대한 MIM의 유용성을 결정하기 위해서는 추가 연구가 필요하다(브룩, 2004).

가족 인형 인터뷰

인형은 아이들이 삶의 사건들에 대처하는 것을 돕는 데 가치 있는 기술로 인식되어 온지 오래다. 월트만(1940)은 인형들이 조작하기 쉽고 풍부한 상징을 제공하며 자발성의 기회를 제공하기 때문에 아이들과 함께 작업하는 데 도움을 준다는 점을 알아냈다. 아이들은 그들의 감정을 투사하고 그들의 갈등을 인형에 대치한다(웹, 1991). 그래서 임상가들과 아이들이 인형에게 속한 감정과 생각을 이야기할 수 있게 해 준다. 투사 매체로써 인형은 보편성과 무수한 가능성의 정체성이라는 모호성을 제공한다. 아이의 인형 이야기로부터 나오는 환상적 자료는 아이의 선입견과 그것을 다루는 아이의 방식을 드러내는 것을 도와준다(어윈, 2000).

어윈과 샤피로(1975)는 다양한 모집단과의 이야기 모임의 내용과 차원을 조사하여 평가 형식과 목적을 위해 반구조적인 인형 인터뷰를 개발했다. 어윈(1993)은 인형 인터뷰 조사를 치료사가 인형을 가져와서 아이의 반응을 관찰하고 아이가 이야기를 위해 캐릭터를 선택하게 하는 준비 단계; 아이가 치료사의 참여 없이 개발하는 인형 쇼; 치료사가 그 이야기 영역 내에서 왜 그리고 무엇의 질문을 하는 인형과의 인터뷰; 또 아이가 이야기에 대해 토론을 할 수 있는 아이와의 후속 인터뷰로 구성되는 것으로 요약한다. 인터뷰로부터 치료사는 아이의 선입견과 갈등뿐 아니라 아이의 방어와 대처 방식과 관련된 진단 자료를 끌어낼 수 있다(질, 1994).

가족 인형 인터뷰는 어린 아이와 관련된 치료 사례에서 상호적 패턴의 교류뿐 아니라 부모-아이와 가족 내 관계를 조사하는 효과적인 진단 기술이다(로스, 2000). 인형을 사용하는 것의 유용함은 부모-아이 교류에 놀라운 능력을 끌어내는 결정적인 데 있다. 이 조사의 약점은 몇몇 가족 구성원들이 인형을 사용하는 것을 거부하는 것이다. 또한 가족 인형 인터뷰는 투사적 조사이며 놀이의 문자성을 해독하는 데 있어 주의가 필요하다.

놀이 치료 관찰 도구

호우와 실번(1981)에 의해 개발되어 페리가 채택한(1988-1989) 놀이치료 관찰 도구 PTOI (Play Therapy Observation Instrument)는 놀이 치료 행동의 평가 척도이다. PTOI는 치료사들에게 놀이 치료 세션에서 유용하고 또 바로 사용할 수 있는 약호화 행동을 위한 도구를 제공한다. PTOI는 중요한 임상적 개념들에 대한 13개의 놀이 치료 행동 지표로서 이루어진다. 이 점수는 세 개의 이론적으로 의미 있는 하위 점수를 형성하는데 그것은 사회적 부적합성, 감정적 불편함 그리고 환상의 사용이다(페리와 랜드리스, 2001).

PTOI는 12분간의 비디오로 녹화한 놀이 치료 세션을 이용한다. 채점자는 12분 분량을 검토하고 나서 각 하위 점수 별로 나타난 아이의 놀이 행동들의 빈도와 강렬도를 채점한다. 아이의 놀이 행동 점수 시험은 치료 처치의 계획과 예후 같은 그 아이에 대한 상세한 조사 정보를 제공한다(페리와 랜드리스, 2001).

연구는 아이들의 감정적 웰빙의 척도로서 PTOI의 이용을 위한 지원을 확립해왔다. 잘 적응한 아이들과 부적응한 아이들 사이에는 감정적 불편, 사회적 부적합성, 환상 놀이의 영역에서 상당한 차이가 있다. 다양한 모집단에 대한 PTOI의 유용성을 확립하기 위해서는 더 많은 연구가 필요하다. 치료사의 역할과 놀이실의 물리적 설정에 있어서의 표준화 또한 필요하다. 아동-중심 접근법은 아이의 놀이에 대한 침범을 최소화하고 아이가 최소한의 심리역학적 영향을 가지고 스스로 의사소통 할 수 있게 하기 위해 쓰여야 한다.

아동 성 학대에 대한 놀이 치료 검사 도구

놀이는 아이들에게 직면하기 너무 어렵거나 두려운 그들의 삶에서 일어난 것들과 소통하는 방식을 제시해 준다. 성적 학대는 아이들이 소통하기 가장 힘든 분야 중 하나다. 호메이어의 연구(1995)에 기초한 아동 성 학대에 대한 놀이 치료 검사 도구(PTSI-CSA)는 성적으로 학대 당한 위험한 수준에 있는 아이들을 식별한다. PTSI-CSA(Play Therapy Screening Instrument for Child Sexual Abuse)는 성 학대 받은 아이들에게 일관되고 매우 서로 관련이 많은 15가지 성적 놀이 행동으로 구성된다(호메이어와 랜드리스, 1998). 이 도구의 각 항목은 아이가 놀이 치료 세션에서 보이는 특정적, 자발적 행동이다. PTSI-CSA는 놀이 치료사가 아이의 놀이 치료 행동들이 성 학대를 반영하는지에 대한 질문을 시작할 때 사용될 것이다. 일차적으로 비지시적인 놀이 치료에서의 사용을 위해 고안된, PTSI-CSA는 보다 지시적인 놀이 치료 세션에서 아이에 의해 나타나는 자발적 행동을 조사하는 데에 또한 사용될 수 있다(호메이어, 2001). PTSI-CSA는 경험적으로 연구되는 검사 도구이며, 놀이 치료 환경에서 성적으로 학대 받은 아이들과 성적으로 학대 받지 않은 아이들을 구별하는 데 있어서 활용할 수 있는 훈련 받은 놀이 치료사를 위한 쉬운 도구이다. 잘못된 긍정과 부정을 피하기 위해서 결과들을 해석할 때 주의가 필요하다. 기존 그룹과 다양한 모집단들에서 유용성을 개발하기 위해서는 추가적 연구가 필요하다.

외상 놀이 척도

어린 아이들은 자아에 대한 감각이 확립되지 않고 그들의 대처 행동이 제한적이기 때문에 외상에 대해 더 큰 위험에 놓여 있으며, 아이가 어릴수록 아이의 대처 잠재력은 더 제약적일 위험이 있다. 최근에 개발된 외상 놀이 척도 TPS(Trauma Play Scale)는 아이 놀이의 다섯 영역을 측정한다: (1) 강렬한 놀이 - 특별한 의미가 있는 듯한 놀이에 극단적으로 초점을 두고 흡수된다; (2) 반복적 놀이 - 특정 놀이 행동, 놀이 순서 또는 특별한 의미가 있는 듯한 주제들(종종 문자적인 특성이 있다)로 돌아간다; (3) 놀이 붕괴 – 아이의 걱정/불편에 대한 반응에서 놀이로 갑자기 이동; (4) 회피 놀이 행동 – 치료사와의 접촉을 피함 그리고 믿는 관계를 형성하는 능력이 현저하게 부족함; (5) 부정적 감정 표현 – 아이가 부정적 감정을 부분적으로 표현하는 정도 (브라톤, 2004a). 세션들은 놀이 행동들이 놀이 세션 중에 나타난 정도에 따라 녹화되고 평가된다.

그 연구는 부정적 감정의 표현 내에서 가장 강한 상관이 있는 TPS의 네 가지 하부범위를 뒷받침하였고, 외상을 입은 아이들과 그렇지 않은 아이들 사이에는 구별이 없었다. 하지만 평가자들은 아이들의 세부사항이나 그들의 이력에 대해 전혀 몰랐다. 연구원들은 양쪽 그룹 아이들이 반복적 놀이에 참여한 반면 외상 받은 아이들의 놀이가 문자적 특성이 있다는 것에 주목했다(브라톤, 2004b). TPS는 새롭다; 그러므로 기준 집단들과 다양한 모집단들에 적용가능성을 확립하기 위해서는 추가적 연구가 필요하다.

결론

놀이는 아이의 내적 삶, 기능의 발달적 수준 그리고 역량 능력들을 반영한다고 믿어져 왔다(오코너와 암멘, 1997). 창의적 치료사들은 아이들과 작업하면서 놀이 치료 조사가 유용한 도구라는 것을 발견하고 있다. 이 장에서 검토된 조사들은 현재 가용한 놀이 치료 조사들 중 아주 일부만을 보여준다. 몇몇 조사들은 그것들이 외상과 성적 학대 피해자 같은 특정 모집단들과 작업하기에 유용하다는 증거를 제공해왔다.

학제적 놀이-기반 평가, 발달적 놀이 평가와 같은 도구는 아이의 발달적 수준과 필요성에 대해 잘-확립된 지표들이다. 마샥 교류 방법은 부모-아이 교류를 평가하는 데 있어서 구조화된 기술이며(브룩 2004에서 검토됨) 가족 인형 인터뷰는 투사적 접근법을 이용한다. 놀이 치료 관찰 도구는 아이의 전반적인 정서적 웰빙을 본다. 아동 성 학대에 대한 놀이 치료 검사 도구와 새로 개발된 놀이 외상 기준은 그들의 주제 내에서 특정 관심에 대해 측정하고 평가한다. 아동의 놀이 평가는 창을 열고 치료사가 아이 내면을 보게 해준다.

10장

상실과 슬픔의 고통을 겪는 아이들을 위한 표현치료

힐다 글래이저

서론

딥스는 스스로 합의를 이루어냈다. 그의 상징 놀이에서 그는 상처입고 멍든 감정들을 쏟아 내었고 거기서 힘과 안정감이 발생했다(액슬린, 1964).

버지니아 액슬린은 비지시적 놀이 치료를 개발하고 자신이 직접 이름 붙였다. 오늘날 그것은 종종 아동-중심 놀이 치료라고 불리는데 그것은 자신의 문제들 보다 아이에 초점을 맞추는 것을 인정하는 것이다(궤니, 2001). 놀이 치료는 놀이를 의미와 의도가 있는 아이의 표현 매체로 보는 시각에 기초한다(브렘즈, 2002). 나아가 놀이는 종종 경험을 조직하는 아이의 시도이며 비록 그것이 현실을 반영하지 않고서도 아이가 제어 감각을 경험할 수 있는 방법일 수도 있다(랜드리스, 1991). 놀이의 의미는 언제나 표면적 의미로 나타나는 것이 아니라 관찰자에게는 분명하지 않을 수 있지만 아이들에게는 깊거나 간접적인 의미들이 있다. 따라서 종종 아이의 놀이 작업은 이슈와 문제 해결을 위해 간접적인 의미와 통하기도 한다(브렘즈, 2002).

아동-중심 놀이 치료

아동-중심 놀이치료(CCPT)는 칼 로저스에 의해 개발된 내담자-중심 놀이 치료에 기초한다. 치료사의 역할은 아이에게 무조건적으로 긍정적인 관심, 공감하는 이해 그리고 성실성이라는 핵심 조건들을 제공하는 것이다(코트만, 2001). 아이와 함께 있음으로써 치료사는 아이의 세계에 들어갈 수 있다. 그 접근의 고유성은 아동-중심 놀이 치료의 다섯 가지 신조에서 볼 수 있다(궤니, 2001, 17-19):

1. 아이가 치료의 내용을 지시한다. 세션들에서 아이의 행동에 대한 책임은 그 아이에게 있다……
2. 그 접근은 증상에 고유하거나 문제 지향적이지 않다……
3. 참조의 내적 구조 또는 아이의 현실에 대한 인식들은 도전 없이 치료사에 의해 수용된다…… 치료사의 과제는 아이가 자신의 고유하고, 개인적인 세계를 드러내도록 안전하고 만족스럽게 만드는 것이다……
4. CCPT는 그 전체성으로 추구되어야 할 체계이다…… 치료의 전체 힘은 전 체계의 이용에 달려있다.
5. CCPT를 이용하는 사람들은 이 치료 체계의 힘을 믿어야 한다……

여기서 힘은 아이의 힘을 뜻한다: 아이는 성인들로부터 최소의 중재로 문제와 씨름할 수 있다. 아이들은 자기-치유의 능력이 있고 해결되기 위해 필요한 모든 것에 대해 애를 쓸 것이지만,(코트만, 1991, 1995) 치료사가 아이의 치료 혜택을 주는 놀이의 의미를 알 필요는 없다.

놀이실에 포함할 장난감들의 목록들에 대한 많은 설명이 있는데(코트만, 1991, 1995; 랜드리스, 1991), 궤니(2001)는 장난감이 무엇이냐에 대한 사실은 세션에서 허용되는 행동의 큰 범위를 아이에게 말한다는 사실만큼은 중요하지 않다고 주장했다. 그녀는 공격, 퇴행, 독립 그리고 숙달 훈련을 지원하는 장난감들이 중요하다고 제안했다. 나는 슬픈 아이 양육이 그 목록에 추가되어야 한다고 덧붙일 것이다.

상실을 겪은 아이들에게 놀이 치료를 적용하는 것이 이 장의 초점이다. 놀이실에서의 표현 치료에 대한 논의 그리고 아이들과 가족들을 위한 지원 그룹이 이어질 것이고, 그 접근법은 히포(말) 테라피 그리고 지원 그룹뿐 아니라 모래 쟁반, 미술, 독서 치료 그리고 이야기를 포함한다.

사례

마크의 남동생은 사망했으며 보통은 행복한 세 살 무렵 마크는 잠자는 데 어려움을 겪고 부모 방에서 자고 싶어한다. 그는 또한 집에서든 친구들과 놀 때든 매우 공격적인데 놀이방에는 쉽게 왔으며 곧 그를 살펴보게 되었다. 그는 모래에서 놀 거라고 말했고, 모형들을 보고 모래에 다른 장난감들을 놓더니 모든 것을 모래판에 놓기 전에 먼저 조심스럽게 물었다. 그는 무엇을 모래에 가져다 놓을 지 스스로 결정할 수 있다는 얘기를 듣고서 웃었다. 첫 날 많은 장난감이 모래에 들어갔고 그는 내가 그를 감시하는지 보려고 자주 확인했다. 5분 남았다고 했을 때 그는 순순히 방을 떠났다.

둘째 세션을 시작할 때 그는 인형의 집을 갖고 놀 수 있냐고 물었다. 나는 여기서는 뭘 갖고 놀지 네가 결정하라고 대답했다. 그는 웃으며 두 개의 인형을 꺼내 옷을 모두 벗기고 수영장에 모두 넣고는 목욕시키는 거라고 말했다. 그리고는 스토브에 가서 음식을 만들었다. 오늘은 떠나기가 더 어려웠다. 갈 준비가 안 되었다고 말했다. 엄마한테 갈 때까지 10분 정도 걸렸다. 엄마에게 논 것에 대해 얘기하면서 그와 남동생이 함께 목욕하곤 했는데 이제 욕조에 그를 집어넣기가 더 어렵다고 그녀는 말했다.

셋째 세션에서 마크는 그 동생이 어떻게 죽었는지 연기를 해가며 이야기를 했다. 그가 저녁을 준비하는 동안에 양육 놀이가 다음 몇 번의 세션에 걸쳐 추가되었다. 다음 두 세션에서 그는 양육 놀이와 인형놀이를 계속했다. 때로 그는 인형을 침대에 눕거나 저녁 준비하거나 목욕을 시키면서 아이를 돌보는 부모 역할을 했다. 모래 놀이는 묻고 묻은 것을 찾거나 진흙으로 모양을 만들고 만든 것을 보여주는 것이었다. 부모와 함께 확인하면서 자는 시간 문제가 줄어들었고 좋은 기억에 대해 더 많이 이야기 했다. 우리는 격주로 한 달에 한 번으로 해서 총 10번의 세션을 했다.

아이들에게서 슬픔의 표현

아이들이 걱정을 모두 언어화하는 것은 아니지만 몇몇은 가족에 관해 무엇이 다른가를 이야기한다. 몇몇 아이들은 다른 가족들과 다른 것에 대해 걱정을 표현한다. 다른 가족과 죽은 사람에 대한 관계에서 그들이 누구인지를 재정의하는 것은 많은 취학 전 아동에게 중요한 문제이다. 다르다고 느끼는 것, 현재의 가족 배열에 대해 새로운 이해를 발전시키는 것은 가까운 가족 중 누군가를 잃은 사람에게는 문제가 된다. 부모는 죽은 아이로 슬퍼하고 아이들은 종종 남은 부모나 다른 슬퍼하는 어른들과의 재 정의된 관계에 대해 애를 쓴다.

슬픔에 대한 이해는 아이의 인지 발달 수준과 관계가 있다. 죽음에 대한 이해는 영원, 보편성 그리고 죽음의 비기능적인 면을 이해하지 못하는 아주 어린 아이(2-4세)에게는 제한되어 있다(올트제브룬즈, 2001). 이런 개념들은 아동기 중반에 발달되고 11세쯤에는 모든 아이들이 죽음에 대한 보다 현실적인 이해를 갖게 된다. 취학 전 아동에게 제한된 언어 기술과 감정을 설명하고 이름을 붙이지 못하는 무능력은 언어적으로 의사 소통하는 능력을 제한한다. 취학아동도 역시 자신이 느끼는 바에 대해 언어적으로 이야기하는 능력에 제약이 있다. 슬픔은 일차적으로 미술과 놀이 그리고 타인과의 관계에서 표현되지만 아이는 슬픈 것과 현재 삶에서의 차이를 언어화할 수 있다. 아이들의 슬픔은 종종 슬픔과 일상적 활동 사이에 왔다 갔다 하는 움직임으로 특성 지어진다. 어린 아이는 강렬한 정서적 고통을 오랜 기간 동안 견디지 못하고 따라서 슬픈 시기와 다른 활동에 참여하는 시기 사이를 오간다고 생각된다(배이커와 세드니, 1996; 올트제브룬즈, 2001). 상실에 대한 아이의 반응을 이해하기 위해서는 아이가 잃은 게 무엇인지를 이해하는 게 중요하다. 배이커와 세드니(1996)는 세 가지 상실의 형태를 알아냈다.

- 개인적으로 의미 있는 관계의 상실
- 애착 인물의 상실
- 이차적인 상실들

이차적인 상실들은 아이의 삶이 일차적인 상실 이후에 변한 여러 가지를 말한다. 이차적 상실들은 아이에게 스트레스이다; 그것들은 강력한 상실이다. 그것은 새 학교를 뜻하는 새 집으로의 이동, 친구를 잃음, 아이가 느낄 경제적 변화, 남은 부모의 일로 복귀 그리고 아마도 다른 것보다 새 보호자 등을 포함한다.

사랑하는 사람의 죽음은 아이의 발달 양상에 따라 다른 식으로 경험되고 표현된다(워든, 1996). 아이가 슬픔에 대처하는 방식은 가족 중 어른들에게서 보여지는 대처 전략을 반영한다. 아이들은 종종 어른들로부터 슬픔에 대해 말해진 또는 말해지지 않은 규칙들을 고른다. 따라서 아이는 자신이 그들의 감정 표현을 제어하려고 하는 어른들에게서 울지 말아야 한다는 메시지를 얻거나 살아남은 부모를 위해 강해져야 한다는 말을 듣는다. 또 다른 아이들은 그들이 이제 어른이라는 말을 들은 후 그것을 감정적 표현이 허용되지 않는다는 것으로 정의한다. 아이들은 사람들이 구체적으로 말하는 것을 취하고 그들의 행동을 모델로 삼는다. 예를 들어 아이가 부모가 하나님과 같이 있으며 하나님은 좋은 사람들만 데려간다는 말을 들으면, 그 아이의 반응은 자신을 데려가지 않게 하려고 나쁜 행동을 할 수도 있다. 어른들이 종교적 믿음의 맥락에서 이해하는 것은 취학 아동에게는 훨씬 더 구체적인 방식으로 받아들여질 수 있다. 한 취학 아동은 자기가 떠나게 되면 할머니를 잘 보살피라는 할아버지의 말을 자신이 그녀와 함께 살아야 할아버지와의 약속을 지킬 수 있을 거라는 마음으로 받아들였다.

아이들의 슬픔은 종종 성인들 보다 덜 강렬한 듯 보이지만 종종 더 오래 지속 된다(배이커와 세드니, 1996). 아이들은 일관된 가정교육, 훈련 그리고 일상 생활 관리에서 혜택을 얻을 것이다. 하지만 그 부모들은 자신의 슬픔에 직면했을 때 아이에게 가용하지 않을 수도 있다.

아이의 슬픔은 언제나 발달적 맥락 내에 있다. 슬픔 경험은 아이의 긍정적 성자의 기회가 될 수 있다. 하지만 동시에 두엇이 발달적으로 적당한 슬픔 반응이고 어떤 게 나쁜 행동인지를 확인하기는 종종 어렵다. 부모들은 종종 슬퍼하는 아이를 훈련하길 꺼리고 관대해지기가 쉽다. 이것은 이해할 만 하지만 그 결과는 이후에 없애기가 어려운 바람직하지 않은 행동들을 강화시킬 수도 있다. 하나의 예로 아이를 부모의 방에 머물게 하는 것이다. 수면 문제들은 아주 좋은 환경 하에서도 바꾸기가 매우 어렵다. 워든(1996)은 아이들의 상실에 적응하는 과정을 살펴본다. 그는 슬픔의 네 가지 과제를 정한다.

과제 1: 상실의 현실을 수용
과제 2: 상실의 고통 또는 감정적인 측면의 경험
과제 3: 죽은 자가 없는 환경에 대한 적응
과제 4: 삶에서 죽은 자를 감정적으로 재정립하고 그 사람을 기념할 방법을 찾기.

슬픔 과정에 발달적인 면을 덮어 씌우는 것과 더불어 어른과 같이 아이도 개인적인 방식으로 그 상실을 경험한다(워든, 1996). 아이를 위한 지원의 원천과 강점과 유약함의 분야를 포함해서 상실에 대한 환경적 맥락적인 면도 있다. 워든(1996)은 부모의 죽음에 적용하는 과정에 영향을 주는 몇 개의 매개들을 확인했다.

1. 죽음과 죽음을 둘러싼 제의
2. 사전과 사후 죽은 부모와 아이의 관계
3. 생존 부모의 기능과 자신의 아이에 대한 양육 능력
4. 가족 스트레스를 주는 것, 아이의 매일 삶에서의 변화와 장애들과 더불어 규모, 해결능력, 구조, 대처 방식, 지원 그리고 의사소통 등 가족의 영향
5. 나이, 성별, 자기-인식, 죽음에 대한 이해 등 아이의 특성
6. 이것이 부모의 죽음을 뜻하지만 또한 아이가 직면한 사랑하는 사람의 죽음에도 적용될 수 있다.

아이의 슬픔은 아이에게는 고유하며 성인들의 것과 다르다고 보는 것이 중요하다. 슬픔을 아이와 함께 겪는 것은 치료사뿐 아니라 아이에게도 선물이 된다. 때로는 아이가 알고 싶은 것을 들어주고 귀 기울여주는 사람이 있는가 하는 것이다. 이 장의 다음 절에서는 아이들에 대한 치료적 중재를 보여준다.

슬픈 아이들에 대한 놀이치료

아이는 슬퍼하고 울 권리를 빼앗겨서는 안 된다. 자신이 사랑한 사람을 잃는 데서 자유롭게 슬픔을 느낄 수 있어야 한다(지노, 1956, p. 171).

놀이를 통해 아이는 감정을 표현하고 슬픔에 대처한다. 아이의 놀이는 감정이 표현되고 슬픔이 처리되는 방법이다. 모래상자 세계에서 아이들의 자발적인 그림과 그 주제들은 많이 되풀이 되는 주제를 표현한다. 놀이는 경험들을 조직화하려는 아이의 시도를 보여준다: 아이의 세계를 조직화하는 것(랜드리스, 1991). 아이들은 스스로를 표현하고 사람들과 사건에 대해서 느끼는 것을 보여주기 위해서 말보다는 장난감을 이용해 노는 것을 더 편하게 느낀다(코트만, 1995). 랜드리스에 따르면 놀이 과정은 아이에게 상황의 현실은 다른 말을 하더라도 그들이 통제되어 있다는 것을 경험할 기회를 줄 수 있다. 놀이에서 아이는 자신을 창의적으로 표현한다; 표현은 신체적, 감정적 또는 인지적일 수 있다(랜드리스, 1991). 아이들의 은유는 현실이 견딜만 할 때까지 놀이를 현실로부터 분리한다(프릭-헬름즈, 1997).

모든 아이가 치료를 요하는 건 아니며 많은 수가 특별한 중재 없이도 잘 해나간다(워든, 1996). 몇몇 부모는 아이에게 반영된 자신들의 슬픔을 볼 수 있고 추가적 지원을 필요로 하는 사람들은 어른들이다. 몇몇 아이들은 상실에 적응하려고 애쓰고 치료에서 혜택을 볼 수 있으며 게다가 정서적이거나 심리적 건강의 심각한 문제에 비해, 슬픔이 이차적 문제인 그런 아이들은 조기 중재와 치료가 이로울 것이다.

슬픈 아이들에 대한 놀이 치료의 목표는 아이에게 슬픔을 표현할 안전한 장소를 제공하는 것을 포함한다. 아이들은 종종 어른들에게서 의도적이든 아니든 당황하고 우는 것이 옳지 않다는 메시지를 얻는다. 둘째 목표는 슬픔의 표현을 증진시키는 것으로 슬픈 표현을 정상화하고 슬픔 처리를 격려하는 것 또한 목표이다. 종종 아이들은 학교나 집에서의 행동, 퇴화 행동, 가정, 학교에서의 잘못된 행동, 성적 부진 그리고 수면 문제 등 같이 눈에 띄는 행동 변화 때문에 슬픔 치료에 온다. 부모들에게 치료의 목표는 이러한 문제를 경감하는 것이지 이런 것이 슬픔의 표현일 수도 있다는 것을 깨닫는 게 아니다. 아이를 위한 치료의 부속으로 양육 기술에 관한 부모 상담은 성인을 위한 집단 또는 개인적 치료 권고로서 가족에게 도움이 될 수 있다. 치료사가 치료의 목표 목록을 개발하지만 우리는 아이가 무엇을 목표로 확립하길 바라는지, 혹은 놀이실에서의 시간을 보내는 아이의 목표가 무엇인지 모른다.

종료

종료는 슬픈 아이에게 문제가 될 수 있다. 치료사를 잃은 게 아이의 추가적인 이차적 상실이 될 잠재성이 있다. 종종 슬픈 아이에게 상실 과정에서의 움직임을 나타내는 놀이에서의 변화가 있을 것이다. 이것은 종종 아이가 세션 시작을 원치 않는 것, 일찍 끝내자고 하는 것 또는 세션이 끝나기 전 놀이를 멈추는 것 같은 브렘즈(2002)가 알아낸 신호 중 몇몇을 동반한다. 매주 세션에서 격주로 그리고 한 달에 한 번으로 옮겨가는 것이 최선이다. 아니면 아이의 휴가 같은 자연스러운 중단이 아이에게는 종료에 대한 상처를 덜 주는 방법일 수도 있다. 다시 돌아올 수 있게 선택권을 주는 것도 종종 나이가 있는 아이들에게 근심을 덜어준다.

워든(1996)의 과제들은 종종 놀이실에서 보여진다. 상실의 현실을 인정하는 것의 예로 아버지가 사고로 죽었지만 아버지가 매일 일하러 나가 밤에 돌아오는 가족의 시나리오를 정할 수 있는 취학 전 아동이 있다. 그녀는 다섯 주 동안 같은 활동을 했다. 그녀가 다른 놀이 활동으로 옮길 때, 어머니는 그녀의 밤에 대한 공포가 끝났다고 보고했다. 상실의 감정적인 고통을 경험하는 것이 모래에 공을 묻고 그녀의 여동생에게 생일 축하노래를 부른 아이에게서 보여진다. 상실의 현실에 적응하는 아이들의 놀이는 가족 생활에서의 변화에 대한 놀이를 포함할 수도 있다. 한 아이는 목욕 중에 인형을 가지고 그녀의 여동생이 죽기 전에 그랬듯이 놀다가 지금의 방식을 보여주는 것으로 바꿨다.

자녀 치료

취학 전 아동들과 그 부모들에 대한 대안적 치료는 놀이 치료와 자녀 치료를 결합하는 것이다. 그 과정은 자녀 치료에 이은 많은 세션의 놀이 치료를 포함한다. 자녀 치료는 CCPT에 포함된 일차적 기술을 부모에게 가르치는 하나의 전략이다. 버나드와 루이스 궤니에 의해 개발된 이후 랜드리스(1991)를 포함한 많은 사람에 의해 변화되었다. 자녀 치료는 부모가 아이에 대한 최고의 치료 대행자라는 전제에 기초한다. 슬픔을 겪은 가족에게서 부모가 자기 자신의 슬픔을 처리할 수 있고 자신의 아이와 자녀 치료를 할 마음이 있을 때, 자녀 치료가 부모-자식 결속을 강화하고 회복시킬 수 있다는 것을 알아냈다(글래이저와 클락, 1999). 이것은 슬픈 아이들이 있는 모든 가족에게 적합한 것은 아니다; 부모가 자신의 슬픔에 대해 그 과정에 투자를 하고 그렇게 하고 싶어 해야 한다. 그리고 제 자리에 있어야 한다. 죽음 이후의 삶에 대해 질서를 회복하려고 노력할 때 자녀 치료는 30분이라는 시간동안 평가나 가르침 없이 놀이실에 함께 있을 기회를 제공할 수 있다. 자녀 치료는 부모가 슬픈 아이들에 관해 배우고 아이와 노는 방법을 배울 기회를 제공한다.

슬픈 아이들에 대한 표현 치료

모래상자

융의 접근법들은 아이들에 의한 표현을 격려하는 데 모래상자 세계의 개발을 이용해왔다(코트만, 2001). 놀이실에 모래상자와 모형들을 포함시키는 것은 아이가 자신이 선택한 방식으로 모래상자를 사용하도록 정할 수 있는 아동-중심 놀이 치료에서 쓰일 수 있다. 선택된 모형들은 다양한 동물, 집, 나무 그리고 다리들과 사람들을 나타내야 한다. 하지만 아이들은 그들이 필요한 것, 치료사가 보지 못할 수도 있는 것을 나타내기 위해 모형을 이용할 것이다. 다른 사람들은 젖은 모래, 나는 마른 모래를 선호한다. 젖은 모래와 마른 모래를 놓는 것은 몇몇 환경에 따라 선택사항일 수 있다. 몇몇 아이들은 모래상자 세계를 모으며 다른 아이들은 모래상자를 무대로 사용해 이야기를 개발한다. 슬픈 아이들에게서 되풀이되는 모래상자의 주제는 가족이다. 아이들은 동물과 사람들 가족들이 중심인 모래상자 세계를 만든다. 어떤 취학 전 아동은 모형들을 모아놓고 방 주위에 그룹으로 놓았다. 어떤 그룹은 큰 동물과 새끼 동물 가족인데 어떤 그룹은 두 마리, 어떤 그룹은 한 마리의 큰 동물이 있었다. 다른 것은 사람도 동물도 없는 모래상자이다. 그들은 종종 여러 세션에 걸쳐 비슷한 모래상자를 만든다. 10대 이전의 아이 한 명은 하나의 모래상자 주제에 대해 다섯 번의 변화를 주었다: 나무 한 그루와 동물 한 마리가 있는 하나의 섬이 모래상자 중앙에 만들어졌다. 섬을 만들고 주위 모래를 치울 때 시간이 가장 많이 걸렸다. 그 섬은 양 편에서 육지와 떨어져 있었다. 변한 곳은 다리 하나를 놓은 것 그리고 다른 나무와 동물들 앞에 울타리를 사용한 것이었다. 한 다섯 살 소년은 두 번째 가족 모래상자에서 행복한 동물들만을 이용하여 행복한 가족을 만드는 것에 주목했다. 아이들은 또한 공동묘지 또는 동물들을 묻고 다른 물체나 사람들로 그것을 파헤치는 모래상자 세계를 개발하기도 했다. 한 네 살짜리는 그녀의 남동생과 할아버지가 묻힌 묘지와 아주 가까운 묘지 장면을 만들었고 그녀의 엄마가 그것에 대해 말을 하자 아이의 얼굴에는 미소가 번졌다. 또 다른 어린 아이는 평행 우주로서의 죽음에 대한 개념을 만드는데 모래상자을 사용했다. 그 아이는 묘지 모래상자을 만들고, 매직을 묻어 놓은 모래 아래 손을 넣어 손가락을 움직이더니 그들이 함께 놀고 있다고 말했다! 몇몇 아이들은 조용하게 모래상자 놀이를 하고 모래상자 세계를 만드는 동안 계속 대화를 하기도 한다. 어느 네 살짜리는 기차에 대한 이야기를 하면서 어떻게 그 기계가 눈에 가로막힌 기차를 구해주는 지, 모래에 묻어 놓은 각각의 기계에 대해 상세하게 이야기 했다. 유사한 점은 할아버지를 구하지 못한 의료인들에 대해 어떻게 느꼈나 하는 것이었지만 그것이 세션에서 말로는 전혀 연관 짓지 못하는 중요한 의미였다. 나는 모래상자의 사진 찍을 것을 제안했고 그 사진을 그 아이에게 주었다. 아이들은 그 사진 속에 있고 싶을 때가 있고 그들이 사진 속에 없기를 바라는 때, 그리고 그들이 모래상자 사진을 찍길 원하지 않을 때도 있다.

그룹 모래상자도 역시 가능하다. 나는 부모와 세 살 짜리 아이가 한 아이의 죽음 이후 가족 단위로서 각자가 본 것에 대해 이해를 돕기 위해 가족 모래상자를 조직화했다. 그 지시들은 그들의 가족 생활에 대한 일련의 모래상자를 만드는 것이었다. 그들은 먼저 신혼 집, 아이 한 명인 집, 아이가 둘 있는 집 그리고 현재를 구성했다. 그 부모들은 아이가 유일한 아이로서 자신을 어떻게 보고 있는지를 이해할 수 있었다. 나는 모래상자를 폴라로이드로 찍어 부모에게 주었다.

미술

다양한 미술 재료는 모든 놀이실의 일부이다. 분필, 크레용, 매직, 색연필, 씻을 수 있는 페인트 그리고 그림물감(공간이 넓다면)을 아이가 이용할 수 있다. 아이들의 그림은 다른 차원의 의미가 있을 수 있다. 남동생이 SIDS로 죽은 네 살짜리 아이는 연속해서 3 주 동안 그녀의 집을 상세하게 그렸다. 그녀는 집에 대해 어느 창문이 남동생의 방이었는지 등등을 이야기 했다. 배경도 자세했다. 집과 배경이 완성되고 상세하게 이야기 되었을 때 그녀는 긴 붓으로 종이 전체를 검은 물감으로 덮었다. 그 집의 색깔 때문에 그림은 완전 검정이 아니라 줄이 간 색깔이었다. 그녀는 그 검은 색 아래 무엇이 있었는지 엄마에게 절대 이야기 하지 않았다. 색깔의 의미를 해석할 때 검은 색을 슬픔과 근심과 연결 시킬 수도 있지만(마치오디, 1998) 아이에게 독특할 수 있으니 색깔의 의미를 해석하는 데 주의가 필요하다. 3 주 후 그녀는 더 이상 집을 검은 색으로 칠하지 않았다. 그녀는 집을 다시는 그리지 않았다. 몇몇 상징이 분명하게 나타나는 동안 아이에 대한 진정한 의미와 그리고 그녀의 슬픈 과정에 대한 영향은 그 아이 안에 있었다. 치료의 중요성은 그 센터가 그녀의 가족이 다른 주로 이사할 때 작별 인사를 하러 오고 싶은 장소 중에 하나였다는 데서 분명히 나타났다. 존 앨런(1988)의 연속 그림 기술은 많은 이론적 지향들과 효과적으로 사용될 수 있고, 그 예에서처럼 치료사의 지도 없이 아이로부터 시작될 수도 있다.

자유 그림과 더불어 특정 미술 활동들이 감정처리와 표현을 촉진하는 데 쓰일 수 있다. 기술의 선택은 치료사의 이론적 지향과 일치해야 한다. '더 좋아하는 101가지 놀이 치료 기술(카두손과 섀퍼, 2001) 같은 책은 다양한 미술과 놀이 활동을 포함하고 있다.

슬픔의 처리는 아이들의 그림 중 여러 번에 걸친 변화에서 보여질 수 있다. 우리는 존 앨런에 의해 개발된 로즈부시 기술(글래이저, 1998)을 사용해 이것에 대한 연구를 수행했다. 유도된 환상 이후 아이들에게 로즈부시(장미관목)를 그리라고 했다. 우리는 슬픔 지원 그룹에 참석하는 아이들에게는 시험 전후에 그림의 배경에서 변화가 있다는 걸 알아냈다. 대부분 그 차이는 예상과 달리 장미관목이 아니라 배경에 있었다. 한 아이는 배경을 반으로 나눴고-시작할 때 그녀 삶의 슬픔을 표현하는 듯 반은 낮 반은 밤으로, 마지막에는 썬글라스를 쓴 태양이 있는 낮 배경으로 전체를 그렸다.

이야기

자발적 이야기든 아니든 이야기 또한 놀이 치료 과정의 일부이다. 여러 번 일차적 보호자들을 잃은 어느 9살짜리는 세션에서 인형과 모형을 이용해 복잡한 이야기를 했다. 처음 세 개의 이야기는 공룡 가족에 관한 이야기였는데 새끼들은 출생과 성장에서 동굴을 떠날 때까지 모든 것을 스스로 해야 했다. 다음 이야기의 초점은 중심 캐릭터가 엄마와 아이들에 대해 보살피는 동물 가족이었다. 모든 이야기는 새끼들이 성공적으로 둥지를 떠나는 것으로 끝났다.

가드너에 의해 개발된 서로 이야기하기는 놀이실에서 효과적인 기술이기도 하다(무로와 코트만, 1995). 서로 이야기하기에서 치료사는 학생에게 처음, 중간 그리고 끝이 있는 이야기를 하라고 요구하고 그 후에 치료사가 보다 적합한 결론으로 이야기를 다시 한다(무로와 코트만, 1995). 이 기술은 아이의 상황과 발달 수준에 따르는 요구사항에 맞게 적용될 수 있다. 이것의 예 중 하나는 우리가 이야기 가지를 개발하고 아이들에게 그 이야기를 완성하라고 한 프로젝트였다. 그 이야기는 집에서 나가는 것에 관한 것으로 아이가 겪는 일차, 이차적 상실감에 관해 주목했다. 우리의 희망은 이야기를 끝마치면서 아이들이 그 이야기에 그들의 관심과 느낌의 일부를 삽입하는 것이었다. 우리 지원 그룹의 아이들은 화자와 이야기하기에 익숙해지도록 참가를 요청 받았다. 우리는 아이들의 이야기에서 슬픔과 관련된 여러 주제들이 있다는 것을 발견했다.

어떤 취학 아동은 지도 없이 상실을 처리하는 방법으로 은유를 이용하기도 한다. 놀이실의 다양한 장난감과 인형은 아이가 자신의 이야기를 고안하는 것을 도와준다. 아이들은 치료과정을 거치면서 종종 한 두 세션에서 같은 이야기를 바꿔가면서 하려고 한다. 아이들은 종종 이야기를 하고 치료사를 그 과정에 끌어들이기 위해 인형 쇼를 이용한다. 몇몇 아이들은 심지어 그 이야기를 듣게 하려고 부모를 놀이실에 초청하고 싶어한다.

독서치료

자란 아이를 위한 일기쓰기, 꼭두각시 놀이, 이야기 쓰기는 효과적인 중재로 사용될 수 있는 과정들이다. 취학 아동들이 좋아하는 것 중 하나는 팻 슈크비버트와 척 디크렌(2001)의 "눈물 스프"인데 그것은 특정한 상실을 명시하지 않은 채 상실과 연관된 여러 감정들을 다루고 있다. 나는 이 책을 슬픔 그룹에서 이용했는데 그 책을 읽고 나서 우리는 냄비 속에 우리 자신의 감정과 생각들을 넣고 슬픔의 스프를 만든다.

동물치료

동물-도움 치료는 심리치료의 부가로서 이로운 것으로 나타났다. 특히 승마치료는 다른 슬픔 치료에 대해 부가물이 될 수 있다. 승마 치료 프로그램은 한 슬픔 지원 프로그램에서 아이들에게 제공되는 여름 프로그램으로 개발되었다. 아이들, 자원봉사 조련사들 그리고 부모들의 반응들이 수집되었다. 그 반응들에 대한 분석은 다음의 반응 범주들을 드러내었다: 자신감 쌓기는 승마에 대한 두려움 극복과 독립심 개발을 포함했다(글래이저, 클라크와 스타인, 2004). 그 연구는 아이들과 10대들을 위한 통합 프로그램으로서의 동물-도움 치료의 잠재성을 증명했다. 말들과의 관계는 슬픔의 표현을 위한 안전한 장소를 제공했다(글래이저, 클라크와 스타인, 2004).

아이들을 위한 슬픔 지원 그룹들

많은 아이들에게서 슬픔의 문제들 중 하나는 그들이 현재 다르다고 느낄 뿐 아니라 가족도 다르다고 느끼는 것이다. 많은 아이들이 상실을 겪은 다른 아이에 대해 알지 못한다. 더군다나 어른들이 모든 사람이 이런 식으로 느낀다거나 너만 ……한 게 아니라고 말하기는 쉽지만, 아이들은 어른이 말하는 것을 내면화하기가 종종 쉽지 않거나 가능하지도 않다. 사랑한 이를 잃은 다른 아이들을 만나고 슬픔을 표현하고 처리할 기회를 제공받는 것은 유익할 수 있다. 동료 지원 그룹은 아이들에게 그들의 슬픔을 처리할 안전한 장소를 제공할 수 있다. 공유 그룹 경험은 슬픈 아이를 위한 그룹 과정에서 가장 중요한 부분일 수 있다.

도지 센터

가족을 위한 슬픔 지원 그룹은 오레곤 주 포틀랜드의 도지 센터이다. 도지 센터는 다른 사람들을 그 모델로 훈련하고 슬픔이 있는 이들과 슬픈 개인들과 일을 하는 사람들에게 풍부한 자원을 제공한다. 도지 센터 사이트는 전국적인 가용 프로그램 목록을 제공한다.

> *슬픈 아이들을 위한 도지 센터의 임무는 포틀랜드와 근처 지역의 가족들에게 죽음을 슬퍼하는 아이들, 청소년 그리고 그들의 가족들이 치유 과정을 따라가면서 그들의 경험들을 공유할 수 있는 그런 안전한 장소에서의 충실한 지원을 제공하는 것이다. 슬픈 아이들과 가족들을 위한 국립 센터를 통해, 우리는 슬픔 중의 아이들 돕기를 원하는 개인들과 기관들에게 지역적, 전국적, 국제적으로 지원과 훈련을 제공한다.*
>
> *(http://www.dougy.org/about.html)*

에버그린 프로그램

오하이오 주, 콜럼버스의 카르멜 산 호스피스와 완화 간호 센터의 에버그린 프로그램은 가족 지원 그룹 프로그램이다. 훈련된 촉진자들에 의해 지도를 받고 면허 있는 정신 건강 제공자인 임상 직원들에 의해 지원되는 아이들과 부모들을 위한 동료 지원 그룹이 있다. 그 센터는 자원자들과 전문인 직원들의 일부로서 이야기 해주는 사람, 연극 치료사, 놀이 치료사, 치료 견 등이 있다. 센터 회장은 호스피스 후 조리를 위한 임상 관리자이다. 촉진자들은 호스피스 자원자 훈련을 거친다. 한 달에 두 번 만나 저녁에 피자 식사로 시작해 한 시간의 그룹 세션이 진행된다. 그룹 세션들은 슬픔 표현에 초점을 둔 프로그램 목표를 위해 고안되어 있다.

프로그램 목표는: 슬픔 자각 증진, 관계 형성, 공동체 소속감 확립, 감정 탐구, 다양성 존중과 이해, 자존감 증진, 슬픔 처리 정상화 등이다. 그룹 치료를 하지 않는 동안에는 그룹을 위한 많은 활동들이 이야기하기, 연극 치료, 미술 치료, 게임 그리고 꼭두각시 놀이 등을 포함하는 표현적 치료 기술들을 이용한다. 의료 직원들은 필요 시 촉진자들을 지원한다. 여름 프로그램들은 감정 표현과 다른 프로그램 목표를 촉진하기 위해 동물 치료와 다른-도움 치료들을 이용한다.

결론

슬픈 아이들을 위한 주요 치료 목표 중 하나는 슬픔 처리를 촉진할 감정 표현의 증대이다.

자신의 슬픈 여정에서 아이와 함께 하는 것은 아이와 치료사에게 선물이다. 아동-중심 놀이 치료는 아이가 슬픔을 표현하고 처리할 수 있는 안전한 장소를 제공한다. 개인과 그룹 경험에 통합된 표현적 치료들이 일차적 중재들이다. 이것들은 미술, 이야기하기, 모래상자 그리고 독서 치료를 포함한다. 추가적으로 지원 그룹들과 말 치료가 아이의 슬픔 처리를 도울 수 있다.

11장

의미로서의 움직임: 무용/동작 치료의 역사적 선행

로리스 D. 네메츠

서론

신체는 아기가 세상에 처음 들어서 교류하는 순간으로부터 운동성과 창의적 인간 표현의 첫째 가는 일차적 수단이다. 다른 예술 형태와 달리 무용은 표현의 도구와 수단이 인간의 몸 자체라는 데서 고유하며 종종 파악하기 어렵고 일시적일뿐 아니라 심오한 표현의 형태로 만들기도 한다. 무용 역사는 보시앙(1974)이 말했듯이, "…… 인간은 유형을 통한 삶의 경험을 표현하기 전에 자신의 몸으로 그것을 표현한다". 무용/동작 치료의 발생은 지난 세기 동안 하나의 공식 분야로 개발되었고, 무용을 치료에 사용한 것은 언어나 악기와 예술을 통한 표현의 다른 범위 이전에 인간들이 표현할 필요를 느낄 때부터 유지되어 왔다.

무용과 동작 치료의 고전적 형태에는 분명한 역사적 전례가 있다. 치유 리듬 패턴이 있는 그리스신들의 속성에서부터 무용을 결합한 동양 문화까지. 거의 모든 일반적 무용의 형태는 초기 제의적 무용으로부터 발전했다(로슨, 1955; 보시앙, 1974). 인간은 무용을 심리적인 욕구들을 해소하기 위해 개인적이고 문화적으로 무용을 만들고 사용하면서 세상을 표현하고 반영해 왔다.

다양한 수렴적 요소는 치유로서의 무용에 대한 역사를 포함해 무용/동작 치료의 현대 사회에서 한 분야로서의 직접적인 발생, 현대 무용의 성장, 비언어 행위 연구 그리고 심리학 분야 등으로 이끌었다. 다른 창의적 예술 치료 분야들과 같이 무용/동작 치료는 평가와 작업을 위해 많은 특정 수단들과 기술과 표현을 위해 다른 예술 형식을 활용 할 수 있다. 하지만 그 핵심에는 가장 기본적인 움직임 수준에서 나머지 세상과의 관계뿐 아니라 개인적 욕구들을 표현하는 무용을 만들면서, 사람들은 자신을 표현하기 위한 내재적 욕구를 알게된다. 그 분야의 역사를 탐구하는 데 있어서 인간은 삶의 아주 본질적인 측면의 일부로서 움직이고 예술을 만든다. 오늘날 미국 무용/동작 치료 협회(ADTA)는 무용/동작 치료를 "개인의 정서적, 사회적, 인지적 그리고 신체적 통합을 촉진하는 하나의 과정으로써 움직임을 사용한 심리치료"(ADTA, 2004)로 정의한다.

역사적 선행들

무용은 감정 표현과 연결되어 있고 오늘날의 무용/동작 치료에서 그 목표는 공연 작품을 만드는 것 보다는 이 창의적 과정과 재 연결하는 것이다. 한 무용/동작 치료사가 관찰한 것처럼 "치료 무용 활동의 목표는 보다 자유롭게 혹은 더 완벽하게 움직이는 것이 아니라, 새로운 존재와 느낌의 방식을 탐구하기 위해 움직임 실험을 이용하고, 언어화 될 수 없는 느낌들에 접근할 수 있는 것이다"(스탠튼-존스, 1992). 전통적으로 원래 문화적인 무용 창작은 개인적으로 그리고 공동체로서 이러한 느낌들을 표현하는 것이다. 발레 같은 무용의 전통적 형태가 무용수로부터 관객들을 그렇게 분명히 분리시킨 것은 최근 몇 세기에 걸쳐서다. 발레라는 예술 형식이 기술적이고 예술적인 미의 수준을 이룬 반면, 그것은 많은 서양인들이 무용 창작 과정에 익숙하지 않게 만들었다. 게다가 유대-기독교 전통에서 신체와 정신의 분리는 역사적으로 오랜 기간 정신과 심리가 신체로부터 분리된 것으로 믿게 만들었다.

현대의 무용 동작 그리고 그에 따른 무용/동작 치료사들은 최근에 문화적으로 재수용된 정신/신체/영혼 관계에 대한 탐구를 시작함에 따라 고전적 무용 형식들을 추구했다. 이러한 무용들이 야말로 그 분야의 진정한 시초이며 "무용 치료는 축제와 위기의 무용 개인적 집단적 정체성을 정의하는 무용 그리고 죽음과 무속의 춤이 있는 고전 시대까지 뻗는 뿌리가 있다"는 점이 주목된다(슈매이, 1974). 무용 인류학자 주디스 한나는 말한다. "무용에서 샤먼이나 주술인은 무용 치료사의 분신이다"(한나, 1988).

역사적 무용을 보는 데 있어서의 큰 어려움은 고대 회화를 보거나 시의 한 구절을 해독할 수 있듯이 직접적으로 움직임을 목격할 수 없다는 점이다. 무용의 일시적인 형태는 연구를 어렵게 만든다. 필름, 비디오 그리고 다른 기록들의 근대적인 개입으로도 기록이 어렵고 보는 이에 의한 해석에 크게 좌우된다. 문화적 무용은 그 지속적인 형식의 진화로 인해 그 실체에 대한 심리적 분위기에 대한 큰 반영이 되며, 따라서 무용을 공연하는 사람들의 현재 집단을 반영하기 위해 계속해서 변하고 있다.

그림 11-1 고대 이집트 무용에서 표현된 곡예 자세

무용은 모든 인간 사회에서 발견된다고 믿어진다. 무용은 다양한 목적을 위해 이루어지지만 다른 사회 구성원과의 것이든, 자신의 신 또는 신들을 위한 것이든, 본질적으로 의사소통의 수단이다. 기본적으로 그것은 인생의 놀라운 일을 이해할 수 있게 만들고 특별한 의미로 일상적인 활동의 보통 행위들을 강화하는 데 도움을 준다. 또한, 본질적으로 무용은 일상의 평범한 움직임들을 제의화하고 그것들에 의미와 목적을 부여하는 데 도움을 준다. 과일을 따거나 먹으려고 동물을 쫓는 매일의 일이 목적과 의미를 얻게 된다. 고대 이집트와 같은 문화에서는 나일강의 만수와 간수 같은 중요한 농업적 사건들을 반영하기 위해 공연된 무용/연극이 있었다(크라우스, 힐센대거와 딕슨, 1991). 무용은 종종 느리게 걷는 동작이나 뒤로 구부림 그리고 다른 신체적 기술을 포함하는 아주 아크로바틱한 성격으로 묘사된다(크라우스 외, 1991; 삭스, 1937).

또한 무용은 거대하고 설명할 수 없는 일을 다루기 쉬운 개념으로 만드는 수단이 될 수도 있다. 따라서 지진이나 천둥, 번개 등도 창의적 수준에서 경험될 수 있다. 동작과 조직적 생각을 통해 위압적인 것들을 덜 위협적인 것으로 만드는 것은 역사적으로 개인들이 큰 감정적 투쟁을 극복하는 데 도움을 주어왔다. 아마 가장 잘 알려진 예 중 하나는 이탈리아의 타란텔라 춤인데, 반복적인 리듬을 통한 열광적인 춤을 통해 몸 바깥으로 독을 빼내기 위해 몸을 움직일 뿐 아니라 무용수가 제의화된 동작 출구로서의 춤을 춘다는 민속 이야기가 퍼졌다.

그 근원에 대해서는 의문이 계속되고 있지만 그와 같은 또 하나의 춤인 프랑스 프로방스의 트리페트 춤은 간질을 치료하기 위해 만들어졌다고 전해진다: "성 마르셀이 간질을 고칠 수 있었기 때문에 잡혔으며 이태리 남부에서도 같은 방식으로 사람들이 특정한 장애를 없애기 위해 춤을 추었다. 트리페트 춤에서 반복적인 리듬으로 뛰는 것은 교회에서 채택되었고, 질병을 고치기 위해서는 때로는 한 시간 정도 걸렸으며 병의 악한 영을 사실상 고쳤었다."(야페, 1990).

병자를 고치기 위한 수단의 역할을 한 것과 더불어 민속춤은 특히 유럽 전역에서 매일의 동작을 기념하고 제의화하기 위해 개발되었다. 예컨대 마데이라(포르투갈 근처)의 섬에는 수 백 년 동안 문화의 상품이던 레이스 제작이라는 아주 중요한 상업을 강조하는 바늘과 실을 스치는 동작에 기초한 민속 무용이 있다. 사하라 남부 아프리카 같은 다른 문화에서는 무용이 역사적으로 완전히 삶의 일부여서 두 명의 반투인이 서로 인사할 때, "당신은 무슨 춤을 춥니까"라고 묻기까지 한다

(조나스, 1992).

인도에서는 춤 전통과 더불어 요가 운동의 전통이 신들과 영적인 관계를 획득하는 수단으로써 만들어졌다. 이집트 같은 고대 문화와 더불어 극동은 1900년대 초반에 데니숀으로 알려진 루스 데니스와 테드 숀 같은 무용수의 작품들에 큰 영감을 주었고, 그들은 이국적이고 영적인 안무 작품들을 창작했다. 데니숀은 인도 무용을 연구했고 요가에 대해 처음으로 관심을 가진 사람 가운데 하나였으며 머지 않아 근대 무용의 전성기에 조셉 H. 필라헤스 같은 동작 탐구자가 뒤따랐다. 요가는 최근 몇 년에 유명세를 얻었지만 그것은 몸, 정신, 영혼의 웰빙을 위한 동작 패턴들을 이용하는 3000년 된 전통에 기초해 세워진 것이다. 나아가 그것은 원래 현대적 치료사와 내담자 관계와는 다른 구루-학생 관계에서 연구되었다. 요가의 아사나 또는 동작들은 원래 명상 수행의 긴 기간 동안 잠잠히 유지하기 위해 몸을 준비하는 도구로써 수행되었다. 길고 가혹한, 신체 작업은 몸을 초월하고 정신적 웰빙의 더 높은 수준에 도달하는 수단을 뜻한다. 요가는 비경쟁적인 운동 체계를 강조하는 가장 분명한 신체 체계들 중 하나이다. 요가와 함께 인도 무용은 그 문화에서 너무 필수적이어서 인도의 신들은 무용수들로 보통 묘사된다. 연극과 무용에 대한 중요한 책인 나트야 사스트라는 극동 문화에서 인간의 감정을 놀라움에서 공포까지의 아홉 가지 주요 감정의 정수들로 분류한 최초의 책이다(굽타, 2000). 이 각각의 정수들에는 춤으로 표현된 분명한 동작 요소가 있다. 인도 요가는 무용/동작 치료에서 분명하게 다루어야 될 몸/정신 관계 역시 언급하고 있다.

> *몸에서 일어나는 일은 정신에서도 일어나며 정신에서 일어나는 일은 몸에서도 일어난다…… 장기의 긴장이 풀리면 정신은 고요해진다. 이 과정은 거꾸로 될 수도 있다. 당신의 생각을 통제함으로 정신을 편하게 하는 것은 몸의 긴장완화를 낳는다. 하지만 이 방법은 더 어렵다. 따라서 요가는 신체에서 정신으로의 움직임에 강조를 둔다(크리야난다, 2002).*

그림 11-2 원의 형태는 우주적 모양의 하나로 무용과 무용동작 치료에서 활용된다.
©2004, 파인아트 뮤지엄, 보스턴

물론 요가에 대한 강조는 몸을 초월하는 반면, 무용 치료사들은 이후에 사람들이 현재 자신들과 서로에게 연결된 것을 느낄 수 있는 수단을 제공하기 위해 이 관계에 힘쓴다. 역사적으로 생긴 또 다른 연결 도구는 다른 사람들과의 관계에서 공간의 이용이다. 모든 고대 무용에 쓰이는 몇 개의 기본적 패턴, 그 중에 특히 두 대립 선과 더불어 원, 뱀 모양의 선 그리고 커플 대형 등이 있다. 이 모든 패턴은 무용수들이 서로 관계를 맺는 방법에 있어서 다른 목적을 위해 쓰인다. 분명한 이유로 원은 서로를 알고 함께 하는 참여를 가능하게 하는 보편적인 형태이다. 이것은 역사적으로 대부분의 미국 원주민 춤뿐 아니라 유럽과 아프리카 군무의 이미지에서 나타난다. 루이 14세 궁정의 발레 공연을 유명하게 만든 이후 이런 일차적인 모양들은 감상하는 이벤트가 됨에 따라 덜해 졌으며, 데니숀과 다른 근대-이전 무용들은 오늘날의 무용/동작 치료사들에 의해 그룹 교류의 자연스러운 방식으로 활동되어 보다 자연스러운 움직임 교류의 패턴에 주의를 맞추었다.

무용/동작 치료를 위한 현대적 기반

비언어 의사소통에서의 초기 연구는 무용/동작 치료 분야의 기초에 대한 중요한 작업들을 확립하면서, 행동과 움직임 패턴에 대해 전적으로 새로운 관심으로 이끌었다. 1800년대 후반에 학자들은 언어학적으로만 인간행동을 연구하는 한계를 깨닫기 시작했다. 하지만 비언어적 의사소통에 대한 이 형식적 연구는 1960년대, 1970년대에 받아들여지기 시작했다(레비, 1988). 현대 이론가들은 지속적으로 보내는 메시지가 순전히 언어에 의지하는 것보다 감정적으로 더 중요하다는 비언어적 교류의 미묘한 뉘앙스를 인식하기 시작했다.

비언어적 의사소통에서 첫 주요 이론가는 그의 진화론으로 더 유명한 찰스 다윈이었는데, 그는 이러한 생각을 그의 책 인간과 동물의 감정 표현(1872)에 대해 썼다. 다윈은 비언어적 의사소통 분야에 대한 많은 사상에 기여했는데, 이후에 현대 무용가, 마사 그래험에 의해 표현되었으며 그것은 움직임이 절대 거짓말을 하지 않는다는 것이다. 1872년에 다윈은 "얼굴과 몸의 표현 동작은 … 허위일 수 있는 말이 하는 것보다 더 진실한 다른 생각과 의도를 드러낸다" 고 하였다. 이 즈음 근대 의학의 아버지로 간주되는, 윌리엄 오슬러 경(1849-1919) 역시 치료 과정에서 감정적 요소의 중요성과 치료의 비언어적 측면은 치유에서 중요하다는 점에 주목했다(오슬러, 1932).

비언어적 연구에 대한 다음 중요 공헌은 래이먼드 버드위스텔의 1952년에 발행된 "동작학 개론"과 함께 나왔다. 버드위스텔은 동작학이라는 명칭을 "소통하는 모든 신체 동작들에 대한 연구"로 설명했다(모랭, 1978). 스타크(1982)는 버드위스텔의 연구가 동작 교류를 다루므로 무용/동작 치료 분야에 특히 적합하다는 점에 주목했다. 버드위스텔은 또한 동작 형태학 연구를 했고 그것을 언어학 연구와 비교했다. 언어학자들이 언어를 부분으로 나누는 동일한 방식으로 동작도 작은 미묘한 동작들도 하위분류가 될 수 있다. 필름의 출현은 작은 요소로 가는 동작의 해체를 도왔다. 주넬 그랑 모랭(1978)은 기본 감정은 보편적이지만 발생부터 문화적으로 독특한 더욱 미묘한 동작 교류가 있다는 생각을 취함으로써 이 분야에 대해 덧붙였다.

20세기 전반 내내 심리치료 분야는 신속하게 발달했고 무용/동작 치료의 미래 작업에 중요한 많은 중요한 개념이 나왔다. 심리학은 정상 인간 행동과 그 편향을 이해한 체계를 제공했다. 심리치료의 고대 근원은 마음을 정신 활동과 연관시킨 아리스토텔레스의 "데 아니마"(영혼에 대하여)와 함께 시작된다(1987). 하지만 그 분야는 2차 세계대전 중 정신병의 다른 형태에 대한 새로운 인식과 함께 큰 진전이 있었다. 이 전쟁은 전쟁에 복무한 사람들을 위한 정신 건강에서 발생한 새로운 어려움들뿐 아니라 정신 문제로 인해 복무할 수 없었던 많은 사람들 때문에 미국 문화에 놀라움을 주었다(슈메, 1974). 심리치료는 그 외상을 방출하는 표현의 다른 양식들의 중요성을 인정할 뿐 아니라 정신 건강 욕구의 다양한 수준을 인지하기 시작했다.

이 신체/정신 관계의 기초는 이전 세기에 비해 매우 중요한 변화이다. 프란 레비는

> *세기말 서구 사상의 대부분은 이중적 신조, 신체와 정신의 분명한 분리에 찬동했다. 형식적 무용이 무용수에게 어떠한 영향을 주는가에는 거의 주목하지 않은 채 기술을 강조하면서 공연 예술로써 발전했다. 그 동안의 심리치료적 접근은 거의 언어적이고 비활동적이었으며 약물과 심리치료는 신체에 초점을 둔 전자와 정신에 초점을 둔 후자의 치료형식으로 개발되었다. 그러나 20세기 중반기에 이런 전통의 한계로부터 벗어나기 위한 경향들이 많은 분야들에서 시작되었다(레비, 1988).*

이 시기 심리치료의 새로운 측면의 개발은 일반 창의적 공동체에 영향을 줄 뿐 아니라 모든 예술 치료들에서 정점을 이루었다. 많은 현대 무용에서의 새로운 탐구를 하는데 중요한 칼 융(1875년-1961년)의 작업은 보편적 무의식의 주제를 제공하는 데 있어서 중요했다. 프로이트의 젊은 동료인 융은 1차 세계대전 후 악몽들을 꾼 후 그의 탐구를 시작했다. 이런 이미지들은 그가 모든 예술 형태를 활용하면서 작업하는 동안 그에게 더 큰 공동체의 생각들과 비전들의 일부로서 나타났고 매우 상징적이었다. 불교, 카발라 그리고 다른 종교적 교훈에 영향을 받아 융은 적극적인 상상력의 개념을 정의했고, 그것은 원시 무의식을 불러일으키는 예술가에게 가치를 두었다.

윌리엄 라이히 또한 신체에 대한 프로이트의 초기 작업을 따랐는데 신체와 정신의 일반적 관계에 관심을 가졌다. 그의 개념 중 대부분은 사람들이 "사랑의 특성" 또는 억눌린 감정을 잡는 고정된 신체 위치에서 신체적 긴장 패턴들을 보인다는 개념에 집중했다(라이히, 1943). 이 작업은 이후에 특히 심리치료 개념으로 신체에 대해 생각한 보다 수용적인 때인, 1960년대 알렉산더 로웬의 이론에 대한 재작업과 함께 보다 넓게 받아들여졌다.

라이히의 초기 작업 직후 칼 로저스와 아브라함 마슬로우가 이끈 인본주의 운동은 1950년대에 나타났다. 이것은 많은 무용/동작 치료사들의 말하지 않은 교의인 개념을 도입했다: 내담자들이 사실적으로 바라고 완전한 잠재력에 도달하려고 애쓰는 것. "실현 경향"이라 불린 이것은

건강의 최고 가능한 수준에 도달하기 위한 모든 사람들의 의지이다(로저스, 1961; 1955). 따라서 치료사의 역할은 내담자가 그 일을 하게 하면서 내담자를 이러한 경로로 이끌고 도움을 주는 것이다. 이 과정에서 중요한 것은 내담자에게 긍정적인 관계를 지지하기 위한 치료사의 역할이다. 이것은 적절하게 보살피는 행동을 모델로 하는 치료사와 내담자 사이의 말 없는 움직임을 다루는 무용/동작 치료에서 이후로 발전된 작업에서 아주 분명하다.

정신병은 다른 문제보다 창의성과 연관되는 동안 자기에 대한 감각에서 건강이 단절된 것으로 보일 수 있다.

물론 빈센트 반 고호에서 발레무용가 바슬라프 니진스키의 우울증 발작까지의 창의적인 예술에서의 광기에 대한 예가 있어왔다. 하지만 이것들은 그들의 예술 추구에 헌신된 선택된 소수의 예이다. 사실 창의성의 사용은 이런 몇몇 예술가들에 대해 견딜 수 없는 수단들임에 분명한 것에 대해 질서나 목적의 작은 감각을 가져왔다. 또한 고대 예술의 사용은 그들을 둘러싼 우주를 배열하고 표현하기 위한 것이었다. 창의성은 인간 표현과 성장의 독특한 형식인 모방의 수단으로 보일 수도 있다.

로저스의 이론으로 들어가면 건강한 개인은 창의적 표현을 통해 인생에 참여한다. 그것이 예술이든, 과학이든 아니면 직업이나 선택한 역할의 충족이든(로저스, 1995) 여덟 단계의 인간 발달의 개요에서 에릭 에릭슨의 생성 개념과 유사하게 이 표현은 건강한 방식으로 타인과 관계를 맺는 욕구로 인한 것이다.

프로이트 이후 기간에 많은 심리치료사들은 그들의 아이디어를 개발했다. 또한 의사소통 연구에서 점점 많은 연구가 있었다. 가장 중요하게 이 기간 동안 심리학이 새로운 아이디어를 제시하면서 무용의 세계는 이것을 반영했고, 현대의 이상을 표현적 예술과 통합하는 새로운 방식을 보여주었다. 1800년대의 무용은 일차적으로 곡예적으로 공연하려고 애쓴 코러스 소녀들로 구성되어 있었다(오우, 1988). 반대로 이사도라 던컨, 데니숀, (루스 세인트 데니스, 테드 숀) 같은 창시자들은 예술효과에 대한 강조와 함께 그들의 안무에서 다문화적 무용 형식을 채택했다. 1877년에 태어난 이사도라 던컨은 자연적인 신체와 고대 그리스의 이미지들에 영감을 받은 그녀의 작품을 만들기 시작했다. 20살이 되기 전에 그녀는 "나는 춤을 발견했다. 나는 2000년 동안 잃어버린 예술을 발견했다"(조나스, 1992)고 말했다. 자랑스럽게 이사도라는 곧 전체 감정을 움직이고 맨발로 춤을 춘 무용수들과 추종자들을 갖게 되었다. 그녀는 또한 그 시대에의 심리학적 분위기를 반영하고 진전시켰다. 하이워터(1978; 1985)는 말한다:

> *내적 세계에 대한 프로이트의 강조가 근대 무용의 발생과 이사도라 던컨이 상징화한 인격의 숭배에 영향을 준 것은 분명하다. 문화의 동력과 무용의 형식들 사이의 관계는 경험이 제의화*

되는 방식을 증명한다. (p. 21)

던컨과 동시대 인물인 테드 숀, 루스 세인트 데니스 또한 이집트 신화와 인도 무용을 끌어와 외국과 고대의 동작들을 연구하기 시작했다. 민족학적으로 정확하지 않지만 그들은 무용과 감정 표현에 있는 제의의 힘을 깨닫기 시작했다.

숀(1974)이 말했듯, "신체 움직임이 삶 자체이다…… 그리고 움직이는 것은 기본적이고 영원한 욕구를 충족하는 것이다".

무용/동작 치료 그룹들의 작업에서 제의의 중요성에 대해 초기 창시자들은 인간들이, 그것이 형식적 무용 표현이든 아니면 매일 아침 같은 식으로 이를 닦는 것이든, 동작의 제의에서 편안함을 느낀다는 것을 인식하는 것이 중요하게 되었다. 데니숀은 거대하고 화려한 형식에 제의화된 동작을 묻어 넣었지만 그들은 이 움직임의 감정적 중요성을 인식한 점에서는 아주 옳았다.

민족적 무용에 대한 관심은 데니숀 시대에 정점에 이르렀으며 1914-1931년까지 지속되었다(조나스, 1992). 무용에서의 많은 변화가 일어난 것은 진정 루스 세인트 데니스의 창의성과 지도력을 통해서 이루어졌다. 공연가 제네비브 스테벤즈와의 만남은 그녀의 안무가로서의 발전에 중요했다. 스테벤즈는 "분위기와 동작 사이의 일치를 이해하기 위해 공공 장소의 사람들을 관찰한"

그림 11-3 20세기 예술영감과 반영의 이사도라 던컨의 이미지 현대무용을 위한 춤의 고대형태의 연출

프랑수아 델사르트(1811-1871)의 철학의 추종자였다(마조, 1977). 따라서 일차적 무용 동작 치료 원칙인 신체/정신 관계의 기초는 세인트 데니스에 의해 확립되고 발전되었다.

근대 무용은 특히 이사도라 던컨에 대한 영향과 무용 탐구의 새로운 장을 느끼면서 외국(특히 독일)뿐 아니라 미국에서도 1930년대부터 그 이후로 빠르게 발전되기 시작했다. 유럽에서 루돌프 라반과 마리 뷔그만 같은 교사들의 영향은 아주 큰 반면 미국에서는 데니숀, 마사 그래험, 도리스 험프리, 머스 커닝햄 그리고 호세 리몽이 무용 치료에서 가장 중요한 인물들이다(레비, 1988). 미국으로 온 한야 홀름과 미국에서 태어난 얼윈 니콜라이는 현대 무용에 크게 영향을 주었다. 어린 나이부터 연습하여 기술적인 선긋기 어휘를 요하는 발레와 달리, 현대 무용은 다양한 신체 형태와 훈련 수준에 대해 더 수용적이었다. 많은 학생들은 무대에서 예술적 표현을 창조하는 것과 더불어 비공연 영역들에서 현대 무용을 이용하는 것에 관심을 가졌다.

무용은 표현의 심리적인 표출에 있어서 중요하게 되었다. 안무가 마사 그래험은 무용이 "내부 광경을 보이게 만들 것"이라고 말했다(폴카리에서 인용, 1990). 데니숀 학교 졸업생 그래험은 고대 주제들에 관심을 갖고 그것들을 심리학에 대한 증가하는 관심과 결합했다. 데니숀이 이국적인 것에 대해 성공하고 화려한 형식의 의상에 정성을 들인 반면, 그래험은 그녀의 작업에서 알몸의 본질들을 벗겨냈다. 예를 들면 그녀의 춤 "애통"에서, 그녀는 가공 안 된 감정의 언어에 대한 덮개와 연장으로써 유연한 옷 조각을 이용한다. 관객은 진짜 동작들을 목격하는 것과 비슷한 방식으로 그 동작을 취하는 그녀의 슬픔 처리의 목격자이다. 이것은 목격자가 그들이 있음으로 해서 감정 분출의 과정을 돕는 것으로 종종 이용되는 기술이다.

그래험은 초기 작업에서 지그문트 프로이트에 영향을 받았다. 무용 작가 조셉 마조는 말한다. "프로이트 이론은 두 번의 세계 대전 사이의 세대에 대한 개념을 조건 짓는 데 도움을 주었고, 예술가들에 의해 그들의 현실을 해석하는 데 이용되었다. 그래험이 예술가로서 성숙하게 된 시기인 1920년대에 프로이트의 가르침들은 지식인들 사이에 진지하게 논의되었고, 지적인 침투의 형식에 따르는 학문적으로 덜 세련된 사람들에 의해 흡수되었다. 그래험은 인간 동작에 대한 정신분석적 개념들에 대해 확고한 이해를 했으며 작업이 발전하면서, 정신의 움직임을 탐구하기 위해 신체의 표현을 이용하기 시작했다"(마조, 1977). 그래험은 심리학적 주제들, 신화, 종교 그리고 일반 사회적 쟁점들에 대한 탐구를 그녀의 작업을 통해 계속했다.

이후에 융의 영향으로 그래험은 이 탐구를 더 진전시키기 위해 그녀의 작품들에 보편적 무의식의 주제들을 활용했다. 무용 비평가 안나 키셀고프는 그녀의 우울한 책 "어두운 초원들"(플라톤의 아테네의 어두운 초원에서 이름을 딴)에 대해 썼고, 그래험을 융의 사상에서의 보편적 주제와 연결했다. 땅의 어머니 사제에 따라 재촉된 여성과 남성 원칙의 구현 사이의 조우는 정확히 그래험이 원형들을 다루고 있기 때문에 우리에게 의미가 있다(키셀고프, 1999). 성별, 삶 그리고 죽음의 큰 주제들과 함께 신화는 종종 이야기를 하는 것뿐 아니라 상징적인 탐구로 이용된다.

근대 무용 시기로부터 도리스 험프리를 포함한 다른 초기 안무가들은, 무용이 단순한 즐거움이기 보다는 더 심오한 수준에서 경험되어야 한다는 점을 표현하기 위한 방법으로써 더 깊은 심리적 주제를 탐구하기 시작했다. 데니숀은 고대 문화의 이상에 뿌리내린 것으로 보기는 하지만 이런 형식들은 어느 정도 표면적인 수준에서 그려졌고, 데니숀이 고대와 이국적 문화들을 어떻게 생각하는 지에 대한 분위기와 일반 감정에 대해 더 많은 것을 불러 일으켰다. 다른 한편으로 근대 안무가들은 "프로이트 이후에 성을 포함하는-실제 사람들이 직면한 문제들에 대면하기 원했다… 그래험의 작업들은 보통 개인 정신을 탐구한 반면 험프리는 개인과 집단의 교류에 대해 관심을 가졌다"(오우, 1988).

이 시기에 무용은 또한 1890년에 민속 문화와 종교 제의에 대한 연구인 "황금 가지"를 출간한, 제임스 G. 프레이저 같은 사상가들에 의해 영향을 받아왔다. 아는 바와 같이 이 책의 출간은 "무용 혁명에 그리고 무용 치료의 발생에 더 많은 연료를 더한 인류학적 혁명을 만들었다"(레비, 1988). 무용은 다시 한번 신화, 상징 그리고 의미의 힘과 섞이게 되었다.

현대 무용 창시자들이 무용의 토양을 바꾸고 무용 치료의 발생을 위한 공간을 창조한 반면, 루돌프 라반(1879-1958)은 무용을 창작할 뿐 아니라 그들이 보는 것을 묘사하고 패턴의 변화들을 기록하기 위해 무용치료사들이 종종 인용하는 체계인 무용의 언어를 기록할 수단들을 만들었다. 라반 움직임 분석과 더불어 무용/동작 치료를 위한 다른 비언어 검사 도구들에는 케스틴버그 움직임 프로파일과 신체-정신 중심 작업으로부터의 요소들이 포함된다. 라반의 작업이 무용 동작 치료보다 앞서지만 개인들 간의 기본 교류들을 관찰하는 데 대한 그의 관심이 사람들 사이의 비언어적 기호를 기록하려는 그의 욕구로 이끌었다. 이후에 이것은 무용/동작 치료사들이 서로 의사소통하고 환자 움직임의 성질에서의 변화를 기록하는 데 사용할 수 있는 언어가 되었다.

동작 분석의 전 체계는 복잡하지만 대부분의 기본 개념들 중 일부는 무게, 공간, 시간 그리고 흐름을 통한 역동적인 동작을 보는 동작 차원의 개념과 관련이 있다. 각 역학들은 두 가지 대립 요소들로 이루어진다. 예를 들면 개인의 시간 사용은 민첩하게 여겨지거나 유지될 수 있다. 이런 설명들은 무용 치료사들이 병리학적 운동을 묘사하는 것을 도왔다. 예를 들어 자폐증과 관련된 반복적인 동작들은 속보 또는 튀는 흐름 같은 묘사 용어의 이용으로 명확하게 될 수 있다. 일반적으로 신경증이 있는 사람은 모든 움직임을 할 수 있지만 분명 개성적인 선호를 가진다. 다른 한편으로 정신병으로 고생하는 사람들은 종종 특정 동작 패턴에 갇혀 다른 성질들에 접근하는 데 큰 어려움이 있다.

워렌 램(1965)은 이후에 이런 행위들을 성격상 디렉셔널(directional)또는 "디렉셔널 알크라이크(directional arc-like)"와 같은 지시적 형태와 같은 것을 형성하는 것으로 언급하고, 신체가 주위의 공간과 어떻게 상호작용하는지를 묘사하는 데에 형태 개념을 더하면서 라반의 원래 개념들을 확장시켰다. 예를 들면 아이를 토닥여 재우는 행위는 형성적(shaping)이라고 이름 붙은 반면, 의도를 가지고 일하러 걸어가는 사업가는 성격상 지향적(directional)이라고 묘사될 수 있다. 라반 운동 분석(램의 공헌에 더해)의 네 가지 측면은 BESS로 알려져 있고 신체, 에포트, 형태 그리고 공간을 포함한다(램, 1965). 이 측면들은 전적으로 서로 관련된 신체의 다른 부분과 어떻게 동작이 배열되는 지를 다른 식으로 다룬다. BESS는 인지의 보충 영역에 대한 동작 종목의 측면을 다룬다: (신체) 감각, (에포트) 감각, (형태) 직관 그리고 (공간) 사유를 포함한다.

독일 무용가 잉가드 바르테니에프는 라반의 아이디어를 미국에 전파한 사람이었고 뉴욕시에 라반 학교를 세웠다. 그녀는 문화적 문화 형식과 더 많은 보행 작용을 관찰하여 라반의 아이디어를 확장했고 소아마비 환자들을 처치하는 혁신적인 방법들을 개발했다. 그녀는 바르테니에프 원리, 신체 감각을 감정과 연결시키는 데 도움을 주기 위해 고안된 여섯 가지 움직임 연습을 개발했다(바르테니에프, 1980). 또한 그녀는 음악학자이자 민족학자인 앨런 로맥스의 민속 무용형태를 연구하는 중요한 작업을 참고했으며 일반 작업 행위와 이런 움직임들을 연관시켰다.

안무 운율학이라 불리는 로맥스의 문화 운동 리듬 연구 체계는 무용이 일상의 삶의 운동을 체현한다는 가정에 기초했다(로맥스, 1968). 종종 무용 동작은 문화적으로 집단 작업 행동으로부터 나온다. 많은 아시아 아프리카 춤은 땅을-축복하며 발을 끄는 행위로 경작에서 이루어지는 작업과 관련된다. 대조적으로 터키인과 브레타인 같은 사람들은 말을 타는 사람들이며 그들 춤의 뛰는 발동작은 기수의 기술을 강조하는 의미이다(후에 발레 공연하는 프랑스 궁정에서는 가뿐한 성격으로 번안되었다.).

그림 11-4 무용치료의 선구자 마리안 체이스 세션–사진제공(체이스파운데이션)

라반 계열의 또 하나의 줄기는 주디스 케스텐버그인데 그의 작업은 라반과 바르테니에프에게서 시작되어 둘을 결합한 것이다. 일차적으로 발달 이론에 관심을 둔(안나 프로이트의 작업에 기초해) 그녀는 폴 쉴더 박사의 초대로 벨레뷔 병원에서 훈련했다(소신, 로마노가 머만 1999). 그녀의 움직임 프로파일은 라반의 개념을 일부 끌어와 발달이론, 리듬 패턴과 결합하며 이런 발달적 패턴 작업을 하는 무용/동작 치료의 줄기를 위한 기록 가능한 언어와 이론적 기초를 제공하게 될 움직임안에서 긴장 흐름 리듬들의 체계를 만들었다.

무용/동작 치료의 발생

특히 1900년대 초반의 현대 무용의 거대한 진화로써 중요한 탐구 작업들이 있었고 그 감정의 효과에 주목했다. 하지만 이 시점까지는 무용/동작 치료라는 분명한 영역의 구별이 없었다. 심리적 고통을 완화하는 데 있어서 동작을 이용하는 것에 대한 분명한 전례뿐 아니라 모든 요소들이 제자리에 있었던 반면, 전문 작업의 분명한 분야의 형성을 개시하는 데는 여러 선구자들의 작업이 필요했다. 1900년대 초 중반의 분위기는 무용/동작 치료의 새 분야의 발생을 위한 무르익은 시기가 되었다. 살펴본 것처럼 심리학에 대한 늘어난 관심과 무용에 대한 새로운 탐구는 많은 사람이 이런 개념들을 함께 탐구하게 이끌었다. 많은 무용/동작 치료의 선구자들은 근대 무용에서 나타난 창의적인 탐구로부터 발생했다. 그들은 또한 다양한 연구를 통해 심리학 교육과 다른 관련 정신 건강 작업을 심화했다.

미국에서 무용/동작 치료의 성장은 동서해안 영역에서 빠르게 이뤄졌다. 동부해안에는 마리안 체이스, 블랑쉬 에반 그리고 릴리안 에스페낙이 있고 서부 해안에는 마리 와이트하우스, 트루디 스쿠프 그리고 알마 호킨즈가 있었다(레비, 1988). 초기 무용/동작 치료사들 중에 마리안 체이스는 무용/동작 치료의 가장 중요한 주창자로 여겨진다(번스타인, 1979; 스탠튼-존스, 1992). 체이스는 근대무용의 시작에 뿌리를 두었는데 원래는 데니숀 무용단의 무용수였다. 초기에 그녀는 무용 스튜디오를 열었는데 많은 학생들이 무용 전문직업을 위한 의지 없이 단지 그들의 분위기를 개선하려고 오는 것을 보았다.

1942년에 그녀는 워싱턴 DC의 성 엘리자베스에 있는 정신 병동에 무용을 도입했고 무용 심리치료간의 분명한 연결을 한 첫 인물이었다: 무용 치료는 공연 예술가를 개발하기 위해 무용을 가르치는 게 아니라, 사람들이 인간적이고 현실적인 차원에서 스스로를 더 잘 알기 위해 기술적 기법들과 개인의 창의성 그리고 자발성을 이용하는 것이다"(체이스, 1964).

체이스의 개발에는 완전한 관찰자이기 보다는 치료사 과정에서의 상호작용을 목격하고 결정하는 참여관찰자의 개념을 만든 이론가 해리 스탁 설리반의 작업이 중요했다(설리반, 1953). 일반적으로 그의 이름은 거의 잊혀졌지만 설리반의 대인 관계에 대한 아이디어는 무용/동작 치료에 큰 도움이 되었다. 그는 인격이 타인과의 관계에서 자기 인식에 대한 것이며 그 자아 인식은 또한 발달 단계에서 변화될 수 있다는 개념을 심화 시켰다. 마리안 체이스는 신체 동작을 미묘하게 반영하거나 또 다른 움직임 표현에 대해 감정적으로 반응함으로써, 개인과 작업하는 방식에 이 아이디어를 적용했다(슈마이스, 1974). 체이스는 언제나 인간 표현의 적합한 수단을 위해 개인을 발전시키는 것을 돕는 것으로 보았다.

개인 무용을 높게 평가하는 것과 더불어 체이스는 병리학적 문제들에 표지를 다는 대신 건강한 것에 초점을 맞추는 것의 중요성을 강조했다. 피셔와 채클린(1993)이 말했듯 환자와 치료사 간의 무용은 "…각자의 춤을 가진 두 사람 간의 만남이며, 각자에게 건강한 것에 대한 의도적인 동작의 사용이다". 후에 샤론 체클린, 클레어 슈마이스(1986) 그리고 주디스 피셔 같은 2세대 치료사들은 체이스의 작업을 발달 이론의 진화와 연결시키는 것과 더불어 그것을 이해하기 위한 이론적 틀을 만들었다.

블랑쉬 에반은 저작뿐 아니라 성인과 아이들과의 작업을 통해 그 분야를 발전시키는 데 도움을 주었다. 그녀는 비올라와 라 메리와의 스페인 무용과 더불어 버드 라슨과의 즉석 무용 작품을 포함한 다양한 무용적 배경으로부터 나왔다. 현대 도시의 성인에 대한 에반의 관심은 현대 사회가 개인을 신체와 감정과의 접촉을 잃게 만든다는 염려에서 나왔다(에반스, 베노프에서 인용, 1991). 그녀는 척추 교정을 중점으로 하는 신체 회복을 목표로 하는 기본적 기술이라 불리는 움직임 작업 체계를 만들었다. 그녀 아이디어의 일부는 인간들이 직립 자세가 고유하고 척추가 신체의 움직임 표현 능력을 반영한다는 관찰에서 나왔다.

릴리안 에스페낙은 마리안 체이스의 짧은 연구뿐 아니라 달크로즈의 동작에 대한 작업, 민속 무용들을 포함하는 다양한 움직임 연구와 방식을 통한 탐구를 했다. 그녀의 기여 중에는 뉴욕 의학대학에 있는 최초의 무용/동작 치료 대학원 프로그램을 만들었다는 점이 중요하다. 그 핵심 교과과정은 무용/동작 치료사를 위한 훈련에 있어서 결정적으로 무용의 민속적인 것과 고대 형식들에 대한 연구의 중요성을 포함한다. 그녀는 "어떤 의미에서 무용 치료는 무용 역사의 진화, 고대의 원시적 동작들을 통해 두려움과 걱정으로부터 벗어나는 연기를 하는 기회를 임상 환경 내에 제공하면서, 심리학적 환경에 있는 환자들과 작업하며 재생산하는 것을 추구하고, 다음에 보다 통합된 표현으로 파편적 경험들을 발전시키는 것을 추구한다."(에스페낙, 1981) 무용/동작 치료의 과정은 고대 무용이 그랬듯 표현을 향상시키는 것뿐 아니라 인간 경험을 정상화하는 것을 추구한다.

그 동안 서부 특히 캘리포니아에서 또 하나의 무용/동작 치료사 그룹(DMTs)이 작업을 개시하고 있었다. 마리 와이트하우스는 무용/동작 치료 내에서 원래 "심층적인 움직임"이라고 알고 있는 진정한 움직임으로 알려진 분야를 개발했다. 융의 이론가로서 훈련하고 종종 그의 작업으로 자신을 알리기도 한 그녀는 2차 대전 중 발전된 분석심리 사상에 많은 영향을 받았다. 이것은 치료사가 어떤 움직임이 일어나든 목격하는 것에 참여하며 이것을 보여진 것에 대한 감정에 따라 "나는 움직인다" 또는 "나는 움직여졌다"라는 진술로 설명하는 것과 관련됨으로, 특히 개인적 탐구 작업에서 활용되었다(화이트하우스, 1979). 융처럼 그녀는 창의적 과정인 즉흥 무용을 이용하는 것이 무의식의 깊은 수준과 관련된다는 개념에 대해 작업했다.

스위스의 트루디 스쿠프는 남부 캘리포니아의 정신의학적 배경에서 그녀의 작업을 시작했고 1950년대에 많은 개념을 독립적으로 형성하게 된다. 그녀는 유럽 마임의 기본뿐 아니라 던컨, 자크-달크로즈로부터 강한 영향을 받았다(스쿠프, 1974). 그녀의 책 "함께 춤 추실래요?"(1974)를 통해 그 분야에서 첫 작업을 묘사한다. 움직임은 거짓말하지 않는다는 마사 그래험과 상당히 유사한 방식으로 스쿠프는 이것을 "몸은 할 말이 많다"(스쿠프, 1974)고 설명한다.

> *내가 보는 각 신체는 자체의 비언어적 메시지를 표출하고 이 메시지는 개인의 다양한 성격들의 총합을 보여주는 듯 보인다. 말하지 않은 투사로써 기본적으로 열리거나 닫힌, 능동적이거나 수동적인, 공격적이거나 방어적인 …… 존재로서의 어떤 인격을 감지할 수 있다. 모든 신체 진술에서 가장 중요한 것은 자신의 신체에 대한 개인의 감정을 표시해주는 종류이다. 그는 그것을 좋아하거나, 싫어하거나 당연하게 여길 수도 있다. 하지만 그의 우세한 태도가 무엇이든지 그것은 그를 둘러싼 세계와의 관계에 영향을 주는 것이 틀림없다(스쿠프, 1974).*

그녀의 기술 대부분은 개인 관찰에 중점을 두며, 그리고 나서 어떻게 하면 그들이 주의의 더 큰 공동체를 열 수 있는가를 알아내기 위해 그들의 세계를 탐구한다. 의사소통은 그녀의 작업에서 중요하며 민속 무용 리듬이나 다른 표현을 통해서든, 의사 소통하는 것은 개인을 고립으로부터 자유롭게 한다(스쿠프, 2000).

서해안 이론가들 중 마지막인 알마 호킨즈(1964)는 무용의 본능적인 치유력을 작업의 기반으로 두었다. 그녀의 책 "춤을 통해 창조하기"에서 그녀는 무용의 개념을 가장 기본적이면서 가장 오래된 표현 형태라고 쓴다. 그녀는 또한 인간주의 운동에 많은 영향을 받았다. 로저스의 사상에서치료사의 역할은 내담자가 일치, 공감 그리고 무조건적 수용의 개념을 통해 건강의 영역에 도달할 수 있게 돕는 것이다. 무용/동작 치료 용어로 일치는 반영(내담자와 동일한 움직임을 하는) 또는 형태 만들기 그리고 보충적인 특성을 비언어적으로 반영하는 기술을 통해 표현될 것이다. 공감은 공감적 신체 관계를 설명하기 위해 미리암 로스킨 버거에 의해 만들어진 용어인 "움직임 감각적 공감"을 통해 반영된다(버거, 1956). 마지막으로 무용/동작 치료의 분야는 모든 사람의 춤이 공적으로 공연되든지, 사적으로 표현되든지 중요하고 유효한 표현이라는 것을 받아들이면서 발전했다.

다른 무용 치료에 대한 초기 지도자들 중에는 1940년대 벨레뷔 병원에서 아이들과 일하던 프란지스카 보아스, "심리치료에서 무용"이라는 제목의 무용/동작 치료에 관한 최초의 책을 쓴 엘리자베스 로젠 그리고 1950년대 아동들과 일을 하기 시작한 노마 캐너가 있다. 유명한 인류학자인 프란츠 보아스의 딸 프란지스카 보아스는, 그녀 시대의 새 심리학적 언어에서 만큼 무용의 역사와 원래 의미에 영향을 깊이 받았다(레비, 1988). 로젠은 그의 저술로 많은 이들에게 영향을 주었다. 그녀의 기술은 간단하고 배운 동작을 활용하는 것뿐 아니라 언어와 운동에 대한 자유연상 반응에 의존했다. 그녀 작업에 대한 한 설명에서 말하듯, "…… 환자들은 점차적으로 그들에게 성취감을 준 움직임 기술과 간단한 민속 무용들의 레파토리를 개발했다"(레비, 1988). 노마 캐너는 배우로 시작해 이후에 창의적 동작 그리고 나서 확실한 동작 기술을 활용할 뿐 아니라 융, 형태심리학(게슈탈트), 신-라이히주의를 포함하는 여러 스타일을 통한 탐구 무용 치료로 옮겨갔다. 이후의 많은 무용/동작 치료사들과 같이 그녀의 작업은 심리학뿐 아니라 전통적 움직임 작업에 의해 강한 영향을 받았다.

미국 무용 치료 협회

1950년대 말 무용/동작 치료사들은 조직화하고 서로 연결되기 시작했다. 1964년에 워싱턴 DC, 뉴욕 그리고 캘리포니아에 기반을 둔 무용/동작 치료사 등 세 개의 그룹이 있는 것으로 기록되어 있다(스타크, 2002). ADTA는 공식적으로 1966년 마리안 체이스를 초대 회장으로 조직되었다. 그 후 교육 기준과 전문성과 활동 수준을 마련하게 되었다. ADTA의 창설과 연구에 대한 전문적 기준을 마련하기 위한 계속된 작업은 2세대 무용/동작 치료사의 주요 업적으로 간주된다(보드리, 1997). 중요한 조치 중 하나는 2단계의 승인 체계 확립이었다. 1단계인 DTR(2009, DNT로 변경)(번역자 주) 등록된 무용 치료사는 연구 후에 승인된 프로그램으로부터 석사학위를 받거나 독립 프로그램을 통해 그에 맞는 작업을 함으로써 취득된다. DTR은 초기-단기 임상치료로 간주되고 최소 700시간의 감독 받는 임상 인턴십을 수행한다. 2단계인 ADTR(2009, BC-DNT로 변경)(번역자 주) 학술-수준의 등록된 무용 치료 전문가는, 그 분야에서의 이론적 경향을 정하는 것뿐 아니라, 몇 년의 감독을 받는 임상 작업(추가적으로 최소 3640 시간) 이후에 이루어진다. 이 단계에서 무용/동작 치료전문가들은 무용/동작 치료를 가르칠 수 있게 되고, 그 분야의 통합성을 유지하는 데 있어서 중요한 부분인 감독을 할 수 있을 뿐 아니라 개인 임상치료 연구소의 자격을 얻는다.

현재 46개 주와 약 30개국 이상의 나라에서 일하는 1000명이 넘는 등록된 무용/동작 치료사들이 있다. 여전히 작은 분야이지만 2세대 3세대 무용/동작 치료사들은 더 많은 곳에서 강의하고 출판하는 것뿐 아니라 대학원 프로그램을 만들기 위해 열심히 일하고 있다. 다른 창의적 예술 치료와 연계해서 무용/동작 치료는 지난 몇 십 년간 여러 다른 해법과 보조금을 포함시켜 왔다. 역사적 인식 과정에서 중요한 단계는 국립 건강 기관들에 대한 보완, 대체 의료를 위한 국립 센터정신병에 대한 무용/동작의 효과를 보기 위해 ADTA에 초기 보조금을 수여한 1993년이었다(ADTA 웹사이트).

무용/동작 치료사들의 현 세대의 현실은 그 분야를 확장하면서 발전하는 방법을 찾아내는 것이다. 다른 많은 예술 치료사들과 같이 무용/동작 치료사들도 치료 전문가, 정신 건강 센터 같은 공식 영역에서 일을 하고 있다. 보드리(1997)가 되새기듯 "그렇지만 그 분야를 무슨 연합으로 만들기 전에, DMT 지도자들과 교육자들이 현재 미국에서 무엇이 DMT의 핵심 정체성인지에 대한 합의에 도달하는 게 중요한 듯 보인다". 국립 공인 상담사 이사회와 연대하기로 한 최근의 결정은 취업 기회를 창출하는 데 도움을 줄 의도였지만, DMT 분야에 대한 면허와 배상 가능성에서 다양하고 넓게 지정을 하고 있다. 많은 무용/동작 치료사들은 현장에서 자신들을 넓힐 추가 훈련을 거쳤지만 또한 무용의 뿌리를 기억하고 그 분야를 만들어낸 전통을 존중하려는 강한 욕구가 있다. 무용계로부터 사회적 거리가 남아 있지만 대체 건강 치료가 생김에 따라 신체/정신 관계를 탐구하고, 무용의 힘에 의해 움직이고 움직여지는 것으로 복귀하는 데 대한 새로운 수용이 있다.

무용/동작 치료는 움직임 요소로 인한 다양한 범위의 환자들과 문제들에 유용하다. 예를 들어 운동 감각은 기억하고 있지만, 언어 대화 통로를 잃은 알츠하이머 환자들 같이 전통적 대화 치료가 어렵거나 독특한 비언어적 문제들로 인해 부적절한 분야에 특히 유용하다. 또한 DMT는 식이장애, 성 학대 피해자, 정서 장애 아이들 그리고 감각 문제나 외상이 있는 사람들 같은 모집단들에 특히 유용하다. 가장 신체적으로 제약이 있는 신체에서라도 눈 또는 손의 미묘한 움직임 같은 데는 상호작용이 있다. 여기가 바로 춤이 시작할 곳이다. 흥미롭게도 요가와 필라테스는 정상 신경을 가진 집단들이 접근할 수 있다는 사실 때문에 현대 문화에서 큰 환영을 받는데, 훨씬 더 강력할 수 있는 창의적 과정을 활용하는 것보다는 몸을 쓰는 것이 종종 더 쉽다. 하지만 무용/동작 치료의 강한 힘은 창의적 과정으로, 훈련된 무용 치료사는 내담자들의 수준에 맞게 일을 하며 무용 자체를 통해 작업 한다.

결론

인간은 몸, 정신 그리고 영적인 수준에서 치료적 증진을 위해 춤의 내재적 힘을 이용해 온지 오래다. 무용동작 치료의 현대적 분야는 타인들을 웰빙으로 인도하는 데 헌신하면서 치료사들을 높은 수준의 교육적 능력과 기술을 유지하는 영역으로 발전했다. 이 치유적 예술에서 일차적인 것은 움직임의 표현력을 통해 개인과 집단에 대한 감정, 인지, 사회, 신체적 통합을 심화한다는 믿음이다.

심리학은 무용/동작 치료에 큰 영향을 주었으며, 치료사들이 병리학과 발달을 논의 할 수 있는 언어를 제공해왔다는 것을 언급하는 것은 중요하다. 하지만 무용/동작 치료의 중추적 부분으로 남은 건 춤 자체로써, 표현하려는 열정과 욕구 자체는 그 표현의 형태가 무엇이든지 강력하고 기본적인 필요이다.

무용/동작 치료의 분야는 성장을 하고 있으며 사람들에게 자신과, 타인 그리고 주위 세계와 연결되는 수단을 제공하고 있다. 춤에 경의를 표하면서 춤을 추는 사람은 치유되고, 표현하고, 창조하기 위해 움직인다. 춤은 가장 기본적인 수준에서 현재의 사람으로 존재하는 방식으로 춤은 가장 내부의 자아를 드러내고 개인이 인식하는 대로 우주를 반영한다. 그것은 개인이나 문화적 춤을 판단하는 것은 아니며, 언제나 그 표현을 자기-계발의 정직한 작품으로 이해하는 것이 아주 중요한 이유이다. 치료사는 이 춤을 함께하고 사실상 그대로 앞으로 나아가게 도와 주는 매우 유능한 안내자이다.

12장

무용/동작 치료의 이론적 관점들: 미래를 위한 비전들

사빈 C. 코크

서론

이 장에서 나는 무용/동작 치료(D/MT) 이론, 개발 그리고 증진을 확장하고 지원할 수 있는 여러 이론적 관점을 설명할 것이다. 많은 이론적 발전들이 다른 과학 분야간의 상호-촉진화되어 왔으며 창의적 예술 치료에서 무용/동작 치료 분야는 인접 과학 분야로부터 배우고 또 거기에 제공해 줄 수 있는 것이 많다. 통합적 신체-기반 이론들의 현존 경향들이 현재 이런 노력을 증진시킨다.

무용/동작 치료는 언제나 그 작업을 위해 다른 분야의 다양한 이론(주로 심리학과 정신의학)을 이용해왔다. 그 중 몇몇은 창의적 치료의 콜라주의 공저자인 크루즈와 해스티 뿐 아니라 네메츠에 의해 도입되었다. D/MT 분야 내의 작업 모델에 대한 주요 공헌에 대한 간략한 개요가 부록에 있다. 독자는 거기서 D/MT 자원들을 찾을 수 있는 곳으로 옮겨갈 수 있을 것이다(번스타인, 1979; 레비, 2004; 팔라로, 2000).

D/MT의 이론적 가정

D/MT의 기본적이고 일차적인 이론적 가정은 그 정의에서 찾아볼 수 있다: "무용/동작 치료는 개인의 정서적, 사회적, 인지적 그리고 신체적인 통합을 심화하는 과정으로서 움직임을 심리 치료적 사용한다"(ADTA, 2004). 이 정의는 독일 BTD, 영국 ADMT 그리고 스페인의 ADMTE 같

은 다른 나라의 전문 기관들의 웹 페이지들과 유사하다. 우리는 이 정의의 두 중심 요소를 구별할 수 있다: (a) 개인의 정서적, 인지적 그리고 신체적 통합(심리치료적 통합), 이것은 개인적 구성요소를 형성하고 통합 분해(예를 들어, 외상적 사건들)의 가능성을 포함한다. 그리고 (b) 사회적 구성요소 이것은 타인에 대한 개인의 관계에 초점을 두며 의사소통적인 병리학과 치료를 포함한다.

심리 신체적 통합에 대한 D/MT의 추정과 그것에 영향을 주려는 의도에서 기인한 추가적 주의는, 예를 들면 중재들의 임의적 시작점에 대한 체계적 사상이다. D/MT는 신체 수준에 대한 변화들이 인지 감정 수준들에 대한 변화를 일으키거나 가져올 수 있다고 가정하는 신체 수준에서 시작한다. 동작 경험에 대해 이야기 하면서 그것은 인지-감정적 수준에서 시작하기도 하는데, 이 수준에 대한 변화들이 신체 수준에 대한 변화를 일으키거나 안정화할 수 있다는 것을 가정한다. 이것은 또한 인지/정서적이고 동작적인 구성요소의 양-방향성에 대한 가정으로 불릴 수도 있다. 비판적인 독자는 이 가정이 역설로 이끈다는 것을 알아차릴 수도 있다. D/MT는 그 작업으로 극복하길 원하는 신체와 정신의 바로 그 이중성을 가정하는 것을 필요로 한다. 그럼에도 불구하고 신체-정신 관계는 D/MT가 어떻게 작동하는가에 대한 의사소통가능성을 위해 필요하다. 하지만 D/MT의 핵심 과정인 창의적 과정에는 정서적, 인지적 그리고 신체적 구성요소 사이의 구분이 없다.

D/MT 치료에서 창의적 과정의 치유력, 즉 다른 창의적 예술 치료들과의 공통 기반이 사람의 핵심 주제(보통 질병과 건강 사이에서의 그들의 투쟁과 관련된)에 대한 은유나 상징적 표현이 작용하는 데 이르도록 사용된다. D/MT는 사람의 신체 내에서 편안하게 느끼는 것과 관련된 내적 진실 또는 진정성의 자리를 갖게 한다(ADTA, 2004). 또 하나의 핵심 가정은 치유가 많은 측면에서 개인의 건강한 부분에서 시작해야 한다는 것이다. 이것은 심리적 안정과 자아의 힘을 지원하며(안토노프스키, 1997) 치료에서 개인의 수동성과 정체를 최소화한다. 게다가 D/MT는 신체 기억의 가정 하에서 작동한다. "신체와 그 기억(신체 기억)은 치료사가 언어 이전 경험들로 돌아가도록 해준다"(BTD, 2004). 신체를 거쳐 배치된 기억에 대한 이 마지막 가정은 기억에 대한 전통적 모델에 도전을 한다.

이 장의 목적은 이 분야에 대해 강력한 잠재성이 있는 최신 이론과 발견들을 소개하고, D/MT가 하는 것을 지원하고 D/MT의 과학적 기반을 확대하는 기회를 제공하는 것이다.

안녕 데카르트

"물리학이 언제쯤 D/MT의 지식을 따라잡을 것인가?"라고 크리스틴 콜드웰은 2003년 콜로라도주 덴버에서 열린 38회 ADTA 연례 회의의 개회 연설에서 말했다. 신체와 정신의 분리에 대한 데카르트의 철학이 서구 사상의 일차적 패러다임으로 확립된 이래, 그것은 과학의 이론적 토대의 발전에 큰 영향을 주어왔다. 생명 운동이 물질적 과정이며 따라서 기계적이고 기능적인 용어로 설명될 필요가 있다는 데카르트의 가정은 물리학, 생물학, 생리학, 의학 그리고 심리학에 현재까지 암묵적으로 영향을 미쳐오고 있다(데카르트, 2001). 고전 물리학에서 모든 것은 전에 이루어진 것 없이 발생한다. 당신이 물리학자에게 그 힘의 성질과 특성에 대해 물어본다면 아마 일반적 공식의 용어로 그 힘을 설명하는 것을 편하게 여길 뿐이다. 유사하게 심리학에서 심리동작 연구자는 그것들이 객관적으로 측정할 수 있는 듯한 사실이 아니기 때문에, 운동 성질에 대해 이야기하는 것을 편하게 여기지 않을 것이다. 인간의 신체와 그 운동의 주관적 측면을 다루는 것을 과학자들이 꺼려하는 것은 생물 과학자 웩스퀼(웩스퀼과 크리스자트, 1940/1956) 그리고 느낌이란 유기체에 의한 객관적인 방식으로가 아니라, 다만 그것들은 개인에게 의미를 가진 한에서 적용된다는 점(뷔텐지크, 1956; 카프카, 1950; 월보트, 1990)을 공식화한 의학자 바이즈색커(바이즈색커, 1940/1996)의 이론으로 복원되기 시작했다.

나는 모든 신경과 근육들이 (기억)을 도울 수 있기 때문에 플룻 연주자는, 예를 들면 그의 손에 그의 기억의 부분이 있다고 생각한다: 연습을 통해 얻은 다양한 방식으로 손가락을 구부리고 놓는 데 쉽도록 하는 것은 그가 연주할 때 이러한 배치가 필요한 경로를 기억하는 데 도움을 준다(데카르트, 메르센느에게 보낸 서한, 1640, 캐이시, 1987).

신체 기억에 대한 위의 글을 쓴 사람이 어떻게 350년 이전에 신체-정신의 분리를 우리의 사상과 문화 유산에 가져온 사람과 동일할 수 있는가? 흥미롭게도 데카르트는 아주 실용적인 이유에서 신체-정신 분리 철학을 선택했다. 그가 인간의 영혼은 관련 과정들에 접촉되지 않은 채로 남을 것이라고 선언을 했을 때 교황은 그에게 오직 시체에 대한 연구만 하도록 했다(캐이시, 1987). 실용적인 연구자의 이 접근법으로 그는 앞으로 나아갔고 결과적으로 서구 철학에 깊이 영향을 미쳤다. 이제 과학은 결국 신체-정신 분리 개념이 보편적으로 주어진 게 아니라 많은 수의 우리의 철학적 가정들(예, 인간의 동물에 대한 또는 남성의 여성에 대한 오래된 우위 선언 등)로서 문화적으로 상대적인 것이며, 과학이 구체화된 이론과 상황적 접근으로 옮겨가는 것이 나을 것이라는 사실을 깨닫게 된다. 이제 이 모든 일이 일어나서 D/MT 지식체는 과학 학문에서 적합한 자리를 얻을 정당한 기회를 가진다. 현재 다마지오의 "데카르트의 실수" 같은 문헌에 의해 소개된 바와 같이(다마지오, 1994), 신체와 그 동작을 사회 행동 과학 연구에 포함시키는(아니면 차라리 회복시키는) 경향이 있다. 그 과학에서 신체는 행동 구성요소(동작 행동)와 그 인지적 요소(예, 공간에서 신체의 위치에 대한 감각으로서의 고유감각 그리고 눈이 감긴 때조차 서로를 향하는 신체 부분의 지향성) 안에 있는 것으로 본다(셔링튼, 1906).

현재 심리학에서 수십 년간의 행동주의와 인지 심리학 이후 신체가 관심을 다시 얻은 분명한 경향이 있다. 흥미롭게도 인지적 패러다임(구체화된 인지; 정신의 구현; 라코프와 존슨, 1999; 월슨, 2002; 바렐라, 톰슨과 로쉬, 1993) 내에서. 이 발전은 신경과학에서의 최근의 발견들에 의해 강하게 자료를 얻고 있다.

예를 들면, 신경과학자 리조라티, 파디가, 포가시 그리고 갈리스(2002)는 뇌지도를 가능하게 해온 소위 F5라는 뇌 영역에 있는 거울 신경세포를 감지해왔다. 이러한 신경세포들은 움직임 활동이 능동적으로 모방될 때뿐 아니라 그 운동 활동이 단지 목격될 때에도 활성화되는데, 이는 감각 모의시험을 생각의 기초로 암시하는 것이다(바르살로, 출판 중). 몸으로 돌아가기에 대한 관심은 인류학, 민족학, 언어학 그리고 심리학의 다양한 하위-학문들에서 목격될 수 있다: 발달심리, 사회 심리 그리고 인지 과학에서의 임상 심리학(특히 심리 외상학)과 심리치료 연구. 각 심리학 분야들이 이 장에서 예시될 것이다. 하지만 그 전에 최신 구현 접근의 철학적 기초들이 소개될 것이다.

신체와 움직임-기반 이론들

현상학의 공헌

"신체는 심장이 유기체 안에 있는 것처럼 세계 속에 있다"(메를로-퐁티, 1966). 현상학과 그 가장 유명한 대표자인 모리스 메를로-퐁티는 처음으로 신체에 대한 존재론적으로 기본적인 입장을 취했다(프크스, 2000; 메를로-퐁티, 1966). 메를로-퐁티는 신체와 주관적 측면에서의 신체 또는 살아 있는 신체 사이를 구별한다(웹스, 1994; 자너, 1964). 데카르트 철학에서 객관적 신체는 정신과 영혼으로부터 분리될 때 생기는 것이며 그것이 바로 의학적 모델을 현재까지 이끌어 온 것이다. 가장 유명한 최신 발견이 강하게 이 방향을 가리키고 있음에도 신경과학조차 정신을 뇌 안에 위치시키고 신체 내의 정신과 기억을 인정하길 꺼린다(배치된 사유/기억). 주관적 신체 또는 살아 있는 신체는 한편 인식과 동작의 주체이다. 메를로-퐁티가 말하듯 그것은 단지 내용도 의식의 외부적 수단도 아니다. 그것은 우리의 인식과 우리의 존재를 구성한다; 그것이 우리의 세계에서의 "닻"이자 우리의 "세계에 대한 존재"(etre au monde) 방식이다.

그의 저서 "인지의 현상학"에서 메를로-퐁티(1966)는 그의 시대에서 가용한 최선의 신경학, 생리학, 심리학 그리고 심리병리학적 관찰에 기초해 살아 있는 신체를 분석한다. 신체는 최초로 철학에서 중심 위치를 차지한다. 나는 내 신체에 살지 않고는 생각도 인지도 할 수 없다. 내 신체는 생각이 있기 오래 전부터 세계와 의사소통 하고 있다. 메를로-퐁티는 그의 스승 후썰의 의식과 사유의 우선성을 극복하고 반대입장을 선언한다: 의식은 신체 없이는 절대 존재하지 않는다. 모든 의식의 의도적 내용들은 언제나 신체적-감각 구조들에 의해 보급되어 왔다(푸크스, 2000). 내가 거기 있기 전에 신체가 이미 내 자리를 표시했다.

발달 심리학의 공헌

물론 신체가 의식이 생기기 전에 존재한다는 자각은 발달 심리의 지식체의 일부이다. 피아제(1969)는 체계적으로 모든 인간 발전의 감각적-움직임 토대들을 설명한 첫 과학자 중 하나였다. 최근 인간 발달의 첫 단계에 대한 우리의 지식은 혁명을 겪어왔다(돈즈, 1993; 스턴, 1998). 그들의 연구 결과는 신생아는 불편하든 편하든, 다른 목소리로부터 엄마의 목소리를 구분할 수 있으며 그녀의 얼굴을 인지하고, 그녀의 감정 표현을 알아차리며 심지어는 그의 얼굴 표현을 모방하고 자발적 모방을 통해 타인들과 의사소통을 할 수 있다고 주장한다. 이런 연구 결과는 신체의 일차적 세계에 대한 존재 그들이 생각하는 주체가 되기 전에 모든 인간이 그 안에 끼워진 전반사적으로 주어진 신체간의 관계 라는 메를로-퐁티의 논제를 뒷받침한다(푸크스, 2000).

발달 심리학에서의 최근 연구는 자가-움직임과 움직여진 대상 사이의 구별이 영아가 존재론적으로 발전하는 최초 범주들 가운데 하나라고 제안한다(포엔과 트로이블레, 2002; 트로이블레, 2004). 창의적 실험 디자인들에서 저자들은 스스로-발동한 동작과 외부로 인한 동작의 그 구별(그리고 따라서 인과적 귀속)이 이미 6개월에 일어난다고 주장한다. 나아가 D/MT의 발달적 이론을 지지하는 연구는 인디아나 대학, 블루밍턴 캠퍼스의 에스더 텔렌으로부터 나왔다. 텔렌(1995)은 어린 유아의 인지적 정서적 발달에 미치는 움직임 행동의 영향에 대한 증거를 발견할 수 있었다. 다른 쟁점 가운데 그녀는 발달 리듬에 대해 연구한다. 이스라엘 출신 과학자이자 D/MT 연구자인 나바 로탄(2001)은 텔렌의 새로운 접근법을 케스텐버그 움직임 프로파일을 가진 어린 아이들의 행동에 대한 그녀의 연구에 이용했다(로탄, 2001). 텔렌(1995)은 유아 움직임의 기본적 특성들로서의 리듬에 관해 인체는 역동적 체계이며 그런 체계들의 특질은 시공간적으로, 자가-조직화된 형태 자체로 복잡한 패턴의 형성이다. 즉 강타 또는 산기류의 소용돌이에는 묘안이 없다. 이 조직은 특정한 환경적 맥락 내의 구성요소들의 합류로부터 일어난다"(텔렌, 1995).

주디스 케스텐버그(1973; 1995)는 리듬 패턴이 자가-조직화와 사회적 작용의 조직화에 미치는 엄청난 효과를 1970년대에 이미 증명했다. 그녀는 출생부터 6세까지의 아이들의 변별화된 의미론적이고 발달적인 순서를 상세히 설명한다. 그녀의 움직임 프로파일 개발로 인해 임상적 진단, 그리고 중재가 아이들뿐 아니라 성인들에게도 아주 높은 정확도로 이루어질 수 있다. 케스텐버그 움직임 프로파일(KMP)은 동작 행동의 설명, 내담자의 강점 약점 그리고 그들의 인지적 정서적 발달에 대한 함의의 평가 등을 가능하게 해준다(코크, 1999; 로만, 1996). 그것은 교차 문화적으로뿐 아니라 전 연령 집단에 적용될 수 있다(케스텐버그-알미히, 1990). 케스텐버그 체계의 새로운 이론적 성과들은 발달적 움직임 리듬, 그리고 방어 움직임 표현 소위 전-움직임에서의 학습 방식이다. 반응력이 있는 유아에 대한 연구(돈즈, 1993; 포엔과 트로이블레, 2002; 스턴, 1998)는 전-언어 움직임 발달이 인지, 정서 그리고 발달 진행 과정에서 상징화하는 능력의 통합 발달에 대해 가지는 큰 의미를 증명한다.

사회 심리학의 공헌

좋은 이론보다 더 실용적인 것은 없다. 그것은 실천을 위한 지침이다. 언어전 움직임 발달은 개인 공간이 아니라 개인간의 공간에서 일어난다. 우리는 사회적 존재들이며 사회 심리학은 바르살로, 니에덴털, 바비와 구퍼트(2003)의 사회 구현 접근법에서 정점을 이루는 신체-기반 연구의 새 계열에 기여해왔다. 바르살로 외(2003)에게 구현은 "자세, 팔 움직임, 그리고 얼굴 표현 같은 신체의 상태들이 사회 작용 중에 일어나며 사회 정보 처리에서의 중심 역할을 한다는 것"을 뜻한다(바르살로 외, 2003).

구현 효과의 네 가지 형태가 사회 심리학자들에 의해 보고되었다. 첫째, 인지 상태에 따른 인지된 사회 자극들이 신체적 상태 또한 낳는다. 둘째, 타인들의 신체 상태를 인식하는 것은 자아의 신체적 모방을 낳는다. 셋째, 자아의 신체적 상태는 정서적 상태를 낳는다. 넷째, 신체 상태와 인지 상태의 호환성이 수행 효율성을 조정한다(바르톨로 외, 2003). 무용동작 치료사들은 처음 세 가지 발견에서 테오도어 립스(1903)의 공감 이론을 떠올린다. 사회적 구현 접근법은 단일한 경험적 결과와 다른 신체-기반 연구 단서들과 한데 묶이며, 컴퓨터 은유가 아니라 신경과학에서의 최근의 결과물에 의해 조종되는 정신(그리고 기억)의 작용들에 대한 대안 이론적 모델을 개발한다. 그것은 다음을 가정한다:

> *인지적으로 구현된 이론들은 그 지식 재현에 대한 가정에서 전통적 이론들과 결별한다. 전통적 이론들에서 지식은 감각, 움직임 그리고 내성적 상태들을 재 설명하는 무형식적 상징들로 구성된다. 전통적 이론들은 경험들에 대한 지식이 원래 경험을 구성한 감각, 움직임 그리고 내성적 상태들로 구성되지 않는다고 가정한다. 대신 상징적 체계가 감각, 움직임 그리고 내성적 체계로부터 분리되어 존재하는 무형식적 설명들을 생산하면서 이런 상태들을 재 설명한다고 가정한다. 기억에서 한 에피소드를 회상하는 것은 그 에피소드의 무형식적 재 설명을 활성화한다. 언어에서 텍스트를 이해하는 것은 그 의미를 재현하는 무형식적 계획들을 낳는다. 역으로 구현된 이론들은 지식을 감각, 움직임 그리고 내성 상태에 대한 부분적 모방으로 재현한다. 한 사건이 원래 경험될 때, 내재하는 감각, 움직임 그리고 내성 상태는 부분적으로 저장된다. 후에 그 사건에 대한 지식이 기억, 언어 또는 생각에 유효하게 되면 이런 원래 상태들이 부분적으로 모방된다. 따라서 사건을 기억하는 것은 그 때 활성인 감각, 움직임 그리고*

내성 상태를 부분적으로 모방하는 데서 나온다. 유사하게 사건에 대한 한 텍스트를 이해하는 것은 경험의 모방을 유도한다. 제임스(1890)의 관념움직임 이론에서처럼 이 접근은 실제 신체적 상태가 강제적으로 실행되는 것을 동반하지는 않는다. 대신 양식-특유의 뇌 영역들에서의 신체 상태의 모방들은 종종 구현이 자각되는 정도일 수도 있다. 상황에 따라 구현은 모방에서 실행 추적 그리고 완전한 실행 등에 걸칠 수 있다. 이런 구현들은 사회 정보 처리의 단순한 주변적 부속 또는 부수 현상이 아니다-모방들이 사회상황들의 지식을 재현한다는 가정에 기초해 그것들은 그 핵심을 구성한다. 우리는 이 이론이 어떻게 사회 구현 효과를 통합하는지를 조명한다(바르살로 외, 2003).

정동/인지와 움직임 행동의 양방향성

사회적 구현 효과들 중 하나의 주요 복합체는 신체 피드백 가설들과 관련된 것이다. 이 실험적 패러다임 내의 발견들은 분명한 얼굴 표현이나 자세의 체화는 분명한 감정들이나 평가들로 이끈다는 것을 암시한다. 얼굴 피드백 가설에 대한 연구(아델만과 자종크, 1987; 벅, 1980; 래어드, 1984; 스트랙, 마틴과 스테퍼, 1988)에서 시작해 자세 피드백에 대한 연구(라프랑스, 1985; 리스킨트, 1984; 로스버그-겜튼과 풀, 1992; 스테퍼와 스트랙, 1993), 그리고 목소리 피드백(햇필드, 카시오포와 랩슨, 1992)으로 이어지면서 이 연구 계열은 특정 움직임 행동(신체적 표현)을 낳는 감정/인지 다음으로, 특정 움직임 행동들이 특정 감정/인지를 낳는다는 것을 뒷받침한다. 정동/인지와 동작 행동의 양방향성에 대한 결과적 가정은 정확히 D/MT들이 전문화 초기부터 작업해 온 것에 따른 그 기본 원칙을 뒷받침해주고 있다. 하지만 사회 심리학의 최근 연구만이 이 가정을 보증하는 듯한 수렴적 증거들을 주고 있다.

접근과 회피 동작 행동

행동이 매우 다양할 수 있는 반면 감정이나 태도들에 의해 지도되는 행동 패턴들은 덜 복잡하며 동일한 일반 목표들에 복무한다: 즉 유쾌한 자극에 접근하고 불쾌한 것은 피하는 것(뉴만과 스트랙, 2000). 더 재미있는 사회적 구현 효과는 태도들에 대한 접근과 회피 동작 행동의 영향이다(카시오포, 프리스터와 벤트슨, 1993; 뉴만과 스트랙, 2000). 카시오포, 프리스터 그리고 번트슨(1993)은 참가자들을 탁자에 놓고 그들에게 임의의 중국 기호들을 연구하면서 아래서든 위에서든(탁자 표면에서) 탁자를 밀면서 팔의 굴신근을 활성화하게 했다. 결과 동작은 따라서 접근 또는 회피 동작 즉 몸쪽 아니면 바깥쪽이었다. 몸쪽으로 팔을 당기면서 연구된 기호들은 이후에 탁자 쪽으로 밀면서 연구한 기호들보다 상당히 긍정적인 것으로 판단되었다. 이 발견은 다른 움직임 일치 효과와 일관된다(푀스터와 스트랙, 1996). 무용/동작 치료에서 이 결과는 아마도 놀라운 것은 아니기 때문에 형태-흐름과 에포트 차원들의 평행은 분명하며(라반, 1960), 그것은 단극 형태 흐름에 대한 KMP 이론의 직접 증명이다(케스텐버그, 1973/1979, 1995; 케스텐버그-아미히, 로만, 소신과 루이스, 1999).

동작의 그 진화적 중요성은 토드와 동료들에 의해 설명되었다(블리드, 토드와 밀러, 1999; 토드, 바렛, 블리드와 밀러, 2004). 이 공헌으로 저자들은 동작 연구의 중요한 관점과 방법론을 추가 했다.

임상 심리학의 공헌

만일 우리가 펩티드들과 다른 유전자들이 감정들의 생화학적인 기질이라는 개념을 인정한다면, 신체에서 그것들의 배분이 일차적으로 중요한 것이 된다. 지그문트 프로이트가 오늘날 살아 있다면 열정적으로 그 개념을 그의 이론들에 대한 분자적 지원으로 여길 것이다. 신체는 무의식으로 한 신체 부분에 저장될 수 있는 참을 수 없이 강렬한 느낌으로 인한 억압된 외상은 우리의 감각 능력에 영향을 주거나 아니면 신체의 부분을 움직일 수 있다. 최근의 연구 발견은 신체와 무의식에 도달하고 그것을 바꾸는 무수한 유전 경로들(우리 뜻대로 하는)이 있다는 생각을 뒷받침한다(퍼트, 1997).

무용/동작 치료와 가장 가까운 분야들은 아마도 임상 심리학과 심리 외상학일 것이다. 독일의 많은 무용/동작 치료사들은 심리 외상학 보충 훈련에 참가해왔다. 1990년대 임상 감정 연구와 신경심리학은 실질적인 이론적 방법론적 진전을 경험했다. MRI-스캔 같은 새로운 기술들은 뇌의 어떤 부분이 다른 행동(들)에서 활성화되는지를 정확하게 말할 수 있게 해준다. 이것은 우리가 인지적 수준에 대한 무용/동작치료 중재들과 효과들의 뇌-지도를 그리도록 해준다. 유사하게 미술, 음악 또는 연극 치료 같은 다른 창의적 양식들의 효과들이 이 기술로 상세히 그려질 수 있다. 이론적 수준에서의 인지와 감성의 상호의존성은 점차적으로 증명되었고 많은 치료 과정들의 신체 기반과 신경적 상호연관성의 발견은 큰 진전이 있었다(컬드웰, 2004; 코졸리노, 2002; 다마지오, 1994; 르도, 1995; 퍼트, 1997; 쇼어, 1994). 또한 심리치료 연구는 신체-기반 치료의 효율성에 대해 새로운 과학적 증거들을 제공해야만 한다. 하나의 예로서 나는 안구 운동과 재처리(EMDR)에 대한 연구를 소개할 것이다.

EMDR(Eye Movement Desensitization and Reprocessing)은 1987년에 치료 분야에 들어온 대면적 (신체-기반) 치료이다. 프란신 샤피로 박사는 그녀의 암 진단에 대처하던 중 자가-연구로 그것을 발견했다. 그녀가 부정적 생각, 감정 그리고 기억들로 가득 찼던 시가에, 그녀는 경련적인 눈 운동(거꾸로도 움직이면서 평행선 방향으로 하는 빠르고 리드미컬한 눈 운동)을 채택했고 그녀의 암을 완화시키고 결국 완치할 수 있었다. 자연적이거나 인간이 만든 재해에서의 외상 후 스트레스 장애(PTSD) 환자들을 치료하기 위해 전 세계를 부분적으로 여행하는 수천 명의 훈련된 임상가들이 있다. 치료의 핵심은 심리학적 스트레스/PTSD를 일으킨 사건을 가능한 한 생생하게 상상하고 연결된 인식("그것은 내 탓이었다/나는 x, y, z를 했어야 했는데" 등)을 기억하는 것으로 이루어진다. 그에 따라 그 환자는 경험된 걱정과 연결된 신체 감각들에 초점을 맞춘 질문을 받고 동시에, 발작적인 눈 운동을 일으키는 환자 얼굴에서 30-35cm 거리에서 옆에서 다른 옆으로 움직이는 치료사의 집게손가락을 시각적으로 따르도록 요구 받게 된다. 12번에서 24번의 반복 후 환자는 스트레스를 주는 기억에 신경을 끄고 심호흡을 하도록 요구 받는다. 환자는 이제 다시 그의 신체적 감각들을 모니터 하게 되고 "나는 최선을 다했다/그것은 내 탓이 아니다/나는 거기서 배웠다/나는 조절되고 있다" 같은 비 양립적인 인식을 상상하도록 요구 받는다. 치료사는 그리고 나서 고통의 주관적 단위(SUD) 척도로 스트레스 수준을 검사하고 측정된 과정에 의존하는 것은 다음 스트레스를 주는 사건에 대해 중재 또는 이동을 반복한다. 그 새로운 인식들은 진정성과 관련된 SUD(Subjective Units of Distress) 척도로 시험된다. 한 세션은 45분에서 90분 사이가 걸리며 아주 중요한 사례를 제외하고는 두 세션 처치가 보통 완결이다. 샤피로는 EMDR의 치료 효과는 손으로 오른쪽 왼쪽 팔걸이를 교대로 건드리는 것 같은 다른 율동적인 운동에 의해서도 이루어질 수 있다고 하였는데, 결과적으로 일차적인 효과적 치료 항목은 눈 운동이 아니라 율동적인 교체일 수도 있다.

EMDR은 실용적인 기반 위에서 발전해왔고 따라서 그 효과들을 설명하기 위한 이론의 상대적인 부족으로 특징 지어진다. EMDR의 성공에 대해 설명하려는 많은 시도가 있어왔고 지난 몇 년간 많은 흥미로운 연구가 진행되어왔다. 이 장의 공간은 상세한 발표를 시작하기에는 너무 제한적이다. 그러나 주요 아이디어들 중 하나는 EMDR이 대처 과정을 모방하고 그에 따라 대처 속도를 증가시킨다는 것이다. 또 하나의 중요한 생각은 정신이 신체의 일부이며 따라서 신체는 변화 과정을 이행하기 위한 좋은 장소이다.

그 모델의 신체 치료적 측면들은 매우 놀랍다. 주요 치료 구성요소로서의 리듬적인 움직임은 무용/동작 치료사들에 의해 사용되고 연구되어왔다. 발견들은 리듬적 움직임이 이 구조를 이행하고 있다는 것이다. 그것은 생리학적으로 모방하기지만 인지-정서적으로는 긴장완화이다(인식들은 능동에서 수동으로 움직인다). 무용/동작 치료로부터의 접근법들 또한 동작이 어떻게 수행되는지가 중요하다고 가정한다: 예를 들면 발작적인 눈 움직임의 수평 면은 관찰과 의사소통과 관련이 있다(능동적인 방식으로). 그것은 또한 주의와 지향과도 관련이 있다. 수평 면에서의 우리의 기능은 인생의 첫 해에 걸쳐 습득된다. 그것은 우리의 가장 일찍 가용한 움직임 면이고 가장 원시적인 방어와 관련이 있다. 이것은 수평 움직임이 외상적 경험들에 의해 영향을 받는 우리 뇌의 가장 원시적인 영역에 도달하는 데 가장 적합한 이유이다. 그러한 발작적 눈 동작들에 함축된 운동 성질들은 간접적이거나 유동적이며, 예를 들면 싸움이나 탈주의 가능성들을 발견하는 데 적합한 움직임이다. 보통 PTSD 환자는 그의 되풀이되는 기억들(인지와 감정)의 내적 세계에 갇혀 있다.

EMDR은 이제 움직임 수준에서 환자의 행동을 외부 세계로 방향을 틀게 한다. 그에 따라 고양된 격려 수준은 움직임 수준에 맞춰지게 되고 따라서 서서히 정상 수준으로 줄어들게 될 수 있다. 이 기술은 또한 전환을 하고 환각재현이나 해제 반응이 있을 때 해리성 환자를 세우는데 이용되기도 한다. 후자의 두 반응들은 PTSD 환자에게서도 발견될 수 있다. 그 환자가 통제되어 있고 속도를 결정하는 동안에는 EMDR이 여기-지금의 고정장치를 제공해준다. 여기에 무용/동작 치료에서의 접근법들이 격려되는 수준을 설명할 수 있는데 그것은 외상을 거듭 경험하는 강박충동을 멈출 수 있는 중요한 요인들 중 하나가 된다.

인지 과학, 언어학 그리고 의사소통 연구의 공헌

우리가 하는 방식으로 움직이고, 다른 것들의 움직임을 추적하는 우리의 능력은 우리의 인지 체계에서 주요 역할을 동작에 부여한다. 근육이 힘을 특정한 방식으로 적용하는 데 그것들을 이용한다는 사실은 인과적 개념들에 대한 체계의 구조로 이끈다. 중요한 것은 우리가 신체뿐 아니라 생각이 어느 정도 구체화 되어 있다는 것으로 우리 신체의 특정한 성격이 개념화와 범주화 가능성을 형성한다는 것이다(라코프와 존슨, 1999).

신경과학뿐 아니라 심리언어학 그리고 언어학적 접근법들에서 구현 정신 이론들은 사회 행동을 설명하는 맥락에서 영향력을 얻는다(라코프와 존슨, 1999; 바렐라, 톰슨과 로쉬, 1993). 1999년 "몸의 철학"에서 조지 라코프와 마르크 존슨은 구현된 개념을 "실제적으로 우리 뇌 속 동작감지 체계의 일부인 신경 구조"로 정의한다. "따라서 관념적 추리의 대부분은", "동작감지 추리에 앞서거나 그 뒤를 따라 일어날 뿐 아니라, "동작감지 추리"자체이다(라코프와 존슨, 1999). 그들은 구현된 정신 가설이 인지-인식 구분을 급진적으로 약화시킨다고 주장한다. 즉 인식, 동작들 그리고 대상 조작에 책임이 있는 바로 그 메커니즘들이 개념화와 추론에 책임이 있을 수도 있다. 이것은 동작이 추론의 직접적인 일부라는 것을 함의한다. 라코프와 존슨(1999)은 그것이 현 시대 최고의 신경과학과 인지적 발견의 계열이므로, 전통적인 육체에서 분리된 개념들을 대체하는 것이 과학을 위해서 손해가 아니라는 것을 강조한다. 전통적 과학적인 사상은 "과학이 가능하게 만든 것이 바로 체현이지 그에 대한 초월이 아니며, 우리의 상상력이지 그에 대한 회피가 아니라는 점"을 놓치고 있다(라코프와 존슨, 1999). 과학을 가능하게 하는 건 바로 인간의 체현, 인간 경험 그리고 은유와 상상력의 사용인 것이다. 그 저자들은 은유가 어떻게 중심적인 인간 능력의 하나인지에 대한 전체 이론을 덧붙인다. 그들의 이론은 신체-수준에 대한 은유가 어떻게 그 능력의 일부인지에 대한 D/MT로부터 이익을 볼 수 있다.

의사소통 연구는 오랫동안 D/MT와 밀접하게 관련된 영역이었다. 다윈(1965/1873)이 그의 책 "인간과 동물들에서의 감정 표현"을 출판한 이래로, 움직임-정동 관계는 과학적 조사의 쟁점이었다. 정동과 인지 사이 신체-매개의 관계는 사회 심리학자 자종크와 마르쿠스(1984)에 의해 훌륭

하게 수집되었고 비언어 현상들에 대한 종합적인 개괄이 버군(1994)과 드파울로와 프리드만(1998)에 의해 제공되었다. 레이 버드위스텔(1955)이 비언어적 의사소통의 의미론적 체계를 확립하려고 한 아마도 가장 모순 없는 연구자였다. 요즈음 의사소통 연구자들은 언어와 비언어 의사소통의 상호작용을 조사하기 시작했다. 이것은 부분적으로 의사소통에 대한 통합적 분석을 개발하는 데 도움을 주는 방법과 수단에 있어서의 최근의 발전 때문이지만(그래머, 1999, 2003; 코치와 줌바크, 2002; 크래머, 2001; 마그누손, 2000), 운동 역학에 초점을 맞추는 접근법들은 거의 전혀 없다.

결론

우리가 인접 분야와 그들의 이론들에 대한 짧은 여행에서 본 것처럼 인지와 정서에 대한 신체 기반의 이론적 토대를 강화하려는 현재의 경향이 있다. 이 경향은 무용/동작 치료 분야를 위한 많은 함의가 있다. 특히 상호-풍부화의 가망성은 인지 이론들과 사회 구현 접근법이다. 이런 이론들은 새 과학적 가치를 경험-기반 접근법에 두고 있으며, 그런 접근법은 새 이론 형성을 가능하게 해주기도 한다(케스텐버그, 1973; 1995; 웩스킬, 1994; 바이잭커, 1996). 구현 이론들의 시험으로부터 기인한 몇몇 경험적 발견들은 직접적으로 D/MT들의 작업을 뒷받침하고 D/MT에서의 주요 이론적 가정들을 유효화 한다. 역으로 D/MT는 몇몇 이론들에 잘-발달된 검사들과 움직임 이론들 그리고 더 높은 수준의 정확성과 차별화를 제공할 수 있다.

움직임 성질들에 대한 분석을 예를 들면 그것은 확립된 과학적 분야가 되어 더 이상 반-과학적, 반-비법적인 영역으로 남지 않는다. 어느 경우든 움직임 자체는 우리의 느낌들, 태도들 그리고 인식들을 유효화하고 그리고 다음 단계에서 홈베이스 과학 이론으로 직접적으로 이용될 수 있다. 만일 인지들이 신체에서 공명되지 않는다면 그것들은 아마도 주어진 시간에 자아에게 중요하지 않을 것이고, 그것들은 진정 이해되거나 하나의 이론으로서 진실하게 적용될 수 없을 것이다. 신체에 귀 기울이는 것은 따라서 과학자들에게 추정된 것보다 더 큰 가치가 있을 수 있다. 이 장은 D/MT와 인접 학문들의 이론적 상호-풍부화의 이점들을 명확하게 하려고 하였다. 지금은 D/MT가 더 넓은 과학 공동체에 접근하는 데 이로운 때라고 생각한다. 그러므로 함께 그것을 확장하고 전파하도록 해야 한다.

표 12-1
동작 이론들과 D/MT의 운영 모델

저자	이론적 배경	제목과 주요 성과의 연도
루돌프 v. 라반	안무가, 건축가	동작의 숙련 1960: 에포트(로렌스와 공동으로), 1947 (운동의 질과 형성)
마리안 체이스	해리 스택스 설리번	샌들, 새클린, & 론(편) 무용/동작 치료의 근원: 마리안체이스의 일과 삶 1993
매리 화이트하우스	융학파적 분석	융과 무용 치료: 두 가지 주요 원리, 1979
릴리안 에스페냑	아들러학파적 분석	무용 치료, 1981
일레인 시겔	프로이트학파적 정신분석	무용 치료, 1986
잉가드 바르테니에프	라반, 물리요법	신체 동작: 주위 환경에 대한 대처 (루이스, D와 공저), 1980
주디스 S 케스텐버그	의사, 프로이트 학파 정신분석자, 라반, 안나 프로이트	부모와 아동, 1975 발달에서 동작 패턴의 역할, 1+2권 (소신과 공저)1973/1979(KMP; 운동 리듬, 방어, 학습 방식, 발달 순서)
아미히 자넷 케스텐버그, 루이스 & 로먼, 소신	케스텐버그, 인류학	동작의 의미, 1999
워렌 램	라반	제스츄어와 포스츄어 1965(동작 형태: 행동 프로파일)
마사 데이비스	라반, 바르테니에프, 비언어적 상호작용 연구	(예) DaNCAS 개론, 1983
클레어 슈마이스	라반, 체이스: 집단 역동	무용 치료의 치료 과정들, 1985
페니 번슈타인, 페니, 루이스	드라마 치료 케스텐버그, 심층 심리학	무용 치료에서 여덟 가지 이론적 접근법, 1979
다이앤 둘리카이	시스템 이론	가족 시스템에 대한 비언어적 평가, 1977
자넷 아들러	자폐아동과의 작업, 자기 연구	신체와 정신의 통합, 2000
조안 초도로우	융의분석, 정서 이론들	무용 치료와 심층 심리학, 1991
패트리치아 팔라로	대상 관계 이론	자기와 신체-자아: D/MT 치료와 대상 관계의 발달, 1996

주

이 표는 완전하지 않다. 이것은 문화적으로 영어 사용 D/MT 공동체에 알려진 모델들에 편중되어 있다. 더 최근의 모델들을 위해서 예로, 팔라시(2002), 베스트(2000)/파커와 베스트(2001), 토토라(2004), 또는 트라우트만-보이트와 보이트(2001) 참조.

13장
케스텐버그 무브먼트 프로파일

수잔느 C. 해이스티

서론

무용/동작 치료안에서 개인 또는 그룹 작업을 할 때 우리는 내담자들의 비언어적 행동을 가까이 민감하게 바라보며 작업한다. 비언어적인 것은 우리의 작업에 필수적이므로 그것에 대해 가능한 한 많이 아는 것이 중요하다. 이 장은 무용/동작 치료 분야에서 쓰이는 검사 도구인 케스텐버그 움직임 프로파일(KMP)을 검토하고 소개한다.

케스텐버그 프로파일의 배경과 발전

"나의 직관적 접근법은 별로였다. 나는 감정들이 움직임으로부터 어떻게 발생하고, 그것들로 합쳐져서 이어지는 발달 단계들에서 생각의 발전에 영향을 주는 지에 관해 더 많이 알 필요가 있었다"(케스텐버그, 1967). 정신과 의사이자 심리분석자인 주디스 케스텐버그 의학박사는 어렸을 때 움직임과 아이들에게 관심을 가졌고 인생의 작업을 아이들과 부모들의 비언어적 행동과 의사소통을 탐구하고, 연구하고 씨름하는 데 바치게 되었다. 1953년 그녀는 엄마들과 아기들간의 상호작용의 비언어적 성질들을 포착할 방법을 알아내는 목적의 시험 프로젝트를 위해 신생아들을 정했다. 이 실험 프로젝트는 그녀가 세 명에 대해 출생부터 성인기까지의 장기적인 연구에 대한 기초가 되었다(케스텐버그와 소신, 1979). 그녀의 프로파일의 개발은 1965년 완성되기 전까지 수년간의 관찰, 연구, 기록 그리고 협력을 요했다. 완성된 프로파일들로부터 수집된 자료의 직접적인 응용이 심리학과 창의적 예술 치료 분야의 전문가들뿐 아니라, 뉴욕에 있는 부모들과 아동 센터(1972-1990)에서도 이루어졌다. 프로파일의 이론적 토대들은 폴 실더(케스텐버그, 1975)와 함께 한 자신의 아이들과 부모들에 대한 관찰, 라반과 램의 작업에 대한 연구 그리고 안나 프로이트의 햄프스테드 클리닉에서의 확인으로부터 가장 강하게 나왔다. 그녀의 작업에 대한 추가적 영향은 다른 동작 전문가들뿐 아니라 초기 정신분석가들로부터 나왔다(케스텐버그, 1975; 1985).

케스텐버그 무브먼트 프로파일

케스텐버그 무브먼트 프로파일(KMP)은 "라반에게서 유래하고 발달적으로 기반한 동작 설명의 체계"(소신, 1987)로서 샌즈 포인트 동작 연구 그룹에 의해 개발되었으며 라반, 램, 바테니에프, 노스, 케스텐버그 그리고 유아와 아이들에 대한 샌즈 포인트 동작 연구 그룹의 자체 연구에 기초한다. KMP는 동작 관찰과 기록에 대한 에포트/쉐입 체계에 대해 확장할 뿐 아니라 그것을 활용하여 체계적으로 기술하는 심도 깊은 동작 평가 도구이다. KMP는 내담자의 동작의 성질들을 설명하고 분류하며 평가하는 조직화된 틀을 제공한다. 나아가 그것은 신체에서 보이는 것에 대한 심리학적 해석뿐 아니라 무용/동작 치료사에게 정교한 동작 언어를 제공한다.

KMP의 동작 패턴과 그것들의 의미

유아, 아동 그리고 성인들에 대한 평가를 위해 개발된 KMP는 비언어적인 행동과 동작 패턴들로부터 순수하게 구성된다. 프로파일은 신체 태도 설명과 62개의 특정 동작 패턴들에 관한 정보를 주는 아홉 개의 그래프로 된 도표를 포함한다(그림 13-1을 보라).

9개의 도표에서 포착된 동작 패턴들은 다음과 같다: 긴장-흐름 리듬, 긴장-흐름 속성, 전 에포트, 에포트, 양-극 형태 흐름, 단극 형태-흐름, 형태-흐름 디자인, 방향 형성 그리고 평면 형성, 프로파일의 도표들은 두 개의 주요 체계로 배열될 수 있다: 프로파일의 왼편에 있는 도표들(1-4)은 체계 I을 이룬다; 프로파일의 오른편에 있는 것들(5-9)은 체계 II를 이룬다.

체계 I, 긴장-흐름-에포트 시스템은 동작의 감정과 내용을 표현한다.

체계 II, 형태-흐름-형성 체계는 한 움직임의 성질과 관계적 발달의 형태 또는 구조를 묘사한다(케스텐버그, 로만, 루이스와 소신, 1999). 예를 들면 아래 있는 판자에 못을 박는 사람을 떠올려보라: 그는 못을 판자에 박기 위해 아래쪽으로 힘을 쓰고 있다. 이 예에서 힘은 그의 동작의 내용이다(도표 4에 반영된 동작 패턴). 그리고 아래로 움직이는 그의 팔 동작의 형태는 그의 힘(아래 방향은 도표 8에서 재현된 방향 패턴의 형성이다)과 밀접한 (또는 보충적인) 구조이다. 체계 I과 II 모두 태아와 신생아에 특유한 움직임 성질들로 시작된 발달 선을 따르며, 그 프로파일의 위쪽 절반(도표 1,2,5,6)은 초기 움직임을 반영하고 아래 절반(도표 3,4,8,9)은 보다 자란 동작의 패턴을 반영한다. 인생을 통틀어 모든 동작 패턴들이 쓰인다; 하지만 유아기에는 초기 패턴들이 지배한다(예, 긴장-흐름 리듬, 긴장-흐름 속성, 양극-형태 흐름, 단극 형태 흐름). 발달과 환경적 영향으로 패턴들이 성장하고 각각 위에 쌓이게 되며, 그래서 성인기에는 심각한 신체적 장애나 정신병리가 있는 사람들을 제외하고는 모든 패턴들이 완전 확립된다.

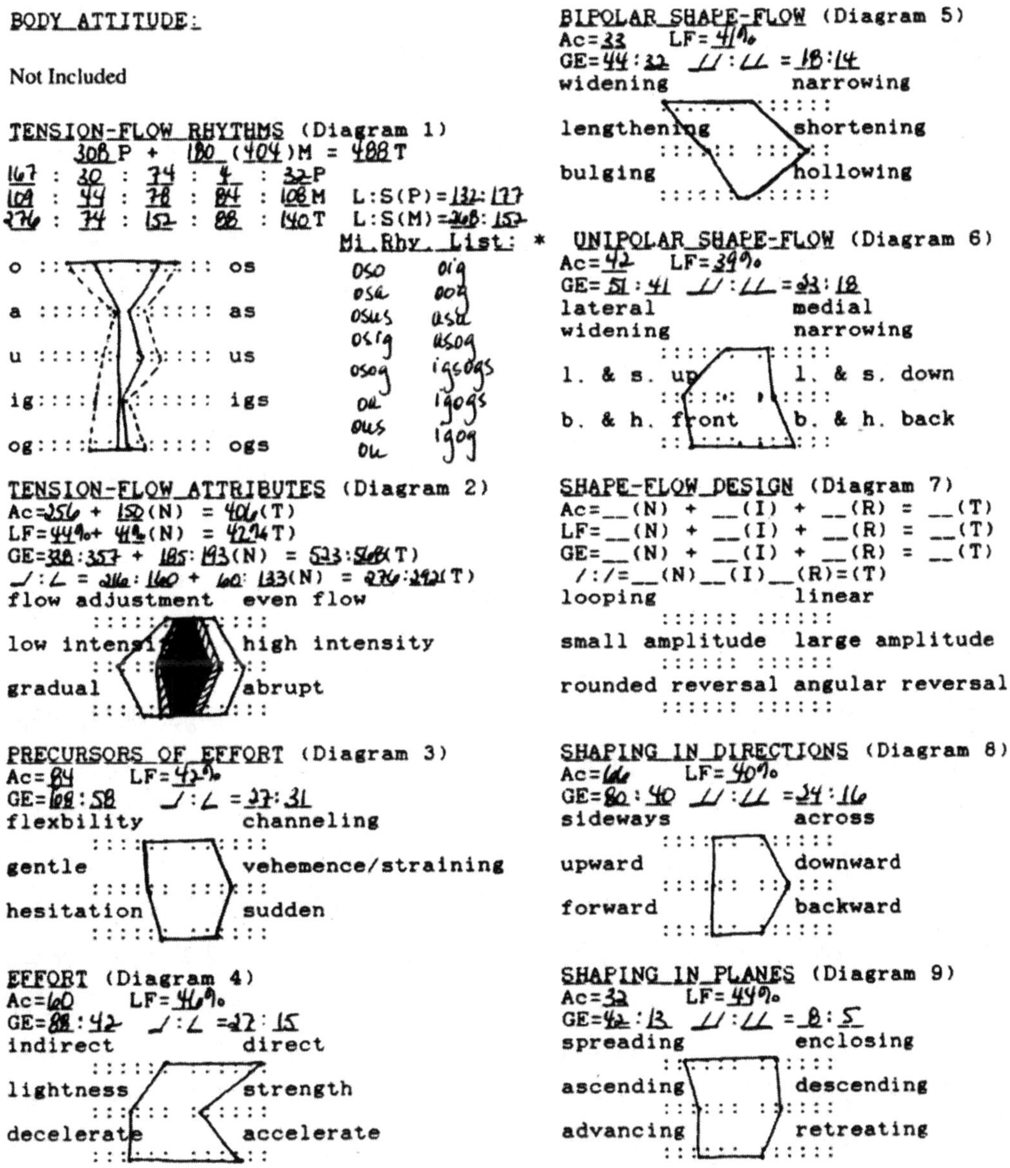

그림 13-1 KMP 동작패턴

도표 2-9에서 처음 3년의 삶을 재현하는 동작 패턴들은 각 도표의 위, 중간, 아래를 봄으로써 평가된다. 처음 1년(약 출생에서 1년)을 재현하는 윗줄은 의사소통, 주의, 탐구, 조사를 촉진하는 수평 패턴으로 이루어진다. 두 번째 해(약 1-2년)를 묘사하는 중간 줄은 의도, 결정, 평가를 보여주는 자아와 대상들의 표시를 촉진하는 수직 패턴들로 이루어진다. 세 번째 해(약 2-3년)를 재현하는 아래 줄은 행동, 결정, 속도조절, 예상을 촉진하는 화살 모양 패턴으로 이루어진다. 긴장-흐름 리듬들과 관련해 첫째, 둘째, 마지막 두 줄은 4-6년까지를 재현한다.

긴장-흐름-동작 체계에서 도표 2-4의 오른편에 있는 동작 패턴들은 성질 상 투쟁으로 간주된다(예, 고도의 긴장, 격렬/분투, 그리고 힘); 왼편의 패턴들은 성질상 만족이다(예 낮은 긴장, 온순, 가벼움). 형태-흐름-형성체계에서 오른편의 동작 패턴은 닫힌 형태이며(예 짧아진, 아래로 내려가는) 왼편에 있는 것들은 열린 형태이다(길어진, 위로, 높아지는). 체계들 사이에서 함께 가는 패턴들은 닫힘 형태와 싸움 패턴들 그리고 열린 형태와 만족 패턴들이다(예, 눈썹들이 한데 모아지는 때 보이는 좁아지는 평평한 흐름 또는 미소에서 보이는 것 같은 넓히는 흐름 조정).

KMP에 대해 배울 때 동작 패턴들에 대한 논의에 대한 그림이나 감각을 얻는 것은 매우 도움이 된다. 따라서 신체 태도와 9개의 특정 KMP 동작 패턴들을 따라가는 부분에서, 독자는 우선 보여지는 패턴을 시각화하는 것을 용이하게 하는 동작 설명이나 삽화를 통해 각 패턴을 소개 받게 될 것이다.

신체 태도

완료된 KMP에서 보이는 신체 태도에 대한 표본 설명은 완성된 KMP가 그림 13-1에서 발견되는 조이의 경우에서 볼 수 있다. 조이는 요도의 단계에 특유한 이동성과 유동성의 태도를 전하는 신체가 주로 수직과 화살 모양 면에 정렬된 3세 소년이다(케스텐버그, 1975). 그의 몸통은 앞쪽으로 튀어나온 배 모양이다(화살 성질). 그의 팔들은 측면에 붙어있고, 그는 종종 팔을 팔목으로부터 매달리게 놔두거나 요도 리듬의 싸움 형태에서 퍼덕거리고 흔들면서 그것들을 위 아래로 올리고 내린다. 쉴 때 그는 종종 그 손을 앞에서 나긋나긋하게 잡는다(중립 긴장과 형태 흐름). 그의 몸에 각인된 채 남은 그가 자주 사용하는 특성들은 가벼움, 늘리기, 넓히기, 안면 찡그림의 흐름과 얼굴의 중립적 흐름 그리고 얼굴과 손의 중립적 흐름이다. 쉴 때 준비를 하는 것처럼 보이는 패턴들은 온순, 가벼움, 달리기, 점프 그리고 예상할 수 없는 앞으로 나아가는 움직임을 포함한다. 그에게는 경고 없이 행동을 시작하게 될 수 있는 중립적이고 무관심한 성질이 있다. 그의 몸 전체가 가벼운 낙천성을 분출한다(해이스티, 1991).

신체 속성 설명이 프로파일의 도표1은 위 왼쪽 위편에 있다. 케스텐버그에 따르면 신체 태도는

"각 새로운 발달 단계에 따라 변하는 신체 이미지의 핵심"이다(1975). 개인의 신체 태도를 묘사할 때 다음의 측면들이 평가되고 포함된다: (1) 정렬, (2) 신체가 자체를 형성하는 방식, (3) 신체 부분들이 위치하는 방식, (4) 신체의 선호되는 위치, (5) 종종 신체에 각인된 채 남아 있는, 사용되는 동작 특성들, (6) "설 때 준비성으로 나타나는" 동작 단위들과 패턴들. 프로파일의 신체 태도에 관해 쓸 때는 개인이 어떻게 생겼나(예, 고집스럽다, 쾌활하다 등) 하는 어떤 일반적인 언급뿐 아니라 위에 열거된 측면들이 포함될 수 있다. 신체 태도를 볼 때 무용/동작 치료사는 내담자의 지배적이고 선호되는 동작 패턴들을 볼 수 있다. 나아가 내담자들이 자신을 어떻게 유지하고 지지하는가는 종종 어떤 방식으로 그들이 아이였을 때 유지되고 지지되었는가를 반영한다(케스텐버그와 빌트, 1977).

긴장-흐름-에포트 시스템
(Tension-Flow-Effort System)

긴장-흐름-에포트시스템의 기초에는 두 가지 움직임 특성이 있다-제한된 흐름과 자유 흐름. 흐름은 움직임의 연속과 불연속 그리고 움직임의 자유와 제약을 뜻한다(케스텐버그, 1985). 제한된 흐름은 본능을 억제하는 데 도움을 준다(예, 아이의 굳게 잡은 주먹). 자유 흐름은 본능 방출을 돕는다(예, 아이의 팔 던짐). 두렵거나 의심스러울 때 제한 흐름이 생길 수 있는데 그것은 위험이 있는 상황에 아주 도움이 될 수 있다. 안전하고 걱정 없을 때 안전하다고 인지되는 상황들에 대한 자연스런 반응인 움직임 능력을 가지게 하면서 자유 흐름이 생길 수 있다. 그 극단의 형태에서 너무 많이 제한된 흐름은 고정과 경직이 될 수 있고; 너무 많이 자유로운 흐름은 부주의와 사고 경향이 될 수 있다.

근육 조직에서의 유연성 상실을 반영하는 중립적 긴장 흐름은, 백일몽 또는 수면중인 사람에게서 자신이 느끼게 하지 않거나 중단된 것으로 나타나거나 또는 피곤하거나 아플 때 목격될 수 있다. 지나친 중립적 흐름은 우울증이나 심각한 병리의 지표일 수도 있다(예, 해리 증상발현). 로만에 따르면 "그것은 기계와 같은 무생물들과 상호작용을 할 때는 적응하지만 중립 흐름의 과잉은 마비와 활기 없음 그리고 안전과 위험의 감정 구분 상실 등을 의미한다"(1990).

긴장-흐름 리듬(도표1)
(Tension-Flow Rhythms)

잠시 대가족 모임이 한 공원에서 있다고 상상해보라. 이 행사의 주변에 친척 중의 한 명이 다른 인격들과 다른 나이들의 그룹들이 보이는 모든 것들을 뒤에 서서 관찰하고 있다. 다음은 그 사람이 보는 것 중 일부이다. 수지는 이야기를 계속 하고 절대 멈추지 않는다. 비벌리는 고도로 준비성이 많고 고집이 세다. 매리는 탄력 있게 걷는다. 조니는 다른 사람들과 이야기 할 때 신랄하고

표 13-1

긴장-흐름 리듬들

연령	리듬	동작 용어	행동 예시
0-1세	구강	빨기	탐닉 행동;스스로 위로;흔들기;말하고 음식, 감각, 지식 등의 섭취를 즐김
6개월	구강	소리내기/물기	두드리기;딱소리내기;씹기;톡톡 치기
9개월	항문	꼬기	괴롭히기;수줍은 행동;움켜 잡는 데 집게 이용
1세	싸움		머리카락 잡기;물어뜯기 좋아함;비판적이거나 물어뜯는 장난을 함
1.5세	탐닉		
			새로운 자리에 적응;기기;매력적이고, 경박스럽고, 어지럽힐 수 있음.
18개월	항문	긴장; 풀기	밀기;오르기;던지기;들기
2세	싸움		고집스러운 행동;짜증 내기;깔끔하고 정돈되어 있을 수도 있음;통제됨;한 가지 생각에 고정할 수 있음
2-2.5세	요도	달리기; 어슬렁거리기	정처없이 떠돌기;수동성;놓아주기;들끓는 생각 또는 동작에 빠짐;몸을 내밀거나 "침착해지기"; 형식 없는 생각/움직임을 선호;어슬렁 거리고, 길을 잃거나 물건을 잃어버림;그냥 "있기"에 능함
2.5-3세	요도	시작; 멈춤	물 뿜기;물건을 달라고 재촉;스위치 켜고 끄기 싸움; 남에게 어떻게 하라고 말함;안절부절 못함;흥분; "분주"할 수 있음;경쟁적;목록과 목표 설정;야심이 있음, "뭔가를 하는 사람"
3-3.5세	내부 생식기	흔들기	기르기;아기처럼 행동하다가 큰 소년/소녀같은 행동에 빠짐; 질문이 많음;임신과 어머니 역할에 관심;설렁하고 솔직할 수 있음
3.5-4세	내부 생식기	파고가 일어나기;내려가기	잔소리;만족 못함;쫓아내기;던지기 싸움;느낌 없애기; 아이, 생각 또는 큰 규모의 창의적 기획/작업을 개시
4-5세	외부 생식기	점프	중단;밀고 들어가기;여기저기 뛰어다님;영웅과 동일시에 빠짐;흥분함;연기하기;외성적일 수 있고 자랑을 즐김; 정력적;갑자기 뭔가에 전력을 다해 뛰어듬
4-5세	외부 생식기	점프	갑자기 점프;밀고 들어가기;여기저기 뛰어다님; 영웅과 동일시에 빠짐;흥분함;연기하기;외성적일 수 있고 자랑을 즐김;정력적;갑자기 뭔가에 전력을 다해 뛰어듬
5-6세	외부 생식기	분출/밀기	집중과 관통;활동;공격적 싸움;무기 발사;농구의 슬램덩크; 정확히 밀기;갑작스러운 표현을 배움;독단적이고 폭발적일 수 있음

* 각 단계의 연령은 개별 아동에 따라 다를 수 있음.
(로먼, 1988; 케스텐버그 외, 1999)

냉소적이다. 사라는 양육적이며 지원적이다-대지의 어머니 같은. 피터는 주목을 받기를 좋아한다. 로리는 공원 주위를 뛰어다니며 엄마에게 가거나 다른 가족에게 갈 때만 멈춘다. 어린 제리는 다른 아이들 몇 명을 밀고 있다. 엠마는 병을 잡고 먹을 때 꿀꺽 소리를 낸다. 브라이언은 아버지에게 잔소리를 하고 끝없는 "왜" 질문으로 요구를 많이 한다. 데이빗은 "안정되어 있고" 언제나 덤비지 않는다. 리사는 계속해서 일만 한다. 스테이시는 공격적이고 참견하는 말을 한다. 폴은 매력이 있고 바람기가 있다.

출생 시 심지어는 태중에서도 나타나는 긴장-흐름 리듬들은 모든 동작 패턴들의 근저에 있다; 그것들은 필요와 욕구를 표현하고 만족을 추구한다. 긴장-흐름 리듬들은 기원하는 신체 영역에 따라서 분류된다; 하지만 그것들은 근원의 장소에 존재할 뿐 아니라 많은 다른 신체 부분에서도 보인다. 10명으로 된 직장의 모임에 있고 사람들이 다리를 떨거나 움직이는 다양한 방식을 보기 위해 탁자 아래를 보기로 했다고 상상해보라. 떠는 데 있어서 이런 개인 차와 독특한 방식들은 각 사람의 긴장-흐름 리듬에 대한 정보를 보여준다. 리듬의 발달 순서, 각 리듬이 지배적이 되는 대략의 연령, 그리고 유년기와 성인기에 관찰되는 각 리듬의 예들이 표 13.1에 있다.

긴장-흐름 리듬들을 기록하고 도표화하는 데서 얻어진 리듬의 무리는 무용/동작 치료사에게 내담자의 발달적으로-관계 있는 문제들과 특성에 대한 정보를 줄 수 있다. 예컨대 8살 조니는 셔츠의 소매를 자주 물고 씹어 몇 개의 옷에는 구멍이 날 정도이다. 입으로 물어 뜯기/물기는 아래로 물기/씹기와 연관된 리듬이며 분리와 관계가 있는 문제들과 연결되어 있다. 조니의 부모와의 유아기 이력을 살펴보는 것이 가치가 있을 수 있고, 또는 단순히 조니가 더 살펴보고 집중적으로 다루어야 할 필요가 있는 해결 안된 분리의 문제들을 가지고 있는 것을 아는 것만으로도 가치가 있을 것이다. 또 다른 가능성은 물고 씹는 그의 충동을 받아들여지고 적절한 방식으로 방향을 바꾸기 위해 조니와 협력하는 것이다(아마도 그의 탁자에 뭔가가 있거나 감정이 스트레스를 받을 때 꼬집을 수 있을 것이다). 특성 수준에서 이 물어 뜯기/물기의 리듬은 학교에서 정보를 "물고 씹는" 비판적이고 분별할 수 있는 능력에서 증명된다.

긴장-흐름 특성들 (도표 2)
(Tention-Flow Attributes)

노동자 그룹이 2개월 프로젝트에 착수한다고 상상해보라. 서로 알아가고 함께 일하는 과정에서 각각의 노동자들은 서로의 성품을 아주 잘 알게 된다. 동료들은 존이 아주 열정적이고; 스티브는 느긋하고 태평하며; 린다는 진짜 화를 잘 안내고; 수는 꾸준하고 안정적이며; 매트는 흥분 잘하고 변덕스럽고; 개런은 충동적이고; 짐은 쉽게 동요되지 않고; 티나는 의기양양하고 빈틈이 없으며; 캐롤은 차분하고 끈기가 있다는 것을 알게 된다. 긴장-흐름 특성들은 이런 기본 성품과 정서적 차이를 만들어내는 것이다.

긴장-흐름 특성들은 "우리가 우리의 감정을 표현하고 타인들의 감정에 맞추는 것을 통한" 여섯 가지 항목으로 이루어진다(케스텐버그, 1985). 그것들은 정서와 성품을 반영해주며 일생을 통해 거의 항상 남아있다. 이런 특성들은 그것들이 보통 나타나는 방식과 함께 다음과 같은 것들이다: (1) 침착(꾸준함), (2) 흐름 적응(적응성), (3) 높은 강도(강렬함과 변덕스러움), (4) 낮은 강도(낮은 분위기에 맞추기), (5) 갑작스러움(민첩함과 성마름), (6) 점진성(끈기와 인내력) (케스텐버그, 1977; 로만, 1988)으로 엄마와 아이가 특성들에서 조화가 될 때 공감, 이해, 의사소통이 발달한다:

> *자유로운 흐름과 구속된 흐름에서 흐름 적응에 대한 통제는 어린 아이였을 때 습득된다. 엄마와 유아가 이런 특성들에서 조화가 되면 그들은 변화[흐름 적응]와 서로의 동일성 [꾸준한 흐름]을 위한 공감을 발달시킨다……긴장의 고/저 강도 범위 조정은 두 살때 이루어진다. 엄마와 아이가 그들의 특성을 맞추게 되면 그들은 흥분[고강도]과 조용함[저강도]에서 공감을 발달시킨다……긴장 증가와 감소의 점진성과 급작성 범위의 조정은 세 살 때 이루어진다. 엄마와 아이가 이런 특성들에서 조화가 되면 그들은 여유[점진성]와 민첩함[급작성]에서 공감을 발달시킨다……긴장-흐름[특성들과 리듬]에서의 조화는 의사소통의 공감, 상호 이해 그리고 일치된 행동에서 핵심이다(케스텐버그, 1985).*

긴장-흐름 특성들은 무용/동작 치료에 내담자의 정서와 성품에 관해 정보를 준다. 내담자에게 지배적이고/또는 독특하게 모인 특성들과 리듬에 대한 인지는 "내담자가 어디에 있든 그 곳에서 시작하는 것"을 용이하게 하고, 조화를 통해 공감을 발달시키며 지원적인 치료 환경과 전이 관계를 만든다(루이스, 1987).

사전-에포트(도표 3)
(Pre-Efforts)

새 직장에 처음 출근하는 사람이나 첫 수업에 있는 사람을 상상해보라. 아니면 아마도 그가 한 번도 와 본적 없는 몬트리얼의 버스에서 방금 내렸다고 생각해보라. 이 새로운 상황들에서 어떻게 행동하고 움직일 것인가를 상상해보라. 이 날이 직장이나 수업에 익숙하거나 몬트리얼이 집처럼 느껴지는 때와 어떻게 다를까? 그의 움직임이 어떻게 바뀔까? 또한 그가 위협을 받거나 방어적인 상황에 있는 것을 생각해보라-그가 어떻게 움직일까? 사전-에포트들은 이런 새로운 상황들에 보통 쓰이고/또는 우리가 방어적으로 느끼는 상황에 쓰인다.

사전-에포트들은 "관련된 긴장-흐름 특성들로부터 진화해 관련된 운동 요소들과 합쳐지고 변형된다"(케스텐버그, 1985). 예컨대 긴장 흐름 특성의 꾸준한 흐름(유아가 그 손을 안정되게 잡고 있으려고 하는 데서 나타나는)은 사전-에포트 채널링(아이가 대상에 닿으려고 열심히 노력하는 것)으로 진화하며 그것은 움직임의 직접성(아이가 대상에 자동적으로 능숙하게 닿을 수 있는 것)으로 발전한다. 한 개인이 사전-에포트로 움직이고 있을 때 그녀는 아마도 걱정이 되고, 불확신하고, 상처받기 쉽다고 느낄 것이며 이는 외부 환경에 대처하려는 시도를 하면서 내적 초점과 집중을 가지는 것으로 이어진다(로만과 케스텐버그 알미히, 2002). 해석적으로 사전-에포트들은 미숙한 행동들, 학습 스타일, 방어적 패턴들을 반영하는 것이다. 학습 상황에서 동작 채널링은 정의하는 것을 용이하게 한다; 유연성은 임의의 일반화를 촉진한다; 격렬함/긴장은 정복하기를 지원한다; 점잖음은 저항 없는 학습으로 이어진다; 급작성은 갑작스런 통찰력을 갖는 데서 나타난다; 주저함은 신중한 방식으로 학습하는 것에 의해 드러난다. 방어적으로 채널링은 스스로 고립되는 것으로 바뀔 수도 있다; 유연성은 회피로; 강렬함/긴장은 공격자와의 동일시로; 점잖음은 반응형성이나 진정으로; 갑작스러움은 앞으로 전진하는 것과 짝을 이루었을 때, 방어적으로 뛰어들거나 반공포적으로 되고; 주저함은 방어적 빈둥거림으로 바뀔 수 있다(케스텐버그, 1985).

모든 사람은 방어를 필요로 하고 특정 양의 사전-에포트를 가지는 것은 정상적으로 간주된다. 하지만 많은 양의 사전-에포트를 가지는 것은 아주 방어적이라는 것을 나타내 주며, 한 두 가지 사전-에포트를 가지는 것은 정신병 환자들의 그것 같이 병을 나타내 준다(로마과 머만, 1996; 머만, 1990).

에포트 (도표 4)
(Efforts)

몇 년간 같은 도시의 같은 아파트에 살고 꽤 오랫동안 같은 직장에서 일한 사람을 생각해보라. 그의 일상을 어떨 것인가? 아침에 일어나 스트레칭 하고 이를 닦고 샤워를 하며, 커피를 만들어 마시며 조간 신문을 읽고, 이모에게 편지를 쓰며 일하러 가기위해 차 있는 데로 간다. 일터에서의 하루는 판에 박힌 익숙한 것이다. 그는 자신감 있게 바로 바로 움직이고 있으며 실수가 없다. 어려운 문제가 생기면 그의 두뇌는 문제 해결 모드로 바뀐다. 에포트들은 이 자신감 있고 편안한 장소에서 사용하고 있는 것이며, 그에게 더 많은 접근권이 있을수록 더 높은 창의적 지성을 가지고 문제 해결에서 더욱 숙련될 것이다.

에포트는 사람의 대처 스타일, 자아 강도, 문제 해결 능력, 창의적 지성 등과 관계가 있다. 그것들의 기원은 현실에 대한 것이다. 공간을 다루는 것은 간접적 직접적으로 주의를 기울이는 것을 수반한다. 중력(또는 무게)를 다루는 것은 가볍게 또는 강하게 의도를 표현하는 것을 수반한다. 시간을 다루는 것은 더 빠르고 더 느리게 결정을 하는 것을 수반한다. 아이들이 성숙해 가면서 에포트들은 발달한다: "특정 기술이 자동화되고 그 아이가 환경을 잘 이용할 때 그/녀는 반대되거나 수용되는 에포트의 요소들을 채택하는 것이다"(케스텐버그, 1985). 해석적으로 에포트들은 무용/동작 치료사에게 내담자의 자아 강도, 인지 기능, 창의적 지성, 문제해결 능력에 관한 정보를 준다. 에포트들은 직장이나 집에서 자신감 있고 능숙하며 안전하게 느낄 때 세상에서 기능하는 내담자의 방식에서 보인다.

형태-흐름-형성 체계(프로파일의 오른편)
(Shape Flow-shaping System)

시스템 2의 기초가 되는 가장 기본적인 동작 패턴이 형태 흐름이다(예, 숨을 들이쉬고 내쉬는 동안 호흡을 통해 처음으로 경험하는 커지고 줄어드는 것). 커지는 것은 편안함, 흡입, 접근 행동의 감정과 관련 있는 부드럽고 연속적인 과정인 경향이 있다. 반대로 줄어드는 것은 불안정하고 배출하고 물러나는 감정과 관련되는 중단적 과정이다(케스텐버그, 1977; 로만, 1989).

형태 흐름은 또한 얼굴에서 관찰될 수도 있다(예, 미소, 눈썹 모으기, 놀라서 눈을 부릅뜨기 등) 그리고 신체의 굴곡이나 확장 중(예, 공처럼 몸을 구부리고 길게 스트레칭을 하는 것)에서 관찰될 수도 있다. 유아들과 쾌활한 성격의 사람들에게 형태 흐름은 자주 바뀐다; 반대로 나이가 있거나 보다 한결같고 꾸준한 성격의 사람들은 거의 형태 변화를 보이지 않는다(케스텐버그, 1977).

양극 형태-흐름(도표 5)
(Bipolar Shape-Flow)

다른 여성들을 불러 모으는 일에 참여한 여성을 상상해보라. 그녀가 타인과 상호작용을 하면서, 그녀는 든든하고 중심이 잡혀 있으며 자신감 있고 안정적인 사람과 그렇지 않게 보이는 사람들에 대한 감각을 얻기 시작한다. 그녀는 표현이 풍부한 사람, 공간을 많이 차지하는 사람, 거의 눈에 띄지 않는 사람을 보게 된다. 그녀가 감지하고 보는 특성을 반영해 주는 동작 패턴이 양극 형태 흐름 패턴이다.

양극 형태 흐름에서 편안함과 불편함의 느낌은 커지는 것과 줄어드는 것으로 표현되며, 개인의 안정성과 표현 범위에 관한 정보를 제공해 준다. 양극 형태 흐름은 대칭적인 동작으로 확장과 축소에서 드러나고 종종 몸 전체를 동반하며 얼굴 표정에서 관찰될 수 있다(로만, 1989). 그것은 보통 성질, 기압, 소음 수준 그리고 내적 감각(예, 위 통증이나 내적 수치심을 느끼는 것) 같은 환경적 사항들에 대한 반응에서 나타난다. 예를 들면 추운 날 밖에 있는 사람은 움츠리고 떨지만 반대로 따뜻하고 맑은 날에는 주위로 퍼지며 몸을 확장하게 된다.

양극 형태 흐름은 신체-이미지 형성에 기여하며 개인적 안정감을 줄 수 있다(케스텐버그 외, 1999). 여섯 가지 양극 형태-흐름은 미소(관대함의 표현)에서처럼 넓히는 것; 찡그리는 데(견제나 인색함의 표현)서처럼 좁히는 것; 머리에서 발끝까지 스트레칭하는 것(의기양양의 표현)에서처럼 늘리는 것; 웅크릴 때(수치심이나 작다고 느끼는 것의 표현)의 짧아짐; 입술을 오므릴 때(만족과 배부름의 표현)의 팽창함: 토라질 때(공허감과 소모감의 표현)의 속이 비어 있음 등이다(로만, 1989; 케스텐버그 아미히 외, 1999). 커짐과 줄어듦 패턴 간의 균형은 스스로에 대한 굳건한 신체 이미지와 감각을 전달한다. 커지는 게 지나칠 때(예, 너무 넓어지는 것) 개인은 세상에서 너무 관대하거나 너무 상처받기 쉬울 것이다. 너무 줄어드는 게 지나친다면(예, 너무 움츠리는 것) 개인은 너무 물러서게 된다. 커지고 줄어드는 능력은 우리가 세상에서 있으면서 우리자신에게 돌아가 회복할 수 있게 해준다. 양극 형태 흐름에서 수집되고 표시된 데이터는 무용/동작 치료사에게 내담자의 신체 이미지와 자존감에 관해 알려준다. 각각의 다른 특성이 골고루 있는 내담자는 아마도 자존감과 굳은 신체 이미지가 있을 것이다. 대부분 커지는 특성을 가진 이는 자기 도취적이고/또는 너무 상처받기 쉽고 반대로 대부분 줄어드는 특성을 가진 이는 자존감이 낮을 수도 있다.

단극 형태-흐름(도표 6)
(Unipolar Shape-Flow)

매력적이고 불쾌한 삶의 자극들과 어떻게 그것에 대해 반응할 지를 상상해보라. 몇 가지 예는 다음과 같다. 그는 성질이 더러운 개에게서 재빨리 물러난다. 그녀는 방금 구운 빵 냄새를 맡으려고 갔다. 그는 엄마를 끌어안고 기대었다. 그녀는 소리치는 코치에게서 물러났다. 그는 편안한 의자에서 뒤로 기대었다. 그녀는 보드라운 물건을 만지려고 손을 뻗었다. 그는 그가 불편하게 느끼는 사람이 그 뒤에 바짝 붙어 지나가자 앞으로 격하게 움직였다. 단극 형태 흐름은 특정한 자극들에 대한 반응으로 움직일 때 신체에 생기는 것이다.

단극 형태 흐름은 이롭고 즐거운 자극을 향해 커지는 것과 불쾌하거나 유해한 것으로부터 움츠리는 것과 관련된다. 단극 형태 흐름으로 신체 부위는 신체 축의 한 방향에서 확장하거나 줄어든다. 단극 형태 흐름은 비대칭적 운동이며 개인에게 이동성을 제공한다(케스텐버그 아미히 외, 1999). 단극적인 넓어짐과 좁아짐은 한 살 때 발달하며 뒤집는 것을 촉진한다; 단극적 늘리기와 줄이기는 두 살 때 발달하며 오르기와 발가락 끝으로 서기를 촉진한다. 단극적 팽창과 비우기는 두 살과 세 살 사이에 발달하며 걷기와 뛰기를 촉진한다(로만, 1989). 이런 동작 패턴의 발달은 유아에게 신체 부위와 서로의 관계에 관해 더 잘 이해할 수 있게 해준다. 각 패턴에 관한 몇 가지 예는 다음과 같다. 단극 넓히기: 친구의 손을 잡으려고 팔을 옆으로 뻗기; 단극 좁히기: 불쾌한 것으로부터 피하기 위해 팔을 가까이 당기기; 단극 늘리기: 책장에서 책을 뽑으려고 뻗는 것; 단극 줄이기; 무는 강아지에게서 발을 당기기: 단극 팽창: 좋은 꽃 향기를 맡으려고 몸을 뻗기; 단극 비우기: 앞 사람에게로 뛰어가다가 멈추려고 배를 뒤로 하고 오므리기. 단극 형태 흐름에 대한 데이터와 도표는 무용/동작 치료사에게 내담자가 과잉 자극되었는지 보여줄 뿐 아니라, 특정한 별개의 자극들에 대한 내담자의 끌림과 반발의 감정에 대한 정보를 제공한다.

형태-흐름 디자인(도표 7)
(Shape-Flow Design)

전 세계 사람의 동작 스타일을 관찰하기 위해 앉아 있는 국제 공항의 동작 관찰자를 상상해보라. 이 환경에서 관찰자는 다른 사람에게 말할 때 큰 몸짓을 쓰는 사람과 보다 절제된 몸짓을 쓰는 사람을 볼 수 있을 것이다. 그 관찰자는 상냥하고 마음이 넓은 사람과 퉁명스럽고 심지어 무례한 사람을 볼 수 있다. 형태-흐름 디자인은 한 사람의 문화와 상호작용 스타일을 대변해 주는 동작이다.

형태-흐름 디자인은 "움직임 영역이라고 알려진 자신 주위의 공간을 가로지르기 위해 개인이 사용하는 동작 특성들"과 관련이 있다(케스텐버그 아미히 외, 1999). 이런 패턴들은 종종 그 사람의 문화적 배경에서 영향을 받는다. 그것들은 가까운 거리나 중간 공간에서 일어나는 움직임과 더불어, 몸 쪽으로/몸에서 먼 쪽으로 향하는 움직임을 반영하고 포착한다. 해석적으로 형태-흐름 디자인은 "거칠거나 금지하는 태도를 전달하는 선형적이고, 높은 진폭과 각도의 동작 그리고 공손하거나 수용적인 태도를 전달하는 흔들리며, 낮은 진폭과 둥글게 된 동작을 가진 관계와 태도의 스타일을 반영한다."(케스텐버그와 소신, 1979).

방향의 형성(도표 8)
(Shaping in Directions)

기계적이고 로봇 같으며/또는 선형적인 방식으로 움직이는 상황을 상상해보라. 몇 가지 구체적인 예는 다음과 같다:

1. 건설 노동자가 앞으로 움직이면서 멈추라고 신호했다.
2. 경찰관이 거기서 건너라고 지시했다.
3. 어린 소년이 새를 가리키고 "로빈"이라고 말했다.
4. 학교 선생이 자기 반 아이들에게 조용히 하고 그녀를 보라고 했다.
5. 에어로빅 하는 사람들이 팔을 들어 옆으로 뻗었다.
6. 헬스 하는 사람이 이두박근을 구부렸다.
7. 군인들이 오른쪽으로 틀어 장군에게 경례했다.
8. 여성이 팔을 들어 공격적인 이방인의 진입을 막았다.

방향의 형성은 자신과 대상 사이의 다리를 놓는 선형적 방향에서 공간을 나누는 것과 관련된다; 그것은 때로 기계적이고 로봇 같이 보인다. 또한 방향의 형성은 자신에 대한 학습과 방어를 위한 구조를 제공한다. 움직임은 옆으로 또는 교차, 위나 아래로 그리고 앞으로 또는 뒤로 일어난다. 옆, 위, 앞 같은 개방 형태는 신체에 대한 접근을 설명해 주며 노출 한계를 확대한다. 교차, 아래, 뒤로의 움직임 같은 폐쇄 형태는 접근을 막고 신체를 보호한다. 방향 형성을 위해 수집되고 도표화된 데이터는 무용/동작 치료사에게 새로운 것을 학습하고 자신을 보호하며 경계를 만들 때 내담자의 환경을 구성하는 방식에 대해 알려준다. 특정 패턴들은 학습 상황과 경계 형성이나 자기 보호 시 도움이 되고 이득을 준다; 하지만 어떤 패턴은 학습 능력을 막고 새로운 경계나 자기 방어를 방해하기도 한다.

평면 형성(도표 9)
(Shaping in Planes)

단지 서로를 향하거나 멀어지면서 기대는 것(단극 형성 흐름에서처럼) 또는 선형적이고 기계적인 방식(방향 형성에서처럼) 이상이지만 복잡성과 높은 수준의 관계성과 관련된 사람간의 상호작용을 상상해보라. 다음은 약간의 예이다. 사람들은 포옹하고 손을 잡고 나란히 걸었다. 그들은 희망의 메시지로 타인을 북돋웠다. 그들은 캠페인 연설문 작업을 하면서 가장 중요한 것에 집중했다. 그들은 과거를 반성할 수 있었고 미래를 위해 배운 것을 활용할 수 있었다.

평면의 형성은 방향 형성보다 더 복잡하고 관계적이며, 사람과 대상의 다면적 관계와 현실에 대한 적응을 위한 구조를 제공해 준다(케스텐버그, 1985). 개방과 폐쇄 형태들은 이 맥락에서, "우리의 동작이 공간에서 만드는 2, 3 차원의 오목, 볼록 형태"와 관계가 있다(케스텐버그와 소신, 1979). 오목한 면이나 개방된 형태를 만드는 평면 형성 패턴은 퍼지고 올라가고 앞으로 나아가는 것이며, 볼록한 면이나 폐쇄 형태를 만드는 패턴은 덮고, 내려오고, 뒤로 물러서는 것이다.

평면 형성에 대해 수집되고 도표화된 데이터는 무용/동작 치료사들에게 내담자가 타인에 접근하고 관계 맺는 방식을 알려 준다. 이 패턴만을 이용해 또는 다른 움직임 패턴과의 조합으로 작업을 하는 것은 더 넓은 범위의 접근과 상호작용 스타일의 발달을 촉진할 수 있다. 예를 들면 의사소통과 언어 장애가 있는 한 소년이 다른 사람을 향해 점차 빠르게(싸움 패턴) 앞으로 나선다(개방된, 평면 형성 패턴). 이 접근 스타일은 가까이 다가간 사람을 놀라게 하며 결국 그를 다른 사람으로부터 소외되게 한다. 보다 조화로운 접근 스타일(예, 서서히 앞으로 다가서는 것)을 발달시키는 것은 그의 대인 관계를 도울 수 있다(해스티, 1991).

평가에 KMP 사용하기

KMP를 평가에 사용하는 방식이 몇 가지가 있다. 전체 프로파일이나 프로파일에서 특정한 도표가 구성된다. 사전, 사후 프로파일 만들기가 치료 과정 평가를 위해 이루어진다; 그리고 부모/자녀 관계를 살펴볼 때 프로파일들 간의 비교가 이루어진다. 다른 평가 방법은 점수 매기지 않고 긴장 흐름을 기록하거나 쓰는 것, 그리고 개인과 그룹 세션에서 KMP 지식에 기초해 "그 순간"의 평가를 하는 것이 포함된다.

프로파일들의 구성

케스텐버그(1985)는 전체 프로파일 만들기가 이루어지는 것을 선호했다. 그녀는 해석이 전체 프로파일을 살펴본 것을 기초해 만들어져야 한다고 느꼈다. 케스텐버그(1985)에 따르면 개인에 대한 가장 정확한 정보에 기초한 평가는 폭넓고 복잡한 전체 프로파일을 살펴봄으로써 이루어질 수 있다.

프로파일 구성은 개인을 생생한 상황이나 비디오 녹화물을 통해 자연주의적으로 관찰하는 것으로 시작된다. 그들의 기분과 느낌이 하루 내내 활동에 따른 반응으로 바뀌기 때문에, 하루 동안 다양한 상황과 시간에 아이를 관찰하거나 녹화하는 것이 가장 좋으며(케스텐버그, 1985 케스텐버그 아미히 외, 1999), 가능하면 생생한 대화와 다양한 활동 중에 있는 성인을 관찰하는 것도 좋다. 또한 각 관찰 중의 설정뿐 아니라 직접적이고 더 큰 맥락(문화적 사항과 최근의 9/11 같은 중요한 사건)을 아는 것도 중요하다(케스텐버그 외, 1999).

관찰, 데이터 수집, 프로파일 완성의 전 과정은 대략 5-8시간이 든다. 시작과 종결, 기록, 도표화하는 데 가장 오랜 시간이 걸리는 것은 긴장-흐름 리듬과 긴장-흐름 특성이다. "그 순간"의 평가를 하고 세션들을 반영하는 것은 KMP에 대한 지식에 기초한다.

종종 전체 프로파일이나 특정한 도표를 구성하기에 적절하지 않은 임상적 시간이 있다. 그럼에도 불구하고 KMP 훈련을 받은 사람들은 개인과/또는 그룹 세션 동안 "그 순간"의 평가를 할 수 있으며, 한 내담자의 짧은 일화와 "그 순간"의 평가와 중재가 이어진다:

> *정규 학교 4학년인 9살짜리 한 남자아이는 수양 가족에게서 오래 지낸 이력이 있다. 또한 그는 애착 장애 행동을 보이고 ADHD 진단을 받았다. 그는 사회적으로도 어려움을 겪고 있다.*

평가

내담자는 아주 산란하고(그 주변으로 퍼지고) 충동적이며(갑작스러움), 계속해서 움직임(그가 주변에 있는 많은 것들에 이끌리기 때문에. 시작/끝의 리듬과 아마도 초과 단극적인 것이-지나치게 자극을 받는다)을 보인다. 눈맞춤에 큰 어려움을 느끼고 몸을 꼬고 물러선다(유연성을 방어로 이용). 의사소통의 평행선 패턴과 주의력 그리고 프로파일의 형태-흐름-형성 쪽에 문제가 있는 듯 보인다. 그 아이는 아주 활동적이다-요도와 외부 생식기 리듬을 이용하는 듯하다. 그 아이와 관계 맺기를 확립시켜 주는 게 아주 중요하다고 생각해 체육관으로 데려가 뛰기, 점프, 빠르게 움직이는 활동을 하게 한다. 빠르게 움직이기를 포함시킨 것은 그의 현 상태에서 시작하기 위한 한 방법이다. 요도와 외부 생식기 리듬의 일부를 그의 갑작스러움에 맞추면 공감적 관계를 빠르게 수립하는 데 도움을 주고 그 소년이 눈맞춤을 하고 더 집중할 수 있게 하게 해 준다. 치료에서 그의 움직임 선호를 구현하는 것을 계속하는 것은 치료적 관계를 더 확실히 세우는 데 도움을 줄 것이며, 그가 다른 동작과 상호작용 방식에 대해 보다 수용적으로 될 수 있게 하는 일에 연결되어 있다고 느끼는 데 도움을 준다. KMP에 대한 지식은 애착, 의사소통, 사교성을 길러주는 데 도움을 주는 치료 모두에서 지침으로 사용될 수 있다. 나아가 그것은 진행 중인 평가, 발생하는 발달과 심리적 문제를 이해하며 치료 계획을 세우고 적절한 움직임의 중재를 개발하고 치료 과정을 평가하는 데 도움을 줄 수 있다.

KMP에 대한 연구와 신뢰도

과거 15년 간 KMP를 전체적으로 또는 부분적으로 이용한 무용/동작 치료에 대한 연구의 수가 늘어나고 있다(비네트, 1993; 브릿지스, 1989; 크루즈, 2003; 데이글, 1993; 해스티, 1991; 레몬, 1990; 오할라, 1995; 윌리엄즈, 1994). 또한 KMP 전체에 대한 몇 개의 상호평가자 신뢰도 연구와 더불어 프로파일의 특정한 도표들에 초점을 맞춘 연구들이 있다(버트, 1995; 해스티, 1991; 코크, 크루즈와 굿윌, 2001; 소신, 1983; 1987). 가장 최근의 신뢰도 연구는 2004년 늦여름에 나온 것으로 부모의 스트레스, 부모-자녀 상호작용 같은 KMP에 대한 더 큰 규모의 연구의 일부로서 긴장-흐름 특성들, 양극 형태 흐름, 단극 형태 흐름에 대해 살펴보게 될 것이다(소신, 2004). 비록 KMP가 신뢰성을 보여주기는 하지만 앞으로의 연구가 분명히 필요하다.

KMP의 장점과 한계

KMP는 전 연령에 쓰일 수 있는 평가도구이다. 그것은 전적으로 비언어적인 것에 기초하며 모든 내담자들에게 대해 사용될 수 있다. 게다가 그것은 꽤 눈에 띄지 않는 도구로 자연스러운 상황에서 개인들이 관찰되고/또는 녹화될 수 있다. 프로파일의 복잡성은 진행중인 동작을 다루는 데 있어서의 복잡성과 비슷하다. 진행중인 동작은 KMP로 종이에 요약되고 도표화된다. 무용/동작 치료 작업의 복잡성은 움직임의 복잡성을 포착하기 시작하는 평가도구를 요하며 KMP가 그것을 할 수 있다. 마지막으로 KMP 움직임 용어들이 움직임의 보편적인 특성들을 설명하기 때문에 그것은 다양한 문화적 배경의 개인들을 평가하는 데 쓰일 수 있다(케스텐버그 외, 1999).

KMP의 한 가지 제약은 그것이 시간과 학습을 필요로 한다는 것이다; 하지만 어떤 언어와 같이 더욱 더 시간을 들이고 응용을 할수록(임상적으로 또는 연구에서) 그것을 진정 더 잘 이해하고 더 잘 쓸 수 있게 될 것이다. 또 하나의 제약은 프로파일 만들기에 시간이 필요하다는 것이다. 하지만 프로파일 제작에 더 많은 연습을 할 수록 더 쉽고 시간도 덜 들게 될 것이다. 몇 가지 추가적인 제약은: (1) 프로파일들이 그룹으로 구성될 수 없다. (2) 발달적 규범 연구가 본래 완성된다고 해도 아직은 출판되거나 널리 알려지지 않는다. (3) 상호 평가자 신뢰성이 완전히 확립되지 않았다. (4) 프로파일의 복잡성이 이해와 응용하는 데 어려움을 줄 수 있다는 점 등이다.

KMP의 이점들

KMP를 알면 완전한 프로파일을 만들었든 아니든 작업을 매우 풍성하게 해준다. 로만에 따르면(1991) KMP는 관찰 기술을 고양시키고 나아가 임상적 기술을 발달시키고(예, 공감과 신뢰의 발달을 뒷받침해주는 내담자에게 맞추고 적응하는 능력), 평가와 진단의 능력을 촉진시키며 치료 과정의 움직임 중재와 평가에 도움을 주고, 치료사가 움직임의 관점으로부터 정상/비정상적 발달을 이해하는 데 기초가 된다(로만, 1991). KMP 평가(개인이나 부모와 아동에 대한)는 강점, 약점, 적합성, 부적합성, 회귀, 성장의 기회 등을 드러내 준다. 마지막으로 그것은 무용/동작 치료사가 조화, 지원제공, 구조 제작 또는 자신감 주입 같은 적합한 치료 중재를 선택하는 데 있어 안내를 해주는 개인의 발달적 수준을 보여준다(로만과 소신, 1983).

신체 수준에 대한 KMP 동작 패턴을 연구하고 체험하는 것-또 관찰하고 움직임 감각적으로 그 패턴에 맞추는 것은-발달과 비언어적 행동에 관한 이해와 지식을 바꿔주고 그 토대가 된다. 프로파일과의 친밀도는 무용/동작 치료 공동체와 더불어 외부 분야에서 동작 관찰과 평가에 관한 의사소통을 촉진한다. KMP를 아는 것은 모든 형태의 상황에 있는 개인, 가족, 그룹과의 세션을 용이하게 해주면서 무용/동작 치료사에게는 자신의 작업의 모든 측면에서 명확성, 깊이, 그리고 시야를 키워주게 된다. 작업에서 프로파일을 이해하고 적용하는 것은, 직관의 균형을 맞추어주고 창의성을 향상시키며 무엇보다도 동작과 그 의미들에 관한 새로운 발견을 하는 것을 촉진시킨다.

14장

무용/동작 치료에서의 평가

로빈 플롬 크루즈

서론

무용/동작 치료사들은 무용/동작 치료(DMT)의 실행에 있어서 중요한 평가 데이터를 제공하기 위해 동작 관찰을 이용한다. 무용/동작 치료사들이 이용하는 접근법과는 상관 없이 자세, 신체 부분의 통합 그리고 다른 요소들을 포함하는 내담자의 동작들과 움직임에서의 변화들을 관찰하는 것은 심리치료들 중에서 DMT를 독특하게 만든다. 다른 어떤 심리치료도 내담자의 신체와 동작을 자아와 외부 환경의 관계에 위한 매개체로서 초점을 맞추지는 않는다.

무용/동작 치료사들은 세션 중에 이용되는 중재를 지도하기 위해 DMT 세션에서의 동작 관찰을 이용한다; 내담자 동작의 진행중인 평가는 전통적인 언어적 심리치료사들에 의한 듣기에 대응이 된다. DMT 연구에서 동작 패턴의 변화들은 종종 관심이나 결과 지시물에 대한 변수가 된다. 따라서 동작 관찰은 DMT 에서 중요한 기능을 담당하며 무용/동작 치료사들에 의해 쓰여지는 평가의 주요 형태다.

이 장의 목적은 DMT 실천과 연구에서의 평가의 역할을 설명하고 동작 관찰을 통한 평가가 도전이 되는 특정한 방식에 대한 정보를 제시하는 것이다. 동작 관찰 평가의 신뢰도를 뒷받침하는 수단과 가용한 동작 평가 도구들의 목록이 제시된다. 마지막으로 케스텐버그의 무브먼트 프로파일(KMP; 케스텐버그, 1979)와 동작 심리진단 목록(MPI; 데이비스, 1991)의 두 가지 평가 도구가 제시되고 미래의 DMT 평가를 변형할 기술적인 진보가 논의된다.

DMT와 관찰적 평가

DMT는 공식적인 심리치료의 실천으로서 1940년대에 발달했다(바르테니에프, 1972). 국제적 영향이 그 발전에 기여했지만 DMT 에 대한 전문적 실천은 미국에서 시작했다. 오늘날 DMT 실행자들은 아르헨티나, 캐나다, 영국, 홍콩, 아일랜드, 이스라엘, 한국, 멕시코, 노르웨이, 푸에르토리코, 스코틀랜드, 스페인, 스웨덴. 스위스와 네덜란드를 포함한 세계의 각지에 있는 나라에서 인상적인 배열로 살아가면서 작업한다.

DMT의 창시자 마리안 체이스, 마리 와이트하우스, 트루디 스쿠프는 서로 독립적으로 작업하면서 근대 무용의 핵심 요소를 취해, 특별한 집단들의 필요를 다루기 위해 무용과 동작을 이용하기 시작했고, 결국 오늘날 DMT로 알려진 임상 실천의 분야를 만들었다(초도로우, 1991). 체이스가 설명하듯 "무용 치료는 하나의 학문으로써 정신병원 속으로 완전 개화해 들어가지 않았고 유망한 아이디어로 여겨졌다" (체이스, 1975). 대신 초기 무용/동작 치료사들은 환자들의 필요를 위한 리듬, 공간 같은 무용 요소의 관찰, 해석 등을 촉진시키는 조작 기술들을 발견하고 발전시켜야 했다. 그들은 환자들을 면밀히 관찰했고 그들과 접촉하고 소통할 수 있게 만드는 데 소용될 무용 요소들을 추출했다. 특히 아주 장애가 심한 조건의 사람들에 대한 DMT 실천은 오늘날에도 비슷하게 남아 있다. DMT는 동작이 병리학적 조건들을 포함한 개인간 그리고 개인 내적인 기능의 측면을 반영한다는 가정에 기초한 응용 실천으로 발전했다(바르테니에프와 루이스, 1980). 무용/동작 치료사들은 동작을 복합적, 개인적, 표현적 소통으로 여긴다. 신체와 동작은 치료의 언어이기에 동작 관찰은 DMT 평가와 중재에 필수적이다.

동작 관찰과 평가는 기능적으로 무용/동작 치료사들이 세션에서 하는 것과 연결되어 있다. DMT에 익숙지 않은 개인들에게 DMT 임상 작업과 치료사에게 주어지는 요구들의 직접성을 설명하기는 어렵다. 무용/동작 치료사가 전통적 언어 심리치료의 기준에 비해 월등히 활동적이라는 사실은 내담자가 신체적 이동 제약이 없는 한 무용/동작 치료사와 내담자는 의자에 거의 앉아 있지 않는 현실에 의해 분명해진다. 무용/동작 치료사들은 전통적 언어 치료사들과 심지어는 다른 창의적 예술 치료사들과 다르게 실제로 세션에서 신체적으로 상호작용을 한다. 이런 DMT의 직접적인 신체 상호작용과 동작의 역동성은 많은 중재가 동작을 통해 이루어지기 때문에 DMT세션에서 지속적인 평가와 관찰을 필요로 하게 만든다. 예를 들어 치료사는 종종 세션을 내담자의 미묘한 움직임을 관찰하고 자신이 관찰한 특성들을 결합, 반영, 재생산하는 움직임의 순서로 시작한다. 무용/동작 치료사들은 이것을 "내담자가 있는 곳" 즉 문자적으로 관찰된 내담자의 신체 표현에서 시작하는 것으로 여긴다. 이 시작부터 세션에 사용되는 동작은 내담자에 의해 처음으로 비슷하게 생산되고 치료사 쪽의 주의 깊은 관찰을 통해 특성, 신체부위 사용 그리고 다른 요소들로 확장된다.

하지만 DMT에서의 평가는 세션에서의 동작 표현과 상호작용에 대한 기능적 평가에 한정되지 않는다. 무용/동작 치료사들은 내담자 기능에 대한 정보 수집, 진단의 필요를 충족시키고 과정을 문서화하며, 치료 목표를 세우는 최선의 방법에 대한 이해를 위한 다른 수단의 전통적 의미의 임상적 평가 또한 이용한다. 움직임 관찰은 DMT 임상 평가의 핵심 역할을 한다; 치료사의 관찰은 다른 데서 온 정보와 비교, 대조된다. 또한 DMT 연구자들은 형식화된 동작 평가를 치료 결과에서 진단과 연결된 패턴을 식별하는 것까지 걸친 연구에서 중요한 변수로서 사용한다. 이 세 가지 DMT 평가 형태들 중에 기능적, 임상적 평가들이 실천에 대한 전문적 초점 때문에 더 일상적으로 사용된다.

페더와 페더(1998)는 경험자와 초보 치료사들(연구자들) 모두를 위한 값진 리뷰를 제공하는 많은 평가 목적들에 대한 뛰어난 논의를 했다. 그들이 주는 정보는 (a)맥락 (b)목표 (c) 원하는 평가 형태에 필요한 정보의 정확성의 중요성을 포함해 평가에 대한 연구를 위해 좋은 안내를 제공한다(페더와 페더, 1998). 독자들은 이 중요 요소들을 이 장의 남은 부분에서 알게 될 것이며 그것들은 평가에 대한 정보에 근거한 논의에 초점을 두고 있다.

DMT에서 평가의 맥락은 내담자와 연관된 집단에 따라 상당한 영향을 받는다. 예를 들어 아이들의 평가는 알츠하이머 병에 걸린 노인들과 달라야 한다. 발달 단계와 그것이 아이들의 기능적, 표현적 움직임에 구현되는 방식은 자주 아이들에 대한 DMT 평가의 초점이 되며, 움직임과 정서의 범위와 품질에서의 장애는 치매 노인들을 위한 평가의 초점이 된다(베롤, 오오이와 카츠, 1997; 소신, 2002).

DMT 실천은 정신병원 환경에서 정신병이나 발달 지체가 있는 사람들에게 원래 초점을 맞췄다. 하지만 무용/동작 치료사들이 작업한 집단들은 의학적으로 아픈 아이들의 그룹(굿윌과 모닝스타, 1993; 멘델손, 1999), 유방암 진단의 여성들(디벨-호프, 2000; 서린, 클라센, 프란시스와 안젤, 2000), 식사 장애인(크란츠, 1999), 파킨스씨 병 환자(웨스트브룩과 맥키벤, 1989), 외상(그레이, 2001), 신경외상 재활(베롤과 카츠, 1985)을 포함하는 것으로 점점 확대 되었다. 무용/동작 치료사들의 조사에서 많은 수가 건강과 개인적 성장, 완화 치료, 의학적 질병, 발달적 장애, 중독의 영역에서 일하는 것으로 보고 했고 60%는 그들의 작업을 정신의학으로 분류했다(크루즈와 허비, 2001). 무용/동작 치료사들은 또한 유아와 부모, 자폐아들, 발달 장애, 노인 등과도 일한다. 무용/동작 치료사들의 처치에서 보여지는 집단 범위가 증가함에 따라 많은 특수 집단들에 적합한 평가에 대한 필요도 늘어났다. 다른 평가 질문들과 도구들에는 다른 집단들에 속한 내담자에게 적합한데, 예를 들어 삶의 질과 대처 방식에 적합한 움직임 변화는 유방암이 있는 여성들의 처치에서 초점이 될 수 있다.

DMT 실천 환경은 공립학교, 병원, 건강 센터로 확대되었다. 실천 환경의 특성은 치료사들이 개인과 일하는가 집단과 일하는가, 의료 보호 비용의 통제와 관련된 입원 일수 차이, 보험에 대한 서비스 효율성 문서화의 필요성 같은 문제들을 포함한 평가 맥락과 목적에 영향을 준다. 예를 들어 중증 정신병동 입원환자에 대해서는 무용/동작 치료사가 7일 이내에 공동체 외래 치료로 환자를 내보내는 시각에 대한 위기 중재에 초점을 맞춘 팀의 일부일 수도 있다(리오르단과 크루즈, 2003을 보라). 이 경우 평가 목적은 환자가 공동체에서 그들의 필요를 다루는 데 이용될 수 있는 힘이 있다면 신속히 결정될 수도 있다. 이 형태의 신속하고 초점을 맞춘 평가는 몇 년에 걸친 외래 환자에게 쓰이는 형태와는 매우 다르다(르윈, 1998).

무용/동작 치료사들은 현존 동작 관찰 도구들이나 임상적 그리고 공식적 평가를 위해 그들이 선택한 요소들을 이용할 수도 있다. 동작 평가 체계는 관찰된 동작 변수들을 특성화하기 위해 아주 구체적인 언어를 요하며 많은 DMT 평가들에 쓰이는 대중적 동작 언어가 다음 절에서 제시된다. 또한 관찰의 주요 요소와 구체적인 동작 관찰이 소개된다.

평가를 위한 DMT

초기 무용/동작 치료사들은 전문 무용수들이었고 오늘날의 무용/동작 치료사들은 상당한 무용 훈련을 받은 개인들이다. 따라서 DMT 발달의 초기에 루돌프 라반에 의해 고안된 동작행동의 설명 체계가 많은 무용/동작 치료사들에게 채택되고 가장 잘 알려진 체계로 남아 있는 것은 자연스러운 것 같다(페더와 페더, 1998). 라반의 체계는 동작의 역동적 특성들에 초점을 맞추기 위한 어휘와 시야를 마련해 주면서 DMT평가 발전에 영향이 컸다. 무용가이자 건축가인 라반은 동작에 대한 정교한 이론, 동작 관찰 기술, 2차대전 이후 유럽에 퍼진 동작 기록 체계를 개발했다. 그는 그의 이론이 무용과 무용 교육에 심대한 영향을 미친 영국과 미국에 그의 작업을 전파한 제자들이 많았다(손튼, 1971). 그의 관찰과 기록 체계는 동작이 수행되는 특성들을 전달하는 것을 추구하면서 수행되는 행위들로부터 분리된, 동작의 공간적인 측면과 역동적인 측면들을 설명하는 것 사이의 핵심적 구분을 하고 있다. 이런 특성은 또한 동작에 느끼는 톤의 느낌을 준다. 역동적 측면과 행위 사이의 이러한 구분은 행위로부터 분리된 동작 행동 분석을 가능하게 해주고 따라서 쉴 때의 자세와 신체뿐 아니라 기능적 표현적 동작을 설명하는 데 이용될 수 있기 때문에 중요하다.

라반의 개념들은 바르테니에프, 램과 다른 사람들에 의해 에포트 /쉐입 분석(델, 1977)과 라반 동작 분석(LMA)으로 알려진 동작 평가 체계로 발전되었다. 움직임(무게, 시간, 공간, 흐름), 흐름, 형태의 특성들에 대한 LMA 개념의 간략한 소개는 이 장의 범위를 넘어서지만 페더와 페더에게서 알아 볼 수 있다(1998). 미국의 DMT 훈련 프로그램들은 LMA를 이용한 동작 관찰을 가르치고 많은 무용/동작 치료사들은 LMA에서 더 많은 훈련과 자격들을 얻는다. 또한 LMA는 무용/동작 치료사들이 공유할 수 있는 움직임 언어를 제공한다. 에포트, 형태, 공간, 신체 맥락을 포함하는 LMA체계의 기본 개념들은 무용/동작 치료사들에 의해 만들어진 다양한 동작 관찰 척도를 위한 기초가 된다.

동작 심리진단적 목록(MPI, 데이비스, 1970; 데이비스, 1991)은 입원 정신병 환자들의 동작패턴들을 관찰하기 위해 만들어졌고, 오늘날 심각한 정신병리와 연결된 무의식적 동작 장애를 연구하는 데 쓰이고 있는 라반 기반의 척도이다(버거, 1999; 크루즈, 1995). 칼리쉬(1975)는 라반의 묘사적 언어에 의해 일부 영향을 받은 자폐아와 부정형 아동들을 위한 신체 동작 척도를 개발했다.

노스(1972) 또한 아이들의 성격 평가 개발에 라반 체계를 이용했고, 발달적 동작 패턴들에 주목하는 케스텐버그 무브먼트 프로파일(KMP, 케스텐버그, 1979)은 라반의 기반이고 치료 문제들을 명확하게 하는 데 초점을 맞추면서 다양한 집단에 적용되어 왔다(케스텐버그-아미히, 로먼, 루이스와 소신, 1999). 이 적용의 변화성은 동작 평가를 위해 다양한 집단, 맥락, 목적을 다루는 데 있어 라반 체계의 유용성을 증명한다. 하지만 페더와 페더(1998)가 주장하듯 모든 DMT 평가 척도가 라반의 작업에 기초한 것은 아니다.

라반의 작업에 기초하지 않은 DMT 평가의 예는 아들러의 심리학과 심리동작 치료의 요소를 결합한 에스페낙의 동작 진단 검사(에스페낙, 1981), 신경외상 후 재활에 초점을 맞춘 동작과 인지의 기능적 평가(베롤과 카츠, 1985) 등이 포함된다. 그 이름과 달리 에스페낙의 방법은 진단이나 검사를 동반하지 않는다. 오히려 그것은 안전과 독립성 같은 다양한 심리적 문제들을 대표한다고 추정되는 신체 부분을 평가하는 것과 관련된다. 에스페낙은 그 방법을 경험적으로 검증하거나 조사하려고 시도하지 않았고(페더와 페더, 1998) 그래서 그 적용과 적합성이 성립되지 않았다. 베롤과 카츠(1985)는 그들의 방법에 대한 응용을 분명히 설명하고 그것을 대형 증명 프로젝트의 일부로 발전시키는 데 신중했다(베롤, 오오이와 카츠, 1997).

DMT 평가는 동작 자체만큼이나 역동적이며 이는 무용/동작 치료사들이 전 세계에서 매일 직면하는 많은 집단, 맥락, 평가 목적을 다루는 데 충분히 유동적이어야 한다는 뜻이다. 모든 DMT 평가의 필요에 한 두 가지의 도구만 가능하다면 더 간단하겠지만, 언급한 여섯 가지 도구와 논의된 집단과 환경의 범위는 이것이 불가능하다는 것을 분명하게 해준다. 따라서 DMT에 대한 대부분의 실용적이고 교육적인 접근은 동작 평가를 믿을 수 있고 유용한 것으로 만들기 위해 논쟁이 되어야 하는 요소들을 고려하는 것이다. 다음 절에서는 주관성, 맥락, 관찰자 편견, 유효성, 신뢰성이 DMT 평가에서 중요 요소들로 제시된다.

동작 관찰 평가의 요소들-주관성

동작관찰을 포함한 어떠한 관찰 형태도 다른 많은 문제 가운데 관찰자의 선택과 사전 지식에 의해 절충될 수 있다는 사실에 의해 만들어진 주관적 요소가 있다. 크루즈와 코치(2004)가 그 주제에 대한 더 확대된 처치에서 주목했듯이, 동작 관찰의 내재적 주관성을 다루는 것은 동작 행동에 대해 LMA 같은 설명적 용어의 체계를 채택하는 것에서 시작한다. 체계는 관찰자가 관찰하는 것에 초점을 맞추는 역할을 하며 타인과 그것을 소통하는 수단을 제공한다. 이것은 원래 관찰과 다른 관찰들에 상대적인 그 주관성에 대한 관점을 제공하면서 다른 관찰자들이 그 관찰을 확인하거나 부인하게 한다. 주관성과 편견은 관찰 수단과 관계 없이 임상적 관찰과 연구 목적의 관찰들에 영향을 준다. 관찰자들은 관찰에 있어서의 편견과 선택에 대해 그들의 개인적 경향들을 통제하려고 시도해야 하며 다른 관찰자의 그것에 대항해 한 사람의 관찰을 판단하는 것은 중요한 기능을 한다. 임상적 평가에서 치료사의 직관은 "지식, 경험, 인식의 종합"이며(페더와 페더, 1998) 그것으로부터 임상적 판단이 발생한다. 이 임상적 판단이나 평가의 주관성은 관찰된 임상 결과에 대항해 검사되어야 한다. 임상적 판단들은 인지, 추정, 신념, 가치관, 경험에 의해 절충될 수 있다-그리고 그들의 주관성을 측정하는 것이 중요하다.

페더와 페더(1998)는 형식화된 평가들에도 적용될 수 있는 임상적 평가의 주관성에 대한 두 가지 다른 관점에 주목했다. 한 관점은 임상자는 경험적 데이터에 기초한 객관적 관찰 방법이나 체계들을 이용함으로써 평가에서 주관성을 최소화 하기 위해 노력 할 수 있다는 것이고, 다른 하나의 관점은 객관성은 획득될 수 없고 평가는 내담자에게 맡겨지는 게 최선이라는 것이다. 문헌에서 최근에 나타난 한 DMT 평가 과정은 내담자들이 여러 치료 시점에 제작된 비디오를 봄으로써 자신의 동작 행동을 평가하는 것을 요한다(보조너-호로비트, 테오렐과 란더버그, 2003, 2004). 이것은 그것이 동작 변화에 대한 내담자의 주관적 인상을 중요한 연구 결과 데이터로 이용한다는 점에서 흥미로운 혁신이다. 페더와 페더(1998)에 의해 표현된 두 가지 다른 관점들을 대립적으로 보는 대신에, 임상가들과 연구자들은 이 예를 따르고 효과적으로 주관성을 엄밀히 다루고 치료나 처치를 향상시키는 데 쓰일 수 있는 관점들을 얻기 위해 그것들을 결합할 수도 있다.

관찰에 내재된 주관성을 다루는 것과 더불어 관찰적 평가는 체계적으로 이루어져야 한다. 체계적 관찰은 동일한 방식, 동일한 맥락, 정해진 간격으로 이루어진다는 것을 뜻한다. 어떤 연구를 위해 쓰이는 연구 방법들도 어떻게, 언제, 어디서 관찰들이 수행되어야 하는지를 지시한다. 명백한 사적 정의된 범주들로 관찰을 구성할 것인가 아니면 관찰자의 참여적 태도를 채택할 것인가는 연구 질문과 방법에 따라 선택된다(크루즈와 코치, 2004). 임상 평가를 위해서 무용/동작 치료사는 자신의 실천 환경에 맞는 것을 선택해야 한다.

동작 관찰 평가의 요소들

평가가 임상을 위해서든 연구 목적을 위해서 쓰이든 관찰을 위한 맥락은 진정으로 적절한 관점이다. 맥락은 동작과 신체는 평가 받는 개인이 경험하는 불편을 반영할 수 있기 때문에 중요하다. 걱정은 임상적 연구적 평가 환경에 의해 도출될 수 있고 땀이 찬 손바닥, 가쁜 숨, 다른 신체적 신호나 동작 행동들로 귀결된다; 맥락과 개인에 대한 가능한 영향은 고려해야 할 분명한 영역이다. 크루즈와 코치(2004)는 관찰에서 자연스러움을 향상시키는 데 유용한 제안을 했지만 이것이 언제나 가능하지는 않다. 치료사나 연구자는 언제나 관찰의 맥락이 내담자의 동작 행동에 영향을 줄 수 있는지에 관해 주의해야 하며 해석에 주의를 기울여야 한다.

관찰의 길이 또한 관련되어 있다; 관찰시간의 길이에 따라 낮은 기준선 빈도의 주목할 만한 동작 특성들이 관찰되지 못할 수도 있다. 관찰 시간의 길이는 관찰 도구의 실제적 사용에 영향을 줄 수도 있다. 크루즈와 코치(2004)는 많은 형식화된 DMT 동작 관찰 도구들에 대한 관찰을 위한 요구 시간의 틀을 결정하는 것은 많은 연구가 필요한 분야라고 말한다.

관찰자들은 임상의 이유로 관찰하든 연구 목적으로 관찰을 하든 평가의 결과를 왜곡하는 잘못된 관찰 경향에 종속된다. 예컨대 관찰자들은 실제로 보여진 동작 특성보다는 일반적으로 전반적 인상에 평가의 기초를 둘 수도 있다. 관찰자들은 모든 관찰에서 높거나 낮은 척도를 쓰거나 중간의 척도를 쓰는 경향이 있다. 맥코브레이(1984; 1987)는 LMA를 이용하는 관찰자들은 타인을 관찰 할 때 자신의 개인적 동작 선호도의 존재를 과대 또는 과소평가할 수도 있다고 주장했다. 스스로의 관찰자 편견을 감지하는 것을 발달시키기는 어려울 수 있지만, 이것이 바로 관찰 도구로 훈련하는 데 있어 정기적으로 쇄신함으로써 다루어질 수 있는 문제들의 형태이다. 또한 코치, 크루즈, 굿윌(2001)은 일반화 이론을 관찰자 훈련에서 유용하게 쓰일 수 있는 관찰자 편견을 감지하는 데 유용한 기술로 논의한다.

지금까지 논의된 모든 요소들은–주관성, 맥락 주의, 관찰자 편견–은 관찰의 신뢰도에 영향을 주기 때문에 주의해야 할 점들이다. 다른 분야와 마찬가지로 DMT에서 치료사들은 내담자들을 더 건강하게 하려는 공통된 목적에 기초해 관계를 형성한다. 평가들은 그 과정의 일부이며 치료사들은 자연적으로 그들의 관찰이 그들의 의도대로 기여한다고 믿고 싶어한다. 마찬가지로 연구의 일부로 쓰이는 관찰들은 믿을 수 있어야 하며 그렇지 않으면 그 결과도 못 믿게 될 것이다.

DMT의 유효성과 신뢰성

관찰적 평가들의 신뢰성은 유효성과 확실성에 근거하는 평가 요소들과 관련된다. 크루즈와 코치(2004)를 인용하면, "유효성은 관찰 척도가 측정하기로 되어 있는 것을 측정하는 정도(정확성)인 반면, 확실성은 관찰 측정 과정으로부터 기인하는 점수의 일관성이나 정확성으로 정의된다". 평가들이 임상적 또는 연구적 목표들을 위한 과정 또는 그 과정의 결과를 문서화하는 데 쓰일 때 관찰된 동작의 의미는 예리한 초점으로 변한다. 유효성은 관찰 평가들이 해석되는 방법을 뒷받침하는 주장이나 데이터로 구성된다. 동작 특성들의 독특한 세트는 개인이 성격 장애를 가지고 있는 것, 예를 들면 이 동작 평가 해석을 뒷받침하는 다른 증거 형태들이 필요하다는 사실을 나타내기 위해 해석된다. 평가 결과의 확실성은 동작 특성들의 같은 점수에 독립적으로 도달하는 한 명 이상의 관찰자를 이용함으로써 뒷받침 될 수 있다. 동작 평가의 유효성과 확실성은 이 장의 범위를 넘어선 다른 많은 증명들에 의해 뒷받침 될 수 있다. 하지만 동작 관찰들의 유효성과 확실성에 대한 심도 깊은 연구가 크루즈와 코치(2004)에서 제시된다.

DMT 평가는 먼저 동작의 요소들에 대한 설명적인 언어를 필요로 한다. LMA가 이 기능을 잘 수행하는 동안에는 관찰된 동작에 관해 분명히 의사 소통하는 다른 체계나 도구들이 제공되는 한 그것은 요구사항이 아니다. 비록 설명적 언어가 관찰자(들)의 주관성의 일부를 다루는 역할을 하더라도 관찰자의 편견과 선택에 대한 통제는 역시 유지되어야만 한다. 임상적 연구적 평가를 위한 관찰들은 맥락과 관찰된 행동들을 곡해할 잠재성에 주의하여 체계적으로 이루어질 필요가 있다. 마지막으로 관찰들의 유효성과 확실성을 주장하는 데 사용될 수 있는 증거가 수집되어야 한다. 이러한 요소들 모두에 대한 명시는 보통 연구에 쓰이는 형식화된 평가들을 위한 선택과 고안을 통해 쉽게 다루어질 수 있지만 임상적 평가들에 대해서는 문제가 있을 수도 있다. 임상학자들을 돕는 약간의 생각들과 유용한 지침이 따라서 필요하다.

동작 관찰 체계에서 정규 훈련 세션을 선택하고 받는 것이 임상학자들에게 이득일 수 있다. 가장 많이 다루는 집단에 맞는 체계를 선택해야 한다. 관찰 체계에 기초하는 것은 임상적 평가뿐 아니라 기능적 평가들에도 도움이 될 수 있다. 그것은 치료사가 하나를 택하든 전체 체계를 이용하든 상관 없이 세션과 더 형식적인 평가에서 관찰에 초점을 맞추는 시각을 제공한다. 심지어 매년 갱신되기도 하는 그 체계를 이용한 활동적인 훈련은 주관성과 관찰자 편견을 다루는 데 도움을 준다. 만일 훈련이 한 사람의 관찰을 다른 사람의 것과 비교하는 것을 포함한다면 그 치료사는 그 체계를 이용한 자신의 관찰이 얼마나 믿을만한가를 알 수 있다. 체계적인 평가 관찰을 위한 치료 세션들에 종종 참여하는 시간을 정기적으로 마련해 놓는 것 또한 도움이 된다. 예를 들어 각 세션에 처음 5분씩이라도 평가에 같은 시간을 선택하는 한 체계적 평가를 위해 많은 것이 이루어진다. 마지막으로 평가 체계와 도구들의 발전들은 진행 중이다. DMT 평가에 대한 문헌들을 꾸준히 보는 것은 자신의 평가과정의 유효성을 위한 치료사의 전략적이고, 설득력 있고 증거에 기반한 논쟁에 도움을 줄 수 있다.

표 14-1
무용/동작 치료를 위한 동작 평가 도구

동작 평가 도구	저자	집단/사용
자폐아와 부정형 아동들을 위한 행동 평가 수단의 신체 동작 척도(BRIAAC)	칼리시(1975)	자폐증과 다른 정서/행동 문제가 있는 아동들. 치료 진행 판단의 기준을 제공
동작 진단 검사	에스파냐(1989)	성인, 신체 장애와 개인적 특성들
동작을 통한 개성 평가	노스(1972)	정상 아동. 인격적 특성 결정에 쓰임
케스텐버그 움직임 프로파일(KMP)	케스텐버그(1975)	본문 참조
정신운동진단 목록(MPI)	데이비스(1991)	본문 참조
동작 특징 분석 (MSA)	데이비스(1991)	정상 성인. 개인의 동작 "특징" 패턴 식별
데이비스 비언어 소통 분석 체계(DaNCAS)	데이비스(1983)	성인. 심리치료의 비언어적 측면을 코딩
비언어 상호작용과 상태 분석(NISA)	데이비스(1991)	성인. 비언어적 상호작용과 정서 상태를 코딩
움직임 인지 기능 평가(FAMP)	베롤 & 카츠(1985)	뇌 외상이나 손상이 있는 개인. 심리사회적 기능을 손상시키는 움직임 장애 식별을 위한 행동 평가
동작 관찰 척도	새뮤얼즈(1972)	성인 정신병자. 동작 레퍼토리를 평가하고 동작 행동의 변화를 모니터함.
정신적 동작 평가 척도(PMAS)	웨스트브룩 & 싱(1988)	아동. 정신병 검사
가족 체계들의 비언어 평가(NVAFS)	둘리카이(1977, 1992)	가족, 또는 아동보호자 집단. 상호작용 역학 을 측정해 치료로 안내
동작 기능 평가(FAM)	샤핀(미발표)	성인 정신병 입원환자. 비언어 상호작용과 대인 행동을 코딩. 또한 발달 지체를 가진 성인 외래 환자에게도 쓰임(색, 2001; 색 & 보르터 2002 참조)

DMT 평가 도구들

공식화된 DMT 평가 도구에 대한 탐구로 나아가기 전에 두 가지의 경고가 필요한데 이 모든 평가는 사용자가 특별히 훈련되어야 한다는 것이다. 하지만 대부분은 표준 집단에 대한 견고한 비교를 제공하는 표준화가 부족하다. 사용자가 관리를 위한 지시사항을 자주 읽고 따르는 종이와 연필 평가와 달리(예, 간략한 정신의학적 평가 척도; 오버올과 고르험, 1962), 관찰적 도구들은 그 체계를 사용하는 데 전문가인 사람으로부터의 비교적 광범위한 훈련을 요한다. 이것은 종종 비디오테이프를 이용한 현장 훈련을 동반하며 그 체계에 따라 시간과 노고가 많이 들 수도 있다. KMP나 MPI 이용에서의 복잡성의 일부는 심지어 길고 엄격한 평가자 훈련 과정이 완료된 후에도 평가자에 주어진 과제의 요구가 강도 높다는 점이다. 코치, 크루즈, 굿윌(2001)은 45시간의 종합 훈련을 받은 초보 KMP 평가자 집단의 수행을 연구했다. 이 평가자들은 양극 형태-흐름이나 긴장-흐름 리듬들보다 단극 형태-흐름을 관찰하는 데 더 어려움이 있었다. 유사하게 크루즈(1995)는 MPI의 전문가, 경험자, 초보 평가자들 사이의 차이를 발견했는데 이는 다시 평가 도구에 대한 노출과 경험의 중요성을 나타내준다.

이상적인 임상 또는 연구의 사용을 위한 동작 평가 체계들은 동일한 집단 출신의 사람들, 또는 대립되는 집단으로부터 나온 개인들과 관련해서 평가된 개인에 대한 비교적 정보를 제공해야 한다. 이것은 평가가 기준 데이터를 생성하고 나아가 개인의 수행을 전형적인 것과 비교하기 위해서 집단들에 대해 광범위하게 연구되어야 할 것을 요구한다.

표 14-1은 동작 관찰 도구의 목록을 짧은 설명 정보와 함께 보여준다. 표 14-1에 나열된 평가 도구들 가운데 자폐와 비전형적 아동들을 위한 행동 평가 방법의 신체 동작 척도(칼리쉬, 1975)만이 개발에 기준 데이터를 이용했지만, 그 기준 표본은 상대적으로 작았다.

어린이들을 위한 KMP 표준을 개발하기 위한 작업이 현재 진행 중에 있는데(소신, 2002), 그것은 이 도구에 대해 가치 있는 기여를 할 것이다. DMT 평가 도구들이 비교 정보가 없는지의 이유는 여러 가지가 있다: 그것들은 그 전문직에 대한 현실을 반영한다. 동작 관찰은 시간이 들고 노동강도가 있는 것이며, 확실성을 위해 한 명 이상의 훈련된 관찰자에 의해 평가되므로 개인들의 대형 표본들을 개발하려면 연구에 대한 재정적 지원 자료들이 요구된다. 역사적으로 이런 자원들은 무용/동작 치료사들에게는 희소했지만 지금은 바뀌기 시작하고 있다(크루즈와 허비, 2001).

공식화된 동작 평가 도구들의 범위는 DMT의 평가를 위해 나와 있다. 표 14.1의 목록은 철저하지는 않지만 발표되어 연구에 쓰여 온 대부분의 도구를 포함하고 있다. 각각에 대한 더 많은 정보를 찾기 위한 완전한 참고 자료는 이 장의 참고 문헌 부분에 있는 저자들에 의해 알아낼 수 있다. 목록은 정신의학 집단에 초점을 둔 것과 포함되지 않은 집단의 수가 주목할 만하다. 그것은 집단, 환경, 목적에 적절한 평가를 만들어내기 위해 임상가들을 위한 지침들을 이 장에 포함한 것을 강조한다. 다음 절들은 임상적이고 연구적인 맥락들에서 종종 쓰여 온 평가 도구들 중 두 가지에 관한 더 상세한 내용을 제공한다.

동작 심리진단 목록

1대1 임상 인터뷰의 녹화된 세션들에 대한 지속적인 관찰과 기록에 쓰이도록 고안된 MPI는 생생한 관찰에도 또한 쓰일 수 있고 실제로 이런 식으로도 발전되었다(데이비스, 1970). 일부는 LMA 기반인 총 65개의 항목이 그 목록에 포함되었으며 관찰 전반에 걸쳐 평가된다. 평가가 비디오테이프에서 이루어질 경우 평가자들은 테이프가 동작을 멈추고 그들의 평가를 확인하기 위해 다시 돌려 보았다. 그 항목들은 두 부분으로 나뉜다: 행동 목록과 예비 목록. 행동 목록에 있는 항목들은 대화를 유지하는 것과 관련된 관습적인, 비언어적인 행동들을 평가하는 관찰의 맥락을 반영한다. 이 항목들은 7개의 하위 등급으로 조직화된다: (1) 몸짓, (2) 자기-접촉 행동 (3) 수단적 행동 (4) 적응 행동 (5) 머리 움직임 (6) 얼굴 움직임 (7) 자세. 행동 목록에 있는 한 항목의 예는 머리 움직임 하위 단계의 10번 항목, "말하면서 머리 움직임: 0=분명히 수반, 1-끄덕임 또는 흔들기만 함 또는 아주 드물게 강조하는 동작, 2=없음"(데이비스, 1991). 행동 목록 항목들은 예비 목록 항목들로부터 이론적으로 다르다. 데이비스(1991)는 행동 목록을 모호하고 맥락에 민감한 것으로 설명했다. 나아가 데이비스는 그 항목들이 병의 지표로 간주되지 않으며 대신 관찰을 위한 틀로서 귀중한 비언어적 의사소통의 요소들로 간주된다고 말했다.

예비 목록들은 10개의 범주로 분류된 51 항목들에 의해 설명된 비자발적이고 자발적인 동작의 특정한 패턴들로 이루어진다. 예비 목록의 10개의 하위 단계들은 (1) 해체 (2) 부동 (3) 낮은 강도 (4) 낮은 공간적 복잡성 (5) 강박적 반복 (6) 무기력 (7) 발산 (8) 과장 (9) 과잉동작 (10) 규칙적 통제 등이다. 예비 목록으로부터 한 항목의 예는 해체 하위 등급의 다섯 번째 항목, 즉 무게 이동 또는 정지 시 해체된 무게의 연속이다. 예를 들면 한 부분 이동, 그리고 다른 방향으로의 이동 등 그리고/또는 신체는 균형 잡힌 휴식으로 가지 않는다.

MPI는 여러 번 개정되어 왔으며(데이비스, 1974; 1991), 비판적으로 MPI는 1970년에 첫 버전이 개발된 이래 대상 집단 즉, 심각하고 지속적인 정신 장애가 있는 성인에게 사용되어 왔다. 원래 데이비스(1991)는 특정 MPI 항목들은 다른 것들보다 더 심각한 병리 수준을 지시한다고 가정했다. 반면 크루즈(1995)는 가정된 항목들이 아닌 범주들을 통틀어 어떤 패턴이 정신분열증과 경계

선 인격 장애를 가진 개인들을 구분했다. MPI 범주들에서 결과의 패턴들은 다변량 기술들을 사용해 구분했고 정신분열증 환자와 인격 장애 있는 환자 사이를 구분했다. 동작 행동에 기초한 이 집단들 간의 구분은 훈련 받지 않은 평가자들에게도 그리 어렵지 않을 수도 있었다. 하지만 결과의 정도나 심각성이 아니라 지표들의 패턴들이 중요하다고 증명되었다. 나아가 크루즈(1995)는 신경과학자들에 의해 동작 장애를 분류하는 데 전통적으로 사용된 동작과잉-동작부족 연속체와 더불어 MPI 항목들의 패턴에서 동작 장애의 척도로서 MPI의 유효성에 대한 증거를 발견했으며 MPI는 전통적으로 정의된 것보다 더 나은 수준의 구분을 보일 수도 있다는 것이 가정되었다.

경계와 나르시즘적 인격 장애들이 있는 개인들의 동작 특성들에 대한 관련 연구에서, 버거(1999)는 이 두 집단이 MPI를 사용해 다시 범주들 간의 패턴에 초점을 맞추면서 86%의 정확도로 분류될 수 있는 것을 밝혀냈다. 훈련 받지 않은 관찰자들은 동작 행동에만 기초하여 이런 진단그룹들을 구분하지 못할 것으로 주장하는 것은 아주 쉽다. 이 두 연구를 통틀어 발견한 놀라운 것은 진단 전문성이 오로지 보통 광범위한 인터뷰와 이력 수집에 기초해 이루어진 진단을 위한 동작 행동 지표들에만 기초해 획득되었다는 것이다. MPI는 진단 구분을 하는 데 잠재성이 있는 것으로 보이지만 이전에 쓰인 것 보다는 환자들의 크고 진단적으로 다양하고 확실한 표본들을 더 완전하게 조사해야만 한다. 심각하고 지속적인 정신 장애가 있는 아이들과 청소년들에 대한 사용은 조사가 안되지 않았으나 중증 정신병리와 관련된 동작 신호들이 성인들에게만 발생하는 것으로 예상되지는 않는다.

케스텐버그 무브먼트 프로파일

MPI 보다 더 일반적인 동작 행동 측정인 KMP는 일련의 동작 특성의 발생빈도를 측정하며 발달과 임상 문제 그리고 인격 특성에 대한 해석을 제공한다. 그것은 LMA를 빈도 관찰과 결합하며 원래 안나 프로이트(1965)의 정신분석 이론들과 발달 평가를 해석의 틀로 이용했다. 하지만 케스텐버그-아미히, 로먼, 소신, 루이스(1999)는 KMP를 관계 모델과 신체 정신 중심 접근법 같은 다른 이론적 모델과 통합될 수 있는 일차적 동작 평가로 논의했다.

KMP는 정상 발달에 대한 더 나은 이해, 발달 문제의 예방과 치료 그리고 임상 진단 제공의 시도에서 유아 움직임 행동 발달 측정을 위해 의도되었다(케스텐버그, 1995). 그것은 성인(브리지스, 1989)과 문화간 맥락의 개인들(케스텐버그-아미히, 1990)에 대한 평가에 적용되고 성공적으로 이용되어왔다. KMP의 현재 버전은 모든 연령의 개인에 적합하다(케스텐버그-아미히, 로먼, 소신과 루이스, 1999). 그 체계는 요소가 발달적 구성체를 나타내는 빈도 도표로 기록, 측량, 번역되는 동작 패턴의 아홉 개의 범주로 이루어져 있다. 관찰자들 또한 지속 동작 패턴 평가에 기초해 신체 자세 묘사를 구성한다. KMP는 비디오나 생생한 관찰로부터 일상적 동작을 기록하기 위해 고안되었고 성인 동작은 보통 활발한 대화로부터 평가되며(코치, 크루즈와 굿윌, 2001), 62개 이상의 단일 요소들을 구분한다.

KMP의 기초가 되는 이론은 동작행동의 두 주요 하위체계를 구분한다. 긴장-흐름/형성체계(체계1)는 개인의 필요, 욕구, 정서, 성격, 학습 방식, 방어 그리고 대처 메커니즘을 설명한다. 형태-흐름/형성체계(체계2)는 대상과 개인들 같은 환경 자극과 관련된 단순하고 복잡한 방식들을 설명한다. 따라서 긴장-흐름/체계는 동작의 역동적 특성을 평가하고, 형태-흐름/형성 체계는 동작 특성을 표현하는 구조를 제공하는 동작의 측면을 기록한다.

KMP의 광범위한 임상적 적용은 케스텐버그-아미히, 로먼, 소신과 루이스(1999)에 잘 나타나 있으며 여기 언급된 약간의 최신 연구 적용들에 의해 향상되었다. 코치(2004)는 KMP를 기업에서 팀 리더와 팀 구성원의 성별에 고유한 동작 행동 분석을 위해 사용했다. 그들은 남성과 여성 리더 간의 긴장-흐름 리듬에서 여성이 남성보다 상당히 간접적인 에포트를 이용한다는 차이를 발견했다. 로턴과 이르미야(2002)는 KMP의 요소들을 유아들의 수면 문제를 설명하는 데 사용했다. 아이들의 잠들 때의 움직임이 분석되었고, 결과는 움직임 변수들이 잠드는 양상의 길이가 고무젖꼭지나 엄지 빨기의 지속 그리고 침대에 있는 물건을 포함하는 잠드는 양상과 연관된 다른 변수들보다 상당히 더 나은 것을 예견했다는 것을 보여주었다. 이 연구는 DMT 기반 평가 방법들이 성별과 아동 발달 심리학과 같은 다른 중요한 분야들에 기여할 수 있다는 사실을 잘 증명하는 두 가지 예만을 제시한다.

결론

내담자의의 세션중의 동작에 기초한 중재를 형성하려는 치료사의 필요에서 생겨난 동작 관찰은 DMT 평가의 필수 형태이다. 초기 무용/동작 치료사들은 내담자들과 상징적으로 소통하기 위해 현대 무용의 요소들을 이용함으로써 이 실천을 시작했다. 그 전문성이 지난 60여 년간 발전함에 따라, 치료 목표로 이끌어 줄 임상적 형식화된 평가의 필요와 연구를 위한 데이터 공급이 그 전문 분야에 대한 동작 관찰의 중요성을 늘리는 데 기여했다. DMT 실천의 다양한 특성으로 인해 어떤 단일한 평가 도구도 모든 DMT 평가의 필요를 충족시킬 수 없다. 이 장은 DMT 평가에 대한 소개를 하고 임상치료사와 연구자들에게 유용한 동작 관찰 관련 문제를 실제적으로 다루기 위한 지침을 제공했다.

동작 관찰의 지평에 DMT 연구를 위해 이루어진 평가에 대한 영향이 있게 될 것이 분명한 혁신들이 있다. 이미 관찰자가 그것에 초점을 맞추는 비디오테이프의 예를 추적하는 신뢰성을 높일 수 있는 기술이 마련되어 있다(브루그만과 키타, 1995; 놀더스, 1996). 하지만 또한 LMA를 인식하고 기록하는 고급 소프트웨어에 대한 작업이 진행 중이다(아이젠버그, 2003). 이런 기술 개선은 움직임의 역할에 관한 많은 가정들, 그리고 치료와 일상에서의 동작의 의미에 대한 경험적 원조를 제공함으로써 DMT 실천에 정보를 줄 수 있는 많은 동작 요소들에 대한 연구에 유효성을 제공할 잠재성이 있다. 장래에는 DMT와 DMT평가를 위한 새로운 분야를 촉진하는 것으로 증명이 되어야 한다.

15장

외상 아동들을 위한 학교내 무용 동작 치료

레나 코른블룸과 로바인 렌딩 할스텐

서론

이 장의 목적은 무용/동작 치료(DMT)가 학교 환경에서 외상과 싸우고 있는 아이들을 돕는 데 어떻게 이용될 수 있는가에 대한 이해를 제공하는 것이다. DMT와 외상에 대한 개괄이 제공되고 학교교사와 치료사가 이 프로그램을 성공적으로 만드는 데 어떻게 협력할 것인가에 대한 설명이 이어질 것이다. 구체적 치료 기법들이 논의되고 사진과 사례들에 의해 예시될 것이다. 이것은 독자에게 사용된 기술들을 개념화하는 방법을 제공한다. 모든 아이의 이름은 사생활 보호를 위해 바뀌었다. 일부 사진은 실제 세션에서 나온 것이고 일부는 아니다.

이론적 배경

무용/동작 치료(DMT)는 마음, 신체, 정신을 치유 과정으로 통합하는 것을 뒷받침하는 동작의 심리치료적 이용이다. DMT의 뿌리에는 신체 동작이 내적 감정의 풍경을 반영한다는 전제가 있다. 신체 수준에 대한 변화 즉 움직임 행동, 자세, 근육 긴장에서의 변화는 정서적 기능에 영향을 준다. 전

그림 15-1 공간을 사용하는 움직임

통적 심리치료사들과는 달리 무용/동작 치료사들(DMTS)은 사람의 이력, 생각, 느낌, 행동, 신체에는 복잡하고 부인할 수 없는 연결이 있다고 믿는다(레비, 1992).

> *DMTs로써 신체는 우리의 모든 것을 담는 하나의 그릇이므로 외상을 치료할 때, 우리 내담자의 신체를 치료 환경 밖에 두는 것은 잘못된 일이라고 믿는다. DMT를 다른 신체 중심 심리치료와 구분하는 것은 전통적 심리치료 형태를 치료 세션으로 통합하면서 무용과 동작의 모든 요소를 구현한다는 점이다. 우리는 내담자들의 몸을 말 그대로 공간에서 움직이라고 하는 게 두렵지 않으며 그들이 그들의 몸 안에서 그것과 연결된 충분한 방법을 찾는 것을 돕는다. 안전한 동작 기반 구조들은 그들의 정신건강 문제뿐 아니라 창의성을 탐구할 수 있는 체계/용기를 제공한다(미컴즈, 2002).*

아래는 공간 내에서의 동작이 강한 느낌들을 감지하고 정착시키는 데 사용되는 방법을 설명하는 예시이다.

> *월요일 아침 8시 우리 DMT 그룹의 한 소년이 정신이 혼미하다. 주말에 있었던 가정 폭력으로 경찰이 여러 번 왔었다. 그의 아버지는 왼팔이 부러져 집을 떠나 돌아오지 않았다. 잠못 자고 걱정을 하면서 로리는 흥분했다. 나머지 그룹 아이들은 그와 강하게 동일시한다. 그들은 뿔뿔이 흩어져 몸부림치고 서로를 방해한다. 그들은 모두 가만히 과제를 수행하기가 어렵다.*

이 그룹은 안전한 방식으로 에너지를 실행하기 위해 공간을 움직일 필요가 있다. 그들은 발을 구르고 점프하고 스카프를 휘두른다. 모두 조직화 도구의 역할을 하는 강한 비트의 음악을 들은 이후 결속력과 정착의 느낌이 있었다. 아이들은 그들이 전에 즐겼던 활동을 요청했다: 한 천에 한 명이 올라가 다른 아이들이 방 이리저리 끌고 다니는 것. 이것은 퇴행과 보호(눕는 것, 끌려 다님)를 가능하게 해주었고 또한 바닥과 천에 닿은 그들의 몸의 표면 영역을 자극하였다. 이런 형태의 자극은 양육적이고 즐겁다. 그것은 신체 경계를 정착시키고 재확인하는 데 도움을 준다. 팀을 이뤄 서로 몸을 끄는 것은 신뢰와 연결을 길러주는 것을 도와주었다. 초기의 과잉 흥분과 동요는 힘을 얻고 중심이 잡힌 느낌으로 변형되었다. 그들은 그룹과정의 다른 단계로 이동할 준비가 되었다.

외상의 영향

외상의 영향에 대한 개요는 우리가 치료에서 아이들이 보이는 외상적 문제를 이해하는 틀을 제공한다. 외상은 자아 발달, 신체 이미지, 정서 통합, 애착, 대인 관계에 영향을 주면서 신체에 영향을 준다. 외상 후 스트레스 장애(PTSD)로 이끄는 외상은 아주 혼란스럽게 만들어 장기적(한 달

이상 지속)인 심리학적, 신체적, 정서적 효과가 경험되는 사건들과 관련된다(DSM-IV, APA, 1994). 강렬한 공포, 두려움, 무력감, 절망의 감정이 지배적이다. 이 우울감의 결과 중 하나는 외상과 관련된 특정한 요소들이 실제 사건 이후에도 사람들에게 침범하는 것이다. 원래 외상(소리, 냄새, 시각적 자극)에 대한 모호한 관계가 있는 계기들이 과잉 흥분으로 이끄는 화학적 반응을 신체에서 활성화시킬 수도 있다(반 더 콜크, 1996). 그것은 마치 외상이 그 당시에 일어나는 것 같다. 아이와 성인의 PTSD는 외상과 관련된 사건들을 회피하는 것, 일반적인 반응성 마비, 화를 잘 내거나 폭발함, 집중의 어려움, 양육의 수용, 잠이 들거나 계속 잠, 악몽 그리고 지나치게 깜짝 놀람이나 공포에 대한 반응 등으로 귀결될 수 있다. 놀이 주제나 꿈을 통해 나타나는 외상적 사건의 지속적인 재 경험으로 해체되고 동요된 행동도 보일 수 있다(DSM-IV, APA, 1994).

예를 들어 외상은 성질상 타인의 학대를 목격하는 것 등, 신체적이지 않더라도 종종 그것을 통해 외상이 재실행되는 전쟁터가 되는 것은 신체이다. 이것은 싸움-도주 반응, 냉담함, 자기-절단, 자기-학대 행동, 중독, 분열, 파편화 등의 형태로 일어나며 이 모든 것은 신체에서 관찰될 수 있다(반 더 콜크, 1996).

외상과 아이들

외상은 아이들이 놀이하고 협상하는 능력에 영향을 줄 뿐 아니라 자신이 누구인가에 대한 그들의 내적 경험을 파편화시킨다. 아동기의 일차적 과제 중 두 가지는 내적 외적인 협조적 관계에서 협상하는 법을 배우는 것이다. 한 사람이 자신의 내적 세계와 어떻게 관계 맺는가 하는 것은 그 사람이 외부 세계와 관계를 발전시키는 데 영향을 줄 것이다(반 더 콜크, 1996). 아이들이 외상을 겪으면 가장 상처 입기 쉬운 부분이 자아 보존과 생존의 한 방법으로서 종종 의식 바깥으로 쫓겨나는 것이다. 그들의 다른 부분들은 분열, 공격, 도피, 냉담하게 만들면서 마비되고 해체되게 된다. 스스로의 보호와 생존을 위한(슈왈츠, 1995) 해체되고, 충동적이고, 위험한 움직임은 종종 개인의 더 온전하고 건강한 부분을 은폐한다.

다음은 외상을 겪는 아이들에게서 나타나는 전형적 동작 특성과 행동들의 예이다.

트래비스는 심각한 외상의 전력이 있었고 3학년 남자아이로 DMT 그룹이다. 트래비스는 쉽게 분열되고 그의 정서를 조절하는 데 어려움이 있었다. 그의 통제불능, 예상불능 행동 때문에 그룹의 다른 소년들이 그 아이와 관계를 맺는 것은 어려웠으며, 그는 정기적으로 다른 아이의 사적 공간을 침범해 방해하고 화를 돋웠다.

준비동작 중에 트래비스는 종종 팔을 휘두르고 다른 아이들을 공격해서 그 아이가 자신이나 다른 아이들을 다치게 하지 않도록 어른이 그 아이의 양편에 서 있을 필요가 있었다. 이 특정한 날에는 소년 중 하나가 원의 중앙으로 움직이고 다시 뒤로 빠지면서 속도와 방향에서 아주 대조되는 움직임으로 준비동작의 진행을 맡았다. 그는 누구도 너무 가까이 오지 않도록 주의 깊게 바라보고 방향을 바꾸면서 그룹과 부딪히지 않게 유지 했다. 그는 치료사들과 다른 소년들로부터 긍정적인 언어적 비언어적 반응을 받았다. 트래비스가 진행할 차례였을 때 그는 다른 소년들의 표현된 움직임들을 흉내 내었고, 처음으로 그의 몸을 조직화하며 다른 아이들이 그의 동작을 따라 할 수 있었다. 나머지 그룹의 아이들은 긍정적인 평가를 했고 그는 만족스런 관계 맺기를 하는 방법을 찾아낸 것이다. 이 세션은 전환점이 되었다.

이어진 세션들에서 트래비스에게 솔로 "전사" 춤(우리가 작업하고 있던 주제)을 추도록 요구를 했다. 치료사들은 그가 큰 카펫 옆에 윤곽을 그려 놓은 정해진 공간에서 움직이고 춤을 추도록 선택하고 책임지게 만들었다. 그는 자신과 우리의 안전을 위해 카펫 바깥으로 움직이지 않았다. 그것은 그를 위한 신체적이고 정서적인 그릇이 되었고 그의 모든 기질로 이 경계너머를 밟거나 움직이지 않으려고 노력했다. 이것은 그의 충동성과 해체성으로 인해 도전적이었다. 치료사들은 중심을 잡게 하고 기초를 두는 데 있어서 분명한 시작과 끝의 예식을 발달시키기 위해 그와 함께 노력했다. 트래비스는 깊은 숨을 쉬기 위해 팔을 위로 뻗은 채 발을 모으고 서 있으려고 했다. 그의 손바닥은 한데 누르면서 그의 머리 위에 모았고, 천천히 고개를 숙이면서 팔꿈치를 구부려 모인 에너지를 팔과 몸통을 통해 아래로 내린다. 또한 그룹과 강한 시선 접촉을 하면서 그는 공중으로 차기, 뻗기, 내기베기, 가라데 치기를 하려고 했다. 트래비스는 우리에게 그의 힘을 보여주었으며, 그는 눈에 띄고 유명해졌다. 이런 춤을 추면서 그는 통제가 되고 중심잡기/정착을 배웠다.

학교와 협력하기

DMT를 학교에서 제공하는 것의 큰 이점 중 하나는 많은 아이들에게 그것이 그들의 유일한 치료에 대한 접근권이라는 점이다. 마약과 알코올 중독, 가난, 배우자 학대 그리고 그들 자신의 외상 전력 등의 문제들은 종종 치료를 추구하고 따르는 과제가 현실적으로 불가능하게 만들면서, 우리가 치료하는 아이들의 가족들을 압도한다. DMTs로서 우리의 역할은 필요한 경우에 한해 교육, 정서적 지원, 외부 추천 그리고 때로는 가족 치료를 제공하면서 가족/보호자들과 만난다. 우리는 학교 직원들과 학교 바깥 가족들과 관련된 다른 전문가들과의 팀 모임에 참석한다.

학교 환경에서 성공적인 DMT 그룹들은 정규 모임 장소, 그룹의 일관된 시간, 도와주는 직원과의 좋은 작업 관계 그리고 치료 세션 중의 사생활 존중 등을 요한다. 그것은 학교 스케줄과 변화에 대해 유동적이지 않고 조절을 하지 않는다는 말은 아니다. 규모 요구사항은 유동적이지만 주 단위로 동일한 공간을 갖는 것은 중요하다. 외상 그룹은 전 학년에 주 1회 60-90분 동안 운영되는데 60분은 깊은 주제를 끌어내고 그것을 다루기 위한 최소한이다. 우리 그룹은 열린 그룹이 아니므로 우리는 그룹 모임이 시작하고 몇 주 후부터는 새 아이들을 받지 않는다. 이것은 일관성과 신뢰성 발전을 가능하게 한다.

그룹 아이들은 여덟 명이 있고 성인 자원봉사자들을 포함하고 있다. 일반적으로 우리는 아이들이 겪고 있는 심각한 감정적 문제들과 강렬한 문제가 촉발될 경우 1대1 작업에 대한 잠재적 필요성 때문에 동료 치료사 없이는 외상 그룹을 지도하지 않는다. 또한 다른 치료사와의 협동 작업은 또한 활성화될 수도 있는 역전이의 문제를 다룰 수 있는 기회를 제공한다.

학교에서의 DMT 과정

학교 교사로부터의 정보를 이용해 교장, 사회 복지사 그리고 학교 상담사는 누가 그 서비스를 가장 필요로 하는지 결정한다. 학교에서 치료 허가가 되면 우리는 시작 모임을 계획한다. 가정이 엉망이기 때문에 부모가 나타나기 전까지 두 세 번 정도는 시도 해야 한다. 준비하면서 우리는 가족에 대한 정보를 수집하고 우리 그룹의 구조에 대한 특별한 강조를 두고 DMT 도입을 하며, 학교 내 치료에 관련되기 때문에 비밀성의 개념을 논의한다. 아이와 부모의 외상적 배경과 다른 문제 영역들과 더불어 장점과 관심을 조사하고, 부모들은 치료 동의서와 다른 관련 기관이나 전문가들과 이야기 할 수 있도록 하는 허가서에 서명을 한다. 학교 환경에서 치료 계약은 치료사와 학교뿐 아니라 치료사와 가족간에도 이루어지는 것이므로 비밀성의 개념은 확장된다.

그림 15-2 동작에서 옳거나 그른 방법은 없다.

그룹 시작 전에 그룹과 우리가 사용할 공간에 대해 익숙해질 수 있게 아이들과 개별적으로 만난다. 우리는 정보를 얻고 치료 목표를 공유하기 위해 각각의 교사도 만난다. 교사들은 그들의 정보가 존중된다고 느끼는 경우 훨씬 더 지원적이다.

DMT 그룹에 대한 한 시각

DMTs로서 우리는 아이의 강점에서 시작하여 그것들을 토대로 한다. 누구도 자신이나 타인들을 해치지 않는 한 창의적으로 움직이는데 있어서 옳고 그른 방법은 없다. 이것은 힘과 신뢰감을 길러주는 데 도움을 준다. 아이의 이력이나 경험과 상관 없이 행동적 문제나 내적인 과잉 흥분 상태에도 불구하고 그들의 건전하고 건강한 부분이 있다는 것을 믿는다. 치료 세션의 동작 경험은 치료사의 평가와 관찰 그리고 아이들로부터의 정보 사이에 협조적으로 발달한다.

외상-기반 DMT 그룹들의 일반적 목표들

- 힘을 얻는 느낌을 키운다
- 안전과 조절의 감각을 키운다
- 즐거움을 느끼는 능력을 키운다
- 동작 레퍼토리를 확장하고 자기-지각을 키운다
- 감정 조절 능력을 개선시킨다
- 자기와 타인들 사이의 공감 능력을 키운다
- 그룹 공유성을 발달시킨다
- 내적 경험을 언어적 표현과 연결한다
- 타인에 대한 이해를 높인다
- 자기-위안 능력을 키운다

치료 초기 단계에서 아이들은 종종 그들이 왜 그룹에 있는지 묻게 된다. 그때는 그룹에서 답을 끌어내려고 하며 그렇게 되면 권위적 위치에 있지 않게 된다. 이것은 협동관계를 위한 분위기를 마련해주며 외상에 관련된 주제가 구체적으로 펼쳐지게 해준다. 동시에 치료사가 폭력이나 외상 같은 주제를 가져오지 않으면 아이들은 보통 그것을 금기시되는 주제로 느끼고 말을 하지 않는다. 아이들은 그룹의 성인들이 그들 경험의 강도를 다룰 수 있으며 감정들을 두려워하지 않는다는 것을 알 필요가 있다(프리드리히, 1990; 제임스, 1989). 일반적으로 세션 시작 시에 한 가지를 언급하는데, 예를 들면 가정 폭력 그룹에서는 "이 그룹의 모든 사람은 폭력을 경험하고 목격해왔다. 이 그룹에서 우리의 감정들을 공유하며 안전해지는 방법을 배우고, 함께 재미있게 지낼것이다. 우리는 배우고 함께 나아가기 위해 여기 왔으며 여러분은 안전한 관계들을 가질 수 있게 될 것이다."

그리하여 안정과 비밀을 위한 그룹의 지침이 아이들로부터의 정보와 함께 논의되고 발전된다.

치료 과정 초기의 공통된 고통스러운 경험들에 대한 발견은 유대감을 형성하고, 아이들은 걱정을 낳고 과잉 흥분으로 이끌 수 있는 문제를 털어놓기 시작한다. 외상 경험 아이들과 작업할 때 걱정이 내재적이라고 믿는다. 억누르기, 지원하기 그리고 걱정 탐구를 위한 공간을 마련해 주는것은 과잉 흥분을 줄이는 데 도움을 줄 수 있으며, 필수적이다. 아이들이 걱정을 다루는 것을 돕기 위해 쓰는 많은 방법 중 몇 가지가 있다.

1. 아이들이 털어놓을 때나 털어놓는 것에 대한 반응에서 그들의 감정을 표현하는 데 동작을 이용하도록 하기
2. 그룹에게 비밀성에 대해 환기시키거나 모든 사람이 어떻게 느끼고 있는지를 알기 위해 그룹에게 확인을 함으로써 나눔의 속도를 늦추기
3. 복식호흡이나 리듬감 있는 동작 같은 긴장완화와 기초적인 기술을 사용하기
4. 강렬한 감정들을 뚫고 나아가기 위한 은유로서 작용을 하는 움직임-기반 치료 이야기를 개발하기

다음의 예는 우리가 어떻게 돕는 구조들을 제공하고 그룹이 걱정과 과잉흥분에 대처하는 동안 털어놓으려는 아이의 필요를 지원하는지를 보여준다.

> *학년 초반 세션에서 프리에타라는 이름의 한 소녀는 부모의 싸움을 둘러싼 외상적 사건을 생생하게 밝혔다. 다음 몇 주에 걸쳐 프리에타는 그룹에 그녀의 걱정을 키운 이 싸움들에 대해 이야기하려고 했다. 그녀는 치료실에서 숨거나(그녀는 부모가 싸울 때마다 옷장에 들어가 숨었다) 자기 위안의 한 방법으로 나누는 원을 돌아 다니면서 흥분했다. 우리는 그녀의 행동을 받아들이면서 프리에타가 움직이도록 허락했다. 우리는 나머지 그룹에 어떻게 느꼈고 프리에타가 어떻게 느꼈다고 생각했는지를 물었다. 그룹은 프리에타의 혼란스러운 감정에 동감할 수 있었고 그녀의 숨는 곳에 함께 하고, 그녀를 껴안거나 움직이고 그녀와 함께 돌면서 도움을 주었다.*

그룹이 프리에타에게 동정적이었던 반면, 그녀가 강도 조절에 어려움을 겪고 종종 의도적이지는 않지만 그룹의 다른 아이를 해쳤기 때문에 그들은 당황하기도 했다. 이것을 다루기 위해 그룹에게 우리가 모든 그룹에서 사용하는 기술, 즉 누구든 언제나 "타임"을 부를 수 있는 것을 가르쳤다. 이 때 모든 사람은 하던 것을 멈추고 무릎에 손을 놓고 앉아 "타임"을 부른 사람에게 귀 기울여야 한다. 우리는 그룹에게 느린 숨을 쉬거나 그 때 일어나고 있던 일에 대해 말하도록 하면서 프리에타가 과잉흥분하기 전에 타임을 부르려고 했다. 시간이 지나자 프리에타는 그룹의 다른 아이들과 안전한 관계를 맺는 데 필요한 통제력을 찾으면서 자신의 흥분 수준을 제어하기 시작했다.

아이들은 안전하게 느끼는 예상 가능한 반복에 의존한다. 보통 DMT세션마다 다섯 부분을 동

일하게 가졌다: (1) 시작 의식 (2) 언어/비언어 체크인 (3) 준비 움직임 (4) 주제, 창의적 동작 이야기 (5) 간식과 토론 과정. 시작 의식은 조용한 명상뿐 아니라 강렬한 동작을 포함할 수 있다. 그 의식은 그룹의 필요에 따르며 한번 정해지면 치료 기간 동안 안정적으로 지속되는 경향이 있다. 하나의 높은-에너지 그룹에 이용된 간단한 큰 동작 의식은 소년들이 선을 밟고 서서, 방 한 쪽에서 시작해 최대한 빠르게 다른 쪽으로 뛰어가 다른 편에서 멈추는 것이었다. 때로는 높은 에너지를 보다 통제 가능한 수준으로 낮출 수 있도록 하기 전에 강화하거나 맞추는 것이 필요했다.

명상 의식은 내적 탐색을 위해 조용한 준비된 느낌을 만들기 위해 여러 그룹들에 사용되었다. 이것은 촛불을 켜서 화려한 천 조각으로 둘러싼 베개 위에 조용히 앉는 것이다. 그 천은 충동적인 아이들에게 불타는 촛불을 만질 가능성을 줄여주면서 의지할 수 있는 어떤 것을 제공했다. 천에 둘러싸여 있는 것은 아이들에게 자기-위안과 안정을 위한 수단을 제공했다. 천은 촉각적으로 방어적인 아이들에게 만져지지 않고도 "잡히는" 방법을 제공할 수 있다. 신체적 접촉은 어떤 아이들에게는 위압적이고 PTSD 반응을 촉발시킬 수 있다.

동작 의식 이후에 언어/비언어 체크인이 이어진다. 이것은 나눔, 듣기 그리고 공감 개발하기의 시간이다. 그것은 또한 치료사가 그룹에게 현재 중요한 문제나 주제들에 대한 감각을 얻는 시간이기도 하다. 공유되지 않는 것은 말해지는 것만큼 중요하다. 체크인은 공통점/차이가 생길 수 있는 시간이다. 한 그룹은 모든 그룹원이 애완동물과 형제가 있다는 것을 발견했고 그것은 모든 그룹원이 폭력을 경험하거나 목격한 고통에서 균형이 있는 즐거운 공통점이었다. 우리는 일정 범위의 공통점을 찾으면서 그 그룹은 외상적 경험에 의해서만 규정되지 않게 된다.

때로는 한 아이가 지나치게 압도되어 말로 나누지 못한다. 예를 들어 체크인에서 한 아이는 말을 나누는 대신 공 모양으로 몸을 구부렸다. 말하라고 강요하는 대신 치료사는 그 아이가 어떻게 느끼고 있는지를 그룹에게 보이고 있다는 것을 알았다. 그 아이에게 움직임과 신체 모양을 시도하는 것이 괜찮은가 확인하고 나서, 치료사들과 다른 그룹 구성원들은 그녀를 (그녀의 형태와 에너지에 걸맞게) 반영했다. 이것은 그녀가 이해 받고 자기 수준에서 받아들여지는 느낌을 받게 해주면서 지지했다. 자신만의 느낌을 가진 그들과 함께 보고 존재하면서 치료사가 내담자들을 받아들이는 것은 많은 방법 많은 수준에서 일어난다. 이것을 할 수 있는 것은 우리 일의 중요한 부분이다.

아이들이 관계를 맺고 자신의 몸에 대한 자각을 발달시키고 안정감을 느끼며, 그룹에 의해 지지를 받는 것을 돕기 위해 고안된 구성된 동작과 구성되지 않은 동작 경험으로 이루어진 준비 동작이 체크인을 뒤따른다. 체크인이 강렬한 감정을 이끌어낼 때 준비동작은 긴장과 걱정의 신체적 발산에 대한 준비를 해야 한다. 강한 리듬의 음악이 때로는 그 동작을 위한 내적 조직화와 구조에 대한 감각을 제공하는 데 사용된다. 준비동작은 강점과 주장을 안전하게 사용하고 자신과 타인을 연결시키며, 경계를 강화하고 공시성을 유지하며, 우리가 그룹에 중요하다고 판단한 다른 목표들을 추구할 수 있는 기회를 제공한다. 아이들에게 창의적으로 동작 문제를 해결 할 뿐 아니라 리듬에 따라 함께 움직일 기회가 주어진다. 그들은 돌아가며 그룹을 이끌 기회를 얻고 서로를 따라서 연습하기도 하는데 이는 그룹 결속력을 키워준다.

소년 그룹은 체크인을 끝낸다. 그들은 충동적이고 참견하기 좋아한다. 준비동작은 보통 그룹이 원으로 둘러서서 모든 신체 움직임을 통해 차례대로 그룹을 이끄는 것으로 시작하지만 오늘은 소년들이 서로를 때리고, 넘어지고, 쉬지 않고 깔깔대며 자기-안정의 제안을 무시하고 있다. 그 그룹은 바닥에 앉게 지도를 받는다(무게 중심을 낮추면 충동 제어가 증가한다). 치료사는 바닥을 부드러운 리듬감으로 치고 통제를 하는 말을 흥얼거린다(리듬 있는 운동은 조직화를 제공한다). 소년들은 자발적으로 참여한다. 그들이 바닥 위에서 리듬 있는 다양한 패턴을 따르고 주도 할 수 있게 되면 우리는 몸을 두드리는 것으로 옮겨간다.

그림 15-3 리드믹 움직임을 통한 그룹 결속력 쌓기

이것은 그들이 자신을 느끼는 데 도움을 주며 마치 각각 자기 손으로 두드리는 것이 "나는 나야"라고 하는 것 같다. 동시에 중얼거리면서 소년들은 빨리 집중을 하고 안정을 얻고 흔들림이 없게 된다.

준비동작에서의 동작 경험들은 아이들이 새로운 기술을 확립하고 연습하는 데 도움을 준다. 이런 기술들은 구체적인 방식으로 기능하는데 예를 들면 아이가 자신의 공간을 더 잘 알고 참견을 줄이는 데 도움을 준다. 그들은 또한 내적 개념/자아 기능들을 확립한다. 예를 들어 아이들이 타인의 공간을 침범하지 않고 자신의 공간을 보호할 안전한 방법을 가지게 될 때, 사람들은 서로 다르게 교류하는 것도 알게되고 사회적으로 더 받아들여지며 더 자각하고 통제된다고 느끼면서 행동 선택이 늘어난다. 준비동작은 이 두 수준에서 창의적이고 위협적이지 않은 방식으로 작용한다. 보조자들은 그룹

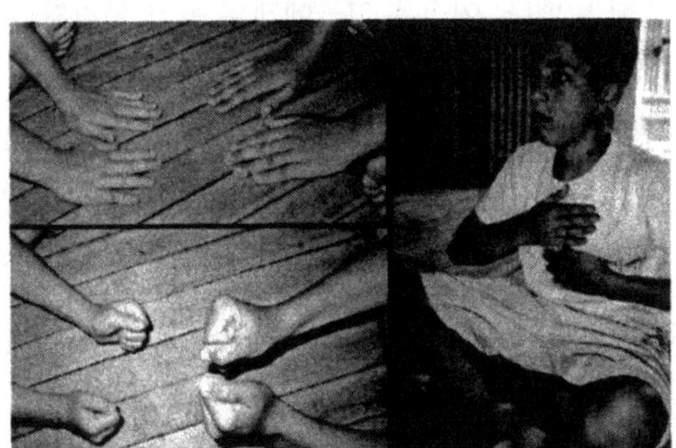

그림 15-4 리드믹 북소리와 신체 두드림으로 안정시켜 자신을 확인하기

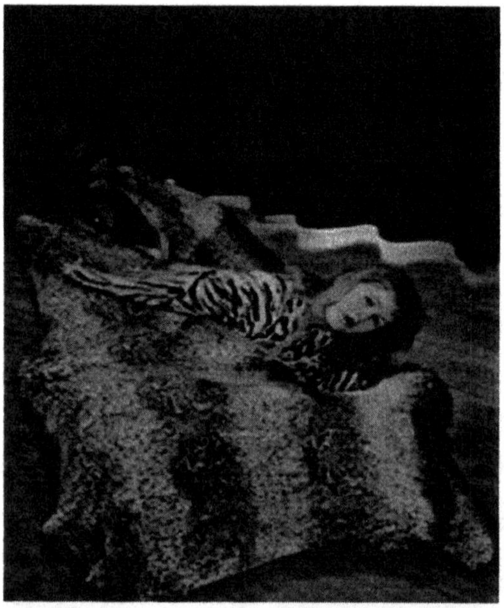

그림 15-5 아동과 치료사는 스판삭스를 입고 움직임 스토리를 하면서 아기동물이 태어난다.

안에서 더 힘을 써야 할 부분을 알아내는 것뿐 아니라 그룹의 에너지 수준을 재는 데 도울 수 있다.

준비동작에 이어 아이들과 함께 동작 기반 이야기나 구조화된 동작 경험들을 통해 어떤 주제를 탐구할지를 결정한다. 이런 주제들은 준비동작과 체크인에서 나타난 자료로부터 나온다. 자주 나오는 주제 중에는 안전, 위험, 갈등과 화를 다루기, 양육, 신뢰, 역량 강화, 그리고 안전한 주장 등이 있다. 세션 중 이 부분은 아이들이 동작, 창의적 과정, 언어화를 미해결 문제들에 대한 은유로 이용하도록 해준다.

다음은 세션의 초반에 나온 자료가 어떻게 치료 이야기 시간에 주제들로서 발전하는지에 대한 예시이다.

체크인 도중 아이들은 그들의 부모들이 어떻게 싸웠고 그게 얼마나 혼란스럽고 무섭게 느껴졌는지를 묘사했다. 준비 동작 중에 우리는 두 방향으로 몸이 밀릴 수 있는 것에 대해 실험을 했다. 이것은 그들에게 그들의 내적 경험을 몸으로 탐구할 수 있는 방법을 제공했다. 아이들은 부모의 싸움에 대해 이야기 하고 싶어 하는지 아닌지 결정했다. 싸우는 부모의 역할극을 할 때 기본 규칙은 안전을 확립하는 것에 맞게 설정되었다. 아이들은 아이들이 필요할 때 도움을 구할 수 있는 "안전지대"(돕는 어른이 있는) 뿐 아니라 방 양편에 두 개의 가정을 설정한다(각 가정에 한 명의 어른이 있는). 아이들은 어른들에게 무엇을 이야기 해야 할지 서로에게 어떻게 연기를 해야 할지에 대해 말했다. 이것은 그들에게 수동적 목격자/희생자와 대비되는 통제의 위치를 주었다. 그들은 말 그대로 움직였고 그들의 감정과 생각들을 탐구하면서 안전하고 편한 곳으로 이동할 수 있었다. 그들은 자신의 진행에 대한 증인이 되고 그것이 얼마나 혼란스럽고, 무섭고 불편한지를 말할 수 있었다. 그들은 또한 부모 사이의 일들이 어땠으면 할지 그들이 현실에서 부모가 싸울 때 무슨 일을 할 수 있는 지에 대해 나누는 기회를 가졌다. 각각의 아이들은 안전 계획을 마련했다.

평가와 치료

동작 관찰은 평가와 치료에서 도구로써 사용된다. 일정 기간 움직이는 아이를 관찰하고 그들의 움직임을 기록하고 나서 가능한 정신 건강 문제의 지표로서의 움직임 특성들을 본다. 아래는 동작 요소들, 내담자 설명, 치료 접근법에 대응되는 PTSD 관련 문제들이다(코른블럼과 페리, 2003).

해체

- 눈이 흐리거나 고정되어 있음
- 동작 표현의 제약
- 얼굴 표정이 단조롭거나 고정되어 있음
- 흐느적거림 또는 극도로 뻣뻣함
- 얕은 숨
- 타인에 대한 지연된/제한된 반응성

해체된 상태의 아이 사례

얕은 숨을 쉬는 창백한 여섯 살 소녀 에쉴리는 얼은 듯 보였다. 그녀의 몸은 높은 수준의 긴장을 보였다. 그녀는 언어 체크인 시간에 움직이지 않고 앉아 있었다. 그녀의 표현은 다른 소녀들에 대해 아무 감정이나 반응을 보이지 않은 채 텅 비어 있었다. 말을 할 때 거의 몸짓이 없었고 목소리는 억양 변화가 부족했다. 그룹이 움직임을 할 때 그녀는 혼란스럽고 멍하게 마지막에 일어나 뭘 해야 할지 몰랐다. 그녀의 움직임은 작고, 긴장되고 한정되어 있었다.

치료적 접근

지시적 리듬 동작은 어떻게 움직일지 결정하는 데 관한 에쉴리의 걱정을 없앴다. 한 치료사가 옆에 서서 온 몸으로 숨쉬는 모범을 보였다. 에쉴리는 보다 완전하게 움직일 수 있었고 숨을 크게 쉴 수 있었다. 과장된 얼굴과 신체 움직임을 실험하면서 치료사는 (그녀의 작고, 긴장되고 한정된 움직임을 강화하고 큰 숨, 더 열린 움직임을 회복시키면서) 에쉴리를 포함해 모두 깔깔거리게 했다. 적절한 때의 유머는 해체에 대한 놀라운 교정 수단이다.

과잉흥분

- 잠시 또는 제대로 지속되지 않는 시선 접촉
- 한 대상에 초점을 맞추거나 주의를 기울이는 데 있어서의 어려움
- 에너지/흥분성-극도로 높거나 낮음
- 과제에 적합하지 않은 에너지
- 촉각적 또는 공간적으로 방어적
- 과잉경계-자극에 대해 자주 놀람
- 스스로-잠잠해지는 데 있어서의 어려움
- 자기-안정을 위해 극단적인 방법을 사용함
- 형편없는 공간 지각-침입적-움직이고 멈춰있는 물건들에 부딪힘
- 충동적 말투(갑자기 에너지를 폭발함), 발생하면 행동을 억제하지 못함

아이의 과잉흥분 사례

레이는 심각한 외상의 전력이 있으며 학교에서 거의 모든 시간마다 짜증을 내는 일곱 살 소년이다. 그는 치료받을 때 부주의하며 가방을 한 쪽으로 외투는 다른 쪽으로 던지며 언제나 아주 크고 흥분해서 말을 한다. 준비 동작 중에 그는 통제하는 데 어려워하는 큰 동작으로 움직이려 했다. 그는 신체적으로 침입적이 되려 했고 그의 눈은 한 곳을 보고 있지 않고 빠르게 움직였다. 도움을 주려고 신체에 가까이 다가서려 하면, 도망갔다. 보통 여러 사람이 붙어 있던 어린 아이는 자신이나 다른 사람을 해치기 일쑤였으며 "우연히 누군가를 해치는 것"을 화내는 것과 연결시키지는 않았다.

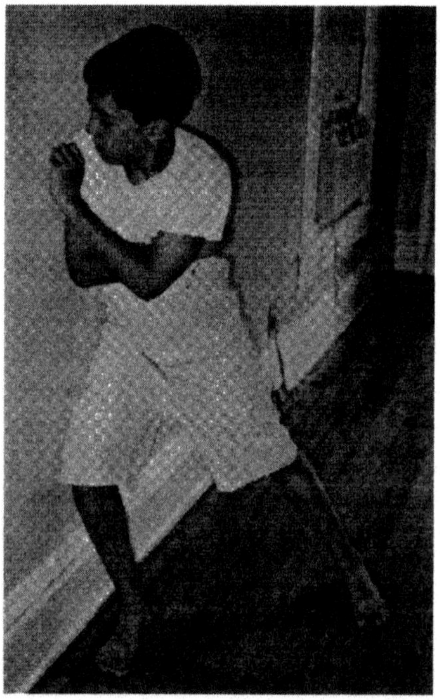

그림 15-6 벽을 마주하여 지속적인 힘으로 밀어내기

치료 접근법들

레이에게 밀어낼 수 있는(벽) 단단한 구조를 주는 것은 그가 그의 힘을 집중하고 느끼고 통제하게 하는 데 도움을 주었다. 그는 무릎을 구부리고 발을 바닥에 고정시킨 채 등으로 벽을 밀었다. 또한 그는 다른 방식으로 미는 것을 시도하기도 했다. 이런 식으로 그의 무게와 힘을 쓰는 것은 레이를 흔들리지 않고 말 그대로 그

의 몸과 연결되게 느끼도록 도와주었다. 레이는 밀 때 그가 원하는 말이나 소리를 내도록 허락을 받았다. 이것은 더 완전하고 통합된 신체 사용을 지지해 주기 위해 숨을 깊게 쉬도록 할 뿐 아니라 감정이나 생각을 표현할 기회도 주었다. 한번은 레이가 분명한 목소리로 소리 질렀다. "저리가, 혼자 내버려둬." 그는 이 말을 몇 번 반복했다. 아마도 그의 삶에서 다른 때는 할 수 없었던 것을 말하고 움직일 수 있는 기회를 준 것 같다. 지속적인 힘으로 미는 것은 레이가 충동성에 대한 통제를 얻는 데 도움을 주었다.

애착 문제들

- 긴장이나 걱정의 징후
- 시선 접촉 부족
- 항상 외부 자극에 관련되지 않는 흥분성
- 좌절감에 대한 낮은 자제력
- 지속적인 동시성 부족
- 자기-안정에 대한 어려움
- 촉각적 그리고/또는 공간적 방어
- 짧고 반복적인 표현
- 동작범위의 몸짓 동작이 부족, 얕게 숨쉼

아이의 애착 문제 사례

한 살때 무시되고 버려진 전력이 있는 일곱 살 소년 싸이는 분명한 애착 문제의 신호를 보였다. 그가 하고 싶은 대로 못하거나 능력에 대해 불확실하게 느낄 때마다 그는 포기하고 그룹으로부터 떨어져 나갔다. 그의 몸은 뻣뻣하고 굳어 있었으며 상체를 구부려 숨을 제대로 쉬지 못하게 만들었다. 그는 팔을 가슴에 대고 밀었는데 그것은 자신과 그 가슴을 보호하려는 것이었다. 그가 잘 협조할 때조차도 그는 다른 아이들의 움직임에 맞추고 참여하지 못하거나 다른 아이들이 따라 하게 하지 못했다(동시성). 그의 굳고 유동성 없는 몸은 그의 욕구를 충족시키기 위한 다른 아이들과의 협상을 불가능하게 만드는 것에서 나타났고, 그것은 절망감을 키웠다. 편안함과 문제해결을 위해 접근할 때 그는 관계 맺으려는 시도를 거부했다.

치료 접근법들

싸이가 화났을 때 물러날 공간을 주고 혼자 있을 시간을 주는 게 중요했다. 몇 분 후에 그를 끌어들이는 방법을 찾기는 어려웠다. 느리고 간접적인 접근법이 필요했다; 즉 정면이 아니라 옆에서 접근하는 것. 그가 취한 자세와 같이 옆에 앉아 있으면서 그의 자세와 분위기에 맞추고(동조) 말로 그에게 일어나고 있는 일을 설명하자("나는 네가 그룹에서 떨어져 나온 것을 보았다. 뭔가 너를 괴롭히는 것 같더라.") 싸이는 그의 무력감, 무능함, 절망감을 나누었다. 손을 대지 말았으면 하는 그의 바람을 받아들이고 힘을 얻게 되는 방법을 제안하는 욕구를 거부하는 것이 유일한 방법들이었다. 유아들과 같은 대부분의 아이에게 주어지는 받아들임을 제공하는 것은 싸이가 가지고 있는 모든 감정이 받아들여지는 경험을 허락해주었다. 밀어내는 게임과 활동적인 공상 게임들은 싸이의 감정들을 발산할 수 있고, 보다 오랜 시간 동안 타인들과 관계 맺을 수 있게 하기 위해 제공된 다른 기술들이었다.

우울 (고립 또는 회피-과잉)

- 신체 자세-오목함(또는 회피시 볼록함)
- 줄어든 호흡
- 줄어든 몸짓 사용-가깝거나 먼 경향, 스스로 많이 만짐
- 너무 낮거나 높은 에너지 수준
- 중립적이거나 고정된 얼굴 표정
- 시선 접촉 감소
- 자발성 부족
- 주의력에 대한 신체 표현 감소
- 몸에 대한 걱정과 낮은 위생

아이의 우울 사례

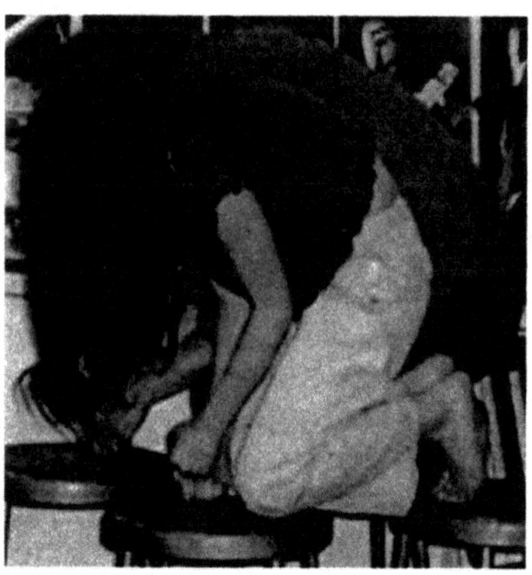

그림 15-7 미러링을 통한 조율

상실감과 학대 경력이 있는 일곱 살 소녀 앤은 수동적이고 고립되었으며, 무력해 보였다. 다른 그룹 아이들은 강한 비트의 음악에 춤을 추었지만 앤은 등의 균형에 맞게 두 개의 방석을 대고 천천히 움직이면서 기어 다녔다. 그녀는 머리를 숙이고 그녀에게 가까이 다가와 위험할 수도 있는 다른 그룹 구성원들로부터 스스로를 보호하려고 하지 않았다. 움직이는 속도와 기어 다니는 강도에 변화가 없었고, 슬퍼 보이던 (조용한 절망) 얼굴 표정 변화도 없었고 기어 다니는 동안 누구와도 대화하려고 시도하지 않았다. 그녀의 숨은 얕았고 모든 움직임은 몸 가까이에서 일어

났고 반복적이었다. 이처럼 느리고, 힘들게 기어 다니는 움직임은 변화 없이 몇 주간 반복되었다.

치료 접근법들

경험에서 볼 때 아이들이 원래의 외상이 일어난 발달 단계로 돌아가는 것을 보는 것은 드문 일이 아니다. 우리는 이것을 소리와 언어화뿐 아니라 접근하는 공간적 수준(바닥), 동작(기어 다님), 신체 자세에서 본다. 움직임을 통해 아이들이 보여주는 발달의 수준에서, 한 아이와 동조할 수 있을 때 그 아이를 움직이게 하는 극적인 변화가 일어난다. 예를 들면 치료사가 그녀의 움직임, 호흡, 에너지를 통해 상징적으로 따라 기어 다니는 자세를 보고 나서 그녀는 더 활동적이 되었다. 거북이는 없어졌고 공격적이고 활력이 있는 소녀가 나타났다.

분노, 문제들

내담자들의 분노는 치료사에게 공포, 걱정, 화 같은 많은 감정을 촉발할 수 있다. 많은 내담자들이 그것을 영원히 없애기를 원한다. 내담자에게 움직이고 바꾸기를 원하는 것에 대해 그들에게 알려주면서 작업을 하는 것이 유용한 자료가 된다.

- 자기-안정과 자기-통제의 어려움
- 절망에 대한 낮은 참을성
- 의도적인 공간 침범
- 높은 긴장 수준
- 불안정한 정서-자주 변하는 분위기
- 가슴 호흡-빠르고 얕다
- 얼굴 표정-입을 오므리고 눈썹은 내려감
- 힘과 갑작스러움이 강조됨
- 움직임은 강렬한 경향이 있음(발 구르기나 주먹질에서처럼 끝에 강세를 둠)

화난 아이의 사례

가정 폭력의 배경을 가진 2학년 로리는 하루에 열 번까지 화를 폭발했다. 한 순간 기분 좋다가 금방 화가 잔뜩 난다; 그의 폭발은 발 구르기, 다른 사람 밀기, 소리치기, 뛰어 나가기 등이다. 때로 그의 화는 자신의 감정이나 생각에 의해 촉발되고 때로는 그 주변에서 일어나는 일 때문이다. 그는 안정되기가 어려웠고 문제 해결과 편안하게 만들려는 시도를 거부했다.

치료 접근법들

로리의 강도를 우리 움직임과 말로 맞추려는 우리의 의지는 우리가 로리의 감정을 두려워하지 않는다는 것을 알게 했다. 치료사들을 포함한 전체 그룹은 강한 리듬의 음악과 "아니", 또는 "안 해" 같은 소리에 맞춰 주먹질, 으르렁거림, 발 구르기 같은 고강도의 동작으로 준비움직임을 했다. 이것은 활력 있는 분출을 제공했고 흥분의 감소와 긴장 완화의 세심함으로 귀결되었다. 우리는 그 후 자기-통제의 4B라고 불리는 안정을 위한 네 부분의 동작 기술을 그룹에게 가르쳤다(코른블럼, 2002).

1. 브레이크: 팔꿈치를 가슴으로 한 데 밀면서 힘을 모으기
2. 호흡: 팔을 머리 위로 올리면서 안정된 숨을 세 번 천천히 쉬기.
3. 뇌: 머리에 손을 놓고 (손가락을 깍지 끼고) 말하기, "나는 안정될 수 있다"
4. 몸: 두 손을 가슴에 놓고 몸이 안정되고 고요해지는 것을 느끼기

우리는 안정의 핵심 요소인 복식호흡을 연습했고(들숨에 배와 가슴이 함께 올라가고, 날숨에 내려가는), 초기 신체 흥분 신호, 예. 심박수 증가 또는 귀나 볼이 뜨거워지는 것 등을 인지하는 작업을 했다. 우리는 4B를 할 필요를 나타내는 온도계에서 온도가 올라가는 이미지를 높은 흥분을 표시하기 위해 사용했다.

하루는 신체 내에서 화가 어떻게 느껴지는 지 이야기 하던 중에 그룹에 있던 케리는 그룹에서 연결시킬 수 있는 한 이미지를 제시했다. 그녀는 화가 나면 그녀의 몸 안에서 하나의 공이 심하게 튀고 있는 것처럼 느껴진다고 말했다. 그에 대응하기 위해 치료사들은 이 이미지를 실험하게 해주는 활동을 구성했다. 우리는 모두 등과 엉덩이 위에 걸쳐진 늘어나는 스판덱스 천으로 된 보라색 원 안에 서 있었고(그 천은 은유적으로 몸을 나타냈다), 그 천 안으로 기대어 들어가면서 서로를 지탱했다. 각각의 아이는 순서대로 자신들의 화를 내었고, 뛰어 다니고 펄쩍 뛰는 동안 나머지는 그 "컨테이너"에 단단히 붙어 있었다. 아이들은 화를 분출하면서도 서로 지지하고 힘을 얻어 놀랍게 고정되어 있었고 아무도 자제력을 잃지 않았다.

잠재적 치료 접근법들

- 언제나 아이의 장점에서 시작하고 치료에 들어오는 시점에 각각의 아이를 받아들인다
- 저항과 함께 하는 것은 긍정적인 것으로 바꿈으로써 연기하는 행동을 포함한다.
- 부정적인 것에 집중하는 대신 긍정적인 면을 인정하는 것은 건강과 자존감을 확립한다. 그것은 강화의 긍정적 모범을 세우기 때문에 행동 통제에 작용한다.

그림 15-8 한 아동의 자기공간에서의 위로와 양육

- 동시성은 조화와 그룹 결속력을 발달시키는 데 이용된다.
- 리듬 있는 음악이나 동작은 조직화하는 구조의 역할을 한다.
- 원형은 타인에 대한 자각을 기르고 그룹 결속력을 발달 시킬 수 있다.
- "타임"을 부르는 것은 그룹 진행을 늦추는 데 쓰일 수 있으며 그에 따라 흥분 통제, 강화 지도, 의견 표현 기회 제공 그리고 문제 해결을 한다.
- 지시적 동작(구조화된 활동들)은 기술을 쌓고 걱정을 더는 데 쓰일 수 있다.
- 특성 움직임이나 자세를 과장하고 강화하는 것은 억제된 패턴들을 분출하면서 반대 방향으로 회복 움직임을 가져다 준다.
- 각 아동에게 누구도 허락 없이 들어가지 못하는 개인 공간을 제공하는 것은(방석, 사각 카펫, 또는 공기 의자 등으로 표시되는) 흥분하고 위협 받을 때 휴식의 공간을 제공하며 안전과 경계의 감각을 발달시킨다.
- 유머는 힘들어하거나 분열된 아이들과 관계 맺는 방법이며 걱정을 덜어준다.
- 아이 옆에 있는 것은 자기 통제를 돕고 새로운 행동 선택의 모범을 준다.
- 벽이나 치료사를 지속된 힘으로 미는 것은 통제, 중심, 기초를 길러준다.
- 움직임 이야기들은 치료 과정에서 거리와 안정감을 만들기 위해 은유를 이용한다.
- 그대로 따라 하기는 조화 경험을 제공한다.
- 내담자들에게 내적 감정에 대한 질문을 하는 것은 내담자들을 현재에 머물게 한다.
- 구체적 기술들, 예. 자기-통제의 4B 등은 단계적으로 줄이고 자신감과 통제력을 길러준다.
- 부드러운 방석, 공기 의자, 동물 인형 같은 전이 대상은 안정과 양육을 제공한다. 몸을 둘러싼 헝겊이나 천은 경계를 발달시키고 견제를 돕는다. 스카프나 스판덱스 밴드 같은 전이 대상을 가지고 움직이는 것은 외부적 초점을 제공하며 더 넓은 동작 레퍼토리의 영감을 줄 뿐 아니라 그룹을 통합하는 데 이용될 수도 있다.

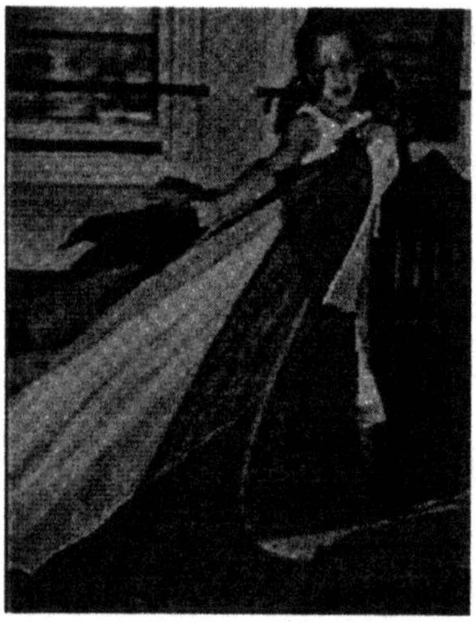

그림 15-9 스카프와 함께하는 움직임

그림 15-10 미러링을 통한 조율

결론

외상 피해자들과 작업을 하는 치료사들이 작업에 대한 강한 근거를 가지는 것은 필수적이다. 치유는 선형적 과정이 아니다. 그것은 방어를 통한 돌기, 감정적 고양, 신뢰, 기술 형성, 흥분의 기간, 안정과 같이 나선형으로 작동한다. 내담자들과 신체적, 정서적, 정신적으로 함께 하는 치료사들의 능력은 치료시 창의적이고 자발적인 반응이 나오게 할 수 있다.

외상에 초점을 둔 DMT를 아이들에게 제공하는 방법은 안정감을 확립하고 다중적인 움직임들 행동과 정서적 선택을 개발하는 것을 통해서이다. 우리가 만들어내는 기술과 접근법에서의 변화는 그것들이 개인이나 그룹에 맞춰 계속해서 발전하고 바뀌기 때문에 무한하다. 우리는 내담자들을 통제하면서 내적, 외적인 외상을 탐구하기 위한 안전 공간을 만들기 위해 아이들과 적극적으로 일한다. 이것은 그들의 치유과정을 믿고 그들을 희생자의 위치에서 구해준다는 것을 그들에게 보여준다. 우리의 궁극적 목표는 내담자들이 억제의 감각을 내면화하기 시작해서 사랑과 공감으로 자신들의 모든 부분을 채우는 법을 배울 수 있게 하는 것이다.

16장

외상후 스트레스 반응 아동을 위한 무용동작 치료와 명상

드보라 A. 오도넬

서론

세계의 아이들은 춤추고 노래하고 논다. 그들은 살아있는 상상력이 있고 순간순간의 경험을 즐기며 대부분의 어른을 훨씬 능가하는 방식으로 마음과 몸의 상호작용을 직관적으로 이해하는 듯 보인다. 그러나 불행하게도 춤추고, 노래하고, 놀이하는 아이들이 점점 폭력을 목격하고, 희생당하며 사건을 저지르기도 한다. 이런 무서운 폭력적 경험들이 정상적 인간 경험의 범위를 벗어난 것으로 특징지어질 수 있을 정도로 극단적일 때, 마음과 몸의 발달이 외상적 스트레스 반응을 키울 수 있다. 압도적이고 혼란스러운 경험에 대한 이러한 반응들은 인지, 지각, 정서적 분열을 포함하는 많은 형태로 일어날 수 있다. 슬프게도 치료를 못 받거나 부적절하게 치료되면 그런 반응들은 성인기까지 지속되어 있는 정신, 마음, 몸의 조절이 안되고 치료가 더 어려운 형태로 진행될 수 있다. 장기 외상 스트레스 반응을 가진 성인들은 안정적 자기 감각 형성이나 보상적 대인관계를 유지하는 데 어려움을 겪을 수도 있다. 이 장의 목적은 외상후 피해자들에 대한 명상과 동작치료를 탐구하는 데 있다.

오늘날의 외상에 대한 아동의 노출 문제는 매우 심각하다. 도시와 시골 지역 공동체 모두에서 청소년 사이의 폭력을 목격하고 피해를 입는 것은 놀라울 정도로 일상적이다. 한 도시 공동체 청소년의 40퍼센트 이상이 한 번 또는 그 이상의 환경적 맥락에서 불안함을 느끼는 것으로 보고 되어 있다(슈와브-스톤 외, 1995; 슈와브-스톤 외, 1999). 이런 폭력적 환경은 외상피해의 단계적인 반응을 무한히 반복되도록 작동하게 하면서 복합적, 개인 내적으로 개인 간의 수준에 영향을 미친다(블레어, 2002). 이 외상피해의 단계적인 반응은 두뇌 체계, 유전자 발현, 정서, 인지, 행동 등(글레이저, 2000; 칸델, 2001)을 포함한 심리적, 생리학적 기능의 전 층위에 영향을 준다. 이런 반응들은 또한 아이 세계와의 접촉을 통해 환경에 영향을 준다.

외상 스트레스 반응이 발달하는 것은 아이와 환경의 접점이다. 용서 없는 환경에 대한 이런 방어들은 감각적이고 인지적인 처리 수준으로부터 퍼져서 인지, 정서 그리고 다른 더 높은 단계의 정신 활동들에 영향을 주는 것으로 확대된다. 외상에 노출된 아이들에 관여하며 치료하는 임상치료사 입장에서 이런 감각-인지적 수준의 아동 내담자들을 만나는 것은 무섭고 통제되지 않은 감각적 경험들과의 불가항력적 조우로 인해 손상 입은 그들에게 감각적 생리학적 기능의 재측정을 통해 외상을 입은 아이를 치료하는 데 있어서 최선의 도움을 제공할 것이다.

외상 피해의 신체적 경험은 손상을 입고 종종 부적응적으로 남는 한편, 세계 모든 지역 인류안에 깊은 향유와 표현의 근원이기도 하다. 표현적 신체 동작과 동반하는 감각적 자극을 창작하는 동기는 인간 조건의 내재적 부분인 듯하다. 많은 사회에서 동작, 무용, 호흡 과정에 대한 신체 통제는 가족, 공동체 그리고 종교 생활의 지배적인 요소들이다. 그래서 신체적, 정신적, 정서적 그리고 영적 마음과 몸의 관계가 자연스럽게 일어나는 존재들에게 이러한 경험들은 중심적인 것이다. 인간의 삶에 대한 이러한 신체적 표현은 빈 공간에서 일어나지 않는다. 오히려 그것들은 언어, 문화 그리고 다른 정신적 추상의 형태들의 맥락 내에서 발생한다. 의식과 제의들에 문화적으로 코드화되어 움직임과 명상은 주요 인생 과도기에 수반되며 세상의 많은 부분에서 개인과 사회의 통합을 촉진한다. 심리학 분야에 대한 특정한 관심에서 전통적 치유의 고유 형태들은 종종 움직임과 명상을 긴장 분출, 고통 완화, 정신적 안정 등의 방법으로 구체화한다(본트레스, 1999).

움직임/명상에 대한 서양의 시각

전통적으로 서구 사회는 일상 생활의 문화적 토대를 마련하는 수단으로서 움직임과 명상을 별로 강조하지 않는다. 과학적 경험주의가 지적 공동체를 지배함에 따라 서구 사상의 중심이 된 이원론의 신조, 또는 마음과 몸의 명확한 구분은 인생의 작업들에 대한 우리의 이해를 자연적 신체 과정의 역할에 가치를 별로 두지 않는 방식으로 형성되었다. 결과적으로 일상 서구 경험과 현실로부터의 동작과 명상의 분리로 발전된 것이다. 아주 고도로 기술적으로 진보된 사회에서 조차도 자연의 신체 기능과 생존 메커니즘에 대한 관심의 부재로, 높은 단계의 두뇌 처리는 건전한 토대가 부족하며(레비, 1992) 외상에 대한 노출에 의해 이런 토대가 흔들릴 때 그 효과는 훨씬 더 분명해진다.

감각-인지적 토대를 회복하려는 시도에서 외상 피해 아이의 내적 세계를 단단하게 재건하는 것이 외상 후 스트레스 중재의 목표일 것이다. 마음-몸, 정신의 통합에서 이런 기술들을 다양한 방법으로 사용하는 것이 필수적이다. 내담자의 필요에 맞추는 다양한 치료 기술들을 사용하고 치료적 관계의 성격, 그리고 임상의 전문성을 강조하는 심리치료에 대한 절충적 접근법들은 점점 더 일반화 되고 있다. 이 접근법의 일부는 외상후 스트레스 반응들이 발달하는 마음-몸의 접점을 대상으로 하는 동작과 명상 기술들을 구현한다. 이 장은 심리생리학 이론적 틀 내에서 이러한 기술들을 조사하면서 외상후 스트레스 반응들을 경험하는 아이들에 대한 동작 명상 치료 접근법들을 탐구한다.

외상은 무엇이고 외상후 스트레스 반응들은 무엇인가?

정신병의 진단과 통계 매뉴얼(DSM-IV; 미국 정신의학협회, 2000)은 외상을 "실제적이거나 위협적인 죽음 또는 심각한 상해와 관련된 사건이나 사건들, 또는 자기나 타인들의 신체적 통합성에 대한 위협"으로 정의한다. 외상후 스트레스 반응들은 인체 기관들이 두뇌, 마음, 신체 활동에 미친 외상의 영향에 반응하는 메커니즘들이다. 외상후 스트레스 반응들은 다양한 과정을 통해 일어나거나 발생시킬 수 있다.

폭력적 외상은 세 가지 주요 메커니즘에서의 변화를 통해 그 흔적을 인간 두뇌 발달에 남긴다: 두뇌 해부학, 신경화학, 호르몬 생산. 이 모든 현상에서 중립적 유연성과 사용-의존적 발달의 개념들이 중요하다(맥이웬과 마가리노스, 1997; 넬슨과 카버, 1998). 이런 용어들은 신경화학물질의 배치, 중립적 관계의 생산 그리고 그 환경에 대한 중립적 충동의 속도를 통해 스스로 순응하는 인간 두뇌의 경향을 가리킨다. 긍정적이고 격려하는 환경에서 자라는 아이는 환영하는 세계에 대한 적응하는 반응을 담당하는 두뇌 영역에서 중립적 관계를 강조하는 두뇌 발달을 경험할 것이고, 반대로 폭력적이고 예상할 수 없거나 부정적으로 자극하는 환경에서 자라는 아이는 위협, 자동 보호 반응과 공포를 감지하는 것을 담당하는 영역에서 보다 현저한 두뇌 발달을 경험할 것이다. 폭력적인 외상적 사건들은 항상성을 파괴하고 덜 기능적인 새로운 평형 상태로 이끄는 보상 반응을 만들면서 아이를 압도한다(페리, 2001). 외상에 부차적인 이런 신경해부적이고 신경생리학적 변화는 아이의 감정을 말로 표현하는 능력을 직접적으로 감소시킬 수도 있다. 외상 입은 청소년의 인지 학습 장애는 많은 연구에서 일관되게 기록되어 왔다(코스터, 커스텐, 비글리와 시체띠, 1989; 맥패디언과 킷슨, 1996). 워다르스키와 동료들(1990)은 신체 학대를 받은 청소년 집단을 연구했고, 비교 집단의 24%와 비교해서 방치된 아이들 중 60%와 학대 받은 청소년의 55%가 적어도 한 학년을 유급했다는 것을 알아냈다.

작은 두뇌의 용량과 해마체 크기 같은 뇌 기능에 영향을 주는 많은 스트레스 반응들이 외상 후 스트레스 장애(PTSD)가 있는 개인들에게서 발견되었다. 해마체는 기억 형성에서 중요한 역할을 하며 그 손상은 외상 피해자에게서 나타나는 부분적인 기억 장애로 설명될 수 있다(브렘너 외, 1995, 1997; 드벨리스, 봄과 버마허, 1999). 다른 이들은 편도선을 억제하는 뇌의 부분인 전면 띠와 공포 반응과 관련된 다른 뇌의 부분들의 활동 감소를 지적한다(신 외, 1999). 연구들은 두 개의 스트레스 반응 관련 신체 체계인, 시상하부 뇌하수체 축과 자율 신경 체계가 모두 초기 외상 경험들의 결과로 과잉 또는 부족반응을 할 수 있다는 것을 보여주었다(맥이웬과 마가리노스, 1997; 예후다, 스페르터스와 골리에, 2001).

외상은 외상의 신호와 대면했을 때 높아지거나 낮아진 생리적 흥분으로 희생자의 스트레스-반응 체계를 활성화한다(킨, 콜브와 칼로우펙, 1998). 아이들 가운데서 외상의 고통에 대해 가장 쉽게 접근할 수 있는 반응은 종종 탈인격화, 탈현실화, 마비 그리고 극단의 경우에는 긴장병 같은 원시 방어를 사용해 외부 세계로부터의 이탈로 이루어진 해리 메커니즘의 활성화와 관련된다(페리와 폴라드, 1998). 해리는 보호적이며 아이가 심리적으로 외상을 겪어낼 수 있게 해 준다. 하지만 거듭되면 그것은 부적응적이 될 수 있으며, 더 이전의 외상에 대한 언어적 또는 신체적 기억들을 촉발하는 상황 중에는 부적절하게 발생할 수도 있다.

아이 경험의 대부분이 폭력이나 위험으로 특징지어 진다면 미래 경험들(객관적으로 폭력적이든 아니든)은 폭력이나 위험을 기대하는 체계로 갈 수 있는 가능성이 높다. 상태-의존적인 회상은 기억이 형성될 때 나타난 것과 비슷한 감각이나 정서적 자극에 대한 노출을 통해 촉발되는 것을 통한 과정이다(고든과 베들리, 1975). 외상 피해자들에게 상태-의존적 회상은 외상적 사건(외상 중에 나타난 시각, 후각, 청각, 정서적 경험)의 측면을 상징하거나 내적, 외적인 신호가 외사적 사건의 재경험으로 귀결되는 때 보일 수 있다. 연구에 따르면 장기적 폭력에 노출된 청소년은 그 환경에서 폭력, 적대감, 공격성을 기대하기 쉽고 객관적으로 그렇지 않은 때 조차도 이런 특성들이 존재하는 것으로 받아들이기 쉽다. 적대적 특성 편견 그런 의도가 없는 타인들에 대한 적대적 의도는 장기 폭력에 노출된 개인들 사이에 공통적이다(닷지, 1993). 불행히도 개인이 좁게만 초점을 맞추고 때로는 심지어 오인하게 하면서 위협적 신호들로 인해 다른 환경적 신호에 주목 할 기회를 얻지 못하게 하고, 타인을 밀어내게 하면서 그런 인지적 편견들과 왜곡은 또한 두뇌와 신체 자원들을 고갈시키는 역할을 한다.

종종 끔찍한 일이 일어났고 위험하다는 것을 아이가 이해기 시작하면서 발생하는 외상 후 스트레스 종합증상이 나타나면 내적, 외적 외상 기억에 대한 암호화와 저장의 과정이 시작된다. 아이들에게 이런 과정들은 성인의 반응과 여러 중요한 측면에서 차이가 있다(테르, 1996). 연구는 아이들은 성인들에게서 설명되는 공포, 무력감, 공포보다는 해체나 흥분을 보여준다고 지적한다(탈봇, 2001). 그런 해체된 행동은 수면 곤란, 종종 외상 자체에 대한 것이 아닌 모호한 내용의 악몽, 자동 흥분의 증가 그리고 심리신체적 불만의 형태로 나타날 수 있다(그린, 1997). 또한 외상 입은 아이들에게는 학대, 회상, 정서 또는 학대와 연관된 사건들에 대한 회피 등의 주제가 있는 반복된 놀이를 통해 그들의 외상에 대한 노출의 효과를 드러내는 것이 무척 흔하다(펠코비츠, 케플란, 골드버그와 바인블랏, 1994). 외상적 놀이는 결국 더 분명히 정해진 침입적 생각, 공포 그리고 특정 외상적 내용이 반복되는 악몽으로 발전한다(테르, 1996). 위험을 무릅쓰는 무모한 행동을 동반하는 미래에 대한 감각 축소 또한 흔하다.

외상 노출을 겪은 아이들에의 PTSD 유행병은 논쟁의 주제가 되어오고 있다. 몇몇 연구는 학대받은 아이들의 39% 정도에서 PTSD가 발병한다고 지적했고(파물라로, 킨셔프와 펜튼, 1992; 그린, 1997) 다른 연구에서는 분명한 PTSD보다는 행동, 정서, 사회적 어려움들이 더 쉽게 나타난다고 한다(펠코비츠 외, 1994). 외상후 피해 아동들이 행동 정서적 어려움을 갖기가 쉽다는 증거들이 많아지고 있다. 시체띠와 토스(1995)는 정서 부적응, 분열적이고 공격적인 행동, 불안정하고 비정형적인 애착 패턴, 공격성 증가 또는 사회성 부족 등이 있는 손상된 친구 관계 그리고 학업 부진 등을 포함하는 광범위의 결과에 주목했다. 또한 높은 비율의 우울, 행동 장애, 주의력 결핍, 과잉활동 장애(ADHD), 적대적 반항 장애(ODD), 외상후 스트레스 장애(PTSD) 등을 포함하는 다른 동반질환의 정신의학적 장애들도 발견했다. 다른 연구에서도 학대가 포괄적 장애, 사회성 부족, 주요 우울증, 행동 장애, 적대적 반항 장애, 광장 공포증, 과잉 근심 장애, ADHD 그리고 약물 남용 등과 상당한 연관성이 있다고 보고했다(파물라오 외, 1992; 케플란 외, 1998; 리빙스톤, 로슨과 존스, 1993).

외상의 잦은 결과 중 하나는 공격성이다. 공격자와의 동일시를 포함한 병리적 방어 메커니즘이 역할을 할 수도 있다. 외상 입은 취학 전 아이들은 또래 아이들보다 더 잦은 공격 행동을 하며(클림즈-더건과 키스트너, 1990) 또래에 대해 적대적 의도를 보인다(닷지, 베이츠와 페팃, 1990). 외상 입은 아이들은 또한 청소년기(헤렌콜, 에골프와 레헨콜, 1997)와 성인기(위돔, 1989)에 폭력범죄 행동의 위험에 노출되어 있는 것으로 보고된다.

인간 경험의 범위 바깥의 단일 사건은 수많은 부적응 반응을 일으킬 잠재성이 있다. 외상에 대한 인체 기관의 신경, 생리, 인지-정서 반응에 대한 상세한 논의를 위해서는 위의 경험적 연구에 대한 설명을 하고 있는 저자의 최근 리뷰 기사를 참조하라(조쉬와 오도넬, 2003). 이런 다양한 반응 패턴들의 토대를 이루는 공통 감각적 생리 매커니즘을 밝히고 이런 메커니즘들을 대상으로 중재 전략을 채택하는 것이 가장 합리적인 치료 접근법인 듯하다. 동작치료와 명상 전략들은 이 면에서 유용한 것으로 증명될 수 있다.

동작 치료와 그 작동 방식

종종 의식적인 생각이나 의도적인 초점의 영역 바깥의 정신적 사건은 신체적 과정인 움직임에 많은 중요한 기능을 하며 상관된 두뇌, 정신 신체 자원들을 활성화시킨다. 움직임에 의해 제공되는 동작성, 감각 활성 그리고 촉각적 자극은 종종 자기통제, 신체 존중, 인지-정서적 처리를 중심으로 하는 긍정적 반응 주기를 일으킬 수 있다. 이런 결과들은 외상 반응을 가진 인체 기관들의 발달에서 특히 특징적이다.

인체 기관 발달의 촉각과 신경체계 사이에는 공통된 근원이 있는 듯하다. 신경 체계와 피부는 태아의 외배엽으로부터 발달하며,.특히 인생의 초기에 중심 및 주변 신경 체계에 대한 중요한 신호와 자기-통제 정보 공급 능력을 촉각에 부여한다. 이것은 피부와 신경 체계 간의 복잡한 상호의존으로 이끈다(코헨, 1993). 그렇게 신체 움직임, 조정, 통제는 인체 기관의 "명령 센터"인 두뇌와 척추에 역동적인 의사소통을 돕는다.

위에 묘사한 과정들을 구현하는 것을 목표로 하는 동작 치료는, 시작과 발전 단계에서 많은 형태를 취해왔고 여러 이론적 체계가 다양한 동작 치료의 형태를 가져왔다. 동작치료의 메커니즘과 효과에 대한 현대의 개념적 이해 중 가장 영향이 큰 세 가지에는 아들러의 심리학, 사이코드라마 치료 그리고 감각-인지 처리에 관한 신경심리학적 연구가 있다.

아들러의 체계

몇 가지 이론적 이견 때문에 관계가 상할 때까지 지그문트 프로이트와 가까이 일한 알프레드 아들러는 원 가족 내의 초반 경험의 중요성을 강조하는 인격 이론을 세웠다(니스툴, 2003). 창의적 자아, 대인 관점에서의 행동 이해, 사회적 관심, 의미 추구 같은 아들러의 개념들과 전체론적 심리학은 심리역학적 근원의 동작 치료 접근에 대한 그의 이론들에서 가장 핵심적인 부분이다(레비, 1992). 동작 기술에 대한 많은 임상적 접근법들은 신체 조정, 리듬, 움직임 효과가 창의적 자아의 발달에 영향을 주는 아들러의 방식을 강조한다. 그 창의적 자아는 그것을 통해 모든 동작이 발생하는 지점으로서 형성된다. 아들러는 인간은 자기 결정론적인 방식으로 창의적으로 세계와 상호작용할 잠재력을 가지고 있다고 했다(니스툴, 2003). 개인의 이 창의적 힘은 동작을 통해 이용되고 유도될 수 있다.

그의 사회적 관심에 대한 강조에서 아들러는 인간들이 공통된 목표를 향해 타인과 협력하고 함께 일하는 생득적 경향을 가진 것으로 설명했으며, 이 경향은 강력한 동기부여력을 나타낸다고 말했다. 동기화된 움직임, 그룹 협력, 공통 목적을 강조하는 그룹 배경으로 동작치료가 수행될 때 사회적 관심은 배양되고 발달될 수 있다. 전체론적 심리학으로서 아들러의 이론은 개인을 분리할 수 없고 분리되어 있지 않은 것으로 이해한다. 아들러 주의 이론가는 한 개인이 일관된 신념, 인식, 목표를 가진 온전한 인격으로 자신을 조직화하는 방식과 마음과 몸의 상호작용에 집중한다. 이 관점에서의 움직임 작업의 일차적 초점은 동작 잠재성에 대한 조직화되고 구조화된 탐구를 통해 아이들이 스스로와 타인들을 이해하는 것을 돕고, 숙달과 자기-표현을 통해 아이들의 자신감과 자각을 발달시키는 데 있다(레비, 1992).

사이코드라마 체계

모레노(1946)는 연극을 치료의 형태로 최초로 체계화한 사이코드라마의 효시이다. 현대적 치료와 관련된 형태인 드라마 치료는 정서적 신체적 통합과 개인 성장을 증진하는 데 창의적 드라마를 이용한다(어윈, 1987). 자발적 역할극은 드라마 치료의 대부분의 형태의 기본으로 역할하며 치료사는 이 기초를 보충하는 동작과 마임 등을 포함하는 다양한 기술들을 이용한다(플레시만과 프라이리어, 1981). 움직임, 활동 그리고 신체 변화는 그것을 통해 내적 갈등이 구체적으로 표현되고 더 잘 이해될 수 있는 메커니즘으로 보여진다. 동작과 드라마 치료의 통합의 하나의 전형적 방식은 단순한 신체 움직임을 어떻게 느껴지고 경험되는가에 대한 치료적 논의와 결합해서 이용한다. 이 과정을 통해 내담자들은 종종 자신의 몸에 대해 더 편하게 느끼기 시작한다. 이런 편안함이 늘어남에 따라 드라마 치료 기술들이 움직임 작업에 더해진다. 이 접근법은 마음과 몸 사이의 자유로운 정보 이동을 확립하면서 생각과 충동이 일어나자마자 동작을 실행하는 것에 중요성을 둔다(레비, 1979).

움직임감각-감각-인지적 통제 체계

무용 동작 치료에 대한 상관관계 대한 이해에 대한 이 접근법은 감각, 인지, 동작, 인식, 감정의 상호작용에 초점을 맞춘다. 유기체로서의 인간은 그 안에서 한 영역의 활동과 반응들이 다른 영역의 그것들이 서로 영향을 주고 받는 복잡한 존재이다. 이 체계 내에서 강조되는 동작 치료의 목표는 경험 증가와 자신과 환경에 대한 신체, 정서 인지적 반응을 이해하는 역할을 하는 움직임 감각적 정보에 대한 신체적 지각을 조화시키는 것과 관련된다(도사만테스- 알퍼슨, 1974). 감각-동작 반응 고리에서 감각(정보의 수용)은 동작 계획에 정보를 주는 지각(이전의 경험과 새로운 감각 정보의 비교와 그 정보의 해석)에 정보를 준다.

동작 반응은 한편 자기-보존 반응 고리에서 감각에 영향을 주며 그 반응 중에 일어난 것들과 그 동작이 인지적, 정서적으로 어떻게 해석되어야 하는지에 대한 정보를 제공한다(코헨, 1993). 리듬과 무용은 종종 고립되었거나 해체적인 청소년들에게 반응성을 활성화하는 방법으로, 또한 공격적이고 반발적인 청소년들에게는 사회적 통제를 가르치고 행동 충동성의 흐름을 바꾸는 방법으로 이용된다. 그 접근법들의 주요 목표는 통제를 제공하는 외부 환경에 의존하는 위치에서 신체적 심리적 욕구들을 표현하고 충족시키기 위해 움직임을 이용하도록 아이에게 지도하는 것이다(레비, 1992).

무용 동작 치료는 또한 인지-움직임 조정을 향상시키는 역할을 한다. 인지-움직임 조정은 개인이 감각적 경험들을 걸러내고, 해석하고 의미를 부여하는 방식과 그의 환경에서 움직이거나 활동하는 방식 사이의 유동적인 관계와 관련된다. 인지-동작 조정은 정확한 인지, 의미 있는 해석, 효과적이고 적응적인 활동을 가능하게 해주는 방식으로 인지와 활동을 동기화할 수 있게 한다(코헨, 1993). 인지-동작 조정을 확립하는 데 초점을 둔 동작 치료사들은 그 순간에는 아이들이 그들의 움직임(예, 자극하는 활동)과 그들의 의도들(예, 동작을 이끌고 신체적 자극에 반응으로 어떠한 행위가 취해져야 하는지를 알려주는 의도, 생각 또는 욕구)에 주목할 필요를 강조한다.

몇몇 무용 동작 치료사들은 무용동작치료가 의식이전 지식이 활성화되는 메커니즘으로 설명하고, 인체와 기관 체계들을 인지로는 쉽게 접근할 수 없는 지식과 정보를 포함하는 것으로서 이해한다. 면역체계가 이전의 침입자에 대해 기억과 지식을 가지며 두뇌가 과거의 경험들에 대한 기억을 저장하듯이 다른 신체 기관들도 똑같다. 이 이론가들은 동작의 인지가 정서와 인지 사이의 관계를 중심으로 하는 신체적 지식에 대한 접근을 제공한다고 주장하며(헤크니, 2002), 인간 신체는 밀착된 마음-몸 단위로서 세계와 교류하는 신체 체계 안에서 공동적으로 작용하는 개별 기관들을 가지고 있는 것으로 이해한다.

명상적 치료

실제로서의 명상은 이완, 움직임 그리고 의식의 다른 상태 같은 다양한 형태를 동반한다. 명상에 대한 여러 가지 정의가 있는데 각각은 다른 형태의 기본적 명상 실천 형태를 묘사한다. 이 장의 목적을 위해 공통된 기본 과정을 가진 광범위한 층위를 포함하는 다음의 정의가 사용될 것이다(샤피로, 1984):

> *비분석적인 방식으로 주의를 집중하는 의식적 시도와 추론적, 반추하는 사고에 깃들지 않으려는 시도에서 공통점이 있는 기술의 계열. 이 정의에 함축적인 중요한 은유적-메시지가 있으며 생각의 내용은 그다지 중요하지 않다. 그것들은 오고 가는 것이 허용되어야 하며 오고 가는 생각의 과정에 대한 의식 또는 자각이 더 중요하다.*

많은 임상가들이 자기-통제 어려움에 대해 가장 효과적으로 보는 명상의 형태는 집중 명상이다. 집중 명상은 소리나 기호에 정신적 주의를 집중하는 것이다(스미스와 위맥, 1987). 요가를 포함한 다른 종류의 명상은 사맛디 또는 우주적 자아와의 합일의 획득에 초점을 맞춘다. 요가는 2000년 이상 힌두 문화의 중심 특성이며 신체적 자세(아사나), 호흡 조절(프라나야나), 생각이나 이미지에 주의 집중(다라나) 그리고 확장된 성찰이나 명상(드야나)을 포함하는 많은 형태를 띤다(울포크, 1984a).

모든 명상의 형태는 마음-몸의 작용에 대한 깨달음의 일차적 기본으로서 호흡에 대한 주의에 의존한다. 숨쉬기는 자동적 과정이지만 숨은 의식, 감정, 인지에서의 변화에 의해 영향을 받거나 그것을 반영할 수 있다. 조절과 집중의 호흡에 주의하면서 아이들은 내적 상태와 외적 환경과 더욱 조화될 수 있다. 아이들에게 심지어 정서적, 지각적, 인지적 작용에 영향을 주는 호흡을 바꾸도록 의식적으로 선택하는 훈련이 될 수도 있다.

어떤 외상후 스트레스 상태가 명상의 대상인가?

명상은 의식적 휴식 상태가 이루어지는 방식으로 신체의 신경 체계에 영향을 미침으로써 효과를 낸다. 많은 동물들과 같이 걱정 또는 외상후 스트레스-반응들의 생리학적 기질은 인간의 공포 반응에 내재하는데 그것은 공감적 신경 체계에 위치해 있다. 공포 반응은 개인이 한 두 가지 방법으로 위협에 반응하는 것을 촉진한다. 싸움 준비에 신체 자원을 결집시키거나 위협으로부터 신체적, 심리적으로 물러서는 것. 이 과정은 보통 "싸움 아니면 도주" 반응으로 알려져 있다(캐논, 1929; 힌데, 1985). 그런 충동들은 위험시 우리의 생존에 의심할 바 없이 이롭다. 하지만 싸움 아니면 도주 반응은 상당한 에너지와 주의력을 소모하고, 인체와 두뇌가 항상성의 신장을 요하기 때문에 언제나 활성화될 수는 없다. 불행히도 오늘날 세계 대부분의 어린이들은 이런 "휴식" 시간이라는 사치를 감당할 수 없다. 영속적 공격과 폭력으로 점철된 집, 공동체, 국가에 살면서 이 개인들은 고도의 경계의 상태에 있는 것이다. 그런 장기적 공포와 스트레스 상태는 여러 층위에서의 인간 발달에 해를 줄 수 있고(사폴스키, 1994), 완화 반응을 대상으로 하는 명상 중재가 이런 두려운 상태를 이완의 모순적 반응으로 변화시키는 데 이용되어 왔다.

이완 반응과 명상

이완 반응은 혈압, 심박수, 산소 소비 감소, 체온 증가 그리고 알파 활동의 규칙성과 크기 증가로 특징지어지는 마음-몸 상태이다. 이 상태는 때로 신진대사 과잉 상태를 가리키기도 한다(샤피로와 기버, 1984). 이완 반응은 지각과 밀접히 관련되어 있다. 연구에서 이완은 지각 능력에 상당한 영향을 미친다고 한다. 긴장과 걱정은 정확한 지각을 저해하여 좁고 굳은, 유연성 없는 반응으로 귀결되는 한편, 이완은 그것에 기초해 현실적이고 세련된 지각적 추론과 해석들을 하기 위한 광범위의 감각 데이터에 개방되어 있도록 해준다(레비, 1992).

이완을 유도하기 위해 고안된 다양한 치료적 명상 기술들이 임상가들에 의해 채용되어 왔다. 아이에게 쓰이는 이완 훈련의 공통적이고 효과적인 형태는 진행적 근육 이완과 관련이 된다. 이 기술은 아이들이 다양한 범위의 근육 긴장과 신체를 통한 결과적 감각을 자각할 수 있게 가르친다. 근육 부위들이 번갈아 긴장되고 이완되는 동안 일련의 연습을 통한 근육 긴장으로부터 이완으로 주의를 기울이는 것이 강조된다(스미스와 워맥, 1987). 긴장과 이완의 근육으로부터 발생하는 감각들에 대한 자각을 이루면 아이들이 어느 내장 감각 정보의 형태들이 인정과 주목을 받을 만 한지, 그리고 어느 것이 통과가 무시되거나 허용되어야 하는지를 결정하는 데 있어서 선택적으로 되는 데 도움을 준다. 이는 대부분은 외상 스트레스 반응들의 생리적 토대들이 감각 작용의 조절 이상에 초점을 맞춤에 따라 외상 스트레스 반응이 있는 아이들이 발달시켜야 할 중요한 기술이다. 아이들에게 그들의 감각 지각 능력에 대한 의식적 통제를 회복시키는 일은 자기-통제를 하고, 통제되지 않은 행동들과 반대로 그들의 신체적 감정적 상태를 말로 표현할 수 있는 능력에 긍정적 영향을 미칠 수 있다.

통제되지 않은 행동들에서 언어화로의 이러한 진화는 종종 운동과 명상에서 점차적으로 늘어나는 언어화를 통한 명상 치료에서 성취된다. 예컨대 여러 치료 임상가들의 경우 이완 반응에 대한 언어적 신체적 격려에 대한 반복적 이용을 채택하기도 한다. 이런 언어적 자극은 종종 "고요한" 그리고 "기분 좋은" 같은 핵심 단어들에 초점을 두는 한편, 신체적 자극은 긴장되고 이완되는 신체 부위를 만지는 것으로 이루어진다. 이런 식으로 신체 감각에 대한 정신적 표현과 추상적인 언어 개념들이 연결된다. 치료가 진행됨에 따라 더 적은 자극, 특히 신체적 자극이 사용된다. 명상 치료의 성공적인 과정 마지막에는 아동들의 증가된 신체 자각과 통제를 신체, 인지, 정서 상태에 대한 성공적인 언어적 소통을 하는 향상된 능력과 함께 얻게 된다(레비, 1992). 중재 전략의 이러한 형태의 강점은 비치료적 환경으로 효과적으로 옮길 수 있는 능력에 있다. 이런 명상 치료가 제공될 때 아이들은 그것을 긴장과 흥분 중의 일시적 변동에 대처하는 데 유용한 자족적인 장치로 만들면서, 그들이 맞게 될 어떤 환경에서도 이완을 이룰 수 있게 된다(울포크, 1984b).

명상의 긍정적 효과 연구

집단으로서의 명상가들은 비명상인들에 비해 걱정이 적고 자아 실현을 더 많이 하는 것으로 밝혀졌다. 명상과 스트레스 사이의 관계는 피부 전도력 반응의 습관화로서의 스트레스에 대한 반응의 조작화를 통해 추론적으로 검사되어 왔다. 비명상인들에 비해 명상가들은 스트레스 관련 흥분으로부터 더 빠른 회복을 수반하면서 더 빨리 습관화하는 것으로 밝혀졌다(에벌리와 레이팅, 2004). 이 향상된 습관화는 정서적으로 복잡한 자극들의 상황에까지 확장된다. 대체로 명상가들은 그들의 더 긍정적인 정서와 상황적이고 특징적인 걱정 수준들을 가지는 하나의 패턴인 예상 흥분으로부터 더 많은 회복을 보이는 듯하다(알렉산더, 레인포스와 젠덜루스, 1991).

연구자들이 명상의 효과를 측량하기 위해 취해온 다른 접근법은 현장 독립성, 또는 아이가 산란한 배경 소음으로부터 정신적으로 중요한 환경 정보를 분리할 수 있는 수준의 측정을 채택한다. 그것은 체계적이고 분석적인 방식으로 인지하고 생각하는 일반적 경향을 반영한다. 이 능력에 대한 한 측정법은 아이들의 내포 형상 검사인데, 그것은 참가자들에게 산란시키는 자극 배경의 맥락 내에서 주어진 형태를 구분할 것을 요구한다. 명상은 대상이나 과정("형상")에 대한 자신의 주의력에 집중하고 자극의 다른 근원으로부터의 산란함("배경")에 저항하는 개인의 능력을 개선한다(겔덜루스, 루키와 푸투르군, 1987). 이런 연구 결과들은 명상이 그 긍정적 효과를 유도하는 구성요소의 방식들을 다룬다. 하지만 이런 결과들이 실패한 것은 외상에 노출된 아이들이 개인적 의미와 삶에 가치 있는 것으로 여기는 감각들에 탓을 돌리는 과정들을 포착하는 더 어려운 것이다. 경험적 조사에는 도움이 덜하지만 이런 것들 역시 명상에 의해 영향을 받는 중요한 과정들이다.

명상과 자아-통합

감각적 생리학적 목표와 더불어 명상은 종종 어떠한 특정 신념 체계를 요하지도 않는 영적인 발달의 메커니즘으로 사용되기도 한다. 명상이 마음-몸 관계를 강조하고 향상시키는 방식은 명상적 과정이 종교적 경계를 초월하게 해주는 한편 여전히 영적인 단일성, 초월적 경험들, 자연 과정에 대한 평화로운 수용을 길러준다. 그렇게 하면서 명상은 두뇌의 더 낮고 높은 단계의 영역의 더 많은 통합을 촉진하고 주의, 실행 기능, 언어 같은 복잡한 신경심리적 과정을 가진 호흡하기 같은 자동적 과정과 연결한다. 이런 마음-몸 작용의 통일은 인지적, 지각적, 정서적 세계들이 외상후 스트레스로 인해 파편화되고 해체된 아이들을 돕는다. 요약하면 명상은 그들이 신체적 정신적 전체성에 대한 감각을 회복하게 해준다(알터와 알터, 2001). 이런 자기-통합의 명상적 과정이 한눈에 보기에는 더 많은 인지적 성숙으로 인해 성인 내담자에게 더 잘 맞는 듯 보이지만, 상상과 환상의 영역에서의 아이들의 강점들은 그들이 이완된 시각화의 상태를 성공적으로 성취하는 데 더 적합한 것으로 생각하게 한다.

이런 치료 경험들을 통해 외상을 입은 아이들은 자아와 개인적 의미에 대해 더 긍정적이고 용서하는 감각을 발달시키도록 격려를 받는다. 명상을 통해 길러진 자기-초월은 아이가 외상을 다시 쓰고, 외상 입은 아이가 탐험하기 위한 복잡하고 중요한 과정인 고통으로부터 의미에 대한 개인화된 감각을 형성하도록 해준다. 그들의 발달적 수준에 맞출 때 어린 아이들 조차도 이런 자아-수용의 조정된 상태를 이뤄낼 수 있다.

결론

인지와 정서의 통제를 위한 도약대로서의 감각적 생리적 경험들을 통제하는 것에 초점을 두는 비언어적 중재로서, 창의적 무용동작과 명상 치료 기술들은 외상 스트레스 반응들이 있는 아이들을 위한 치료로서 많은 가망성이 있다. 동작과 명상적 접근법들은 모두 비용과 시간 면에서 효과적이고 효율적이다. 그룹 움직임 작업은 그룹 치료 환경에서 사회적 지식과 기술을 획득하기에 충분한 자기-통제 능력을 얻은 아이들을 위해 제시될 수 있겠다. 동작과 명상 기술로 훈련 받은 아이들은 자조적이 되어 자신에 대해 기술을 적용하게 되며 궁극적으로는 세션에서 보내는 시간을 덜 필요로 하게 된다. 고도로 동기 부여된 아이들은 친구들과 가족 구성원에게 그들이 사용하는 기술들을 가르칠 수도 있겠고 가족 결속과 긍정적 감정 표현을 늘리는 데 기여할 수 있다. 이런 실용적인 고려 사항들은 외상후 스트레스 반응들과 싸우는 많은 아이들이 낮은 계층의 사회 경제 층 출신이고, 질적인 건강 보험과 보살핌에 대한 접근권이 적고, 대안적인 비용-효율적 치료 접근법을 필요로 하므로 중요하다(미국 소아과학회, 2002; 엘리엇, 윌슨과 휘징가, 1996; 호일과 화이트, 2003).

창의적 무용동작과 명상적 기술들은 적용 시 유동성을 요하며 각 아동의 개인적 필요, 강점, 약점에 맞춰질 수 있다. 치료의 속도 또한 바람직한 창의적 중재의 형태, 빈도, 수준에 따라 다양할 수 있다. 동작과 명상 치료법들은 인지 행동 심리치료 전략과 결합되고 통합되어 사용될 때 가장 효과적인 것으로 밝혀졌다(스미스와 워맥, 1987). 생리적, 인지적인 집중 기술들을 짝으로 사용하는 것은 마음과 몸의 작용들의 그러한 통합을 필요로 하는 외상 입은 아이들을 위한 이상적인 것을 증명할 수 있겠다. 그 치료 목표가 정서-인지-행동 상태의 자각, 이해, 통제를 증가시키는 인지-행동 중재들의 구체적이고 교훈적인 특성은 보통 쉽게 동작 명상 접근법과 결합될 수 있다. 가장 중요한 것은 창의적 동작 명상 기술들이 대상 아이들을 위한 재미있고 즐거운 중재에 대한 활동적인 접근법이라는 점이다.

감정이 신체적 표현을 통한 외상을 주는 세계의 맥락에서 자아에 대한 이해를 재구성하는 것은 발달하고 있는 아이의 자아, 안전, 안정에 대한 감각에 중대한 영향을 가질 수 있다. 아이들은 그들의 인지적으로 덜 발달된 정신 상태로 인해 추상적인 생각이나 감정들을 언어적 용어로 표현하는 능력이 적다. 창의적 동작과 명상적 치료법들은 전통적 심리치료와 함께 이용될 때 아이들이 경험하고 있을 혼란스런 감정들을 처리하고 이해하며 통합할 수 있게 하는 수준에 도달할 수 있게 하는 데 효과적인 것으로 증명되어 왔다. 동작과 명상 치료법들로 촉진된 경계, 안정감, 통제, 신체 통합에 대한 재설정이 의미와 정체성의 발달과-적합한 표현을 위해 요구된다(바라스, 2003).

동작과 명상의 개인화된 형태를 발전시키는 데 있어서 아이들은 점점 자동적이고 창의적으로 되면서, 추상적 추론과 관련된 더 높은 단계의 두뇌 영역이 치료 과정에서 격려되고 더 많이 의존하게 된다. 두뇌의 낮고 원시적인 영역에 기원한 외상적 스트레스에 의해 촉발된 파편화된 감각, 기억, 경험에 대한 해석과 통합을 위해 복합적 상징적 생각의 활성화가 요구된다. 이 과정은 또한 동작, 미술, 음악 같은 다른 관심의 발전 분야를 위한 촉매의 역할을 할 수 있는 기술들인 창의력과 상상력을 증진시킨다.

동작과 명상적 기술들은 많은 가망성이 있고 더 진전된 연구를 해야 마땅하다. 발달중인 인체 기관의 외상 경험의 다중적 층위를 대상으로 하는 치료 접근법들로써, 치료 연구는 다양한 시각에서 아동기 외상 스트레스 반응들을 연구하는 학문간의 접근법을 포함해야 한다. 이 접근법은 감각, 지각, 인지-정서 작용에 대한 동작 명상 기술들의 효과를 연구해야 할 뿐 아니라, 중요한 발달적 시기 동안 활기 있는 현저한 맥락 내에서도 그렇게 하는 데 주의를 기울여야 한다. 연구는 가족, 학교 친구의 지원이 폭력에 노출된 청소년에 대한 회복을 차별적으로 지지하는 점(오도넬, 슈와브-스톤과 무이드, 2002)과 치료를 고안하고 평가할 때 이런 중요한 환경적 요인들이 고려되어야 한다는 점을 나타내 준다. 외상후 스트레스 반응들은 아이들을 괴롭게 함에 따라 시간이 지나면서 변한다. 한 환경에서의 발달 지점에서 부적응적일 수 있는 반응이 발달의 다른 단계, 다른 환경적 맥락에서는 적응적으로 증명될 수도 있다. 발달적 체계 내의 생리적, 신경생물학적, 행동적 과정들 간의 복잡한 상호작용을 다루는 이론들은 따라서미래의 예방적 중재들의 고안을 알아야 한다(브로트만, 고울리, 클라인, 카스텔라노스와 파인, 2003). 이런 형태의 임상적 연구의 주의를 통해 중재 전략은 보다 전체적인 두뇌-마음-몸 접근법을 포함하기 시작한다.

인간은 언어적 존재 이상이며 우리는 감각적인 존재이기도 하다. 아이들을 발달시키고 몰입 하게 하는 창의적 표현의 다양하고 놀라운 형태들은 종종 언어화와는 전혀 상관 없을 수도 있다. 인간 영혼은 자주 언어적 표현을 초월하는 그런 경험들에 의해 가장 진정하게 움직여진다. 고급 언어학적 메커니즘들은 인간 진화와 문명에 중심인 반면, 언제나 활성화될 필요가 있는 것은 아니며 어떤 경우에는 외상을 입은 아이의 감각적 조절이상의 무서운 세계로부터 잘 통제된 감각과 지각의 경험이라는 편안한 세계로의 여정을 방해하기도 한다. 아동들안의 이런 용기 있는 과정을 목격하고 지도하는 것이 임상가에게는 하나의 선물이자 두려운 일이기도 하다.

17장

음악 치료의 역사

조크 브랫

서론

음악을 치료 방법으로 이용하는 것은 치료를 위한 샤먼 북치기가 있던 20,000년 전으로 거슬러 올라갈 수 있다(루드야르, 1982). 의학 이론이 진화하면서 음악과 치유의 관계는 여러 변화를 겪었다. 하지만 음악과 치유는 역사를 통틀어 동반자로 남았고 결국 직업으로서의 음악치료의 형성으로 귀결되었다.

이 장은 치유에서 음악의 역할에 대한 역사적이고 진화적인 접근을 한다. 음악치료 분야의 성장에 대한 완전하고 상세한 역사를 제공하는 것은 아니다. 오히려 목적은 음악과 치유가 문자이전 시대이래로 연결되어 왔으며, 비록 음악치료가 1950년에야 조직화되었음에도 그것이 오래되고 흥미로운 역사를 가진 직업이라는 이해를 형성하는 것이다(웰든과 이글, 1991).

역사

치유적 의식들에서의 음악

문자이전 문화에서 음악, 무용, 마술, 영성은 치유와 질병-예방 의식들의 핵심적 부분이었다. 사람들은 주술적 힘이 그들의 일상 생활과 건강을 좌우한다고 믿었다. 자신을 악한 세력으로부터 보호하기 위해 부족 구성원들은 많은 의식을 개발하고 거기에 참여했다. 리듬, 노래, 중얼거림 등

형식의 음악은 초자연적 힘이 있다고 믿고 부족 치료사의 의료 행위를 돕는 데 이용되었다.

많은 원시 문화에서 질병은 부족 신들에 대항해 범한 죄에 대한 처벌로 여겨졌고 치유가 되려면 환자의 몸이 악한 영으로부터 자유롭게 되어야 했다. 음악은 치유 의식의 서곡의 역할을 했으며 종종 귀신 쫓는 치료의 능동적인 요소였다(웰딘과 이글, 1991). 나미비아의 보츠와나와 남아공의 북서부(기원전 20,000-15000년)의 원주민으로 믿어지는 산족은 그들의 동굴 벽화와 장신구에서 많은 의식을 묘사했다. 남부 아프리카의 선사시대 미술에 있어 가장 널리 퍼진 형태 중 하나를 대표하는 그들의 미술은 치유 의식에 사용된 다양한 악기를 그렸다(페이지, 2001).

심지어 오늘날에도 음악은 지구 곳곳에서 부족 치료에서 능동적인 역할을 한다. 샤머니즘의 치유 의식에서 샤먼은 영적 세계로 알려진 다른 종류의 의식 상태를 여행한다. 리듬적 북치기는 샤먼이 다른 상태에 도달하는 데 도움을 주는 것을 목적으로 하며, 그가 영혼들에 귀 기울이도록 해서 그 사람과 치유하는 영혼 사이의 관계를 재정립하게 한다. 특별한 노래들을 통해 샤먼은 그 사람의 질병을 쫓아 내는 시도를 한다. 적절한 노래를 알지 못하면 처치는 제공될 수 없는 것이다(복스버거, 1962; 웰딘과 이글, 1991; 윈 외, 1989). 칼라하리(보츠와나 국경)의 원주민, 쿵 산 족은 불행, 죽음 또는 질병은 영혼이 쏘는 안 보이는 화살을 통해 사람에게 쏠 수 있다고 믿는다. 그들은 영혼에게 영향을 주고 그 화살을 멈추기 위해 음악과 춤을 이용해서 안 좋은 일이 일어나는 것을 예방한다(페이지, 2001). 툼부카(북부 말라위)의 치유 풍습에서는 음악적 체험들이 "치유자, 환자, 영혼이 만나는 구조적 관계"를 형성한다(프리에드슨, 1996). 송하이 사회(현재의 나이제르 공화국)에서는 줄 하나가 있는 바이올린 모양의 악기인 곳지가 오랫동안 신성한 악기로 간주되어, 치유하는 영혼을 움직이게 하는 데 쓰인다. 요루바와 키브 같은 다른 나이제르 부족들은 전통적으로 영혼의 홀린 상태를 유도하고 신비한 힘을 불러 일으키기 위해 특별한 노래와 춤과 더불어 북을 사용했다(페이지, 2001).

음악과 치유의 밀접한 관계는 고대 사회의 의식들에도 잘 나타난다. 고대 이집트(기원전 5000년)에서는 높은 지위의 제사장-의사들이 의료 행위에 노래 요법을 이용했다. 이시스 여신에게 바치는 특정한 가락들이 감정을 제어하고 영혼을 정화하며 신들을 불러내는 데 쓰였다. 이집트에서는 모든 제사장들이 의사이자 음악가여야 하는 게 요구사항이었다는 사실은 의술, 음악, 종교 간의 강한 연관성을 증명해준다(웰딘과 이글, 1991). 바빌론 사람들은(기원전 1850년) 병이 신들이 주는 처벌에서 기인한다고 확신했다. 음악을 포함하는 치료 의식들은 신들을 달래기 위한 의미였다(복스버거, 1962; 데이비스 외, 1999).

음악과 항상성

기원전 6세기경 고대 그리스에서는 질병의 개념화에서 하나의 변화가 있었다. 질병이 더 이상 신들과 주술이 아니라 항상성의 부족 탓으로 돌렸다. 합리적인 의술이 마술적 치유 풍습을 대체했다. 역사에서 최초로 경험적 증거가 건강과 질병에 대한 연구에서 중요하게 되었다. 이것은 물론 의료 행위에서 음악의 역할에 큰 영향을 주었다(데이비스 외, 1999).

의술의 진화에서 중요한 이론은 히포크라테스의 네 가지 체액의 생리학 이론이다. 이 이론은 신체 건강-그리고 정신건강과 인격까지 확장해서 좋은 건강은 이 네 가지 체액의 균형으로부터 기인한다. 점액질, 다혈질, 우울질, 담즙질의 네 가지 기본 인간 성품은 각각 네 체액 중 하나의 우세에 의해 기인한 것이었다. 이 이론에 기초해서 피타고라스(기원전 582-500년)는 네 체액의 불균형이 조화와 질서를 공급함으로 회복 될 수 있다고 믿었다. 그는 음악이 질서의 정수라서 최적 건강의 전제조건인 균형을 회복하는 힘이 있다고 믿었다. 피타고라스와 그의 추종자들은 숫자에 의해 질서가 잡히는 음악이 우주의 조화를 대표하며 우주와 인간, 대우주와 소우주의 조성이 동일한 조화적 비율에 기초한다고 믿었다. 가시적 비가시적 세계에서 작동하는 동일한 수학적 법칙들에 의해 관할되는 음악은 영혼의 조화를 관통하고 회복시킬 수 있는 것이다(루드야르, 1982).

플라톤(기원전 427-347년)은 나아가 음악이 도덕적 특성을 가지고 있으며 성격이나 행동에 영향을 줄 수 있다고 믿었다. 아리스토텔레스(기원전 384-322년)는 음악이 점잖음, 화, 용기, 자기-통제, 그 반대의 것들 같은 영혼의 상태를 반영하고 자극할 수 있다고 썼다. 플라톤과 아리스토텔레스는 적절한 교육에는 신체를 단련하는 체육과 마음을 단련하는 음악이 포함되어야 한다는 데 동의했다. 플라톤은 심지어 인간 행동에 미치는 부정적 영향 때문에 특정한 음악적 양식들을 비난하고 성품과 용기를 키워주는 다른 것들을 추천했다(그라우트와 팔리스카, 1996).

피타고라스의 음악이론과 네 가지 체액 이론은 기독교 시대의 초반에 서구를 문화화했다. 이 시기의 가장 주목할 만한 것은 중세의 음악 분야의 선도적 전문가, 보에티우스(480-524년)의 작업이었다. 그의 음악의 기초 서론에서 보에티우스는 음악을 세 층위로 나누었다. 첫째는 천체의 운동, 계절의 변화 그리고 원소들에서 보이는 정연한 수학적 관계들로 이루어진 우주적 음악이다. 둘째는 몸과 영혼의 통일을 제어하는 인간적 음악, 마지막은 인간의 목소리를 포함한 악기에 의해 생산되는 들을 수 있는 음악인, 악기 음악으로 동일한 질서의 원리를 예시한다. 플라톤과 같이 보에티우스 또한 성격과 도덕에 미치는 음악의 영향에 주목했다(그라우트와 팔리스카, 1996). 고전적 가르침이 계속 실천되었지만 이 시기의 의술은 종교적인 교리에 의해 지배를 받게 되었다(타이슨, 1981). 음악은 교회를 위한 종이 되었고 "자연을 본뜨고 … 인간의 영혼에 대한 세속적이고 유해한 영향을 피하며"(타이슨, 1981), 질병에 대해 보호하고 질병에서 사람들을 보호했던 성인들을 기리기 위해 쓰여졌다. 질병은 한 번 더 죄와 악마에 대한 신앙에 대한 형벌로 여겨졌으며 정신병에 대한 잔인한 처리로 귀결되었다.

예방 의술로서의 음악

르네상스기에는 균형과 질서에 대한 그리스 이론들이 의술을 재생시키고 이끌었다. 네 가지 체액 이론은 여전히 의학 이론에서 가장 영향력이 있었다. 이 시기에는 네 가지 체액이 네 가지 음악적 요소들에 대응이 되기 시작했다는 것은 언급할 가치가 있다. 흙, 물, 공기, 불-네 가지 체액 이론의 기초를 형성한 네 개의 우주의 원소에 각각 대응되는 베이스, 테너, 알토, 소프라노. 이 네 가지 음악 요소는 네 가지 우조 원소들이 천상의 조화를 이루듯이 완전한 조화를 이루었다(타이슨, 1981).

지오세포, 자를리노 같은 이 시대의 음악 이론가들은 음악적 지식이 치유 목적의 적절한 치료를 처방하는 데 필요함에 따라, 의사들이 음악가로 훈련되어야 한다고 주장했다. 정서적 건강에 대한 이로운 영향과 함께 음악의 이용이 순전히 치유적 의술에서부터 예방적 의술까지로 확대되었다.

페더와 페더에 따르면(1981) 파시쿨로 디 메디시나(1493) 또는 의술 소책자에서는 사람들이 음악을 예방 의술로 사용함으로써 부정적 감정들로부터 지키는 것이 권장되었다. 음악이 질병에 대한 저항력을 키우는 데 도움을 준다고 믿었다. 이는 유럽에서 파괴적 전염병이 창궐한 시기에 극단적으로 중요했다(페더와 페더, 1981; 타이슨, 1981). 예방 약으로 음악을 이용하는 것은 바로크와 고전주의 시대에도 계속되었다(1600-1800). 임상 음악 또는 인간 신체에 대한 노래, 음악, 춤의 영향에 관한 기계적 에세이(1729)의 저자 리차드 브라우니는 노래를 예방 의학적 중재로 권장했다. 또한 그는 특정 악기들에 특정한 치유 특성이 있다고 했다(웰딘과 이글, 1991). 이는 음악치료의 기본 원리를 광범위하게 논의하고 설명한 최초의 영어로 된 책으로 알려져 있다(대로우, 기본즈와 헬러, 1985).

과학으로서의 음악과 의학

의술에 대한 과학적 접근법이 나오자 음악과 의술 간의 관계는 점점 멀어져 갔다. 음악과 의술이 의사의 훈련과 실제의 주요 부분이었던 반면, 그 두 분야는 18세기 후반과 19세기 동안 떨어지게 된다. 더 이상 음악이 의료 행위의 일부가 아니었음에도 데카르트적 세계관에 대해 점점 더 초점을 맞추면서 인간 행동에 대한 음악의 효과들에 관한 실험적 연구에 관심을 가져왔다. 순환, 호흡, 심박수, 조직의 전기적 전도성, 피로와 같은 생리적 반응에 대한 음악의 영향이 과학적으로 측정되었다. 나아가 실험적 연구들은 정서 경험에 대한 음악적 요소의 영향을 조사했다(타이슨, 1981).

1800년대 초반 음악의 심리학적이고 생리학적인 효과를 설명하는 두 편의 논문이 나왔다. 양 저자인 에드윈 애틀리와 새뮤얼 매튜스는 필라델피아 대학의 저명한 의사이자 교수인 벤자민 러쉬의 제자였다. 매튜스는 음악에 대한 반응은 그 사람의 음악적 배경과 음학적 선호에 영향을 받는다고 지적했다(대로우 외, 1985). 오늘날 음악 치료 평가는 언제나 내담자의 음악적으로 선호하는 선택과 관련된 질문들을 포함하며 음악 치료 처치에 있어서 중요한 변수로 간주된다.

1878년에 블랙웰의 섬(현재 루즈벨트 섬으로 알려짐)의 정신병자 수용소에서 행해진 음악 치료 실험에 관한 보고서가 나왔다. 실험에 관련된 환자들은 집단적 개인적 음악 세션을 받았다. 그 모임들은 악기와 성악 독주자들이 연주하는 생음악을 듣는 것으로 이루어졌다. 40명 이상의 음악가들이 이 연구에 포함되었다. 여러 의사들이 음악에 대한 생리적 심리적 반응 측정을 담당했다. 음악 치료 서비스가 대규모 집단의 정신병 환자들에게 제공된 것은 처음이었다. 이 시기 음악 치료의 과학적 발전에서 중요한 공헌자는 저명한 신경과학자, 제임스 레오나드 코닝(1855-1923)이었다. 그는 수면 이전과 수면 중에 음악에 대한 환자의 반응을 체계적으로 기록했다. 이러한 관찰에 기초해 그는 수면, 정서, 건강 사이의 관계에 대한 이론을 발전시켰다(데이비스 외, 1999).

과학적 사고의 증가된 강조가 의료 행위에서 음악이용의 감소로 귀결되었지만, 생리적 정서적 반응에 대한 음악의 효과에 대한 과학적 연구는 음악 치료의 성장에 필수적이었다. 다음 절은 음악 치료의 초기 공헌자들에 대한 짧은 리뷰를 제공할 것이다.

음악 치료의 초기 창시자들

19세기에 음악 치료는 미국의 교육기관에 진입했다. 퍼킨스 맹인 학교(보스턴, 1832), 뉴욕 맹인 학교(뉴욕, 1840), 미국 농아 수용소(하트포드, 코넥티컷, 1840)는 그 특별한 보살핌이 필요한 집단들을 위한 음악 프로그램을 성공적으로 구현했다. 이 시기에 질병 치료에서 음악의 이용에 관한 몇 개의 기사가 음악 잡지에 실렸다. 비록 이러한 기사들이 음악 치료에 대한 당시의 관심을 보여주었음에도, 그 문제에 대한 중요한 기사가 출간된 것은 1847년에 이르러서다. 음악과 의술이라는 그의 기사에서 의사 제임스 휘테이커는 심리적 반응과 더불어 음악과 생리간의 관계에 대해 아주 길게 논의했다(데이비스 외, 1990).

다른 중요한 논문이 조지 블루머에 의해 1892년에 간행되었다. 음악과 정신과의 관계에서 그는 정신병자들을 위한 기관 환경에서 음악의 이용을 지지했다. 그는 유티카 주 병원인, 정신병원에서 음악 치료 프로그램을 확립했던 최초의 사람이었다(데이비스 외, 1999).

하지만 음악 치료가 조직화된 직업이 된 것은 20세기에 이르러서다. 1900년에 국립 뉴욕시 치료회의 창립자, 에바 베셀리우스는 국제 형이상학 협회의 연례 회의에서 질병 치유에서 음악적 진동에 관한 강의를 했다. 이 발표에 이어 음악 치료 이용을 옹호하는 많은 발표들이 뒤따랐다. 1903년에 베셀리우스는 국립 음악 치료학회를 설립했다. 그녀의 음악 치료 이론은 조화/부조화에 대한 고대 개념들에 기초했으며 음악 치료의 목표가 불협 진동을 조화 진동으로 대체하는 것이라고 명시했다. 베셀리우스는 특정 질병을 치료하는 음악 조제서를 개발했다. 흥미롭게도 베셀리우스는 음악 치료가 치료사의 인격에 영향을 받으면 안 된다고 강조했다. 치료사/공연자의 영향을 분리하려는 시도로 그녀는 환자 방의 밖에서 음악을 공연하게 했다. 이것은 물론 음악 치료의 치료 관계에 대한 오늘날의 강조와는 큰 대조를 보인다. 1913년 베셀리우스는 최초의 미국 음악 치료 저널인 음악과 건강을 만들었다. 불행히도 그 저널은 세 번만 간행되고 조기 종간으로 인해 음악 치료에 대한 많은 중요한 논문들을 싣지는 못했다(데이비스, 1993).

1918년에 컬럼비아 대학이 처음으로 음악치료 과정을 시작했다. 이 과정의 초점은 신경정신과학과 정형외과적 문제를 위한 음악의 이용에 있었고 영국인 음악가인, 마가렛 앤더슨이 가르쳤다. 그녀는 1차 대전의 캐나다 군인들과의 광범위한 작업으로부터 지식을 얻었다. 베셀리우스가 환자에 영향을 주는 음악 듣기를 주로 이용한 반면, 엔더슨은 신체 조건으로부터 고통을 받는 환자들이 바람직한 치유 효과를 얻으려면 스스로 음악을 생산해야 한다고 믿었다(테일러, 1981). 이것이 음악 치료 중재 또는 환자들이 음악 창작에 능동적으로 참여하는 교육의 시작이었다.

직업으로서 음악 치료의 성장에 중요한 공헌을 한 또 한 명의 여성은 이사 모드 일센이었다. 간호학 연구 중에 일센은 말기 질환, 정신 질환, "정신 지체"에 대한 음악의 효과를 연구하기 시작했다. 엔터튼과 같이 일센은 1차 대전 중 캐나다 참전 군인들을 치료했다. 미국으로 돌아와서 그녀는 미국 상이 군인들을 위해 음악 이용을 촉진했다. 1919년에 그녀는 음악 치료사가 되려는 학생들에 대한 훈련을 하던 컬럼비아 대학에 있던 엔더튼을 따랐다. 하지만 그 훈련 프로그램에서는 수료하는 게 1학기 밖에 안 걸렸다(데 레뚜아, 2000). 1926년에 일센은 국립 병원 음악 연구회를 창립했다. 이 연구의 목표는 병원에서 보조 치료로 음악 프로그램을 보유하는 것이었다. 이 새 연구회의 회장으로서 일센은 훈련된 음악 치료사들만이 음악치료서비스를 제공해야 한다고 주장했다. 그 국립연구회는 음악 치료사 훈련을 위해 약간의 장학금을 제공하기도 했다. 일센은 치료 과정에서 치료사 인격의 중요성을 강조한 점에서 베셀리우스와는 다르다. 하지만 그녀는 생동적인 기능을 일으키기 위해 밝고 경쾌한 음악만을 권장한 점에서는 베셀리우스와 일치했다. 단조와 슬픈 가락의 음악은 치유 목적에 적합하지 않았다(데이비스, 1993; 테일러, 1981). 이런 관점은 이후 음악 치료사들 사이에서 강한 논쟁 거리가 되었다. 몇 세기 동안 음악 치료는 성격적으로 처방적이었고 일센의 치료도 다르지 않았다: 예를 들어 슈베르트의 아베 마리아를 듣는 것이 심한 불면증에 효과적인 치료로서 일센에 의해 처방되었다(데이비스 외, 1999).

1941년 20세기 세 번째 음악치료 기관이 설립되었다: 해리엇 애이어 시모어가 국립 음악 치료 재단을 세웠다. 시모어는 성공한 피아니스트로 줄리어드 음대(후에는 음악 미술 학교)에서 가르쳤다. 그녀 역시 1차대전 참전 군인에게 음악치료 서비스를 제공했다. 그녀는 병원에서 쓰기, 강의, 실제 발표를 통해 음악의 사용을 증진했다. 그녀는 1941년에서 1944년 사이에 500명의 음악치료사를 양성했다고 주장했다. 1944년에 시모어는 음악치료를 위한 최초의 임상 매뉴얼인, "음악치료의 사용과 실제에 대한 교육 과정"을 썼다. 그 책은 아동, 정신병과 환자, 병원 입원 환자를 포함한 다양한 집단에 대한 임상적 활동을 다루고 있으며, 또한 음악 치료 세션에서 음악과 긍정적인 생각의 결합을 북돋웠다(데이비스, 1993).

음악치료를 의료 공동체에서 직업으로 인정되게 하기 위한 이런 선구적인 엄청난 노력들에도 불구하고, 대부분의 의사들과 병원 직원들을 병원에서 영구직을 만드는 데 지원을 해주지 않았다. 비록 몇몇 의사들이 음악치료를 효과적인 처치법으로 홍보하는 도구적 역할을 수행했지만, 음악치료는 대부분 잘 알려지지 않은 채 남아 있었고 종종 회의적인 눈초리와 만나게 되었다. 세 개의 음악 치료 조직이 설립되었지만 음악치료는 조직된 임상적 직업으로 되지는 못했었다. 게다가 그 조직들은 창시자의 죽음 이후에 전부 없어졌다(데이비스, 1993).

조직화된 직업으로서의 음악 치료

2차대전은 병원에서 음악을 사용하는 데 있어서 유래 없는 관심을 가져왔다. 2차대전 중에 미군은 공식적으로 음악이 부상 병들에게 필요한 처치라고 인정했다. 음악은 "부상 군인을 가능한 최선의 신체, 정신적 조건에서 임무와 민간 생활로 돌려보내기" 위해 고안된 육군 재조정 프로그램의 서비스에 포함되었다(로크, 1996). 어떤 공식 정책에서는 음악이 신체 재조정, 교육적 재조정, 재사회화, 신경정신과적 치료를 돕기 위해 쓰여야 한다고 한다. 1946년까지 122개 재향군인 병원 대부분이 부상자 치료에 음악을 이용했고 44개의 병원에는 전임 음악 전문가가 있었다(로크, 1996; 타이슨, 1981).

전쟁 중과 전후에 많은 단체들이 음악가를 부상 군인에게 이끄는 데 중요한 역할을 했다. 미국 적십자사, 국립 음악 클럽 연합, 음악가 비상 준비금, 시그마 알파 이오타, 뮤 파이 엡실론, 델타 오미크론은 수백명의 음악가를 재향 군인 병원에 보냈다. 또한 음악 교사들이 부상 군인들을 위한 음악 치료 활동에 참가하도록 독려되었다(로크, 1996).

재향군인 병원에서 음악의 이용이 늘어나자 음악의 임상적 사용에 대한 더 많은 이해가 생겼다. 이것은 병원에서 훈련된 음악가에 대한 수요로 귀결되었다. 몇몇 병원은 음악가를 훈련하여 자체적으로 고유한 음악치료 프로그램을 열기도 했다. 동시에 미시건 주립대, 캔사스 대, 시카고 음대, 퍼시픽 대, 알버노 대를 포함하는 대학들이 음악치료 분야의 학위 프로그램을 개설하기 시작했다. 하지만 병원의 음악서비스 제공자 대부분은 음악가와 병원 직원이었다. 대부분은 적절한 훈련이 부족했고 음악 치료사 교육 기준과 자격증 과정의 개발이 절실히 필요했다.

1950년에 국립 음악 치료 협회(NAMT)가 국립 음악 교사 협회의 기능성 음악 위원회, 국가 음악 교육자 회의의 치료 음악 위원회 그리고 국가 음악 협의회의 도움으로 설립되었다(웰딘과 이글, 1991). 국립 음악 치료 협회(NAMT)는 초창기에 교육과 임상 훈련 개선과 더불어 음악 치료사 인증을 위한 기준과 과정 수립에 초점을 두었다. 1964년 협회는 첫 계간 간행물인 "음악 치료 저널"을 창간했다. 음악 치료에 대한 연구의 수는 극적으로 늘어났다. 시작하고 얼마 후 NAMT는 첫 음악치료 인증제를 시작했다: 등록 음악 치료사(RMT)는 결국 교육적이고 임상적인 기준을 결국 수립하게 되었기 때문에 이는 이 직업에 있어서 매우 중요한 사건이었다.

NAMT의 초창기 창시자는 E. 테이어 개스톤(1901-1971)이었다. 개스톤의 집요한 리더십과 옹호는 그에게 "음악치료의 아버지"라는 명칭을 주었다. 그는 캔사스의 메닝거 클리닉과 매우 가까이 일했으며 음악치료를 정신 병자 성인들에 적용하고 유효성을 검토하기까지 했다. 그의 지도하에 음악치료 첫 대학원 프로그램이 캔사스 대에서 시작되었다(데이비스 외, 1999).

1971년 두 번째 기관인 미국 음악 치료 협회(AAMT)가 만들어졌다. AAMT에서 인증된 프로그램에서의 훈련은 인증 음악 치료(CMT) 자격제도로 이어졌다. 직업의 확대로 추가적인 저널들이 나왔다. 1980년에 AAMT는 연간 간행물인 "음악치료" 첫 권을 발행했다. 1984년에 NAMT는 세 번째 음악치료 간행물인 "음악 치료 전망"을 더했다. 1998년 미국 음악치료사의 목소리를 통일하고 강화하려는 시도로 두 협회가 합쳤다. "음악 치료 저널"과 "음악 치료 전망"은 AMTA의 두 가지

공식 저널의 역할을 계속해서 하고 있다.

1986년에는 개별 독립 기관인 음악치료사 인증위원회(CBMT)가 만들어졌다. 미국 유일의 음악치료사 인증 기관인 CBMT는 음악 치료 자격 시험을 주관하는데, 그것은 공식적으로 자격 기관 위원회에 의해 인정되어 있다. 그 시험은 전문적 음악치료에 관한 지원자의 기술, 지식, 능력을 평가한다. 음악 치료 자격 시험을 통과한 자격을 인정받은 개인들은 위원회 인증, 음악 치료사 자격 또는 MT-BC를 얻는다. 음악 치료 CBMT 인증 위원회의 목적은 관련 대리인, 집단, 개인이 전문적인 척도로 사용될 수 있는 객관적인 국가의 기준을 제시하는 것이다. 거의 4000명의 음악치료사들이 MT-BC 자격증을 얻었고, 현재 음악 치료 직에서 초기 능력을 유지하거나 증진하기 위해 고안된 재인증 프로그램에 참가하고 있다.

음악치료의 현재

음악치료는 계속해서 빠르게 성장하고 있다. 미국에는 AMTA가 인정한 현재 72개의 훈련 프로그램이 있으며, 그 중 27개는 대학원 프로그램을 제공한다. 훈련은 학사, 석사, 박사 수준으로 제공된다. 음악 치료사들은 많은 다양한 임상적 집단을 다루는 반면, 음악치료사들은 초반에는 주로 정신병원이나 교육기관에서 일한다. 현재 그들은 정신병원, 재활시설, 의료시설, 외래 클리닉, 주간 캐어 치료 센터, 발달 장애자를 다루는 기관, 약물과 알코올 프로그램, 노인 센터, 요양시설, 호스피스 프로그램, 교정 시설, 사회복귀 시설, 학교, 개인 개업 등 다양한 환경에서 일하고 있다(AMTA, n. d.).

음악 치료사들은 종종 학제간의 치료 팀의 일부로서 일하고 그에 따른 정보를 제공하고 조사, 처치 계획, 평가에 대한 결정을 돕기도 한다. 19세기에는 음악 듣기가 주요한 중재 방식이었던 반면 오늘날에는 다양한 음악치료 기술이 사용된다. 이것은 내담자마다 필요한 게 다르고, 개인화된 중재가 필요하므로 중요하다. 음악 치료 처치에는 다음이 포함된다: (a) 음악을 이용한 긴장완화, 음악으로 도출되는 이미저리, 음악적 회상, 가사 토론 같은 듣기나 수용적 기술 (b) 미리 작곡된 음악 연주, 교육 음악치료, 리듬 밴드 같은 레크레이션 기술 (c) 노래-쓰기, 악기 작곡, 뮤직 비디오 같은 작곡 기술 (d) 자유 즉흥곡, 체계화된 즉흥 연주, 참고 즉흥곡, 비참고 즉흥곡 등의 즉흥 기술들(마란토, 1993)이 있다. 마란토는 이것들과 다른 음악 치료 기술들을 상세히 논하고 있다.

실제 음악 치료 훈련

훈련과 경험에 의지해 음악 치료사는 지원적, 재교육적, 재구성적 수준에서 일을 한다. 지원적 또는 활동-지향 수준에서 치료의 목표는 건전한 행동을 기르고 적극적 참여를 북돋우는 것이다. 보통 이 수준에서 이용되는 활동들은 그룹 노래 부르기, 악기 연주, 음악 관련 게임, 음악 듣기 등이 있다. 치료사의 초점은 부적응 행동과 증상을 다루는 데 있으며 행동의 근저에 있는 원인을 밝히지는 않는다. 재교육적 또는 과정-지향 수준에서는 개인 내적인 그리고 대인관계에서의 개인적 반성이 치료의 핵심이다. 이 치료 수준에서는 내담자에 대한 통찰력을 얻을 수 있는 것이 요구되며 지금 여기 접근법으로 특징지어진다. 이것은 치료사가 무의식적 과정보다는 현재의 문제에 초점을 맞추려 한다는 의미이다. 마지막으로 재구성적 수준 또는 분석적 수준에서는 목표가 음악적 중재를 통해 이상기능 행동을 낳는 무의식적 갈등을 식별, 탐구, 해결 하는데 있다. 이 수준에서 일하려면 음악 치료사가 고급 훈련과 감독을 필요로 한다(데이비스 외, 1999).

음악의 복잡성과 다양성 때문에 그것은 필요의 다중성을 다루는 이상적인 매체가 된다. 일상에서의 편재성은 그것을 효과적인 치료의 전제조건인, 신뢰 관계와 안전한 분위기의 발전을 촉진시키는 위협적이지 않은 도구로 만들어준다. 음악 치료는 지난 50년간 엄청나게 성장해왔고 그것은 계속해서 제대로 연구되고 잘 훈련된 치료적 접근법으로 확장될 것으로 전망된다.

18장

음악 치료의 이론적 접근법

E. 막달레나 라베디에르

서론

음악치료는 다양한 이론을 포용하는 연구와 실천의 분야이다. 포리나쉬(2001)는 음악치료 프로그램들이 모든 음악치료 프로그램 전반에 걸치는 특정한 과정이 필요하지는 않는다고 인정했다. 대신 프로그램들은 능력 기반으로, 이는 음악치료사 훈련에서 많은 유연성을 가능하게 한다. 음악 치료사 훈련에서의 유연성은 그 분야에서 활용되는 다양한 이론과 방법들을 가능하게 했으며, 채택되는 이론의 다양성은 그 분야의 미래적 분과와 발전을 예시해준다(예, 특정 이론이나 음악 치료 접근법에 따른 분과). 예를 들면 실제 악기를 연주하는 내담자와 관련된 음악치료가 하나의 분과가 될 수 있고, 다른 분과는 내담자의 변화를 돕는 데 악기를 실제로 연주하는 것보다는 음악 듣기를 이용하는 치료사와 관련될 수도 있다. 이 정보는 조크 브라트의 이전 장에서 보다 상세하게 다루고 있다. 이 장의 목적은 음악치료분야에서 사용되는 이론적 접근법과 관련된 정보를 제공하는 것이다.

음악치료사들이 여러 이론을 받아들이더라도 음악치료의 결정적 목적은 상대적으로 일관된다. 이 목적은 바로 내담자의 정서적이고/또는 정신적인 이익을 위해 음악을 이용하는 것이다. 미국 음악치료 협회(2004)는 음악치료를 다음과 같이 정의한다.

음악치료는 건강이나 교육적으로 문제가 있는 개인들의 심리, 신체, 인지 또는 사회적 기능

에서의 긍정적인 변화를 일으키기 위해 자격 있는 사람이 음악을 규정된 방식으로 이용하는 것이다.

조직들

음악치료의 유명세는 음악치료사를 지원하는 협회 형성에 도움을 주었다. 그런 조직들과 협회들은 음악 치료사들의 계속적인 교육을 증진하며(음악치료사 인증 위원회, 2004), 전문가적 지원을 제공하고(예, 학회들) 그리고 그 분야 관련 연구 발표와 전문 저술 기회를 독려한다(미국 음악치료 협회, 2004). 린드버그(1998)는 음악치료 협회들이 의사소통 기술 발달, 부적절한 행동 억제, 스트레스 억제, 주의력 향상, 자아 성장을 포함하는 음악과 관련 없는 다양한 분야들에서의 성장과 치유를 위해 음악치료의 이로운 특성과 관련되는 대중적 인식을 제공한다고 쓴다.

음악 치료사들이 모여 있는 미국 내 두 개의 주요 기관은 미국 음악치료 협회와 음악치료사 인증 위원회이다. 미국 음악치료 협회(2004)는 1950년에 세워진 국립 음악치료 협회와 1971년에 세워진 미국 음악치료 협회가 1998년에 합쳐진 것이라고 기록되어 있다. 이 조직들이 합쳐져 미국 음악치료 협회를 이루었다.

미국 음악 치료 협회

미국 음악치료 협회(2004)는 치료 환경 내의 다양한 사용을 위해 음악치료를 증진한다. 이 협회는 음악치료가 음악을 관찰과 평가 수단으로 이용해 (신체적, 인지적, 사회적, 심리적으로) 개인의 기능을 평가하는 데 쓰일 수 있다고 한다. 또한 미국 음악치료 협회(2004)는 음악치료사가 그룹 치료에서 사회적 참여를 독려하는 데 음악을 활용할 수 있다고 한다. 음악적 이미저리와 음악 공연 또한 내담자 세션 내 음악치료사들에 의해 널리 활용되는 접근법이라고 협회는 인정한다.

미국 음악치료 협회(2004)는 협회가 아홉 가지 범주의 회원제로 폭넓고 다양한 개인들이 집단으로 가입할 수 있게 한다: 전문가, 보조, 학생, 비활동, 은퇴, 협동, 후원자, 평생, 명예 평생 회원. 이 협회는 또한 구성원들이 치료 환경에서 음악의 이용을 통해 개인으로 이루어진 다양한 그룹들 가운데에서 긍정적인 변화를 증진하는데 헌신되어 있다고 공언한다. 이 이론은 다음의 집단으로부터 개인들이 음악치료에 의해 긍정적으로 영향을 받을 수 있다고 하는 믿음에 기초한다: "정신적 문제가 있어서 도움이 필요하고 발달적 학습 장애가 있고 알츠하이머 병 그리고 다른 노화 관련 증상이 있고 약물 남용 문제, 뇌 손상, 신체 장애 그리고 중증과 만성 통증이 있는 아동, 청소년, 성인, 노인"(미국 음악 치료 협회, 2004).

음악 치료사 인증 위원회

음악치료사 인증 위원회는 잠재적 구성원이 치를 시험을 마련하고 그 시험에 통과하고 다른 자격(예, 교육)을 만족시키면, 새 구성원은 "음악치료 위원회 인증"(MT-BC)을 얻게 된다. 이 조직의 긍정적인 측면은 이것이 비영리적이라는 것이다. 음악치료사 인증위원회(2004)는 음악치료가 다학제간 분야라는 것을 인정하며, 음악치료에 단 하나의 접근법이 있는 게 아니라 오히려 성장하고 있는 치료 분야에서 활용되는 다양한 접근법, 방법, 중재, 응용이 있다는 점을 인식하고 있다.

이론들

음악치료 관련 수많은 이론들은 수년에 걸쳐 진화해왔다. 그들의 실제적 적용을 위해, 현재 가장 이 분야에서 유명하고 잘 알려진 것으로 연구자들에 의해 간주되는 몇몇 이론가들에는 포함된다. 앞으로 더 논의될 몇몇 현재의 이론적 접근법들은 아프리카 드럼, 그룹 음악치료, 노래쓰기를 포함한다. 이 절에서는 음악치료의 이론적 발전에 대한 역사적이고 진화적인 접근법을 택할 것이다.

브루시아

브루시아는 음악치료를 내담자의 이로운 변화를 촉진하기 위해 치료사에 의해 보여지는 잘 정립된 일련의 중재와 접근법이라고 설명한다. 최근의 연구자들(예, 펠리테리, 2000; 위그램, 페더슨과 블론드, 2002)은 브루시아의 이론을 인정하고 동의하고 있고, 브루시아(1998)는 음악치료를 정의하는 데 초점을 맞춘다. "음악치료는 치료사의 역동적인 변화의 힘으로서 그것들을 통해 발달시키는 음악 경험들과 관계를 이용해, 내담자의 건강을 증진하는 데 도움을 주는 중재의 체계적 과정이다." 여러 치료 수준은 음악치료가 실행되는 형태에 대한 정의를 돕는다. 이런 범주들은 다음과 같다(브루시아, 1998).

1. 보조적: 비치료적 방식의 치료에서 음악을 이용하지만 그 목적은 여전히 치료적 상황에 관련되어 있다.
2. 부가적: 다른 치료 양식들을 지원해주는 방식으로 음악을 이용.
3. 집중적: 음악이 중심적 치료 양식이다.
4. 일차적: 음악이 이 수준에서 치료의 유일한 방법으로 작용한다.

실천 분야들

음악치료 실천에는 여섯 가지 주요 분야가 있다. 이 여섯 분야의 각각은 치료 목표, 내담자-치료사 관계, 내담자의 현재 문제를 포함하는 기준에 기초해 네 가지 수준의 원칙을 수반한다. 브루시아가 밝힌(1998) 그 여섯 가지 실천 분야는 다음과 같다: 교육적, 의학적, 치유적, 심리치료적, 레크레이션, 생태학적. 이 여섯 범주 또는 실천 분야는 그 응용에 따라 서로 구별이 된다.

음악치료의 적용

교육적 적용은, 브루시아(1998)에 따르면 교육을 동반한다. 이 실천 분야는 내담자의 지식이나 기술발달을 돕는 데 초점을 둔다. 브루시아(1998)는 이 형태의 음악치료의 목적은 내담자가배우는 것을 돕는 것이라고 설명한다.

의학적 접근법들은 내담자의 신체 건강과 웰빙에 초점을 둔다. 시도렌코(2000)는 이 접근법을 제왕절개 수술 전의 임신한 여성의 염려를 줄이는 데 사용했다. 또한 시도렌코는 그 여성들이 음악치료 방법으로 의학적으로 도움을 받았으며, 병원에 있는 동안 진통제를 덜 필요로 했다고 보고한다. 시도렌코는 또한 음악치료 연구에 참가한 환자들이 다른 고위험 임신에 비해 3일 정도 퇴원이 빨랐다고 한다. 게다가 음악치료 프로그램에 참가한 환자 중 62퍼센트가 염려를 아주 적게 하게 되었다고 보고했으며, 이는 기준 그룹 참가자들의 66퍼센트가 높은 수준의 걱정을 보고 한 것과 비교해 놀라운 일이다.

브루시아가 개괄한 임상가들이 활용하는 세 번째 접근법은 치유적 접근법이다. 브루시아(1998)는 이 범주의 적용을 조화 회복의 목적으로 진동, 음악, 소리를 만들어내는 것이라고 설명한다. 라토레(2003)는 음악치료의 형태로서 소리내기, 음, 진동 만들기의 유용성을 인식하고 있다. 이 형태의 치료는 스트레스를 줄이고 내담자을 위한 표현의 장을 제공하는 데 도움을 줄 수 있다.

음악치료에서 또 하나의 접근법 또는 분야는 심리치료적 접근법이다. 브루시아(1998)는 심리치료적 음악 치료 접근법들에는 내담자의 정신적 또는 정서적 변화에 초점을 두는 모든 그룹과 개인적 방법이 포함된다고 설명한다. 브루시아가 논하는 다섯 번째 분야는 레크레이션이다. 이 응용 분야는 사회적 상호작용 같은 개인적인 즐기기에 초점을 맞춘다.

마지막 실천 분야는 생태학적인 것이다. 생태학적 실천은 환경 개선을 위해 음악을 제안하는 것과 관련이 있다. 무엇보다 생태학적 접근법은 창의적 치료사들뿐 아니라 대부분의 학문에서 가장 연구가 덜된 주제이다(브룩, 2005). 이것에는 내담자의 삶의 환경이나 실제 치료 환경에 대한 개선을 포함한다. 하지만 음악치료의 그런 형태에서 초점은 환경과 그런 환경에 대한 내담자의 상호작용에 맞춰진다(예, 태도).

이 여섯 분야들 각각의 실천은 내담자가 치료받으러 온 목적에 따라 좌우된다. 브루시아에 따르면(1998) 건강 우선성은 내담자의 치료적 필요들 그리고 치료를 찾는 내담자의 동기 등을 포함하는 여러 평가들의 조합이다. 건강 우선성은 제공된 환경에 내담자를 수용하기 위하여 이중적으로 평가된다. 음악 치료 중재들은 따라서 이 건강 우선성에 따라 평가되는 것이다.

GIM

GIM(Guided Imagery and Music method)으로도 알려진 유도된 이미저리와 음악 방법은 헬렌 린드퀴스트 보니에 의해 만들어졌다. 보니(1999)는 이 음악 치료 이론이 두 가지 주요한 이론적 틀에 기초한다고 한다. 보니(1999)에 따르면 그녀의 이론은 마슬로우의 자기-실현 모델과 칼 로저스 치료의 내담자 중심 모델을 기초로 한다. 이 이론들은 여러 형태로 GIM 방법에 나타난다. 예를 들면 세션 중에 치료사는 특정한 음악 모음을 틀고, 그 선택의 목적은 선택된 음악이 내담자의 자기-이해를 높여줄 것이라는 치료사의 믿음에 기초한다. 치료사에 의해 내담자에게 설명되기 보다는 내담자에 의해 실현되는 자기 이해에 대한 강조는 내담자 중심 치료의 한 형태이다. 마슬로우의 자기 실현 이론의 역할은 GIM에서 그/녀 자신의 감정이나 정서의 표출을 통해 드러날 수 있다(번트, 2002).

보니의 GIM과 음악치료를 다른 방식의 음악치료와 구별되게 하는 특징은 고전 음악에 대한 강조에 있다. 보니(199)는 치료사가 이 치료 방법을 실행하려면 보니 GIM에 초점을 맞춘 3년간의 훈련이 요구된다고 한다. 이 훈련은 일차적으로 고전 음악과 관련된 지식 습득과 관계가 있다. 또한 보니 GIM의 훈련은 치료사가 의식의 다른 상태로 들어가는 데 음악을 이용하는 법을 교육하는 것을 동반한다.

하지만 보니(1999)는 그녀의 GIM이론이 류너의 유도 정서 이미저리 치료를 이용한 작업에서 진화한 것을 인정한다. 류너의 이론은 보다 정신분석적 접근법에 초점을 둔다. 보니(1999)는 류너의 이론을 다루는 데서는 내담자가 다른 의식 수준으로 진입할 수 있는 기회 창출에는 4단계가 있다고 인용한다. 류너의 유도 정서 이미저리 접근법에서 활용되는 단계는 다음과 같다(보니, 1999):

1. 내담자가 질문을 함으로써 그/녀 자신에 관한 정보를 제공하게 해준다
2. 그/녀를 소파에 눕게 함으로써 머리부분의 긴장완화를 돕고 긴장완화 다음 단계에 초점을 맞춘다.

3. 정서와 이미지들을 환기시키는 것을 용이하게 하도록 선택된 음악 모음을 미리 선택된 순서로 튼다.
4. 음악 경험을 하고 나면 음악 프로그램에서 그/녀가 경험한 감정과 느낌을 공유할 수 있게 해준다.

류너의 접근법은 보니의 방법이 주어진 세션 내에 다섯 가지 특정한 단계를 수반한다는 점에서 보니의 GIM 치료 모델과 구분된다. 그 첫 단계 도입부는 일기 쓰기, 음악 재생 또는 다른 형태의 음악/표현예술을 동반한다(번트, 2002). 번트는 보니 이론의 다른 단계들을 다음과 같이 나열한다: 유도(소파에 누운 동안 긴장완화의 시기), 듣기, 상상, 돌아오기(음악 프로그램을 끝내고 내담자의 의식 상태를 치료 세션으로 돌리는 것) 그리고 마지막으로 종결부이다. 종결부는 내담자가 음악 프로그램 동안 경험한 생각, 감정, 이미지를 드러내는 것을 동반한다.

보니의 GIM 방법을 이용하는 데 있어서 장점은 1999년 세계 음악치료 회의에서 처음 발표되었기 때문에 상대적으로 새로운 이론적 근원이라는 점이다. 음악치료 영역에서 상대적으로 새로운 이 이론은 이전의 이론들을 확장할 기회를 가졌다(예. 류너 이론과 보니 이론의 연관성 등).

현재의 연구는 GIM의 이용과 관련된 강점들을 보여준다. 맥키니, 안토니, 쿠만, 맥캐이브(1997)는 GIM를 사용함에 따른 기분 변화에 관해 조사했다. 맥키니와 동료들(1997)은 GIM 방법이 참가자들 사이에서 우울한 기분을 감소시킬 수 있다고 쓴다. 나아가 블레이크(1995)의 결과는 보니의 GIM이 외상후 스트레스 장애를 겪는 정신병자들을 치료하는 데 유용하다고 설명한다.

보니 GIM 치료에서 약점은 몇 년의 상담 경력 이외에 추가로 3년간의 훈련이 필요하다는 점이다(보니, 1999). 하지만 음악과 이미저리 협회(2003)가 GIM을 이용하는 치료사들을 지원하기 위해 발전됨에 따라, 이 치료법을 쓰는 데 있어서 많은 지원이 있으며, 음악과 이미저리 협회(2003) 회원이 되려면 보니 GIM을 완전히 훈련 받아야 한다.

이 분야 내의 잘 알려진 접근법들

임상 환경에서 음악치료는 내담자 이익을 위한 음악의 이용을 포함한다. 브루시아(1998)는 음악치료에 대한 현재의 접근법들을 정의하는 몇 가지 사항을 밝힌다. 첫 번째는 음악이 임상적 환경의 우선이 아니라 오히려 내담자의 정서적 진행이 우선되어야 하며, 그런 음악과 음악적 체험에 대한 그/녀의 반응이 세션의 초점이 되어야 한다. 브루시아가 말하는 또 하나의 사항은 성공적인 음악 치료는 목표 설정, 지시 그리고 조직화를 포함한다. 브루시아는 또한 임상자가 음악 치료 세션에서 취하는 접근법은 임상자의 이론적 지향, 현재 문제, 내담자의 성격에 좌우된다고 주장한다. 모든 내담자에게 모든 접근법과 이론적 지향이 적용될 수 있는 것은 아니다. 음악치료를 이용하는 임상가들은 반드시 대인적 과정을 치료 환경에서 일련의 사건과 단계에 대해 적용시켜야 한다고 브루시아가 주장하듯, 임상적 과정에 따라 성장을 가능하게 하는 중재를 발전시키는 것이 중요하다. 예를 들면 임상가가 이 접근법에 음악치료를 적용하는 때 조차도 신뢰감 확립, 신뢰 발전, 내담자 이력 흡수 등이 이 과정을 통틀어 진행되어야 한다. 성공적인 음악치료는 임상적 환경에서 세 요소를 포함하며 브루시아는 이 요소들은 다음과 같다고 말한다. "조사, 처치, 평가".

아프리카 드럼치기

아프리카 드럼치기는 임상가들에 의해 활용되고 있는 새로운 형태의 치료와 이론적 접근법이다(롱호퍼와 플로어쉬, 1993). 롱호퍼와 플로어쉬는 치료시 드럼의 사용이 "정신의학적 재활이라는 공동체 통합적 목표를 보완해 준다". 나아가 롱호퍼와 플로어쉬에 따르면, "개인의 기술을 향상시키고 공동체 의식과 정상화하는 성인 활동에 대한 건강한 참여를 함양하도록 고안된" 그룹 활동의 이용을 포함하는 아프리카 드럼치기는 국제 심리 재활 협회와 연관된 목표를 가진다.

연구자들(롱호퍼와 플로어쉬, 1993; 스튜어트와 스튜어트, 2002; 위그램 외, 202; 윈클만, 2003)은 드럼치기가 몇몇 치료 내담자들에 긍정적인 신체적 심리적 효과를 제공한다는 점을 알아냈다. 하지만 이 연구자들은 강조점이 다른 사람들이 치는 것을 듣는 것 보다는 내담자들의 드럼치기에 주어져야 한다고 말한다.

윈클만(2003)은 약물 재활 내담자들에게서 드럼치기 치료를 이용해 연구를 수행했는데, 연구 결과는 치료에서 드럼의 사용이 다음의 효과를 낳을 수 있다고 보고한다: 긴장 완화의 느낌, 뇌에서 마취 수준의 균형 회복, 자기-자각, 감정적 치유, 영적 체험, 드럼 그룹의 다른 사람들과의 전반적인 결속감.

롱호퍼와 플로어쉬(1993)는 정신병 재활에서 아프리카 드럼치기의 사용을 설명했다. 이 형태의 음악치료는 내담자들이 사회적 경험에 참가할 수 있게 해준다고 한다. 롱호퍼와 플로어쉬(1993)는 "공동체 결속력이라는 목표를" 위해서는 그룹 치료 세션에서 "서 아프리카의 다중리듬 음악"의 이용을 강조했다. 라 토레(2003)와 사로얀 같은(1990) 다른 연구자들 또한 상호 결속감과 그룹 신뢰 구축의 이점을 위한 음악치료의 이용을 강조한다.

그룹 음악 치료

그룹 음악 치료는 그것이 사회적 상호작용의 기초를 제공한다는 점에서 임상가들에게 가치 있는 것일 수 있다. 그것은 사회적인 내향성이나 수줍음이 있는 내담자들에게 이로울 것이다. 나약, 윌러, 시플렛과 아고스티넬리(2000)는 재활 환경에서 음악치료는 뇌 손상이 있는 개인들 사이에서 사회적 행동 개선의 긍정적인 효과를 제공한다고 보고했다. 번트는 그룹 음악 치료가 그룹 일원들 간의 협력 연대를 만들어낼 수 있으며, 따라서 이 접근법은 사회화 효과를 향상시킨다고 한다.

그룹 드럼치기와 그룹 치료에서의 음악 연주는 현재의 연구(호건, 2003; 펠리테리, 2000)에서 음악치료 영역 내 선호되는 접근법으로 인식되고 있다. 그룹 치료 환경에서 활용되는 다른 음악 연구 이론들에는 음악 듣기(윔포리와 네쉬, 1999), 노래 부르기(라 토레, 2003), 노래 쓰기(갈란트, 홀로스코, 시겔, 1997), 음악 변주곡 만들기(라 토레, 2003) 등이 포함된다.

사로얀(1990)은 그룹 치료에서 음악을 사용할 때, 초기 과제는 특성상 간단해야 하며, 그 치료는 보다 창의적이거나 다양한 활동으로 진행되어야 한다고 설명한다. 이것은 사로얀의 이론(1990)에 따르면, 그룹 일원들 사이에서 참여 고취와 편안함 증진에 도움을 주어야 한다. 나아가 사로얀에 의해 표현 된 것처럼 그룹 환경에서 음악 치료의 여러 목표들에는 "신뢰, 협력, 상호작용"의 발달이 포함된다.

노래 쓰기와 작곡

음악 치료에서 쓰이는 또 하나의 현재 접근법은 노래쓰기이다. 노래쓰기는 연구자들(호건, 2003; 실버와 헤스, 1995)에게 가치가 있는 치료적 중재로 인식된다. 갈란트 등(1997)의 논문에서는 40년 넘는 음악치료 분야의 누적된 경험과 관련된 임상적 중재를 보여준다. 갈란트와 동료들(1997)은 시와 작사의 사용을 통합하는 음악 중재는 중독 내담자에게 이익이 될 수 있다고 강조한다. 이 형태의 치료에 있어서 핵심은 음악이 내담자을 "빠져나오게" 하는 데 도움을 준다는 점을 인식하는 것이다(갈란트, 1997). 중독 내담자들은 극복하기 어려운 문제들(예, 정서적 문제들)과 신체적 중독(예, 알코올 중독으로 이끄는 관계 문제들)같은 문제들을 키우고 있을 수도 있다. 작사는 내담자이 자신의 문제들과 관련된 중독에 직면하는 것을 도울 수 있는 치료 장치로 제시된다. 작사 방법은 내담자들이 중독으로 인한 불가피한 핵심 문제들을 인식하는 데 도움을 줄 수 있다고 주장하고 있다(갈란트, 1997).

결론

연구자들은 이상에서 설명한 형태의 치료가 소아 암 환자들(바레라, 리코프와 도일, 2002), 자폐증 아이들(윔포리와 내쉬, 1999), 정신병 환자(하야시 외, 2002), 중독 환자(갈란트 외, 1997),

임산부(시도렌토, 2000), 발달 장애 아동(더피와 풀러, 2000) 그리고 비탄에 처해있는 개인들(브라이트, 1999) 등의 수많은 내담자들에게 이롭다는 것을 증명하고 있기 때문에 음악 치료의 미래는 아주 밝다. 음악치료 연구와 실천을 위한 지원이 미국 음악치료 협회와 음악 치료사 인증 위원회에서 발견될 수 있다.

하지만 이 분야를 더 발달 시키기 위해서는 미래 음악치료사들에 대한 교육을 제공하는 다양한 학교들 간의 응집된 이론적 발달이 요구된다. 브루시아(1998)는 음악치료 관련 이론이 시간에 따라 변해왔다고 한다. 그러한 응집력이 있다면 미국 음악 치료 협회나 음악 치료사 인증 협회는 음악치료에서 더 큰 지원과 일관성을 제공할 것이다. 음악 치료 협회들 내에 음악치료 접근의 다양한 형태를 포함시키면 실제와 연구의 영역에서 분과, 전문화, 전문성에 대한 보다 큰 발전과 보다 많은 인식이 있을 것이다. 이러한 활동은 음악 치료 분야의 다양한 접근법들을 위한 더 큰 인식을 제공할 것이다.

19장
음악 치료에서의 평가

에릭 B. 밀러

서론

음악치료에서 평가는 중요하고 역동적인 탐구의 과정이다. 음악치료 평가의 목적들에는 진단적 평가, 일반적 필요성, 임상적 중재 계획 그리고 진행중인 치료 중재에 대한 평가 등이 포함된다. 평가는 창의적 치료사들과 내담자들에 대한 책임, 서비스의 정당성 그리고 진행중인 음악치료 접근법의 유효성을 위해 필요하다(체이스, 2002). 음악 치료사가 활용하는 평가 기술의 형태는 음악 치료의 즉흥적 모델, 정신분석 모델, 교육모델, 생의학적 모델을 포함하는 다양한 음악 이론적 접근법들에 의해 진행된다. 이 체계의 각각은 음악 치료 과정에 대한 고유한 시각을 제공하며, 내담자 편에서 수동적인 참여와 적극적인 참여의 연속체 내에서 음악 치료 평가에 접근하는 조금씩 다른 방식들을 제안한다.

이 장은 브루시아(1998), 위그램, 노도프, 로빈(2002), 브렁크와 콜만(2000) 그리고 그 분야에서 사용하기 위한 실제적인 평가 도구를 개발해 오고 있는 다른 음악 치료 이론가들의 기여를 리뷰 해볼 것이다. 또한 음악치료에서 유망한 미래의 기술들과 음악치료에 대한 현재와 미래의 연구에 대한 함의들에 관해서도 짧게 살펴 볼 것이다.

1990년대 후반까지 음악 치료 평가에 대한 논문들은 드물었고 임상적 중재에 초점을 맞추는 연구와는 큰 거리가 있었다(사바텔라, 2004). 저자들은 점차 평가 척도들의 기록에 보다 관심을 갖게 되면서 바뀌게 되었다. 1999년 워싱턴 D.C의 9차 세계 음악치료 회의에서는 평가가 강조된 초점이었다. 이로 인해 2000년 두 개의 저널 "음악 치료 저널"과 "음악 치료 전망"은 평가를 특집으로 했다. 평가에 대한 이런 관심의 유입에도 음악 치료는 여전히 응집된 평가 방법들의 개발에서는 다른 전문 분야에 뒤쳐져 있다(사바텔라, 2004). 이런 현재의 결핍성은 "음악 치료 직업은 형식적 평가 도구가 부족하다"(체이스, 2004)고 말하는 크리스틴 체이스에 의해 보다 훨씬 공감적으로 표현되고 있다.

음악 치료사들은 기존의 평가 수단들을 사용하지 않는 경향이 있기 때문에(윌슨과 스미스, 2000), 음악 치료 평가를 구성하는 기본 구성물들을 이해하는 것이 중요하다. 장애아에 대한 아동 음악 치료 평가 수단들에 대한 조사에서 윌슨과 스미스(2000)는 41개의 연구 중 16개에서 이름 있는 평가를 이용했고 그 16개 중 3개만이 한번 이상 쓰였다. 그 연구 중에서 자체적이거나 무명의 평가가 반 조금 넘게(51%) 쓰였다. 반복되는 일이 적기 때문에 교차 연구에 대한 비교는 의심스러워지지만, 그것은 개별 치료사의 목적에 맞는 평가 수단을 창의적으로 구성할 여지를 열어준다.

하지만 대조적으로 "음악치료 저널"에 인용된 검사 수단은 그레고리(2000)의 보고에 따르면, 25%가 연구자가 만든 것이고 35%가 발표되지 않은 것이며 40%가 발표된 검사였다. 나는 이 두

표 19-1

Music-related Instruments

테스트	저자	적용
소리 인식 검사	Flowers	서술적
음악 치료의 생리학적 측정검사	Sutton	서술적
음성의 범위/ 고저 매칭검사	Myers	서술적
음성 고저 구별 검사	Grant,Share	서술적
리듬 인식 검사	Grant,LeCroy	실험적
음악적 활동 치료 흡수 평가	Braswell et al.	서술적
음성 고저 구별 검사	Ford	서술적
즉흥적인 음악연주	Gunsberg	서술적
음악 치료 효과 척도	Thout	실험적
음악 치료 인턴 평가	Grant	서술적
실용적인 음악 기술 평가표	DiGiammarino	서술적
정신분열증 환자의 음악적 상호작용 평가	Pavlicevik et al.	실험적
사회적, 음악 행위적 중요 척도	Jellison, Duke	서술적
남겨진 음악 기능 검사	York	서술적
음악 평가 계획안	Lipe	서술적
음악 전공자의 만족 질의서	Allen	서술적
음악 연주자의 스트레스 평가	Brodsky, Sloboda	실험적
음악 연주자의 스트레스 조사	Brodsky, Sloboda	실험적

관점 간의 표면적 불일치에 흥미를 느껴 제목에 음악 관련 단어들이 포함된 검사만을 세어서 그레고리에 대한 대략적 수동 재분석을 해보았다. 그레고리가 보여준 115개의 검사 수단 중에서 내가 세기로는 제목에 음악 관련 단어가 있는 게 25개(22%)였다. 그 25개 중에 18개(72%)가 연구자가 만들어낸 것이었고 다섯 개(20%)가 발표되지 않은 것, 그리고 두 개(8%)만이 발표된 것이었다. 이런 결과는 발표된 연구 중 대부분이 실제로 심리학에서 빌려 온 스탠포드 비넷 지성 측정(손다이크 외, 1986)이나 피보이 그림 어휘 검사(던과 던, 1997) 같은, 다른 학문에서 빌려 온 것임을 보여준다. 연구가 신뢰성이 증명된 기존의 수단을 이용하는 데서 신뢰를 얻고 있는 반면 음악치료에서는 음악 치료사가 내담자에게 사용할 관심이 있는 그 핵심 요소와 과정들을 측정하는 수단을 사용하는 데에서는 주의를 기울여야 한다.

연구자가 만든 수단의 우위성과 함께 이런 저자들을 식별하고 그들의 수단에 관해서 발생하는 데이터를 살피는 것이 중요하다. 자신의 수단을 만드는 연구자들의 높은 퍼센트는 각자 자기 세상에서 살고 있는 음악 치료 임상가들과 음악 치료 연구자들 간에 분리가 있다는 생각에 신뢰를 더해준다(아이젠, 1993; 1998). 표는 제목에 "음악"이나 "리듬" 등의 음악 관련 단어가 있는 수단들만을 포함하고 있다.

사바텔라(2004)는 그 분야에서 음악치료 평가 정보의 파편화된 조직으로 설명하는 것과 일관되게 이 장은 다양한 평가 관점들의 모자이크에 착수할 것이다. 다음 절에서는 음악 치료 평가에 대한 기본적인 이론적 접근법과 이 사고 체계로부터 나오는 실제적인 기술을 살펴볼 것이다.

평가의 요소들

다음 시나리오를 생각해보라. 전화기가 울린다. 지역 병원의 사회복지사가 전화상으로 그녀의 알츠하이머 병 내담자에게 음악치료를 제공할 수 있을지 물어보고 있다. 한 동료가 당신에게 음악을 좋아하는 자폐아동을 음악치료를 추천하기 위해 허가를 요청한다. 당신은 학부형이고 음악 치료가 당신의 4학년짜리 자녀가 학교에서 집중을 더 잘하는 데 도움이 될 지를 알고 싶어한다. 국가 인증 기관이 당신이 가르치는 대학에 음악 치료 프로그램의 제도적 검토를 계획하고 있다. 이런 상황 각각은 약간씩 다른 방식으로 수행되는 음악 치료 평가를 필요로 한다.

확립되고 이론화된 음악 치료 평가들을 통해 계속 다시 나오는 반복적 주제가 있다. 어떤 평가든 그 중심에는 하나의 질문이 있다(코헨, 1978). 평가에 대한 질문들에는 다음과 같은 것들이 있다:

- 이 사람은 음악 치료로부터 도움을 얻을 것인가?
- 이 사람이 음악 치료로부터 어떤 도움을 얻을 것인가?

- 이 사람이 음악을 통해 어떻게 타인들(치료사나 그룹의 일원)과 관계를 맺는가?
- (진행 중인) 음악 치료가 이 사람에게 어떻게 영향을 줄 것인가?
- 음악 치료사가 보다 나은 결과를 위해 음악 치료 중재를 어떻게 최적화할 것인가?
- 음악 치료 프로그램이 어떻게 직원에게 이익을 줄 수 있는가?
- 음악치료사, MT 교육자 또는 MT 분과의 강점과 약점은 무엇인가?
- 어떤 종류의 음악 치료가 이 환경에서 가장 효과적일까?

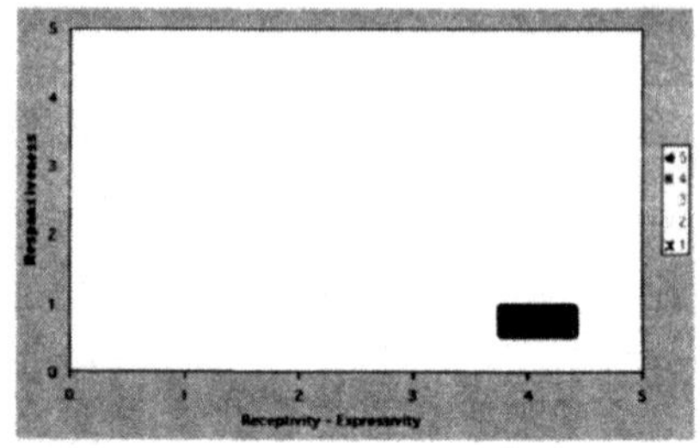

그림 19-1 QMTA

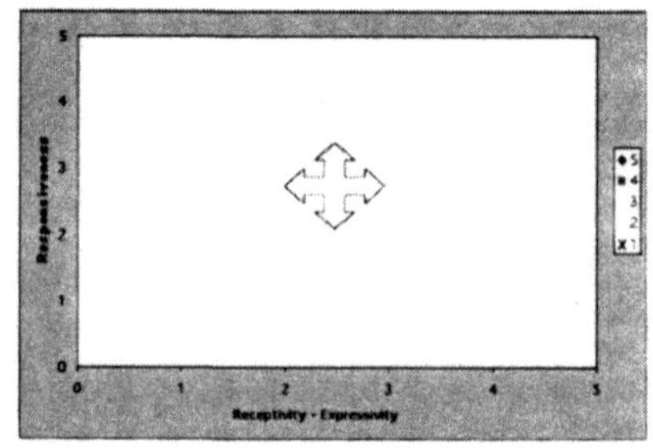

그림 19-2 표현과 반응성

음악치료 평가에서 발견되는 또 하나의 중요한 요인은 음악적 용어를 통한 관계의 분석이다. 관계적 행동을 보는 보편적인 렌즈는 수동-능동 또는 외향-내향의 연속체이지만, 나는 음악적 반응의 지표와 더불어 수용-표현 척도로의 통상적 변화를 선호한다(위그램, 퍼더슨과 블론드, 2002).

이런 기본적 개념들로부터 수단을 만들어내는 하나의 예로써, 거칠지만 빠른 평가가 단순한 치료사의 반응성과 표현에 대한 평가로 만들어 질 수 있다. 수용성-표현성 척도를 X축에 놓고 반응성을 Y축에 놓는다. 그림 19-1에 보이는 모형. 속성 음악 치료 평가 Quick Music Therapy Assessment(QMTA)라고 부르는 최초 인상에 대한 이 그림 설명에서, X축에 대한 관찰은 배타적이 아니며 척도의 양쪽 끝으로 떨어질 수도 있다.

하지만 Y축에 있는 반응성에 대한 관찰들은 배타적이고 특정한 수준에서 평가되어야 한다. Y 또는 반응적 축에서 0의 값은 무반응적, 그리고 5의 값은 극도로 반응적인 것에 해당한다. 하나는 수용 하나는 표현을 위한 이중 지점이 기록되는 수용-표현 연속체에서 두 점 사이의 연결 선이 길수록 표현의 레퍼토리나 범위가 더 넓다.

이 속성 수단에서의 평가는 표준에 기초하지 않고 치료사의 경험과 주관적 인상에 기반한다. 이 형태를 활용하는 것은 한 눈에 보이는 아주 쉬운 평가를 낳는다. 예를 들면 음악 치료사와의 1, 2분의 즉흥곡에서 어린 발달 지체 내담자의 QMTA는 그림 19-2에서 보이듯 나타난다.

붉은 상자는 바로 우리에게 이 내담자가 고도로 표현적이지만; 별로 수용적이지 않고 별로 반응적이지 않다는 것을 알려준다. 우리는 그 후 음악 치료가 이 아이가 대인관계의 기술과 적절한 자기 표현을 발달시키는 데 이로울 것이라고 주장할 수 있겠다.

그 다음 특정 기술들이 첫 몇 번의 세션에서 관찰된 음악적 상호작용으로부터 이어질게 될 것이다. 교차-실행자 비교를 위해서는 적합하지 않지만, 이 종류의 속성 평가는 치료사가 내담자와 치료적 연대를 발전시키면서 쌓아가는 정보를 제공해 준다.

MT 평가에서 되풀이 되는 다른 주요 개념들은 양적이고 질적인 평가 도구들이다(위그램, 외, 2003). 양적 데이터는 정의할 수 있는 행동들로 이루어지며, 질적 정보는 음악 치료 세션의 경험과 음악적 의사소통과 상호작용의 의미에 대한 현상학적 이해와 관련된다. 수년 간 음악치료 평가는 양적 데이터와 질적 정보를 결합하고 또는 지식 습득의 두 가지 방법들의 균형을 맞추고 있다(윌러, 1995). 음악 치료사는 음악적 경험을 분석적 도구로 진행시킨다. 관찰할 수 있는 데이터는 측량되고 비교될 수 있다; 질적 인상은 경험의 정수를 전달하는 방식으로 설명될 수 있다. 다층위에서의 의사소통, 창의성에 대한 영감 같은 음악이 가지고 있는 많은 특성이 있으며 질적인 연구에 적합하다(아이젠, 1998; 스메이스터스, 1997). 이장에서의 다양한 형태의 평가 중 몇몇에 대한 여정에서 평가 요소들을 염두에 두는 것은 일반적인 MT 평가의 구성을 위한 응집된 틀을 제공하는 데 도움을 줄 것이다.

즉흥 음악 치료 평가

즉흥 음악치료 평가라는 주제는 매우 광범위하고 그것만 다루는데 한 권의 책 전체가 필요할 수도 있다. 사실 케니스 브루시아(1987)는 이 주제에 대한 생각을 불러 일으키고 종합적인 책, "음악치료의 즉흥적 모델"에서 쉬운 비교를 할 수 있는 보편적 형태로 음악치료의 25가지 모델의 주요한 원리를 상세히 기술하고 있다. 브루시아는 더 나아가 응집력 있고 체계적인 이론적 접근법들로 다른 저자들의 저서를 코드화하는 데 도움을 주고 있다. 이 절에서 우리는 즉흥 접근법에 관한 아주 일부를 다루게 될 것이다.

노도프와 로빈스(1971)는 평가 도구의 13개 범주의 반응과 3개의 음악적 반응 척도를 밝히고 있다(노도프와 로빈스, 1971; 1977). 그들은 또한 평가로서 특별히 확립되지는 않았지만 정상적인 것과 병적인 아동의 즉흥 음악을 범주화하는 데 도움을 주는 시간-역동성 체계를 보여준다(브루시아, 1987). 이런 음악적 반응 척도들이 보다 광범위하게 사용되는 발표된 수단 중 일부이다. 그들은 내담자와 치료사 관계, 음악적 의사소통, 저항과 참여의 수준, 악기 반응성, 목소리 반응성을 설명하는 데 초점을 맞춘다. 노도프와 로빈스의 반응 범주에는 다음과 같은 것들이 있다(브루시아, 1987):

1. 완전히 자유로운 리듬
2. 불안정하게 자유로운 리듬
3. 제한된 리듬적 자유

4. 강박적 비트
5. 무질서한 비트
6. 모호한 비트
7. 감정적인 힘의 비트
8. 혼란하고-창의적인 비트
9. 피아노 연주
10. 노래부르기에 의한 반응
11. 변화에 대한 반응
12. 분위기에 대한 반응

각 범주는 반응에 대한 짧은 설명을 동반하고 있다. 1번, 2번의 평가 척도에서 노도프와 로빈스는 아동-치료사 관계와 음악적 "의사소통성"을 각각 평가한다. 그들의 음악적 반응의 2번 척도에서 노도프와 로빈스는 리듬 조직, 능력/경험의 수준, 표현 요소, 반응성, 노래부르기 반응의 수준에 점수를 매긴다(노도프와 로빈스, 1971; 1977). 리듬 조직의 수준에는 리듬 복잡성, 빠르기 범위, 기본 비트가 포함된다. 능력/경험 수준에는 확립, 탐색, 시작, 유지, 강박적인 것, 반응적인 것, 지시 받지 않은 것, 부지불식간에 하는 것이 포함된다. 표현적 요소는 다음을 포함한다: 트레몰로,(떨리는 음) 역동적 대칭, 큰 소리/점점 빠르게 등. 반응성의 수준은 다음을 포함한다: (M) 음악적으로 표현적/인지적임 (S) 자기표현적으로 단정적임 (B) 참여하게 됨 (N) 미성숙함. 노래하기 반응은 멜로디의 형태, 음성 반응, 음성 참여의 수준의 점수로 분류된다(브루시아, 1987). 여기서는 표현과 반응성의 정도라는 주제가 중심이다.

노도프와 로빈스는 그들의 세션을 녹화했고 다시 테이프를 보면서 특정한 수준에서 각각의 행위의 예에 대한 점수를 매겼다(노도프와 로빈스, 1977; 1985). 이 척도를 활용하는 치료사는 이같이 세션을 녹화하고 행동 수준의 각각의 예를 관찰하고, 관찰된 행동 수준의 각각의 예에 10점 만점으로 점수를 부여해서 점수 분포비율 표를 만든다. 이 표들은 여러 회에 걸친 경향 분석을 위한 방법을 제공한다.

즉흥 평가 프로파일

케니스 브루시아는 개인별로 사용되지만 종합적인 장치로 사용되도록 고안된 여섯 개의 프로파일을 제시한다. 각각의 프로파일은 음악적 요소 하위척도를 포함한다. 초기 장치는 보통 몇몇 세션을 필요로 하며 평가는 치료가 진행되면서 계속 이어질 수도 있다. 프로파일에 의한 평가는 처치 내의 중요한 치료적 활동을 구성하기도 한다. 표 19-2는 프로파일과 그 하위 요소를 나타낸다.

통합은 동시적 음악 요소의 조직화를 반영한다. 변동은 연속 음악 요소의 조직화를 반영한다.

표 19-2
브루시아의 즉흥 평가 프로파일

브루시아의 즉흥 평가 프로파일				
		통합		
미구분	혼합	통합	구분	과잉구분
		가변성		
단단한	안정적	가변적	대조적	임의적
		긴장		
저하	침착	주기적	긴장	고도긴장
		적합성		
불구속	일치	중심화	불일치	극단화
		현저함		
후퇴	순응	기여	통제	압도적
		자율성		
의존적	추종자	동반자	지도자	저항가

긴장은 즉흥 음악 내의 음악적 긴장의 지속, 조절, 해방을 설명한다. 조화는 동시적 감정, 상태, 역할 관계의 조직화를 반영한다. 돌출은 즉흥의 특정한 음악적 요소의 우위와 통제를 나타낸다. 자율은 즉흥 연주자들 사이의 관계를 설명한다. 가운데 세 가지 변화도가 기준을 나타내고 그 외의 것들은 주변으로 빠진다. 척도는 리듬, 톤, 구조, 볼륨, 음색, 실제적으로 드러나는 또는 프로그램으로 함께 묶여진다. 토니 위그램은 의사소통 장애가 있는 아이를 진단하는 작업에서 자율과 변동 프로파일을 주로 활용한다(위그램 외, 2002). 그는 자율 프로파일을 이용해서 내담자/치료사 대인 관계의 경험을 살펴본다. 변동 프로파일로 위그램과 동료들은 치료 세션의 발췌곡으로부터 나온 내담자의 음악에 나타나는 완고함 또는 자유의 정도를 살핀다.

추가적인 평가 분야는 조안 로위(2000)의 공헌이다. 그녀가 평가 모델에 포함시키는 분야들에는: 집중도, 정서 범위, 자존감, 위험 감수 등이 있다. 로위는 음악적 요소를 통한 언어 발달에 관심이 있다. 언어와 음악은 음높이, 리듬, 역동성, 구절 등의 통합적 요소를 공유한다. 언어 평가는 MT 평가에서 보편적이다.

표 19-3은 다양한 접근법으로부터 수집해온 내담자의 즉흥곡에 기초한 일반적 음악치료 평가 도구를 나타낸다.

정신분석적 음악 치료 평가

정신분석적 혹은 프로이트적 접근법에서 인격적 특성뿐 아니라 음악도 심리성적 발달 단계의 용어로 설명될 수 있다. 여기서 우리는 음악치료의 프리슬리 모델에 따라 구강기 음악, 항문기 음악, 남근/생식기 음악을 관찰할 수도 있다(브루시아, 1987). 구강기 음악은 행복하고 유창하다. 타인과 함께 연주할 때 혼합 또는 결합의 감각이 있게 된다. 항문기 음악은 자기-각성에서 반항적이고 가라앉아 있다(브루시아, 1987). 그룹으로 연주할 때 연주자는 그/녀의 정체성을 타인보다 지배적으로 주장한다. 속도는 빠르며 갑자기 끝날 수 있다. 남근/생식기적 음악은 연주자가 그/녀의 악기를 잡는 방법 같은 신체 메시지를 통해 드러날 수 있다. 생식기 음악은 연주에서 상호성, 자각, 쾌감으로 특징지어진다. 두 명이 함께 하는 경향으로 인해 경쟁 그리고 거절을 둘러싼 갈등으로 이어질 수 있다(브루시아, 1987). 이 모델에서 관찰 가능한 행동들은 무의식적 갈등, 욕구 충동, 자기방어 체계를 반영한다. 자기방어 체계에는 부정, 억압, 투사, 고립, 정당화 등이 포함된다. 저항은 전이와 역전이의 문제들을 다루려는 시도이다.

분석적 모델은 융의 접근법을 취할 수 있다. 융의 시스템에서 살피는 주요 요소에는 상징, 원형, 아니마(여성적 요소), 아니무스(남성적 요소) 등이 있다. 오스틴(2001)은 분석적 관점에서 음악의 역할을 의식과 무의식 간의 중재자로 설명한다. 음악 그리고 관련된 말들은 의식과 무의식적 내용 간의 대화를 이루는 매체이다. 음악은 융이 페르소나라고 부르는 자아의 소외되거나 갈라진 측면

표 19-3

GMTA

일반 음악 치료 평가(GMTA)			
의뢰자 명:		음악치료사:	일시:
생년월일:	연령:	진단:	사례 번호
연락처:			
추천자:			
평가 목적:			
		상호작용(심리사회적)	
기능	등급	기준	설명
치료사와 관계맺음		1=저항적 2=참여 안함 3=때로 참여 4=보통 참여 5=적극 참여	
시선 접촉을 유지함		1=최소에서 없음까지 5=높은 시선 접촉	
지시에 대해 반응함		1=반응하지 않음	

		5=잘 반응함	
과제를 유지		1=최소에서 집중 안함 5=잘 집중함	
행동 금지		1=고도로 충동적임 5=고도로 자제함	
적절한 감정		1=부적절하거나 감정 (코멘트) 없음 5=적절한 감정	
다단계 지시		1=다단계 지시에 따르지 못함 5=3단계 지시에 쉽게 따름	
감각운동/인식			
작은 채 사용 능력		1=막대를 잘 못 쥠 5=정확히 목표를 가격	
양손 사용		1=어느 손도 잘 안 씀 3=한 손은 잘 씀 5=양 손을 잘 씀	
목소리 높낮이 변화 구분		1=어떤 높낮이 변화도 감지 못함 5=반음에서 높낮이 변화를 쉽게 감지	
악기 높낮이 변화 구분		1=어떤 높낮이 변화도 감지 못함 5=반음에서 높낮이 변화를 쉽게 감지	
역동적(음량) 변화 구분		1=어떤 음량 변화도 감지 못함 5=반음에서 음량 변화를 쉽게 감지	
신체 인지		1=신체 인지가 적음 5=신체 인지가 높음	
지향 X3 (인물, 장소, 시간)		1=지향 안 됨 5=X3 지향 됨	
이력을 자세히 말함 (장기 기억)		1=장기 회상 적음 5=장기 회상 뛰어남	

바로 전 사건 회상 (단기 기억)		1=단기 회상 적음 5=단기 회상 뛰어남	
		언어	
언어표현		1=비언어 5=완전한 문장 사용	
질문에 대답		1=무대답 2=적절한 대답	
언어표현 시작		1=시작 못함 5=쉽게 언어 표현 시작	
		음악	
즉흥적 목소리		1=즉흥 목소리 못 냄 5=쉽게 지어냄	
높낮이 맞춤		1=높낮이 못 맞춤 5=쉽게 높낮이 맞춤	
노래 부르기		1=노래 못 부름 5=음악과 가락을 쉽게 부름	
역동 범위		1=역동 범위 적음 5=역동 범위 넓음	
음정에 맞게 노래함		1=음정 맞춰 노래 못함 5=쉽게 음정을 맞춰 노래함	
화성이 잘 조화되어 노래함		1=화성이 잘 조화되어 노래 못함 5=1=화성이 잘 조화되어 맞춰 노래함	
악기 즉흥연주		1=악기 즉흥연주 못함 5=쉽게 즉흥 연주 함	
합주		1=독주자에게 못 맞춤 5=좋은 합주 가능함	
표시 읽기		1=표시를 못 읽음 5=즉석에서 잘 읽음	
		요약과 권고	
전반적 인상			

상호작용(심리사회적):	감각운동/인식:
언어:	음악:
권고사항:	구체적 목표들:

들이 치료과정에서 떠오르고 참여하게 할 수 있다(오스틴, 2001). 표 19-4 분석적 음악 치료 평가에서 보이는 것처럼 다음 평가 도구에서 분석적 음악 치료의 다양한 요소를 한 데 묶었다.

수용적 음악치료 평가

수용적 모델들은 듣기에 거의 전적으로 의존한다. 음악은 치료사가 녹음하고 즉흥적으로 연주할 수도 있고 치료사나 보조 음악가가 인쇄된 음악을 읽을 수도 있다. 헬렌 보니(1975)는 그녀의 유도 이미저리와 음악(GIM) 기술의 이론적 전제를 프로이트의 심리학의 개념에 두고 있다. 보니는 자아가 의식의 수많은 동심 원의 자리에 있는 것으로 말한다(보니, 1975). 보통 의식적으로 중심 가까이에 있는 것은 백일몽이나 음악 듣기 같은 의식에 가까운 것들이다. 바깥으로 뻗은 것은 신비한 동일성 같은 경험이 있거나 억압된 기억들이 발견 될 수 있는 곳에 적어도 접근 가능하다.

보니의 모델에서 녹음된 음악은 음악치료사가 공동-치료사나 안내자로 기능한다. 음악은 의식의 변화된 상태와 의식의 경계에서 일어날 수 있는 치유에 접근하게 해주는 운반체가 된다. GIM 심리치료 세션은 다음의 네 가지 단계로 이루어진다(루겐스타인, 2000): (1) 초기 대화-도입 (2) 유도, 긴장완화, 초점 (3) 음악 듣기 (4) 사후-세션 통합-종결.

대부분의 평가가 나오는 것은 도입과 종결 단계이다. 도입에서 치료사와 내담자는 이전 세션으로부터 또는 그 후에 얻은 통찰에 대해 토론한다. 이때는 그들이 그 날의 세션을 위한 계획을 세우는 시기이기도 하다(루겐스타인, 2000). 둘째, 셋째 단계는 이미저리와 소리를 통한 내담자의 음악적 여정에 초점을 맞춘다. 종결에서는 그 세션으로부터의 통찰이 논의되고 미술, 일기쓰기, 담화, 즉흥 음악 또는 여러 양식들의 조합 같은 활동을 거쳐 통합된다. 이런 방식으로 평가는 진행되며 삶의 변화들이 도입 토론 단계에서 나타날 수 있다. 이것은 치료사에게 치료적 작업이 내담자의 매일의 세계에 어떻게 일반화되고 있는지에 대한 감각을 준다.

가족 음악 치료 평가

문헌들에서 주목을 적게 받은 하나의 형태는 가족 음악 치료 평가이다. 가족치료의 맥락에서 음악치료 평가는 "치료사에게 가족 역할, 의사소통 패턴, 힘의 균형, 이상기능 증상에 살바토레 미누친의 전통에서 한 정보를 제공한다"(밀러, 1994). 구조적 가족 치료 접근법을 적용하면서 음악치

표 19-4
AMTI

분석적 음악치료 연구(AMTI)
음악을 통한 인격 특성들
구강기:
항문기:
생식기:
부모의 갈등에 대한 의뢰인의 음악적 표사
모/의뢰인 음악:
부/의뢰인 음악:
가족 음악:
음악적 상징들과 원형들:
의뢰인이 즉흥 음악에서 상징들을 식별함:
의뢰인이 꿈에서 상징들을 식별함
의뢰인이 음악/지도 심상에서 상징들을 식별함:

료사는 누구에게 어떤 힘이 있고 어디에 어떤 힘이 있는지를 관찰한다(밀러, 1994).

평가는 가족을 초대해 악기를 선택하게 하고 연주를 하고 같이 끝내도록 하는 등의 음악 치료사로부터의 간단한 지시와 함께 시작된다. 역할들은 곧 분명해 진다. 부모가 지시를 하는 데서 아이를 관찰할 수 있다. 아이 중 한 명과 음악적으로 한 편이 되면서 아버지는 어머니를 탓할 수도 있다. 다른 가족으로부터 어떠한 반응도 없으면 한 명의 아이는 물러나 참여하지 않을 수도 있다. 치료사는 리드미컬하게 연주하는 사람, 누군가를 따라 하는 사람, 음색에 맞게 연주하는 사람을 구분하고 적대적, 응집적, 해체적 또는 평온한 음악을 알아낸다. 이런 특성에 대한 관찰로부터 음악 치료사는 가족 안의 누구에게 힘이 있는지, 그리고 어디에 연합과 부조화가 있는지에 관하여 가설을 세운다. 가족이 의사소통하고 과제에 참여하는 과정 또한 추측이 된다. 일단 틀이 만들어지면 치료사는 체계적, 전략적, 구조적 가족 치료 접근법으로부터 치료 음악치료를 디자인할 수 있다(밀러, 1994).

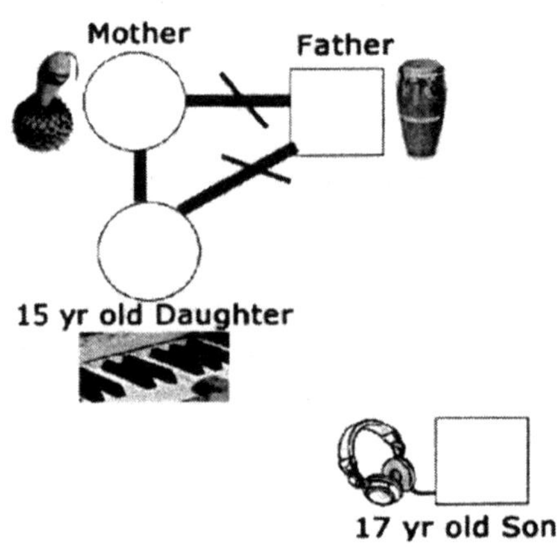

그림 19-3 FMTA (Family Music Therapy Assessment

그림 19-3은 가족 치료 평가 도표의 예시를 보여준다. 그림은 가족의 음악적 상호작용과 힘의 균형의 성격을 설명하는 이야기를 동반한다. 이 가족은 딸의 최근 자살 시도에 대한 반응으로 위기 중재 팀의 추천에 따라 치료를 받게 되었다. 딸은 치료 보호 시설에 임시로 수용되었다. 음악치료는 치료 프로그램의 일부로 전 가족이 그 자녀가 시설에 사는 동안 가족 음악 치료 세션을 한 번에서 세 번까지 참여하도록 권장된다.

이 경우 아버지는 어머니나 딸과 음악적으로 연결되지 않고 있으며 그의 드럼 연주는 침입적이거나 적대적인 특성이 있다. 어머니와 딸은 A단조의 가벼운 리듬의 멜로디를 함께 하고 있다. 하지만 딸이 분명하게 그 작품의 음색과 리듬 구조를 정함에 있어 리더의 역할을 맡고 있으며 어머니는 능숙하게 따라 하고 있다. 아들은 방의 한 쪽 구석에 있으면서 가족 즉흥 연주로부터 물러나 있는데 헤드폰으로 자기 랩 음악 듣기에 빠져 있다.

치료사는 나타나는 구조적 불균형을 재중재하려는 시도에서 많은 전략을 사용할 수 있다. 첫째는 상호 의사소통 기술을 발달시키는 것을 목표로 아버지가 어머니, 딸과 음악적 대화를 하도록 독려하고 가르치는 것이다. 둘째는 아들을 참여시키는 방법을 찾는 것이다. 이것은 그가 좋아하는 음악의 종류를 공유함으로써 이루어질 수 있다. 셋째는 어머니에게 리더, 예를 들면 연주를 지휘하는 등의 역할을 체험할 수 있게 하는 기회를 제공하는 것이다. 주도를 해보는 성공적인 경험들로 그녀는 가족에서 그녀의 부모의 지위를 다시 찾을 수 있게 된다.

교육적 음악치료 평가

음악치료는 아이들이 특별한 교육적 필요에 혜택을 볼 수 있게 돕는 점에서 이로우며 심지어는 법에 의해 요구될 수도 있다(브렁크와 콜만, 2000). 학교가 음악치료를 제공할 의무가 있는지의 여부를 결정하는 데 있어서 열쇠는 적절한 평가에 기초한다. 따라서 교육적 평가에서는 음악치료 서비스를 시행하거나 거부할 수 있는 추천을 효과적으로 하기 위해 추가적 지원 서비스를 정당화하기 위한 법적 체계를 고려할 필요가 있다. 브렁크와 콜만(2000)은 치료사의 법적 배경 그리고 특히 직접적 반응 비교를 위한 음악 기반 평가뿐 아니라 비음악적인 평가의 필요성에 대한 지식을 강조한다. 음악치료 평가과정에서의 부모 교육 또한 학교 지역과 부모 사이의 대립의 가능성을 줄이는 데 도움을 주기 위해 중요하다. 특수 교육 음악치료 평가 과정(SEMTAP)에는 아홉 단계가 있다. 그것은 평가 요청, 자료 검토, 인터뷰, 비음악적 환경에서의 관찰, 평가 준비, 관리, 준비, 평가 보고서 발표로 이루어진다(브렁크와 콜만, 2000).

SEMTAP에서 흥미로운 면은 그것이 개인화된 또는 비-표준적 평가를 가능하게 한다는 점이다. 브렁크와 콜만이 제시하는 예에서 치료사는 특정한 개인화된 교육 계획(IEP)의 목표를 다루고 있는 여러 노래를 한 데 모으고 있다. 또한 치료사는 그 아이에게만 있는 특정한 행동을 평가하기 위해 새로운 노래를 만들기도 했다(브렁크와 콜만, 2000). 이 사례에서 활용된 음악적 활동들은 다음과 같다:

1. 인사 노래;
2. 아이가 색칠된 물건을 단어와 맞추게 하는 노래
3. 여섯 마리 작은 물고기(숫자 세는 노래)
4. "자르기 노래"(가위를 이용할 때 주의를 끄는 독창적인 도구)
5. 아기가 "나는 원한다"라는 문장의 맥락으로 악기를 선택할 수 있게 하는 노래.
6. 나를 야구장에 데려가 줘요(3단계 시퀀스를 개시할 수 있게 하는 그림과 카드)
7. 헤어짐의 노래

각 아동이 자신의 개인적 IEP 계획이 있다고 가정되기 때문에, 그들에 대한 평가는 확인된 과제에 대해 그들의 수행을 평가할 수 있도록 개인화되어야 한다.

음악치료 평가 기능의 추가적 형태들

가장 흔히 설명되는 음악치료 평가가 음악치료 서비스를 위한 내담자에 대한 평가인 반면 다른 분석이 덜 된 목적들도 언급할 가치가 있다. 이런 것들에는 기관의 학교 음악치료 프로그램의 평가, 음악치료 감독자의 평가 또는 음악치료 프로그램을 구현하기 위한 기존 클리닉이나 시설의 잠재성에 대한 평가 등이 포함된다. 이런 종류의 상황들에서의 평가도 표준 프로그램 평가와 비슷하다.

음악치료 평가의 미래에 대한 전망

진 앤소니 질레노 경에 따르면 마이크로 컴퓨터, 사이버 공간, 혁신적 소프트웨어의 도래는 음악치료 경험을 간파하는 데 있어서 음악치료사들에게 도움을 준다(질레노, 1992). 음악 기술에서의 새로운 발전들은 음악치료 평가에 새로운 가능성을 약속해 준다. 조지프 라일리는 동작-음악 평가의 창시자중 한 명이다(라일리, 1997). 모듈은 움직임을 음악으로 통역해 주는 컴퓨터 장치군 중에 하나이다. 이 평가에서는 음악과 움직임에 대한 진정한 다중-모드 평가를 위해 함께 쓰인다. 동작 입력 신호에 대해 미리 설정된 척도가 지정되고 치료사는 오류 없는 동작-음악 즉흥적 공간을 만들 수 있다(라일리, 1997). 이것은 즉흥연주들이 내담자의 음악적 능력과는 상관 없이 음악적으로 즐거운 일이 될 수 있다는 뜻이다. 그 평가는 여덟 개의 동작 사분면과 각 사분면에서 변화량을 보여주는 그림 형태로 보기 쉽게 제시된다. 라일리는 이 과정이 우울증 환자와 조증 환자를 정확히 구분해 주는 것을 보여준다(라일리, 1997). 라일리의 조증과 우울증 환자의 그래프를 대략적으로 되살려보면,(그림 19-4)

동작-음악 공간이 여덟 개의 사분면을 통해 지휘봉을 움직이는 한 손에 대해서 기록되고 있다. 그래프는 고밀도 운동 영역을 쉽게 구분할 수 있게 해주며 라일리는 조증과 우울증 환자 조명 평가에서 파일 크기, 공간 활용, 공간 스파이크에 관한 상당히 다른 결과를 낳는다는 점을 보여준다.

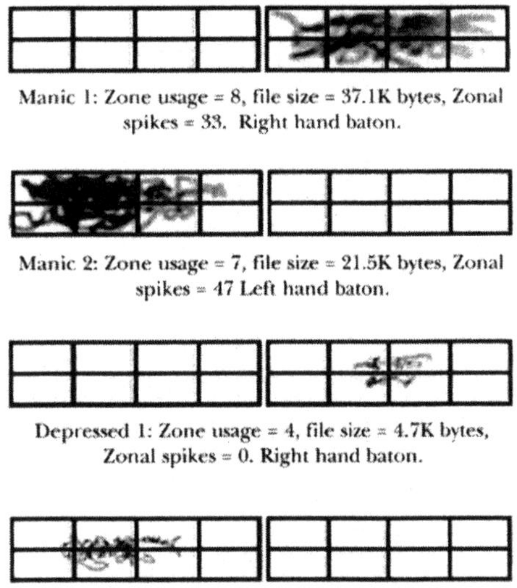

Manic 1: Zone usage = 8, file size = 37.1K bytes, Zonal spikes = 33. Right hand baton.

Manic 2: Zone usage = 7, file size = 21.5K bytes, Zonal spikes = 47 Left hand baton.

Depressed 1: Zone usage = 4, file size = 4.7K bytes, Zonal spikes = 0. Right hand baton.

Depressed 2: Zone usage = 6, file size = 6.3K bytes, Zonal spikes = 0. Left hand baton.

그림 19-4 조증과 우울증 환자의 그래프

신경 이미지화

뇌기능을 보는 새로운 방식들에는 자기 공명 이미지화(MRI)를 이용한 신경-이미지화, 양전자 방사 단층촬영(PET) 스캔, 양적 뇌파전이기록(QEEG) 등이 포함된다. 저자는 현재 주의력 결핍 과잉충동 장애 아동의 평가에서 음악적, 비음악적 QEEG 반응의 사용을 연구하고 있다. QEEG는 어떤 영역이 어떤 주파수 대역폭으로 활성화되고 있는지를 보여주는 천연색의 뇌의 국소해부 이미지를 산출한다.

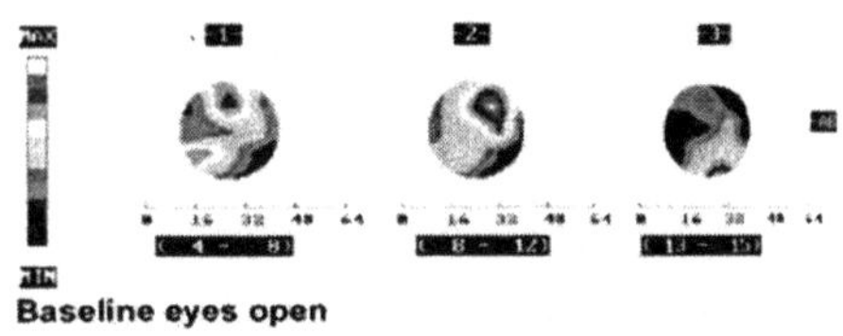

그림 19-5 ADHD 아동의 QEEG

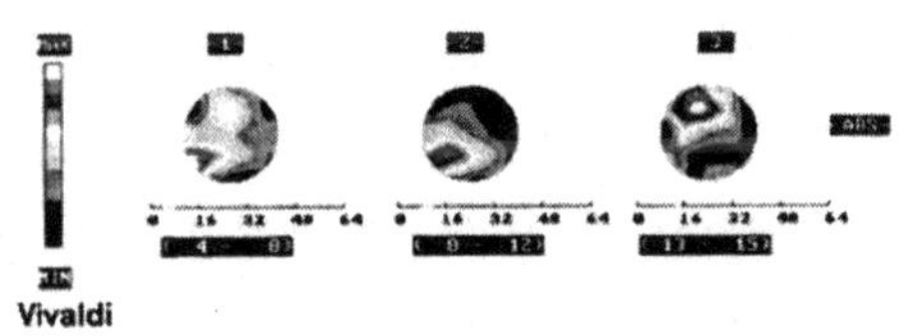

그림 19-6 비발디에 반응한 QEEG

눈을 감을 때나 가벼운 명상 중에는 알파 리듬이 생산된다. 베타 파는 인지적 수행, 계획, 실행 기능과 연관이 있다. 세타 파는 몽상, 깊은 명상, 때로는 신비한 체험과 연결된다. 주의력 결함 과잉반응 장애 아동들에게서는 세타 파가 부주의 또는 "멍한 상태"와 관련된다. 그림 19-5의 QEEG 뇌 지도는 눈을 뜨고 기준 독해를 하고 있는 동안 이 여섯살 ADHD 아동의 뇌의 앞부분에서의 세타 파와 알파 파의 활성을 보여준다.

그림 19-6의 두 번째 QEEG 뇌 지도는 같은 아동이 비발디를 듣고 있을 때 운동감지 리듬(SMR)의 증가, 낮은 베타 파와 함께 세타 파와 알파 리듬이 줄어든 것을 보여준다. 이 패턴은 주의력 향상과 관련이 있을 가능성이 매우 높다.

이런 것들은 현재 연구 프로젝트로부터의 단지 도식적인 속사(각각 평균 2초 정도)에 불과하며 각각의 조건 전체가 인공적인 것으로부터 자유롭고 평균화되고 그래프화 되기까지는 별로 의미가 없다. 여기서 흥미로운 것은 그 방법이며 음악 치료 평가에 관련된 두뇌 활동을 평가하고 분석하는 새로운 방식을 발견하는 일이다.

결론

음악치료에서 평가는 다양한 이론적 틀로부터 접근 될 수 있는 역동적인 과정으로 음악 치료 연구는 집단에 따라 분류될 수도 있다(알드리지, 1994). 다양한 음악치료 임상인들은 그들의 경험과 즉흥 스타일의 결과로 약간씩 다른 방식으로 동일한 표준 평가에 접근할 수 있으며, 개인적 가치와 관심에 기초해 기록된 음악 치료 평가들로 다른 해석에 도달하게 될 수도 있다(루드, 1998). 몇몇 사람은 음악 치료 연구에 대한 양적인 접근법이 그 분야에 아주 적합하다고 주장하거나(아이젠, 1993; 랜겐버그, 1996; 스메이스터스, 1997) 혹은 양적 질적 측정의 균형이 하나의 접근법만 이용했을 때보다는 전체 그림을 더 잘 생산할 수 있다고 주장하기도 한다.

이 장은 다양한 음악치료 평가에 관한 이론, 접근법, 수행 스타일에 관해 간략하게 검토해보았다. 속성 음악치료 평가(QMTA)는 경험 있는 임상자들에게 두 가지 중요한 영역인 표현과 반응성에 대해 한 눈에 보이는 평가를 제공하는데 유용하다. 노도프와 로빈스의 평가 목록은 아동-치료사 관계, 의사소통성, 리듬 조직화, 악기와 음성 반응성, 표현, 참여에 관한 상세한 정보를 제공한다. 케니스 브루시아는 개인적 하위검사로써 또는 초기 평가나 진행중인 평가에서 종합적인 장치로서 쓰일 수 있는 여섯 가지 즉흥 평가 프로파일을 제시한다. 자율, 변동, 긴장 척도는 특히 이전 접근법들에 새로운 차원을 제시해 준다. 많은 이론가들이 잠재의식적 갈등, 욕구, 자기 방어 체계에 초점을 둔 치료의 심리역학적 체계에서 가치를 발견하고 있다. 나는 심리역학적 관점으로부터의 결과를 얻는 데 도움을 주기 위해 분석적 음악 치료 탐구(AMTI)를 제안했다.

가족 음악 치료 평가는 의사소통 패턴과 힘의 구조 틀에서 가족의 역학을 보는 데 독특한 방법을 제시한다. 교육적 음악치료 평가는 보통 서비스 정당화의 법적 맥락에서 이루어지며, 그래서 비교의 목적으로 비음악적인 평가를 포함해야 한다. 새로운 기술은 시각적으로 이해할 수 있는 방법들로 뇌의 기능을 그림으로 보여주는 능력을 제공한다. 이런 이미지들은 신경의학 지향의 평가에 대한 우리의 이해를 도와줄 수 있다. 또한 이 장에서 다루지 못한 음악 치료 평가 분야에 대한 다른 많은 가치 있는 기여가 있다. 독자 여러분이 MT 평가에 대한 몇 가지 기본적 개념, 해답을 요하는 질문들 그리고 이 풍성한 연구 영역에 대해 더 많은 탐구 하려는 욕구를 가지게 될 것을 바란다.

20장

아동기 성폭력 피해 여성 지지: 협력적 음악치료-사회복지적 접근

산드라 L. 커티스와 지젤 C. T. 해리슨

서론

여성 성폭력 희생자는 새로운 부분으로 인식되고 있다. 이 분야의 개발에서 음악 치료사는 음악이 피해 여성들에게 특별히 효과적인 양식이라는 것을 발견하고 있으며, 폭력의 피해로부터 회복하는 여정에서 그들을 돕고 삶을 다시 찾게 하기 위한 독특하고 강력한 방법을 제공한다(커티스, 2000; 클렌데논-월튼, 1991; 하멜-고믈리, 1995; 린드버그, 1995; 로저스, 1993; 위플, 1999). 동시에 피해 여성에게 가장 잘 맞는 방법을 자체 개발해 왔고 그렇게 하면서 몇몇은 이 분야에서 비공식적인 음악의 힘을 발견하기도 했다(버거, 2000; 맥킨토시, 2003).

통합 접근-창의적 양식으로서의 음악 치료의 전문성을 가진 사회 복지의 경험을 결합하여-내담자에게 많은 도움이 될 수 있다. 이 장은 아동기 성폭력 피해 여성에 대한 독특하고, 협력적인 음악치료의 사회 복지 접근법에 대한 하나의 시각을 제시한다. 아동기 성 폭력의 성격과 피해자에 대한 영향을 먼저 살피고 음악치료에서 최선의 방법과 사회 사업과의 연계에 대한 리뷰가 이어진다. 아동기 성 폭력 피해 여성을 위한 통합적 음악치료의 사회 사업 프로그램의 발전과 실행이 여성들의 인터뷰와 노래하는 목소리에서 격려를 받는 이야기가 상세하고 가깝게 탐구된다.

아동기 성폭력 여성 피해자들

아동기 성 학대는 힘, 권위 또는 신뢰의 위치로부터 힘과 통제의 폭행이다(파머, 1991). 학대자는 성적으로 창피를 주고 억압하며 아이에게 특정한 성적 자각을 강제하는 무기를 쓴다. 피해 아동은 그를 학대한 어른, 보호해주지 못한 가족, 여성과 아동의 대상화를 능동적으로 부추기는 사회에 배신감을 가지고 성장한다(브룩, 1996; 버틀러, 1985).

아동의 성적 피해가 얼마나 많은지는 파악하기 어렵다. 연구자들은 대부분의 아동이 자신의 학대 사실을 밝히지 않고 아동기 피해를 입은 성인들은 학대 문제에 관련해서 치료를 받으려고 하지 않는다. 그래서 죄책감과 수치로 덮혀진 채 감춰지고 조용한 범죄로 남는다(브룩, 1996; 헤이, 1997). 하지만 연구자들은 여성의 12에서 38퍼센트로 성 학대를 추산하고 있다(핑클호어, 루이스와 스미스, 1990; 스캑터, 스토커와 테람, 2001).

아동기 성 학대의 근본 원인을 이해하려면 남성위주의 사회에 의한 피해와 성 역할과 기대에 대한 가정의 총괄적인 분석이 필요하다(브룩, 2004; 버틀러, 1985). 성 학대가 개인적 문제라고 믿는 사람도 있지만, 페미니스트 분석은 "사회적 권력 불균형에 의해 만들어지고 악화되는 것"으로 학대를 이해할 수 있게 해준다(버스토우, 1992). 성적 착취의 뿌리에는 종종 남성이 그렇게 하도록 허용되어온 사실이 있다(브룩, 1997; 제이콥, 1994).

아동기 성 학대의 영향은 피해자의 정신, 신체, 영혼의 중심으로부터 느껴진다(츄, 1998). 성적 피해를 어떻게든 이해하려고 피해자는 일어난 일에 대해 탓을 하면서 수치심, 죄책감, 책임을 느낀다(브룩, 1996). 이것은 자기-학대와 더 나아가 성인기에 다시 희생되거나 단절되는 것으로 귀결될 수도 있다(츄, 1998; 제이콥스, 1994). 아동기 성 학대는 피해자의 관계 경험에 있어서 단절의 극단적인 형태를 보여준다. 어린 시절의 폭행은 삐뚤어진 적응 해법으로 발전될 수 있고, 결국은 상호 공감과 존중하는 관계를 어렵게 만들 수도 있다. 이것은 피해자들에게 자신과 남에 대한 불신, 왜곡된 자아상, 느낌을 파악하고 표현하는 데 대한 어려움을 줄 수 있으며(페델과 해링턴, 1990), 학대는 피해자들이 사랑의 욕망과 보호의 욕망을 구분하지 못하게 할 수도 있다(제이콥스, 1994).

아동기 성 학대의 결과로 성인이 된 피해자들은 다양한 증상을 보인다. 여기에는 설명 할 수 없는 슬픔이나 화; 마비; 생각의 혼란; 심각한 기억 착오; 외상적 사건의 영향에 대한 부정; 극도의 경계; 현실에 대한 수치심 또는 왜곡; 무가치의 내면화; 그리고 피해, 버려짐, 죽음에 대한 압도적인 공포(브룩, 1997); 파머, 1991) 등이 있다.

성 학대 피해자에 대한 음악 치료

아동기 성 학대에 대한 이해와 인식이 늘어가면서 피해자에게 힘을 보태는 데 음악치료를 사용하는 것에 관한 연구의 관심도 증가하고 있다. 성 학대에 대한 이러한 관심은 최근의 것이고 그 결과 최신의 연구 문헌도 상대적으로 적다(함멜-고믈리, 1996; 린드버그, 1995). 표현적 미술 치료가 매우 효과적이며, 음악치료가 특히 이 집단에 대한 중재를 위해 강력한 매체를 제공하는 것으로 문헌에서는 밝히고 있는데 아동기 성학대의 생존자들이 목소리를 되찾을 수 있게 해주는 이미저리와 은유를 환기시키는 것이 음악의 능력이다. 전통적 치료가 할 수 없었던 그들의 삶을 되찾게 해주는 동시적인 생리적, 인지적, 정서적 반응을 환기하는 것은 음악의 고유한 능력이다(린드버그, 1995; 맥킨토시, 2003).

아동기 성 학대 피해자에 대한 음악치료의 특별한 목표와 결과의 면에서 이 발견이 주로 일화적이고, 사례 연구에서 나온 것이라 해도 그것은 일관성이 있다. 음악치료는 자기표현과 자존감을 효과적으로 증진하기 위해 이 분야에서 일하는 대부분의 창의적 치료사들에 의해 사용되고 있다(클렌데논-웰렌, 1991; 린드버그, 1995; 맥킨토시, 2003; 슬로토로프, 1994). 이것은 또한 신뢰를 쌓고 개인의 경계를 탐구하며 정신과 신체를 연결시키고 성 문제를 살펴보고 문제해결 기술을 발달시키기 위해 쓰이기도 한다(클렌데논-웰렌, 1991; 맥킨토시, 2003; 로저스, 1995; 벤터, 1994).

아동기 성 학대 피해자에게 힘을 보태기 위한 음악치료에서 사용되는 기술은 다양하다. 노래들은 아동기 성 학대로부터 회복 중인 사람들에게 놀라운 다리 역할을 한다(클렌데돈-웰렌, 1991; 함멜-고믈리, 1995). 노래를 듣고 토론하면서 학대 피해자들은 자신의 느낌을 탐구하고 집단원들과 치료사와 관계를 맺으며 스스로 가치 있다고 느끼는 것을 회복하며, 새로운 삶을 만들어 가면서 과거 경험을 이해할 수 있게 된다(클렌데논-웰렌, 1991; 함멜-고믈리, 1995; 맥킨토시, 2003). 스스로 노래를 만들면서 학대 피해자들은 그들의 경험을 확인하고 더 깊고 더 의미 있는 방식으로 그들의 감정과 소통하기 위한 정서적 표출을 할 수 있다. 노래로 그들의 이야기를 함으로써 그들은 자신의 목소리를 발견하고 자존감을 기른다(클렌데논-웰렌, 1991; 린드버그, 1995; 맥킨토시, 2003). 학대 피해자들에게 효과적으로 사용되는 다른 기술들에는 임상적 즉흥연주, 북치기, 음악으로 유도된 이미저리(GIM) 등이 있다(맥킨토시, 2003; 로저스, 1994 & 1993; 슬로토로프, 1994; 벤터, 1994).

사회 복지와 음악 치료

음악치료와 같이 사회 복지에서도 아동기 성 학대 피해자의 필요에 가장 잘 맞는 자체 기법을 개발해왔다. 이 사회 복지의 방법은 더 긴 역사가 있고 그에 따라 더 다양한 접근법이 있다(버스토우, 1992; 츄, 1998; 허만, 1997; 파머, 1991). 이 다양성으로 많은 사회 복지사들은 절충적 접근법을 채택했으며 성폭력 위험 센터(RCC)에서의 경우처럼 협동적 음악치료의 사회복지 사업 프로젝트를 수행하기도 한다. 따라서 여기서 살펴볼 접근법이 바로 이것이다.

절충적 사회 복지적 접근법은 페미니스트 치료, 관계 이론, 인지 행동 치료, 해결-중심 치료 같은 이론과 실제를 이용한다. 주요 전제는 여성들이 자신의 성적 피해를 극복하게 해 줄 해법을 개발하기 위한 내적 원천이 있다는 인식이다. 나아가 여성들은 자신의 치료 과정에 대한 힘과 통제력이 있음이 분명하며 이것은 치료 환경에서 협조와 협동 의식을 통해 이루어질 수 있다(브룩, 1995; 버스토우, 1992; 츄, 1998, 돌란, 1991; 허먼, 1997; 맛사키스, 1996; 파머, 1991; 웰즈, 글린카우프-휴즈와 뷰도인, 1995).

상호 격려 사회 정의와 페미니즘 이론의 원칙에 따라 사회 복지적 접근법은 여성이 아동기를 극복하는 데 쓰이는 적응 해법을 이해하고 이행할 수 있는 기회를 제공한다; 각 여성이 외상 경험을 통합하는 데 도움을 얻게 되면서 집단적 격려의 감각을 증진시키고 고립, 수치, 모욕의 느낌을 해결하면서 가해자와 사회에 의해 부여된 침묵을 깬다; 다른 피해자와 자신의 공감과 동감을 얻는다(브룩, 1997; 츄, 1998; 페델과 해링턴, 1990; 허먼, 1997).

이 집단 접근 기술은 인지, 정서, 도덕적 맥락에서 구성된 실천을 포함한다(허만, 1997). 피해자들은 억압과 억압받는 희생에 대한 인식의 성장을 통해 성적 피해에 대한 새로운 해석을 만들기 위해 함께 노력한다(브룩, 1995; 허먼, 1997; 맛사키스, 1996; 츄, 1998). 협동, 공감, 진실에 대한 헌신을 통해 여성들은 성 폭행이 체계적 억압에 뿌리 박힌 문제라는 것을 이해하게 되는 것이다(버스토우, 1992).

협동 토론 중에 그래험과 바터(1999)는 음악치료와 사회복지 간에는 협조 이상의 뭔가가 있다는 데 동의한다. 그것은 공통 목표와 혁신적 실천을 만들어 내는 완전 새로운 사고 방식을 동반한다. 많은 수가 현대의 점점 복잡해지는 사회에서는 협동이 필수적이라는 것을 주장한다: "협동이라는 말은 사회 사업이 하는 것 중 가장 중요한 일에 포함된다"(그래험과 바터, 1999). 성공적인 협동을 위해서는 세심한 주의와 합의된 노력이 필요하다. "협동의 문화는 그냥 일어나는 게 아니다. 그것은 구성되고 만들어져야 하는 것이다"(시번, 로렌즈, 건, 가윈스키와 목쉬, 1996). 성공적 협동의 필수 요소는 다음과 같다(브론스타인, 2003): 상호의존, 새로 만들어진 전문적 노력, 유연성; 집합적 목표의 소유; 협동적 노력과 전체 과정에서 모든 관계자에 의한 반성.

협동 프로젝트

이 협동 프로젝트는 하나의 RCC에서 음악치료를 새로운 서비스로 도입하는 데 대한 최초의 관심으로부터 생겼다. 그것은 대학-지역 협동을 수반하며 지역 RCC로부터 개별 치료사, 음악치료사, 사회 복지사를 한 데 모은다. 준비 토론이 진행됨에 따라 진정하고 통합적인 협동의 이점이 분명해졌다. 음악치료를 추가 서비스로 포함시키기 보다는 그 계획은 독특하고 새로운 음악치료의 사회사업 협동 프로그램을 포함하려고 했다. 그런 노력의 성공은 치료사들 편에서의 많은 공동 관심사의 교차에 의해 향상되었다: 음악치료 센터(음악치료 센터, 2003)의 임무인, 사회적 정의와 페미니즘 접근법에 대한 관심, 그 노력은 브론스타인(2003)이 설명한 성공적인 협동의 주요 요소를 반영했다: 상호 존중하는 상호의존, 유연성, 새로 만들어진 전문적 노력, 집합적인 목표 소유, 그 과정에 대한 반성 진행 등.

프로그램

음악치료-사회 복지 프로그램은 면밀하고 사려 깊은 협동으로 개발되었다. 음악치료사와 사회복지사로서 우리는 각각 폭력 피해자들을 위한 우리 자체의 프로그램을 만들었다(커티스, 근간, 커티스, 2000). 이런 목표들은 신중하게 검토되었고 양쪽 분야에서 가장 좋은 것을 반영하는 새 프로그램을 만들어내는 지지대로 이용되었다. 최종 생산물인 14주 집단 협동 프로그램은 여성들을 회복 여행에 대한 실천과 토론으로 이끄는 일련의 방법들로 이루어져 있다. 그것은 그 여성들이 과거와 현재의 자기 탓을 하는 생각, 행동, 감정들에 대한 학대의 영향을 더 잘 이해하도록 고안되었다;

성 폭력의 범행과 지속에 대한 책임이 있는 개인적, 문화적, 제도적 힘에 대한 이해(브룩, 2004)의 처음 단위는 스스로 털어놓기를 통해 집단 내의 안정감과 신뢰를 위해 구성되었다(츄, 1998; 돌란, 1991; "맛사키스, 1996). 세션 중에 여성들이 그들의 희망, 공포, 목표를 탐색한다. 참가자들은 다양한 주제-폭력, 사랑, 삶, 격려-의 여성 노래들이 있는 노래책과 녹음 CD를 받았다. 가수-작사가들도 역시 다양하다-딕시 칙스에서부터 포 비칭 베이브스까지. 여성에 의해 쓰여지고 불린 음악을 듣고 토론하는 것은 권력에 대한 분석과 성 역할의 사회화를 위한 강력한 매체로서 작용했다(커티스, 2000). 이런 가사 분석은 프로그램 1단계에 있는 여성들에게 자신에 대한 느낌과 과거의 외상과 소통할 수 있는 기회를 제공했다. 노래쓰기는 그룹 결속을 쌓고 학대에서 벗어나 각 여성이 더 분명한 그림을 얻기 위한 기법으로 도입되었다.

프로그램의 다음 단계 단위는 다시 힘을 얻는 수단으로서 학대 이력의 조각들을 나눔으로써 여성들이 성 학대의 침묵을 깨는 데 초점을 두었다(버스토우, 1992; 츄, 1998). 이 단계에서 가사 분석은 진실을 말하는 것에 집중했다(커티스, 2000). 치유과정을 토론하는 피해자들에 대한 다큐멘터리가 그 과정을 촉진하기 위해 사용되었다. 기회가 된다면 이 시점의 여성의 외부 지역 반폭력 이벤트에 참여하는 것이 개인적인 것과 정치적인 것 사이의 연결을 강조해주었다.

3단계 단위는 각 참가자의 성적 피해와 관련된 책임과 권력의 문제를 다뤘다. 규범적인 가족 역학에 대한 이해가 권력의 오용을 보기 위한 기초를 제공해 주었다. 이 단계에 사용된 기술들은 편지쓰기, 가사 분석, 가계도 분석 등이 있다. 그들이 주제와 스타일을 선택하는 것을 돕는 데 쓰인 노래 분석과 함께 이 단계에서 여성들은 자작곡을 쓰기 시작했다. 이 노래들은 여성들에게 진실하게 들려질 기회를 주었다.

4단계의 단위는 성적 피해의 자아에 대한 핵심 의식의 영향을 확인하는 데 초점을 맞췄다(츄, 1998; 돌란, 1991; 맛사키스, 1996). 참가자들은 자신에 대한 헛된 믿음을 쫓아내는 과정을 계속하도록 도전을 받았으며, 그들은 또한 아동기에 무시된 발달적 영역을 탐구하도록 격려되었다. 다양한 가사분석, 글쓰기, 토론 기술들이 이 단계에서 사용되었고(커티스, 2000), 또한 여성들은 그들의 고유한 글쓰기를 위한 작업을 계속했다.

성폭력으로 상처받은 아동-성인 부분의 자아 치유와 양육이 다음 단계의 초점이었다(츄, 1998; 돌란, 1991; 맛사키스, 1996). 여성들이 자아의 내면 아이를 존중, 위로, 양육하는 것을 배우는 것과 더불어 스스로와 연결되는 데 도움을 주기 위해 가사 분석, 명상, 긍정 주문 연습, 그룹 토론, 노래 쓰기가 이 시점에서 사용되었다(커티스, 2000). 참가자들은 그들의 CD 표지를 위한 디자인 공예를 포함해 자작곡들에 대한 작업을 마무리했다.

프로그램의 마지막 단계는 얻은 것들을 강화하는 연습과 종료를 위해 작업하는 것을 포함했다. 여성들은 자기 노래를 녹음하거나 다른 사람들에게 녹음하게 하는 기회를 가졌다. 마지막 세션은 참여자들의 노래 책과 자기 노래의 CD를 받은 "CD 개봉 파티"를 포함했다. 그 축하파티는 음악, 음식 그리고 쓰여지고 녹음된 강력한 노래들에 대한 인식의 기회와 프로그램 각각에서 이루어 낸 성과물들을 반영하는 기회를 포함했다. 그림 20-1은 그 그룹에 참여한 여성들의 사전 사후 검사

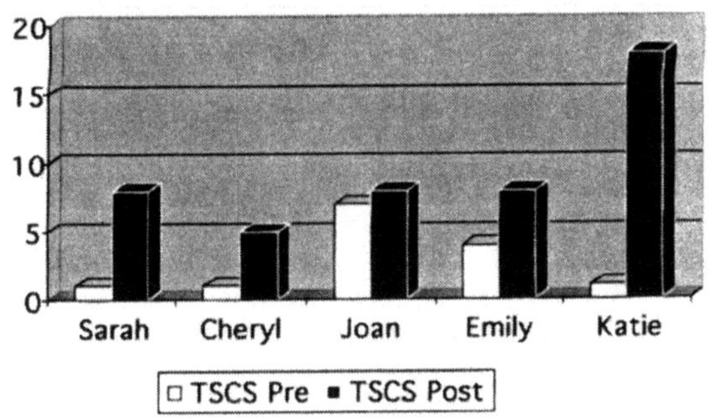

그림 20-1 사전 • 사후 TSCS스코어

TSCS 점수를 보여준다.

참여자들

협동 프로젝트 참가자들은 22세에서 58세까지의 아동 성학대 피해 여성 5명이었다. 그들의 참여는 지역 RCC에 의해 제공된 많은 서비스로부터의 선택 프로그램의 결과로 자발적이었다. 각 여성은 상세한 동의를 했고 프로젝트 시작 전과 수료에 앞서 동의서에 입력을 했다. 여성들은 다양한 문화적 배경의 백인이었으며, 각 여성은 특정 아동 학대 그룹에 참여하기 전에 RCC에 의해 요구된 다른 그룹에 참여했었다.

그들의 이야기

여성들은 14주 동안 주 1회 2시간 출석하면서 협동 프로그램에 참여했다. 그들의 진실한 이야기를 완전하고 맥락적으로 풍부하게 들을 수 있게 확신하기 위해서 다양한 척도가 쓰였다-테네시 자기-개념 척도(TSCS), 인터뷰, 여성의 자작곡, CD들, 출구 인터뷰 등. TSCS는 폭력 피해 여성을 위한 처치 결과를 효과적으로 측정하기 위해 이전에 쓰여 왔기 때문에 선택되었다(커티스, 2000). 출구 인터뷰와 참가자들의 노래와 CD에도 동일하게 적용되었다. 출구조사는 RCC에서도 표준 과정들의 일부였기 때문에 최종 척도로 이용되었다. 협동 프로그램에서 그들의 경험에 대해 여성들의 목소리를 들을 때는 그룹의 결과를 향하고 그 다음에는 개별 여성의 반응을 향했다.

TSCS의 결과들은 프로그램 종료 시 여성들 모두에 대해 자존감이 커진 것을 보여주었다. 상승폭은 작았던 반면 짧은 시간과 모든 여성에 대한 사전 검사 점수가 정상치(최소 20 퍼센트) 이하였던 것을 감안하면 주목할 만하며 이는 극도로 낮은 초기 자기-수용과 자존감을 나타내 준다.

출구 조사에 대해 모든 여성들이 서비스의 질을 "뛰어나다"고 평가했고 이는 친구들에게 추천할 것이며, 그들이 도움이 더 필요하면 RCC로 되돌아 올 것이라는 것을 나타내 준다. 서비스들과 관련해 모든 참가자들은 프로그램이 그들의 문제들에 대해 더 효과적으로 대처하도록 도왔다고 했다. 비밀유지를 위해 여기 나열된 모든 이름은 가명이다.

사라

사라는 캐나다인으로 프랑스-캐나다인, 영국계의 미혼 백인 여성이다. 그녀는 5세에서 13세 사이에 할머니와 두 사촌에게 학대를 받았다. 프로그램을 시작할 때 그녀는 32살이었고 학대에 대

그 날을 되돌려 주세요

이작은 소녀에게 태양은 어디로 갔나요?
그날을 제발 되돌리고 나를 안전하게 해줘요
그 땐 행복했어요. 태양의 따듯한 광선에 감싸여
그 때 그가 내 방으로 기어들어와 그것을 가져가버렸어요

코러스

나는 행복한 꿈을 갖고 싶어요. 행복한 어린이들과
웃고 춤추며, 티 파티와 안전한 포옹을
나는 원해요
하루 더 놀이시간이 사라지고 없네요
아빠가 편안한 의자에 자리잡고
내 방을 지키다가 잠이 들었을 때
집은 고요했고, 그 때 마루바닥이 삐걱거렸죠
그가 오고 있어요. 나는 기다리고요
제발 아빠 일어나세요
태양을 깨워주세요
또 다른 날은 끝났고, 두려움이 시작됐어요

코러스

그림 20-2 사라

한 계속되는 화, 배신감, 수치심, 죄책감이 있었다.

사라는 14회중 12회를 참석해 프로그램을 수료했다. 목소리를 내고 스스로에 대해 더 깊은 감정들을 확인하면서 그룹에 완전히 참여하는 것이 그녀에게는 어려움이었다. 사실 사라는 그 프로그램을 시작했지만 RCC에서 이전의 다른 사회 복지 프로그램에는 수료할 수 없어서, 폭력에 대한 책임을 포기하는 게 요구되는 시점에 그만 두었다. 음악치료-사회 복지 협동 프로그램은 다른 것들이 미치지 않는 곳까지 사라에게 다가왔다. 그룹 토의에서 자신의 감정을 표현하기를 꺼렸지만 사라는 자신의 경험을 분명히 반영하는 노래를 선택했다. 한 세션에서 사라는 자신의 CD를 가져왔다(위어드 시스터즈의 "전사"를 녹음한 것.).

이 노래는 성장하면서 자신과 다른 여성을 위해 발언을 하고 행동하는 것을 배우는 한 여성의 이야기를 적절히 말해준다: "나는 이제 나이든 여자이며 나는 내 자신의 울음에 조심할 것이고, 또 한 명의 여자가 죽지 않을 때까지 사나운 전사가 될 것이다." 그 녹음은 이후에 지역 연례 회상의 밤 이벤트에 포함되었다. 사라는 이 이벤트에 처음으로 참여해 공적 영역에서 사회 정의 작업을 사적 영역에서의 치료 작업과 연결시켰다. 아이인 자신에게 편지를 쓰는 그룹 세션에서 그녀는 할 수 없고 하고 싶지 않다고 표현을 했지만, 그녀가 프로그램에서 쓴 자작곡은-자기에 대한 노트로 궁극적으로 아이인 자신에 대한 노래가 되었다. 그 노래는 자기-수용과의 계속되는 투쟁 그리고 그녀의 성공을 모두 반영한다. 이것은 그녀의 TSCS에 반영되었는데 1에서 8등급으로 증가해 여전히 낮지만 개선을 보여주었다.

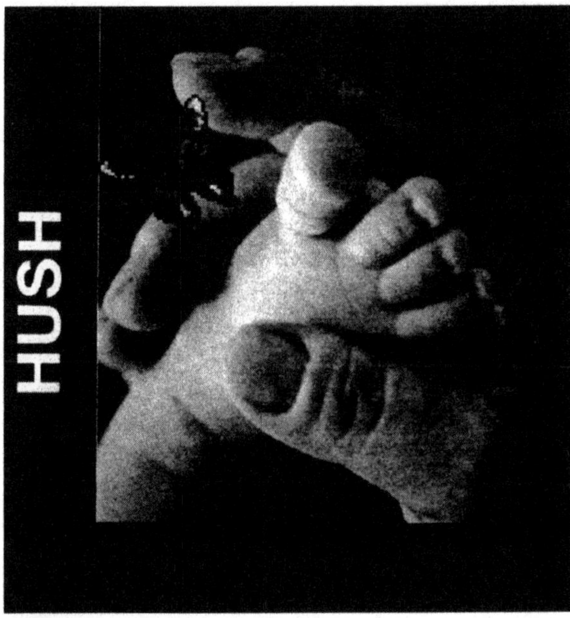

쉿

여자아이야 조용히 하렴. 한 마디도 하지 말거라
아빠가 너한테 예쁜 파랑새를 사주실꺼야
만일 네가 안그런 척 하고 우리가 해야 할 역할을 해준다면 말이야

그날 밤 비가 많이 내리고 있었지
엄마와 아빠는 싸웠음에 틀림없구요
나는 뛰쳐나가야만 했어. 숨으려고 했지
그렇지만 그 안전한 작은 밤 불빛은 그가 인도한 것이었어

코러스

나는 착한 소녀였어. 그녀가 "잊어버리거라" 하는 말을 들었어
이제 진실은 말해져야 해. 침묵했던 것을 나는 후회해
그 수 많은 나날들을 너무나 힘들게 혼자 걸었지
내 모든 깊고 어두운 두려움을 숨기고 침묵하기 위해

언제나 다르게 느끼면서도 적응하기 위해 열심히 노력했어
그의 잘못이라고 소리지를 용기를 전혀 낼 수 없었어
내 탓으로 돌리고 그 짐을 내가 졌었지
언제나 거울을 보며 누구도 이야기 하지 못하도록 단속하며 말이야

코러스

어떻게 조용할 수 있어. 한 영혼에게라도 말하지 않을 수 있겠어?
어떻게 안그런 척 이 역할을 할 수 있단 말이야?
이제 나는 거의 모두 나아졌지만 여전히 어둠이 두려워
나는 어둠에 대한 두려움을 잔잔하게 할 내 안의 평화를 찾고 있어

그림 20-3 조안

셰릴

셰릴은 캐나다계 미혼, 백인 여성이다. 그녀는 5세에서 10세까지 친척으로부터 약 한 달에 한번씩 성학대를 받았다. 프로그램 시작시 그녀는 22세였고 학대에 대한 감정은 화, 배신, 두려움, 무력감, 우울감 등이었다.

셰릴은 프로그램을 끝마치지 못하고 14회중 9회만 참가하고 일찍 하차했다. 그만 둘 때 그녀는 대학 시험 기간이었고 스트레스를 받았다고 했다. 결과적으로 셰릴은 그녀의 자작곡을 완성하거나 녹음하지 않았고 그녀의 TSCS는 1에서 4등급으로 약간 높아졌을 뿐이다. 하지만 그녀는 최종평가를 마치기 위해 후에 돌아와서 다른 여성들의 노래로 CD 녹음을 했고 개별적 치료 세션에 참석했다. 협동 프로그램에서의 그녀의 경험을 논의하면서 셰릴은 그녀의 노래 쓰기 경험을 묘사하였는데,"… 그것은 좋게 들렸다. 종이에 쓰여진 감정 모두가 내가 느낀 것이지, 설탕코팅은 아니었다고 생각한다. 그것은 바로 거기 있었고 아주 좋았다"고 말했다.

조안

조안은 헝가리계 미혼, 백인 여성이었다. 그녀는 5세경에서 시작해 7년 이상 아버지에게 성폭력을 당했다. 프로그램 시작시 그녀는 32세였고 그 당시 그녀는 폭력에 대해 화, 공포를 느꼈다.

조안은 14 회의 프로그램 세션 중 13회에 참석했다. 때때로 강한 감정이 불러일으켜졌지만 그녀는 협동 프로그램 대부분의 체험에 참여할 필요가 있는 듯 보였다. 조안을 위한 이 여정은 그녀에게 경험한 폭력의 사회정치적 기초에 대한 이해를 가져다 주었고 치료에서와 공동체 내에서의 격려를 연결시켜주었다. 그녀는 회상의 밤 이벤트에 아주 적극적으로 참여했다. 그녀의 TSCS가 7에서 8등급으로의 최소 변화를 나타냈지만 이것은 그녀의 작사-녹음이나 출구 인터뷰에서는 달랐다. 그녀가 쓴 노래 "허시"는 아이였을 때 그녀의 폭력 이야기와 침묵을 당한 그녀의 감각을 이야기하였고, 그것은 또한 계속되는 투쟁을 반영한다: "나는 이제 거의 나아졌지만, 어두움에는 여전히 두려움을 느껴요." 조안은 그녀의 자작곡을 녹음하기로 했다. 그렇게 하면서 그녀는 사회의 명령을 "허시(쉿)"으로 강력하게 바꾸었고 그녀의 목소리와 이야기를 되찾았다. 그녀가 협동 프로그램에서 배운 것을 논의하면서 조안은 "나는 내가 생각하는 것보다 더 강하다"고 했다. 그녀는 나아가 "그걸 녹음하는 건 재미 있었고…신경을 괴롭히는 것이었다…하지만 오늘밤에 그것을 들으면서 모든 사람 앞에서…그것은 왠지 이상했지만, 느낌은 좋았고…힘을 얻는 느낌이었다."고 말한다.

에밀리

에밀리는 캐나다계 기혼, 백인 여성이었다. 그녀는 오빠로부터 8세에서 10세 사이에 폭력을 받았다. 프로그램을 시작할 때 그녀는 58세였고 당시 그녀는 폭력에 대해 화, 배신감, 혐오감, 무력감, 우울감, 수치심, 죄책감, 충격을 느꼈다.

에밀리는 41회중 12회 세션에 참석해 프로그램을 마쳤다. 그녀에게 아동기 성 폭력으로부터의 회복은 일생의 투쟁이었다. 협동 프로그램을 시작하면서 그녀는 그 피해로부터 자유로울 수 있을지에 절망감을 토로했다. 우선 그녀는 프로그램이 많은 도움을 줄 거라고 기대하지 않았다: "나는 시작부터 회의적이었다." 하지만 그녀가 프로그램을 진행함에 따라 변화가 일어났다: "처음에 나는 집으로 오고 있었고…이런 식으로는 효과가 없지…그리고 갑자기 효과가 있다는 것을 아는 고원에 도달하게 되었다." 진행은 느렸지만 그녀의 TSCS는 4에서 8등급으로 작은 개선을 보였고 그 작업은 에밀리에게 도전적이었다. 하지만 그것은 궁극적으로 그녀에게 성공적인 경험이었다:

> *나는 47년동안 나의 문제를 다루고 있었고 이것은 하나의 치료 단계였다…이것은 나에게 더욱 긍정적인 모험인 것이다. 나는 거기에 많은 치유가 있다고 추측한다. 음악은 자체로 치유이다. 그래서 그것을 음악 안으로 가져올 때 논의하기가 더 쉽다…그리고 그것은 진짜 좋았다…나는 확실히 다시 할 것이다.*

작사는 쉽지 않았지만 최종 작품은 그녀의 배신 이야기뿐 아니라 그녀의 미래에 대한 희망도

NOTE TO SELF

자기에게 쓴 노트

코러스
이것이 나만의 것이 아니도록 하지만
당신이 거기 있네요
이 어리석고, 화난 못된 소녀
나를 포함해 아무도 좋아하지 않았던

당신은 앉아서 응시하네요
당신은 혼란스러워 하네요
이해하길 바라면서
여전히 오늘도 나는 혼란스러워요
왜!

코러스
당신은 성장했어요.
당신의 심장을 단단하게 하기 위해
적에 대항해서
나를 포함해 모든 사람이
적이 될 때까지

필사적으로 옳게 하기
거부-분노
필사적으로 사랑받기
거부-분노
희망을 찾아서, 아프면서
확실히 나만의 것으로 느껴요

제 정신이 아닌 것처럼 들리지만
우리는 분리되어 있지만 동일해요
당신을 생각하면 많이 아프죠
나는 알아요.
당신이 얼마나 열심히 노력했는지
그것이 얼마나 아팠는지
그것이 정말, 끔찍이도 어렵고
나는 그래서 그게 싫어요
이것은 나만의 것이라구요,
이것은 나만의 것이랍니다.

그림 20-4 에밀리

이야기해 주었다: "이 작은 소녀에게 태양은 어디로 갔는가? 제발 그날을 돌려 놓고 나를 안전하게 해주오…. 나는 행복한 꿈, 웃고 춤추는 행복한 아이들, 티 파티, 안전한 포옹을 원한다" 자작곡과 다른 사람들의 노래에 대한 그녀의 반응을 설명하면서 에밀리는 말했다. "나는 아마 그 노래들을 들을 것이며, 집으로 가는 도중에 틀고 또 틀 것이다…그것은 … 그것은 CD로 가지고 있을 때 현실이다."

케이티

케이티는 프랑스-캐나다계와 영국계의 이혼한 백인 여성이다. 그녀는 양부로부터 5세에서 13세까지 성 폭력을 받았다. 프로그램 시작시 그녀는 36세였고 당시 그녀는 폭력에 대해 받아들이고 있었다.

케이티는 진행 중에 협동 그룹에 합류했고, 그래서 프로그램을 마쳤어도 14회 중 8회밖에 참석하지 않았다. 폭력을 받아들이는 것으로 보였지만 자기-수용은 다른 문제였다-그녀의 최초 TSCS 점수는 1등급이었다. 자기-수용을 위한 프로그램에서 그녀의 여정은 큰 성공을 보여 최종 TSCS 점수는 18등급이었다. 협동 프로그램에 대한 인상을 설명하면서, 케이티는 "그것이 고통스럽고 어려웠다…. 그것은 극도로 힘들었다. 그러나 마지막에는 많은 깨달음을 주었다." 그녀는 또한 덧붙였다.

우리는 아직도, 아무도 아무도 실제로 이해 할 수 없을 것 같은 외로움을 느낀다. 그러면 당

그림 20-5 케이티

> *신은 이런 그룹에 가서 당신은 전에 100번은 들은 이런 노래들을 듣지만, … 당신은 그렇게 연관을 지은 적은 없고… [그러면] 그 노래가 나오고 당신은 [혼자가] 아니라는 것을 깨닫게 된다.*

케이티의 여정은 또한 그녀의 노래에서 반영된다-가사는 처음에 "당신은 권리가 없다"에서 끝의 단어 "나는 권리가 있다"로 변화되었다. 그녀의 CD를 위해 선택한 미술 작품은 또한 가시 있는 끈의 이미지를 보이는 앞면과 소용돌이 치는 하늘로부터 떠오르는 무지개의 이미지를 보여주는 뒷면으로 이것을 반영했다. 케이티에게 이 작사 경험은 "굉장히 강력했다. 나는 극도로 극도로 좋게 느꼈다. 나는 마침내 내가 원한다면 들릴 수 있는 어떤 것 속으로 집어넣을 수 있었다. 당신은 그것이 거의 목소리를 가진 것 같다라는 것을 안다---비밀스런 목소리를. " 끝에 케이티는 CD 녹음을 위해 자신의 목소리로 그녀의 노래를 부르기로 했다-그녀가 굉장히 강력하게 느낀 경험. " 부르는 것 그것은 신경을 괴롭히는 것이었다… 하지만 결국은 좋게 끝날 수 있었다. 그것은 단어들에 목소리를 부여하게 해주었고 그 단어들을 말한 바로 그 목소리가 될 수 있게 해주었다."

음악치료-사회복지 프로그램에 있어서 여성들 자신의 목소리로보다 더 강력하고, 심오한 효과에 대한 반영은 없다. 조사 인터뷰에서 그리고 노래에서 그 여성 참여자들은 학대로부터의 치유, 변화 그리고 삶을 되찾기 위한 매우 효과적인 매체를 그들에게 제공해 준 그들의 회복에 대한 이 협동 접근법의 독특한 공헌을 인정했다.

변화는 이 다섯 여성의 삶에 머무르지 않았다-치료사로서 우리의 삶도 변했다. 이것에 대한 우리의 반성은 페미니스트 교의와 협동 실천을 존중하기 위한 과정에 있어서 필수적이다. 우리는 개별적으로 쓴 반성과 주간 모임으로 이를 위한 기회를 만들어냈다. 우리의 마지막 회의에서 우리의 공통성이 협동을 가능하게 만들었다는 것을 깨달았다-우리의 공유하는 가치, 유연성, 페미니스트 실천, 사회정의 체계 그리고 참가자의 치유를 우선이라고 이해하는 것 등. 하지만 프로그램을 풍성하게 한 것은 우리의 차이였다-우리의 다른 기술 그리고 개성, 상호작용 스타일 등. 우리의 협동은 우리가 서로 익숙지 않은 것에서 우리의 접근법을 병합해 모든 측면에 완전히 참여하는 하나의, 봉합 없는 것으로 만든 편안한 관계로 나가갔던 시간이 지나면서 진화를 보였다. 이 과정은 우리가 여성 참가자들이 이루길 원했던 우리의 목표와 나란히 했다. 우리는 리더와 학생이 번갈아 되어가며 힘이 있는 자와 없는 자의 역할을 차례로 맡으면서 포용성과 권력의 상호-존중적 이용을 실행했다. 우리는 타인의 힘을 빼앗지 않고 개인적으로 힘을 얻는 과정을 수행했다. 결국 음악치료-사회 복지 프로그램은 독특한 치료적 접근법과 협동 자체를 통해 폭력 피해 여성을 격려하는 데 있어서 성공적이었다. 이 창의적 협동을 통해 아동기 성폭력 피해 여성들은 회복을 향한 그들의 여정을 위해 풍부하고 새로운 자원을 갖게 된 것이다.

21장

도심의 위험에 노출된 아동들을 위한 음악치료

바네사 A. 카밀레리

서론

정규 초등학교에 다니는 도심의 위험에 노출된 아이들과 작업을 하면서, 음악치료사들은 학생들을 학업과 사회성을 성공적으로 완수하지 못하게 하는 사회적, 환경적, 가정적 스트레스 요인을 다룰 수 있다. 인종차별, 가난, 학대 등의 스트레스 요인은 아이들을 학습 체험의 대부분을 못하게 만드는 행동과 감정을 발달시킬 수 있다(맥워터, 1998). 이것은 종종 자퇴, 싸움, 존중감 부족, 기물 파괴로 나타난다(브룩스-건과 던컨, 1997). 이러한 것은 매우 파괴적이기 때문에 종종 사회적 기술이 음악 치료 그룹에서 다뤄지는 우선 분야가 된다.

음악치료 과정에서 행동이 바뀌고 기술이 발달됨에 따라 그룹은 부정적 행동과 관련 감정의 근원을 탐구하는 것으로 옮겨 간다. 서서히 학생들은 왜 그들이 특정한 방식으로 행동을 하고, 그들이 그것에 대해 어떻게 느끼는 지를 확인할 수 있게 된다. 패턴이 나타나면서 음악치료 그룹에서 도출된 행동과 연관된 감정이 외부 상황에서 경험된 것과 유사한 것이 분명해 진다(얄롬, 1998). 음악치료 그룹에서의 행동과 감정에 대해 작업함으로써 학생들은 매일의 삶에서 감정과 행동을 다루는 법에 관한 통찰력을 얻는다. 이 장의 목적은 음악치료가 어떻게 관습적인 치료 형태로는 할 수 없는 다양한 방식으로 도심의 위험에 노출된 아이들에게 다가갈 수 있는지를 설명한다.

도심

관리 재정청(OMB)에 따르면 도심은 중심 도시로 기술적으로 정의된다. 이것은 5만 명 이상의 인구 집중을 포함하는 핵심 지역으로 정의된다. 도심 주변은 그 중심 도시와 높은 수준으로 경제적 사회적 통합이 있는 공동체를 가진 것으로 정의되는 대도시이다(미국 통계청, 2001). 미국에는 현재 전체 인구의 80%를 차지하는 276개의 대도시 지역이 있다. 이중 20%가 중심도시 안에 살고 있다. 또한 중심도시에 사는 사람의 60%가 백인, 21%가 흑인, 19%가 남미계이다. 이 중에서 전 가구 중 16%가 여성이 가장이며, 9%가 18세 미만의 아이들을 가진 여성이 가장이다(미국 통계청, 2001). 중심도시 거주민 중 빈민 비율은 16.7%이지만, 전체 중 빈민의 40%가 중심도시에 살고 있다. 또한 싱글 여성이 가장인 전 가구 가운데 26%가 빈민 수준 이하로 살아간다(미국 통계청, 2003). 도심의 가난과 자원부족은 부적절한 주거 환경, 부적절한 학교교육, 무직, 위험한 동네, 일관된 지원망의 부족 등으로 순환되기 시작한다. 이는 종종 아이들이 혼자 내버려지고 무시되며 아이들의 성공과 안전을 보장해 줄 아주 기본적인 부모의 보살핌도 받지 못하게 한다.

위험에 노출된 아이들

"위험"에 노출된 것으로 간주되는 아이들은 많은 방법으로 정의될 수 있고, 여러 다양한 환경의 희생자가 될 수 있다. 그 주제에 어떻게 접근하느냐에 따라, 정의는 다를 수 있고 문제에 대한 해법도 그럴 것이다. 여기 묘사된 학생들은 도심 초등학교 환경에 있기 때문에, 그들은 학업 성취를 방해하는 환경과 가정 환경 탓으로 위험에 노출된 것으로 간주된다. 따라서 그들은 학교에서 낙제를 하거나 그만두고 직장도, 생계도 살 곳도 없이, 가정을 꾸리지도, 자신과 남을 보살필 수도 없게 된다. 이러한 상황은 중재가 없다면 학생들을 잠재적으로 실패하게 만들어 놓는다.

맥워터(1998)가 설명했듯 누적된 일련의 상황이 학생을 위험에 놓이게 한다. 이런 상황은 점점 더 심해질수록 위험이 높아진다. 이들은 가난한 동네에 사는 사회경제적 지위가 낮으며, 소수인종 집단의 구성원이지만 학생들이 이 배경 때문에 위험에 놓이는 게 아니라 이 배경을 가진 학생들이 종종 삶의 질에 영향을 줄 수 있는 외상을 일으키는 개인적, 실질적 인종차별과 차별의 피해자가 되기 때문이다.

다음 상황은 가정과 학교 환경으로 학생이 대부분의 시간을 보내는 곳이다. 따라서 그 곳에서의 경험은 행동과 삶에 대한 시각에 영향을 준다. 보호, 양육, 예상 가능하고 안전한 환경을 제공하는 가정과 학교는 학생을 위험에서 보호할 수 있다. 반면 가정과 학교가 혼란스럽고 위험하며, 예상할 수 없고 약물 중독과 폭력이 있을 때 학생은 거기 있는 것을 피하려고 한다; 따라서 길거리와 감독 할 수 없는 상황에 나가게 된다. 학생들은 종종 가출이나 갱단에 가입함으로써 대안적 가정과 학교 상황을 추구한다. 또한 안정적인 가정과 학교 환경의 부재는 긍정적 성인 역할 모델과 잠재적인 지원망에 대한 접근성을 줄인다(맥워터, 1998).

다른 상황은 이혼, 죽음, 자살, 10대 임신, 학대, 투옥, 가정이나 직장 상실, 쫓겨남 또는 보험 상실 등의 심리사회적이고 환경적인 스트레스요인들을 경험하는 것이다. 이런 것들은 심리적 외상을 낳을 수 있고 학생을 위험에 놓이게 할 잠재성을 키우는 노숙, 시설 보호, 배고픔, 가난 또는 질병 같은 물리적 상황을 만들 수 있다(맥워터, 1998).

중요한 스트레스요인을 다루면서 위험에 노출된 학생인가를 결정하는 그 다음으로 중요한 요인은 그들 자신의 심리적 메이크업이다. 그들의 개인적 특성이 상황을 다루는 방법과 영향을 받는 방식을 결정한다. 태도가 부정적일수록 위험은 더 클 것이다. 또한 전망이 어두우면 우울, 걱정, 공격으로 이어질 수 있고 종종 사회적 기술과 대처 방식의 결함으로 나타난다.

부정적 심리상태는 위험한 활동과 행동으로 이어질 수 있다(브룩스-건,과 던컨, 1997; 사그레스타노, 파이코프, 홈벡과 펜드리크, 2003). 이런 것은 자멸적이거나 타인에게 공격적이 되고 학생들은 학교를 빠지고 담배, 술, 마약, 싸움을 하거나 절도, 폭력 강도, 시설 파괴 등의 범죄에 빠져들 수 있으며 이런 부적응 행동은 수감, 입원 또는 죽음으로 귀결될 수도 있다.

이런 상황 하나하나가 모두 학생들을 위험에 놓이게 할 수 있고 생활에 이런 상황이 누적될수록 위험은 늘어난다. 학생들을 위험에 놓이게 하는 요인들을 학교에서는 종종 무시하면서 위험한 학생들은 학업에서 실패하거나 사회적으로 부적절하기 때문에 특별 지도 학생(노구에라, 2003) 또는 문제학생으로 분류되어 결국 특별 지도, 청소년 교정 기관 또는 정신 병원 등으로 보내지기도 한다. 학교에서는 그들의 환경과 가정 상황의 결과인 정서적 행동적 문제를 다루는 아이의 일관된 출구가 있는 곳이 드물다. 따라서 이 학생들의 문제 근원은 거의 조사되지 않는다. 여기 설명된 음악치료 프로그램은 이런 필요를 채우고 예방책으로 역할을 한다. 그것은 소그룹 음악 심리치료의 형태로 탐구와 성장을 위한 맥락을 제공한다.

그룹 발달의 단계들

사람들은 가족, 이웃, 인종 그룹, 종교 그룹 같은 특정 그룹으로 태어난다. 또한 사람들은 일생을 거쳐 다른 그룹에 있는 것을 알게 된다. 학교나 직장에서 개인은 프로젝트, 마감 날짜에 맞추거나 계획 추진 등의 과제가 주어진 팀, 위원회, 그룹에 속하게 되고 따라서 성공과 과업 완수를 위해 사람들과 함께 일하는 법을 배우는 것이 중요한데, 이것은 동료나 친구와의 긍정적 상호작용을 위한 특정한 사회적 기술들을 요한다.

여기 묘사된 학생들은 담임과 음악치료사가 교실에서 잘 지내는 데 필요한 사회적 기술이 결여된 것으로 확인한 아이들이다. 이 기술의 대부분은 듣기, 나누기, 협조, 순서대로 하기, 의사소통 등의 사람을 대하는 종류이다. 치료 그룹 맥락에서 이런 목표를 위한 작업에는 따라서 매우 논리적인 방법이 사용되어야 한다.

드위베디(1993)이 설명하듯, 그룹은 시간이 지남에 따라 다양한 발달 단계를 거친다. 드위베디는 아이와 청소년을 위한 그룹 발달의 3 단계를 설명한다: 초기, 중기, 후기 단계. 초기 단계에서 학생들은 리더에게 많이 의지하며 리더가 규칙, 의식, 체계, 경계를 만들 것을 기대한다. 이런 한계들은 종종 리더가 조종될 수 있는지 알아보려는 학생들에 의해 시험된다. 학생들은 공격적이고 과시하며, 말을 많이 하거나 참여를 거부하기도 한다. 리더가 이런 상황을 어떻게 다루는가가 나머지 세션의 분위기를 결정하게 될 것이다. 그룹 규칙이 정해지면 그룹은 정체성과 목적을 개발하기 시작하며 개별 역할이 생기게 된다. 활동은 소개, 알아가기 게임, 리더십 게임, 공통 경험을 통해 사람들과 관계 맺기, 함께 일하는 패턴 개발 등이 있다.

중간 단계는 그룹에서의 관계가 개발이 되고 시험되는 시간으로 설명된다. 학생들은 서로 알아가고 함께 일하는 경험을 하면서 자신의 성실과 우정을 얻게 된다. 행동 패턴이 나타나고, 그룹은 적절하고 바람직한 행동들을 토의하고 알아낼 수 있게 된다. 중기 동안 학생들은 서로의 감정을 나누도록 격려되며, 또한 힘든 상황에서 서로 돕게 된다. 개인적인 정보를 나누는 것은 그룹 결속과 신뢰를 쌓는 것을 돕는다. 학생들은 그룹에 개인적 감정을 드러내기 시작하고 친구들에게서 의견을 들을 수 있게 된다.

그룹의 후기 단계는 정직과 친밀성의 시간이다. 학생들은 서로를 믿고 치료 관계가 완전히 발달된다. 치료사는 긍정적 성인 역할모델이 되고 그가 감정과 행동을 포용할 수 있는 안전하고 예상 가능한 환경을 제공할 수 있다는 점을 보인다. 신뢰가 쌓임에 따라 학생들은 감정과 삶에 대한 이야기를 밝히고 그룹 맥락에서 깊이 있는 탐색이 가능해 진다. 그룹 규칙과 제약들이 확실히 수리되고 학생들은 일관되고 예상 가능한 그룹 체험을 할 수 있게 된다. 치료 그룹의 일부로서 아이는 소속감과 자신이 그룹의 기능에 필수적이라는 느낌을 체험한다. 학생들의 자존감은 자신이 중요하고 자기의 이야기를 남이 듣는다고 느끼면서 향상된다.

그룹의 후기 단계에서 학생들은 탐구와 변화될 수 있는 역할들을 완전히 발달시킨다. 얄롬(1998)이 설명하듯 어떤 형태의 그룹 치료에 참여한 사람들은 종종 가족의 맥락에서 과거에 불만족스러운 그룹 경험이 있는 경우가 있다. 그는 역할이 발달하고 그룹 구성원이 가족에서와 비슷한 역할(지도, 복종 통제)을 맡게 되면서, 치료 그룹이 어떻게 가족 집단과 비슷해져 가기 시작하는지를 설명하고 있다. 그룹 구성원들은 그들이 경쟁과 권력 투쟁이 생김에 따라 다른 상황에 있게 되면서 서로와 상호작용을 하기 시작한다. 얄롬이 쓴 것처럼 "내담자들은 거듭, 자동적으로 그리고 불가피하게 치료 그룹에서의 부적응적 대인 행동을 보이기 시작하고, 그룹 바깥에서 일어나는 행동을 반영하는 행동과 감정의 패턴이 그룹에서 일어난다. 따라서 그룹은 치료적 성장을 위해 이용될 수 있는 사회적 소우주가 된다.

얄롬은 계속해서 치료 그룹이 성공하려면 작업이 두 단계에서 이루어져야 한다고 강조한다. 치료사는 우선 그룹 구성원 사이에 일어나고 있는 지금 여기서의 상호작용에 주의를 기울여야 한다. 둘째로 치료사는 과정에 대한 조사를 격려해야 하고 그룹 구성원들이 그들의 더 큰 인생 경험 속으로 지금 여기서의 경험을 통합할 수 있게 해야 한다. 그룹 구성원들이 그들의 개인 이력의 맥락에서 그룹 내 감정과 행동을 이해하려고 시도하기 때문에 이것은 자기-반성을 요한다.

음악치료 그룹 과정

친밀도가 증가하는 것과 비례해 관계도 발달 단계를 거치면서 진화한다. 보통 사람들이 서로를 알아가면서 그들 사이의 관계가 깊어지고 관계가 보다 만족스럽게 된다. 유사하게 음악치료 그룹은 각각 다른 목적이 있고 치료 작업을 위한 새로운 기회를 제공하는 단계들을 거쳐 진행된다. 전환과 단계들은 목표가 그에 맞춰 조정될 수 있도록 음악치료사가 확인한다. 단계들에 따른 진행은 새로운 도전에 대면하고, 더 깊은 개인적 대인적 자각으로 진입하기 위해 참여자가 준비되었는지를 나타내 준다.

도심 위험 아이들에게 음악치료를 사용하는 이점은 많은 연구에서 명확히 밝혀졌다. 장기 보호중인 청소년과의 작업에서 브룩스(1989)는 음악이 어떻게 내담자들과 치료사의 의사소통을 향상시키는 뛰어난 방법인지를 보여준다. 언어적 소통이 힘든 곳에는 비언어 의사소통이 그 간극을 이어주는 데 이상적이다. 음악은 이미 아동·청소년들의 삶의 일부이다; 따라서 치료에 음악을 쓰는 것은 치료사에게 자연스럽고 그들에게 받아들여진다. 나아가 어떻게 음악 만들기가 아이들이 서로 상호작용하고 관계 형성을 하는 것을 가능하게 하는지 설명한다. 자존감은 증가하고 참여자들은 자아에 대한 긍정적 의식을 발달시킨다.

파르(1997)는 위험한 흑인계 미국 청소년들과의 작업에서 무용/동작 치료의 이점을 설명한다.

무용이나 음악 치료 같이 상호작용을 요하고, 사회적 행동과 관련된 치료는 어려운 대인 행동을 표현할 수 있는 기회를 만든다. 파르의 설명대로 억제된 그룹에서는 아이들이 걱정을 분출하지 못하고 감정을 억누를 수 있다. 이런 것들은 그룹에서 다뤄질 수 있고 치료사가 조절할 수 있다. 이와 유사하게 음악치료 그룹 가운데 상호적 음악 경험은 학생들이 그룹으로 토의 될 수 있는 감정적 행동적 경험을 가진 작업 조건으로서 쓰인다. 그룹 음악 치료 과정이 진행 됨에 따라 학생들은 갈등을 탐색하고 동료의 코멘트와 실제적 경험으로부터 자기-지식을 얻는 것을 배운다.

여러 가지 위험에 놓인 어머니들과 그 아이들과의 작업에서 시라이시(1997)는 음악 듣기가 어머니들에게서 우울증 수준을 줄이고 자존감을 높이는 것을 알아냈다. 또한 많은 어머니들이 음악치료 세션이 삶에 기쁨을 주고 가난, 배고픔, 폭력이라는 힘든 현실로부터 벗어나는 것을 도와주었다고 말했다. 음악치료 세션은 그들에게 아이들과 긍정적으로 상호작용하고 그들에게 관심을 가질 수 있다는 자신감을 줄 기회를 제공했다.

휠러(1987)는 각각 분명한 목표들이 있는 치료의 3단계를 설명한다. 성인 정신과 입원환자들과의 음악치료 작업에 기초해, 그녀는 질병의 심각도가 종종 어느 목표나 중재가 특정한 내담자에게 매우 효과적인지를 보여줄 수 있다고 주장한다. 첫 단계에서 아주 중증인 내담자들에게 활동 치료로서의 음악치료는 가장 적절하며 주의 범위, 자존감, 자기통제 같은 목표를 다룬다. 2단계는 "내담자의 상대적으로 의식적인 수준에 있는 문제들에 대한 통찰력을 성취하는 것을 돕는 데" 음악이 이용되는 통찰 음악 치료로 설명된다. 음악은 논의될 감정을 유도하는 데 쓰이며 감정 표현과 의사소통을 목표로 한다. 3단계는 무의식적 문제들에 대한 통찰력을 얻는 것을 목표로 하는 재구성적인 목적을 가진 음악치료로 설명 된다. 이것은 말이나 음악을 통한 투영이나 역할 교체로 이루어진다. 고통의 심각성에 따라 내담자는 최선의 방법으로 다뤄지고 구체적인 목표와 중재로부터 많은 것을 얻을 수 있다.

하이벤(1991)은 음악치료 그룹의 발전 단계에 따라, 활동들이 개인들 대부분이 경험을 하고 개별 목표를 획득하기 위하여 실행될 수 있다. 그녀가 설명하는 첫 단계는 아이들이 서로 또는 치료사와 교류되지 않은 관계 이전 단계이다. 그녀는 계속해서 아이들이 반항적인 경우 권력과 통제의 단계를 설명하고 동시에 그룹과 치료사의 제약을 시험하면서 신뢰를 키우려는 시도를 하고 있다. 그녀가 설명하는 다음 단계는 아이들이 새로운 행동을 시도하고, 리더십을 개발하며 위험을 감수할 준비가 되어 있는 친밀 단계이다. 하이벤이 설명하는 다음 단계는 차별화/결속 단계이다. 이 시점에 아이들은 감정적으로 그룹에 헌신되고 그룹에서 자신감을 키운다. 그녀가 설명하는 마지막 단계는 그룹을 끝내는 전망을 다루는 동안 약간의 퇴행이 일어날 수 있는 분리 단계이다. 이 각각 단계에서 학생들이 감정적 사회적으로 겪는 게 무엇인지 치료사가 인지하고, 그룹 발달의 특정 단계에 적절한 음악 활동을 개발하는 것이 중요하다.

그룹들이 발전하면서 친밀성은 증가하고 학생들은 자신들에 대한 자각과 남에 대한 지각을 점점 더 얻게 된다(드위베디, 1993). 여기에 설명된 것처럼 이 과정은 아이들이 사회적으로 기술-지향 활동의 음악치료로부터 보다 통찰력-지향의 음악 치료로 옮겨가도록 해준다. 다른 면에서 참여자들이 더 건강해질수록 그들은 치료 목표의 다양한 수준을 통해 진행이 될 수 있다. 아이들과 작업하면서 사회적 기술이 발전함에 따라, 그룹 결속력과 의사소통도 역시 커지고 신뢰와 자존감을 키우는데, 이것은 개인의 감정을 위해 필요하다. 아래는 위험한 아이들의 음악치료 그룹이 행동과 사회적 기술발달의 변화를 목표로 하는 충실한 문자적 접근법에서 음악치료 맥락 안팎에서 행동과 감정들에 대한 통찰력을 이루는 보다 상징적인 쪽으로 진행이 될 수 있는지에 대한 설명이다.

음악치료 그룹들

여기에 묘사된 음악치료 작업은 학생들이 긍정적이고 능동적인 그룹 구성원이 되게 해줄 사회적 기술의 발달에 초점을 맞춘다. 효과적인 소통, 공유, 듣기, 존중, 충동 조절, 리더십, 상호작용 등의 사회적 기술들은 신중하게 구성된 음악적 경험을 통해 다루어지며, 그것은 그룹 학생들의 즉각적인 사회적 필요를 충족시키기 위해 고안되어 있다.

신뢰가 쌓여가면서 구성된 사회 기술 발달에서 보다 통찰력-지향의 음악 치료 그룹으로 이동하는 단계들이 이루어진다. 구성원들은 그룹 과정, 역할, 행동, 음악, 그룹 경험에 대한 반응에서 나온 감정들을 토의한다. 얄롬(1998)이 설명하듯 도출된 감정들은 종종 삶에서 경험하는 것과 유사한 즉각적 음악 경험을 형성한다. 그룹 맥락에서 그것들을 다룸으로써 학생들은 삶에서 그것들이 다시 출현했을 때 더 잘 대처 할 수 있게 된다. 사회적 기술 발달에서 보다 통찰력-지향의 음악치료로의 이동은 학생의 필요에 따라 이루어지며 목표들은 그에 따라 조정된다.

장기 보호 중인 청소년과의 작업에서 브룩스(1989)는 어떻게 음악치료가 행동을 바꾸고, 아이들이 그룹 맥락에서 사회적으로 적합하게 되는 데 이용될 수 있는지 설명한다. 또한 부정적 행동들이 왜 사회적으로 받아들여지지 않는가를 이해하는 것을 돕기 위해 토의되며, 그들의 행동이 왜 부적절한지에 대한 통찰력을 얻게 된다. 그들은 부정적인 행동을 보다 사회적으로 받아들여지는 행동들로 대체할 수 있고 각각에 대한 찬반 토론을 할 수 있게 된다. 이 맥락에서는 행동이 변화할 뿐 아니라 내담자들은 그들이 겪고 있는 과정에 대한 이해를 얻게 되는데, 이런 자각은 참여자에게 왜 그 과정이 필요한지를 이해함에 따라 일어나는 행동 변화의 추가적 의미를 더해 준다.

체계적 음악 치료

종종 학생들이 학교생활에서 성공적이지 못하게 하는 것들은 소리지르고 싸우고 존중심이 없고 나누지 못하며 기물을 파괴하고 약자를 괴롭히며 고립되거나 탈퇴 등의 행동이다. 분열 행동의 뿌리는 종종 가정과 환경적 상황으로 인한 감정이다. 부적절한 사회 행동은 보통 아이가 음악치료에 보내지는 이유가 되고 이것들은 학습에 대해 가시적이고 분열적인 것들이다.

따라서 사회적 기술은 음악치료 그룹 과정의 초기 단계에서 우선적으로 다뤄져야 할 분야이며, 보다 깊이 자리잡은 문제들이 외부적 분열의 이유라는 이해도 필요하다. 학생들은 기물을 파손하고 치료사에게 말대꾸하며 혹은 참여를 거부하면서 음악치료에 대해 붕괴 행동을 보인다. 이런 것들은 타인들에 대한 행동들의 영향 측면에서 다루어진다(차례를 안 지키거나 다른 그룹 구성원들이 그들에게 화를 내는 등). 음악이 동기를 주고 학생들은 다른 사람들이 즐기는 것을 알기 때문에 종종 즉흥연주의 시작은 분열적 학생의 주의를 끌기에 충분하다. 그들의 초점은 그 후 권력 투쟁이나 관심거리를 찾는 것 보다는 음악 자체가 된다. 때로는 행동의 언어적 과정이 필요하고 치료사나 다른 그룹 구성원들에 의해 주어진 음악에 참여하는 방법에 대한 제안도 필요하다.

드럼 합주, 노래, 리듬 게임, 부르고 답하기, 리더 따라하기 같은 체계화된 음악 활동을 통해 사회적 기술은 잘 조율된다. 학생들은 자기 차례를 기다리고 리더를 따르며, 서로에게 귀기울이고 새로운 일을 시도해보는 법을 배운다. 그들은 충동 통제, 차례 지키기, 협조, 공유를 발달시키며 이 모든 것은 그들이 교실에서 참여하고 성공적이기 위해 필요한 기술들이다. 음악치료 맥락에서 일어나는 사회적 기술 학습이 빈 공간에서 일어나지 않는다는 점을 강조하는 것은 중요하다. 학생들은 협조나 순서 지키기가 필요한 때가 언제인지에 대답을 하면서, 그들이 음악치료에서 배운 것을 삶에서 적용하도록 도전을 받는다. 세션과 세션 밖의 삶을 이어주는 것은 학생이 연결을 하기 시작하고 배운 것을 적용할 수 있는 음악치료의 스타일에서 필수적인 요소이다. 정서 장애 중학생들과의 작업에서 에이디슨(1989)은 일반 음악치료와 특정 행동을 위한 음악치료를 비교하면서, 후자의 경우가 교실에서 새롭게 획득한 사회적 기술을 응용하는 게 더 많아진다는 점을 알아냈다. 이것은 그 학생들이 신호, 언어 강화, 다음주를 위한 교훈 등을 이용해 교실에 사회적 기술을 일반화시키는 법을 배웠다는 사실 때문이다.

음악치료 시 배운 것을 나머지 시간에 적용하는 것을 지원하면서, 하인즈(1989)는 "특정한 비언어적 소통 기술이 성공적 언어 소통, 예를 들면 듣기, 눈 마주보기, 주의력, 어조 구분, 적절한 표현 등의 전제조건" 이라는 가설로 연구를 수행했다. 몇몇 학생들은 이러한 기본적인 비언어 기술을 결여하고 있어서 소통과 학습이 어려워지게 된다. 비언어 기술은 음악치료를 통해 개발될 수 있으며 따라서 의사소통 능력, 혼동 감소, 자존감 개선 등을 낳을 수 있다. 사회적이고 의사소통적인 기술의 향상은 학습 능력향상으로 이어질 수 있다.

음악 치료 그룹 학생들은 시행 착오, 공유를 통한 경험 토의에 의한 과정을 경험함으로써 그룹에서 행동하는 법을 배운다. 프리쉬(1990)가 설명하듯, "말은 세션의 음악 활동을 체계화하고, 지도하거나 강조하는 방식으로 쓰일 때 음악의 효과를 키울 수 있다." 그 과정은 사용된 기술들(관찰, 기다림, 듣기, 공유)을 식별하는 측면에서 어떤게 효과적이고 어떤 게 아니었나, 그룹에 대한 행동의 결과는 무엇이었나 하는 점이 토의된다. 또한 누가 너무 시끄럽게 연주하나, 누가 항상 가장 큰 악기를 고르나, 누구의 연주를 듣지 못했나 하는 질문들이 다루어지고 종종 연관된 감정과 행동 패턴에 관한 시동을 거는 토론이 있게 된다.

종종 음악 치료 맥락은 학생이 비슷한 역할을 맡는 가정과 교실 상황을 그대로 보여준다. 학생들이 자신의 역할과 행동을 자각하면서 그들은 보다 효과적인 행동을 개발할 수 있게 된다. 보상 경험을 위한 시간이 음악이나 관계 향상법에 대한 그룹의 제안에 기초해 주어지며 학생들이 학습을 위한 실험을 하도록 해준다. 음악치료 체험은 학생들이 식탁 차리기, 농구하기, 학급 프로젝트 수행 등의 삶의 다른 영역에서 필요로 하는 기술에 대한 순간들을 배우도록 해준다. 학생이 "음악 제작과 내적 과정"(프리쉬, 1990) 사이의 연결을 할 수 있는 시점은 바로 치료적 성장이 일어나는 때이다.

사회적 기술들은 음악 치료 그룹의 맥락에서 아주 직접적이고 문자적인 수준에서 다루어진다. 예를 들어 학생들이 서로의 말을 듣지 않으면 리더가 짧은 리듬을 만들고, 그를 따라 하도록 요구를 받게 되고 그러면 자기가 리더가 될 차례가 있을 거라는 걸 알기 때문에 동기를 부여 받는다. 학생이 나누지 못한다면 자기 악기를 소개하고 그것을 아이들에게 돌리도록 요구를 받는다. 행동은 남들이 자기의 리듬을 따라 하고 새로운 악기를 써보고, 노래에서 자기 이름이 들어가는 것을 듣거나 자기가 좋아하는 노래를 부르는 데 대한 만족으로부터 점차 배우면서 시간이 지나면서 변화된다. 학생들이 음악에 참여하면서 신체적 정서적 즐거움의 내적 경험과 외적 피드백에 의한 긍정적 행동이 상으로 주어진다. 긴장이 풀리고 각자의 말을 남들이 듣고 관계가 형성되면 이 모든 것은 필요를 채워주며 전반적인 긍정적 경험에 기여한다. 음악을 통한 사회적 상호작용, 건강함에 대한 개인적 경험, 적절한 행동에 대한 긍정적 강화가 그들의 연기 행동에 대해 자각하고 그것들에 대한 책임을 지고 시간에 따라 적응해 가는 것으로 발전된다.

프리쉬(1990)의 설명대로 학생들은 음악과 그룹 맥락을 다르게 이용하기 시작하며, 스스로 표현하고 보다 적절한 새로운 방식으로 상호작용을 한다. 친구의 실로폰 연주를 듣기 시작하면서 선생님의 말에 귀를 기울이기 시작한다. 템포와 볼륨의 음악적 변화를 탐구하면서 한 수업에서 다른 수업으로 바뀌는 시간에 대해 보다 친숙하게 된다. 어떻게 음악을 조작하고 관계를 맺는가 하는 것은 그들이 세션 바깥에서 어떻게 행동할지를 보여준다. 보다 조직적이고 일관된 방식으로 연주하기 시작하면서 학급 활동에 참석하고 완수하는 준비성을 갖게 되고, 음악을 조정하면서 자신과 자신의 충동을 통제하게 된다. 그리하여 음악치료 맥락은 삶의 기틀이 되고 음악을 통한 학습은 시간이 지나면서 행동의 변화로 나타나게 된다.

상징적 음악 치료

음악치료사와의 강하고 치유적인 관계의 발달은 그룹 신뢰와 자존감 발달을 낳는다. 그룹이 결속되기 시작하면서 그룹이 보다 결속력 있고 보다 민감한 영역으로 나아갈 수 있는 안정감이 수립된다. 그룹 내용이 바뀌면 음악도 바뀐다.

프리들랜더(1994)는 음악치료가 어떻게 종종 다른 그룹과 관계 발달의 공통 단계를 반영하는지를 설명한다. 음악치료 그룹의 맥락에서 학생들은 권력 역학, 리더십에 대한 반발, 리더십 인정, 신뢰 발달을 보다 적절하고 안정적으로 조절된 방식에서 경험할 수 있다. 음악은 그룹 역할을 경험하게 해주며 학생들은 음악-제작 과정을 통해 서로의 상호작용을 가지게 된다. 새로운 패턴의 의사소통과 리더십이 음악을 통해 나타나며 학생들은 시행착오를 통해 그 그룹에서 그들의 역할을 정한다. 프리들랜더의 설명대로 음악치료 그룹내의 대인관계의 문제를 다루면서, 음악과 언어과정을 통한 갈등과 상호작용을 해결하는 적절한 방법을 배우게 될 때 일종의 "교정적 정서 경험"이 학생들에게 제공된다.

슬로토로프(1994)는 청소년과 성인의 단기 정신병의 배경에서 화를 통제하는 문제를 다루는 데 쓰이는 음악치료 드럼 기술을 설명하는데, 거기서 음악은 의도적으로 감정을 표출해내는 데 쓰인다. 치료사는 내담자와 드럼을 치고 내담자의 연주와 리듬을 고의적으로 망친다. 내담자는 언제든 "그만하라"고 할 수 있는 권한이 있다. 내담자가 자제를 못하고 화나게 되는 상황을 연출하면서 치료사는 내담자에게 어떤 느낌인지, 신체의 어떤 신호가 화를 나타내주는지, 왜 "그만하라"고 말을 했는지 하는 질문을 하면서 그때 일어난 감정을 다룰 수 있게 된다. 치료사는 내담자에게 비슷한 느낌을 가진 때를 회상해보라고 하면서 그 때 일어난 감정과 치료할 때가 아닌 경우의 경험과 결부시킬 수 있게 된다. 이런 집중 질문들은 내담자가 왜 그들이 그런 느낌을 갖게 되는지에 대한 이유를 알도록 하는 데 도움을 주고 화가 나기 시작할 때를 인식할 기회를 주며, 자제력을 읽기 전에 그것에 대처할 수 있게 해준다. 이것은 내담자가 새로운 대처 기술과 통제력을 얻는데 도움을 준다.

활동은 체계화된 것에서 그룹과 파트너의 즉흥적인 작업으로 나아간다. 이런 즉흥음악 연주에서 학생들은 시간과 공간을 다루고 서로 듣고 반응하는 법을 배운다. 적절한 피드백의 모범을 본 후, 그룹 구성원들은 연주에 대해 뭐가 좋고 뭐가 싫었는지 존중심 있고 건설적인 코멘트를 하게 된다. 또한 그룹으로 할 때와 독주로 할 때의 음악 연주 경험을 설명하도록 요청을 받는다. 그들은 좋아하는 악기와 왜 좋아하는지의 이유, 왜 재미 있었는지, 왜 재미가 없었는지, 남이 내 연주를 듣는 게 어땠는지 하는 질문을 받는다.

음악을 통해 그룹에서 도출된 개인적인 감정과 다른 사람에 대한 감정은 치료사가 직접적 음악치료 그룹에서 일어난 감정과 그것을 그룹 밖에서 일어난 이전의 경험과 연결시킬 때, 보다 심오하고 개인적인 토의를 시작하게 해준다. 그룹은 주목을 받지 못하고 원하는 것을 얻지 못한 일 같은 비슷한 경험이나 느낌을 가졌던 때를 공유하게 된다.

롱과 소블(1999)은 6학년 학생들을 위한 폭력 예방 프로젝트을 설명했는데 거기서는 그 지역의 폭력의 원인과 결과에 대해 조사하기 위해 매주 다양한 미술 형식이 쓰였다. 미술과 드라마 활동뿐 아니라 브레인스토밍과 토의도 쓰였다. 그들은 학생들이 미술적 표현을 타인과의 소통과 자기감정 표현의 수단으로 이용하는 것을 알아냈다. 많은 학생들이 그리거나 연기하고 말을 함으로써 폭력 관련 개인 경험을 나누었다. 미술은 따라서 관련된 감정들의 표현과 고양을 위한 운반수단이었다.

사례 연구

4학년인 D는 매주 소그룹 음악치료 세션 중 한번 즉흥연주에 능동적으로 참여했다. 즉흥곡은 치료사의 피아노와 함께 두 개의 베이스 톤 바(도와 솔), 심벌즈, 드젬베, 글록켄스피엘을 포함했다. 중동의 음악 같은 즉흥곡이 악기를 바꾸면서 피아노에 대한 음악적 신호를 구현했다. D는 특히 일어서서 팔을 머리 위로 올려 흔들면서, 악기를 망치로 치는 톤 바를 좋아했다. 그가 글로켄스피엘을 할 차례가 오자 처음에는 아주 빠르게 그것을 쳤고 때로는 귀 높이로 그것을 올리기도 했다. 그의 정서는 열정적 생동감에서 당황과 언짢음 그리고 마지막으로는 낙심으로 바뀌었다. 즉흥연주가 계속되면서 그는 글로켄스피엘을 내려 놓고 배를 깔고 엎드려서는, 막대를 손가락으로 집적거렸지만 악기는 손도 대지 않았다. 즉흥연주가 끝나고 토의할 때 가장 좋고 가장 싫은 악기에 대해 이야기가 있었다. D는 아무도 그에게 귀기울이지 않아서 글로켄스피엘이 싫었다고 말했다. 그는 재미가 없어서 기분이 안 좋았다고 말했다. 다른 학생들도 다른 악기에 비해서 글로켄스피엘이 너무 부드럽다는 데는 동의했다. 그런 감정을 느낀적이 있었냐는 질문에 D는 집에 많은 사람들이 있었고 거실에서 TV를 보면서 소리지르고 있었던 때를 이야기했다. D는 그의 남동생이 화재 대피구로 빠질 것 같다는 것을 알아내고 아버지에게 말했지만 그는 무시를 당했고 D는 그의 남동생이 빠질까봐 무서웠지만 아무도 그의 말에 반응하거나 도움을 주지 않았다. 결국 그의 남동생은 다치지 않았지만 아무도 그의 말을 듣지 않았기 때문에 D는 무서웠고 무력하게 느꼈다고 설명했다.

음악 즉흥 연주가 들어주거나 귀 기울이지 않는 상황과 비교가 되고 학생들이 겪은 다른 삶의 경험을 떠올리게 하는 아주 구체적인 방식을 제시해 줌에 따라, 다른 그룹 구성원들도 남들이 자기 말을 들어주지 않았던 때의 경험에 대해 나누었다. 그들이 음악적 경험을 실제 삶과 연관지음에 따라, 학생들은 앞으로 있을 아무도 귀 기울여주지 않는 상황에 어떻게 대처할 수 있을까에 대해 토론을 했으며, 이렇게 음악치료 학습이 현실적이고 유용하게 되었다.

결론

도심의 위험에 노출된 청소년과의 작업에서, 치료사는 학업과 사회적인 성공을 가로막는 가정적 환경적 스트레스요인에 대해 신경을 써야 한다. 학대, 무시, 폭력, 중독 같은 상황은 아이들이 학업 경험을 최대한 활용하는 것을 가로막을 수도 있는 어떤 감정적 상태(우울, 화, 슬픔)와 행동(폭력, 고립)으로 이끌 수 있다.

여기 설명된 음악치료 스타일은 그런 감정적 상태와 행동을 대상으로 하며, 학창시절에 학생들이 이런 감정과 행동에 대해 숙달되도록 돕는 시간과 공간을 마련해준다. 체계화된 음악 활동으로 시작해 듣기, 나누기, 협조 같은 기술들이 다루어지며 음악치료 세션은 학생들이 시간이 지나면서 자신의 행동에 대해 알게 되고 변화시키게 되는 그대로의 매체가 된다. 신뢰가 커지고 그룹 결속력이 증가하면서 음악 치료 세션은 보다 통찰력 지향으로 되어가며, 학생들이 음악과 그룹 과정에 대한 반응에서 생긴 감정들을 표현할 수 있게 해준다. 그들은 시간이 지나면서 유사한 경험을 알아 낼 것을 요청 받는다. 음악치료 세션의 안전한 맥락에서 깊이 자리잡은 감정과 그룹 역학을 다루면서, 학생들은 시간이 지나면서 그들이 맡은 역할에 대해 알게 되고 그들이 보이는 행동, 그들에게 나타난 감정, 이용할 대처 방법 등에 대해 자각하기 시작한다. 경험을 통한 이해가 늘어나면서 음악 치료는 이 경험들을 보다 효과적인 것으로 만든다.

세션 중 배운 것을 적용할 필요가 있을 다른 삶의 시기와 연관 지으면서, 아이들은 사회적 기술 학습의 유효성뿐 아니라 감정적 자각의 중요성을 이해하게 된다. 음악치료시 배운 것들과 삶의 다른 영역을 이어주는 것은 배운 것을 적용하고, 그들이 학업적으로 사회적으로 성공할 수 있는 능력이 있다는 것을 깨닫도록 한다.

이 주제에 대한 앞으로의 연구에서는 음악치료가 위험 집단을 어떻게 도울 수 있을지에 관한 연구가 포함되어야 한다. 또한 음악치료 세션 학습이 교실로 이어지는 지에 대한 보다 심도 깊은 조사가 필요하다. 그룹 발달의 각 단계에 대한 학생의 반응은 각 목표(사회적 기술 발달과 통찰력 획득)의 중요성을 평가하기 위해 조사되어야 한다. 이것은 어떤 방법론이 중요한 삶의 변화에 가장 효과적인지를 결정할 수 있게 해준다.

22장
드라마 치료의 고대와 현대의 기원

샐리 베일리

서론

드라마는 고대 그리스로부터 나왔고 문자적으로는 "이루어진 일들"이라는 뜻이다(해리슨, 1913). 드라마 치료는 가장 단순한 의미에서 행동 기술, 특히 역할극, 드라마 게임, 즉흥극, 인형극, 가면극, 연극 공연 등을 행동 변화와 개인적 성장을 위해 사용하는 것이다. 그것은 종교, 연극, 교육, 사회적 활동, 정신 건강/치료에 뿌리를 둔다. 미국에서 드라마 치료 분야를 키우기 위해 만들어진 국립 드라마 치료 협회는 다른 많은 창의적 예술 치료 기관과 마찬가지로 1979년에 조직되었지만, 드라마 치료는 그것보다 훨씬 오래 되었다.

조상의 뿌리 : 종교와 연극

고고학적 기록의 증거는 약 35,000-45,000년 전인 구석기 후반에 원시 인간은 미술-그림, 조각, 음악, 무용, 드라마-을 창작하기 시작했다. 전문가들은 예술이 인간에게 드러나 상징적, 은유적 생각의 시작과 연결된 갑작스러움에 놀라고(루이스-윌리엄즈, 2002; 미텐, 1996; 파이퍼, 1982), 이 창의적 폭발과 동시에 무속인과 제사장들은 예술을 그들의 치료와 종교적 실천에 활용하기 시작했다. 예술과 종교의 근원은 예술이 자연스럽게 추상적인 종교적 개념에 효과적인 상징적 방식을 제공하기 때문에 서로 얽혀 있는 듯 보인다. 무용과 드라마는 특히 신화와 제의를 구현하고 공감되고 전염되는 주술을 만들어내는 제의에서 매우 유용했다. 이런 고대의 근원에 대한 세부사항은 대략적이지만 많은 학자들은 남아있는 동굴 벽화, 공예품, 신화와 무속 행위로부터의 추정에 기초해서 그 근원에 대해 가정을 해왔다(루이스-윌리암스, 2002; 파이퍼, 1982). 그리스 학자이자 문화 인류학자인 제인 엘렌 해리슨은 예를 들어 초기 예술이 제의의 경험에 대한 모방과 모사로부터 나와 직접적으로 발전했으며, 마술적 사용이나(해리슨, 1913) 추상적 재현, 은유가 되었다고 이론화했다. 하지만 직접적인 증언을 보여주는 쓰여진 기록 없이 그런 고대의 활동들이 어떤 것을 수반했고, 고대 인간들이 그들의 의식을 어떻게 이해했는지 우리는 정확하게 알 수가 없다.

결국, 연극의 예술적 형식은 종교적 제의와 의식으로부터 발전했다. 서양 연극사는 보통 고대 그리스 연극으로 형식적인 설명이 시작된다. 풍요와 환락의 신인 디오니소스를 위한 종교 페스티벌은 공동체의 일상에 신화를 가져다 준 연극 대회를 중심으로 했다. 아테네에서 이른 봄에 열린 위대한 디오니시아는 비극, 희극 그리고 시민 시인이 쓰고 전 주민을 대표한 시민 배우들이 공연한 사티로스 극을 중심으로 했다. 기원전 560년경 이 페스티벌 중 하나인 합창 발표에서는 최초의 배우인 테스피스가 합창단으로부터 걸어 나와 최초로 개인의 역할을 맡았다-이것이 우리가 아는 연극의 탄생이다(브로켓, 1968).

드라마 치료에 대한 최초로 기록된 이론적 설명은 그리스 연극에서 발견될 수 있다. 시학에서 아리스토텔레스는 비극의 기능이 관객들의 의식과 영혼을 정화시키는 카타르시스-깊은 감정(특히 불쌍함과 두려움)의 분출을 유도하는 것이라고 말한다. 이런 카타르시스적 감정은 공연을 보는 개인들이 극의 인물에 대해 공감함으로써 경험되며 그들은 극적/카타르시스적 경험을 다른 관객과 나누면서, 해방감을 극대화하고 공동체의 전체 사고방식을 움직인다. 아리스토텔레스에 따르면 극의 목적은 교육이나 오락이 주가 아니고, 공동체의 조화와 치유로 이어지는 감정들의 방출이다(보얼, 1985).

아리스토텔레스의 저작에 대한 분석에서 브라질의 감독 아우구스토 보얼(1985)은 만족스럽고 평화로운 주민들이 권력을 가진 통치자에 대해 반역을 하려고 하지는 않을 것이기 때문에, 이런 카타르시스적 해방은 그리스 사회의 그 당시의 상태를 유지하는 데 도움을 주었다고 한다. 아리스토텔레스의 카타르시스 개념은 심리치료 작업에서 혼란스러운 감정적 문제들에 대한 통찰과 치유는 환자가 카타르시스를 성취한 다음에야 일어난다는 생각에 초점을 맞춤으로써 프로이트의 정신분석으로부터 계속되는 많은 심리치료 모델에 영향을 주었다. 이 과정은 인지-행동 치료사들, 이성-감성 치료사들 그리고 카타르시스와 통찰력이 치유나 변화를 유도하기에 충분치 못하며, 옛것을 대체하기 위해서는 새로운 사상과 행동이 학습되어야 하고, 변화가 감정적 해방과 이해를 자동적으로 뒤따르지 않는다라고 느끼는 사람들에 의해 비현실적이고 불필요한 것으로 논쟁이 되었다(셀리그만, 1993).

정신 건강 근원들

고대 의사들은 치유 도구로서 드라마의 가치를 인식했다. 2세기 로마인인 소라누스는 정신병 환자를 치료하는 방법으로 평화로운 환경에 있게 하면서, 읽고, 토의하며 그들의 사유에 질서를 부여하고 우울증을 상쇄하기 위해 드라마 제작에 참여하게 하는 것이라고 믿었다(코커햄, 2000). 5세기에 또 한 명의 로마인인 카엘리우스 아우렐리우스는 한 걸음 더 나아갔다. 그는 그의 선언 "중증과 장기적 질병에 관하여"에서, 감정적 균형을 위해서 환자는 극장에 가서 그들의 상태와 정반대의 감정을 표현하는 공연을 봐야 한다고 주장했다. 우울증을 위해서는 희극을 광증이나 신경증에는 비극을(존스, 1996).

대부분 정신병이 있는 사람들을 극장으로 데려가거나 연극을 읽거나 공연하도록 처치되지는 않았고 그들은 잊혀지거나 고문으로 밖에 설명이 안되는, 귀신 쫓기와 처치법을 통해 치료하려는 시도나 끔찍한 감옥, 수용소에 가둬졌다. 도덕적 처치 운동의 시작이 있던 18세기 후반까지는 치료 계획의 일부로 직업, 원예, 미술 활동을 제공하는 정신병원이 없었다(코커햄, 2000; 위테커, 2001). 처치에 대한 이런 접근법이 20세기로 가면서 유럽과 미국의 개화된 기관들에서 지속되었고 드라마 치료의 실천에 문을 열게 된다.

미국 정신병원에서 예술 치료를 포함하게 된 토대는 1차 대전 이후에 이루어졌다. 대화 치료와 의학적 발명은 외상적 전쟁 경험에 대한 정서적 반응인, 외상 후 스트레스 장애로부터 상이군인들을 회복시키는 데 어떤 도움도 주지 못했지만 예술은 도움이 되었다. 20년대 초반과 30년대에 병원 프로그램에 예술을 도입하는 일이 늘어나기 시작했으며 많은 정신병원에서 직업 치료사들이 연극, 야외극, 인형극 등의 리허설과 공연을 하기 시작했다. 흥미롭게도 공연된 연극의 장르는 환자들을 당황하게 하지 않으려고 희극에 제한되었다(필립스, 1996).

메릴랜드주 볼티모어의 섀퍼드-프랏 병원의 정신과의사인 T. D. 노블은 병원 연극에서 연기를 한 세션의 환자들이 다른 외래 환자들보다 감정을 더 잘 이해하고 식별해 낼 수 있으며, 그들의 현재 감정 상태와 행동을 이전의 외상과 더 쉽게 연결시킬 수 있고 대안적 행동 양식을 보다 유연하게 실험할 수 있다는 사실을 알아냈다(필립스, 1996). 그는 1933년 "직업적 치료와 재활"에서 드라마가 의식적 무의식적 갈등의 발견과 표현을 위한 매체라는 점을 발견했다고 썼다. 그는 극에서 다른 사람을 연기하는 것은 환자들이 억압된 감정을 방출해서 이후 치료에서 그것들에 대해 직접적으로 대처할 수 있게 되는 데 도움을 준다고 썼다. 그는 또한 드라마가 유용한 오락이며 환자들 간의 사회화를 고무시킨다는 점을 관찰했다(필립스, 1996).

드라마 치료의 사회적 근원들

드라마 치료의 사회 행동적 근원은 헐하우스와 다른 정착 운동 지역으로 거슬러 갈 수 있다. 제인 애담스는 시카고 웨스트 사이드의 제19구역의 이민자, 노동계급 동네에 대한 사회화, 문명화, 결속과 개혁을 위한 동력으로 1889년에 헐하우스를 열었다(잭슨, 2001). 그녀는 자신이 "행동 라인"이라고 부른 것들을 설정했다. 그 정착 시설 주위에 살고 있는 공동체에 문화, 교육, 사회적 관계, 변화를 주게 될 과정으로 강의, 그룹 체험. 가장 유명한 활동은 사회화, 창의적 표현으로 그 결과를 다른 사람과 공유하는 재미있는 그룹 경험을 제공한 드라마 클럽이었다(잭슨, 2001). 어린이들은 7-8세에 드라마 클럽에 가입해서 3,40대가 되어도 남아있게 될 함께하는 작업에서 많은 의미를 발견했다. 소극장이나 공동체 극장 운동은 부분적으로 헐하우스 드라마 클럽이 만든 아마추어 공연에 대한 열정으로부터 성장했다(헥트, 1991).

헐하우스의 네바 보이드는 아이를 위한 운동과 레크레이션 그룹을 운영했다(잭슨, 2001). 그녀는 언어기술, 문제해결, 자신감, 사회적 기술을 가르치기 위해 게임과 즉흥적인 방법을 이용했다. 보이드는 시카고 대의 사회학과 연극학 교수가 되었고 미국 레크레이션 치료와 교육적 드라마 운동의 창시자 중 한 명이 된다. 그녀의 제자인 바이올라 스폴린은 보이드의 기술을 배워서 발전시켜 미국 연극 훈련과 드라마 치료에서 쓰이는 게임과 즉흥 기법들의 원조가 되는 "즉흥 연극"이라는 광범위한 연구서를 쓰게 된다(스폴린, 1963).

미국 드라마 치료 분야의 선구자들

미국 교육 연극 성장의 격동은 위니프레드 워드가 지휘하는 시카고 노스웨스턴 대의 교육 연극 프로그램으로까지 추적될 수 있다(골드버그, 1974; 리스와 식스, 1952; 맥케슬린, 1971). 국립 드라마 치료 협회의 많은 설립자는 창의적 연극 교사들로 시작했다. 엘리노어 어윈, 로슬린 와일더, 나이다 와이즈버그, 로즈 파블로프, 잰 굿리치, 패트리샤 스턴버그 같은 드라마 치료사들은 어린 아이들과의 작업을 통한 드라마의 치료적 이점을 발견했고, 그것을 의도적인 방식으로 다른 집단에 확대했다(루이스와 존슨, 2000, 개인적 대화).

루이스 발바토는 "사이코드라마와 그룹심리치료 저널"에 1945년에 쓴 기사에서 드라마 치료라는 용어를 만든 사람으로 인정된다. 플로스하임은 1945년에 치료로서 대사 있는 연극의 수행을 활용하는 것을 논의한 책을 출간했다(카슨, 2004). 하지만 빈의 배우 거트루드 스캐트너는 드라마 치료라는 용어를 대중화하고 미국 국립 기관을 설립할 동력을 마련한 사람으로 인정되고 있다(라이터, 1996). 히틀러의 오스트리아 침략에서 대피하기 위해 거트루드는 안전을 위해 2차대전

시 임시비자로 스위스로 갔다. 그것이 만료되자 그녀는 연기 기술을 이용해 환자로 정신 병원에 들어가려고 자살충동이 있다고 의사가 믿게 만들었다. 그녀는 그 병원에서 머무르는 동안 정신 병에 대해 많은 것을 배웠다(라이터, 1996).

거트루드는 피난민과 스위스 결핵 요양소에 있는 나치 수용소 생존자들과 작업을 하던 정신과 의사 에드워드 스캐트너와 결혼하게 된다. 그는 환자의 몸을 더 건강하게 할 수 있었지만 그들의 큰 절망, 우울, 자포자기 등을 치료하는 데는 거의 성공하지 못했다. 에드워드는 거트루드에게 레크레이션 식으로 환자들과 드라마, 이야기, 시, 작업을 하러 요양소로 오라고 요청했다. 드라마에 참여하면서 그들은 삶으로 돌아오기 시작했다. 거트루드는 그녀가 하고 있던 것이 특별한 일이며, 평범한일이 아니라는 것을 깨달았고-그녀는 그것을 드라마 치료로 불렀다(라이터, 1996; 스캐트너, 1981).

전쟁 후 스캐트너는 미국으로 이주했고 거트루드는 뉴욕시 지역의 여러 사회 서비스 기관과 정신병원에서 드라마 치료를 실행했다. 그녀는 롱 아일랜드 터틀 베이 음악 센터에서 첫 드라마 치료 과정을 가르쳤다(라이터, 1996). 1970년대 초반 그녀와 드라마 교육자 리처드 코트니는 최초의 드라마 치료에 관한 책인 "치료 드라마, 1권: 아동 드라마 치료 2권: 성인 드라마 치료라는 출판물에 대해 공동작업을 하기 위해 비슷한 일을 하고 있던 다른 사람들과 접촉하기 시작했다(스캐트너와 코트니, 1981). 그녀와 데이비드 리드 존슨, 엘리노어 어윈, 메릴린 리치맘, 로실린 와일더, 나이다 와이스버그, 라몬 고든, 잰 굿리치, 바바라 샌드버그 외 많은 다른 선구자들은 드라마 치료사 훈련과 교육을 증진하고 등록 기준을 수립하며, 그 분야를 향상시키기 위해 1979년에 국립 드라마 치료 협회를 만들었다(피너란, 1999).

드라마 치료의 유럽 근원들

동시에 드라마 치료는 영국에서 발달했는데 영국인은 두 단어를 하나로 썼다(dramatherapy). 수제닝스는 심리치료가 한 단어이기 때문에, 영국 드라마치료사들은 그들의 양식이 한 단어로 표현되어야 한다고 생각했다고 말한다. 그 새 양식에 관해 일찍이 1939년 영국 의학 협회에서 연설을 한 피터 슬레이드는 그렇게 하는 것이 더 힘을 가진다고 말했다(존스, 1996).

영국의 기원은 워체스터 예술 센터의 1930년대 피터 슬레이드의 교육 드라마 작업과 연결된다. 그는 1954년에 아이들이 정서와 신체 조절, 자신감, 관찰 기술, 타인에 대한 참을성과 배려 능력을 발달시키는 데 도움을 주는 것과 드라마를 연결시킨 최초의 책인 "아동 드라마"를 썼다. 1959년에 슬레이드는 "사람이 되는 것을 돕는 드라마치료"라는 제목의 소책자에서 그와 다른 사람들이 하고 있던 것을 드라마치료라고 부른다(존스, 1996). 브라이언 웨이는 40년대에서 60년대 중반까지 교육적 드라마에서의 작업으로부터 개념과 방법을 수집한 그의 고전, "드라마를 통한 발달"에서 드라마가 참여자에게 제공하는 본질적 성장에 대한 비슷한 생각을 발전시켰다(웨이, 1967). 도로시 히스코트는 교육 목적뿐 아니라 아이들의 통찰력, 이해, 공감을 키우는 방법으로 드라마를 이용했다. 1964년에 마리안 린트크비스트는 특히 특수 아동들과의 작업에서, 학습과 표현의 형식으로 드라마와 동작에 초점을 맞춘 첫 드라마치료 훈련 프로그램인 세사미 인스티튜트를 창설했다. 피터 슬레이드는 심리학적 훈련을 통해 그들의 방법을 확장하기 위해 그녀와 함께 작업했다.

또 한 명의 초기 선구자는 수 제닝스로 그녀는, 연극과 학생이었을 때 정신병원에서 드라마를 하기 시작했고 그가 하는 작업을 "치료 드라마"로 불렀다(존스, 1996). 1970년대에 그녀는 제의에 초점을 맞춰 인류학 박사과정을 마쳤으며, 그녀의 작업을 "드라마치료"라고 불렀다(존스, 1996). 영국 드라마치료사 협회(BADth)는 1976년에 영국 드라마치료사의 교육과 심사를 위해 만들어졌다(존스, 1996). 이것이 국립 드라마 치료 협회(NADT)가 미국에서 설립되기 3년 전이라는 점을 알면 흥미롭다. 영국과 미국적 형태의 드라마 치료가 따로 발달되고 다른 이론적 강조점이 있지만 그들은 진정으로 평행선을 이루며 발전했다.

드라마 치료는 또한 러시아와 네덜란드에서도 역사가 있다. 필 존스는 "치료로서의 드라마: 삶으로서의 연극"에서, 스타니슬라브스키의 작품에 의해 강하게 영향을 받은 두 명의 러시아 드라마 치료사에 관해 이야기한다(존스, 1996). 러시아 감독 니콜라이 에브레이노프는 그가 연극치료로 부르는 치유와 건강을 만드는 연기에 참여하는, 새로운 삶의 방식에서 그들의 어려움을 재구성하거나 재상상하는 것을 돕는 내적 심리적 과정에 초점을 둔, 방법을 만들었다. 블라디미르 일진 또한 러시아 혁명(1908-1917) 몇 년 전에 유연성, 동시성, 표현성, 의사소통 능력을 키우는 연극 게임과 즉흥적 훈련을 이용하는 치료적 연극을 만들었다. 그는 그의 방법을 여러 환경과 지역의 개인과 그룹에 이용했는데 정신병 환자, 정서 문제가 있는 사람들, 연극 배우들(존스, 1996)이다.

혁명 이후 이 작업을 수행한 다른 사람들이 있었다. 먼저 니콜라이 세르게비치 고보로프는 그가 정신병환자와 다른 이들의 사회적 관계, 자신감, 사회적으로 적절한 행동을 발달시키는 것을 돕기 위해 이용한 연극적 이야기 기술을 개발했다(마틴, 개인 대화, 2004). 그는 대부분의 정신건강이 서로 도덕적으로 인간적으로 사회화하고 지원하는 능력을 가진 사람들에 의존한다고 느꼈다. 고보로프는 에브레이노프의 작업에 대해 잘 알고 있었으며, 의식적으로 그것과 다른 서양 치료 연극 작업을 발전시키고자 했다(마틴, 개인 대화, 2004). 그의 작업은 1950년대와 1970년대 사이에 발전했다.

현재 드라마치료가 번성한 또 하나의 나라는 네덜란드이다. 40년대 후반 공동체와 거주지 보호 센터에서 사회복지와 청소년 보호를 담당하는 활동 리더들은 자기 표현과 사회적 상호작용을 위해 예술과 연극을 이용하기 시작했다(존스, 1996). 이것은 1960년대에 네덜란드 창의적 표현 치료 협회를 낳았고 1981년에 형성된 드라마 치료사를 위한 지점으로, 아마 네델란드에는 세계 어느 곳보다 더 많은 인구당 드라마 치료사가 있다.

다른 영향들

두 명의 다른 개인이 드라마 치료에 대한 중요한 영향으로 언급되어야 한다. 첫째는 콘스탄틴 스타니슬라브스키이다. 스타니슬라브스키 이전에 연극은 심리학적 예술로 간주되지 않았다. 모스크바 예술 극장(1900-1938)에서의 그의 작업은 20세기에 배우 훈련뿐 아니라, 그의 방법을 다른 교육자와 심리치료 전문가에 의한 정서적 영혼과 연결시키기 위한 도구로써 무대를 만들었다(블레어, 2002). 상상력(이미저리와 은유를 만드는 뇌의 자연적 능력), 무의식(진정한 감정과 연결하는 통로로서) 그리고 주어진 상황(인물이 있는 순간의 물리적 심리적 세부사항에서 배우를 구현하는 것)에 대한 그의 직관적인 활용은 지난 15년에 신경과학과 뇌의 과정에 대해 이루어진 연구와 맞물려 있다.

안토니오 다마지오가 "데카르트, 오류와 무엇이 일어나는가에 대한 느낌"에서 설명하였고, 스타니슬라브스키의 방법이 보여주듯 신체-정신은 본질적으로 하나이다(블레어, 2002). 스타니슬라브스키의 방법들은 러시아 드라마 치료사들뿐 아니라 서양 연극 예술가들, 특히 우리의 사례 비올라 스폴린과 최초의 드라마 치료사들로 발전된 미국 연극 교육자들에게 깊은 영향을 주었다.

언급되어야 할 또 다른 중요한 사람은 사이코드라마, 사회극, 사회 측정학의 아버지, 제이콥 레비 모레노이다(루이스와 존슨, 2000). 그는 1889년에 부카레스트 생 모레노는 빈에서 자랐고 의학을 공부했다. 거기서 1차대전 말기 미턴도프의 난민 수용소에서 의사로 있으면서 그는 사회측정학, 구성원에 의해 그룹 내에서 이루어지는 사회적 선택에 대한 평가 방법을 개발했고, 사회 변화를 구축하기 위한 체계적 방법을 중재했다(존슨과 루이스, 2000). 그는 이 새로운 척도와 중재 도구를 이주 거주민들의 삶에 질서를 창출하고 삶의 조건을 개선하는 데 적용했는데, 그것은 효과적이었다. 나중에 그는 빈의 창녀들을 위한 지원 그룹을 시작했으며 그들이 직면한 사회적 문제에 대한 해법을 발견하는 일을 돕기 위해 역할극과 즉흥극을 이용했다.

1920-24년에 모레노는 전문 배우가 현재의 사건에 기초해 자발적 드라마를 만드는 자발성 즉

흥 연극 극장을 이끌었다. 이 작업은 초점이 공동체와 사회 문제에서 개인적이고 심리적인 문제로 바뀌면서 사회극에서 후에는 사이코드라마로 발전했다. 모레노는 1925년에 미국으로 이민했고 거기서 그는 카네기 홀의 즉흥 극장을 통해서 그리고 감옥과 정신 병원, 거주민 치료 센터와 상의하면서 일반 대중과 함께하는 방법을 개발하기를 계속했다. 이런 기관들에서 그는 심각한 개인적, 정서적 또는 사회적 문제가 있는 개인들이 더 잘 기능하는 법을 배우는 것을 도왔으며(블래트너, 2000) 미국 그룹 심리치료와 사이코드라마 협회(ASGPP)가 1942년에 설립되었다. 마리안 채이스, 에릭 번, 아더 야노프, 프리츠 펄스 같은 여러 창의적 예술 치료 동작, 경험 치료, 전통 언어치료의 선구자들이 그의 세션에 와서 그의 작업에 영향을 받았다(블래트너, 2000; 루이스와 존슨, 2000).

심리치료와 드라마 치료 순수주의자는 모레노의 작업이 드라마 치료에 포함되지 않는다고 주장할 것이지만, 모레노가 "최초의 드라마 치료사"라는 말은 맞는 말이다. 왜냐하면 그가 미국이나 영국 드라마 치료사들이 조직화되거나 출판을 시작하기 오래 전에 그의 저작과 내담자과의 작업 역할과 사회적 관계가 중요한 치료 문제로 확인했기 때문이다(루이스와 존슨, 2000). 나의 사이코드라마에 대한 시각은 그것이 드라마 치료 도구상자의 일부라는 것이다; 따라서 드라마 치료 역사의 일부로 속할 이유가 충분하다.

현재와 미래 방향들

현재 미국에는 두 개, 캐나다에는 한 개의 NADT 인증 드라마 치료사 훈련을 위한 석사 학위 프로그램이 있다. 뉴욕시의 뉴욕대, 샌프란시스코의 캘리포니아 통합 연구 대학, 퀘백주, 몬트리얼의 콘코디아 대학이다. NADT는 또한 학생이 연극, 사회복지, 상담, 특수교육 또는 드라마 치료와 관련된 다른 학과와 연계해 드라마 치료 연구에 대한 개인적 프로그램을 만들어내기 위해 위원회 인증 훈련사/멘토와 작업할 수 있는 대안 훈련 프로그램을 개발했다. 학문간 영역이 되면서 드라마 치료 훈련은 심리학/치료, 드라마 치료, 다른 창의적 예술 치료 과정과 더불어 학생이 기술을 연습하고, 경험 많은 전문적 드라마 치료사들과 다른 인증된 정신 건강 전문가들로부터 관리를 받는 인턴쉽을 요하게 된다.

미국과 캐나다에서 드라마 치료사에 대한 전문적 자격은 R.D.T.(등록 드라마 치료사)이며, 그것은 적절한 석사 과정, 공인된 드라마 치료의 심리학 과정, 800 시간 드라마 치료 인턴쉽, 최소 500시간의 연극 경험과 최소 1500 시간의 드라마 치료사 업무를 마치고 나서 지원할 수 있다. 등록된 드라마 치료사들은 대부분이 연극 훈련이나 작업을 통해 드라마의 치료적 측면을 발견하는 연극 예술가나 교육자로 시작하기 때문에, 그들이 드라마 치료를 발견할 때 최소 500시간 보다 훨씬 많은 경험이 있다. 하지만 점점 더 많은 사회복지사, 상담사, 특수 교육자들이 대화치료가

표 22-1
드라마 치료 연대기

기원전 43000년 33000년 호모 사피엔스가 상징적으로 생각하고 예술(그림, 조각, 춤, 연극) 창작을 시작함

연도	유럽	러시아	북미
기원전 400-500년	*그리스*: 그리스 연극 기원		
기원전 534년	*그리스*: 디오니시아 시 축제에 최고 비극상 개설		
기원전 560년	*그리스*: 데스푸스 그리스 합창단 출신의 첫 배우가 됨		
기원전 335-323년	*그리스*: 아리스토텔레스 *시학* 저술		
서기 500년	*로마*: 가엘리우스 아우렐리우스 *급성 질병과 만성 질병에 관하여* 저술		
1789년	*파리*: 필리페 피넬에 의해 시작된 도덕 치료 개혁이 유럽 다른 나라에서 계속됨		모럴 테라피 아메리카 대륙의 다른 나라에서 계속됨
1889-1900년			*시카고, 헐 하우스*: 이디스 드 낸크래디와 네바 보이드에 의한 이민자들과 함께 한 연극과 연극 게임들
1900-1930년		*모스크바*: 콘스탄틴 스타니슬라브스키가 모스크바 예술 극장에서 그의 심리학적 연기법 개발	
1908-1917년	*빈*: 제이콥 모레노 계량 사회학 개발(1917)		*키에프*: 블라디미르 유진 치료 연극 개발
1920-24년	*빈* : 모레노 자발성 연극 창작	*상트페테르부르크*: 니콜라이 이브레이노프 테아트르시어터 개발	
1925년			*시카고*: 윈프레드 워드 교육 드라마 운동 시작: 네바 보이드 치료 재활 운동 시작.
1926-40년			*뉴욕*: 제이콥 모레노 감옥/병원에서 심리극 개발

1930's	*영국*: 피터 슬레이드, 아동과 작업 시작		정신병원 환자들과 직업 치료사들 드라마 이용. *시카고*: 비올라 스폴린 즉흥 방식 개발
1940-47년	*스위스*: 거트루드 샤트너 스위스 요양소에서 망명자와 작업		
1942년			*뉴욕*: 모레노 미국 집단 심리치료&심리극 학회(ASGPP) 설립
1947년			*뉴욕*: 샤트너와 모레노 학교와 병원에서 작업
1950-70년	*영국*: 슬레이드 아동극(1954) 집필, *영국*: 피터 슬레이드 *인간이 되는 것을 돕는 드라마치료*(1959) 집필. *영국*: 수 제닝스 "치료 극" 시작(1960) *네덜란드*: 네덜란드 표현치료 학회 설립(1960)	*상트페테르부르크*: 니콜라이 고보보프 드라마 치료 기법 개발	*뉴욕*: 샤트너와 모레노 학교와 병원에서 작업
1964년	*영국*: 마리안 린트크비스트 세사미 학교(1964) 설립		*뉴욕*: 샤트너 터틀 베이 음악 학교에서 최초로 DT 훈련 프로그램에서 강의
1975년			*시카고*: 토디 리치먼 예술을 통한 치료 학교 설립
1976년	*영국*: 영국 극치료 협회(BADth) 설립		
1979년			국립 극치료 협회(NADT) 설립. 국립 창의적 예술 치료 연합(NCCATA) 설립
1981	*네덜란드*: 네덜란드 창의적 표현 치료 회에 극 치료 분회 설립		*치료 드라마, 1, 2 권* 출간. 샤트너와 리처드 코트니 편
1982			*펜실베니아, 피츠버그*: 등록 극치료사: 일레노어 어윈. *뉴욕*: 최초의 DT MA 프로그램 NYU에서 승인. 로버트 랜디가 창설
1983			*켈리포니아*: 두번째 DT MA 프로그램 승인, 레니 에무나가 창설
1999			*몬트리올*: 세번째 DT MA 프로그램 콘토디아 대학교에서 승인, 스티븐 스노우 창설

충분치 않다는 점을 발견하였고, 내담자을 위해 효과적인 통찰력과 변화를 위한 필요성이 있다는 점도 발견한다. 이런 일이 일어나면서 연극계 출신, 드라마 치료사들은 드라마의 마법적이고 내재적인 치유 가치를 발견해 온 정신과 임상경험의 드라마 치료사들과 합류했다. 드라마 치료 학생들의 범위에는 드라마 치료의 치유력을 발견해 온 목사, 사제, 랍비 등도 있다. 아마도 이것은 드라마 치료의 뿌리가 시작되는 곳의 원을 완성하기 위해 가고 있다는 것을 나타내준다.

23장

드라마 치료의 이론적 관점들

예후디트 실버만

서론

인류가 존재하면서 우리는 어려움을 겪어왔다. 그것은 아마 인간 종족의 특징일 것이다. 생각하는 능력과 함께 걱정하는 기능이 있고 상상하는 능력과 함께 절망하는 기능이 있다. 수천년 간, 신화와 이야기들이 인간의 갈등을 표현하는 데 쓰여져 왔다. 길가메시에서 소포클레스까지 신화와 드라마는 모든 사람에게 공통된 기쁨과 절망을 감상할 수 있게 해주었다(캠벨, 1968). 최근에 인간 정신과 심리에 대한 이해가 더 깊어졌고, 근대 심리학의 개념들은 사회의 거의 모든 측면에 물들었다. 치료 모델과 이상이 넘쳐나고 심리학의 중요성이 점점 많이 받아들여지는 것은 고무적이다. 하지만 그런 일에서 잊혀지는 것들도 있는데 과학적 수용에 대한 추구로 네러티브와 이야기의 일차적 기능은 길 옆으로 밀려났다. 5천여 년의 기록된 역사에서 내적 갈등의 이야기들은 우리를 정의하고 지탱했다. 그것들이 오늘날 우리에게 결코 덜 중요하지는 않다. 우리 모두는 우리 삶에 의미와 목적을 제공하는 내적 이야기들이 있다. 우리 이야기를 무시하는 것은 인간 정신 자체를 무시하는 게 되며, 결국 치료의 목적은 우리의 이야기들을 드러내고, 연구하며 작업하는 것이다. 최근의 교훈도 시사하는 바가 많지만 수 천년 간의 교훈도 잊혀질 수는 없는 것이다.

드라마 치료는 현대적 치료 도구와 내담자들을 효과적으로 다루기 위한 우리 안의 이야기들에 대한 이해를 결합한다. 이 장은 드라마 치료의 기본 원칙을 설명하며, 그 주요 기술을 밝히고 그것의 형식에 대한 상세한 설명을 제공한다: 치료에서 신화와 동화를 내담자의 자기-네러티브로 드러내어 그것을 가지고 작업하며 결국 변화시키는 방식으로 사용하는 것이다.

드라마 치료의 근원들

드라마 치료는 심리학과 연극의 결연으로 탄생했으며 어떤 결연이든 각각은 다른 인격을 가지고 있다. 심리학은 개인적 과정, 치료 연합, 임상 중재에 초점을 두고 있으며 그것은 큰 감수성으로 통합되고 다음에 거친 상상, 공연 기법, 극적 강렬함과 화려한 연극이 결합된다. 이런 것이 결합될 때 새롭고 놀라운 치료 형태가 나오는 것이다.

드라마 치료는 치료적 맥락에서 연극의 극적 기법들을 이용한다. 그것은 내담자의 창의성이 발달, 표현, 탐구되는 능동적 치료 형태이다(존스, 1996). 상징적 표현이 있는 그 창의적 과정은 치료사와 내담자간 의사소통의 수단이 된다. 비언어적 언어적 의사소통 수단들에 대한 탐구는 내담자들이 개인적 방식과 안전한 속도로 자신을 표현할 수 있게 해준다.

치료 세션에서 내담자는 어려운 심리적 도전들을 겪어내기 위한 다양한 극적 과정에 참여하게 된다. 각각의 경우에 목표는 내담자의 내적 감정 세계와 외부적 극적 형식 간의 심오한 관계의 발달을 촉진하는 것이다. 이것은 내담자가 아주 안전하게 어려운 일을 다룰 수 있게 하며 상황이나 문제에 대한 새 관점을 발견하는 능력을 가능하게 한다. 예를 들어 존스(1996)는 "드라마 치료에 쓰이는" 투사는 "내담자가 자신이나 자신의 경험의 측면을 연극적이거나 극적인 것 또는 연기에 투사하고 그에 따라 그들의 내적 갈등을 외면화하는 과정이라고 설명한다." 이 투사의 사용은 전통적 심리학과는 매우 다른데 거기서는 투사를 방어 기제, 즉 내담자 자신의 감정을 자신 외부에 놓음으로써 부인하는 방법이라고 본다. 따라서 얄롬(1985)은 투사를 자신의 특성(하지만 자기 소유는 아닌) 중 일부를 신비한 애착/거부를 느끼는 다른 이에게 투사하는 것으로 이루어지는 무의식적 과정으로 설명한다. 사실 많은 심리치료 접근법의 목표는 내담자가 그들의 투사에 대한 통찰력을 얻고, 토론이나 분석을 통해 자신의 소유권을 잃은 감정이나 일부를 되찾는 것을 돕는 것이다. 반대로 드라마 치료에서 사용되는 투사는 그들의 문제나 상황에 대한 통찰력을 얻게 해주는 표현적 치료 도구이다.

선구자들

드라마 치료의 기본이 되는 이론적 틀은 심리학과 실험극의 선구자들로부터 진화했다. 프로이트의 무의식, 투사, 전이, 방어 기제, 상징 개념이 거기에 내재해 있고 칼 융, 멜라니 클라인, 안나 프로이트, 에릭 에릭슨의 개념으로 풍부해졌다(루이스와 존슨, 2000). 이 초기 선구자들로부터 능동적 상상, 극 치료, 드라마 치료의 중심인 사이코드라마 등의 기술이 나왔다. 또한 분리와 개별화 과정으로서의 심리학적 탄생에 대한 아이의 투쟁을 강조한 말러(1963)의 발달적 관점은 작업에 이 관점을 통합하는 많은 드라마 치료사들에게 영향을 미쳤다. 위니콧(1971)의 전이 대상과 전이 공간 개념은 드라마 치료의 극 공간의 개념에 중요하다. 위니콧(1971)은 아이에게 있어서, 외부 세계에 구체적 대상으로 존재하는 "나" 그리고 "나 아닌 것"이 되는 전이 대상(이불, 곰인형)의 중요성을 설명했다. 또한 그것은 아이의 주체적 개인적 중요성에 물들기도 한다. 그는 어머니에게 아이가 자유롭게 그/녀의 세계를 탐구하는 심리학적 환경을 마련해 주는 것이 얼마나 중요한지 강조했다. 드라마 치료에서 치료 공간이나 극의 공간은 내담자의 내부, 외부 세계 간의 다리가 되는 진정한 전이 공간으로 볼 수 있다. 존슨(1992)은 드라마 치료에서 극 공간을 치료사와 내담자가 공유하는 대상적 상상적 영역으로 설명했다.

연극에서 스타니슬라브스키(1961)는 연기 기술을 개인적 심리학적 경험의 영역과 연결시켰다. 그는 인물을 연기하는 데 있어서 배우의 기억, 무의식, 감정의 사용을 강조한 심리-기술 방법을 개발했다. 배우는 비슷한 감정 상태로 들어감으로써 인물의 감정을 표현한다. 이 극적 인물과의 공감적 연결을 통해 진정한 감정 상태가 궁극적으로 연기된다. 참여자들이 역할극의 인물, 의인화 대상과의 친밀한 관계, 동작 조각의 감정상태에 들어갈 때 비슷한 연결이 드라마 치료에 이용된다(존스, 1996).

브레히트(1898-1956)는 매우 다른 목표를 가진 연극 형식을 개발했다. 그에게 배우는 인물과의 공감 관계에 들어가지 않고 대신 연기와 연극 텍스트에 대해 비평을 하면서 감정적 거리를 유지한다. 보얼(1979)은 이 개념을 공연을 사회적 개인적 혁명의 도구로 이용하는 방법인 그의 억압받는 자의 연극으로 발전시켰다. 개인적, 사회적, 정치적 변화를 위한 극적 거리 두기에 대한 이런 생각에서 사회극, 재생 연극, 장애인 연극 그룹 등이 나왔다. 감정적 진정성과 거리 두기를 통한 변화의 개념들은 근대 드라마 치료 이론의 중요한 근원이다.

드라마 치료의 창시자 중 한 명인 조셉 모레노(1889-1974)는 그의 역할 이론과 자발성의 연극에 대한 비전을 빈에서 뉴욕으로 가져왔다(루이스와 존슨, 2000). 정신과의사로 훈련받은 그는 아이의 역할 극과 그룹의 사회역학에 대한 기민한 관찰자였다. 이런 관찰로부터 그는 사이코드라마와 사회극 기술을 발전시켰다. 사이코드라마에서 내담자들은 실제 삶에서의 상황과 관계에 대한 시각과 통찰력을 얻기 위해 그들의 삶의 장면들을 연기한다. 실제 삶에서의 상황에서 장면을 만들고 배역을 결정하고 그 장면을 연기할 때 그들에게 지시하면서 그/그녀의 개인적 이야기를 표현한다. 사회극은 대부분 사람들의 공통된 역할과 도전에 관심을 둔다(루이스와 존슨, 2000). 그룹은 부모 중 한 명이 돌아가시는 일 같은 공통된 문제를 다루기로 공식적인 동의를 하고 나서,

이 주제에 기초해 허구적 인물을 만들어 극적인 장면을 만들어 낸다.

모레노(1993)가 지적하듯 "진정한 사회극의 대상은 그룹이다…사회극적 접근법은 사회 문제를 다루고 사회적 카타르시스를 목표로 한다." 하지만 모레노에게 심리학과 연극의 결합이 항상 쉽지는 않았다. 그의 기법들이 정신 건강 전문가들에게 받아들여질수록 그의 방법은 그의 연극적 근원의 미학으로부터 벗어나는 경향이 있었다.

영국 드라마 치료 협회를 만든 수 제닝스(1994)는 그녀의 연극적 뿌리에 가까이 머물렀다. 발달심리학에 영향을 받았지만 그녀는 계속해서 드라마 자체의 치유적 특성과 극적 공간을 설정하는 것의 치료적 중요성을 강조했다. 제닝스는 아동 극을 2단계로 진화하는 과정으로 설명한다: 구체화(Embodiment), 투사(projection), 역할극(role Play)(EPR로 알려짐). 제닝스는 일반적 발달 단계를 그녀가 드라마 치료 발달 패러다임이라 부르는 것과 연관을 짓는다. 그녀의 드라마 치료 기술은 EPR 방법으로 알려져 있다: 구체화(동작 체계와 몸짓), 투사(조각, 그림, 채색), 역할(드라마 게임, 연기, 역할극, 즉흥 연기). 제닝스는 이 3단계의 극을 그녀의 드라마 치료 세션을 구성하는 방법으로 이용하고 그녀의 EPR 방법의 압축적이고 확장된 버전을 개발해왔다. 그녀의 압축 버전에서 구현은 손가락 극, 특정한 신체 일부를 움직이기, 노래 게임으로 이루어진다. 투사는 조각과 작은 세계를 이용하며 역할은 꼭두각시, 인형극, 이야기를 이용한다. 확장된 버전에서 구현은 보다 큰 동작과 춤, 투사는 신체와 의자 조각, 역할은 역할극, 극화, 즉흥연기 등을 이용한다(제닝스, 1994).

대조적으로 엘리노어 어윈(1975, 2000)은 극적인 강조를 심리학적 체계로 바꾸었다. 그녀는 자기표현과 성장을 증진시키는 자발적 드라마를 이용해 아이들과의 작업을 시작했다. 시간이 지나자 방향은 드라마와 연극의 무의식적 상징을 강조하면서 점점 정신분석적으로 되었다. 어윈은 정신분석(저항, 전이-반전이, 해석)의 개념을 그녀의 드라마 치료 세션에 통합시켰다(루이스와 존슨, 2000).

거트루드 스캐트너(1981)는 2차 대전 후 수용소 생존자들에게 드라마 치료 기술을 이용했다. 정신분석학자 카렌 호나이를 연구하기는 했지만 그녀는 배우로서의 전직에 충실하게 남았고 심리학과 연극의 통합에 열정적으로 헌신했다. 스캐트너는 미국에서 드라마 치료가 전문분야로 인정될 수 있게 한 도구 역할을 했다.

심리학과 연극 창시자들의 헌신과 열정적 믿음으로 직업적 정체성이 형성되게 된다. 드라마 치료 원칙과 이론적 모델을 설명하기 위한 새로운 어휘가 만들어졌다. 다른 치료와 같이 드라마 치료는 과정 평가 방법, 내담자의 자기-성장과 기능 향상 능력 평가의 방법이 필요하다. 존스(1996)는 기본 주제를 9개의 핵심 과정으로 분류함으로써 드라마 치료에 대한 종합적 정의를 개발해왔다:

1. 극적 투사는 내담자의 내적 감정과 문제들을 역할과 대상에 투영할 수 있게 하는 기술이다.
2. 치료적 공연 과정은 특정 주제와 문제를 다루기 위해 연극 공연을 치료적으로 이용하는 것이다.
3. 드라마치료적 공감과 거리 두기란 개인적 문제와 내적 갈등에 연루되거나 떨어져 나오는 능력이다.
4. 의인화와 인격화란 그/그녀의 개인적인 일을 역할극의 형태나 대상으로 표현하는 두 가지 다른 극적 형식이다.
5. 상호 작용적 관객과 증인이란 관객이나 목격자의 역할을 하는 개인, 그룹 또는 치료사이다.
6. 구현: 신체를 극화하기란, 참여자가 신체적으로 개인적인 일을 표현하고 조우하는 방법이다.
7. 극이란 세션 내에서 즐기는 태도, 극 공간의 묘사, 치료적 변화를 위해 내재적인 발달적 모델이다.
8. 생활-드라마 연결이란 참여자들이 그들의 개인적 문제나 갈등을 그들의 극적 투사와 연결시키는 과정이다.
9. 변형이라는 것은 극적 구조(역할극, 소품, 관객)의 여러 측면과 드라마 치료의 목표와 과정(개인적 변화들을 통한 내담자의 발전)에 내재한다.

드라마 치료의 중요성

존스의 인격화 개념으로부터 우리는 드라마 치료의 역할 개념을 살펴볼 수 있다. 우리는 우리 삶에서 어떤 역할을 맡는가? 이런 역할들이 우리를 어떻게 제한하고 우리의 자아상에 영향을 주는가? 어떤 역할을 고수한다고 느끼며 어떤 역할이 금지되거나 공포스럽게 느끼는가? 로버트 랜디(1993)는 드라마 치료의 역할의 중요성에 대해 광범위하게 써왔다. 그는 정상적인 삶에서 참여자들 레퍼토리에 대한 역할극과 형식적 평가를 이용하는 치료적 접근법을 만들었다. 모레노(1993)의 역할 이론에 의지해 랜디(1993)는 내적 인물의 배역을 식별하고 그것들을 끌어내 공개하는 것의 중요성을 강조한다. 그 목적은 그들의 레퍼토리에서 역할의 수를 늘이는 데 도움을 주어 그들이 한 두 가지 파괴적이거나 비효과적인 역할에 집착하지 않게 되게 하는 것이다. 그의 시각에서는 하나의 역할에서 다른 쪽으로 이동할 수 있는 능력은 건강하고 사회적인 숙련도의 신호이다. 드라마 치료는 역할을 통해 진행된다는 점에서 다른 치료 형식과 구별된다. 참여자와 치료사는 모두 가장 기능적인 역할 체계를 발견하고/또는 회복하는 것을 돕기 위해 역할들을 맡고 연기를 한다. 하지만 존슨(2000)은 그들의 역할 제약과 힘든 관계를 극복하는 데 도움을 주기 위한 치료사와 참여자 간의 자발적 즉흥 연기에서 자유연상이라는 정신분석학적 개념을 이용한다.

공연

치료적 공연 과정은 자아상과 그룹 작업 능력의 측면에서 참여자의 진전을 평가하는 또 하나의 방법이다. 그들이 어떻게 함께 작업하는가? 그룹, 그룹 과정, 그들의 개별 인물에 대해 어떤 헌신을 하는가? 그들이 연극적 인물에서 발견하는 특성과 어려운 점은 무엇인가? 미첼(1990)은 드라마 치료가 연극적 구조에서 그들의 문제를 극복할 수 있는 극적 도구를 얻는 예술적 탐구라고 제안한다. 멜드럼(1993)은 드라마 치료사의 역할을 참여자들의 연극적 은유를 통해 그들의 삶에 책임을 지도록 이끄는 공감적 지도자라고 본다. 젠킨스(1991)는 세익스피어의 템페스트(폭풍)같은 텍스트를 투사적이고 은유적인 기술로 접근한다. 그룹 구성원들은 그들의 개인적 문제들을 세익스피어 극의 인물들과 관계의 맥락에서 탐구한다. 치료사들에게 이런 연기와 관련된 내담자의 헌신, 참여 그리고 궁극적인 통찰력이 평가되고 조사되는 것이다.

존스의 1996년 핵심 개념의 모든 것을 포함할 수 있는 하나의 다른 관점은 바로 발달적 맥락에 대한 프리즘을 통해 보는 것이다. 이 관점에서 삶은 다른 발달적 단계를 겪는 계속되는 여정이다. 그것은 드라마 치료의 중심 주제인 이런 삶의 무대에 대한 작업과 재작업이다. 병리는 발달에 있어서 창의적 작업과 가치평가를 방해하거나 정지 시킨다(루이스와 존슨, 2000). 루이스(2000)는 드라마 치료사들이 해결 안된 아동기 주제들에 대한 작업을 할 필요성에 대해 설명한다. "해결 안된 아동기의 극적인 주제와 그것들의 규정된 역할들은 그것이 현재인 것처럼 과거를 재창조하면서, 엮여 있고 반복적으로 겹치게 된다. 그러므로 드라마 치료사의 작업은 드라마의 조직을 순간적인 형태로 볼 뿐 아니라 반복적인 현상으로서 식별하는 것이다".

극적 투사

드라마 치료사들이 과정을 역할 레퍼토리로 보든, 극적 공연 과정이나 발달 단계로 평가하든, 언제나 극적 투사라는 기본적 개념은 남게 된다. 임상 세션에서 극적 투사는 많은 형태를 띤다. 역할극, 가면, 꼭두각시, 장면 작업, 놀이, 즉흥연기 공예품, 이야기 등. 이런 매체들은 변경되고 목격되고 다루어질 수 있는 개방된 재현을 제공해 주며 거리를 유지 하더라도, 그것은 여전히 말할 수 있고 들을 수 있다. 치료사는 극적인 투사를 내담자 자신의 문제나 내적 갈등으로 연결시키는 내담자의 리드를 따른다. 위협적이지 않은 대상이나 역할에 힘든 감정을 투사하는 것은 참여자들이 투사된 형태에 대한 가정적 또는 상상적 변화를 이루어내는 안전한 방법을 제공한다. 참여자들은 감독이고 주인공이며 배우이고 가면 제작자들이다. 그들은 문제들에 대한 다른 역할, 반응 해법을 시도해볼 수 있는 기회를 가진다.

무의식적인 내적 갈등을 효과적으로 다루는 것은 모든 치료사에게 어려운 일이다. 종종 내담자는 파괴적인 감정 패턴에 갇혀서 힘든 감정에 접근 하지 못하고, 지적인 합리화를 통해 문제를 회피하거나 자신의 행동과 관계를 근본적으로 변화시킬 동기를 가지지 못하게 된다. 드라마 치료는 원래 능동적이고 참여적인 접근법이기에 종종 그런 껄끄럽고 "반항적"인 내담자들과 연관될 수 있다(루이스와 존슨, 2000). 직접적으로 그들의 문제와 대면하기를 거부하는 내담자들은 역할이나 가면 같은 창의적 형태로 그들의 문제를 간접적으로 대할 기회를 갖는다. 점차 준비가 되었을 때 그들은 가면과 그들의 내적 감정 사이를 연결시킬 수 있다. 저항 자체도 극적 형태에 투사되어 치료적으로 다루어질 수 있다. 펠드만과 존스(2000)는 "저항을 다루기 위해서 치료사는 그것을 치료과정 속으로 끌어들이고 편입시켜야 한다. 따라서 우리는 즐겁고 창의적이며, 지원적인 방법으로 저항을 "풀어내기" 위해 다양한 방법과 기술을 이용하고 있다"고 단언한다(루이스와 존슨, 2000).

즉흥극

즉흥극은 드라마 치료의 한 방법이다. 세션은 그룹이나 개인이 극적 활동을 준비하는 준비와 함께 시작된다. 그것은 또한 내담자에게 현재 감정 상태와 창의적으로 연관을 지을 수 있는 방법을 제공하며 동작, 소리, 이미지 또는 즉흥극을 통해 이 상태를 자발적으로 표현 할 수 있다. 체스너(1995)는 즉흥극이 "행동을 위한 대략의 틀이나 시작 점 그리고 자발적 투입의 공간을 제공해준다"고 쓴다. 준비를 계속하는 동안 그룹이나 개인으로부터 주제적 내용이 자연스럽고 유기적인 방식으로 나오게 된다. 이런 주제들이 주된 드라마 활동 중에 다루어질 수 있다. 참여자들은 자신이 유연하고 자발적이며, 창의적일 수 있다는 것을 즉흥극을 통해 배운다. 이런 기술들은 삶의 어려움을 대면할 때 연속적으로 쓰일 수 있다.

드라마 치료의 과정

내담자들이 드라마 치료 세션에 올 때 그들은 다루고 싶어하는 내재된 문제들을 가지고 온다. 이런 문제들은 스트레스가 많은 직업이나 가족 상황 같이 분명히 정의될 수도 있고 걱정이나 절망 같이 불분명한 경우도 있다. 치료사와 내담자는 이 문제를 극적 매체로 재현하는 법을 발견하기 위한 탐색을 시작한다. 이것은 보통 그 감정이나 문제를 나타내는 의인화(역할극, 동작, 소리, 장면 작업을 통한 연기) 또는 인격화(꼭두각시, 인형 또는 물건 같은 대상을 이용한)를 통해 이루어진다. 일단 매체가 선택되고 극적 투사가 시작되면 치료사는 그들의 감정을 관찰한다. 타인과의 관계나 감정적 공감에 어려움을 겪는 사람에게는 극적 작업 중의 공감적 반응의 발달이 실제 삶에서의 상호작용에서 공감을 키워 줄 수도 있다. 반면 상황이나 타인들에 대한 감정적 반응에 압도된 사람들에게는 극적인 형태로 더 많은 감정적 거리를 만들어주는 것이 그들 자신이나 그들의 문제들에 대한 시각을 제공해 줄 수 있다.

효과적인 치료사는 그들에게 적절한 양의 안정성과 감정적 거리를 제공한다. 랜디(1993), 존스(1996), 제닝스(1994)는 세 가지 감정 상태를 설명한다: 낮은 거리(우리가 우리 감정에 압도되는 경우), 높은 거리 (우리가 우리 감정으로부터 아주 떨어져 있을 때), 미적 거리(둘 사이의 균형이 있는 경우). 어떤 치료든 목표는 미적 거리를 얻는 것이다. 치료사에게 지속적으로 어려움을 주는 것은 참여자가 힘든 감정을 직면할 때 안정감을 느낄 수 있게 이 균형을 유지하는 방법이다. 극적 거리의 수준을 통해 감정 상태를 모니터할 능력이 드라마 치료에 내재되어 있다.

드라마 치료는 참여자들이 고도의 감정적 공감과 고도의 감정적 거리를 모두 가질 수 있는 독특한 기회를 제공한다. 드라마 매체를 통해 그들은 배우로서 역할 안에 있을 수도 있고 감독이나 목격자로 외부에 있을 수도 있다. 그들은 신체를 극적 매체로 이용하거나 자신 외부의 대상을 선택할 수도 있다. 이런 극적 가능성들은 치료사와 참여자가 인지적인 것과 감정적인 것 사이를 쉽게 오갈 수 있게 해준다.

하나의 세션에서 즉흥 역할극으로 감정적 참여를 강화할 수 있고, 또 다른 세션에서는 내담자를 외부의 감독 역할에 놓음으로써 감정적 거리를 키울 수도 있다. 존스(1996)가 쓰듯 "드라마치료사는 특수한 맥락을 고려할 필요가 있다–연기 중 특정한 시점에의 필요 그리고 공감/거리 두기 현상에 대해 연습이나 활동의 관계". 드라마치료의 모든 형태에는 공감과 거리 간의 이동 기술이 포함된다. 역할극, 즉흥연기, 가면 제작, 꼭두각시나 장난감, 장면 연출이나 목격, 대본 쓰기 모두에서 치료 과정은 공감과 거리 사이를 계속 오간다.

공감과 거리의 공존은 그들의 개인적 네러티브나 이야기들을 발견하도록 해준다. 드라마 치료는 창의적 예술 치료 중 유일하게 네러티브나 이야기에 대한 상세하고, 미묘한 차이를 포함하며 무한히 다양한 개발과 표현을 가능하게 해주는 창의적 매체 모두를 이용한다(거시와 킹, 1990). 그 많은 접근법과 기술에도 불구하고 드라마 치료의 모든 학파는 일정 형태의 네러티브에 대한 개념을 공유한다. 네러티브는 그것이 자발적 즉흥극이든 가족 관계에 대한 체계화된 연기든, 꼭두각시나 작은 입상을 가지고 하는 극 치료든, 다른 역할 구현을 통해서든 치료를 이끌어준다(브룩, 2005). 치유가 일어날 수 있게 해 주는 것은 내담자의 무의식이나 숨겨진 네러티브에 대한 표현이고 궁극적으로는 변형이다.

네러티브

극적 투사 개념과 행위에서 네러티브의 사용을 보여주기 위해 드라마 치료에서의 신화와 동화 사용을 설명할 것이다. 베텔하임(1976)은 동화의 사용을 아이들이 오래된 두려움, 근심과 열망에 직면하고 형태를 부여하는 방식으로 설명하며 메이(1991)는 신화들이 성인의 정체성에 대한 감각의 필수 요소를 어떻게 형성하는지를 설명했다. 몇몇 드라마 치료사들은 신화와 동화를 치료 과정의 중심 부분으로 이용한다.

알리다 거시(1990)에게 중요한 것은 이야기이며 전통적 신화들과 전설에 코드화 된 네러티브의 풍부한 무늬이다. 그녀는 이 이야기들을 다루는 것이 기억, 이미지 그리고 결국은 통찰력을 불러일으키는 데 도움을 준다고 믿는다. 거시(1997)는 그녀의 그룹에서 나타나는 주제들을 예시해 준다고 인지하는 신화와 동화에서 이야기를 고른다. 그녀는 또한 그들의 삶의 경험들을 이야기와 연관 짓는 것을 독려한다. 그녀의 이야기 만드는 구조는 풍경, 사는 곳, 주요 인물, 장애물, 돕는 친구, 해법 등을 포함한다. 참여자는 이야기를 연기하며 말한다. 그녀는 이야기의 내용뿐 아니라 어조, 메시지 그리고 그들의 개인적 투쟁에 관해 어떻게 표현하는지를 듣고 관찰한다.

제닝스(1990)는 참여자들에게 치료과정의 일부로 다른 종류의 가면을 만들게 한다; 그 가면들은 종종 동화나 신화적 인물들이다. 제닝스(1990)에게 연극과 드라마에서의 내적인 미적 거리는 자체로 치료적이다. 그녀는 내담자들에게 실제 삶의 상황에 대체하는 데 있어서 보다 많은 선택권을 준다고 믿는 허구와 극적인 현실을 강조한다. "…한 사람의 삶에 더 가까이, 즉 보다 근접하게 작업할수록 우리는 그들의 삶의 이야기의 탐구에 더 많은 제약을 부과한다. 더 많은 극적인 거리를 만들수록 가용한 치료적 선택의 범위는 늘어난다".

스노우(1991)는 그의 정신병 환자들의 자발적인 신화적 이미지에 초점을 맞춘다. 그는 정신병의 과정을 내적 신화적 내용을 가진 통로에 대한 의례로 본다. 정신병 환자들과의 짧은 치료에서 스노우는 내담자들이 어떻게 그들의 내적 세계를 재현하고, 공상과 현실 간의 구분을 탐색하는데 도움을 주는 신화적 내용들을 구현할 수 있는지를 보여준다.

라하드(1992)는 스트레스를 겪는 개인들을 다루고 평가하는 방법으로 내담자들에게 신화 같은 이야기를 지어내게 한다. 그는 내담자의 대처 스타일에 기초가 되는 것을 보여준다고 믿는 다중방식 접근법을 개발해왔다. 라하드의 여섯 부분으로 된 이야기 또는 BASIC Ph 방법은 스트레스 대처의 여섯 개의 차원에 대한 머리 글자이다.

B – 신념과 가치들(beliefs and values)
A – 정서(affect)
S – 사회적 양식(social mode)
I – 상상력(imagination)
C – 인지적인 것(cognitive)
Ph – 신체적인 것(physical)

그는 내담자들의 대처 전략이 그들 이야기 제작 방법의 네러티브의 각 부분에서 어떻게 표현되는지에 특히 관심을 가진다.

본인의 작업에서는 신화와 동화를 다른 식으로 이용한다. 그 핵심 특징은 치료사보다는 참여자의 신화나 동화, 인물 그리고 다루는 이야기의 특정한 극적 상황이나 긴장감을 선택한다는 점이다. 이 과정에서 각 참여자는 집합적 이야기에 대한 그룹의 일원으로서가 아니라 그/그녀 자신의 개인적 이야기를 다룬다. 많은 역할이 가정되는 다른 드라마 치료와는 달리 여기서 참여자는 여러 주, 여러 달에 걸쳐 하나의 역할을 취해 거기에 깊이 빠져든다. 그 이야기에 대한 동일시를 강화하기 위해 참여자들은 왜 중요한지의 이유는 명확하지 않지만, 특별한 중요성이 있는 선택한 이야기 중에 하나의 특정한 순간을 고르게 된다. 세션 중에 참여자들은 가면 제작, 공예, 동작, 쓰기, 장면 작업과 같은 예술적 매체를 종종 이용하는 창의적 과정의 다양한 단계를 거치게 된다. 거리감과 시각을 확보하기 위해 그는 다른 사람들(치료사, 다른 그룹 구성원들)을 그/그녀의 인물의 극화에서 감독한다. 이 과정 전체에 걸쳐 융이나 다른 기존의 체계가 아니라 그/그녀 자신의 개인적 경험 내의 이야기에 있는 은유와 상징을 해석한다. 이야기에 대한 개인적이고 고유한 관계가 강조되고 탐구된다.

> *그들은 비록 아직 이해할 수는 없지만, 그들의 중심적인 심리적 문제와 관련된 개인적인 감각을 불러 일으키는 신화나 동화를 신중히 선택함으로써 이 과정을 시작한다. 이 이야기가 재미있고 중요한 이유를 발견하는 과정은 이 치료 방법의 중심 활동을 나타낸다(실버만, 2004.)*

적당한 이야기, 인물 극적 순간을 발견하고 다루는 과정은 그들의 개인적 문제와 이야기에서의 어려운 문제를 연결시키는 안전한 공간을 마련해준다.

이야기와 인물을 선택한 다음 역할을 불러 일으키고 구현하는 과제에 착수한다. 이 과정을 통해 단일한 인물과 동일시하고 깊은 관계를 발전시키게 된다. 이것은 그 인물에 대한 개인적 투사를 특히 강렬하게 만들어 주며 참여자가 위협을 받는 일 없이 불편한 감정들을 식별할 수 있는 장을 만들어 준다.

1. 이야기, 인물, 극적 순간 선택;
2. 그 인물 되기(가면, 의상, 환경 제작);
3. 다른 그룹 구성원들이 창조한 인물과 상호 작용;
4. 선택한 이야기에서 위기나 장애물 대면;
5. 그 인물의 역할을 다른 사람에게 시키기;
6. 창조적 변화(자신의 캐릭터와의 여정에 대한 예술적 표현).

이 단계들은 참여자와 치료사, 다른 그룹 구성원들, 선택된 인물, 예술적 창조 그리고 궁극적으로 그/그녀 자신의 개인적 이야기 간의 진화된 관계를 낳는다. 이 내적인 이야기, 즉 숨겨지고 묻힌 다가서기 매우 힘든 이야기가 점차 밝혀진다. 인물의 문제와 어려움에 대해 창의적으로 또 감정적으로 관련되는 과정에서 참여자는 그 인물의 시점으로 보는 관점을 얻기 시작한다. 그들은 자신이 선택한 인물 그리고 그/그녀의 행동, 동기, 문제들의 복잡한 모든 것들과 친밀한 관계를 형성한다. 그들은 캐릭터의 여정의 현실을 살아보게 되고, 그들이 점차 자신의 것이라는 것을 깨닫게 되는 그 인물의 외상이나 깊은 공포와 대면하고 있는 것을 알게 된다(실버만, 2004),

결론

모든 드라마 치료사들의 목표는 허구의 극적 투사와 참여자들 실 생활 상황을 연결시키는 것이다. 드라마 치료사들은 창의력, 자발적인 극놀이, 즉흥 연기, 극적 투사, 네러티브, 공감과 거리 두기 간의 균형을 치료 과정으로 끌어들이는 임상적 작업에 대한 고유한 접근법을 개발해오고 있다. 이런 도구들은 그들의 개인적 문제들에 다가서고, 그것을 표현하거나 연루되는 것이 불가능한 "반항적" 내담자들과 일하는 데 있어서 효과적인 방법을 제공해 준다. 드라마 치료사들은 전 세계 병원, 클리닉, 학교, 공동체 센터에 채용되며 거기서 전통적 언어 치료에 반응을 하지 않은 내담자들을 종종 만날 수 있다. 이런 사람들은 자신의 문제를 토론할 수도 없고 토의만으로 통찰력을 얻지 못하므로 그러므로 극적인 매체를 통한 작업에서 거리를 두는 것은 종종 이런 내담자들에게 통찰력과 시각을 얻는 방법을 준다.

드라마 치료사들은 건강이란 평생 지속적으로 순응하고 반응하는 능력 그리고 즐겁고 창의적이며 자발적이 될 수 있는 능력으로 본다. 건강한 개인들은 자기에 대한 현실적인 감각과 다양하고 유연한 역할에 대한 레퍼토리가 있다. 그들은 자신과 남에게 적절한 공감과 존경을 보이며 친밀하고 긍정적인 관계를 발전시킬 수 있다. 심리학과 연극이라는 두 명의 강력하고 역동적인 부모에게서 태어난 드라마 치료는 숨겨진 네러티브나 이야기를 드러내고 결국은 변화시킬 수 있는 독특하고 효과적인 형태의 치료를 제공하기 위해 양 편에서 나온 기술들과 개념들을 이용한다.

24장

평가도구로써의 역할극 사용

테드 루벤스타인

서론

말은 때때로 부족하긴 해도 서로를 알기 위해 사용한다. 아이들을 가르치거나 서로에 대한 사랑 표현, 화를 내거나 일상의 일을 처리하는 데 말을 사용하며 인간 경험의 깊이를 포착할 수 없지만 말 없이는 고립 속에 살게 될지도 모른다. 또한 말은 완전하지 않지만 다른 사람을 아는 데 쓰이며 여기에 역설이 있다. 심리학 분야에서 핵심 작업은 내담자를 이해하는 것이지만 압도적으로 다수의 치료사들이 가장 희미하고, 가장 믿지 못할 것이인간의 말이라는 가장 적은 사실에 근거한 방식에 의존한다. 남이 느낀 경험을 어떻게 달리 이해할 방도가 있을까? 여기에 역할극이 도움이 될 수 있다. 역할극은 훈련도구로 광범위하게 이용되어 왔다. 인지 행동 문헌에서 역할극은 대처 기술을 연습하고 증명하기 위한 실용적인 전략으로서 논의된다(달리모어와 수자, 2002; 에델스타인과 암스트롱, 1993; 메이와 칸와일러, 2000).

역할극을 진단 도구로 이용하는 것이 과학적 문헌에서는 비교적 자주 인용되지 않는다. 그 이유는 아래에서 논의될 것이다. 이 장은 여러 이론적 관점에서 역할극의 행동을 조작할 수 있게 만들 것이다. 제공되는 역할극에 대한 정의에 기초해 저자는 역할극이 평가 도구로 사용되어 온 다양한 방식에 대한 개괄을 제동할 것이다. 마지막으로 이 장은 역할극을 평가도구로 이용하는 데 있어서 겪을 수 있는 심리측정학적, 통계적 도전에 관해 논의할 것이다.

심리 평가는 개인이나 집단에 대한 정보를 수집하는 과정으로 이 정보는 임상가에 의해 수집되며 종합되고 해석된다. 그 임상가는 내담자나 개인에게 특정 문제에 대한 진단을 추측 또는 추가 처치 권고를 제공하기 위하여 평가 자료를 이용한다. 새틀러(1988)는 이 과정을 평가의 네 가지 기둥으로 설명한다: (a) 기준 참고 검사 (b) 인터뷰 (c) 관찰 (d) 비공식 평가. 이 장은 주로 기준 참고를 하거나 비공식적인 역할극 검사에 주로 관심을 갖는다.

공식적 평가나 기준 참고는 대규모로 명확히 정해진 그룹의 사람을 이용하여 표준화되어 온 그런 도구이다. 그 평가 도구는 개인점수가 기준 그룹 안에서의 순위를 반영할 수 있는 방식으로 측정된다(새틀러, 1988). 평가도구는 개인 점수가 기준 그룹 내의 순위를 반영할 수 있는 방식으로 측정된다(1988). 그 도구는 그 후 표준 조건, 표준 과정을 이용해 다른 개인에 대해 관리가 되며 표준 점수에 기초해 해석된다. 기준-참고 검사들은 그것들이 개인의 기능, 지적 능력 또는 대처 기술들에 대한 풍부한 정보를 제공해주므로 임상가들에게 가치가 높다. 한편, 그런 검사들은 시간상 단순한 속사(스냅샷)이며 기준 그룹과의 비교에 의해 개인이 기능하는 방식을 보여줄 수 있을 뿐이다. 기준 참고 검사는 특정 개인의 특정 문제를 이해하기 위한 심리학적 과정이나 방법들에 관한 제한된 정보를 제공하며, 다중적 도구나 평가의 기둥들이 필요한 이유로(새틀러, 1988), 이것이 브룩(2004)이 말한 평가의 장치(배터리)이다.

비공식 평가들은 기준 참고가 아닌 도구들이지만 표준과 관련이 있다. 그런 도구들은 특정시간에 내담자의 특정한 필요에 대한 반응으로 임상가에 의해 만들어진다. 비공식 평가들은 기준 참조나 측정 점수가 없다. 그런 도구들은 간소하게 표준화되며 임상가에게 알려지지 않은 신빙성이나 유효성을 보여줄 수 있을 뿐이다. 반면 그런 도구들은 개인에 관한 풍부한 정보의 원천이 될 수 가 있다. 게다가 비공식 평가는 어떻게 개인이 정보를 처리하며 세상을 경험하고 또는 경험을 이해하는가를 알아내는 데 대해 고도로 적절한 전략이다. 공식적 비공식적 평가의 영역을 조사할 때, 임상가가 공식적인 것이 비공식적인 것보다 좋다 나쁘다 하고 가치판단을 하거나 결론 내리지 않는 것이 중요하다.

역할극 평가들은 공식, 비공식이 아니라 비어 있는 영역에 존재하는 경향이 있다. 역할극 평가들은 지성으로 누릴만한 기술적 엄격함과 인격 평가들을 행사할 수가 없다. 동시에 역할극 평가 분야의 연구자들은 계속해서, 역할극이 제공하는 바로 그 자발성을 훼손하지 않으면서 역할극 도구를 표준화하는 방법을 알아내기 위해 애쓰고 있다. 역할극 검사들에 적용되는 공식과 비공식 평가 간의 이 변증법이 이 장 전체에서 다루어질 것이다.

다음에서 독자는 진단 역할극 검사와 임프로-I(Impro-I)같은 공식적 또는 부분적으로 공식적인 평가를 소개 받을 것이다. 또한 임상가들이 고유하고 개인화된 비공식 검사들을 만들려고 노력해 온 방식들도 소개 받을 것이다.

역할극의 근원들

프로이트(1900/1933)는 처음으로 꿈의 해석이 무의식으로의 지름길이라고 말했다. 멜라니 클라인(1955)은 아이들에게 극(놀이)이 무의식으로의 지름길이라고 말하면서 프로이트의 생각을 보충했다. 이로부터 우리는 아이의 극(놀이)에서 수많은 이야기, 연기, 상상 세계, 모방 등이 아이의 내적 소망, 욕구, 관심에 대한 일종의 창문을 형성한다고 가정할 수 있다. 이 가정이 주제 통각 검사(TAT)의 근본을 이룬다. 개인의 상상이 그 사람이 되고 싶어하는 사람에 대해 우리에게 이야기해 줄 수 있는가? 만일 한 사람의 상상이 창문이라면 한 사람의 연기나 역할극은 무엇인가? 역할극으로부터 만들어진 이야기 또는 그 반대가 보다 깊은 차원을 가진 엑스레이를 제공할 수 있다는 게 가능한가?

세익스피어는 그의 극 "끝이 좋으면 다 좋다"에서, "세상 모두가 무대이고 모든 남녀가 연기자일 뿐이다. 그들은 그들의 출구와 입구를 가지고 그의 시대에서는 한 사람이 많은 부분을 연기한다"(1598/1988)라고 썼다. 세익스피어가 제시한 은유가 말해 주듯 인간들은 시간적 사회적 맥락에 의해 매개 되는 역할들을 맡는다. 사회의 발전에 따라 대중 행동의 특정 규범이 생겼다. 이런 대중적 기대 또는 규범들은 개인의 내적 경험과 모순 되거나 확정된다. 하지만 한 사람이 사회와 관련됨에 따라 그의 내적 경험과 사회의 기대 사이에서 하나의 모순이 생겨날 수도 있다. 이 모순들과 화해하기 위해 개인은 자신의 행동을 그 개인을 둘러싼 사회에 의해 부과되는 외적 기대에 기초해 변경하기 시작한다. 세익스피어에 의해 설명이 된 것처럼 역할을 연기하는 것은 어떤 식으로든 환경에 반응하고 참여하는 것을 의미한다. 간단히 보면 사람들은 우리가 연기하는 역할로 우리를 알고 우리는 우리가 만나는 사람에 따라 어떤 역할을 연기할지를 안다.

역할극이라는 용어는 많은 함의를 가진다. 아이들은 보통 역할극을 거짓 또는 흉내로 여긴다. 아이의 역할극 연기는 외부 공간으로의 상상된 여행처럼 거대한 일이거나 매일의 삶, 결혼, 아이돌보기 같은 과업을 수행하는 척하는 것처럼 간단한 것일 수도 있다. 아이들은 그들의 환상, 소망, 미래에 대한 기대를 포착하는 인물들과 스토리라인을 만들 것이다. 그렇게 하면서 아이들은 세상에서 활동을 하고 그들의 내적 외적 경험을 숙달하기 시작한다(싱어와 싱어, 1990).

역할극 정의하기

아메리칸 헤리티지 사전(2000)은 역할을 "수행자에 의해 연기 되는 캐릭터 또는 부분, 성격, 기대되는 개인의 사회적 행동, 기능 또는 입장"으로 정의한다. 또한 아메리칸 헤리티지 사전(2000)은 역할극을 "드라마에서 가정하거나 재현하는 것, 특정한 역할을 가정하거나 연기하는 것"으로 정의한다. 역할(롤)이라는 단어는 양피지 또는 종이를 뜻하는 고대 프랑스어 role에서 나왔는데, 그 이유는 중세의 연극 공연에서 연기 대본이 양피지에 쓰여졌기 때문이다. 역할은 기능적 사용이나 목적에 의해 가장 잘 설명될 수 있다. 역할극의 기능들은 다음과 같이 분류될 수 있다: (a) 미학적 (b) 사회극적 (c) 사회 발표 (d) 사회적 맥락에서 자아의 의미 구축 (e) 특정한 임상적 응용

미학적 역할극은 훈련된 배우가 극의 텍스트에 나오는 말이나 행동으로 정해진 캐릭터를 만들어 낼 때 생긴다. 연극적 말투로 배우는 인물이나 역할이 되려고 하지만 이것은 인물이 나오는 연극 텍스트에 대한 몇 주나 몇 달의 연구 그리고 다른 배우들, 연극 감독, 디자이너 그리고 때로는 극작가와의 협동이 있어야만 성취될 수 있다(스타니슬라브스키, 1949; 1987). 결과로서의 역할극은 그로 인해 배우가 일정 형태의 금전적 보상을 받거나 예술적 만족이 도출될 수 있는 오락이나 예술적 성과의 목적을 위해 관객에게 보여진다. 수십 억의 관객에게 수 만 명의 배우가 수천 개의 역할을 만들어내는 수천 개의 영화와 연극이 매년 제작된다(다우존스 & 컴퍼니, 2002). 확실히 이런 종류의 역할극은 현대 생활의 문화적 버팀목이다.

두 번째 종류의 역할극은 사회극적 연극 또는 아이들이 흉내내기라 부르는 것이다. 이 활동에서 아이들은 인물과 상황을 연기한다. 이것은 혼자 할 수도 있고 다른 아이들과 함께 할 수도 있다. 아이들에게 이 가장 연극은 18개월 경부터 나타나기 시작해 5세경에 정점에 다다른다(샌트록, 1983; 싱어와 싱어, 1990). 발달적으로 이 행동은 상징 극의 출현 다음에 나타난다(피아제, 1945/1962). 아이는 최초로 하나의 대상을 다른 것으로 대표하게 함으로써 상징적으로 연기를 시작한다. 이 대상 대체의 활동에서 아이는 직접적인 현실을 바꾸고 초월하기 시작한다(웨스트비, 1991). 상징극의 발달은 개별적 기술들의 습득으로 특징지어진다: (a) 맥락분리 (b) 대상 대체 (c) 주제 내용 도입 (d) 자-타 관계의 조직(피아제, 1962). 상징 극의 요소들이 보다 복잡해지면서, 아이들은 완전한 사회극적 연극을 할 능력을 발전시킬 것이다. 상징 극에서 사회극적 연극으로의 이동은 다음이 추가 되는 것으로 특징지어진다: (a) 플롯 (b) 소품 (c) 역할(가비, 1977).

자아의 정의와 사회 표현 형식으로서의 역할극의 기능은 어느 정도 동전의 양면과 같다. 모레노(1960)는 역할을 자아가 취하는 실제적이고 명백한 형식으로 정의한다. 모레노에 따르면 자아는 연기되는 역할로서 알고 이해된다. 모레노의 정의를 이용하면 역할은 자아 표현의 최소 단위

이다. 각 역할은 자아의 한 측면이 되며 나중에 의미있는 전체로 합쳐지게 된다(도일, 1998; 랜디, 1996). 도일(1998)이 단언하듯 "역할은 우리가 누구인가에 대한 진실의 수 많은 조각들을 묘사한다".

역할극의 미학적 형태로부터 개념을 빌리자면 배우는 그 배우 내에서 존재하는 부분들을 연기할 수 있을 뿐이다(스타니슬라브스키, 1936; 1948). 일부는 인간적 경험으로 이야기 될 수도 있다. 가장 확신을 주는 역할극은 역할이 요구하는 게 그 사람의 신념과 일치되는 것이다(사빈과 알렌, 1968). 역할의 요구와 자아-신념들이 맞지 않으면 연기되는 역할은 공허하고 확신을 주지 못한다(미들턴, 1978). 사빈과 알렌은 역할에 대한 몰입과 헌신은 연속체에 놓여 있다고 한다. 그 연속체의 한 끝에는 자아와 역할이 완전히 구별되는 일종의 무관함이 있으며 다른 끝에는 자아와 역할이 섞이는 일종의 매혹됨이 있다. 예를 들면 그의 가족에 대해 그가 행동하는 것과 동일한 방식으로 행동할 때 성공적인 역할 혼합이 있는 것이다.

역할은 또한 개인이 그 안에서 사회에 의해 할당된 행동들에 참여하는 사회학적인 구성물로 보여질 수도 있다(미드, 1954). 자아는 더 큰 사회적 맥락의 가치를 반영하는 사회적 과정의 구성물이다(도일, 1998). 이 맥락에서 기능하는 개인은 타인들의 신호와 행동에 기초한 역할을 연기한다. 역할은 그 결과가 세계에 대한 자아 또는 역할의 표현인 사회적 거래에 관련된 다른 개인에 의존하게 된다.

자기-표현이나 역할은 어빙 고프만(1959)의 책, "매일의 삶에서 자아의 표현"에서 자세히 논의된다. 고프만에 따르면 사람들은 두 종류의 의사소통에 참여한다: 주어진 표현들과 주는 표현들. 개인의 표현을 구성하는 것은 주는 의사소통이다. 이런 인상들이 환경적 맥락에 기초해 수행되는 사회적 역할이나 부분들이 된다. 따라서 자아는 표현되는 역할들로부터 나온 극적 효과이다. 고프만에 따르면(1959) "물론 모든 세상이 하나의 무대인 것은 아니지만, 그렇지 않은 중요한 이유를 밝히는 것은 쉽지 않다".

마지막으로 역할극은 특정 문제를 평가하고 기술을 가르치거나 대처 전략을 연습하는 치료적 노력으로 이용될 수도 있다. 역할극이 치료적 목적에서 사용되면 그것이 드라마 치료(랜디, 1996), 사이코드라마(케뎀-타하르와 펠릭스-켈러만, 1996) 또는 단순히 역할극으로 언급될 수도 있다.

역할극을 처치 형식으로 사용한 것은 모레노(1960)가 건강과 치유의 목적을 위해 자발적 연극그룹에서 드라마를 이용하기 시작한 20세기 초반으로 거슬러 올라 갈 수 있다. 그는 이 과정을 사이코드라마로 이름 붙였다. 모레노의 사이코드라마적 접근법에서 초점은 삶에서 중요한 순간이나 내적 갈등들에 대한 개인의 재연에 있게 된다. 자발적으로 되는 개인의 능력이 모레노의 주된 관심이었고 사이코드라마 기술에 필수적인 것이었다. 사이코드라마 이론에서는 전부가 아니라면 상당수 정신병이 새로운 관계에서 옛 패턴을 재연하는 결과라고 단언한다(키퍼, 1988). 사이코드라마에서 내담자는 특정한 사건이나 끝내지 못한 일에 대한 기억들 또는 역할의 맥락에서 앞으로의 상황을 위해 준비하는 연기를 하도록 요구된다. 이런 연기들은 실제 삶의 상황과 근접해 있거나 상상적인 내적 과정의 외면화이다(케뎀-타하르와 펠릭스-켈러만, 1996).

임상적 맥락에서 역할극을 하는 것은 실제나 상상된 사건에 대한 행동 시뮬레이션으로 쓰이기도 했다. 개인은 역할을 연기할 때 실제든 아니든 다른 사람과 동일시하고 다른 사람의 태도나 특징적 행동 방식을 가정한다(슈웨벨, 1953). 키퍼와 하르-이븐(1984)은 이런 시뮬레이션을 자발적 행동 또는 행동에 대한 모방적 모사라고 정의한다. 키퍼와 하르-이븐의 정의대로 역할 행동은 시뮬레이션 되는 환경에 대한 자발적이고, 자유롭게 연상된 반응이고 모방적 가장 행동은 모델이나 모델들의 조합에 기초한 행동의 모사나 모방이다.

이 맥락에서 역할극은 특정 환경이나 예상되는 상황들을 모사하는 유사물이다. 역할극에서의 주체는 정해진 환경적 상황에 있는 것으로 상상을 하며 그 상황의 요구에 맞는 행동을 수행한다(맥레이놀드와 드 보게, 1977). 개인은 낯선 역할을 맡거나 일상적인 역할이지만 전혀 새로운 환경에 놓이게 될 수도 있다(만, 1956). 또한 개인은 실제로는 이런 상호작용이 일어나지 않더라도 상호작용이나 사건들이 일어나는 것처럼 반응하도록 요청을 받는다.

평가도구로서 역할극에 대한 관심은 사람들이 사회 상황에서 기능하는 방식에 대한 관심과 동시에 일어난다. 1960년대 후반과 1970년대를 통틀어 인간의 사회적 생활 분야에 대한 연구에 독단, 애착, 복종, 사교성 같은 과정과 행동들이 포함되기 시작했다(벨락, 허센과 터너, 1979) 이 행동들 중 다수는 역할극 기반 평가를 이용해 연구되었다. 사회적 능력을 정의하려고 하는 동안 많은 연구자들은 사회적 능력이 눈 마주침, 말하는 패턴, 얼굴 표정, 신체적 몸짓 등의 복합한 행동들이라는 결론에 도달했다(카즈딘, 맷슨과 에스벨트-도슨, 1984; 윌리암슨, 1983). 이런 행동이 사회적 능력의 구성물을 형성하는 데 어떻게 상호작용하는가를 이해하기 위해, 양적인 수준과 질적인 수준의 분석이 필요했다(빌로디우와 빌로디우, 1969).

평가 도구로써의 역할극은 질적 수준에서 사회적 행동을 분석하는 데 적합하고 강력한 방식으로 전망이 밝았다(카즈딘 외, 1984). 역할극은 사회적 상호작용과 비슷한 것을 만들어낼 기회를 제공했으며 동시에 자연주의적 관찰에서는 없는 실험적 통제를 제공했다(휴즈, 부두, 알칼라와 마지오, 1989). 참여자들에게 실제 사회적 상황을 스스로 모니터하도록 하는 것은 오랜 기간에 걸쳐 일정 수준의 사회적 능력을 성취하는 데 있어서는 비현실적이고 생산적이지 못하기까지 하다고 생각되었다(컨, 1991). 역할극은 거의 자연적인 환경에서 양쪽 분야 모두에서 가장 좋은 실험적 통제로 생각이 되었다(휴즈 외, 1989). 이 후에서 논의 될 것처럼 역할극을 평가도구로 이용하는 것은 전망대로는 이루어지지 않았고 여기에 역설이 있다. 사회적 상호작용은 아주 복잡해서 실험실 환경에서 효과가 많았던 요소들을 되살리는 것은 어렵고, 역할극이 실제로 현실에서 일어나는 일에 대한 부족한 내용물이 되게 한다.

평가도구로서의 역할극

역할극 평가들의 폭을 생각하면 상하좌우로 나누어진 원을 생각하는 것이 유용할지도 모른다. 상하로 원을 나누는 직선은 대본 있는 활동과 대본 없는 활동의 연속체이다. 이는 몇몇 역할극 평가들이 각 참가자에게 할당된 신중하게 쓰여진 텍스트에 기초한다고 하는 뜻으로 이런 것은 대본이 있는 것으로 불린다. 역으로 대본이 없는 역할극은 한 단어나 몸짓이 시작 점으로 역할을 하지만 다음에 나오는 것은 참여자의 즉흥적이고 자발적이며 개인에 따라 다른 것이다.

원을 좌우로 가르는 직선 또한 평가되는 개인의 참여나 연관의 연속체이다. 그 연속체의 한 끝은 수동성으로 불릴 수 있다; 다른 한 쪽은 능동적으로 불린다. 수동적 참여는 개인에게 어떤 장면이나 역할극을 읽어주거나 보여주고 그 개인이 관찰된 것에 대한 반응을 하도록 만드는 것을 의미한다. 역으로 능동적 참여는 평가되는 개인이 대본을 이용하든 그 순간에 대본을 만들어서 하든 하나의 역할을 연기하도록 만드는 것이다. 아래에 특정한 예와 뒷받침하는 연구가 있다. 그림 24-1은 도식적 재현을 나타낸다.

대본 있는/수동적 4분면에 들어가는 역할극 기반 평가에서 개인이나 그룹은 훈련된 또는 아마추어 배우가 공연하는 비디오테입이나 생생한 장면을 본다. 역할극의 결말에 관객은 역할극에 대한 반응을 하게 될 수도 있다. 연기-후 토론이나 역할극을 관람할 때의 코멘트나 개인의 반응이 평가 데이터가 된다. 예를 들면 한 연구에서 대학생들은 보통 친구와의 대화를 보여주는 장면을 보도록 요구 받았다. 그리고 나서 그 학생들은 대화에 대한 반응을 보고 이 반응의 효율성에 대한 등급을 매기도록 요구 받았다. 학생들의 등급은 적합한 사회적 상호작용에 대한 효과적인 평가와 결정이 능력에 대한 지표의 역할을 했다(휴즈 외, 1989).

또 하나의 예에서는 시카고 기반 "압박을 받고 있는 사람들의 음악 연극 워크샵"이라는 이름의 프로그램에서 상담자와 학교 직원이 위험에 처한 청소년들을 알아내는 데 도움을 주는 데 생생한 연극 공연이 이용되었다(하딩, 김, 카바나와 바니아, 1996). 이 프로그램에서 배우들은 마약, 안전하지 않은 성적 행동, 갱단 폭력 같은 위험한 행동에 대한 다양한 장면을 청소년 관객 앞에서 연기했다. 짧은 시나리오가 발표되고 나서 전문 상담자들과 함께 학생들의 반응을 관찰하고 기록하는 그룹 토의가 계속되었다. 관객과 상담자들의 관찰로부터 나온 조언에 기초해, 특정한 학생들은 역할극 연기에 보여진 것과 동일한 행동에 대해 잠재적으로 위험에 놓인 것으로 확인이 되었다(하딩 외, 1996). 사회적 학습 이론은 이 모델에서 취한 접근법을 지지하며, 다른 이의 행동을 관찰하는 것은 강한 감정과 강력한 내적 경험을 불러 일으킬 수 있다고 말한다(반두라, 1977; 데이비스, 1972).

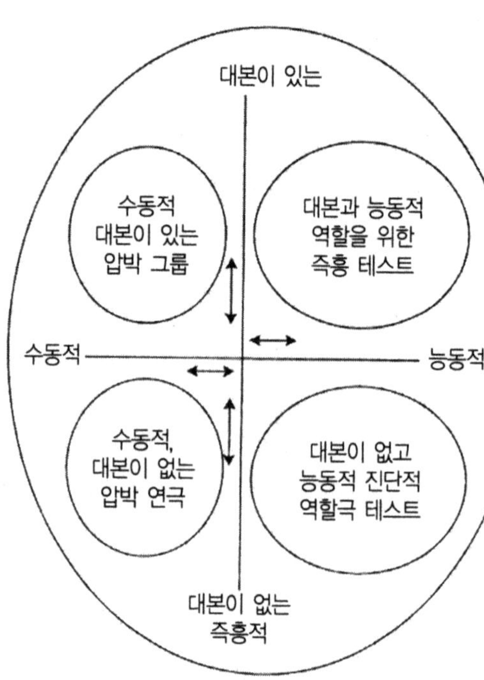

그림 24-1 역할기반 평가의 메트릭스

위에 언급된 모형에 대한 역할극 기반 평가 중 또 하나는 대본이 없지만 참가 방식에서 상대적으로 적은 요구를 하는 역할극이다. 구조적으로 이 역할극들은 즉흥 희극 또는 스케치 코미디라고 하는 유명한 TV나 연극 프로그램과 유사하다. 주류 문화에서 이런 형식은 아주 대중적이지만 임상적 환경에서는 잘 안 쓰이고, 평가 형식으로 이용하는 것을 보여주는 문헌은 거의 드물다. 이런 형식의 역할극은 사회정치적 맥락에서 전 세계의 빈곤하고 압박 받는 사람들의 고통을 밝혀 내기 위해서 광범위하게 쓰여 오고 있다(보얼, 1976; 1997).

모형의 대본이 있고/능동적인 4분면에는 대본이 있지만 활동에 참여한 모든 개인으로부터 능동적인 참가를 요하는 역할 기반 평가가 포함된다. 이런 종류의 평가에서는 개인에게 완전한 장면 또는 장면의 일부가 주어지고 연구자 아니면 다른 자원자와 그 역할들 중 하나를 연기하게 된다(치아우찌, 하임버그, 베커와 갠슬러, 1985; 샌튼, 백과 리트왁, 1956; 밴 하셀트, 러센과 벨락, 1981). 이런 형태의 역할극 기반 평가에서 수집되는 두 가지 데이터는 역할극에 참여하는 개인의 주관적 경험 그리고 언어적 비언어적 반응이다(치아우찌 외, 1985; 맥레이놀드와 데 보게, 1977; 윌리엄슨, 1983).

현저한 데이터들이 참가자의 주관적 경험인 대본 있는 능동적 역할극 평가의 예는 컨(1991)이 개발한 과정에서 발견될 수 있다. 아이들은 "누군가 네가 필요하고 빌려주기 싫은 무언가를 너에게서 빌리는"(컨, 1991) 것 같은 종류의 상호작용과 관련된 특정한 사건을 회상하도록 요구를 받는다. 아이가 말로 그/녀의 경험에서 나온 이 사건의 세부사항을 되살리고 나서 그 사건은 대본으로 재생된다. 그 아이와 조사원 중 한 명은 이 대본을 연기한다. 만일 아이가 역할극이 정확하게 묘사를 하지 못한다고 느끼면 아이가 만족할 때까지 반복된다. 이 전 과정은 개별사례 역할극 검사로 불린다.

몇몇 경우에는 대본 있는 역할극에 대한 반응이 현저한 데이터 세트가 된다. 예를 들면 2차 대전 중, 미군의 한 부서인 전략 봉사 사무소에서는 병사들이 적의 진영 뒤에서 하는 특수 임무에 대한 스트레스를 버틸 수 있을지를 알아보기 위한 평가를 개발하는 데 있어서 하버드 대학의 심리학자에게 도움을 요청해왔다. 하버드 대 교수는 TAT의 판권자인 헨리 머레이였다(맥레이놀드와 드 보게, 1977). 머레이의 지도로 심리학자 팀이 스트레스를 주는 상황을 재연하는 검사 장치를 개발했고, 이런 은밀한 임무들을 위한 후보들이 각 상황에 어떻게 반응하는지 관찰하려고 했다. 이 장치의 하위검사 중 하나는 즉흥연기들로 이름 붙여졌다. 이 하위검사에서는 리더십의 어려움과 관련된 111개의 대본들이 쓰여졌다. 역할을 맡은 개인은 그들의 전반적인 관리 능력과 전투 적합성을 반영하게 될 결정을 내리도록 요구를 받았다. 관찰자들은 관찰된 다양한 리더십 스타일과 대인관계에 대해 주목을 했다(브론펜브레너와 뉴콤, 1948; 맥레이놀드와 드보게, 1977).

임프로-I

머레이의 작업에서 영감을 받아 맥레이놀드, 드보게(1977)는 개인을 위한 즉흥 검사(Impro-I, Improvisation Test for Individuals)라 이름 붙여진 검사를 개발했다. 이 검사에서는 몇 줄의 대화를 개인에게 읽어주고 그 개인은 검사자와 함께 그 장면의 나머지를 즉흥적으로 만들어내게 된다. 개인의 수행은 사람을 대하는 스타일의 효율성에 기초해 평가된다(맥레이놀드와 드보게). 이 특정한 도구는 사람을 대하는 스타일에 대한 발견적 지도법을 만들어내는 데 유용하지만 각각의 반응이 사람마다 달라서 부분적으로 기준-참조점을 수립하지는 못했다. 시간이 지나면서 이 특정한 검사는 그 사람을 대하는 스타일의 구성이 정당화하기 어려웠기 때문에 유효성에 문제를 보이기도 했다. 게다가 MMPI와 마이어스-브릭스 같은 도구들이 심리측정적 관점에서 보다 신뢰성이 있게 되었다(그로스-마낫, 1990).

거의 대본 있는 역할극과 없는 역할극 사이의 다리로 기능하면서도 모든 참가자들의 능동적인 참여를 요구하는 평가들은 바로 반 하셀트와 동료들(1981)에 의해 수행된 연구이다. 사회적 능력 조사에서 그 연구자들은 동일한 연구에서 대본 있는, 부분적으로 대본 있는, 즉흥적인 역할극을 이용했다. 이 연구는 딱히 역할극 형식을 비교할 의도는 아니었지만 결과는 부분적으로 대본 있는 부분적으로 즉흥적인 역할극 활동들이 가장 풍부한 데이터를 가져온 것으로 나타났다(반 하셀트 외, 1981).

마지막 역할극 평가 세트는 대본 없고 연구자와 연구되는 개인 또는 그룹의 능동적인 참여를 요하는 수단이다. 이 역할극 평가 세트에서 수집되는 데이터는 다음과 같다: (a) 언어적 비언어적 반응 (b) 특정 문제 해결 능력 (c) 새로운 상황에 대한 외부적 반응 (d) 역할 수행의 주관적 경험 (e) 실제 삶과 비교해 역할극에 반영을 하는 주관적 경험 (f) 역할극 경험 후 행동의 변화(갈라씨와 갈라씨, 1976; 맥레이놀드와 드보게, 1977).

대본 없지만 능동적 참여를 요하는 역할극에 대한 끔찍한 예는 관찰되는 개인이 그들이 역할극을 하고 있는지 제대로 모르는 연구이다. 이 자각의 부족이나 속임수는 스텐포드 감옥 실험과 복종 행동과 권위에 대한 연구들 같은 여러 유명하거나 악명 높은 연구들에서 쓰여 왔다(해니, 뱅스와 짐바르도, 1973). 이런 연구들은 역할극을 평가 형식이 아니라 경험의 일부로 이용했다. 이런 연구들은 연구에 참여한 한 명 이상의 개인들이 상황에 있어서의 가짜이고 허구적인 요소들을 모르는 역할극 경험을 이용하는 극단적인 예를 보여준다.

참가자들이 역할극 활동에 대해 알고 있는 보다 윤리적으로 건전한 대본 없는 능동적인 참여의 다른 예도 있다. 스윙크와 부케넌(1984)은 아이들이 전학생이 되거나 권위 있는 인물과 관계 맺는 등의 사회적으로 이상하거나 힘든 상황을 반영하는 다양한 역할극으로 표현되는 역할극의 사회극적 방법을 이용했다. 역할극이 끝나고 그룹은 그들의 경험에 대해 이야기 했고 모든 참가자들이 그 장면들을 재연할 기회를 얻었다. 그룹 토의 이후에 각 개인이 그/그녀의 행동을 바꾸기로 선택하게 된 방식은 문제 해결 기술에 대한 지표의 역할을 했다.

히긴스, 알로소, 펜델턴(1979)은 대학생들의 단언적인 행동에 대한 실험을 수행했다. 이 연구에 참가한 학생들은 학부 심리학 수업에서 가산점을 받게 되어 있었다. 학생이 도착했을 때 학생이 배정된 실험 그룹에 따라 남성 또는 여성인 공모자는 실험자들이 아직 도착 하지 않았다는 말을 듣는다. 시간이 지나면서 같은 공모자가 방으로 와서 그들이 다른 실험자가 있는 것처럼 실험을 할 것이라고 말했다. 그 학생은 사회적 상황들을 연속적으로 보게 되고 각 학생은 실제 실험자가 없다는 것을 떠올리면서도 대답을 하도록 요구를 받는다. 이 역할극이 완료되었을 때 학생은 점수 할당이 문제라는 말을 듣는다. 이 조작된 딜레마에 대한 그 학생의 반응과 그/그녀 자신의 필요를 주장하는 각 개인의 능력이 초점이었다(히긴스 외, 1979).

확실히 이런 연구들과 위에서 언급된 보다 논쟁거리가 되는 종류는 역할극 모형의 대본이 없고 능동적인 4분면의 아주 극단적인 문제를 보여준다. 동시에 모든 참가자들이 상호작용이 허구적이고 가짜라는 것을 아는 내용과 과정이 완전히 대본이 없고 참가자들이 전적으로 참여하는 역할극 평가의 예도 많이 있다.

존슨과 퀸란(1980)은 환자 집단의 대인 관계를 연구하기 위해 정신분열증 진단을 받은 개인들이 역할극 활동에서 나온 장면을 연기하는 방식을 살펴보았다. 이 평가에서 참가자들은 일상 생활에서 겪을 수 있는 다양한 사회적 역할을 나타내는 열 개의 다른 시나리오를 연기하도록 요구를 받았다. 반응들은 환자들이 역할과 환자의 일상적인 표현 간의 경계를 유지하는 방식의 측면에서 분석이 되었다. 유동적 경계 척도와 고정된 경계 척도라는 두 가지 척도가 만들어졌다. 존슨과 퀸란(1980)은 역할극 도중 수 많은 행동들을 관찰함으로써 경계 유지를 측정했다. 이런 행동들은 다름과 같이 정의되었다: (a) 파괴적인 역할 (b) 강요된 역할 (c) 기괴한 합성 (d) 실제 삶을 역할의 행동과 병합 (e) 역할로의 침입 (f) 역할의 혼합 (g) 유지 (h) 제3자로 말을 함(존슨과 퀸란, 1980). 연구자들은 가벼운 정신병이 있는 개인들 역시 역할극에서 경계 구분이 약하다는 사실을 발견해 냈다. 역할극 활동 데이터와 각 환자의 기록을 비교해볼 때, 부정적 증상의 진행과 이 연구에 의해 정해진 역할 경계 유지 능력에 대한 낮은 점수 간에 눈에 띄는 일관성이 나타난 것을 알아냈다(존슨과 퀸란, 1980).

이 역할극 평가 작업에 기초해서 데이빗 리드 존슨(1988)은 진단 역할극 검사라는 평가를 개발했다. 그는 이것을 개인의 내적 세계에 대한 통찰력을 제공하고 상징적 표현 방식을 보여주는 투사 검사라고 했다. 이 검사에서 개인은 한 번에 하나씩, 다섯 가지 사회적 역할을 연기하도록 요구를 받는다. 이 검사의 역할들은: 할아버지, 부랑자, 정치인, 교사, 애인이다. 이 역할들은 100가지 가능한 사회적 역할 중에 학부 학생들이 매긴 등급에 기초해서 선택되었다. 선택된 역할들은 양육, 통제, 성, 개인적 능력 같은 사회적 상호작용의 특정한 차원을 강조하는 것으로 믿어졌다. 개인은 다음의 지시를 따라 빈 공간에서 이 역할들만을 연기하도록 요구를 받았다(존슨, 1988):

나는 당신에게 다섯 개의 다른 역할을 한 번에 하나씩 연기하도록 주문 합니다. 각 경우에, 이런 사람들이 하는 일을 보여주세요. 할 수 있는 한 그들에 대해 최대한 많이 연기하려고 하세요. 당신이 하고 싶은 대로 어떤 식으로 해도 좋습니다. 당신은 각 역할에 대해 어떤 성별을 택해도 좋습니다. 전화 통화 하는 것을 포함해서 여기 보이는 이 소품들을 마음대로 이용해도 됩니다. 탁자 위에는 다음과 같이 소품으로 사용될 항목들이 있습니다: 쓰레기통, 탁자, 의자, 막대기, 천, 종이 조각, 컵, 책, 모자, 전화기, 남자 외투, 여자 옷. 어떻게 할지 미리 계획을 짜려고 하지 마세요. 시간은 마음대로이며 끝나면 말씀하세요.

연기자는 할아버지 역할을 하게 된다. 약 1분 후에 그 장면이 끝나고 다음 역할이 연구 참가자에게 제시된다. 그 세션은 비디오 녹화되고 나중에 자발성, 현실 초월 능력, 역할 레퍼토리, 장면구성, 주제 내용 패턴, 연기에 대한 태도 등이 평가된다.

역할극을 하는 것은 또한 치료 과정에 참여하는 능력에 대한 최초의 평가로 이용되기도 한다. 켈리(1955)는 참여자와 치료사가 참여자가 연기하는 역할을 다시-쓰기 위해 결합하는 기술을 정했다. 이 접근법에서 참여자는 제3자의 입장에서 자기-캐릭터에 대한 스케치를 쓰도록 요구를 받으며 후에 치료사는 그것에 대한 반응을 한다. 그들은 내담자의 머리 속에 있는 인물과 반대되는 인물로 그리도록 요구를 받으며 따라서 치료를 시작하는 도구로 공상을 이용하는 것이다.

체계화되지 않은 역할극과 꼭두각시 놀이 또한 내담자의 문제를 표현하고 해결하며 당황스러움을 견디고, 또는 경험을 반영하는 능력을 평가하는 비공식적 평가 도구로서 제안되어 왔다(어윈과 프랭크, 1977). 예를 들면 할버스타트-프로이트(1975)는 그녀의 병에 대한 그의 평가를 돕는 미니극을 만들어내기 위해 인형들을 이용해, 라라라는 이름의 4살 소녀와 체계화된 정신분석적 심리치료를 수행했다. 그 처치 과정을 통틀어 그 인형들이 그녀의 드라마들에 꼭두각시 또는 배우들로 사용되었고 임상가는 플롯, 인형으로 가정된 역할, 치료 과정의 길잡이로서의 최종 결과를 이용했다.

역할극 평가의 심리측정학적 난제들

역할극 평가에 대한 문헌은 역할극이 바라던 만큼의 효과적인 수단이 아니라고 제안한다(카즈딘, 에스벨트-도슨과 맷슨, 1983; 카즈딘 외, 1984; 미켈슨, 디로렌조, 칼핀과 올렌딕, 1982). 더 면밀한 조사에 따르면 역할극을 평가도구로서의 매력이 있게 만드는 바로 그 과정 또한 평가로서 거기에 의존하는 데 있어서의 문제를 낳는 것으로 보인다. 그 문제들 가운데는 일반화 가능성, 유효성 그리고 반복가능성 등이 있다.

일반화 가능성은 수백명은 차치하고 두 명의 개인을 비교하더라도 반응과 해석에서도 광범위한 차이가 나기 때문에 정의상 모순이다(맥나마라와 블러머, 1982). 레벤슨과 허만(1991)은 역할극이 경험에 대한 정확한 묘사이기 위해서는 반드시 사람에 따라 다를 수 밖에 없다는 결론을 내린다. 만일 그것이 사람에 따라 다르다면 일반화는 역할극의 목표와도 모순이 된다. 만과 보르가타(1959)는 투사 검사들과 실제 상황에서의 행동을 역할극에 대한 반응과 비교함으로써 역할극의 생태학적 유효성을 연구했다. 그 결과는 역할극이 투사 검사와는 관련이 있지만 실제 행동과는 별로 관련이 없다는 사실을 보여주었다. 이어지는 연구에서 실제 생활의 행동과 비교 했을 때 역할극의 유효성은 보다 높았다. 하지만 역할극 검사의 적용은 너무 다양해서 이런 결과도 의심스럽다. 이어지는 연구들에서는 역할극이 특정한 행동을 식별하기 위한 유용한 도구이지만 실제 행동들에 대한 예측으로는 전혀 효과적이지 않다는 점을 알아냈다(벨락 외, 1979). 한편 개인인 실제

생활에서 일어난 특정한 사건들을 재구성하고 이 사건들에 기초해 역할극이 수행될 경우, 생태학적 유효성은 증가하는 듯이 보인다(스완과 맥도날드, 1978).

실험자의 영향들 또한 역할극 평가들의 효율성을 해치는 듯하다. 두 개의 개별 연구에서 그들이 가짜인 것으로 아는 과제에 참여할 때 사람들의 행동은 아무런 거짓도 없을 때의 행동과 상당히 달랐다(맥나마라와 블러머, 1982). 일반화 가능성의 또 다른 문제는 역할극 과제가 한 명의 연구자에 의해 만들어져 내담자에게 주어질 경우, 그 사람은 역할극에 초점을 맞추는 동안 지금 여기서의 경험으로부터 빗겨갈 수도 있다. 사이먼과 스미스(1985)는 검사중의 사람들의 행동이 실제로는 그 상황이 단지 하나의 기능에 불과 할 때에도 역할극을 하고 있는 것처럼 보일 수도 있다고 주장한다. 개인이 연구자의 의도로 인식하는 것에 맞게 개인적 반응을 만들어낼 위험마저 있다. 다시 말해 어떤 사람은 개인이 연구자에 의해 평가되지 않는 비슷한 상황에서 실제로 어떻게 행동할 것인가는 상관 없이 옳은 답으로 추정되는 것을 얻기 위해 특정한 방식으로 행동할 것이다. 또한 역할극 활동에서 대본이 더 많을수록 그 연극은 덜 진정성을 띄게 되는 듯하다. 이것은 그것들이 사람마다 다르고 역할극에 참여한 개인의 고유한 경험에 기초할 때, 역할극들이 가장 유용하고 효력이 있다는 것을 뜻한다(컨 외, 1983).

역할극 평가에 대한 문헌에서 계속 나오는 또 하나의 주제는 평가 반복을 어렵게 만드는 과정과 방법의 광범위한 차이이다. 지도시의 용어와 모델링 과정의 미묘한 차이들이 역할극 평가를 이용할 때의 결과를 극적으로 바꾼다는 것을 보여주었다(키퍼와 하르-이븐, 1984).

컨과 하르 이븐(1983)은 엄격한 관리 기준을 적용하고 이것을 보다 열린 결말의 사람마다 다른 역할극 규칙과 대조시킴으로써 방법론에 대한 문제를 다루려고 시도했다. 역할극 연습의 관리가 표준화된 그룹에서 기준의 유효성에서 상당한 개선이 있었다. 연구자들은 또한 선택된 역할극 시나리오의 구체성에 의해 유효성이 증가했다는 것을 알아냈다. 이러한 발견은 역할극이 체계화 되고 사람마다 다르면서도 그 유효성을 유지 할 수 있다는 것을 뜻한다. 더 체계화 되었지만 사람마다 다른 역할극에 대한 평가자간의 신뢰도는 분석되지 않았고 문헌에서는 아주 약간만 다루어지는 듯하다.

유사하게 페리와 리처즈(1979)는 역할극 평가 개발에 대한 체계적 접근법을 제안한다. 그 접근법은 상황 분석, 반응 평가, 점수내기를 고려하는 8단계의 과학적 탐구를 동반한다. 페리와 리처즈는 그들이 연구하고자 한 여러 행동들로, 이 경우에는 다른-사회적 행동에 대한 상황 분석을 수행함으로써 시작했다. 대학생들은 그들의 일상적 상호작용들에 대한 긴 분량의 일지를 만드는데 자원하였고, 연구자들은 이런 상호작용을 분석하고 문제적인 것들을 골랐다. 문제적 상호작용들은 학생들에게 주어졌으며 그들에게 이런 상호작용을 읽어주었다. 학생들은 상황에 대한 그들의 개인적 반응들을 제공하게 요구를 받았다. 이런 반응들은 판사 역할을 한 제3자 학생 그룹에게 보여졌고 각 학생 판사는 각 반응의 효율성을 평가했다. 이런 반응들은 특정 상황의 환경을 나타내는 대본으로 바뀌었고 그 모든 것에는 사회적 상호작용에서의 문제가 포함되었다. 네 번째 학생들은 훈련된 자원자와 함께 이 대본의 한 부분을 연기하였는데 이런 학생들은 그 후 상호작용을 완료하도록 요구 받았다. 이 최종 그룹의 학생들에게는 주장과 사회적 능력을 측정하는 검사로 종이와 연필이 주어지기도 했다.

사회적 문제들이 역할에서 해결되는 방식이 학생들이 사회적 문제들에 대해 쓰여진 설명에 반응하는 방식과 비교가 되었다. 그 결과들은 이 검사 개발의 방법이 전체 평가의 유효성을 보강해주는 것을 보여주었다. 이 연구의 결과들은 검사 개발에 대한 이 접근법이 페리와 리처즈(1979)에 의해 고안된 역할극 평가의 유효성을 보강해준다는 것을 보여주었다. 또한 이 연구로부터의 핵심 발견 중 다른 하나는 역할극 평가의 개발에 있어서 구성 유효성이 상호-평가자의 신뢰성보다는 훨씬 덜 중요하다는 것이었다. 페리와 리처즈(1980)는 유효성 결과들은 좋지만 표본 크기가 작고 이런 결과들의 신뢰성을 평가하기 위한 추가적 연구가 필요하다고 경고했다.

역으로 반 헤셀트와 동료들(1981)은 역할극 검사에 대한 반응을 코드화하는 데 있어서 상호-평가자 신뢰성이 보통 .78에서 1.00의 범위로 아주 강한 것을 알아냈다. 그들은 또한 사람들이 역할극에서 행동한 방식과 그들이 자연스러운 환경에서 관찰했을 때 행동간에는 별로 큰 차이가 없다는 것을 알아냈다. 이 연구를 돋보이게 하는 것은 역할극들이 대본이 없었고 보다 사람마다 다른 반응의 스타일을 고려할 수 있었다는 사실이었다(반 헤셀트 외, 1981).

사회적 기술 수행은 지시에 따라 상당한 영향을 받을 수 있으며, 따라서 실제 경험과 일치되지 않은 결과가 나올 수도 있다(카즈딘 외, 1983). 만일 내담자가 치료적 변화를 낳을 것을 믿는다면 그 개인은 변화를 만들기 시작할 것이다(커시, 1976). 따라서 내재적 외재적 "건강한" 행동에 관한 메시지들이 내담자에게 보내진다는 가정이 있게 된다(호르바스, 1984). 그 경우라면 일정한 역할, 즉 건강한 내담자의 역할을 수행하면서 바람직한 행동들을 추론하고 통합하기 시작한다.

엘름스(1966)는 태도 변화들이 역할극에 영향을 받았으며 공감 능력은 역할극 과제들에 대한 관계를 보여주는 것을 밝혔다. 다른 한편으로 지침 세트가 실험실 환경을 포함하지 않는 사회적 기술들을 개선하는 것처럼 보였으므로, 역할극 평가에서 발견된 기대들은 단지 평가뿐 아니라 치료적 변화를 위해 유용할 수 있다고 주장할 수 있다.

여기서의 쟁점은 역할극을 이용해 측정된 자발성에 대한 눈에 띄는 예는 없다는 것이다. 그러나 자발적 행동의 특정한 차원에 대한 평가를 위해 쓰이는 역할극 이용의 예는 있다. 예를 들면 개인적 태도들이 채택될 수 있는 방식을 살펴보는 연구들에서, 하나의 주제를 찬성 또는 반대하는 논쟁을 즉흥적으로 만들어내는 데 더 많이 참여할수록 그 동일한 논쟁을 더 많이 채택하기 시작할 수 있다(사빈과 알렌, 1968). 그런 발견은 자발적일 수 있는 능력이 있다는 것을 전적으로 보여주는 게 아니라 새로운 상황에서 새로운 행동을 보일 수 있는 능력에 대해 말을 하는 것이다. 의견이 자명한 이치를 강하게 공격하거나 강한 믿음에 반대되는 경우에는 어떤 주제에 대한 새로운 의견을 채택할 수 없다는 것은 주목해야 한다.

결론

요컨대 평가도구로써의 역할극은 사회적 기술 평가에서는 좋은 결과를 보여주지만 일반화 가능성과 유효성은 별로 좋지 않다. 기능적 행동 평가로서 역할극은 효과적이지만 심리측정학적 난제도 있다. 심리적 혼란의 발견으로 역할극은 몇몇 좋은 연구에서 쓰였지만 기준 데이터베이스를 제공하는 연구는 거의 없다. 인격 기능의 분야에서 역할극은 또한 어떤 흥미 있는 잠재성을 보여주지만, 대부분의 경우 사람마다 다른 반응들에 너무 많이 의존하기 때문에 임상가의 판단에 대한 신뢰가 재미 있는 가설에 지나지 않는 장을 제공한다. 이런 비평은 정확하지만 그 말들은 또한 TAT와 로흐샤흐 같은 투사에 의지하는 다른 많은 심리 검사에 대해서도 해당될 수 있다(엑스너, 1993; 왓킨스, 캠벨, 니버딩과 홀마크, 1995). 따라서 역할극 평가들의 방법론적 유효성 문제들에도 불구하고 심리학적 장치들로서의 역할은 부정될 수 없다. 그러므로 무시하지는 않더라도 역할극의 이용은 다채로운 역사가 있고 표준화를 크게 요구하고 있는 것이다.

25장

난민 청소년과 드라마 치료

야스민 라나

주먹 역시 한때는 편 손바닥과 손가락이었다.

예후다 아미카이

심리학적 지원 체계의 역할

폭력과 전쟁 같은 인도주의적 위기의 불안을 겪은 청소년이 분쟁에서 화해의 시대로 변화를 경험하게 될 때, 임상가와 다른 심리사회적 지원 체계의 구성원들이 불운한 환경에서 살고 있는 젊은 이들을 돕기 위해 초청된다. 이 전후 시기는 실제 분쟁의 시기와 마찬가지로 불안정하고 안전하지 않다. 이 영역에 대한 지원 체계의 필요성은 전쟁기간과 마찬가지로 전쟁 직후에도 중요하다. 인도주의적 위기를 경험한 이런 아이들은 강제적으로든 아니면 상황에 의해서든, 그들의 일상과 자연적인 환경으로부터 쫓겨나게 된다. 그들은 부모, 형제, 공동체의 다른 성인 구성원 형태의 외상을 입은 성인들에 의존하게 되는데 이런 지원 수단은 대부분 그들이 아이들과 외상적 경험을 공유하게 되어 사회 발전을 위한 안정감과 그 통로를 위해 필요한 안정성과 일관성을 제공할 수 없다(젠센, 1996).

그러나 강한 외부적 지원 체계라면 청소년이 잃은 것에 대한 보충을 도울 수 있을 것이다. 개인적 상실은 대부분 건강 관리, 음식, 안식처, 의복 등 가장 기본적이지만 가장 절박한 생존 요소들을 제공해 온 친숙한 지원을 포함한다. 그 분쟁은 지원과 안정성을 아이들로부터 빼앗아 갔고, 리더십과 안전의 부재 결과로 전후에 투입된 심리 보호자들은 아이들의 삶에서 정체되고 잃어버린 것을 재생시키기 위해 초청된다.

이 장의 목적은 이 집단들을 다룰 때 적용하는 기술과 함께 배경 정보를 제공하는 것이다. 보스니아와 그루지아 공화국에서의 경험을 가진 드라마 치료사로서 나는 전쟁을 겪은 청소년에 대한 외상의 결과를 목격했고 창의적 치료 과정의 혜택을 보아왔다.

상실

화해 기간은 피난했다가 복귀한 아이들이 안정적인 성인 역할 모델들에 대해 가지는 필요성이다. 그들의 이전 모델들은 외상을 입었고 기본적인 필요와 감정적인 위로를 제공할 수 없었다. 이런 성인의 표상들은 살해되고, 다쳤거나 심리적으로 외상을 입어 부모의 역할을 할 수 없을 정도가 되었다. 만일 성인이 자신의 개인적 외상에 시달리고 있다면 그 아이들의 정서적 필요를 떠 맡는 것은 그들의 능력 이상일 것이다. 부모의 외상을 목격하면 아이 자신의 외상의 영속화로 이어질 수도 있다(만달라카스, 올네스와 토르제센, 1999).

화해 과정의 일부로 현재 안정된 환경에 있는 아이들은 안전, 방향제시, 경계, 교육, 건강관리를 제공하는 그들의 사회적인 자원을 줄 수 있는 사람들을 열거할 수 있다. 인도주의적 위기를 경험한 아이들은 종종 그런 인적 자원이 부족하며 위기를 겪은 후, 아이들은 한 때는 완전한 일관성과 보안을 뜻하던 성인의 조직적 체계에 대한 불신감을 키울 수도 있다. 이것은 공동체에서 분명히 나타나는 것으로 과거에 있던 것이 지금은 없는 것이다.

폭력으로 가정과 가족을 잃은 것과 함께 학교도 응급상황 이후 수업을 하지 않을 수도 있으며 지역 교육자들은 아이들이 시간의 대부분을 보낸 친숙한 환경을 제공할 수 없게 된다. 그들의 일상은 교육과 함께 붕괴되었다. 즐거운 구조가 해체되고 혼돈과 무질서가 자리를 대신한다. 나이가 좀 있는 아이들은 아마도 최악의 인간성을 보았을 수도 있기 때문에 모르는 것에 대한 두려움이 있다. 문제에 대한 그들의 정의는 점점 변화되어 난민과 이주민으로서의 새로운 정체성을 바꾼다(라나, 2001). 나이차이가 많은 형제가 있는 아이들의 역할은 어린 동생들에게 부모의 역할을 하는 아이들로 바뀔 수도 있으며, 그에 따라 그들은 어린 형제를 돌볼 책임을 부여 받는다. 이런 보살핌은 정서적 지원에서 살 곳, 건강 관리 등에 이르며 외상을 입은 어린 아이들에게는 엄청난 부담인 것이다. 안정적인 성인도, 공동체의 도움도, 매달릴 일과도 없이 돌아온 피난민 아이들은 그들의 외상으로 더 깊이 빠질 수도 있다(라나, 2001). 성인에 대한 그들의 불신 또한 깊어질 수 있고 도움을 주려는 어떤 어른에게도 감정적으로 폐쇄적이게 된다.

지원의 제공

전쟁을 겪은 청소년의 삶이 즐거운 구조와 가장 기본적인 필요를 제공하는 친숙하고 공동체적인 지원을 잃기는 했어도 교사, 임상가, 다른 심리사회적 지원 체계의 다른 구성원들의 역할을 하는 보호자들은 아이들의 자기 인식, 자존감, 사회적 발달 등을 향상시키고 길러줄 안정적이고 양육적인 환경을 재생할 능력이 있다. 이는 청소년과 보호자 간에 만들어지는 기본적 인간 관계를 통해 성취될 수 있다. 전후 환경으로 들어가 필요 평가를 개발하고 나면 심리사회적 지원 체계는 교육적 환경이 어느 곳에서나 만들어질 수 있으므로, 구조에 대한 아이들의 환경을 재건할 수 있는 것이다(만달라카스, 올네스와 토르제센, 1999). 창의적 예술 치료 프로그램의 실행 특히, 이 장 전반에 걸쳐 논의 될 드라마 치료의 양식은 대안적 교육 방법론으로서 아이들에게 그들의 외상, 상실감, 걱정, 미래에 대한 희망을 표현할 장을 마련해 줄 것이다. 드라마, 음악과 놀이에 참가하면서 아이들은 억압되었던 생각과 감정들을 환기하게 될 것이고 그리고 나면, 대인관계적인 것과 자기 표현적인 기술들이 발달 될 기회를 얻을 것이다. 이런 기술들과 정서들은 대부분 아이들에게 내재되어 있지만 분쟁적 상황 가운데서 정체되어 온 것이다. 잘 훈련된 스텝이나 직원이 창의적이고 치료적 활동으로 이루어진 매일의 일과를 만들어주는 것은 아이에게 잃어버린 친숙한 것들에 대한 감각을 제공해 줄 것이다(라나, 2001).

목표들의 설정

교사, 창의적 예술 치료사들 그리고 다른 정신 건강 직원들로 이루어진 심리사회적 치료 팀이 구성되면 어떤 설정 환경이 이 치료 작업을 진행할 수 있는 환경을 제공하게끔 지정될 필요가 있다. 가장 적합한 지원 팀의 선정은 전문적 기술과 정서적 양육에 관련된 자질이 있는 사람들을 모으는 것을 포함한다.

> *복잡한 인도주의의 위기 상황에서조차 아이들의 회복을 북돋을 수 있다. 서비스를 제공하는 어떤 사람이나 전문가라도 각각의 아이들이 신뢰와 사랑을 주는 나이든 사람과 관계를 맺도록 할 수 있다. 아이들과 일하는 어떤 사람도 잘한 일을 칭찬하고 사랑과 공감을 보여주며, 희망과 자신감을 북돋을 수 있다. 그리고 특히 교육 환경에 있는 어떤 사람들이라도 아이들이 기술을 숙달하는 것을 도울 수 있다(만달라카스, 올네스와 토르제센, 1999).*

여러 비정부 기관들은 분쟁을 겪은 아이들을 돕는 건전한 프로그램을 개발하는 것의 중요성을 이해해왔다. 이런 프로그램들은 신체, 사회, 교육, 정서적 필요들을 충족시키도록 고안되었다. 통합 감리교 구제 위원회(UMCOR)는 이러한 프로그램을 고안하고 실행하는 데 참여해 온 기관 중 하나의 예가 된다. UMCOR(United Methodist Committee on Relief)은 분쟁지역에 청소년의 집을 세우고 그 설립은 분쟁이 끝난 후에도 계속해서 남아있다. 청소년 집의 임무는 지역의돌아온 난민 아이들에게 안전하고 양육적인 환경에서의 교육적, 심리사회적, 재활적 지원을 제공하는 것이다.

사라예보에 1995년 세워진 청소년의 집은 예민한 청소년들에게 음악, 시각 미술, 드라마를 통해 다가갈 수 있는 창의적 예술 양식들을 활용하는 심리사회적인 지원 체계의 한 예가 되어 왔다. 또 하나의 예로는 그루지아 공화국에 있는 UMCOR 트빌리시 청소년의 집인데 그 곳의 직원들은 드라마치료와 다른 창의적 예술 치료를 실행하고 있는 자원봉사 심리학자, 사회 복지사, 그리고 기타 정신 건강 직원들로 이루어져 있다. 드라마치료 그룹은 인도주의의 위기를 겪은 청소년들이 중심을 잡고 자신을 표현할 수 있게 해주는데 어떤 집단 내에서 실행되는 드라마치료는 그들에게 종종 협동 활동이 적용되는 신뢰 회복의 상황을 제공해준다(윈, 1994).

거기에는 거리 두기나 가면 쓰기 같은 안전하고 대안적인 방식으로 그들의 이야기들을 할 수 있게 해준다. 목표설정은 지원자와 청소년간의 집단적 노력으로 이루어져야 하며, 그에 따라 참가 청소년들은 자기 표현과 자신감에 대한 그들의 여정에서 힘을 되찾을 기회를 얻게 될 것이다. 이 과정은 지역의 직원이나 지원자가 분쟁 지역 출신이 아닌 경우 통역의 도움으로 아이들 자신의 언어로 표현될 수도 있다. 이런 목표들은 자신과 주위에 대한 의식을 개선해 줄 이상들을 포함해야만 한다. 어떤 제안되고 합의된 목표라도 이 순간으로 그들을 이끈 현재의 정치적 상황을 인정하는 것이 될 수 있으며, 따라서 평화적인 해결책을 모색하는 방법과 관련된 이상들을 포함하게 된다.

이 집단과의 드라마 치료 그룹을 위한 우선적 목표는 자존감과 자기 인식의 발달에 초점을 맞추는데, 피난 청소년은 그들의 외상적 경험을 표현하기에 안전한 공간에서 자기 의식을 되찾을 필요가 있다. 일단 안전한 공간이 지정되면 그 그룹은 사람을 대하는 기술의 발달과 경계적 배경에 대한 더 나은 감각을 확립하는 데 초점을 맞출 수 있게 된다. 일단 그룹의 목표가 제안되고 이의 없이 합의가 되면 창의적이고 치료적인 과정의 개발이 시작할 수 있다.

드라마치료 기술들

정치적 분쟁에 직면한 국가인 그루지아 공화국의 트빌리시 청소년의 집에서 대안적인 창의적 치료 기술들에 대한 탐구에 열심이던 심리학자들, 사회 복지사들과 함께 드라마치료 워크숍을 했다. 트빌리시 청소년의 집에는 드라마 그룹에 참여하려고 하는 많은 십대 청소년들이 있었다. 이런 청소년들은 일차적으로 국가에서의 분쟁을 겪었고 자기 표현과 상호작용의 평화적이고 창의적인 수단을 추구하고 싶어 했다. 여기에 이 집단과 공유하고 적용된 몇 가지 흔히 쓰이는 드라마 치료 기술들이 있다:

1. 마법 상자: 참가자들이 그들이 세션 시작에 버리고 싶어하는 감정을 나열하게 하고, 세션의 마지막에는 계속 가지고 싶은 감정을 나열할 수 있게 하는 널리 쓰이는 드라마치료 기술
2. 플레이 백 연극: 이것은 참가자들이 결과를 바꿀 수 있게 하는 역할극 시나리오를 위해 사람들간의 갈등을 활용한다.
3. 인간 조각상: 감정과 사회적 원자를 보여주는 데 쓰이는 비언어적 기술
4. 스토리 텔링: 잘 알려진 이야기들을 개인적 경험에 적용하는 것을 이용해, 기본적인 도덕적 윤리적 딜레마들을 "연기"하는 것을 위해 쓰이는 의례의 방법
5. 10분극: 즉흥적인 방법을 구현하면서 공동체를 만들고, 그 구성원들과 상호작용을 하는 포럼
6. 소리와 동작: 현재 감정 상태에 맞게 소리와 동작을 반영하고 바꾸는 재미있는 기술

이런 널리 쓰이는 방법들은 특정한 치료적 목표에 초점을 맞추면서 창의적이고, 자기 표현적이며 즐거운 경험을 제공해 준다. 여러 협동적 활동이 다양한 상황과 결과들에 대한 역할극을 하게 하며, 이런 경험은 참여자들이 감정적으로 어려운 문제들에 대한 평화로운 해법을 모색할 수 있게 해줄 것이다. 폭력적인 전쟁으로 찢겨진 나라에서의 공유된 존재감을 형성한 그들 자신의 또래 집단 내에서 이런 기술을 쓰면서 드라마 치료 그룹의 청소년은 서로를, 그리고 그 그룹의 리더를 도움을 주는 사람으로 보게 될 것이다. 그룹 리더들, 심리학자들, 사회 복지사들은 청소년 그룹에서 이루어지고 있는 과정을 굳히고 향상시키기 위해 부모나 다른 성인 가족 구성원들을 위한 그룹 세션을 조사할 수도 있는데 남은 가족 구성원들의 참여 가능성에 대한 이러한 탐색은 그들에게 진정 이롭지만, 이는 그들의 가족 상황에 달려 있다.

결론

안정감 상실과 가족의 상실에도 불구하고 인도주의의 위기를 겪은 아이는 창의적이고 표현적인 방식으로 청소년의 자기 인식과 자기 표현을 되찾는 데 도움을 줄 수 있는 양육하는 지원 스태프의 리더십 아래에서 드라마치료의 적용을 경험할 수 있다. 드라마치료 그룹은 또래와 성인 역할 모델과의 상호작용에 의해 청소년에게 분쟁 가운데서 잃었던 신뢰를 다시 세울 기회를 제공하고, 함께 함으로써 그룹 구성원들은 공동체와 소속감을 다시 세우는 것이다.

26장

성장하고 진화하는 사이코드라마

카렌 카르나부치

서론

사이코드라마는 우리가 알고 있는 모든 창의적 예술들의 근대 선구자인, 유럽 태생의 의사 제이콥 L. 모레노에 의해 1921년에 생겼다. 이 다차원적인 방법(블레트너, 2000)은 타인들의 치유와 교육을 위해 강력한 공동체를 세우는 데 효과적인 방법이다. 그것의 삼중적인 체계는 매일의 삶에서 창의성과 자발성을 개발하기 위한 중요한 수단이기도 하다.

사이코드라마는 말 그대로 활동하고 있는 정신이란 뜻으로 사람들은 심리학적 관계, 연극적 원칙에 기초한 방법으로 안전한 환경에서 그들의 삶과 연관된 사건들을 연기한다. 그 연기는 역사 탐구뿐 아니라 일반적인 연극적 과정에서는 보통 다루어지지 않는 심리학적 차원과 관련이 있을 수 있고 그런 차원은 다음을 포함한다. 말해지지 않은 생각과 감정들, 없는 사람과의 만남, 다른 사람의 관점에 대한 환상의 묘사, 꿈, 미래의 가능성과 선택에 대한 상상 등(블레트너, 2000).

사이코드라마는 드라마 치료가 아니다. 그것은 별개로써 구분되는 창의적이고 예술적 학문으로 그것은 그 매체들이 종종 제안하듯 심리학적으로 강렬한 현재 사건, 영화, 텔레비전 또는 연극적인 제작물을 언급하지 않는다. 사이코드라마 이론과 실제가 분명 현대 역할극의 뿌리이기는 하지만 역할극을 이용하는 그룹 리더들, 조력자, 치료사들이 사이코드라마를 꼭 이용하는 것은 아니다.

사이코드라마의 근원들

1900년대 초반 오스트리아, 빈에서의 집중적 관찰은 모레노의 철학에 기여했다(폭스, 1987; 해어와 해어, 1996; 마리노, 1989). 그가 빈의 공원을 걸어가고 있을 때 그는 자신의 삶에 대한 상황들을 즉흥적으로 만들고 감정적인 해법을 발견하면서 노는 아이들을 보았다. 또한 걸어가면서 그는 도시의 위험한 지역에서 창녀들을 체포하고 있는 경찰관들에 주목했다. 그리하여 그는 여성들이 그들의 문제에 관해 말을 할 수 있는 비공식적 그룹을 조직했다. 그들은 점차 서로 정서적인 도움을 주면서 경찰과의 문제를 토론하는 것에서 보다 사적인 문제들로 옮겨갔다.

모레노는 근대에 정신적 문제에 대해 유일하게 조직화된 처치법을 개발한, 그의 전 세대의 사람인 지그문트 프로이트의 생각을 별로 좋아하지 않았다. 그는 분석자가 환자의 투사와 전이를 포착하기 위해 분석가 자신은 빈 서판으로 남아 있으면서 내담자만의 병리와 문제의 언어적 탐색에 대한 프로이트의 강조에 반대했다. 모레노는 인간들이 말을 할 뿐 아니라 공간을 차지하고 움직이며 고립되어 머무르기보다 타인과의 관계에서 역할을 맡고 있는 것을 보았다. 그는 그룹 설정에서의 즉흥연기가 그들의 내적 진실들을 발견하고 감정을 표현하며, 새로운 행동들을 실험하는 데 도움을 줄 수 있다고 가정했다(폭스, 1987).

모레노는 행동이 일어나는 공간으로서의 3층의 단계를 고안했고 쟁점이 생길 수 있는 사람들의 그룹을 모았다. 또한 주인공을 내적 드라마의 리더, 즉 감독이라 부르는 이의 도움으로 연기하는 사람이라고 분명히 했다. 그룹 구성원들은 감독의 지도 하에 연기의 역할을 맡을 때는 조력자로 불린다. 그들은 역할을 맡지 않고 그룹에 남아 행위의 목격자 역할을 할 수도 있다(블레트너, 2000; 데이튼, 1994). 그는 개인적 문제보다는 그룹이나 하위그룹의 역학을 탐구하는 비슷한 그룹 과정인 사회극도 개발했다.

미국으로 이민하고 나서 모레노는 1930년대 후반, 뉴욕의 비콘에 치료 극장이 있는 대안적 병원인 비콘 병원을 설립했다. 얼마 후 그는 정신병이 있는 여동생을 위한 도움을 찾던 유럽 태생의 여성 젤카 토만을 만났다. 정신의학적 약품이 아직 개발되지 않았을 시기에 사이코드라마는 정신병을 경감시켜 줄 수 있는 수단을 제공했는데, 젤카는 모레노의 조수가 되기로 했고 다음에는 협력자 그후에 그의 아내가 되었다. 1974년 모레노의 죽음 이후 그녀는 세계를 여행하면서 이 방법으로 시연 가르치기를 계속했다.

역할 이론의 방법

사이코드라마는 역할이론, 자발성, 창의성, 카타르시스가 맞물려 있는 분명한 철학과 이론이 있는 복잡한 방법이다(블레트너, 1998, 2000; 폭스, 1987). 그 중에 중심인 역할 이론은 특정하고바람직한 역할들을 확장하거나 강화하고 부적응적인 다른 역할들의 지배는 줄이기 위한 작업과 관련이 있다. 모레노의 역할이론은 학문적이나 이론적이라기 보다는 응용적인데 그는 (폭스, 1987; 모레노, 1960) 세 가지 역할의 범주를 나열한다:

- 우리가 신체적이라고 부르는 기본적 수준에서 사람의 개인적 기능에 고유한 역할: 먹는 사람, 자는 사람, 변을 보는 사람 등 우리는 모두 인간 존재로 서로 공통점이 있다.
- 우리의 사회 망에서 우리가 어떻게 다른 사람들과 관계 맺는지를 알려주는 성격상의 사회적 역할 : 아내, 딸, 학생, 엄마, 누이, 친구, 피고용자, 이웃 등을 포함한다.
- 사이코드라마적인 역할-상상, 기억, 꿈에서의 인물에 기초한 자아 내의 역할 : 이런 역할들은 매일의 삶이나 스트레스를 주는 시기에는 협조적이거나 갈등적일 수 있다. 내적 역할의 예들에는 화난 자아, 슬픈 자아, 주의 깊은 자아, 강한 감정을 가진 자아 등이 있다.

사회측정

역할들이 관계의 맥락에서 기능하기 때문에 모레노는 사회측정이라 부르는 다음 분야를 고안했다. 사회측정은 그룹 내에서의 여러 가지 선택 활동들을 통해 사회적 관계들을 측정하는 것을 의미한다(모레노, 1960). 그 활동들은 사람들 사이의 에너지 연결인 "텔레"를 인지함으로써 비가시적 관계를 가시적으로 만든다. 관계 선호, 선택, 유사, 차이를 알아냄으로써 감독과 그룹 구성원은 양쪽 모두 그룹의 상호작용에 공헌하는 역학을 이해할 수 있다(데이튼, 1994). 모레노는 그의 중요한 저서 "누가 생존할 것인가?"(1953 & 1993)에서 상술한 것처럼 사회측정을 그의 사이코드라마 작업의 기초로 간주했으며, 실제로 왜곡된 관계들의 치료에 있어서는 사이코드라마를 부차적인 것으로 보았다.

워밍업, 액션, 공유

간단한 삽화 또는 여러 장면이 있는 전체 길이의 드라마를 설정할 때, 더 많은 준비를 필요로 하는 행동 단계로 옮겨가는 활동을 위해 참가자들을 준비시키는 것이 도움이 된다. 좋은 준비는 사회적 측정에 주의를 기울이는 것이다. 누가 그룹에 있는가를 알고 사람들이 섞이고 공유를 할 수 있게 해준다. 이것은 그룹 과정의 준비에서 역시 중요한데 좋은 준비는 그룹 신뢰, 자발성, 주제 그리고 궁극적으로 드라마의 주인공의 출현에 도움을 줄 것이다. 감독은 스펙트럼 사진, 이동그림 또는 실제 선택 같은 전통적인 준비 활동을 이용하거나 또는 자발적으로 그룹의 특별한 필요에 맞게 활동을 고안할 수도 있다. 준비의 종류에는 제약이 없다. 준비 활동에 도움이 필요한 초보들에게는 말 그대로 '준비 상자'가 유용한 자원이 된다(홀랜더, 1978). 홀랜더(1969)는 또한 모레노의 고전적 준비, 행동, 공유 요소에 공을 들였다. 그는 효과적인 그룹 과정의 흐름을 보여주는 홀랜더 사이코드라마적 곡선이라 부른 디자인을 개발했다. 종 모양의 곡선을 나타내는 모양에서 빌려와

홀랜더는 어떻게 준비, 행동, 공유의 세 부분이 각각 효과적이고 완전한 사이코드라마 세션에 기여를 하는지 설명했다. 좌측의 올라가는 곡선은 준비 단계를 나타내며 이는 그룹 결속력, 감독과 서로에 대한 신뢰 그리고 준비성에 기여한다. 높은 지점은 특정한 주인공이 보조 배우들의 도움과 더불어 감독의 도움을 받아 사적인 문제를 연기하는 세션의 행동 단계를 나타내준다. 마지막으로 우측의 하강 곡선은 통합을 보여주며 보조들이 역할 연기를 끝내고 자기 자신으로 다시 돌아가고 그룹 구성원들이 주인공의 드라마의 내용과 관련해서 자기의 개인적 과거 경험에 대해 의견을 말할 때, 일어나는 공유를 뜻한다.

그 공유는 주인공을 그룹으로 돌아오게 하기 위해서만 아니라, 그들이 말로 공유함에 따라 참가자들 내에서 일어나는 인지적인 통합을 위해서도 매우 중요하다. 그룹 구성원들은 그들의 무대 위 경험이나 목격자로서 말, 기억, 관찰을 제공하도록 지시를 받는다. 주인공의 심리학적 역학에 관한 사람들의 생각과 분석은 허용되지 않는다(블레트너, 1988; 2000).

역할 바꾸기

연기 중 감독은 역할 이해의 깊이를 더하고 새로운 행동을 연습하며, 또는 잃어버리고 무시된 자아의 부분을 통합하기 위해 많은 기법을 택할 수 있다(블레트너, 1998). 역할 바꾸기는 다른 사람의 입장이 되어 자신의 관점에서 말하고 움직이며 생각하는 것으로 사이코드라마에서 가장 보편적인 수단이다. 주인공 역할이 다른 사람과 바뀔 때 자아중심성의 습관적 제약을 초월하는 방법이 된다. 역할 바꾸기는 주인공이 다른 사람의 경험이나 시점에 공감을 하는 것이 적당할 때 지시가 된다. 역할 바꾸기는 그 역할을 가장 효과적으로 연기하는 법을 보조에게 보여준 대로 장면을 설정하고 주인공을 준비 시키는 데 도움이 된다.

그 목표는 일차적으로 하나의 역할을 시연하거나 다듬기 위한 것으로 직장 면접에서 행동하는 법, 데이트를 청하는 법 또는 건전하지 않은 행동에 대해 거절하는 법 등으로 이러한 역할 훈련에 참여하게 될 것이다. 한 사람이 그 역할에 대한 적정량의 자발성을 가져올 때 그/녀는 역할 창의성을 보이게 된다. 감독이 특정한 기술의 역할을 확장하고 공감을 키우며, 통찰력을 얻고 카타르시스를 제공하고 또는 목적이나 계획을 구체화한다고 치료적으로 나타난 것으로 판단하게 되면 독백, 더블링, 거울, 인터뷰, 빈 의자, 미래 투사 같은 다른 기술들이 드라마 전체에 삽입될 수도 있다.

사이코드라마는 고도로 극적이어야 한다는 것은 흔한 오해이다. 효과적인 치료 작업을 위해서는 주인공이 통제력을 잃고, 소리치거나 소리를 지르고, 훌쩍거리고, 방석을 쳐야 한다는 것. 비록 안전한 설정에서 감정을 발산하는 것이 가치가 있을 수 있지만, 진정한 카타르시스는 내적인 부조화의 통합이다. 하나의 새로운 자각이 극도로 중요한 지적 카타르시스일 수 있으며, 효과적인 작업은 독백이나 단순한 역할 바꾸기에서 내적 투쟁을 공유하는 것과 함께 나타날 수도 있다(블레트너, 2000).

기준들과 복잡성

사이코드라마가 비전통적인 치료의 종류 그 이상이며 그 연습이 단순한 기술들이 아니라는 점은 중요하다. 사이코드라마는 건강, 교육, 연극, 사업, 예배 같은 설정에서 적용될 수 있는 복잡한 방법이다. 미국 사이코드라마, 사회측정, 그룹 심리치료 연구 위원회는 숙달에 대한 두 가지 기준을 정했다. 각각 실행과 훈련에 대한 엄격한 기준에 부합하는 것을 보여주는 인증 프락티셔너(CP)와 훈련자, 교육자 프락티셔너(TEP)가 그것이다.

모레노에 의해 생긴 "빈 의자" 기술을 포함한 사이코드라마적 방법의 일부는 게슈탈트(형태) 치료의 프리츠 펄스; 조각하기라고 부르는 행동 소시오그램을 구현한 가족 치료사 버지니아 사티어 교류 분석 개발에서 부모, 성인, 아동의 자아의 상태를 밝혀낸 에릭 번(블레트너, 1988)에 의해 응용되었다. 1960년대와 그 이후에 많은 심리치료사들은 여러 아이디어들의 조합을 사용했고, 때로는 "경험적 치료"라는 포괄적인 이름을 쓰기 시작했다.

사이코드라마의 진화에 따른 혁신들

수 년간 사이코드라마는 종종 매우 흥미진진한 방식으로 진화하고 성장해왔다. 치료 서클에서 몇몇 실행자들과 훈련자들은 심리분석적 관점과 사이코드라마를 열정적으로 결합했고, 다른 이들은 미술, 시, 꼭두각시, 모래놀이, 무용과 동작, 음악 같은 다양한 창의적 예술 치료들을 구현하기도 했다. "심리치료와 행동 변화 핸드북"의 신 개정판(엘리엇, 그린버그와 리태어, 2003)은 인지적 좌뇌를 다루는 전통적 언어 치료로는 창의적 우뇌에 가둬진 외상의 기억과 감정에 대해 완전하게 접근할 수 없다는 점을 전제로 해서 경험적 심리치료를 외상 생존자를 위한 선택된 치료방법으로 명명했다.

그리고 또 하나의 파생물은 조나단 폭스에 의해 개발된, 사이코드라마적 원칙을 이용하여 공동체 설립과 이야기하기를 향상시키는 재생 연극(살라스, 1994; 살라스와 스왈로우, 1994; 폭스, 1999)이다. 개별 공연에서는 사별 같은 단일한 주제에 대한 준치료적 목적을 위해 재생극을 적용되기도 했다. 존 버그만은 특히 심각한 범죄로 투옥된 범죄자들과 작업 하는 거스(거위) 극장의 개발에서 드라마 치료를 재생 연극, 즉흥 연극, 사이코드라마와 결합했다(바임, 브룩스와 마운트포드, 2002; 버그만과 헤위시, 2003). 음악치료사로서의 전문성과 토착 문화 치료자들의 음악에 대한 연구자인 동시에 J. L. 모레노의 조카이자 존경 받는 음악치료사였던 조셉 모레노는 창의적 예술 치료들이 어떻게 시너지적으로 작동할 수 있는지 보이기 위해 사이코드라마를 음악 치료와 결합 했다(1999).

그 분야에서 일어난 특정한 변화들 가운데에는 외상 생존자들의 치료를 위한 허드긴스(2000)의

나선형 치료모델의 개발이 있다. 이 모델은 미국과 국제적으로 퍼져나가고 있으며, 서서히 외상 후 스트레스 장애와 분열 장애를 위한 "포함하는 더블"이라는 주요 행동 교정의 효력을 보여주는 자체 연구를 확립하고 있다.

최근에 개발된 또 하나의 모델은 토마술로(1992, 1999)에 의해 이름 붙여지고 개발된 정신 지체와 만성 정신 장애가 있는 사람들에 대한 그룹 심리치료의 상호작용-행동적 모델이다. 공 수(2004)는 아시아에서의 문화간 작업과 동양 문화에 대한 자신의 유산과 지식에 기초해 전통적 중국 의술과 사이코드라마, 창의적 예술 치료를 결합했다. 특별히 성장하고 있는 사이코드라마의 비심리치료적 파생물은 바로 피트젤(1995, 1998)이 개발한 성경극과 밀러(2002)에 의해 만들어진 영혼극(소울드라마)를 포함한 심리영적인 문제를 다루는 다른 응용물들이다.

결론

여러 훈련자들이 모레노의 사망 이후 전 세계에서 일어난 사이코드라마에서의 혁신 사례들을 수집하려고 노력해 오고 있다(거쇼니, 2003; 홈즈, 카프와 왓슨, 1994; 허드긴스와 켈러만, 2000). 사이코드라마가 21세기에 계속해서 진화하고 번영할 것이라고 믿을 이유는 무수히 많다. 프락티셔너들은 새로운 생각에 대해 실험을 하고 새로운 집단들과 현재 연구에 대한 작업에서의 혁신과 실천을 계속해서 기록할 것이다.

27장
시, 치유하는 펜

마리 알슐러

서론

시 치료(PT)는 치료와 개인적 성장의 목표들을 위해 사람들을 돕는 데 시와 다른 문학을 의도적으로 사용하는 것을 뜻한다. 시 치료는 "다양한 도움과 교육적 수용능력이 있는 언어 예술의 치료적 측면들에 대한 탐구와 평가를 통해서 발달한 다원적 기반이다"(마짜, 1994). 시 치료사들은 시, 노래 가사, 짧은 이야기, 동화, 신화, 소설, 일기, 에세이, 회고록, 자서전, 극과 영화를 도구로 활용한다.

독서치료, 저널 치료, 시 치료는 서로 바꿔 쓸 수 있는 상관 용어들이다. "독서치료"라는 용어는 그리스어의 책(biblion) 그리고 치유(oepateid)로부터 파생되었다. 그 용어는 새뮤얼 맥코드 크로더스에 의해 1916년에 만들어졌다(파머, 빌러, 란코트와 티츠, 1997).

시 치료의 역사적 뿌리는 고대로 거슬러 올라갈 수 있다. 그리스 사람들은 올림푸스 산의 아폴로를 음악, 시, 치유하는 예술의 신으로 생각했다. 아폴로의 아들 아스클레피우스는 치유의 신이자 근대 의술의 조상이고(퍼라키스, 2000), 미국의 위대한 시인 중 한 명인 윌리엄 카를로스 윌리엄즈는 의사였다.

아홉 명의 뮤즈는 서정시, 서사시, 비극의 연극적 재현을 포함한 창의적 예술의 아홉 가지 영역을 대표했다(고렐릭, 1987). 아리스토텔레스는 최초로 카타르시스 또는 "비극의 관객에 잠재하는 동정과 공포 감정의 정화" 효과에 대해 말했다. 그는 그것이 바로 관객들에게 즐거움을 주는 감정의 정화라고 하였다(아브람스, 1994). 고렐릭은 이런 고대 비극들이 관객에게 "두 가지 역할–피해자–희생자와 관찰자–조력자를 대리 경험하게 했다고 주장한다. 개인적으로 깊은 연극 경험을 느끼게 되면 그것은 연극 공간을 너머 개인의 삶으로 이어지게 된다(아브람스, 1994)." 드라마치료와 사이코드라마에서처럼 시 치료에서도 표출을 통한 생각과 감정의 표현은 치유와 회복으로 이어진다.

시 치료의 양상들

무용/동작 치료와 음악치료와 같이 PT도 자아의 깊은 면에 접근하는 데 언어와 소리의 자연스러운 리듬을 활용한다. 탈레리코(1986)는 창작과정과 치료 사이의 관계에 대해 감정 표현의 독려, 위기 대처의 자신감, 무의식과의 소통, 새로운 통찰력 개발, 갈등의 해결, 근심 감소, 문제 해결을 목적으로 한 정신적 에너지의 재소통이라고 쓴다. 로시터(1992)는 창의적 예술 치료들 간의 공통점들을 다음과 같이 쓴다 "(1) 개인 성장 촉진과 문제 해결을 위해 창의적 과정과 창작을 이용 (2) 내적 긍정성 (3) 간접성 (4) 호소력과 넓은 응용 가능성"이라고 쓴다. 시 치료사들은 종종 시 치료를 하면서 관련된 양식들(시에 대한 반응 묘사, 음악에 관한 글쓰기, 시에 대한 감동)을 이용한다.

PT의 응용

PT는 다양한 내담자 집단의 거의 모든 환경에서 이루어질 수 있다. 그것은 일반적으로 그룹에 대해 제공되지만 개인, 부부, 가족, 친구에게도 쓰일 수 있다. 신뢰, 자존감, 안전에 대해 도움이 되는 환경이 PT 그룹 개발의 우선 목표이다. 라이터(1997)는 국회 증언을 위해 원래 NCATA에 제출한 보고서에서 PT의 특정한 목표들을 다음과 같이 나열한다:

a. 생생한 이미지와 개념 그로 인해 환기된 감정에 대한 반응 능력 증진
b. 자기 이해와 자기 인식에서 정확성 향상
c. 대인관계에 대한 자각 증진
d. 현실 지향성 고양
e. 창의성, 자기–표현, 자존감 발달
f. 긍정적 생각과 창의적 문제 해결 독려
g. 의사소통 강화, 특히 듣기와 말하기 기술
h. 심리학적 전체성을 위한 자아의 다양한 측면 통합
i. 깊은 감정 정화와 긴장 해소
j. 새로운 생각, 통찰력과/정보를 통한 새 의미 찾기

k. 참가자들의 해방감과 미에 대한 교육적 경험을 하는 데 도움을 준다.

PT는 단독으로 또는 함께 쓰일 수 있는 세 가지 기술에서 흔히 채택된다: 첫째는 세션에서 기존의 문학을 이용하는 것이다. 둘째는 세션 도중 또는 세션 사이에 완성하도록 내담자에게 글쓰기 연습을 할 수 있게 해주는 것이다. 셋째는 치료 그룹, 부부 또는 가족 단위로 이루어지는 그룹 시 또는 협동 글쓰기이다(골든, 2000). 시 치료사가 그룹 구성원들에게 시에 대한 반응을 쓰게 할 때 "자각, 그룹 상호작용 그리고 자존감의 개선이 생긴다". 마짜(1994)는 협동 시가 그룹 결속력을 향상시키며 그룹의 발달 단계를 반영해 준다고 지적한다. 마짜는 또한 기술-관계를 평가하는 커플 상담에서 사용되는 두 사람 간의 시를 더한다

러너(1993)는 PT 세션 내에서 시에서 드러난 사람에게서 일어나는 자발적인 내적 과정들에 대해 다음과 같이 쓴다. 한 편의 시는:

종종 개인적 역학의 체계에서 진행되고 있는 이미지들을 환기시켜 준다. 따라서 하나의 시는 느껴진 것을 이미지로 만들고 생각을 하면서 느끼는 것을 가능하게 해 준다. 머리와 가슴은 자존감을 향상시키는 현실적 가능성과 결합된다…. 잠재적으로 하나의 시는 적절하고 효과적인 해석의 재료를 포함하며 종종 사람의 감정적인 어려움들의 중심을 겨냥할 수 있다.

PT의 역사적 발전

조직화된 치료나 보조 치료 양식으로서의 PT는 1800년대 후반의 초기 정신과 병원 운동에 그 기원이 있다(아브람스, 1994). 미국의 현대 정신의학의 "아버지" 벤자민 러쉬는 펜실베니아 병원의 정신의학 병동에서 시를 활용했다. 입원환자들은 자신들의 시와 삽화를 포함하는 내부 소식지를 출간하기 시작했다(고렐릭, 1987; 라이터, 1997). 이 소식지는 발행이 중단되었지만 전세계 정신의학과 재활 프로그램에서는 종종 그 내담자들의 글을 싣고 있다(그들의 삽화와 함께). 그리고 미국에는 정신병, 중독, 가정 폭력, 다른 문제들이 있는 사람들의 글을 전시하는 국가적인 움직임이 있다. 예를 들면 뉴욕시의 ARIA(Awareness of Rape and Incest through Art, 예술을 통한 성폭력과 근친상간의 인식)는 성학대와 성폭력 피해자들의 시, 미술, 춤, 드라마, 음악을 장려하는 연례 치유의 밤 행사를 한다(ARIA, 2005).

1969년에는 시 치료 운동 지도자들이 후에, 미국 시 치료 협회(NAPT)로 이름 붙인 협회의 조직을 결성했다. NAPT는 두 가지 훈련 수단을 만들었다: 발달 집단과 일하는 학사 수준의 전문직 보조원들인 인증된 시 치료사(CPT) 그리고 임상 집단과 일하는 최소한 석사 학위를 가진 정신 건강 전문가들을 위한 등록된 시 치료사(RPT). 모든 피훈련자들은 공인 멘토/감독(M/S)의 감독을 받

는다. NAPT의 별도의 인증 지부인 국립 독서 치료 연합은 시 치료사의 전문 인증과 감독되는 훈련을 관장한다. NAPT는 국립 창의적 예술 치료 협회, NCATA의 일원이다. NAPT와 관련 지부 웹사이트는 http://www.poetrytheraphy.org이다.

이 분야가 표현 예술 양식과 비교해 상대적으로 오래되지 않았지만 PT 역시 NCATA와의 협동을 통해 의회에서 목소리를 찾았다. NAPT와 연합 모두의 전 회장인 셰리 라이터 박사(1997)는 연방정부로부터 시 치료를 전문적 표현 치료로 인정 받기 위한 바람으로 국회 의원들에게 시 치료에 관한 발표를 했다. 지역 NAPT 구성원들은 제3자 지불인과 보험업자들에 의한 직업적 인식을 확보하기 위해 주 차원에서 계속해서 일하고 있다.

PT의 창시자들-잭 리디, 아더 러너, 질 슐로스, 몰리 헤로우, 아린 맥카티 하인즈, 마리 하인즈-베리는 이 분야의 첫 교과서를 썼다. 최근에 더해진 것은 니콜라스 마짜의 뛰어난 교과서 "시 치료: 예술과 심리학의 교차"이다. 이런 책들은 표준 텍스트로 남아있으며 그것들은 시 치료사로서 인증을 받고자 하는 사람들에게 필독서이다.

헤로우(1972)는 시가 "치료이며 정상 발달의 일부분으로 사람들은 그들의 불가피한 내적 혼란에 대처하기 위해 애써오면서 대처하는 한 방법은 민요, 노래 또는 시이다. 일단 말로 굳어지면 모두 휩쓸어버리는 감정들이 관리 가능하게 되고, 명시적으로 논의되면 소통할 수 없는 짐의 무게를 덜 수 있다. 바로 그 창작 행위는 자기-지탱의 경험이며 시적인 순간에 자아는 도움을 주는 '치료사'이자 위로를 받는 '환자'가 된다"라고 주장한다. 고렐릭 버전의 그리스 비극에 대한 반응에서 대리 관찰자의 두 가지 역할 간에는 평행선이 그어질 수 있다.

PT의 초기 창시자중 한 사람인 잭 리디 박사는 "동일성의 원칙"(isoprinciple)을 음악치료에서 빌려온 개념을 이론화했다. 동일성의 원칙은 시 선택의 바탕에 있는 안내의 개념으로써 처방적으로 사용된다. 그는 시 치료사들은 "내담자의 분위기와 유사하지만 희망의 요소가 포함된 문학을 선택한다"(골든, 2000)고 말했다. 리디(1985)는 "환자의 분위기에 대한 감정에 근접한" 시들을 선택함으로써…그 시가 상징적으로 그들의 느낌을 나눌 수 있는 사람에 대한 이해가 된다"고 느꼈다. 그룹 일원 간의 공통 관심사와 문제들에 대한 보편성을 제시함으로써 참가자들은 그들의 말을 들어주고, 이해 받고 받아들여진다고 느낄 것이다.

슐로스(1976)에 따르면 아더 러너 박사는 "대인관계적 시 대화라고 불릴 수 있는 접근법"을 선호했다. 이 모델에서 그룹 구성원들은 자신 또는 외부의 인쇄된 작품을 가지고 와서 현재 그룹의 주제나 문제와 관련된 부분을 읽고 토론을 할 수 있다. 주제는 그룹 참가자들 또는 시 치료사에 의해 바뀌거나 변경될 수 있다. 러너 자신은 치료사들이 시와 "다양한 경험의 수준에서 감정을 환기시키거나 유발할 수 있는 잠재성"을 이해할 필요가 있으며, 시 치료사들은 "시뿐 아니라 치료성에 숙달"되어야 한다고 믿었다. 그는 PT 세션에 대해 신중하게 선택된 시의 영향을 설명하는 데 있어서 놀라운 직유법을 사용한다. "치료 세션에 적절하게 쓰인 시 하나는 물 웅덩이에 던져진 조약돌과 같다. 그것은 파장을 일으킨다. 라고 하는 예에서 파장은 유도된 정서적 지적 반응들과 해석을 위한 잠재성이다."

슐로스(1976)는 1970년대에 사회치료 기관의 일원이었다. 그는 거기서 심리치료를 발전시켰고 "사건들이 그룹에서 그 순간에 일어나는 행동으로부터 발생하는 때의 자발성을 강조하는" 사이코드라마 원칙과 기술의 측면들을 채택했다. 따라서 창시자들을 포함한 다른 시 치료사들은 그들의 실천에 있어서 다른 관점을 가지고 있을 수도 있다. 다양성은 개업가들이 다양한 지지자를 연구하고 자신의 스타일과 방법론을 개발할 수 있게 해준다. 과거와 현재에 다른 작가들은 계속해서 1987년에 첫 출판된 "시 치료 저널"이라는 학문적 저널에 논문을 쓰고 발표한다. NAPT 구성원들은 또한 "뮤즈레터"라는 내부 소식지를 읽고 글을 싣기도 한다.

하인즈와 하인즈-베리(1994)는 위에 언급된 저자들에 의해 개괄된 이전의 이론적 실제적 작업을 결합함으로써 그 분야에 공헌했다. 그들의 상호작용 독서요법은 "참가자나 그룹의 문학, 다른 매체의 자료/또는 창작된 글에 대한 지도를 받는 토론이 설정된 치료 목표를 이루는 데 쓰이는 치료적 양식들"로 정의될 수 있다(로시터와 브라운, 1988). 그들의 상호작용 독서치료적 접근법의 주요 측면은 문학에 대한 최선의 선택에는 긍정적 주제뿐 아니라 어떤 보편성이 있을 것이라는 점이다. 하인즈와 하인즈-베리는 참가자를 위한 독서치료적 과정의 4단계를 개괄한다: (1) 독서로 주의 끌기(인식) (2) 쟁점들과 시에서 나타난 문제들에 대한 개인적 반응이나 감정을 관찰(조사) (3) 독서 토론 중에 나온 새로운 생각이나 개념들과 동화시킴으로써 이해의 수준을 깊게 함(병렬) (4) 통찰력을 평가하고 자신의 내적 자아로 통합함(자기-응용). "그 전체 과정은 앞으로의 자세와 행동을 형성해 주는 새롭고, 깊은 개인적인 의미에서 그 정점을 이룬다". 그들의 상호작용 모델에서 하인즈와 하인즈-베리는 내담자, 치료사 그리고 선택된 시나 다른 문학간의 상관 관계에 초점을 맞춘다. 그들은 시인(시의 저자나 화자), 독자/청중/내담자 그리고 치료사의 삼각형을 묘사한다(러너, 1995). 상호작용 독서치료에서의 강조점은 내담자의 감정적 반응에 있다.

적합한 시를 고르는 일은 PT 그룹의 목표들과 그룹 과정의 현재 양상에 대한 이해에 기초한다(골든, 2000). 러너(1992)는 PT에 가장 효과적인 문학에는 "내담자의 경험 참조 틀" 안에 포함된 주제, 은유, 직유들이 있다"고 보고한다. 하인즈와 하인즈-베리(1994) 또한 PT 세션에서 적절한 자료를 선택하는 데 있어서의 네 가지 주제적인 차원(보편적 경험이나 감정, 강력한, 종합적인, 긍정적인)과 네 가지 스타일적인 차원(강제적인 리듬/구체적인 이미저리/단순하고 분명하며, 정확한 언어와 어휘/간결하고 관리할 수 있는 길이)을 설명했다.

읽고 • 쓰기 문제들

표현 양식의 선택에서 주요한 고려 중의 하나는 읽고·쓰기의 수준이다. 다른 창의적 예술 치료와는 달리 시와 일기 치료는 읽기와 쓰기 능력에 의존한다. PT는 사람들이 "어떤 다른 방식으로는 말할 수 없는 것을 표현"할 수 있게 해준다(라이터, 1997). 하지만 교육 수준이 낮다고 해서 반드시 PT를 사용하는 데 방해가 되는 것은 아니다. 테이프 녹음기를 이용해 문맹 내담자을 위해 "받아쓰기" 또는 동료로 하여금 다른 내담자을 위한 쓰기 대리인 역할을 하도록 지정하는 것 등이 그 모든 형태에서 언어 표현을 독려하는 모든 기술들이다. 치료사의 언어로 의사 소통할 수 없는 내담자들은 그룹에게 소리를 내서 통역하는 것과 더불어, 그들의 말을 옮겨 쓰는 동료로부터 혜택을 볼 수도 있다. 청각 장애자 난청 내담자들은 ASL 기호 번역가를 활용함으로써 PT로부터 혜택을 볼 수도 있다.

PT 그룹

PT 그룹과 시 쓰기 그룹 사이에는 전혀 다른 세상이 있다. 자기-탐색 과정과 공연 또는 출판되는 예술 작품의 창작 그리고; 비평이나 피드백이 채택되는 방식의 차이. 그것은 과정과 산물 간의 중요한 차이이다. 마짜(1994)는 PT의 목표가 내담자에게 시를 교육하는 것이 아니라 시에 의해 "환기되는 감정과 연상에 대한 탐색을 촉진하는 것"이라고 쓴다. 마짜는 우리에게 시 쓰기와 PT가 두 개의 구별되는 노력이라는 것을 환기시켜 준다. 시 치료사는 그것에 대해 내담자들이 반응하게 될 외부적 자극-시-을 활용한다. 이 방식으로 시는 개인이 "그의 감정, 문제, 관심을 이해하고 표현"하는 것을 자극하는 데 도움을 준다. 예술 작품으로써의 시의 가치와는 상관 없이 하나의 시가 개인에게 더 많은 반응을 자극할수록 치료과정을 돕는 더 많은 잠재력이 있는 것이다". 사실 PT 세션에 쓰려고 선택된 시는 문학적 이점에 기초해 선택될 필요가 없으며, 오히려 "자각과 자기-발견의 수단으로써" 선택된다고 라이터(1997)는 말한다.

하나의 시나 다른 텍스트, 주제 또는 주제에 대한 반응으로 글을 쓰도록 참가자에게 주어진 지시사항은 흔히 다음을 포함한다. 문법, 철자, 구두법은 걱정하지 말라. 운율을 맞출 필요도 없다. 편하게 쓴다고 느껴지는 언어를 이용하라. 이것은 바라는 결과가 출판인 창의적 글쓰기 그룹과는 강한 대조를 이룬다. PT에서는 바라는 결과에 자기표현을 통한 치료적 목표의 성취가 포함된다. 라이터(1997)는 "글쓰기를 통해 감정을 외면화하기 위해" 세션 중 글쓰기를 이용하는 그룹 구성원들은…참가자들에게 숙련된 느낌을 주며…개인들이 다른 관점에서 자신들의 감정을 볼 수 있게 한다"고 쓴다. 시의 "정직성은 사람들이 힘든 문제를 탐색하는 데 도움을 준다. 참가자들이 … 마음에서 우러나오는 말을 하는 그룹 구성원에게 귀 기울일 때 그들도 그렇게 하고 싶어지게 된다."

따라서 PT 그룹 지도의 설정을 하기 전에 교육과 감독이 요구된다. 러너(1992)는 다양한 그룹 구성원들은 시 치료사의 반응이 물론 그렇듯, "그룹 세션에서 읽거나 나눈 시들에 대한 감정적인 반응과 지적인 반응에서도 다양하다." 공감 능력을 가지면 시 치료사가 분위기, 주제, 교양 수준, 상대적으로 정확한 평가를 내릴 수 있으며 효과적인 시 치료사의 특성을 가지게 된다. 파이스(1993)는 "치료사가 해당 작품이 도움이 될 것이라고 확신하는 경우에도 특정한 시, 텍스트 또는 삽화에 대한 내담자의 반응"을 예측하기는 매우 어렵다고 말한다.

아브람스(1994)에 따르면 훈련과 더불어 "두 가지 태도"가 활성화되고 유지되어야 한다. "먼저 자아의 대한 자각과 내적유도, 열린 마음이 내담자의 내적 반응을 모니터하기 위해 필요하며…둘째는 감정적 분리의 자세이다. 그리고 나서 치료자는 내담자의 경험에 대한 공감을 유지하면서도 자신을 별개의 개인으로 볼 수 있게 된다…. 따라서 시 치료사는 환자의 내적 갈등을 시로 부터 통찰력을 불러 일으켜야 할 뿐 아니라, 내담자의 혼란스러운 감정들에 의해 조작되지도 압도되지도 않는 긍정적이고 능동적인 관계를 유지할 수 있어야 한다…. 공감적 분리는 효과적인 치료 중재를 위해 필요한 비판단적인 중립성을 가능하게 해주며 그것을 길러준다".

치유와 PT

류마티스성 관절염과 천식 진단을 받은 사람들에게 진행된 최근의 연구에서는 사소한 사건에 관해 글을 쓴 환자들과 과거의 외상적 사건들에 관해서 글을 쓴 환자 사이에는 자가면역 기능에서 상당한 임상적 차이가 있다고 결론을 내렸다(페네베이커, 1990, 실버만, 1997). 페네베이커(1990)는 왜 전 세계적으로 사람들이 이야기를 하도록 부추기는 충동이 있는지 궁금해 하면서 치유적 접근을 하였다. 또한 마짜(1999)는 "이야기들은 우리의 기능에서 중심을 차지하며 우리는 경험 모두에 관해 이야기를 만들어낸다"고 주장하였다. 네러티브를 만들어내는 이런 내적인 충동은 문제해결과 갈등해소에 도움을 준다. 페네베이커의 주요 발견은 우리의 생리학적 방어를 무너뜨리고 "면역기능, 심장과 혈관 체계의 활동 그리고 뇌와 신경체계의 생화학적 작용들"에까지 영향을 주면서, "우리의 생각과 감정을 적극적으로 억제하거나 금지하는 것은 효과적이기 어렵다"는 사실을 보여준다. 아마 아리스토텔레스(그리고 후에, 프로이트)가 모두 옳았다. 언어-글이나 말-를 통한 감정 표출 또는 카타르시스는 궁극적인 치유의 이점이 있다.

페네베이커의 발견들 중 또 하나는 완성할 필요성(게슈탈트 심리학과 게슈탈트 이론을 무너뜨리는)이 의미 탐색과 문제 해결로 이끈다는 것이다. 그는 문제에 대해 단지 글을 쓰는 것만으로 해결에 도움이 된다는 것을 알아냈다. 나아가 혼란과 외상적 사건에 대해 쓰는 것은 그 감정적 사건 자체에 대한 새로운 이해로 이끌어준다. "사람들이 주요 격변에 관해 글을 쓸 때, 그들은 그것들을 조직화하고 이해하기 시작한다…. 일단 사람들이 복잡한 경험을 보다 잘 이해할 수 있는 것들로 순화할 수 있으면 그들은 그 외상을 넘어서기 시작할 수 있다". 위압적인 듯 보였던 문제들은 종이에 적은 후에는 보다 우회 할 수 있거나 제어할 수 있는 것이 된다.

로빈슨과 모브레이(1985) 또한 PT의 맥락에서 시 쓰기의 문제해결적 특성을 강조한다. "시인의 동기는 의식적이고 그의 창작은 의도적인 것으로 감추기보다는 표현하기 위해 그의 도구를 능숙하게 사용하는 기술의 결과이다. 그는 생생한 맥락에서 의미를 유도해내는 데 환상을 이용한다. 그는 분명하게 만들려고 왜곡을 하며 밝히려는 노력으로 상징화를 한다. 감정을 언어적 단위로 번역하는 것은 언어와 말의 경제에 대한 실험을 요한다. 생각에 형태를 부여하는 것은 노력의 성숙, 치료 목표와 조화되는 성장을 낳는 경험을 나타낸다." 페네베이커는 "외상에 관한 글쓰기가 이로운" 이유는 "그것이 의미 발견의 강력한 도구라는 점이다. 글쓰기는 자기-이해를 촉진한다"고 결론내렸다.

최근의 다른 연구 프로젝트 또한 학대경험 여성(파머 외, 1997), 중독자(로시터와 브라운, 1988), 노숙자, 정신 질환 성인(알슐러, 1995) 그리고 다른 집단에 있어서 시와 일기 쓰기의 효과에 가치를 부여했다. 1970년대 이래로 연구는 독서치료가 주장, 자기 개념, 개인적 성장, 상실감 대처, 감정적 적응에 대해 긍정적인 영향이 있다는 점을 뒷받침해 주었다(파머 외, 1997). PT그룹을 통해 구성원들은 타인과 관계를 맺고 "개인들은 그 자신의 삶에서 외로움이 줄어드는 것을 깨닫게 된다(실버만, 1997)." 글쓰기나 일기쓰기의 심리적, 생리학적 이점을 밝히기 위해서는 추가 연구가 필요하다(마짜, 1999).

만일 글쓰기와 타인의 글에 반응하는 것이 그 자체로 치유적이라면 PT는 치료 목표의 성취를 위해 강한 요소를 이미 갖고 있는 것이다. 페라키스(2000)는 시가 "마술, 허상, 빗나감 그리고 모호함을 구현하는 어떤 전체성의 상태를 유도하는 능력이 있다"고 쓴다. 그것은 지성에 의해 바뀌지 않은 형태로 근원적 에너지와 패턴을 표현한다. 즉 원시적 신체 감각의 산물인 완전함의 상태가 바로 그것이다."

제의, 신화, 종교는 시, 리듬, 운율에 싸여 있다(실버만, 1997). 우주와 결합하려는 인간의 욕망은 시, 드라마, 종교에서 볼 수 있는데 그 모든 것은 "참가자 개인의 인격에 대한 의식을 지워버리는 것을 목적으로 하는 공동적 제의로부터 진화했으며, 그의 그룹을 신과의 합일로 고양시킨다(모리슨, 1985)." 시는 그것을 통해 특정한 개인들이 "우주의 치유적 환경으로" 해방될 수 있는 어떤 흐름이다. 소외감을 느끼는 사람에게 동일한 외로운 길에 다른 사람이 먼저 가고 있다는 점을 아는 것은 위로가 된다…. 두려움, 불안, 걱정을 표현하는 시인들은 우리가 자신의 깊은 곳에서 느끼는 것에 목소리를 부여한다"고 모리슨은 단언한다. 켐플러(2003)는 치료에서 시를 사용하는 것은 "깊이 자리잡은 상징적인 문제들의 표현뿐 아니라, 진전된 치료의 혜택을 위해 타인들과…의사소통하는 데 쓰일 수 있는 진정한 개인 목소리의 발달을 가능하게 해준다"고 쓴다. 안셀(1994)에 따르면 우리는 상징들 속에서 살아간다. 예술은 인간을 "마음으로 목격된 경험"을 초월하게 해주기 때문에, "의식에서 직접적으로 접근할 수 없는 감정 상태로 더 깊이" 나아갈 수 있다고 그는 단언한다.

변화의 동인으로서 시는 개인적 성장과 치유를 위한 중요한 수단이다. PT세션에서 시를 창작함으로써 내담자들은 숙련을 통해 자신의 치료를 자발적으로 종결할 수 있다. 내담자들은 치료사에 의지하도록 길러지는 대신 독립성이 권장된다. 자신에 대한 의미를 형성할 능력을 기르면서 내담자들은 보다 자족적이고 독립적으로 된다. 슐로스(1976)는 시에 있는 치유를 위한 변화의 힘을 인정했다. "때로 시를 쓰는 것은 고독, 우울, 절망을 흐르게하는 유일한 수단으로 보인다. 때로 감정표현을 위한 적당한 말을 찾으면서 그들은 성취감을 얻을 수 있고 개인의 고통을 미학적 쾌감으로 바꾸는 경험을 한다." 실버만(1997)은 PT의 진보적 성격을 강조하면서 이 문제에 대해 이야기한다: "상징적 이미지 창조는 치료의 도움으로부터 궁극적으로 독립하게 되는 도구로써 시 치료는 내담자가 자신의 자아를 비춰볼 수 있는 거울이다." 그들의 생각과 감정을 개인적 의미와 연상을 통해 재평가하는 동안 은유, 직유, 이미저리는 모두 "방어막을 우회하고 변화를 촉진하기 위해"(파머 외, 1997), 내담자의 상황들을 재구성하는 데 유용할 수 있다.

"우리의 첫 리듬은 심장박동이며 시의 박자와 운율의 흐름은 어린 시절 듣던-부모가 소리 내어 읽어주던 동화의 운율, 심지어는 우리가 태내에 있을 때 어머니의 심장박동으로 거슬러 올라간다(슐로스, 1976)." 표현적 예술은 사람들이 "의미 없는 것이나 말도 안 되는 것에서 의미를" 찾는 시도를 할 수 있게 하며 혼돈에서 질서를 창조하게 해 준다(러너, 1991b). 시는 "혼돈에서 질서를, 부조화에서 조화를 만들어낸다"고 헤닝거(1994)는 덧붙인다. 로시터(1992)는 창의적 표현에 단순히 참여하는 것만으로도 치료적 결과가 있을 수 있다고 믿는다. 타인들과 창의적 활동을 나누는 것은 나아가 그 경험과 내담자들의 "자기 탐색과 이해"를 향상시킨다.

흔히 시에서 발견되고 그것과 연관이 되는 심리치료적 은유들은 "내담자의 경험과 평행이 되어 무의식적 차원에서, 문제를 풀 수 있게 해줄 은유로부터 의미를 도출할 수 있게 고안되어 있다(모건, 1988)." 시어와 은유, 직유, 의인화, 운율 같은 시적 장치들은 독자에게 "계시를 주고 자각을 확장시키는 상징들"로 이루어져 있다(퍼라키스, 2000). 치료 세션의 일부로 은유들에 대한 관찰과 활용은 사람들의 문제들에 대한 더 많은 층위를 보여줄 수 있으며, 미래의 세션을 위한 보충 영역이 드러날 수 있고, PT세션에 시를 사용하므로 치료의 중요한 부분에서 저항이 일어나지 않게 도움을 줄 수 있다.

로시터(1992)는 시 치료 세션 중의 창의적 글쓰기 활동을 통해 만들어진 간접적인 암시가 참가자들이 "저항보다는 탐구하고 싶고" 덜 위협적으로 느끼므로 "자기 반성적이고 자기 표출적"으로 만든다고 주장한다.

시의 이미지는 "내부와 외부 세계 경험의 인지에 대한 구체적 재현"을 하게한다(로렌즈, 1998). 은유나 이미지의 기원 지점은 "은유에 포함된 암시나 지시들에 대해 덜 저항적이게" 만들 수도 있고, 은유들은 "한 지점을 밝혀주고 해법을 제안하며 동기를 키우고 문제를 재정의 또는 재구성" 할 수 있다(모건, 1988). PT세션에서 은유와 직유는 "의사소통의 매체"가 되며(러너, 1995) 시 자체를 분석하는 것은 시에 대해 반응하는 것보다 덜 중요하다.

실버만(1997)은 시 자체에 원래 "치유적 효과"가 있다고 말한다. 그는 "시에 대해 읽고 쓰는 것은 치유하는 힘이 있으며, 시 쓰기 자체는 설명할 수는 없지만 카타르시스적인 방식으로 그것들을 객관화하는 과정에서 개인의 문제에 대한 깊은 통찰력을 주는데, 쓰여진 글은 이미지나 은유 같이 강력한 도구이기 때문이다. 그리고 시어는 전의식과 잠재의식에 대한 순수한 언어로 시와 치료는 모두 "꿈, 백일몽, 상상을 포함하는 잠재적인 것들과 관련이 있다. 둘 다 응축, 고양, 전위, 상징화의 방어 매커니즘을 채택한다"(로빈슨과 모브레이, 1985).

체이스(1988)는 시 치료를 통해 잠재적 문제들을 치유적으로 드러내는 것을 은유의 보호막이라고 불렀는데, 시가 "과감하게 진실을 말할 수 있는 장막, 은유의 보호를 제공한다"고 덧붙인다. 에밀리 디킨슨은 나아가 진실을 말함으로써 내적 자아를 드러낼 필요성을 강조했다. 하지만 "빗대서 이야기하라.", "작가(그리고 독자)가 받아들이기 불가능하고, 감정적으로 괴로운 생각과 무의식적 갈등들을 표출하고,…보통의 억압적 장막을 돌아 표면으로 나오도록 해 주는 것은" 바로 그 베일이나 변장이다(헤닝거, 1994).

라이터(1997)는 시에서 의미의 다층성 그리고 "드러내고 숨기는 그 능력은 참가자들에게 판단되지 않고 자신을 표현할 자유를 준다"고 덧붙인다.

러너(1991a)는 시의 요소-은유, 이미지, 비유와 다른 시적 장치들을 인간 행동을 재형성하고 바뀌게 하는 개인의 반응과 결부시킨다. 그는 시 치료사들이 "그 경험에 내재한 잠재적 해석들을 가지고 지속적으로 시에서 개인으로 개인에서 시로 움직이는 과정"에 있다는 것을 관찰했다. PT 경험에 사람, 시, 치료사의 삼각형을 포함시키면서, 관찰하는 자아는 그것들을 조사하고 조직화하기 위해 시의 세션뿐 아니라 시의 내용을 활용할 수 있다(헤닝거, 1994).

스테인브룩(1994)에 따르면 상징적 언어를 사용할 수 있는 능력은 "시적 의사소통의 본질적 특성"이다.

PT의 형태들

인증된 시 치료사가 제공하는 발달적 PT는 삶의 변화, 삶의 단계, 환경적 스트레스를 겪는 모든 연령의 사람들에게 영향을 줄 수 있다. 예를 들면 PT는 부모의 결별이나 사망을 겪는 청소년, 불임 부부, 부모가 감옥에 있는 아이들, 시설에 있는 노인들, 말기 환자, 전쟁과 다른 외상에서 회복 중인 사람들과 일을 할 수 있다. 아동기, 청소년기, 청년기, 중년, 노년 등 정상적인 삶의 변화는 PT가 치료 글쓰기 그룹이나 세션을 만들 수 있는 적절한 대상들이다. 이런 형태의 발달적 PT 그룹들은 학교, 도서관, 요양원, 호스피스, 공동체 센터와 상담 센터에서 발견될 수 있다. PT들은 종종 삶의 모든 영역에서 나오지만 보통 교육자, 사서, 정신 건강이나 건강 관리 전문직 보조원들을 포함한다.

임상적 PT는 사회 복지사, 정신 건강 상담원, 목회 상담사, 가족 치료사, 정신병원 간호사, 정신과 의사, 심리학자들 같은 RPT들인 정신 건강 전문가들에 의해 제공된다. 다양한 시 치료사들이 다양한 임상 집단에 대한 PT의 광범위한 사용 범위에 관해 글을 써왔다(아브람스, 1994; 아슐러, 1995; 아슐러, 2000; 체이스, 1988; 길레스파이, 2001; 헤닝거, 1994; 모리슨, 1985; 로시터와 브라운, 1988을 보라). 약물 중독자, 알코올 중독자, 정신병자, 죄수들, 식이장애자, 정서 장애 아동과 청소년 등. 몇몇 RPT들은 PT를 개인적으로 제공하고 다른 사람들은 병원, 요양원, 외래 환자 클리닉, 입원 병동 또는 주거지 치료 프로그램에서 제공한다.

특수 집단과의 PT

약물 중독 분야 PT의 초기 옹호자인 스케터(1985)는 흔한 중독 증상으로 "우울, 고독, 금단증상, 병적 의심, 약물 남용으로 인한 방향감각 상실" 등이 있다는 것을 발견했다. 그녀는 구성원들이 주의력, 자기와 타인에 대한 관심을 키우면서 정직하고 구체적인 고백을 하는 데 도움을 주었다. 거주지와 외래 환자 병동의 약물 치료프로그램에서 PT 그룹들을 지도한 아슐러의 작업(2000)과 연관해 길레스파이(2001)는 중독과 정신병을 모두 진단받은 사람들과의 약물과 알코올 치료 프로그램에서 협동적 시를 이용한 것에 대해 상술했다. 그는 그룹의 오리엔테이션으로써 시의 실제적 사용에 초점을 맞춘 세 가지 주요 사항을 정한다:

1. 시 쓰기는 개인적 경험을 조직화하고 진행시키는 실제적인 방법일 수 있다.
2. 시 쓰기는 자신과 타인에 대한 통찰력을 발달시킬 기회를 준다.
3. 시 쓰기는 사적 또는 공적일 수 있다.

정신병동에서 임상가들은 환자의 생각과 관심에 대한 창으로서 쓰여진 글을 활용한다. 체이스(1988)는 입원한 정신병자들의 언어 사용과 시인들의 언어 사용 간의 공통점을 관찰한다. "단어 만들기, 운율 사용, 재담, 자유 연상, 압축된 언어 사용 등". 그녀는 "병원에서 시인의 일은 환자들에게 그들의 글 쓰는 목소리와 글쓰기 스타일을 발견하고, 거기에 귀 기울이게 할 기회를 주는 것이다. 따라서 그들은 개인적 태도를 유지하면서 타인과 접촉할 수 있는 언어를 사용할 기회를 가진다. 이 접촉의 즐거움은 이 사람들을 병으로부터 빠져 나올 수 있게 해준다.

알슐러(1995)는 소네트, 나열 시, 6행 6연체를 포함한 형식이 있는 글쓰기 연습의 이용은 분열증 내담자들이 PT 그룹 도중과 그 사이에 그들의 신경증을 억제하는 데 도움을 주었다. 그녀는 "형식적인 시는 위압적인 감정, 정신병적인 생각이나 망상, 거대하거나 무서운 기억들 또는 외상적 상황이나 결정들을 담는 안전한 그릇이다." PT 그룹들이 "자기표현을 기르고 동료 간의 상호작용을 증진하며, 그에 따라 굴욕감을 감소시키고 전통적인 그룹 치료의 양식들을 향상시키는 잠재성이 있다"고 단언하는 브요르크룬트(1999)에 따르면 굴욕감과 낮은 자존감에 시달리는 정신병 환자들은 PT 그룹의 테두리 안에서 위안과 수용을 찾을 수 있다고 하였다.

PT는 치료 그룹이나 세션에 힘든 주제나 문제를 도입하는 교묘한 방법이 될 수 있다. 그것은 "다른 치료들보다 덜 대립적이고 덜 위협적으로" 경험될 수 있으며(라이터, 1997), 다른 형태의 치료에 참여하길 꺼리는 특정 사람들에게 호소력이 있을 수 있다. PT와 다른 창의적 예술 치료 사이의 차이 중 하나는 언어라는 매체에 있다. 켐플러(2003)는 다른 예술들도 의식적, 무의식적 문제들에 대한 창의적 표현을 증진하지만 그것들은 언어 기반이 아니기 때문에 이런 통찰력과 표현을 치료적 노력의 언어와 쉬게 해주지는 못한다고 말한다. 다른 표현적 예술 치료를 받은 사람들은 "본질적으로 치료사와 이런 의미들을 공유하고, 그래서 공감하는 목격자의 이점을 얻게 할 수 있는 단어들을 찾기 위해 여전히 더듬거리고 있다. 언어는 예술에 내장되어 있고 그래서 개인 내부에서 개인 사이의 대화로 바뀌기만 하면 된다".

오스피나-캄메러(1999)는 "다른 식으로는 자신을 표현하는 데 어려움을 겪는 "사람들이" 시를 통해 그들의 감정적 고통이나 고난을 자신의 말로 설명할 방법을 찾는다"고 주장한다. '감정표현불능증'-다양한 진단 기준이 겹치는 "정서적 상징적 기능에서의 장애"(크리스탈, 19882)-진단을 받은 내담자들은 시 치료로 도움을 얻을 수 있다. 감정표현 불능증 내담자들은 감정적으로 보다는 신체적으로 "아프다"고 반응하는 경향이 있으며, 많은 사람이 내적 감정을 전혀 식별하지 못하거나 감정 상태를 분간하지 못한다(내가 피곤한 건가요, 슬픈 건가요, 배고픈 건가요?"). 이것은 말과 얼굴 표정의 결핍으로 이어진다.

크리스탈(1988)은 "감정의 인지적 측면을 경험하며, 감정의 의미와 이야기 몇 개의 지표들-그리고 자발적 표현 반응과 반사적 자각의 적절한 능력을 가질 때에 '감정'을 경험하고 식별할 수 있는것으로 관찰할 수 있다"고 지적한다. 감정표현 불능증 내담자들은 시라는 외부적 자극에 대해 신체보다는 현실에 기초하는 감정들을 먼저 식별하고 난 다음에 경험하는 방식으로 반응할 수도 있다.

결론

시 치료의 유용성에 대해서는 아직 완전하게 탐구된 것은 아니다. 시 치료는 의학과 문학에 뿌리를 둔다. 시와 다른 형식의 문학의 의도적 이용을 통해 훈련된 시 치료사들은 내담자들의 저항을 막을 수 있고 치료적으로 발달적 목표를 이루는 데 있어서 그들을 도울 수 있으며, 따라서 숙련된 느낌과 독립성을 키우고 개인적 성장과 치유로 이어지게 된다.

28장
시의 치료적 가치

노마 리디

서론

시 치료는 내담자들의 생산적 감정의 출구로 쓰이는 창의적 예술 양식이다. 그것은 기분, 감정, 생각의 반영과 강한 감정에 대한 긍정적 분출을 하게한다. 방법, 기술, 도구들은 개인이나 그룹의 능력, 관심, 필요에 기초하며 옳은 형태로 쓰는 능력의 정확도와 미학은 시에서 중요한 점이 아니며 강조되지도 않는다. 시는 읽고, 듣고, 기억하고, 쓰고, 받아쓰고, 녹음할 수 있는데 접근법은 개인이나 그룹 세션에 따라 다르다. 예술품을 보고 음악을 듣고 여러 물건을 다루는 것이 시적 반응을 증진할 수 있으며, 오감의 자극이 모든 사람에게 존재하는 창의력과 표현에 영향을 주는데 이용된다.

시 치료의 창시자중 한 명은 뉴욕시의 정신과 의사인 잭 리디 박사이다. 그는 감정과 경험을 다루기 위해 시와 언어 표현을 이용하는 아이디어를 개발했다. 그는 치유를 위해 시라는 자연적인 자원을 활용하는 데 헌신했다. 리디 박사는 시 사용의 범위를 확장했고 그것을 약물 남용, 교정 기관에 있는 사람들, 청각장애 그리고 정서장애자에 대한 치료에 이용함으로써 시 치료가 평화의 예술에 기여할 수 있다는 것을 보여주었다.

나는 리디 박사의 생각을 이용해 등록된 시 치료사로서 다양한 집단과 작업을 해왔으며 집단들 각각에 맞는 시 치료 이용 기술을 개발했다: 요양시설의 노인들과 초등학교 학생들. 또한 정신 지체와 정서 장애 성인들과 작업을 해왔다. 이 장은 주로 후자의 집단과의 작업에 초점을 맞출 것이다. 이것은 일일 프로그램 활동의 일부로 시 치료 세션이 관심을 가진 프로그램 참가자들에게 제공되었다. 두 개의 시 치료 그룹이 형성되었고 여러 개의 개별적 시 치료 세션이 이루어졌다. 이런 세션들의 예를 보여줌으로써 이 집단에 쓰인 기술들에 대한 강조가 이루어질 것이다.

월요일 시 치료 그룹

이 그룹은 6-7명의 참가자들로 이루어졌다. 그들은 발달 지체 진단을 받았고 또한 정신적 장애가 있었다. 다음은 일반적 시 치료 세션의 예이다:

> *오늘 우리는 꿈에 대해 이야기 하고 참여를 원하는 우리 모두 몇 줄씩 쓰는 그룹 시를 지을 것입니다. 기억하거나 상상하는 꿈에 대해 이야기하고 싶은 사람 있나요?*

이 세션에서 어떤 사람들은 버섯이 자라는 정원이 있는 장면이 있는 꿈에 관해 이야기 했다. 이 생각은 다듬어져 시가 만들어졌다. 그룹 구성원이 제안한 문장들에는 이 정원에 있는 아이들, 소망을 이루어주는 요정들 그리고 비슷한 생각들이 포함되었다. 우리가 산문으로 살아가지만 시(운문)로 꿈을 꿀 수 있다는 사실이 강조되었다. 한 참가자는 그가 가진 소망은 "행복하고 아름다운 여자친구를 갖는 것"이라고 말했고, 요정들이 그 소망을 들었더라도 그들은 진짜 친구가 아니거나 진정 소망을 이루어주지는 않을 것이라는 말이 이어졌다. 우정과 타인에 대한 신뢰와 기대에 관한 토론이 이어졌고 그것은 이 그룹의 기본적 문제 영역을 보여주었다.

이 그룹의 능동적인 구성원인 존은 남을 믿는 데 있어서의 어려움을 토로했다. 존은 어린 시절에 시설에 보내졌다. 그는 천성적으로 빠른 언어적 반응과 유머감각으로 직원들로부터 긍정적 반응을 얻기도 했지만, 그는 직원이 약속을 지키지 않은 것에 대해 종종 실망하고 불만을 가졌다. 꿈 시에 대한 그의 최종적인 생각은 요정들이 그의 말을 들었어도 그들은 진짜 친구가 아니라는 것이었다. 그는 그룹에게 진짜 믿는 것은 자신뿐이라고 말했다. 그의 삶 전체가 사람들에게 의존하도록 강요되었다고 주장했다. 그는 직원들의 약속을 언제나 믿을 수 있는 것은 아니며 자신의 행동과 반응에는 자기가 책임을 져야 한다는 점을 받아들인 것으로 보였다. 이것은 덜 제약적인 환경 예를 들면 워크숍 상황으로 옮겨 갈 수 있게 하는 중요한 단계였다.

그룹의 많은 수가 비슷한 감정, 상실감, 후회, 질투 등에 관해 이야기했다. 한 순간 모두가 타인의 감정을 공유하기로 동의하고 그룹 구성원들 간에서 서로 우정과 배려를 느끼게 되었다. 시 치료 그룹에 관한 그의 논의에서 길립시는 말했다. "비록 나의 실제 의도는 아니었지만 우리의 작업은 참가자들 사이의 사회적 결속력을 만드는 데 도움을 주기도 했고, 그 결속력은 워크샵 외부의 삶으로 이어졌다"(길립시, 2003).

화요일 시 치료 그룹

이 그룹은 읽고 쓰는 능력이 있는 이들로 이루어졌다. 참가자들은 보여지는 이미지들에 대한 개인적인 시적 반응을 썼다. 그 반응이 그룹에서 공유되었고 때로는 덧붙이거나 빼야 할 것이 제안되기도 했다. 몇몇 참가자들의 시가 시 치료실의 게시판에 전시되기도 했고 갖고 싶어하면 사본을 주었다.

어떤 세션에서는 한 사람이 그들이 쓴 시를 그룹에 읽었다. 보통 많이 웃고, 기쁘고 긍정적인 느낌을 가지고 그룹 모임을 끝냈다. 직원은 낮 세션에 참여한 시 그룹 구성원에게는 부정적인 폭발이 거의 없었다는 사실을 관찰했다. 다음은 이 시 치료 그룹들에서 6개월 간 관찰되고 기록된 이점 중 몇 가지이다.

- 자존감 증진
- 수용적 표현적 언어 능력 향상
- 받아들여지는 적절한 감정표현
- 여가 활동의 다양성 증가
- 사회화 능력 향상과 자기와 타인들에 대한 지각
- 새 관점에서 삶을 보는 새로운 시각

그룹 시 치료 기술과 방법

시 치료 세션에 쓰이는 실제 기술과 방법은 다양하다. 극도의 정신적 문제를 가진 집단을 위한 낮 치료 센터의 개인과 그룹 시 치료 세션을 이끌어 가면서 사용한 기술 중 몇 가지는 다음과 같다.

각 세션은 특정한 날과 시간에 제공되었고 낮 프로그램 참가자들이 자원해서 참가했다. 그룹은 6-8명의 성인으로 구성되었다. 세션은 보통 스트레치와 심호흡 등의 긴장완화 기술과 종종 부드러운 음악과 함께 시작되어, 모든 사람이 긴장을 풀고 창의적 상태에 있을 수 있었다. 잭 리디 박사에 따르면 세션에 쓰일 시를 선택 할 때의 고려 사항들은 다음과 같다.

> *몇몇 환자들에게는 보다 규칙적인 리듬 체계가 있는 시가 덜 관습적인 패턴의 시보다 더 도움을 주는 것으로 드러났다. 규칙적 리듬의 시는 인간 심장 박동과 거의 유사해서 많은 환자에게 깊은 영향을 준다. 다시 말해 몇몇 걸작 시들은 치료를 위해 좋지 않고 시 선집에 절대 수록되지 못할 2류 시들이 환자에게 큰 도움을 주거나, 그들에게 적합하고 현실과 이어주는 다리의 역할을 한다(리디, 1985).*

사용된 방법 중 하나는 그림, 사진 또는 인쇄물을 보여주고 문제를 제기하는 것이었다: "이 작품에서 무엇을 보고 무슨 생각을 하게 되는가?" 그룹 전원이 대답하도록 했다. 글을 못쓰는 그룹에서 각자의 말은 시 치료사에 의해 녹음되고 시 형태로 쓰여졌다. 글을 쓸 줄 아는 그룹은 보여진 이미지에 대한 개인의 시적 반응을 글로 썼다. 시 치료 그룹 모임의 또 하나의 전형적 세션은 다음과 같다. 하나의 시를 그룹에서 읽고 원한다면 사본을 나눠주고 사람들이 그 시를 소리 내어 읽었다. 우리는 그 후 시의 의미를 해석했고 개인들이 이 시에 대해 어떻게 관계를 맺는가에 대한 토론이 있었다. 사람들은 때때로 자원해서 시를 외웠고 극도의 스트레스(화, 슬픔, 불면)의 순간에 그것을 읽거나 암송하도록 권했다.

참가자들이 외운 유명한 시의 예는 윌리엄 워즈워스의 "수선화"였다. 자주 폭발하고 억제를 못하는 것으로 알려진 참가자 조지는 감정적으로 당혹스럽고, 우울하거나 화가 날 때마다 일러준 대로 전체 시를 암송했다. 이것은 그의 청중(직원과 동료들)에게 매우 강한 감동을 주었다. 그의 부정적 감정을 긍정적인 행위로 대체하게 했고 즉시 그는 안정을 되찾게 되었다. 바바라 크라이스버그와 찰스 로시터 박사는 "시는 작가에게 영향을 준 사건에 대한 기억이자 슬프고 외로울 때마다 떠올리면 위안과 즐거움이 되는 것으로 보인다"고 단언했다.

그룹 토의는 남을 믿는 데 있어서 존의 어려움을 보여주었다. 그의 삶 전체에서 직원들에 의존하도록 강요되었다. 존은 어린 시절부터 시설에 보내졌다. 그는 천성적으로 빠른 재치와 유머감각이 있어서 직원들로부터 긍정적 반응을 얻기도 했지만, 직원이 약속을 지키지 않은 것에 대해 종종 실망하고 불만을 가졌다. 꿈 시에 대한 그의 최종적 생각 "요정들이 그의 말을 들었어도 그들은 진짜 친구가 아니었다!"는 말은 직원들의 약속이란 언제나 믿을 수 있는 게 못 된다고 믿고 받아들인 사실을 요약해 준다. 그는 "진짜 믿는 것은 자신뿐이고 내 자신의 행동에는 내가 책임을 져야 한다"고 그룹에 말했다. 이것은 덜 제약적인 환경, 예를 들면 워크숍 상황으로 옮겨 갈 수 있게 하는 중요한 단계였다.

정신과 환자를 위한 성인 교육 그룹에 적용된 시 치료 기술에 관한 논문에서 찰스 길리스파이는 다음과 같이 쓴다: "그 그룹의 많은 수가 시에 관한 그룹 토론에 참여 했고 상실감, 후회, 질투 같은 여러 감정들을 촉발했다." 한 순간 모두가 타인이 가지고 있는 감정들을 나누기로 동의하고 그룹 구성원들 간에 서로 우정과 배려를 느끼게 되었다.

시 치료 세션에 참여하여 시를 쓰고 받아쓰고 또는 녹음하는 것은 지식, 연령, 성별, 지위에 상관 없이 모든 사람에게 가능하다. 시는 이전에 부인되거나 억압된 감정을 명확하게 하고 표현해 준다. 그것은 감정들을 확실하게 하며 존재의 가치에 대한 인식을 준다.

시는 한 쪽에 별이 인쇄된 빈 종이를 나눠주고 세션에서 쓰게 한다. 그룹에 대한 지시사항은 이 종이가 쓰게 만드는 무엇이든지 쓰라는 것이다. 이 그룹은 부분적으로 문맹이 아니었고 초등학교 2학년 수준의 읽기 쓰기가 가능했다. 이 자극의 결과는 매우 성공적이었다. 시 치료 그룹이 끝났을 때 구성원들은 스스로에 대한 긍정적인 태도를 보여주었다. 이용된 시 기술들은 자존감을 키우는 방법 중 하나였다.

또 하나의 예로 시 치료 그룹에서 쓰인 도구 중 하나로 "사람들의 시"가 있었다. 도입된 방법은 다음과 같았다: 각 사람은 그 사람들의 시에서 "스타"가 될 기회를 얻었다. 그룹 사람들의 시는 한 사람씩 돌아가면서 그 "스타"의 장점을 말하는 방식으로 그룹에 의해 쓰여졌다. 긍정적인 묘사를 고취하고 바른 분위기를 독려하기 위해 다음의 시를 그룹 활동을 시작할 때 읽어주었다:

나는 너의 장점들을 안다

이 오래된 세상이 더 나아지지 않을까
만일 우리가 만나는 사람들마다 말을 하기를-
"나는 너의 장점들을 안다!"고 하고
우리를 바로 그런 식으로 대한다면?

세상이 좋고 깔끔해지지 않을까?
만일 각각의 악수가 애정 있고 진실하며,
다음의 확신을 가지고 이루어진다면-
"나는 너의 장점들을 안다!"

삶이 보다 행복으로 가득 차지 않을까
만일 우리 모두의 좋은 점만이
사람들이 떠올리려고 애쓰는
우리에 관한 유일한 것이라면?

삶이 보다 행복으로 가득 차지 않을까
만일 우리가 보는 장점들을 칭찬한다면
좋은 점이 너무 많아서
당신과 나의 최악까지도 좋다면!

그렇게 좋게 생각하는 방식을
실천하는 것 또한 좋지 않을까
당신은 나의 장점을 알고 있다!
나는 당신의 장점을 알고 있다!

- 루이스 C. 쉬몬, 1935

구성원들이 "사람들의 시"에 초점을 맞추고 창작할 수 있도록 하기 위해서 이 시를 읽었다. 여러 달 후 모든 그룹 참가자들은 자신에 대한 "사람들의 시"를 완성했다. 이것들은 게시판에 붙었고 각 세션 중에 한 사람을 지정해 그들의 시를 읽거나 듣게 했다. 때로는 그 "스타"의 이름을 이용해 그 사람들의 시를 구성했다. 그들은 그 사람 이름의 글자 마다 긍정적인 묘사를 했다.

창의성 자극을 위해 쓰여진 또 하나의 기술은 "침묵"이었다. 시 치료사들은 그룹에게 조용히 앉아 있으라고 말하고 타이머가 2분에 맞춰진다. 그 후 그룹의 각 구성원은 침묵의 시간에 자신이 들은 것에 대해 한 줄씩 쓰게 된다. 각 사람이 모두 제 각각의 소리 예를 들어 발자국 소리, 물 떨어지는 소리, 문 닫는 소리 등을 들었다는 사실은 참가자들에게 놀라운 일이었다. 그들의 청각 인지로부터 독특한 시가 만들어졌다.

지역 예술관을 방문 하면서 시 치료 구성원들이 스케치한 것으로 다음 시 치료 세션의 기초가 구성되었다. 조각 전시장을 걸으면서 각 사람은 좋아하는 예술품을 골라서 그것을 복사하거나 그것에 관해 스케치를 해서 프로그램에 들고 왔다. 이 스케치들을 수집해 다음 날 그들에게 다시 보여주었다. 그리고 나서 그들에게 이 시적인 형식의 묘사 작업에 대해 글을 쓰고 녹음하거나 받아쓰게 하라고 요구를 했다. 그에 대한 반응들이 그룹에서 공유가 되고 시가 만들어졌다.

오감 중 하나를 이용한 접근법에는 후각 접근법이 있다. "냄새 자극"은 시어를 찾아내는 데 냄새를 이용하는 것이다. 이 방법은 주위의 냄새를 느끼는 것과 관련된다. 예를 들어 어떤 시 치료 세션 중에서 냄새가 이용되기 시작한다. 그룹은 실외에 빙 둘러 앉는다. 그들은 눈을 감고 코를 이용하게 된다. 이것은 가을에 특히 효과적인데 그 때는 낙엽을 태우고 뜨거운 낮에 수거해 가기를 기다리는 쓰레기가 있으며, 공기 중에 밖에서 요리하는 냄새가 퍼지는 때이기도 하다. 사용된 실내 후각 활동은 "냄새 컵"으로 하는 것이었다. 이 "냄새 컵"에는 다양한 허브, 가루 초콜릿, 케첩, 알코올, 식초 등이 있었다. 이것은 시와 기억을 위해 단어를 떠오르게 했다. 추상적인 이미지가 힘든 그룹에서 구체적인 자극이 일어났다는 것이 놀라웠다. 어느 오후 시 치료 그룹에서 이상한 냄새가 모임 장소에 떠다녔다. 한 참가자는 그것이 "나무 태우는 것" 같다고 했고, 다른 한 사람은 "아니, 우리 엄마 부엌 냄새 같다."고 했으며, 다른 사람들도 각자의 생각을 덧붙였다. 우리는 거기서 우연히 일어난 냄새에 대해 시를 썼다. 그것은 재미있는 그룹 시가 되었고 모두 한 줄씩 거들었다.

또 하나의 자극적인 시 그룹 세션은 무용동작 치료사와 함께 그 그룹을 이끌었다. 하나의 시를 소리 내어 읽었고 참가자들은 춤과 동작을 통해 그 시를 해석했다. 대화 치료사와 공동으로 그룹을 이끌었을 때는 참가자들이 말로 반응을 하는 데 도움을 주기 위한 대화 기법들을 제공했다.

개인적 시 치료

개인적 시 치료 세션들은 특히 그들의 문제를 밝히거나 토의하는 데 어려움이 많은 내담자들에게 성공적이다. 시는 생각, 기억, 감정을 불러일으킬 수 있다. 시는 내담자가 "자신의 문제가 아니라 시의 문제"를 다루는 데 도움을 주는 데 초점을 두는 방법이다. 이것은 너무나 고통스러워 직접적으로 대하지 못할 때 "현실과 대면하는" 뛰어난 방법으로 증명이 되었다.

다음은 이러한 개인적 시 치료 세션에 참석한 참가자들의 예이다: 앨리스는 43세로 낮 치료 프로그램 참가자였다. 그녀는 정신 지체와 양극 장애 진단을 받았다. 그녀는 직원이나 다른 참가자들에게 자주 덤벼들려고 해 직원들로부터 주목을 받게 되자, 아침에 일어나거나 낮 프로그램에 오기를 거부하기도 했다. 그녀는 읽거나 쓸 수 없었다. 그녀가 우리 프로그램을 시작했을 때 그녀의 증상에 대한 행동 교정 기술을 이용한 계획이 수립되었다. 목표들 가운데 하나는 그녀가 프로그램에 규칙적으로 참가하게 만드는 것이었다. 그녀의 행동 계획의 일부로서 일과가 끝나면 자신이 선택하는 직원과 의무적으로 만남을 갖게 되었고, 시 치료사와 만나기로 결정했다. 한 세션에서는 그녀에게 시를 읽어 주었는데 그녀는 타인의 시를 듣는 것과 자신의 시를 치료사에게 받아쓰게 하는데 있어서 모두 긍정적인 반응을 보였다. 그녀는 보상을 얻기 위해 매일 치료실로 왔으며, 그녀는 자신의 현재와 과거의 모든 주제와 경험에 관해 시를 창작했다. 그녀는 자신의 숨겨진 감정과 정서의 대부분을 표현하려고 했고 그녀의 행동은 모든 영역에서 크게 개선되었다.

그녀는 치료사가 제안한 바대로 감정이 종이에 쓰여지면 더 이상 자신을 괴롭히지 않을 것으로 진짜 믿었다. 그녀는 200편 이상의 시를 지었고 그것들은 타자로 쳐서 다시 듣고 읽을 수 있도록 보존되었으며 그녀는 여러 행동 목표에 있어서 큰 개선되어 프로그램에 규칙적으로 참석했다. 시 치료 세션이 그녀에게만 아니라 그녀의 부모에게도 큰 효과가 있었다는 것은 흥미로운 일이었다. 앨리스의 부모는 은퇴한 교사들로 그녀의 치료 상황 보고를 듣기 위해 딸과 직원과 더불어 규칙적으로 모임을 가졌다. 한 모임에서 시 치료사는 앨리스의 허락 하에 앨리스가 강화 세션 중에 받아적게 한 시를 소리 내어 읽었을 때 그녀의 어머니는 놀라 말했다 "나는 앨리스가 시를 지을 수 있으리라고는 전혀 생각하지 못했고, 나는 그 시가 나하고 둘만 아는 일들에 관한 것이기 때문에 그녀가 그 시를 받아 적게 했다는 것을 알고 있다"고 말했다. 그 어머니는 감동을 받아 기쁨의 눈물을 흘렸다. 그후 앨리스는 너무 기뻐 그 어머니와의 매번 모임에 앞서 모임에서 읽을 특별한 시를 미리 고르려고 했으며, 앨리스는 얼굴에 큰 웃음을 짓고, "그것이 내 어머니를 울릴 수 있으리라는 것을 알기 때문에 이것이 내가 읽고 싶은 시예요!"라고. 앨리스는 치료사에게 마침내 그녀의 어머니를 기쁘게 하는 데 성공했다고 표현 한 것이다.

또 하나의 시 치료 성공 사례의 주인공은 30대 중반의 엘리엇이다. 그는 정신분열증과 발달 지체 진단을 받았다. 그는 시설에서 일생 대부분을 보냈고 지금은 혼자서 산다. 그의 행동은 종종 공격적이었고 통제가 안 되었다. 엘리엇은 낮은 수준의 학습 능력을 보였지만 기억력은 뛰어났다. 엘리엇은 예술 창작을 좋아했고 시 치료에 대해 상당히 열정적이었다. 그는 시를 여러 편 썼으며 스스로를 "시 치료사 조수"로 여겼다. 시 쓰기, 읽기, 암송은 그가 타인과 결합할 수 있게 도움을 주는 중요한 방법인 것으로 증명되었다. 우리 치료 프로그램에 참여한지 몇 년이 지나서 그는 워크숍 환경으로 이동했다. 이상은 낮 치료 환경에서 개인적 시 치료를 이용한 사례의 일부였다. 우리 프로그램에 참여한 개인들의 성장과 개선에 중요한 역할을 한 개인적 시 치료 세션의 성공 사례는 그 외에도 많이 있다.

직원과 함께하는 시 치료

시 치료사와 외부 상담사들은 낮 치료 센터의 직원에게도 시 치료를 도입했다. 치료 센터의 시 치료는 사람들의 혼란과 필요에 대처하는 자신의 감정 발산과 자기-표현을 위해 쓰였다. 거기에서는 잭 리디 박사가 만들어낸 동질성의 원리를 포함해서 많은 종류의 시 기술들이 제공되었다.

동질성의 원리

음악치료에서 효과적으로 쓰이는 동질성의 원리가 시 치료에서는 사용할 시를 선정하는 데 있어서도 중요한 것으로 증명 되었다. 환자의 기분과 정신의 템포와 맞는 감성적 음악이 가치 있는 도구로 증명되면서 환자의 기분과 비슷한 분위기의 시 역시 도움이 되는 것으로 밝혀졌다. 예를 들어 우울증 환자에게는 어조는 어둡고 슬프더라도 시행이나 마지막 연에 희망적이거나 낙관적인 내용이 있는 시가 도움이 된다. 이런 종류의 시를 읽고 연구하고, 외우고, 암송하거나 창작함으로써 우울증 환자들은 그들만 우울증을 겪고 있는 게 아니며, 다른 사람들도 우울해 할 수 있고 다른 사람들은 전에 우울증을 겪었지만 극복을 해냈다고 느끼게 되며, 극단적인 기분 변화를 겪는 것도 창피스럽지 않게 느끼게 된다. 그들에게 시에 의해 촉발된 울음은 종종 치료에 도움이 된다. 시는 상징적으로 그들이 그들의 절망을 나눌 수 있는 이해를 해주는 존재가 된다(리디, 1985). 다음은 한 직원이 상관의 비난을 받고 나서 쓴 시이다. 그녀는 자신이 그것을 쓰면서 곧바로 해방감을 느꼈다고 말했다. 하지만 그것을 여기에 실을 때 자신의 이름은 밝히지 않기를 바랐다.

그래서 뭐!
그렇게 자기 동정에 빠지는 것은 더러운 일이야.
그래서 뭐!
미친 느낌이고 슬픈 느낌이지

그래서 뭐!
나는 내가 좋은 대로 생각하고 느끼지
나는 모든 비판자들에게 여행을 떠나라고 말할 거야.
그래서 뭐!
네가 내 말을 듣고 싶지 않다면 나에게서 떨어져.
나는 내 생각을 버리지 않고, 그대로 내버려 둘 거야.
내가 하고 싶은 대로 사는 그것이 내 삶이지
바로 그거야!

직장 스트레스를 해소하는 데 시가 이용되었다. 그들에게 시를 쓸 것을 권했고 사보에 실으려고 그 시들을 수집했다. 이런 과정의 도움으로 직원들은 격려를 받고 결속력을 느끼게 되었다.

결론

개인, 그룹 그리고 직원들에 대한 시 치료의 사용은 낮 치료 센터에서의 우리의 경험을 풍요롭게 해주었다. 나아가 모든 사람들 안에 있는 창의성을 펼칠 수 있게 해주는 창의적으로 쓰여지는 시를 이용하는 것이 치료적으로 중요한 이점이 있는 것으로 증명되었다.

29장

창의적 결합들

마이클 P. 핸드

서론

암브로스 비어스(1842-1914)에 따르면, "태양 아래 새로운 것이 없지만 오래된 것들 중에는 우리가 알지 못하는 게 많이 있다." 십대 초 언젠가 비어스의 인용구를 맞닥뜨렸을 때 나는 소름이 돋고 당황했던 것으로 기억한다. 일생 동안 상상해 온 거창한 모험들-발견과 창조-모두가 한 번의 갑작스러운 서리를 맞은 과일처럼 말라버리는 것 같았다. 어떤 것도 새로울 수 없다면 명예와 재산과 호라시오 올거(소설가)에 대한 팬들의 존경 같은 것들에 내가 어떤 놀라운 기여를 할 수 있을까-여러분이 짐작하듯, 나는 십대 소년이었다.

얼마 지나서 나의 꿈들과 미처 태어나지도 못한 계획들 모두를 잃지 않도록 해 줄 일종의 방어로서 나는 비어스의 인용구를 다시 떠올렸다. 더 깊이 생각하고 난 후 나는 그가 옳았다는 데 대해 그다지 확신하지 않게 되었다. 이런 생각만으로도 나에게 아찔한 흥분을 주기에 충분했다. 내가 누군가 책에 인용한 말이 실제로는 틀린 것일 수도 있다고 생각을 하게 된 것이 그 때가 처음이었다. 그리고 그가 맞았다면 비록 새롭지는 않지만 알려지지 않은 어떤 것들이 있을 수도 있다. '알려지지 않은' 이란 단어는 위대한 탐험가와 개혁가들의 이미지로 나를 이끌었다: 마리 퀴리…왓슨과 크릭…조나스 설크…. 나는 또한 알려지지 않은 어떤 것을 발견하는 일이 아마도 거의 새로운 어떤 것을 발견하는 것만큼 좋은 일이라고 생각했다.

나의 세계는 바뀌었고, 나는 후에 내가 "패러다임 이동" 또는 "재구성"으로 알게 된 것을 경험했었다. 그 이름이 무엇이든 중요한 뭔가가 일어났던 것이다. 나는 파멸에서 재생으로 나아갔고 경험에 대해 생각하는 방법, 그리고 전에 명백한 진리로 받아들였던 어떤 것에 대해 다르게 생각하는 법을 깨닫게 되는 변화가 일어났다. 그리고 마침내 사상이라는 것에 아주 강력한 어떤 것, 아주 강력하게 좋은 것 또는 강력하게 나쁜 것이 있다는 것을 발견했다. 그런데 여러분은 이것중 어떻게 치료 혁신과 관련이 있는지 궁금해 할 것이다. 그 대답은 이 이야기 자체에 있다.

비유, 격언, 개인적 초상

암브로스 비어스의 인용에 대한 나의 반응 이야기는 내가 이용하는 기술에 대해 약간은 기교를 부린 예시이고, 비어스의 인용구가 주장하듯 딱히 새로운 것도 아니다. 오히려 그 기술은 정신과 의사이자 최면치료사 또 심리치료사이기도 한 밀튼 에릭슨(참고, 에릭슨, 허쉬만과 섹터, 1989; 에릭슨과 로시, 1976, 1981, 1989; 에릭슨, 로시와 로시, 1979; 로시, 1980)에 의해 영감을 받았다. 치료 진행 과정에서 에릭슨은 겉보기에는 별로 관련 없는 듯한 이야기를 해준다. 이런 이야기 중에는 다른 사람들과 관련된 것도 있고 몇몇은 그의 가족에 관한 것일 수도 있다. 또 어떤 것들은 내가 여기서 이야기한 것 같은 자신에 관한 것도 있다.

여기서 논의되는 이야기에 대한 재검토가 비판적 요소와 치료적 가치로 믿는 것을 명확하게 해줄 것으로 기대한다. 우선 이야기는 비록 대부분의 사람에게 잘 알려져 있지는 않지만, 듣는 이에게 그가 주목할 만한 사람이라는 게 분명한 그의 사상과 말이 진지하게 생각해볼 가치가 있는 사람인 암브로스 비어스를 인용한다. 미묘하고 잠재의식적인 지점에서 듣는 이는 덜 저항적으로 이야기를 받아들이고 보다 신임을 가질 수가 있다.

저명한 권위를 사용하는 것이 도움이 되지만 나는 그것이 바람직한 효과를 이루는 데 절대적으로 필요하지는 않다는 것을 알아냈다. 화자의 할머니, 아버지, 은사, 정신적 스승에 관한 이야기는 시간이 오랫동안 검증된 진실이라는 교훈으로 감명을 주기에 충분하다. 특정 내담자에 대한 치료사의 통찰력에 따라 한 쪽 방향 또는 다른 방향에 중점을 두겠지만, 알려진 권위와 친숙한 지혜 사이의 선택은 많은 부분 개인적 선택의 문제이다.

두 번째로 눈에 띄는 요소는 그것이 짧고 쉽게 기억되는 아마도 "재미있는" 인용구나 격언을 포함한다는 점이다. 그 인용구나 격언이 잘 알려져 있으면 훨씬 더 좋다. 익숙한 지혜는 납득을 해야 하는 새로운 생각이나 개념보다는 이미 알려진 것을 생각하게 하는 것으로서 더욱 쉽게 받아들여진다. 여기에서 그려지듯 이야기든 아니면 치료사가 자신 자신과 관련시키는 요약된 진리이든 약간의 격언을 이용하면 필요하거나 상황이 벌어질 때, 내포된 의도의 요점이 나중에 빠르고 쉽게 떠오르게 할 수 있다.

이야기의 세 번째 요소는 거기에 처음에는 불운의 요소가 있다는 것이다. 예의 이야기에서 주요 인물이 최초에는 흥미롭고, 주목할 만한 인생에 대한 전망을 가라앉게 만드는 새로운 믿음에 의해 낙담하게 된다. 이런 역동적 긴장의 요소는 듣는 이의 주목을 끄는 데 도움을 주며 상처받은 인물과 공감하고 그의 상실감과 혼란에 동일시하게 되는 자연스러운 경향이 있다. 이런 동일시는 이야기의 다음 요소를 위한 무대를 만들어주는데 즉 불행 극복이다.

이 특정한 이야기의 주인공은 새로운 게 없다는 생각으로 인해 얻게 된 불행하다는 생각을 두 가지 방법으로 극복한다. 첫째, 그는 부정적 생각을 과감히 거부하고 그에 따라 힘을 얻는 느낌을 받는다. 둘째, 그는 보다 긍정적인 생각을 받아들이며 그것은 그의 관점을 배제에서 가능성으로 바꾼다. 많은 이들이 이 두 감각의 힘을 얻는 것과 가능성이 정서적 건강에서 중요한 것으로 확인을 해왔다. 스나이더(1994)는 이것들을 희망의 형성과 유지에 중요한 것으로 본다. 셀리그만(1998)은 이 감각에 대한 개인의 능력을 낙관적인 생각의 열쇠로 본다. 로터(1990; 1966; 1954)는 내적 통제의 감각을 근심과 우울을 감소시켜주는 결정적 요인으로 간주한다. 이들의 최근 연구(핸드, 2003)는 낙천성, 희망, 내적 통제 감각을 개인적으로 조합하는 것이 삶의 불행에 효과적으로 대처하는 데 중요하다는 것을 지지한다. 게다가 보다 최근의 연구는 삶의 불행이 회복력의 발달에 이로울 수도 있다고 강조한다.

예시한 이야기의 마지막 요소는 바로 어떤 새롭고 중요한 일도 이루어질 수 없다고 느낀 불행이, 무엇이 가능한가를 생각하고 그것을 이룰 수 있는 능력에 대해 생각하는 방식이 변화됨으로써 극복되었다는 점이다. 개인적 패러다임의 이동 또는 "재구성"은 내가 희망, 낙천성 그리고 개인적 통제력을 다시 가질 있게 해 주었다. 그리고 내 생각의 변화로 나의 감정상태는 절망의 경계에서 의기양양함으로 바뀌었다. 이 변화는 자신이 모든 일들을 어떻게 생각하는가가 그것들에 대한 생각을 결정한다는 점을 듣는 이에게 교묘하게 보여준다. 다르게 말하면 생각과 인식의 변화가 자신, 타인 그리고 우리가 살고 있는 세상에 대한 경험을 바꾼다.

다시 살펴보자면 여기서 도입부로 사용된 예시된 이야기는 내가 알아낸 치료적 변화를 용이하게 하는 강력한 기술의 예를 보여준다. 가치가 있는 것으로 밝힌 네 가지 이야기 요소는 다음과 같다: (1) 높은 존경을 받는 주목할 만한 사람에 관련된 것이거나 개인적 일화로 표현됨 (2) 쉽게 기억되고 이야기의 의미를 요약하는 외기 쉬운 인용구나 격언을 동반함 (3) 내담자의 관심을 포착하는 데 도움을 주는 불행이나 긴장의 요소를 가지고 있음 (4) "영웅"이 그 문제에 대한 관점과 통찰력을 획득해 가능한 성공으로의 길을 발견함으로써 불행이나 긴장의 해결이 그것이다.

비어스가 암시하듯 지식과 통찰력을 촉진하는 기술은 새롭지 않다. 이야기들, 우화들, 비유들,

신화들은 호머의 일리아드 오디세이에서 소크라테스의 "질문들", 그리고 그림 형제의 동화들까지 모든 시대에 비슷한 목적으로 쓰여왔다. 여기서 보여지는 이야기 형태와 그 이전의 것들 사이에 차이가 있다면 그것은 현재의 이야기가 특정 시대에 대해 특정 문제를 입증하면서, 듣는 이들의 구체적인 "필요들"을 위해 딱 맞추어져 있다는 점이다. 이야기와 비유를 치료적 도구로 사용하는 것에 대해 훨씬 많은 이야기가 있을 수 있지만, 기술과 밀접히 관련된 두 번째를 논의하는 데 시간을 쓰는 것이 더 좋을 것이다.

마이클의 강렬한 격언들

나는 상당한 시간 동안 쉽게 이해되고 기억되는 방식으로 사람들이 특정한 통찰력을 얻는 것을 돕는 데 유용하다고 발견해 온 "문구들"을 수집해 왔다. 그렇게 되자 이런 작은 진리들 중 대부분이 우리 모두가 그렇게 되지 않았으면 하는 삶의 모습을 강조하기 때문에 그래서, 내담자를 "강렬하게 하는"이라는 꼬리표를 붙이게 되었다. 이런 작은 격언들이 매우 자주 혼란을 주기 때문에 나는 보통 내담자들에게 나를 때리고 싶은 강한 느낌이 들 수도 있지만 자제하라고 말을 한다. 나는 또 그들에게 강렬하게 하는 격언들이 맥카트니의 "아마 나는 놀란 것 같다(Maybe I am amazed)"의 배경음악 연주처럼 그들의 머리 속에 박힐 거라고 말해준다.

독자는 이제까지 이야기 기술에 대한 나의 약간은 비겁한 접근법을 참아오면서, 심지어 자신이 그 격언을 듣기도 전에 내담자에게 그런 언급을 하는 나의 "진짜" 의도에 대해 의심을 품을 수도 있겠다. 냉소주의를 불러일으키려는 건 아니지만 내 동기에 대한 그런 불신들은 정당화될 수 있다. 밀튼 에릭튼의 교훈을 다시 빌리자면 나의 의도는 앞으로 일어날 일에 초점을 맞추게 하고, 그들이 앞으로 나올 진리를 잊고 싶어도 잊을 수 없을 거라는 암시를 하면서 유머를 사용해 내가 말하려고 하는 것에 대한 저항을 줄이기 위한 것이다. "하마"라는 단어를 5분 동안 생각하지 말라고 하는 오래된 기술처럼, 그들이 그 단어를 생각하지 않으려 할수록 그 단어에 대해 그들이 생각하게 되는 것이다. 이것이 실제로 먹힌다고 하는 일화의 예를 들자면 나는 많은 이전 내담자들이 내게 몇 년이 지나도, 그들이 때때로 이런 격언들 가운데 한 두 개를 떠올리고 내 예언이 사실이었다는 사실에 대해 미소를 짓게 된다는 말을 하는 것을 들어왔다. 따라서 나를 가장 강렬하게 하는 다섯 개의 격언을 다음과 같이 나열할 수 있다.

1. *만일 당신이 어떤 것이 달랐으면 한다면 당신은 어떤 것을 다르게 해야 한다.* 약간은 낮은 강렬함의 등급에 속하지만 이 격언은 내가 대부분의 사람들에게서 사실로 확인이 된 중요한 문제를 겨냥한다: 바로 어떤 것도 바꾸지 않고 일들이 바뀌었으면 하는 것이다. 종종 내담자들은 어떠한 삶의 문제가 있는 쟁점을 해결하려고 여러 번 시도한 후에 치료를 받으러 오는 듯

하다. 하지만 그들은, 불만스러운 결과를 낳는 늘 같은 성공적이지 못한 해법을 계속해서 시도해 온 것이다. 그들은 "내가 한번만 더 시도한다면 효과가 있을 게 분명해…"라고 생각하는 것 같다. 그 다음에 치료사가 그들에게 이 유효성이 증명되지 않은 전략이 성취될 수 있는 방법을 말해주기를 바라면서 치료를 받으러 온다. 이 격언은 이렇게 생각하는 내담자의 어리석음을 깨우치려는 시도이다. 그것은 실험을 가능하게 하는 통로가 된다. 즉 나는 화학자나 요리사처럼 당신이 재료를 바꾸면 결과도 바뀌게 된다는 점을 입증하려고 한다. 따라서 그 케익이 밋밋하고 맛이 없다면….

2. *잠정적으로 삶의 모든 측면에 더 쉬운 길과 더 어려운 길이 있다…그리고 더 어려운 길이 언제나 더 좋은 길이다.* 변화 없이 변화를 바라는 사람들과 관련된 나의 관찰과 유사하게, 나는 사람들이 또한 종종 그들의 문제들에 대한 보다 어려운 해법을 회피해 왔다는 점을 알아냈다. 이는 그들이 게을러서가 아니라 보다 힘든, 때로는 고통스러운, 해법들에 내재한 불편함에 대한 두려움이 있어서이다. 나는 보통 그 진리를 보여주는 약간의 노력을 강조함으로써 이 격언을 확장시킨다. 헬스클럽에서 운동하는 것이 그 좋은 예이다. 만일 당신이 가벼운 것만 든다면 별로 효과가 없을 것이다. 하지만 더 무거운 무게를 드는 힘든 길을 택한다면 힘이 길러질 것이다. 나는 종종 내담자에게 이 격언과 반대되는 시나리오를 제안해 보라고 하는데 아직까지는 아무도 그런 것을 보여준 적이 없다. 이 격언의 가치는 내가 보기에 그것이 그들의 문제를 해결하려고 해 온 노력과 피하려고 하는 노력을 강조해준다는 점이다. 이것은 왜 그들이 회피한 해법들을 그렇게 어렵다고 인지하는지, 그리고 실제로 더 힘든 일을 하게 된다면 무슨 일이 일어날지에 대한 그들의 상상에 대해 살펴볼 기회를 제공해준다. 그 모든 격언에도 적용되는바 이것은 틀을 바꾸는 수단으로 기능하며 자기-인식, 신념 체계, 탓을 돌리는 스타일 그리고 외우기 쉬운 떠올릴 것에 대한 탐구를 가능하게 하는 메커니즘으로 기능하게 된다.

3. *강한 나무는 쉽게 자라나지 않고 바람이 더 강할수록 나무도 더 단단해진다.* 이 격언은 내가 오래 전에 읽은 데서 빌려 온 말인데 출처를 기억할 수 없다. 이 격언은 앞의 것과 밀접한 관계가 있기는 하나 미묘하지만 중요한 점에서 차이가 있다. 앞의 격언의 초점이 "더 힘든 일을 하는" 데 있다면 이번 것은 보다 불행의 가치에 초점이 있다. 나는 종종 대부분의 다른 사람들이 불행의 경험을 보편적으로 불평등하고 부정적인 것으로 간주하는 것을 보았다. 하지만 이 격언이 강조하듯 성공적으로 불행을 극복하는 데서 나오는 단련-강화도 있다. 많은 연구자들(예, 프랑클, 1984; 핸드, 2003; 마띠, 1999; 시버트, 1996)은 이 "진리"를 이 장에서 살펴볼 수 있는 것보다 훨씬 자세하게 탐구하고 있다.

여기서는 삶의 불행에 대한 노출 중 일부가 회복력의 발달과 지속에 이로운 것으로 밝혀져 왔다고 말하는 것으로 충분하다. 이들과 다른 연구자들은 이 관계에 대해 긍정적인 또는 부정적인 감소 효과를 가지는 것으로 보이는 많은 변수들을 탐구해왔지만, 불행을 적게 겪는 것은 많이 겪는 것만큼 나쁘거나 그보다 더 나쁜 듯 하다. 이것이 그들의 삶에서 불행을 적극적으로 찾아 나서야 한다는 뜻인가? 많은 사람이 바로 그렇게 하려고 하지만 그런 일은 권장되지 않는다. 오히려 치료사는 그들의 불행에 대한 내담자의 시각의 틀을 바꾸는 데 도움을 주는 길을 찾으며, 아마도 그 경험으로부터의 어떤 가치를 찾아내려고 한다. 다음의 경구는 그것을 잘 말해준다.

"우리를 죽이지 않는 것은 우리를 더 강하게 한다."

4. *울타리 위에 걸터 앉아 가만히 있는 것보다 더 고통스러운 것은 우리 삶에 없다.* 이 희망적인 유머의 관찰 의도는 움직임을 독려하는 것이다. 나는 종종 내담자들이 당면한 어떤 문제든지 선택을 하는 데 갇혀 있다가 결국은 치료를 받으러 오는 것을 알아차린다. 할까요 말까요? 그대로 내버려두는 것 아니면 바꾸는 것 중 어떤 게 더 고통스러울까요? 이러면 저러면 내가 더 행복/불행할까요? 종종 어떤 선택의 결과에 대한 상상도 너무 끔찍해서 아무 일도 하지 않는 게 유일하게 '안전한' 선택이 된다. 그들이 치료를 받고 있다는 사실은 이 안전한 길이 제대로 된 게 아니라는 점을 나에게 시사한다. 그들의 희망이 의식적이든 아니든 이 오래된 방식이 먹힐 수 있게 할 뿐 아니라, 비록 더 있을 법하지 않지만 그것을 편안하게 만들 수 있는 길을 찾는 데 도움을 얻는 것이다. 이런 유추를 이용하면 삶의 울타리에 걸터앉아 있으면서 얻게 된 "파편"에 관한 논의를 생각해 볼 수 있다. 그 파편은 축적된 불신, 기회 상실 그리고 더 중요하게는 결정을 내릴 권리와 책임이 있는 사람이 자신이 아니라고 여기는 등 결정을 못 내리고 움직이지 않는 오래 지속되고 종종 고통스러운 효과를 주는 것일 수 있다. 아무것도 하지 않는 일은 실제로 그 중심에 있어서 다른 누군가가 결정을 내리게 만드는 보다 수동적-공격적인 수단이다. 더 안 좋은 점은 그것이 다른 사람으로 하여금 그 사람에게 이로운 것이 아닌 결정을 하게 한다는 것이다. 이 점에서 나는 종종 사람들이 다음 구절들을 사용하는 것을 금지한다. "몰라요", "상관 없어요", "원하는 대로 하세요" 시간이 지나고 이전의 내담자로부터 그들의 어휘에서 이 말들을 없앤 것이 그들의 치료 중에 얻은 최고로 삶을 변화시킨 기술이었다라는 말을 들었다. 단지 어휘 변화를 넘어서 이런 구절들에 내담자가 초점을 맞추는 데에는 상호의존과 반대인, 개인의 역량 강화를 고무하는 사고방식으로의 변화를 수반하고 또 요구된다.

5. *감정과 행동은 별개다.* 이 말은 많은 사람이 받아들이는 데 어려움을 겪는 개념이다. 실제로 이 격언에는 두 가지 요점이 있다. 우리는 감정과 그와 관련된 행동을 모두 통제할 수 있다는

것으로 많은 사람이 감정은 저절로 생겨나는 것이며, 감정에 대해 통제를 할 수 없다는 믿음을 가지고 있다. 그래서 예를 들면 만일 누군가 어떤 것이 기분 나쁘다고 말하는 경우 사람들은 아프고, 슬프고, 화나거나 어떤 다른 감정을 느껴야만 하는 것이다. 통제할 수 없는 감정이라는 이 개념이 확장된 것이 피할 수 없는 행동이라는 것이다. 예를 들어 화가 나는 일을 느낀다는 것은 그들이 문을 세게 닫거나, 술에 취하거나, 토라지거나, 먹거나 하는 반응들을 요구하는 것이다.

감정들이 저절로 생기는 자동적인 반응이라는 생각에 동의하는 한 개인적 통제력을 상실했다고 느끼게 된다. 많은 사람들(예, 로터, 1990, 1996, 1954; 로터, 챈스와 파레스, 1972)이 통제력에 대한 감지와 일반적인 심리적 웰빙 간의 관계를 설명하고, 다른 이들은 통제력 감지와 학습된 무력감/절망(피터슨, 마이어와 셀리그만, 1993; 셀리그만, 1998); 낙천성(셀리그만, 1998; 테일러 외, 2000), 회복력(쵸르피타와 발로우, 1998; 하트, 호프만, 에델스타인과 켈러, 1997) 등의 다른 심리적 항목들 간에 강한 관계가 있다고 확정했다

개인적 조절 감각과 좋은 심리적 건강 간의 이런 관계에 따라 가능할 때마다 그것을 강조하고 강화하는 것이 중요한 듯하다. 내담자들이 그들의 감정을 통제할 수 있다는 점을 알고 또 받아들일 때 그들의 개인적 역량 강화를 향한 큰 걸음을 취할 수 있었다. 아이들이 학교 운동장에서 부르는 노래가 확인시켜 주듯이 막대기와 돌이 뼈를 부술 수 있지만 말은 더 큰 상처를 줄 수 있다.

그 격언의 두 번째 부분은 행동을 다루고 있다. 감정과 마찬가지로 사람의 행동이 통제를 벗어나 있다는 믿음을 받아들이게 되면 힘이 약화되고 그 반대로 하면 힘을 얻게 된다. 또한 미치게 만드는 일에서도 자발적으로 행동을 소유한다는 것이 중요한 함의를 가진다. 우선 이것은 화나고, 피곤하고, 아플 때마다 누군가를 욕하는 게 불가피하거나 날 때부터의 권리도 아니라는 뜻이다. 둘째, 감정과는 상관 없이 우리 행동에 대한 책임을 인정하면 우리가 진짜 할 필요가 있는 일을 하지 않거나, 진짜 하지 말아야 할 것들을 하기 위해 만드는 많은 핑계가 꺾인다. 예를 들면 종종 내담자들로부터 그들이 하지 않으면 불편하게 느끼기 때문에 일을 하며 무엇을 하든지, 그 일이 그들이 덜 불편하기 위해 하는 것이라는 말을 듣는다. 담배 피우는 것이 좋은 예이다. 법석대거나 청소하기, 술 마시거나 마약을 하는 일, 도박, 손을 하루에도 100번씩 씻는 일, 그리고 다른 많은 "의무적인" 행동 들이 그런 것들이다.

이런 행동들이 생화학적인 원인이 있다는 것은 충분히 인정하지만 이런 충동을 갖는 것이 결국 자발적이라는 사실은 여전히 남는다. 그런 충동을 갖게 되는 것은 종종 그 근저의 감각과 감정들이 저항의 가능성이 없는 행동을 요구하는 것이라는 주장에 의해 종종 방어가 된다. 그렇다면 감정과 행동이 통제되는 또는 그렇게 될 수 있는 단순한 "환기"로, 치료사는 자신과 타인에 대한 그

들의 생각의 틀을 바꾸는 데 있어서 회복력을 강화하고 향상시키는 방식으로 내담자에게 도움을 줄 수 있다.

내담자와의 작업에서 채택하고 만들어낸 다른 접근법과 기술들이 많이 있지만 여기에서 보여준 것들이 자체 실험을 고려하는 데 충분한 예를 제공한다고 믿는다.

치료가 분명 최고의 전문성과 진정성을 보장해주기는 하지만 종종 그것이 좋은 치료적인 이유에도 불구하고 경거망동할 여지가 많다고 믿는다. 설명 된 것처럼, 접근법의 일부는 그 과정을 탈신비화하고 내담자가 치료에 들어와 경험하는 자연스러운 불편함을 없애기 위해 의도되었다. 나는 내담자로부터 이 접근법이 도움이 된다는 긍정적 의견을 종종 받으며 다른 사람들을 위해서도 비슷한 노력의 경험이 쌓여갈 수 있을 것이라고 확신한다.

결론적으로 나는 종종 내담자들에게 다음과 같이 말하면서 다른 방식으로 행동하고/생각하고/행위를 해보라고 말한다. "잃을 게 뭐가 있지? 너에게 효과가 없다면 너는 언제나 원래대로 돌아가면 되는데." 나는 똑같은 것을 독자에게 제안한다. 어떤 경우라도 여기서 구체적으로 제안된 것에는 마술 같은 건 없다. 오히려 그 마술은 내담자가 치료 중에 마주치게 된 통찰력을 이해하고 기억하고, 적용하기 더 쉽게 만들려는 창조적 노력의 응용에서 발견될 수 있다. 내담자와 치료사 간의 관계의 특성이 성공적인 치료의 가장 중요한 요소이자 가장 가르치기 어려운 것이라고 할 수 있다. 그림을 배우는 것과 마찬가지로 거기에는 기술이 있고….그 이상의 것도 있다. 그 이상의 것은 바로 독특한 환기의 방식으로 생각의 소통을 통해 그림을 보는 사람과 예술가 간에 이루어지는 결합이다. 치료에서도 마찬가지이다.

30장

창의적 치료 접근법의 윤리적 전달

크리스틴 라슨

서론

창의적 기술들을 상담과정에 포함시키면 치료적 연대를 강화하고 이해를 깊게 하며 통찰력을 촉진할 수 있다. 이런 공헌들은 매우 건설적일 수 있지만 웰빙, 선택의 자유, 참가자의 존엄성 보호를 위해서는 특별한 주의가 필요하다(레빅, 1995; 밀러, 2003). 윤리적 실천들은 효과적인 치료의 기본이다. 창의적 예술 치료들의 제공자들은 내담자를 어떻게 치료할 것인가에 관한 기본적 문제와 어떤 방식을 사용할지, 그리고 내담자의 창작물로 무엇을 할지에 대한 더 복잡한 문제들을 포함하는 많은 윤리적 결정에 맞닥뜨린다. 이 질문 중 대부분은 쉽게 답을 얻을 수 있지만 실행자들은 불가피하게 적절한 윤리적 행동규범, 동료와의 상담 그리고 내담자의 최대 이익을 위한 게 무엇인지에 대한 많은 생각을 요하는 것으로 윤리적인 딜레마에 직면한다. 이는 우리가 최고 수준의 윤리적 실천을 요하는 것으로 개인적으로 외상, 감정적 고통 그리고 불신감을 경험한 집단들을 다룰 때이다. 이 장의 목적은 치료적 과정에서 창의적 양식들을 실행하는 독특한 환경에서의 윤리적 기준에 대한 지식과 실천을 강조하고 모든 치료 양식들에 공통된 지침은 피하면서 창의적 양식들의 제공에 고유하고 구체적인 윤리적 지침을 검토하는 것이다.

윤리적 지침들

치료분야에서 내담자의 최대 이익과 관련한 어려운 결정에 직면하게 되는 일은 그리 오래 걸리지 않는다. 연구와 치료에서 윤리적 결정을 위한 최초의 공식적 지침들은 2차 대전 중의 전쟁 포로들의 강제적인 생의학적 실험의 노출과 관련된 누렘부르그 공판에 대한 반응으로부터 생겨났다(시버, 1992). 누렘부르그 규약으로 불리는 이런 형식적 지침들은 내담자들로부터의 정보에 근거한 동의의 필요성을 강조했으며(시버, 1992), 모든 이어지는 윤리적 지침들을 위한 기준을 정했다.

현재 대부분의 치료사들은 가장 최근인 2002년에 발행된 미국 심리 협회의 "심리학자를 위한 윤리적 원칙들과 행동 규약"이나 치료적 서비스 제공과 관련된 지침들을 위한 미국 상담 협회의 "윤리 규약과 실제의 기준들(1995)을 참고한다. 그 윤리적 지침들은 창의적 양식들을 이용하면서 치료사들이 직면하는 고유한 질문들을 인지하고 있는 협회들도 있으며, 전문가들의 경험에 기초한 의사 결정 과정에 있어서의 지침을 제공하는데 여기에는 미국 미술 치료 협회(2003), 미국 무용 치료 협회(1966), 미국 음악 치료 협회(2003), 놀이 치료 협회(2000), 국립 음악 치료 협회(1987) 국립 시 치료 협회(실험중인 국립 균등 접근권 연합, 2000) 등이 포함된다. 조직적 윤리 규약이 구성원들에게는 의무적인 반면, 그것들은 종종 주 관할 위원회와 관련 분야에서 활동하는 전문가들에 의해 치료의 기준으로 간주된다. 흥미롭게도, 미국 상담협회의 지침은 치료사들이 숙련자들의 전문적인 발전과 증진을 위해 앞서 언급한 관련 지역, 주, 국가 조직들에 활동적으로 참가할 것을 언급하고 있다(ACA, 1995)

전문적 능력

윤리적 지침들은 치료사들이 전문 기관을 통한 교육, 훈련, 감독, 인증(적용 가능한 경우) 등에 기초한 기술들만 제공할 것을 요구하고 있다(AATA, 1999; ACA, 1995; APA, 2000). 치료 제공자가 수채화를 그리며 그것이 그들의 치료 작업에서 효과적인 창의적 양식을 만들어 낼 것으로 믿을 수는 있지만, 개인이 윤리적인 지침에 의해 요구되는 경력 없이 이 양식을 그들의 작업에 구현하는 것은 비윤리적일 것이다. 전문적 창의적 양식들을 제공하기 위해 필요한 기술들을 개발하는 동안, 치료사는 수퍼비젼을 받고 그 내담자에게 그들의 개발 상황을 알려주고 수퍼바이저의 이름을 내담자에게 제공하도록 지시를 받는다(ACA, 1995; APA 2002).

창의적 치료들이 성격상 전통적인 언어 치료보다 자유로운 형식으로 덜 체계화 되어 있기는 하지만 치료 계획을 마련하고 목표들을 설정하며, 전문적 규정들에 따라 기록을 보존하는 것이 필요하다(AATA, 1999; ACA, 1995; APA, 2000). 더불어 치료사들은 서비스를 제공하기 전에 내담자에게 그들의 전문성, 훈련 그리고 인증을 알려야 한다. 이것은 말로 또는 정보 동의 양식을 통해 이루어질 수 있다.

정보에 기초한 동의

정보에 기초한 동의 양식의 목적은 내담자에게 참가와 관련된 정보에 기초한 결정을 내리기 위한 상담과정의 성격에 관한 모든 관련 정보를 제공하기 위한 것이다. 창의적 양식을 제공할 때 그 정보에 기초한 동의는 다음을 반드시 포함해야 한다: (a) 양식에 대한 설명 (b) 그 양식의 목적과 목표 (c) 감정적 동요를 포함한, 그 양식 상의 위험 (d) 그 양식의 이점 (e) 그 양식에 대한 대안 (ACA, 1995). 창의적 양식들을 제공하는 치료사들은 종종 그들의 특정한 기술과 다년간의 교육과 경험에서 나온 전문적 투자에 대한 강한 믿음이 있다. 그들의 선택 기술에 대한 자연스러운 편견을 인식하면서 정보와 결정에 기초한 내담자 선택의 자유를 존중하는 것은 치료사의 궁극적 책임이다.

정보에 기초한 동의는 또한 내담자의 서비스 동의를 기록함으로써 제공자들을 보호할 수 있다. 이것은 무용 동작 치료 중의 신체 접촉의 사용 같은 몇몇 치료들에 있어서 특별히 중요하다(윌리스, 1987). 비록 대부분의 윤리적 지침들이 내담자의 서면 동의를 요하지는 않지만(말로만 동의하고), 정보에 기초한 동의 양식에 내담자의 서명을 받는 것이 중요하다. 치료 과정에 도입된 각각의 새로운 양식(미술, 무용, 놀이 등)에 대해 정보에 기초한 동의 서명을 받도록 확인하고, 모범적인 정보에 기초한 동의 양식을 위해서는 부록을 보라.

내담자의 안전

몇몇 창의적 치료들은 신체적으로 활동하는 독특한 특성이 있다(레비, 1995). 따라서, 내담자의 신체적 안전에 대한 특별한 주의가 있어야 한다. AATA(199)는 치료에서 미술 재료를 사용할 때의 안전과 유독성에 관한 지침들을 실천 기준에 포함시키고 있다. 무용 치료 또한 내담자들의 가능한 신체적 제약과 신체 건강에 대한 치료의 영향에 대해 인지를 요구한다.

비밀유지

비밀유지는 그들의 상담 과정과 관련된 모든 정보에 대한 내담자의 사생활 보호의 권리를 말한다. 이 사생활에는 그들이 치료에 참가하고 있다는 기본적 사실도 포함한다. 비밀유지는 창의적 양식의 산물이 의도적, 비의도적으로 전시될 때 어겨져 왔다(ACA, 1995). 다른 내담자들이 보는 데 있는 조각, 미술 또는 내담자의 시를 공유하는 것은 내담자의 이름을 없애고 익명성이 제공되는 경우라도 비밀 유지를 위반한다.

AATA 실천 기준에 따르면(말치오디, 2003), 모든 미술적 창작품들은 치료시의 언어적 의사소통이 그렇듯 비밀 의사소통으로 간주되어야 한다. 내담자들은 비밀유지의 한계와 이러한 제한이 그들의 미술에까지 확대될 수도 있다는 것에 대해 통보를 받아야 한다. 미술적 창작품은 종종 전시할 예상을 하고 창작되지만(말치오디, 1998), 치료과정의 일부로 제작된 미술의 전시가 언제나 적합하거나 바람직한 것은 아니다. 사생활에 대한 권리는 서면으로 동의를 표현함으로써(AATA, 1999) 내담자에 의해 포기될 수도 있으며(ACA, 1995) 종종 그들의 치유를 공유하려는 내담자의 열정에 의해 포기될 수도 있다. 하지만 여전히 치료사는 내담자의 최대 이익에 기초해 선택하는 것이 중요하다.

내담자가 가진 미술의 고유성은 이름이 지워졌어도 숨기기가 어렵다는 것을 생각해 보라. 누군가가 미술적 스타일을 알아차리고 익명성의 시도를 파괴할 수 있는 위험은 언제나 있다(말치오디, 1998). 또한 아이들은 보통 종종 알아차릴 수 있는 사항들을 포함하는 가족 그림을 그리도록 요구받는다. 치료사는 전시의 결과를 생각해야 하며 부모 학대의 경우, 아이가 표현한 그림을 집에 가져가도록 해야 한다(말치오디, 1998). 아이나 성인이 그들의 작품이 전시될 것을 알고 그들 그림의 내용을 그에 따라 바꿀 수도 있다는 것은 중요한 고려 사항이다. 치료의 산물인 공적 전시나 유포는 다음과 같은 서면 동의에 따라 이루어져야 한다: (a) 전시의 목적 (b) 전시의 시간과 장소 (c) 전시 종료일자 (d) 전시 후 작품의 행방. 아이들이 만든 작품의 경우 전시를 위해서는 부모나 보호자 그리고 아이 양측의 허가를 모두 받아야 한다(말치오디, 1998). 말치오디(1998)는 치료적 미술 수업을 하는 거주지 치료 센터에서의 전시를 묘사한다. 그 표현 작품 중 대다수가 감정적으로 민감하고 노출적인 것이었다. 하지만 직원은 그것이 그 센터의 프로그램에 대한 주의를 끌기에 적합하다고 느꼈으며 미술을 창작한 그 아이 중 몇몇이 지역 TV에서 인터뷰를 했고, 그들의 비밀유지에 더 큰 손상을 주었다.

이 책임과 일관되려면 치료사들은 아이들의 비밀스런 표현이나 미완성 작품의 경우에(말치오디, 2003), 그들의 창작품을 안전하게 보관할 장소를 마련해야 한다. 하나의 미술작품이 치료의 지속적 기록의 일부로 취급되어야 하는 경우 안전한 창고에 7년간 기록을 유지하는 규칙이 적용되어야 한다(하몬드와 간트, 1998). 안전한 자물쇠가 있는 큰 방이나 벽장은 가장 큰 미술 작품이 들어갈 수 있다면 적당할 것이다.

드라마 치료는 그것이 그룹 환경에서 수행되기 때문에 비밀 유지에 어려움이 있다. 그룹 구성원들은 종종 비밀 유지의 선서에 서약한다(모레노, 1962). 하지만 치료사는 치료적 환경 외의 그룹 구성원들의 행동에 대해서는 통제할 수가 없다. 이 경우 치료사의 책임은 정책의 제약을 설명하고 즉각적으로 그들이 알게 된 비밀유지 위반을 처리하면서, 비밀 유지 관련 정책을 설명하고 검토하는 데 있게 된다.

소유권

내담자를 미술적 창작의 소유자로 간주하는 것은 미술 치료에서 공통된 경향이다(말치오디, 2003) 비록 이 문제는 복잡하고 아직 논쟁 중이지만. 미술 치료사들은 그 미술적 창작을 설명하는 상세한 진행 일지를 보존 할 것으로 기대되며 필요한 경우 종종 그 창작물의 사진이나 디지털 사본을 만든다. 하몬드와 간트(1998)는 내담자 미술의 사진을 찍는 작업이 시간이 들고 비쌀 뿐 아니라 비밀유지를 위반할 수도 있다고 주장한다. 그들은 미술작품이 전통적 치료사가 대화를 요약하듯이, 요약되어야 한다고 믿는다. 또한 하몬드와 간트(1998)는 치료사들에게 내담자의 미술적 표현의 사진을 찍기 전에 서면 동의를 득할 것을 권한다. 만일 미술적 표현이 자신이나 타인들에 대한 해로움을 보이거나 약간의 학대 형태를 보인다면 그것은 의학적 기록과 비슷하게 취급되고 기록-보존 목적을 위해 존속되어야 한다(말치오니, 2003). 마지막으로 치료사가 미술 작품에 직접적으로 메모를 쓰는 것은 소유권 위반으로 간주된다.

평가를 위한 창의적 양식들의 사용

미술, 무용, 시의 사용은 종종 치료적 목적을 위한 것이지만 몇몇 창의적 기술들은 또한 평가를 위해서도 쓰인다. 내담자들은 이 차이를 인식하도록 해야 하며 치료에서 수단으로 쓰이는 창의적 양식에 대한 평가 목적에 대해서도 정보를 얻어야 한다. 다시 말해 화를 표현하는 목적에서 치료 중 그리기에 참가한 내담자는 반드시 그 그림이 평가 목적으로 쓰인다는 것을 알아야 한다. 평가들에는 투사적이고 객관적인 검사, 자연주의적 관찰, 미술적 양식에의 참여 등이 포함된다(브루시아, 1988).

한 사람 그리기 검사(DAP) 같은 투사적이거나 주관적인 과정의 사용은 신뢰도와 유효성 증거의 제약으로 인해 논쟁의 여지가 있다(브룩, 2004; 말치오디, 2003). 뇌 손상 평가를 위해 그리기를 이용하는 것은 과학적 문헌에서도 뒷받침되고 있지만 감정 상태 또는 성학대 이력에 대한 평가를 위한 미술의 사용은 과학적 뒷받침이 없다(브룩, 2004). 만일 치료사가 평가를 위한 투사적 그리기를 사용하기로 선택한다면, 그들은 반드시 이 분야의 최근 연구에 대해 잘 알고 그 한계와 다른 보다 객관적인 방법들과 함께 사용해야 한다(브룩, 2004; 말치오디, 2003). 브로시아(1988)는 미술 치료들을 사용하는 평가를 위한 일곱 가지 기준을 정했다: (a) 분명히 정의된 목적이 있다 (b) 자격 있는 치료사에 의해 수행된다 (c) 고유한 임상적 이점들을 제공한다 (d) 데이터 수집을 위한 효과적 방법을 채택한다 (e) 신뢰할 만한 데이터를 생산한다 (f) 유효한 결론으로 이끈다 (g) 윤리적 기준들을 따른다.

또한, 내담자는 다음을 알 권리가 있다: (a) 평가의 결과 (b) 평가에 기초해 만들어진 해석 (c) 치료사의 결론과 권고의 근거(ACA, 1995). 지침은 나아가 치료사들이 훈련된 것을 위해서만 평가에서의 창의적 양식들을 사용해야 한다고 말하고 있다(ACA, 1995; 브루시아, 1988). 이 훈련이 적용 가능한 경우 관련된 측정의 신뢰성, 유효성, 오류와 평가 기술들의 표준화를 포함할 것을 요구하고 있다.

다양성

창의적 치료들은 그 효과와 효율성에 기여하는 데 있어서 의미가 많다. 하지만 그 의미는 그들의 다양한 삶의 경험들로부터 형성되면서 각 내담자에게 고유한 것이다. 결과적으로 양식을 선택하고 결과들을 해석할 때 내담자의 문화, 성별, 민족, 성적 지향, 종교에 대한 고려가 필수적이다(AATA, 1999).

치료사들이 다양성과 억압에 관해 특히 가장 다룰 가능성이 많은 다양한 집단들에 대해서 교육을 받는 것이 윤리적인 기준이다(AATA, 1999). 필요할 때는 그 문화 출신 동료나 다른 다양한 특성을 다룬 경험이 있는 사람의 조언을 구하라(AATA, 1999; APA, 2003). 이런 지침들은 적절한 매체를 선택하는 데 있어서 치료사에게 도움을 주고 치유의 통로를 그냥 지나치는 것을 피할 수 있게 할 것이다(브라운, 2001). 예를 들면 시 치료사는 푸에르토 리코계내담자의 영감을 위해 전통 민속 이야기를 참고하도록 권장된다. 어떤 음악 치료사는 유대인 내담자을 대하면서는 전통적 크리스마스 음악을 피하고 싶어 할 수도 있다(클레어, 1994). 무용 치료사는 많은 전통 문화의 춤을 끌어올 수도 있고 이런 것을 다른 민족적 배경을 가진 내담자에게 소개하는 것을 생각해 볼 수도 있다. 동시에 신체 장애를 가진 사람이 무용이나 동작 치료에 관심이 없을 거라고 가정하지 말라. 드라마 치료는 압제 받는 사람들에 의해 경험된 고통에 목소리를 줄 수 있는 고유한 능력이 있다. 또한 드라마와 놀이 치료는 하나의 문제 해결에 대한 전통적이거나 민족적인 접근법에 대한 재현을 촉진시킬 수 있다.

멀티플 치료사들

창의적 치료들을 제공하는 고유한 측면은 전문가가 종종 대안적 치료를 위한 필요성을 아는 다른 치료사들로부터 조언을 얻기도 하는 것이다. 이는 동료들과 함께 일하고 내담자의 목표를 위한 놀라운 이득을 아는 것은 엄청난 기회일 수 있다. 이 상황은 또한 치료사들 간의 의사소통과 협조가 부족하거나 내담자가 접촉을 시작하고 주 치료사는 그들이 대안적 치료를 추구해 왔는지 모른다면 치료사들 간의 충돌을 낳을 수도 있다. 다른 치료사로부터 서비스를 받고 있는 내담자를 다룰 때는 처치를 계속하기 위해 주 치료사에게 알려줄 필요가 있으며, 서비스들을 계속하고 조정하기 위한 동의를 얻기 위해 다른 치료사와 접촉을 시도해야 한다(AATA, 1999; ACA, 1995).

서비스들을 위한 교환

치료사들은 서비스 요금 지불에서 내담자들로부터 물건을 받을 때 보통은 실망하게 된다(ACA, 1995). 창의적 치료는 이 딜레마에 대한 성숙한 상황인 듯하다. 치료 과정에서 그림들을 창작하고 있는 내담자와 그 후 그것들을 치료사에게 서비스요금 대신 제시하는 것을 상상해 볼 수 있다. 이 과정은 내담자를 착취 위험에 놓는 것과 더불어 상담 관계의 성격을 바꾸고 갈등을 낳고, 부적절한 기대를 발달시킨다(ACA, 1995). 교환하는 것에 대한 대안이 없지 않는 한 치료사들은 내담자의 제안을 정중히 거절하는 불쾌한 일에 연루되어야 한다.

전문가 개발

그들의 분야에서 뒤처지지 않기 위해 창의적 양식 교육을 계속 받는 것은 치료사들에게 가장 좋은 작업이다(AATA, 1999; ACA, 1995; APA, 2002). 이 교육은 학회, 훈련, 계속되는 교육 프로그램의 형태로 이루어질 수 있다. 최소한 치료사들은 그들의 효율성을 모니터 하고 소진된 효력들을 채우기 위해서는 정기적으로 그들의 사무실 안팎의 다른 전문가들과 상의해야 한다(ACA, 1995). 또한 기술은 창의적 양식을 이용하는 국가나 국제 치료사 공동체와 연결이 될 기회를 준다. 몇몇 전문가 단체들은 미국 무용 치료 협회: http://www.adta.org/listserv.html;국제미술치료사네트워킹그룹http://www.emporia.edu/ingat/; 국립 드라마치료 협회: http://www.nadt.org/ 를 포함하는 구성원 간의 의사소통을 촉진하기 위해 게시판과 "리스트서브"를 운영 중이다.

윤리적 딜레마의 해결

치료 제공 관련 문제들은 복잡하고 종종 윤리적 기준들에 따르는 것 이상의 판단력을 요한다. 인간성, 관계, 창의적 경험의 복잡성 때문에 윤리적 딜레마는 치료에서 흔하다. 윤리적 딜레마에 직면한 치료사들은 우선 적절한 지침을 참조해야 한다. 윤리적 규약들은 수 십 년의 전문가들이 경험한 딜레마가 누적되어 있고 타인의 실수를 통해 배우는 교훈들인 것이다.

윤리적 지침들은 치료를 위한 기준을 보여주지만 그것들은 여전히 지침들일 뿐이며, 따라서 치료사의 지혜와 고민을 필요로 한다. 치료 기술과 문제의 엄청난 범위로 인해 많은 윤리적 지침의 저자들은 의사 결정 과정에서 최소의 지도만 제시하면서 모호하지만 않으면 일반적인 접근법을 선택해왔다(시버, 1994). 어떤 특정한 기술의 사용에 대한 분명한 지시사항을 볼 것으로 기대하지 말라. 따라서 창의적 치료 개업가들은 그 지침을 해석하고 아이의 그림을 볼 부모의 권리나 내담자가 치료사에게 선물로 준 조각을 어디다 놔야 하는가 같은 특정한 딜레마에 적용할 지혜를 활용해야 한다. 당신 자신이 이 상황에 연루될 수 있는 가장 상처받기 쉬운 내담자의 위치에 있다고 상상해보라. "더 나쁜 경우의 시나리오"의 시각을 취해, 어떤 윤리적 위반을 예측하기 위한 결론으로 이끌어가라(예, 만일 나의 안내원이 사무실에서 "배신"에 관한 그림을 보고 나서 그것에 관해 내 내담자를 칭찬하면 어떻게 할 것인가?).

분명 모든 딜레마가 윤리 규약에서 다루어지는 것은 아니다. 만일 행동 과정이 계속해서 분명하지 않다면, 치료사들은 윤리에 관해 지식이 깊은 동료들에게 조언을 구해보거나(ACA, 1995), 지역 전문가 단계의 일원들을 찾도록 권장된다. 초보 치료사들은 윤리적 규약의 모호함에 호도될 수도 있으며 내담자의 웰빙에 대한 모호한 위험들을 간과할 수 있다. 당신이 더 많은 피드백을 받을수록 당신이 잠재적인 윤리적 문제들 모두를 식별할 기회는 더 커진다. 마지막으로 치료사들은 그들의 윤리적 질문들에 관해 윤리 위원회와 연락할 수도 있다. 치료사의 행위들이 의심받을 가능성에 대비해 이 상담의 증거를 첨부하는 것은 언제나 현명한 일이다.

결론

치료에서의 창의적 양식들의 사용은 전체로서의 치료 분야의 질과 가치에 기여한다. 그것은 또한 내담자들에게 그들의 치료를 위한 탐색에서 효과적인 대안들을 제공한다. 윤리적 지침들에 대한 익숙함은 사회가 믿을 수 있는 품질의 서비스를 보장하면서 창의적 치료들을 실행하는 데 필수적이다.

창의적 기술들을 제공하는 각 치료사는 윤리적 서비스를 제공할 때 상세히 하고 공을 들이며 때로는 상상력이 풍부하도록 요구된다. 창의적 양식들은 때때로 전통적 양식들보다 윤리적 난해성들에 대해 근면함을 더 요구할 수도 있지만, 그 결과는 가치가 있다. 윤리적 딜레마에 관한 당신의 고유한 경험을 당신의 동료들과 직접 만나거나 글을 통해서 공유하는 것을 고려해보라. 그러면 다른 전문가의 성장과 치료의 윤리적 실행과 관련된 지식의 전체에 공헌할 수 있을 것이다(라슨, 근간).

참고문헌

제1장

Aach-Feldman, S., & Kunkle-Miller, C. (1987/2001). Developmental art therapy. In J. A. Rubin (Ed.). *Approaches to art therapy* (pp. 226–240). Philadelphia: Brunner-Routlege.

Allen, P. B. (1995). *Art as a way of knowing.* Boston, Shambhala.

Allen, P. B. (2001). *Art making as spiritual path: The open studio.* In J. A. Rubin (Ed.). *Approaches to art therapy* (pp. 178–188). Philadelphia: Brunner-Routledge.

American Art Therapy Association. (2004). Art therapy: Definition of the profession. *AATA Newsletter, 35* (2), 4.

Anderson, F. E. (1978/1992). *Art for all the children: Approaches to art therapy for children with disabilities.* Springfield, IL: Charles C Thomas, Publisher, Ltd.

Anderson, F. E. (1994). *Art-centered education and therapy for children with disabilities.* Springfield, IL: Charles C Thomas, Publisher, Ltd.

Beck, A. T. (1976). *Cognitive therapy and the emotional disorders.* New York: International Universities Press.

Betensky, M. (1973). *Self-discovery through self-expression.* Springfield, IL: Charles C Thomas, Publisher, Ltd.

Betensky, M. (1995). *What do you see?* London: Jessica Kingsley.

Betensky, M. (2001). Phenomenological art therapy. In J. A. Rubin (Ed.). *Approaches to art therapy* (pp. 121–133). Philadelphia: Brunner-Routledge.

Betts, D. (2003). Developing a projective drawing test: Experiences with the Face Stimulus Assessment (FSA). *Art Therapy: Journal of the American Art Therapy Association, 20* (2), 77–82.

Brooke, S.L. (1996). *Tools of the trade: A therapist's guide to art therapy assessments.* Springfield, IL: Charles C Thomas, Publisher, Ltd.

Brooke, S.L. (2004). *Tools of the trade: A therapist's guide to art therapy assessments: Tools of the trade,* (2nd ed.). Springfield, IL: Charles C Thomas, Publisher, Ltd.

Bush, J. (1997). *A handbook for school-art therapy: Introducing art therapy into a public school system.* Springfield, IL: Charles C Thomas, Publisher, Ltd.

Cane, F. (1951/1983). *The artist in each of us.* New York: Pantheon Books.

Cohen, B. M. (1985). *The Diagnostic Drawing Series handbook.* Alexandria, VA: Barry Cohen.

Cohen, B. M., Hammer, J. S., & Singer, S. (1988). The Diagnostic Drawing Series: A systematic approach to art therapy evaluation and research. *The Arts in Psychotherapy, 15,* 11–21.

Dissayanake, E. (1988). *What is art for?* Seattle and London: Washington University Press. Edwards, M. (2001). Jungian analytic art therapy. In J. A. Rubin (Ed.). *Approaches to art therapy* (pp. 81–94). Philadelphia: Brunner-Routledge.

Elkins, D. E., & Stovall, K. (2000). American Art Therapy Association, Inc.: 1998–1999. Membership survey report. *Art Therapy: Journal of the American Art Therapy Association, 17,* 41–46.

Frank, T. (1983). Margaret Naumburg, Pioneer art therapist: A son's perspective. In K. C. Detre, T. Frank, C. R. Kniazzeh, M. C. Robinson, J. A. Rubin, & E. Ulman, Roots of art therapy: Margaret Naumburg (1890–1983) and Florence Cane (1882–1952). *American Journal of Art Therapy, 22,* 111–123.

Freud, S. (1900/1955). *Interpretation of dreams,* Standard (ed.). Vols. 4–5. London: Hogarth Press.

Gantt, L., & Tabone, C. (1998). *Rating manual for the Formal Elements Art Therapy Scale.* Morgantown, WV: Gargoyle Press.

Garai, J. (2001). Humanistic art therapy. In J. A. Rubin (Ed.). *Approaches to art therapy* (pp. 149–162). Philadelphia: Brunner-Routledge.

Goodenough, F. (1926). *Measurement of intelligence by drawings.* New York: Harcourt, Brace, & World.

Groth-Marnat, G. (1984). *Handbook of psychological assessment.* New York: Van Nostrand Reinhold Company.

Hammer, E. F. (Ed.). (1958). *The clinical application of projective drawings.* Springfield, IL: Charles C Thomas, Publisher, Ltd.

Harris, D. (1963). *Children's drawings as measures of intellectual maturity.* New York: Harcourt, Brace, & World.

Henley, D. (1992). *Exceptional art, exceptional children.* Worcester, MA: Davis Publications.

Henley, D. (2001). Art therapy in creative education. In J. A. Rubin (Ed.). *Approaches to art therapy* (pp. 326–339). Philadelphia: Brunner-Routledge.

Hogan, S. (2001). *Healing arts: The history of art therapy.* London & Philadelphia: Jessica Kingsley, Publishers.

Jordan, H. (1989). An interview with Janie Rhyne. *American Journal of Art Therapy, 27,* 107–112.

Jung, C. G. (1964). *Man and his symbols.* Garden City, NY: Doubleday.

Junge, M. B., & Asawa, P. P. (1994). *A history of art in the United States.* Mundelein, IL: The American Art Therapy Association.

Kapitan, L. (2004). Cross-training: The case for creating the next generation of art therapy credentials. *AATA Newsletter, 37* (2), 1–2.

Kaplan, F. F. (2000). *Art, science and art therapy: Repainting the picture.* London and Philadelphia: Jessica Kingsley, Publishers.

Keyes, M. F. (1983). *Inward journey: Art as therapy.* LaSalle, IL: Open Court Publishing Company.

Kohut, H. (1971). *The analysis of the self.* New York: International Universities Press.

Kramer, E. (1958). *Art therapy in a children's community.*

New York: Schocken Books.

Kramer, E. (1971). *Art as therapy with children.* New York: Schocken Books.

Kramer, E. (1979). *Childhood and art therapy.* New York: Schocken Books.

Kramer, E. (2001a). Sublimation and art therapy. In J. A. Rubin (Ed.), *Approaches to art therapy* (pp. 28–39). Philadelphia: Brunner-Routledge.

Kramer, E. (2001b). *Art as therapy: Collected papers.* London & Philadelphia: Jessica Kingsley, Publishers.

Kramer, E., & Schehr, J. (1983). An art therapy evaluation session for children. *American Journal of Art Therapy, 23,* 3–12.

Kris, E. (1952). *Psychoanalytic explorations in art.* New York: Schocken Books.

Kwiatkowska, H. Y. (1967). The use of families' art productions for psychiatric evaluation. *Bulletin of Art Therapy, 6,* 52–69.

Kwiatkowska, H. Y. (1978). *Family therapy and evaluation through art.* Springfield, IL: Charles C Thomas, Publisher, Ltd.

Lachman-Chapin, M. (2001). Self psychology and art therapy. In J. A. Rubin (Ed.), *Approaches to art therapy* (pp. 66–78). Philadelphia: Brunner-Routledge.

Landgarten, H. B. (1981). *Clinical art therapy.* New York: Brunner/Mazel.

Landgarten, H. B. (1987). *Family art psychotherapy.* New York: Brunner/Mazel.

Landgarten, H. B. (1993). *Magazine photocollage: A multicultural assessment and treatment technique.* Springfield, IL: Charles C Thomas, Publisher, Ltd.

Levick, M. (1998). *The Levick Emotional and Cognitive Art Therapy Assessment (LECATA).* Unpublished manuscript, received April 24, 1998.

Lowenfeld, V. (1947). *Creative & mental growth.* New York: Macmillan.

Lowenfeld, V. (1957). *Creative & mental growth,* (3rd ed.). New York: Macmillan.

MacGregor, J. (1983). Paul-Max Simon: The father of art and psychiatry. *Art Therapy: Journal of the American Art Therapy Association, 1,* 8–20.

Machover, K. (1949). *Personality projection in the drawing of the human figure.* Springfield, IL: Charles C Thomas, Publisher, Ltd.

Malchiodi, C. (1990). *Breaking the silence: Art therapy with children from violent homes.* New York: Brunner/Mazel.

Malchiodi, C. (Ed.). (1999a). *Medical art therapy with adults.* London & Philadelphia: Jessica Kingsley Publishers.

Malchiodi, C. (Ed.). (1999b). *Medical art therapy with children.* London & Philadelphia: Jessica Kingsley, Publishers.

Malchiodi, C. (2004). Increasing art therapists' income opportunities: A summary of the strategic planning report by Matt Dunne, legislative consultant. *American Art Therapy Association Newsletter, 37* (1), 1–3.

McMahan, J. (1989). An interview with Edith Kramer. *American Journal of Art Therapy, 27,* 107–114.

McNiff, S. (1981). *The arts in psychotherapy.* Springfield, IL: Charles C Thomas, Publisher, Ltd.

McNiff, S. (1998). *Trust the process.* Boston: Shambhala.

McNiff, S. (1999). *Art-based research.* London & Philadelphia: Jessica Kingsley, Publishers.

McNiff, S. (2001). Pandora's gifts: The use of the imagination and all of the arts. In J. A. Rubin (Ed.). *Approaches to art therapy,* (2nd ed.) (pp. 318–325). Philadelphia: Brunner-Routledge.

Moon, B. (1990/1995). *Existential art therapy.* Springfield, IL: Charles C Thomas, Publisher, Ltd.

Moon, B. (1997/2004). *Art & soul.* Springfield, IL: Charles C Thomas, Publisher, Ltd.

Moon, B. (2000). *Ethical issues in art therapy.* Springfield, IL: Charles C Thomas, Publisher, Ltd.

Murray, H. A. (1943). *Thematic-Apperception-Test.* Cambridge, MA: Harvard University Press.

Naumburg, M. (1928). *The child and the world.* New York: Harcourt, Brace.

Naumburg, M. (1947). *Studies in the "free" art expression of behavior problem children and adolescents as a means of diagnosis and therapy.* New York: Teachers College Press.

Naumburg, M. (1950). *Schizophrenic art.* New York: Grune & Stratton.

Naumburg, M. (1953). *Psychoneurotic art.* New York: Grune & Stratton.

Naumburg, M. (1958). Art therapy: Its scope and function. In E. G. Hammer (Ed.), *The clinical application of projective drawings* (pp. 511–517). Springfield, IL: Charles C Thomas, Publisher, Ltd.

Naumburg, M. (1966). *Dynamically oriented art therapy: Its principles and practice.* New York: Grune & Stratton.

Naumburg, M. (1973). *Studies in the "free" art expression of behavior problem children and adolescents as a means of diagnosis and therapy.* (Rev. ed.). New York: Teachers College Press.

Neuman, E. (1959). *Art and the creative unconscious: Four essays.* London: Routledge & Kegan Paul.

Oster, G., & Gould, P. (1987). *Using drawings in assessment & therapy: A guide for mental health professionals.* London: Brunner-Routledge.

Pavlov, I. P. (1927). *Conditioned reflexes.* (G. V. Anrep, Trans.). London: Oxford University Press.

Perls, F. (1969). *Gestalt therapy verbatim.* Moab, UT: Real People Press.

Piaget, J. (1951). *Play, dreams and imitation in childhood.* New York: W. W. Norton.

Piaget, J., & Inhelder, B. (1967). *The child's conception of space.* New York: W. W. Norton.

Pickford, R. W. (1967). *Studies in psychiatric art: Its psychodynamics, therapeutic value, and relationship to modern art.* Springfield, IL: Charles C Thomas, Publisher, Ltd.

Prinzhorn, H. (1922/1995). *Artistry of the mentally ill (revised).* New York: Springer-Verlag.

Rabin, M. (2003). *Art therapy & eating disorders: The self as significant form.* New York: Columbia University Press.

Rhyne, J. (1973/1996). *The Gestalt art experience.*

Monterey, CA: Brooks/Cole Publishing Company.

Rhyne, J. (2001). Gestalt art therapy. In J. A. Rubin (Ed.). *Approaches to art therapy* (pp. 134–148). Philadelphia: Brunner-Routledge.

Riley, S. (1994). *Integrative approaches to family art psychotherapy*. Chicago, IL: Magnolia Street Publishers.

Riley, S. (2001a). Art in group therapy. In J. A. Rubin (Ed.). *Approaches to art therapy*. Philadelphia: Brunner-Routledge.

Riley, S. (2001b). Commentary. In J. A. Rubin (Ed.). *Approaches to art therapy* (pp. 281–284). Philadelphia: Brunner-Routledge.

Robbins, A. (1987a). *The artist as therapist*. New York: Human Sciences Press.

Robbins, A. (1994). *A multi-modal approach to creative art therapy*. New York: Taylor & Francis, Inc.

Robbins, A. (2001). Object relations and art therapy. In J. A. Rubin (Ed.). *Approaches to art therapy* (pp. 54–65). Philadelphia: Brunner-Routledge.

Rogers, N. (1993). *The creative connection: Expressive arts as healing*. Palo Alto, CA: Science and Behavior Books.

Rogers, N. (2001). Person-centered expressive arts therapy. In J. A. Rubin (Ed.). *Approaches to art therapy* (pp. 163–177). Philadelphia: Brunner-Routledge.

Rorschach, H. (1921). *Psychodiagnostics*. Bern: Bircher.

Rosal, M. L. (1996). *Approaches to child art therapy*. Burlingame, CA: Abbeygate.

Rosal, M. L. (2001). Cognitive-behavioral art therapy. In J. A. Rubin (Ed.). *Approaches to art therapy* (pp. 210–225). Philadelphia: Brunner-Routledge.

Roth, E. (1978). Art therapy with emotionally disturbed-mentally retarded children: A technique of reality shaping. In B. K. Mandel, et al. (Eds.). *The dynamics of creativity* (pp. 168–172). Baltimore: American Art Therapy Association.

Roth, E. (2001). Behavioral art therapy. In J. A. Rubin (Ed.). *Approaches to art therapy* (pp. 195–209). Philadelphia: Brunner-Routledge.

Rubin, J. A. (1978). *Child art therapy*. New York: Van Nostrand Reinhold.

Rubin, J. A. (1984). *The art of art therapy*. New York: Brunner/Mazel.

Rubin, J. A. (Ed.). (1987/2001). *Approaches to art therapy*. Philadelphia: Brunner-Routledge.

Rubin, J. A. (1998). *Art therapy: An introduction*. Philadelphia: Brunner-Routledge.

Silver, R. (1978). *Developing cognitive and creative skills through art: Programs for children with communication disorders*. Baltimore: University Park Press. Author's Guild Backinprint.com Edition.

Silver, R. (1983/1996). *Silver Drawing Test of cognition & emotion*. Sarasota, FL: Albin Press.

Silver, R. (1989/1991). *Stimulus drawing and techniques*. Sarasota, FL: Albin Press Distributors.

Silver, R. (1993). *Draw-A-Story*. Mamaroneck, NY: Albin Press.

Silver, R. (2001a). *Art as language*. Philadelphia: Brunner-Routledge.

Silver, R. (2001b). Assessing and developing cognitive skills through art. In J. A. Rubin (Ed.). *Approaches to art therapy* (pp. 241–253). Philadelphia: Brunner-Routledge.

Silver, R. (2002). *Three art assessments: The Silver Drawing Test of cognition and emotion; Draw a story: Screening for depression; and Stimulus drawings and techniques*. New York: Brunner-Routledge.

Skinner, B. F. (1953). *Science and human behavior*. New York: The Free Press.

Sobol, B., & Williams, K. (2001). Family and group art therapy. In J. A. Rubin (Ed.). *Approaches to art therapy* (pp. 261–280). Philadelphia: Brunner-Routledge.

Stein, J. (Ed.). (1975). *The Random House College Dictionary* (Revised ed.). New York: Random House, Inc.

Ulman, E. (1961). Art therapy: Problems of definition. *Bulletin of Art Therapy, 1* (2), 10–20.

Ulman, E. (1975). A new use of art in psychiatric diagnosis. In E. Ulman, & P. Dachinger (Eds.). *Art therapy in theory and practice* (pp. 361–386). New York: Schocken Books.

Ulman, E. (2001). Variations on a Freudian theme. In J. A. Rubin (Ed.). *Approaches to art therapy* (pp. 289–305). Philadelphia: Brunner-Routledge.

Ulman, E., Kramer, E., & Kwiatkowska, H. Y. (1978). *Art therapy in the United States*. Craftsbury Common, VT: Art Therapy Publications.

Wadeson, H. (1980). *Art psychotherapy*. New York: John Wiley.

Wadeson, H. (1987). *The dynamics of art psychotherapy*. New York: John Wiley.

Wadeson, H. (Ed.). (1989). *Advances in art therapy*. New York: John Wiley & Sons, Inc.

Wadeson, H. (Ed.). (1992). *A guide to conducting art therapy research*. Mundelein, IL: The American Art Therapy Association.

Wadeson, H. (Ed.). (2000). *Art therapy practice*. New York: John Wiley & Sons, Inc.

Wadeson, H. (2001). An eclectic approach to art therapy. In J. A. Rubin (Ed.). *Approaches to art therapy* (pp. 306–317). Philadelphia: Brunner-Routledge.

Wallace, E. (1975). Creativity and Jungian thought. *Art Psychotherapy, 2*, 181–187.

Wallace, E. (1990). *A queen's quest*. Velarde, NM: Moon Bear Press.

Wallace, E. (2001). Healing through the visual arts. In J. A. Rubin (Ed.). *Approaches to art therapy* (pp. 95–108). Philadelphia: Brunner-Routledge.

Waller, D. (1991). *Becoming a profession: The history of art therapy in Britain 1940–1982*. London: Tavistock/Routledge.

Williams, G., & Wood, M. (1979). *Developmental art therapy*. Baltimore: University Park Press.

Wilson, L. (1981). *Louise Nevelson: Iconography & sources*. New York: Garland Publishing, Inc.

Wilson, L. (2001). *Alberto Giacometti: Myth, magic, and the*

man. New Haven and London: Yale University Press.
Wood, M. M. (1975). *Developmental therapy.* Baltimore: University Park Press.

제2장

Allen, P.B. (in Press). Eye of the soul. In Rubinov-Jacobson, P. (Ed). *Eye of the soul.* Manuscript submitted for publication.

Allen, P.B. (1995). *Art is a way of knowing.* Boston, MA: Shambhala Publications.

Arrington, D. (1992). Art-based assessment procedures and instruments used in research. In *A guide to conducting art therapy research.* Mundelein, IL: The American Art Therapy Association, Inc.

Brooke, S.L. (2004). *A therapist's guide to art therapy assessments: Tools of the trade* (2nd ed.). Springfield, IL: Charles C Thomas, Publisher, Ltd.

Buck, J. N. (1973). *The house – tree – person technique/revised manual.* Los Angeles, CA: Western Psychological Services.

Chodorow, J. (Speaker). (1990). *Active imagination* (Cassette Recording No. 415). Evanston, IL: C. G. Jung Institute of Chicago.

Chodorow, J. (Ed.). (1997). *Jung on active imagination.* Princeton, NJ: Princeton University Press.

Cornett, C. (1998). *The soul of psychotherapy: Recapturing the spiritual dimension in the therapeutic encounter.* New York: Free Press.

Dougherty, C.A. (1974). Group art therapy: A Jungian approach. *American Journal of Art Therapy, 13*(3), 229–236.

Edwards, M. (1987). Jungian analytic art therapy. In Ruben, J. A. (Ed.). *Approaches to art therapy* (pp. 92–113). New York: Brunner/Mazel, Inc.

Finely. (1975). Dialogue drawing: An image-evoking communication between analyst and analysand. *Art Psychotherapy, 2*(1), 87–99.

Freud, S. (1963). Dreams. In J Strachey (Ed. and Trans.). *New introductory lectures on psychoanalysis.* (Vol. XV, Part II). London: Hogarth Press.

Fryrear J, & Corbit I. (1992), *Photo art therapy: A Jungian perspective.* Springfield, IL: Charles C Thomas, Publisher, Ltd.

Furth, G.M. (2002). *The secret world of drawings: A Jungian approach to healing through art.* Toronto, Canada: Inner City Books.

Gant, L.M. (1998) A discussion of art therapy as a science. *Art Therapy: Journal of The American Art Therapy Association, 15*(1), 3–12.

Hopcke, R. R. (1999). *A guided tour of the collected works of C.G. Jung.* Boston, MA: Shambhala Publications Inc.

Jacobi, J. (1959). *Complex, archetype, symbol in the psychology of C.G. Jung.* NY: Bollingen Foundation Inc.

Jafé, A. (1979). *C.G Jung: Word and image.* Princeton, NJ: Princeton University Press.

Jung, C. G. (1933). *Modern man in search of a soul.* Orlando, FL: Harcourt Brace Jovanovich, Publishers.

Jung, C. G. (1960). *The structure and the dynamics of the psyche.* Collected Works, Vol. 8. Bollingen Series XX. Princeton, NJ: Pantheon Books, Princeton University Press.

Jung, C.G. (1966). *The practice of psychotherapy,* (2nd ed.). Collected works, Vol. 16. Bollingen Series XX. Princeton, NJ: Pantheon Books, Princeton University Press.

Jung, C.G. (1973). *Mandala symbolism,* (3rd ed.). (RFC Hull, Trans.) Bollingen Series. Princeton, NJ: Princeton University Press.

Junge, M.B & Asawa, P.P. (1994). *A history of art therapy in the United States.* Mundelein, IL: American Art Therapy Association.

Keyes, M. F. (1976). Art processes evoking awareness of the shadow archetype. *Art Psychotherapy, 3*(2), 77–80.

Malchiodi, C. A. (1999). The artist's way: Is it the art therapist's way. *Art Therapy: Journal of The American Art Therapy Association, 16*(1), 2–3.

McConeghey, H. (1986). Archetypal art therapy is multicultural art therapy. *Art Therapy: Journal of The American Art Therapy Association, 3,*111–114.

McGregor, J. M. (1989). *The discovery of the art of the insane.* Princeton, NJ: Princeton University Press.

McGuire, W., & Hull, R. (1977). *C.G Jung Speaking.* Princeton, NJ: Princeton University Press.

McNiff, S. (1992). *Art as medicine: Creating a therapy of the imagination.* Boston, MA: Shambhala Publications Inc.

McNiff, S. (1998). *Art based research.* London, England: Jessica Kingsley, Publishers Ltd.

Philipson, M. (1994). *An outline of Jungian aesthetics.* Boston, MA: Sigo Press.

Reber, A. S. (1995). *The Penguin dictionary of psychology.* (2nd ed.). New York: Penguin Books.

Rubin, J. A. (Ed.). (1987). *Approaches to art therapy.* New York: Brunner/Mazel.

Schaverien, J. (1992). *The revealing image.* London: Routledge.

Slegelis, M. H. (1987). A study of Jung's mandala and its relationship to art psychotherapy. *Arts in Psychotherapy, 14*(4), 301–311.

Tayer, Cox, C. (2003). The Mari assessment. In *Handbook of art therapy* (pp. 428–434). New York: The Guilford Press.

Wadeson, Harriet, (2002). The anti assessment devil's advocate. *Art Therapy: Journal of The American Art Therapy Association, 9* (4) 168–170.

Wallace, E. (1987). Healing through the visual arts: *Approaches to art therapy* (pp. 114–134). New York: Brunner/Mazel Inc.

Watkins, M.M. (1981). Six approaches to the image in art therapy. *Spring,* 107–125. Dallas, TX: Spring Publications.

Wilmer, H.A. (1976). Origins of a Jungian-oriented therapeutic community for schizophrenic patients. *Hospital and Community Psychiatry, 27*(5), 338–342.

제3장

Barthell, B. (2001). Personal communication, August 18th.

Benjamin, A. (1974). *The helping interview* (2nd ed.). Atlanta, GA: Houghton Mifflin.

Brooke, S.L. (2004). *A therapist's guide to art therapy assessments: Tools of the trade.* (2nd ed.). Springfield, IL: Charles C Thomas, Publisher, Ltd.

Cohen, B. M., Mills, A., & Kijak, A. K. (1994). An introduction to the Diagnostic Drawing Series: A standardized tool for diagnostic and clinical use. *Art Therapy, 11*(2), 105–110.

Cohen, B.M. (1984). Personal communication, November 19th.

Cohen, B. M. (2004). Foreword. In S. L. Brooke (Ed.). *A therapist's guide to art therapy assessments: Tools of the trade* (2nd ed.). Springfield, IL: Charles C Thomas, Publisher, Ltd.

Davis, J. D. (1971). *The interview as arena: Strategies in standardized interviews and psychotherapy.* Stanford, CA: Stanford University Press.

Dawes, R. M., Faust, D., & Meehl, P. E. (1989). Clinical versus actuarial judgment. *Science, 243,* 1668–1674.

Edwards, M. (1985). Personal communication, March 8th.

Farmer, A., McGuffin, P., & Williams, J. (2002). *Measuring psychopathology.* Oxford: Oxford University Press.

Feder, B., & Feder, E. (1998). *The art and science of evaluation in the arts therapies: How do you know what's working?* Springfield, IL: Charles C Thomas, Publisher, Ltd.

Gantt, L., & Tabone, C. (1998). *Formal Elements Art Therapy Scale: The rating manual.* Morgantown, WV: Gargoyle Press.

Gantt, L. (2004). The case for formal art therapy assessments. *Art Therapy, 21*(1), 18–29.

Groth-Marnat, G. (1997). *Handbook of psychological assessment* (3rd ed.). New York: John Wiley & Sons.

Hammer, E. F. (Ed.). (1980). *The clinical application of projective drawings.* Springfield, IL: Charles C Thomas, Publisher, Ltd.

Hammond, L. C., & Gantt, L. (1998). Using art in counseling: Ethical considerations. *Journal of Counseling and Development, 76,* 271–276.

Ivey, A. E., & Ivey, M. B. (2003). *Intentional interviewing and counseling: Facilitating client development in a multicultural society* (5th ed.). Pacific Grove, CA: Brooks/Cole.

Kaplan, F. (2000). *Art, science and art therapy: Repainting the picture.* London: Jessica Kingsley.

Kinget, G. M. (1980). The Drawing Completion Test. In E. F. Hammer (Ed.), *The clinical application of projective drawings* (pp. 344–364). Springfield, IL: Charles C Thomas, Publisher, Ltd.

Kress, T. (Speaker). (1992). *The Diagnostic Drawing Series and multiple personality disorder: A validation study* (Cassette No. 55). Denver, CO: National Audio Video.

Kwiatkowska, H. Y. (1978). *Family therapy and evaluation through art.* Springfield, IL: Charles C Thomas, Publisher, Ltd.

Levick, M. F., Bush, J., Blackmore, J., Burchett, L., Dachinger, P., Earwood, C., Garber, E. S., Knuth, K., Ochipa, D. T., Pfeiffer, L. J., Platz, I., & Taulbee, R. S. (1989). The Levick Emotional and Cognitive Art Therapy Assessment (LECATA). Unpublished manuscript.

MacKinnon, R. A., & Michels, R. (1971). *The psychiatric interview in clinical practice.* Philadelphia: W. B. Saunders.

Mills, A. (Speaker). (1986). *The art therapist and the antipsychiatry movement* (Cassette Recording No. S303-22). Garden Grove, CA: Infomedix.

Mills, A. (2003). The Diagnostic Drawing Series. In C. Malchiodi (Ed.). *Handbook of art therapy* (pp. 401–409). New York: W.W. Norton.

Mills, A., & Goodwin, R. (1991). An informal survey of assessment use in child art therapy. *Art Therapy,* 10–13.

Miller, W. (2001). Personal communication, July 9th.

Podvoll, E. (1983). Uncovering a patient's history of sanity. In J. Welwood (Ed.). *Awakening the heart: East/ West approaches to psychotherapy and the healing relationship* (pp. 43–54). Boston: New Science Library.

Pope, K. S., & Vasquez, M. J. T. (1998). *Ethics in psychotherapy and counseling* (2nd ed.). San Francisco: Jossey-Bass.

Robbins, A. & Sibley, L. (1976). *Creative art therapy.* New York: Grune & Stratton.

Shoemaker, R. J. H. (1982). *The Rainbow booklet.* Unpublished manuscript.

Silver, R. A. (1990). *Silver drawing test of cognitive skills and adjustment.* New York: Ablin Press.

Silver, R. A. (1997). Sex and age differences in attitude toward the opposite sex. *Art Therapy, 14*(4), 268–272.

Ulman, E. (1962; 1992). The war between therapese and English, II. *Bulletin of Art Therapy, 2,* 127–128. Reprinted 1992 in *American Journal of Art Therapy, 30*(3), p. 75.

Ulman, E. (1992). A new use of art in psychiatric diagnosis. *American Journal of Art Therapy, 30*(3), 78–88.

Wadeson, H. (2002). The anti-assessment devil's advocate. *Art Therapy, 19*(4), 168–170.

Watkins, M. (1981). Six approaches to the image in art therapy. *Spring,* 107–125.

Welwood, J. (1983). On psychotherapy and meditation. In J. Welwood (Ed.), *Awakening the heart: East/West approaches to psychotherapy and the healing relationship* (pp. 43–54). Boston: New Science Library.

제4장

Botkin, R. (1995). Personal communication.

Brody, J. (2003). Personal communication.

Drachnik, C. (1995). *Interpreting metaphors in children's drawings.* Burlingame, CA: Abbeygate Press.

Gantt, L. & Tinnin, L. (2003). Hope, treatment and recovery. Trauma Recovery Institute. Morgantown,

WV. Article retrieved on February 15, 2005 from www.traumarecoveryinstitute.org.
Good, D. (1995, November). Personal communication.
Hammer, E. (1980). *Clinical application of projective drawings.* Springfield, IL: Charles C Thomas, Publisher, Ltd.
Krawkow, B., Melendrez, D., Ferreira, E., Clark, J., Warner, T.D., Sisley, B., & Sklar, D. (2001). Prevalence of insomnia symptoms in patients with sleep-disordered breathing. *American College of Chest Physicians, 120*(6), 1923–1929.
Malchiodi, C. (1990). *Breaking the silence: Art therapy with children from violent homes.* New York: Brunner/Mazel.
Marsan, J., & Krakow, B. (Eds.). (1995). The treatment of nightmares in rape victims with PTSD. *UNM Sleep Research Quarterly Newsletter, 1*, 1.
Robbins, A. et al. (1986). *Expressive therapies: A creative arts approach to depth-oriented treatment.* New York: Human Sciences Press.
Sly-Linton, K. (1997). Personal communication.
White, M. (1997). *Narratives of therapists' lives.* Adelaide: Dulwich Centre Publications.

제5장

Brannigan, G. & Decker, S. (2003). *Bender Visual-Motor Gestalt Test.* Itasca, IL: The Riverside Publishing Company.
Brookshire, R. H. (1997). *Introduction to neurogenic communication disorders.* St. Louis, MO: Mosby-Year Book Inc.
Diamond, J. (1979). *Behavioral kinesiology.* New York: Harper & Row.
Frankl, V. E. (1984). *Man's search for meaning.* New York: Washington Square Press/Pocket Books.
Goodheart, G. (1976). *Applied kinesiology* (12th ed.) Detroit, MI: Privately published.
Gresham, G. E., Duncan, P. W., & Stason. W. B. et al. (1995). *Post-Stroke Rehabilitation. Clinical Practice Guideline*, No. 16. Rockville, MD: U.S. Department of Health and Human Services. Public Health Service, Agency for Health Care Policy and Research. AHCPR Publication No. 95-0662.
Gresham, G.E., & Weiss, C.J. (1993). Heart disease and stroke. A journal for primary care physicians. *Heart Disorders and Stroke, 1* (1), 49–52.
Hammer, E. (1975). *The Clinical Application of Projective Drawing Techniques*, 4th ed. Springfield, IL: Charles C Thomas, Publisher, Ltd.
Hawkins, D.R. (2002). *Power vs. force, the hidden determinants of human behavior.* Carlsbad, CA: Hay House, Inc.
Higgins, L. H. & Horovitz, E.G. (2004). *Invoking industry to support art therapy.* Mundelein, IL: Creative Fire. 35th American Art Therapy Association proceedings.
Horovitz, E.G. (2002). *Spiritual art therapy: An alternate path.* (2nd ed.). Springfield, IL: Charles C Thomas, Publisher, Ltd.
Horovitz, E.G. (2005). *Art therapy as witness: A sacred guide.* Springfield, IL: Charles C Thomas, Publisher, Ltd.
Horovitz, E. (2002). *Belief art therapy assessment.* Springfield, IL: Charles C Thomas, Publisher, Ltd.
Johnson, K. A. & Becker, J.A. (1999). *The Whole Brain Atlas.* Retrieved on April 4, 2001 from http://www.med.harvard.edu./AANLIB/home.html.
Lowenfeld, V. & Brittain, W.L. (1985) *Creative & mental growth.* (6th ed.). New York: Macmillan.
Lynch, C. (2001). *Art therapy: An interdisciplinary collaboration at the Nazareth College speech-language clinic (aphasia) chronic aphasia: A focus on a men's group.* Unpublished thesis, Nazareth College. Rochester: New York.
Maclay, K. (1999). *A painter reinvents herself, art professor Katherine Sherwood's stroke forced her to paint left-handed.* Berkeley, CA: The Berkeleyan: Public Affairs, posted October 13, 1999.
Oster, G.D.. & Gould, P. (1987). *Using drawings in assessment and therapy.* New York: Brunner/Mazel Publishers.
Pink, L. (2004). Personal communication.
Silver, R.A. (1996) *The Silver Drawing Test of cognition and emotion.* Sarasota, FL: Ablin Press.
Ylvisaker, M. & Szekeres, S. F. (1981). Communication disorders. In Chapey, R. (Ed.). *Language intervention strategies in adult aphasia* (3rd ed.) (pp. 547–568). Baltimore, MD: Williams & Wilkins.
Waldman, P. (2000). Master stroke: A tragedy transforms a right-handed artist into a lefty – and a star. *The Wall Street Journal.* Vol. CXII No. 94, May 12, 2000.

제6장

Axline, V.M. (1969). *Play therapy* (Rev. ed.). New York: Ballantine Books, Inc.
Axline, V.M. (1964). *Dibs in search of self* (Rev. ed.). New York: Ballantine Books, Inc.
Drisko, J.W. (2001). *A short history of play therapy.* Retrieved July 4, 2004 from http://sophia.smith.edu/~jdrisko/playtimeline.htm.
Drewes, A.A., Carey, L.J., & Schaefer, C.E. (Eds.). (2001). *School-based play therapy.* New York: John Wiley & Sons, Inc.
Gill, E. (1994). *Play in family therapy.* New York: The Guilford Press.
Glazer, H.R. (1999). Children and play in the holocaust: Friedl Dicker-Brandeis – Heroic child therapist. *Journal of Humanistic Counseling, Education, & Development, 37*(4), 194–200.

International Society for Child and Play Therapy/Play Therapy International (PTI). (2002) *International Society for Child and Play Therapy/Play Therapy International.* Retrieved July 27, 2004 from http://www.playtherapy.org.

Kottman, T. (2001). *Play therapy: Basics and beyond.* Alexandria, VA: American Counseling Association.

Landreth, G.L. (1991). *Play therapy: The art of the relationship.* Florence, KY: Accelerated Development, Inc.

LeBlanc, M., & Ritchie, M. (2001). A meta-analysis of play therapy outcomes. *Counseling Psychology Quarterly, 14.*

O'Conner, K.J. (2000). *The play therapy primer* (2nd ed.). New York: John Wiley & Sons, Inc.

Packman, J., & Bratton, S.C. (2003). A school-based group play/activity therapy intervention with learning disabled preadolescents exhibiting behavior problems. *International Journal of Play Therapy, 12*(2), 7–29.

Purdy, C. (2004). *The history of play therapy: Discovering our heritage, a Kid Power Home Study Course.* Retrieved July 4, 2004 from http://www.playtherapycentral.com/home.html

Rousseau, J.J. (1979). *EMILE or on education.* New York: Basic Books, Inc.

Schaefer, C., & Kaduson, H. (Eds.). (1994). *The quotable play therapist: 238 of the all-time best quotes on play and play therapy.* Northvale, NJ: Jason Aronson, Inc.

The British Association of Play Therapists. (2003). *A history of play therapy.* Retrieved March 28, 2004 from http://www.bapt.info/historyofpt.htm

The Association for Play Therapy, Inc. (2004). *About APT – Association for Play Therapy, Inc.* Retrieved May 21, 2004 from http://www.a4pt.org

VanFleet, R. (1994). *Filial therapy: Strengthening parent-child relationships through play.* Sarasota, FL: Professional Resource Press.

제7장

Axline, V. (1947). *Play therapy.* New York: Ballantine Books.

Cochran, J. (1996). Using play and art therapy to help culturally diverse students overcome barriers to school success. *School Counselor, 43,* 287–299.

Daigneault, S. (1999). Narrative means to Adlerian ends: An illustrated comparison of narrative therapy and Adlerian Play Therapy. *The Journal of Individual Psychology, 55,* 298–315.

Fall, M. (1999). A play therapy intervention and its relationship to self-efficacy and learning behaviors. *Professional School Counseling, 2,* 194–205.

Gladding, S. (1996). *Counseling: A comprehensive profession.* (3rd ed). Englewood Cliffs, NJ: Prentice Hall.

Glazer, H. (1999). Children and play in the Holocaust: Friedl Dicers-Brandeis – Heroic child therapist. *Journal of Humanistic Counseling, Education, & Development, 37,* 194–201.

Griffith, M. (1997). Empowering techniques of play therapy: A method for working with sexually abused children. *Journal of Mental Health Counseling, 19,* 130–143.

Guerney, L. (2001). Child-centered play therapy. *International Journal of Play Therapy, 10,* 13–31.

Kottman, T. (1999). Integrating the crucial Cs into Adlerian Play Therapy. *The Journal of Individual Psychology, 55,* 290–297.

Kottman, T., & Johnson, V. (1993). Adlerian play therapy: A tool for school counselors. *Elementary School Guidance & Counseling, 28,* 42–52.

Kottman, T., & Warlick, J. (1989). Adlerian Play Therapy: Practical considerations. *Journal of Individual Psychology, 45,* 433–446.

Landreth, G. (2002). Therapeutic limit setting in the play therapy relationship. *Professional Psychology: Research and Practice, 33,* 529–535.

Landreth, G. (1993). Child-centered play therapy. *Elementary School Guidance and Counseling, 28,* 17–30.

Leblanc, M., & Ritchie, M. (2001). A meta-analysis of play therapy outcomes. *Counseling Psychology Quarterly, 14,* 149.

Peery, J. (2002). Archetype and object: Primary deintegration and primary love in analytical play therapy with young children. *Journal of Analytical Psychology, 47,* 407–420.

Ray, D. , Bratton, S., & Brandt, M. (2000). Filial/family play therapy for single parents of young children attending community colleges. *Community College Journal of Research and Practice, 24,* 469–487.

Rogers, C. (1992). The processes of therapy. *Journal of Consulting and Clinical Psychology, 60,* 163–164.

Rotter, J., & Bush, M. (2000). Play and family therapy. *Family Journal,* 8, 172–177.

Ryan, V. & Needham, C. (2001). Non-directive play therapy with children experiencing psychic trauma. *Clinical Child Psychology and Psychiatry, 6,* 437–453.

Santrock, J. (2002). *Life-span development,* (8th ed.). Boston, MA: McGraw-Hill.

Schaefer, C. (2003). *Foundations of play therapy.* Hoboken, NJ: John Wiley & Sons.

Yura, M,. & Galassi, M. (1974). Adlerian usage of children's play. *Journal of Individual Psychology, 30,* 194–202.

제8장

American Psychiatric Association. (1994). *Diagnostic and statistical manual of mental disorders,* Fourth Edition. Washington, DC: American Psychiatric Association.

Ammen, S. (2003). Personal communication.

Anderson, H., & Goolishian, M. A. (1992). The client is the expert: A not knowing approach to therapy. In K. J. Gergen & S. McNamee (Eds.). *Therapy as a social construction* (pp. 25–39). Newbury Park, CA: Sage.

Bibring, E. (1945). Psychoanalysis and the dynamic psychotherapies. *Journal of the American Psychiatric*

Association, II, 745–770.

Devereaux, G. (1951). Some criteria for the timing of confrontations and interpretations. *International Journal of Psychoanalysis, 32*, 19–24.

Eron, J. B., & Lund, T. W. (1996). *Narrative solutions in brief therapy*. New York: Guilford.

Fonagy, P., Steele, M., Steele, H., Moran, G., & Higgitt, A. (1991). The capacity for understanding mental states: The reflective self in parent and child and its significance for security of attachment. *Infant Mental Health Journal, 12*(3), pp. 201–218.

Hesse, E. (1999). The Adult Attachment Interview: Historical and current perspectives. In J. Cassidy & P. Shaver (Eds.). *Handbook of attachment: Theory, research & clinical implications*. New York: Guilford.

Hughes, D. (1997). *Facilitating developmental attachment: The road to emotional recovery and behavioral change in foster and adopted children*. New York: Jason Aronson.

Hughes, D. (1999). *Building the bonds of attachment: Awakening love in deeply troubled children*. New York: Jason Aronson.

Landreth, G. (1991) *Play therapy: The art of the relationship*. Muncie, IN: Accelerated Development.

Lewis, M. (1974). Interpretation in child analysis: Developmental considerations. *Journal of the American Academy of Child Psychiatry, 13*, 32–53.

Lowenstein, R. (1951). The problem of interpretation. *Psychoanalytic Quarterly, 20*, 1–14.

Lowenstein, R. (1957). Some thoughts on interpretation in the theory and practice of psychoanalysis. *The Psychoanalytic Study of the child, 12*, 127–150.

Mahler, M. (1967). On human symbiosis and the vicissitudes of individuation. *Journal of the American Psychoanalytic Association, 25*, 740–763.

Mahler, M. (1972). On the first three subphases of the separation-individuation process. *International Journal of Psycho-Analysis, 53*, 333–338.

O'Connor, K. (1983). The color-your-life technique. In

O'Connor, K. (1983). The color-your-life technique. In C. Schaefer & K. O'Connor (Eds.). *Handbook of play therapy*. New York: Wiley.

O'Connor, K. (1991). *The play therapy primer: An integration of theories and techniques*. New York:Wiley.

O'Connor, K. (2000). *The play therapy primer*, second edition. New York: Wiley.

O'Connor, K. (2002). The value and use of interpretation in play therapy. *Professional Psychology: Research and Practice, 33*(6), 523–528.

O'Connor, K. (2004). Creating a coherent attachment history: Combining Theraplay and cognitive-verbal interventions. *The Theraplay Institute Newsletter*. Summer, 5–9.

O'Connor, K., & Ammen, S. (1997) *Play therapy treatment planning and interventions: The ecosystemic model and workbook*. San Diego: Academic Press.

Polan, H.J., & Hofer, M. (1999). Psychobiological origins of infant attachment and separation responses. In J. Cassidy & P. Shaver (Eds.). *Handbook of Attachment: Theory, research & clinical implications*. New York: Guilford.

Shirk, S. & Russell, R. (1996). *Change processes in child psychotherapy: Revitalizing treatment and research*. New York: Guilford.

Siegel, D., & Hartzell, M. (2003). *Parenting from the inside out*. New York: Penguin Putnam.

Siegel, D. (1999). *The developing mind: How relationships and the brain interact to shape who we are*. New York: Guilford.

Slade, A. (1994). Making meaning and making believe: Their role in the clinical process. In A. Slade and D. Wolf. *Children at play: Clinical and developmental approaches to meaning and representation*. New York: Oxford University Press.

Spitz, R. (1946). Anaclitic depression. *Psychoanalytic Study of the Child, 2*, 313–342.

제9장

Brooke, S. L. (2004). Critical review of play therapy assessments. *International Journal of Play Therapy, 13*(2), 119–142.

Bratton, S. C. (2004a). The healing process of young traumatized children in play therapy. *Session presented to the Association for Play Therapy* Conference, Broomfield, CO, October, 2004.

Bratton, S. C. (2004b, October 9). Personal communication.

Gill, E. (1994). *Play in family therapy*. New York: Guilford Press.

Homeyer, L. (1995). *Play therapy behaviors of sexually abused children*. Unpublished doctoral dissertation. University of North Texas, Denton, TX.

Homeyer, L. E. (2001). Identifying sexually abused children in play therapy. In G. L. Landreth (Ed.). *Innovations in play therapy: Issues, process, and special populations* (pp. 131–154). Philadelphia, PA: Brunner- Routledge.

Homeyer, L. E., & Landreth, G. L. (1998). Play therapy behaviors of sexually abused children. *International Journal of Play Therapy, 7*(1), 49–71.

Howe, P. A., & Silvern, L. E. (1981). Behavioral observation during play therapy: Preliminary development of a research instrument. *Journal of Personality Assessment, 45*, (168–182).

Irwin, E. C. (1993). Using puppets for assessments. In C. E. Schaefer & D. M. Cangelosi (Eds.), *Play therapy techniques* (pp. 69–81). Northvale, NJ: Jason Aronson.

Irwin, E. C. (2000). The use of a puppet interview to understand children. In K. Gitlin-Wiener, A. Sangrund, & C. Schaefer (Eds.). *Play diagnosis and assessment* (pp. 682–703). New York: John Wiley & Sons, Inc.

Irwin, E., & Shapiro, M. (1975). Puppetry as a diagnostic and therapeutic technique. In I. Jakab (Ed.). *Psychiatry and art* (Vol. 4). Basel, Switzerland: Karger.

Landreth, G. L. (1993). Child-centered play therapy. *Elementary School Guidance & Counseling, 28*, 17–29.

Lifter, K. (2000). Linking assessment to intervention for children with developmental disabilities or at-risk for developmental delay: The Developmental Play Assessment (DPA) instrument. In K. Gitlin-Wiener, A. Sangrund, & C. Schaefer (Eds.). *Play diagnosis and assessment* (pp. 228–261). New York: John Wiley & Sons, Inc.

Lifter, K., Edwards, G., Avery, D., Anderson, S. R., & Sulzer-Azaroff, B. (1988). The Developmental Play Assessment (DPA) Instrument. Mini-seminar presented to the Annual Convention of the American Speech Language Hearing Association, Boston, MA, November 1988. Developmental assessment of young children's play: Implications for interventions. Revised, July, 1994.

Lindaman, A. L., Booth, P. B., Chambers, C. L. (2000). Assessing parent-child interactions with the Marshak Interaction (MIM). In K. Gitlin-Wiener, A. Sangrund, & C. Schaefer (Eds.). *Play diagnosis and assessment* (pp. 371–400). New York: John Wiley & Sons, Inc.

Linder, T. W. (1990). *Transdisciplinary play-based assessment: A functional approach to working with young children*. Baltimore: Paul H. Brookes Publishing Co.

Linder, T. W. (1993). *Transdisciplinary play-based assessment: A functional approach to working with young children* (Rev. ed.). Baltimore: Paul H. Brookes Publishing Co.

Linder, T. (2000). Transdisciplinary play-based assessment. In K. Gitlin-Wiener, A. Sangrund, & C. Schaefer (Eds.). *Play diagnosis and assessment* (pp. 139–166). New York: John Wiley & Sons, Inc.

O'Conner, K., & Ammen, S. (1997). *Play therapy treatment planning and interventions: The ecosystematic model and workbook*. San Diego, CA: Academic Press.

Perry, L. H. (1988–1989). Play therapy behavior of maladjusted and adjusted children. (Doctoral dissertation, University of North Texas, 1988) *Dissertation Abstracts International, 49*, 2937A.

Perry, L. H., & Landreth, G. L. (2001). Diagnostic assessment of children's play therapy behaviors. In G. L. Landreth (Ed.), *Innovations in play therapy: Issues, process, and special populations* (pp. 155–178). Philadelphia, PA: Brunner- Routledge.

Ross, P. (2000). The family puppet technique for assessing parent-child and family interaction patterns. In K. Gitlin-Wiener, A. Sangrund, & C. Schaefer (Eds.). *Play diagnosis and assessment* (pp. 672–681). New York: John Wiley & Sons, Inc.

Schmidt, M. M. (2001). Using play therapy assessment in an elementary and intermediate school setting. In A. A. Drewes, L. J. Carey, &C. E. Schaefer (Eds.). *School-based play therapy* (pp. 3–15). New York: John Wiley & Sons, Inc.

Webb, N. B. (Ed.). (1991). *Playing for their lives: Helping troubled children through play therapy*. New York: Free Press.

Woltmann, A. G. (1940). The use of puppetry in understanding children. *Mental Hhygiene, 24*, 445–458.

제10장

Allan, J. (1988). *Inscapes of the child's world*. Dallas, TX: Spring.

Axline, V. M. (1964). *Dibs in search of self*. New York: Ballantine Books.

Baker, J. E., & Sedney, M. A. (1996). How bereaved children cope with loss: An overview. In C. A. Corr & D. M. Corr (Eds.). *Handbook of childhood death and bereavement*, pp. 109–129. New York: Springer.

Brems, C. (2002). *A comprehensive guide to child psychotherapy*. Boston: Allyn and Bacon.

Dougy Center http://www.dougy.org/about.html

Frick-Helms, S. (1997). "Boys cry better than girls:" Play therapy behaviors of children residing in a shelter for battered women. *International Journal of Play Therapy, 6*(1), 73–91.

Ginott, H. (1956). *Between parent and child*. New York: Avon.

Glazer, H. R. (1998). Expressions of children's grief: A qualitative study. *International Journal of Play Therapy, 7*(2), 51–65.

Glazer, H. R., & Clark, M. D. (1999). A family-centered intervention for grieving preschool children. *The Journal of Child and Adolescent Group Therapy, 9*(4), 161–168.

Glazer, H.R., Clark, M. D., & Stein, D. S. (2004). The impact of hippotherapy on grieving children. *Journal of Hospice and Palliative Nursing, 6*(3), 171–175.

Guerney, L. (2001). Child-centered play therapy. *International Journal of Play Therapy, 10*(2), 13–31.

Kaduson, H. G., & Shaefer, C. E. (Eds.). (2001). *101 more favorite play therapy techniques*. Northvale, NJ: Jason Aronson.

Kottman, T. (2001). Adlerian play therapy. *International Journal of Play Therapy, 10*, 1–12.

Kottman, T. (1995). *Partners in play: An Adlerian approach to play therapy*. Alexandria, VA: ACA.

Kottman, T. (1991). *Play therapy: Basics and beyond*. Alexandria, VA: ACA

Landreth, G. L. (1991). *Play therapy: The art of the relationship*. Muncie, IN: Accelerated Development Press.

Malchiodi, C. A. (1998). *Understanding children's drawings*. New York: Guilford.

Muro, J. J. & Kottman, T. (1995). *Guidance and counseling in the elementary and middle schools*. Madison, WI: Brown and Benchmark.

Oltjenbruns, K. A. (2001). Developmental context of childhood: grief and regrief phenomena. In M. S. Stroebe, R. O. Hansson, W. Stroebe, & H. Schut (Eds.). *Handbook of bereavement research*, 169–197. Washington, D.C.: American Psychological Association.

Schwiebert, P., & DeKlyen, C. (2001). *Tear soup*. Portland,

OR: Grief Watch.
Worden, J. W. (1996). *Children and grief: When a parent dies.* New York: Guilford.

제11장

American Dance Therapy Association. (n.d.). *Fact sheet.* Columbia, MD: ADTA National Office.
American Dance Therapy Association. *Examples of recognition by the federal government.* Retrieved August 1, 2004, from http://www.adta.org/whoweare.html.
Aristotle. (1987). *De anima [On the soul].* New York: Penguin Books.
Au, S. (1988). *Ballet and modern dance.* London: Thames and Hudson.
Bartenieff, I., & Lewis, D. (1980). *Body movement: Coping with the environment.* New York: Gordon and Breach Science Publishers, Inc.
Beaudry, I. (1997). Reenvisioning dance/movement therapy. *American Journal of Dance Therapy. 19,* 16–23.
Benov, R. (Ed.). (1991). *Collected works by and about Blanche Evan.* New York: Blanche Evan Dance Foundation.
Berger, M.R. (1956). Bodily experience and expression of emotion. In *A collection of early writings: Towards a body of knowledge.* vol. 1, 1989. Columbia, MD: American Dance Therapy Association.
Bernstein, P.L. (1979). The use of symbolism within a Gestalt movement therapy approach. *Eight theoretical approaches in dance-movement therapy.* Dubuque, Iowa: Kendall/ Hunt, 1979, pp. 111–130.
Birdwhistell, R. L. (1952). *Introduction to kinesics.* Louisville, KY: University of Louisville Press.
Chace, M. (1964, July). Dance alone is not enough. *Dance Magazine,* pp. 46–47, 58.
Chaiklin, S. & Schmais, C. (1986). The Chace approach to dance therapy. In P.L. Bernstein (Ed.). *Eight theoretical approaches in dance-movement therapy.* Dubuque, Iowa: Kendall-Hunt.
Darwin, C. (1872). *The expression of emotions in man and animals.* London: John Murray.
Espenak, L. (1981). *Dance therapy: Theory and application.* Springfield, IL: Charles C Thomas, Publisher, Ltd.
Fischer, J, & Chaiklin , S. (1993). Meeting in movement: The work of the therapist and the client. In S. Sandel, S. Chaiklin, & A. Lohn (Eds.). *Foundations of dance/movement therapy: The life and work of Marian Chace.* Columbia, MD: The Marian Chace Memorial Fund.
Frazer, J. (1981). *The golden bough.* Avenel, NJ: Gramercy Books. (Originally published 1890).
Gupta, R. (2000). *A yoga of Indian classical dance.* Rochester, VT: Inner Traditions.
Hawkins, A.M. (1964). *Creating through dance.* Englewood Cliffs, NJ: Prentice-Hall.
Hanna, J. L. (1988). *Dance and stress.* New York: AMS Press.
Highwater, J. (1985). *Dance: Rituals of experience.* New York: Alfred van der Marck Editions.
Jaffé, N. (1990). *Folk dance of Europe.* West Yorkshire, England: Folk Dance Enterprises.
Jonas, G. (1992). *Dancing.* New York: Harry N. Abrams, Inc. Publishers.
Kisselgoff, A. (1999, February 18). From Graham, via Jung, a journey through an erotic landscape [Review of *Dark Meadow*]. *The New York Times,* p. 5.
Kraus, R., Hilsendager, S., & Dixon, B. (1991). *History of the dance in art and education.* Upper Saddle River, NJ: Prentice Hall.
Kriyananda, G. (2002). *The spiritual science of Kriya yoga.* Chicago: The Temple of Kriya Yoga.
Laban, R. (1935). *A life for dance.* London: Macdonald and Evans, Ltd.
Laban, R. (1985). *The mastery of movement.* New York: Macdonald and Evans, Ltd.
Lamb, W. (1965). *Posture and gesture: An introduction to the study of physical behavior.* London: Gerald Duckworth & Co.
Lawson, J. (1955). *European folk dance.* London: Sir Isaac Pitman and Sons Ltd.
Levy, F. (1988). *Dance/movement therapy: A healing art.* Reston, VA: The American Alliance for Health, Physical Education, Recreation, and Dance.
Lomax, A. (1968). *Folk song style and culture.* New Brunswick, NJ: Transaction Books.
Mazo, J. (1977). *Prime movers: The makers of modern dance in America.* New York: William Morrow and Co., Inc.
Morain, G. (1978). *Kinesics and cross-cultural understanding.* Arlington, VA: Center for Applied Linguistics.
Natya Sastra. (1987). Sydney, Australia: Orient Book Distributors.
Osler, W. (1932). *Aequanimitas.* New York: McGraw-Hill.
Polcari, S. (1990). Martha Graham and abstract expressionism. In *Smithsonian Studies in American Art.* New York: Oxford-Press.
Reich, W. (1943). *Character Analysis* (3rd ed.). New York: Orgone Press.
Rogers, C. (1995). *On becoming a person.* Boston: Houghton Mifflin Company.
Rosen, E. (1957). *Dance in psychotherapy.* New York: Teachers College Press, Columbia University.
Sachs, C. (1937). *World history of the dance.* New York: W.W. Norton and Company, Inc.
Schmais, C. (1974). Dance therapy in perspective. In K. Mason (Ed.). *Focus on dance* VII (pp. 7–12). Reston, VA: AAHPERD.
Schoop, T. (1974). *Won't you join the dance?* U.S.A: Mayfield Publishing Co.
Schoop, T. (2000). Motion and emotion. *American Journal of Dance Therapy. 22,* 91–101.
Shawn, T. (1974). *Dance we must.* New York: Haskell House Publishers Ltd.
Sossin, K., Loman, S., & Merman, H. (1999). Remembering Judith S. Kestenberg, our mentor and friend. *American Journal of Dance Therapy, 21,* 53–56.
Stanton-Jones, K. (1992). *Dance movement therapy in psychiatry.* London and New York: Tavistock and Routledge.
Stark, A. (1982). *The newer therapies: A source book.* New

York: Van Nostrand and Reinhold.

Stark, A. (2002). The American journal of dance therapy: Its history and evolution. *American Journal of Dance Therapy. 24*, 73–95.

Sullivan, H. S. (1953). *The interpersonal theory of psychiatry*, New York: W.W. Norton & Co.

Whitehouse, M.S. (1977). The transference and dance therapy. *American Journal of Dance Therapy*, 1, 3–7.

Whitehouse, M.S. (1979). Jung and dance-therapy: Two major principles. In P.L. Bernstein (Ed.). *Eight theoretical approaches in dance movement therapy*. Dubuque, Iowa: Kendall-Hunt.

Wosien, M. (1974). *Sacred dance: Encounter with the gods*. London: Avon Books.

제12장

Adelman, P. K., & Zajonc, R. B. (1987). Facial efference and the experience of emotion. *Annual Review of Psychology, 40*, 249–280.

Adler, J. (2000). Integrity of body and psyche. In Pallaro, Patrizia (Ed.). *Authentic movement: Essays by Mary Starks Whitehouse, Janet Adler and Joan Chodorow* (pp. 121–131). London: Jessica Kingsley.

ADTA (2004). Homepage of the American Dance Therapy Association. Retrieved on September 12, 2004 from www.adta.org

Antonovsky, A. (1997). *Salutogenese: zur Entmystifizierung der Gesundheit [Salutogenesis: The demystification of health]*. Tübingen: DGVT.

Barsalou, L.W., Niedenthal, P. M., Barbey, A. K., & Ruppert, J. A. (2003). Social embodiment. In B. H. Ross (Ed.). *The psychology of learning and motivation* (Vol. 43, pp. 43–92); San Diego, CA: Academic Press.

Barsalou, L. W. (in press). Situated simulation in the human conceptual system. *Language and Cognitive Processes*.

Bartenieff, I. & Lewis, D. (1980). *Body movement: Coping with the environment*. New York: Gordon and Breach Science Publishers, Inc.

Bernstein, P. L. (1979). *Eight theoretical approaches in dance/movement therapy*. Dubuque, Iowa: Kendall/Hunt.

Best, P. (2000). Theoretical diversity and clinical collaboration. *The Arts in Psychotherapy, 47*, 197–211.

Birdwhistell, R. (1955). Background to kinesics. *ETC, 13*, 10–18.

Blythe, P. W., Todd, Peter, M., & Miller, G. F. (1999). How motion reveals intention. Categorizing social interactions. In Gerd Gigerenzer, Peter Todd, & the ABC Research Group (Eds.). *Simple heuristics that make us smart* (pp. 256–285). Oxford: Oxford University Press.

BTD (2004). Homepage des Berufsverbands der TanztherapeutInnen Deutschlands, e.V. Retreived 09/12/04 from http://www.btd-tanztherapie.de

Buck, R. (1980). Nonverbal behavior and the theory of emotion: The facial feedback hypothesis. *Journal of Personality and Social Psychology, 38*, 811–824.

Burgoon, J. K. (1994). Nonverbal signals. In Marc L. Knapp, & Gerald R. Miller (Eds.). *Handbook of Interpersonal Communication* (pp. 344–390). London: Sage.

Buytendijk, F. J. J. (1956). *Allgemeine Theorie der menschlichen Haltung und Bewegung* [General theory of human posture and movement]. Berlin: Springer.

Cacioppo, J. T., Priester, Joseph R., & Bentson, G. G. (1993). Rudimentary determinants of attitudes II: Arm flexion and extension have differential effects on attitudes. *Journal of Personality and Social Psychology, 65*, 5–17.

Caldwell, C. (2004). American Dance Therapy Association 38th Annual Conference Keynote Address. The power of stillness, the glory of motion. *American Journal of Dance Therapy, 26*, 9–15.

Casey, E. S. (1987). *Remembering: A phenomenological study*. Bloomington: Indiana University Press.

Chodorow, J. (1991). *Dance therapy and depth psychology*. London: Routledge.

Cozolino, L. J. (2002). *Rebuilding the brain: Neuroscience and psychotherapy*. London: Norton. (The Norton Series on Interpersonal Neurobiology).

Cruz, R. (2001). Perspectives on the profession of dance/movement therapy: Past, present, and future. *Bulletin of Psychology and the Arts*,. 2(2), 74–78.

Damasio, Antonio R. (1994). *Descartes' Error. Emotion, reason, and the human brain*. New York: Putnam.

Damasio, Antonio R. (1999). *The feeling of what happens: Body and emotion in the making of consciousness*. Orlando, FL: Harcourt.

Darwin, Charles (1965/1872). *The expression of emotions in men and animals*. Chicago: University of Chicago Press.

Davis, Martha (1983). An introduction to the Davis nonverbal communication analysis system (DaNCAS). *American Journal of Dance Therapy, 6*, 49–73.

DePaulo, Bella M., & Friedman, H. S. (1998). Nonverbal communication. In Daniel Gilbert, Susan T. Fiske, & Gardner Lindzey (Eds.). *The handbook of social psychology* (4th ed., vol. 1, pp. 3–40). Boston: McGraw-Hill.

Descartes, René (2001). Bericht über die Methode. Discours de la Méthode [Discourse on method]. Stuttgart : Reclam. Originally published in 1637.

Dornes, M. (1993). Der kompetente Säugling. Die präverbale Entwicklung des Menschen. [The competent infant. Preverbal development of a human being] Frankfurt a.M.: Fischer.

Dulicai, D. (1977). Nonverbal Assessment of family systems. A preliminary study. *The Arts in Psychotherapy, 4*, 55–62.

Espenak, L. (1981). *Dance therapy: Theory and application*. Springfield, IL: Charles C Thomas, Publisher, Ltd.

Förster, J., & Strack, F. (1996). Influence of overt head movements on memory for valenced words: A case of conceptual-motor compatibility. *Journal of Personality and Social Psychology, 71*, 421–430.

Fuchs, T. (2000). *Leib Raum Person*. Stuttgart: Klett-Cotta.

Grammer, K. (1999). Signale der Liebe. Frankfurt a. M.: Fischer.

Grammer, K. (2003). E-motion communication. Retrieved on January 20, 2003 from http://

evolution.anthro.univie.ac.at/institutes/urbanethology.html

Hatfield, E., Cacioppo, J. T., & Rapson, R. L. (1992). Primitive emotional contagion. In M.S. Clark (Ed.). *Review of Personality and Social Psychology: Vol. 14, Emotions and social behavior* (pp. 151–177). Newbury Park, CA: Sage.

Kafka, G. (1950). Über Uraffekte. *Acta Psychologica, 7*, 256–278.

Kestenberg, J. S., & Sossin, K. M. (1973/1979). The role of movement patterns in development, Vol. 1 & 2. New York: Dance Notation Bureau Press.

Kestenberg, J. S. (1995). *Sexuality, body movement and rhythms of development*. Northvale: Jason Aronson, Inc. (Originally published in 1975 under the title *Parents and children*).

Kestenberg-Amighi, J. (1990). The Application of the KMP Cross-Culturally. In P. Lewis & S. Loman (Eds.). *The Kestenberg Movement Profile: Its past, present applications and future directions* (pp. 114–125). Keene, NH: Antioch New England Graduate School.

Kestenberg-Amighi, J., Loman, S., Lewis, P., & Sossin, K. (1999). *The meaning of movement. Developmental and clinical perspectives of the Kestenberg Movement Profile.* Amsterdam: Gordon and Breach.

Koch, S. C. (1999). *The Kestenberg Movement Profile: Interrater reliability among novice raters.* Stuttgart: Ibidem.

Koch, S. C., & Zumbach, J. (2002). The use of video analysis software in behavior observation research: Interaction patterns in task-oriented small groups. *Forum Qualitative Sozialforschung / Forum: Qualitative Social Research [On-line Journal], 3* (2), Retrieved from http://www.qualitative-research.net/fqs/fqs-eng.html

Krämer, N. C. (2001). *Bewegende Bewegung. Sozio-emotionale Wirkungen nonverbalen Verhaltens und deren experimentelle Untersuchung mittels Computeranimation* Lengerich: Pabst.

Laban, R.. (1960). *The Mastery of movement.* London: MacDonald & Evans.

Laban, R., & Lawrence, F. C. (1947/1974). *Effort: Economy in body movement.* Boston, MA: Plays.

LaFrance, M. (1985). Postural mirroring and intergroup relations. *Personality and Social Psychology Bulletin, 11*, 207–217.

Laird, J. D. (1984). The real role of facial response in the experience of emotion: a response to Tourangeau and Ellsworth, and others. *Journal of Personality and Social Psychology, 47*, 909–917.

Lakoff, G., & Johnson, M. (1999). *Philosophy in the flesh. The embodied mind and its challenge to Western thought.* New York: Basic Books.

Lamb, W. (1965). *Posture and gesture.* London: Gerald Duckworth.

LeDoux, J. (1995). Emotions. Clues from the brain. *Annual Review of Psychology, 46*, 209–235.

Lévy, F. (2004). *Dance/movement therapy: A healing art.* Reston, VA: Ahperd.

Lewin, K. (1935). *A dynamic theory of personality.* New York: McGraw-Hill.

Lipps, T. (1903). *Leitfaden der Psychologie (Kap. 14: Die Einfühlung*, pp. 187–201) [Guide to Psychology. Chapter 14: Empathy)]. Leipzig: Wilhelm Engelmann.

Loman, S. (1996). The KMP: A tool for dance/movement therapy. *American Journal of Dance Therapy, 18*(1), 29–52.

Lotan, N. (2001; June). *Hand movements of toddlers falling asleep.* Conference Presentation First Motor Development Conference, Amsterdam.

Magnusson, M. S. (2000). Discovering hidden time patterns in behavior: T-patterns and their detection. *Behavior Research Methods: Instruments & Computers, 32*, 93–110.

Merleau-Ponty, M. (1966). *Die Phänomenologie der Wahrnehmung.* Berlin: DeGruyter.

Neisser, U. (1967). *Cognitive psychology.* New York: Appleton-Century-Croft.

Neumann, R. & Strack, F. (2000). Approach and avoidance: The influence of proprioceptive and exteroceptive cues on encoding of affective information. *Journal of Personality and Social Psychology, 79*, 39–48.

Pallaro, P. (1996). Self and body-self: Dance/movement therapy and the development of object relations. *The Arts in Psychotherapy, 23*, 113–119.

Pallaro, P. (2000). *Authentic Movement: Essays by Mary Starks Whitehouse, Janet Adler and Joan Chodorow.* London: Jessica Kingsley.

Pallasch, D. (2002). Tief bewegt zum Ziel. Ein tanztherapeutischer Ansatz aus NLP und Authentic Movement [Deeply moved toward the goal. A D/MT-approach between NLP and Authentic Movement]. Retrieved from www.jungfernmann.de on September 12, 2003.

Parker, G., & Best, P., (2001). Moving Reflections. The Social Creation of Identities in Communication. In L. Kossolapow, S. Scoble, & D. Waller (Eds.). *Arts—Therapies—Communication: On the Way to a Communicative European Arts Therapy*, Vol. I, pp. 142–148). Münster: Lit Verlag.

Pauen, S., & Träuble, B. (2002, April). *Causal attribution of animate motion in 7-month-olds.* Paper presented at the biannual meeting of the International Conference on Infant Studies, Toronto, ON, Canada.

Pert, C. (1997). *The molecules of emotion: Why you feel the way you feel.* New York: Scribner.

Piaget, J. (1969). *Das Erwachen der Intelligenz beim Kinde.* [The awakening of intelligence in the child]. Stuttgart: Klett-Cotta.

Riskind, J. H. (1984). They stoop to conquer: Guiding and self-regulatory functions of physical posture after success and failure. *Journal of Personality and Social Psychology, 47*, 479–493.

Rizzolatti, G., Fadiga, L., Fogassi, L., & Gallese, V. (2002). From mirror neurons to imitation: Facts and speculations. In A.N. Meltzoff & W. Prinz (Eds.). *The imitative mind: Development, evolution, and brain bases. Cambridge studies in cognitive perceptual development* (pp. 247–266). New York: Cambridge University Press.

Rossberg-Gempton, I., & Poole, G. D. (1992). The relationship between body movement and affect: From historical and current perspectives. *The Arts in Psychotherapy, 19*, 39–46.

Sandel, S., Chaiklin, S., & Chaiklin, L. A. (1993). *Foundations of dance/movement therapy: The life and work of Marian Chace.* Columbia, MD: The Marian Chace Memorial Fund.

Schmais, C. (1985). Healing processes in dance therapy. *American Journal of Dance Therapy, 8,* 17–36.

Schore, A. (1994). *Affect regulation and the origin of the self.* Hillsdale, NJ: Erlbaum.

Sherrington, C. C. (1906). *The integrative action of the nervous system.* New York: Yale University Press.

Shapiro, F. (1995). *Eye movement desensitization and reprocessing: Basic principles, protocols and procedures.* New York: Guilford Press.

Siegel, E. (1986). *Tanztherapie. Seelische und körperliche Entwicklung im Spiegel der Bewegung. Ein psychoanalytisches Konzept.* Stuttgart: Klett Cotta.

Stepper, S. & Strack, F. (1993). Proprioceptive determinants of emotional and nonemotional feelings. *Journal of Personality and Social Psychology, 64,* 211–220.

Stern, D. (1998). Die Lebenserfahrung des Säuglings [The living experience of the infant], (6th ed.). Stuttgart: Klett-Kotta.

Strack, F., Martin, L. L., & Stepper, S. (1988). Inhibiting and facilitating conditions of the human smile: A non-obtrusive test of the facial feedback hypothesis. *Journal of Personality and Social Psychology, 54,* 768–777.

Thelen, E. (1995). Motor development - A new synthesis. *American Psychologist 50*(2), 79–95.

Träuble, B. (2004). Die Bedeutung von Kausalwahrnehmung für den frühen Wissenserwerb. Neue Befunde aus der Säuglingsforschung [The importance of causal perception for early knowledge acquisition. New findings from infant studies]. Berlin: Logos.

Trautmann-Voigt, S., & Voigt, B. (2001). *Bewegung und Bedeutung. Anregungen zu definierter Körperlichkeit in der Psychotherapie.* Köln: Claus Richter.

Todd, P. M., Barrett, C. H., Blythe, P. W., & Miller, G. F. (2004). *Accurate judgments of intention from motion cues alone.* Manuscript submitted for publication.

Tortora, S. (2004). Our moving bodies tell stories, which speak of our experience. *The multisensory world of the infant, 24* (5), 4–12.

Uexküll, J., & Kriszat, G. (1956). *Bedeutungslehre* [Theory of meaning]. Frankfurt a. M.: Fischer. (Originally published in 1940).

Uexküll, T., Fuchs, M., Müller-Braunschweig, H., & J., R. (1994). *Subjektive Anatomie. Theorie und Praxis körperbezogener Psychotherapie.* [Subjective anatomy. Theory and practice of body-related psychotherapy.] New York: Schattauer.

Varela, F. J., Thompson, E., & Rosch, E. (1993). *The embodied mind: Cognitive science and human experience.* Cambridge, MA: MIT Press.

Wallbott, H. G. (1990). *Mimik im Kontext. Die Bedeutung verschiedener Informationskomponenten für das Erkennen von Emotionen* [Facial expressions in context. The importance of different informational components for emotion recognition]. Göttingen: Hogrefe.

Weizsäcker, V. (1996). *Der Gestaltkreis. Theorie der Einheit von Wahrnehmen und Bewegen* [The Gestaltkreis. Theory of the union of perception and movement]. 6th edition. Stuttgart: Thieme. (Originally published in 1940).

Whitehouse, M.S. (1979). Jung and dance-therapy: Two major principles. In P.L. Bernstein (Ed.). *Eight theoretical approaches in dance movement therapy.* Dubuque, Iowa: Kendall-Hunt.

Wilson, M. (2002). Six views of embodied cognition. *Psychonomic Bulletin & Review, 9,* 625–636.

Zajonc, R. B., & Markus, H. (1984). Affect and cognition: The hard interface. In C. Izard, J. Kagan, & R. B. Zajonc (Eds.), *Emotions, cognition and behavior* (pp. 73–102). Cambridge: Cambridge University Press.

Zaner, R. M. (1964). The problem of embodiment. Some contributions to a phenomenology of the body. Nijhoff: Den Haag.

제13장

Binette, L. (1993). *A KMP analysis of moshing: The study of communal ritual dance amongst adolescent males of the 1990s.* Unpublished master's thesis, Antioch/New England Graduate School, Keene, NH.

Bridges, L. (1989). *Measuring the effect of dance/movement therapy on the body image of institutionalized elderly using the Kestenberg Movement Profile and projective drawings.* Unpublished master's thesis, Antioch/New England Graduate School, Keene, NH.

Burt, J. W. (1995). *Body, face, and voice: Nonverbal expressions of emotion in infancy.* Unpublished doctoral dissertation, MCP Hahnemann University, Philadelphia, PA.

Cruz, R.F. (2003). Research Poster Session Abstracts, American Dance Therapy Association Conferences 2001 and 2002. *American Journal of Dance Therapy, 25* (1), 57–72.

Daigle, R. (1993). *Application of the Kestenberg Movement Profile to the clinical assessment of the mother-autistic child dyad.* Unpublished master's thesis, Antioch/New England Graduate School, Keene, NH.

Hastie, A. S. (1991). *In search of a standard form of assessment: The Kestenberg Movement Profile as diagnostic tool and treatment guide integrated into the practice of dance therapy.* Unpublished master's thesis, Antioch/New England Graduate School, Keene, NH.

Kestenberg, J.S. (1967). *Suggestions for diagnostic and therapeutic procedures in movement therapy.* American Dance Therapy Association proceedings, 2nd annual conference, 5–16.

Kestenberg, J.S. (1975). *Children and parents.* New York: Aronson.

Kestenberg, J.S. (1977). *The role of movement patterns in development I.* New York: Dance Notation Bureau Press.

Kestenberg, J.S. (1985). The role of movement patterns in diagnosis and prevention. In D.A. Shoskan and W.L. Roller (Eds.). *Paul Schilder: Mind explorer* (pp. 97–160). New York: Human Sciences Press.

Kestenberg, J.S., & Beulte, A. (1977). Prevention, infant therapy, and the treatment of adults: Toward understanding mutuality. *International Journal of Psychoanalytic Psychotherapy, Vol. VI*: 339–366.

Kestenberg, J.S., & Sossin, K.M. (1979). *The role of movement patterns in development*. New York: Dance Notation Bureau Press.

Kestenberg, A. J., Loman, S., Lewis, P., & Sossin, K. M. (1999). *The meaning of movement: Developmental and clinical perspectives of the Kestenberg Movement Profile*. The Netherlands: Gordan and Breach Publishers.

Koch, S.C., Cruz, R.F., & Goodill, S.W. (2001). The Kestenberg Movement Profile: Performance of novice raters. *American Journal of Dance Therapy, 23* (2), 71–87.

Lemon, J. (1990). *The use of dance/movement therapy in professional sport: A Kestenberg Movement Profile of Joe Montana*. Unpublished master's thesis, Antioch/New England Graduate School, Keene, NH.

Levy, F.J. (1988). *Dance movement therapy: A healing art*. Reston, VA: The American Alliance for Health, Physical Education, Recreation, and Dance.

Lewis, P. (1987). The unconscious as choreographer: The use of tension-flow rhythms in the transference relationship. *American Dance Therapy Association monograph, 4*, 22nd annual conference, 78–89.

Loman, S. (1988). Movement observation class notes. Keene, NH: Antioch/New England Graduate School.

Loman, S. (1989). Unpublished writings on shape flow.

Loman, S. (1990). Introduction to the Kestenberg Movement Profile. In P. Lewis & S. Loman (Eds.). *The Kestenberg Movement Profile, its past, present applications, and future directions*, (pp. 52–64). Keene, NH: Antioch/New England Graduate School.

Loman, S. (1991). Personal Communication.

Loman, S. & Kestenberg Amighi, J. (2002). The Kestenberg Movement Profile (KMP) as a tool for understanding diversity in learning styles and defense mechanisms. *Proceedings from the 37th annual conference*, Burlington, VT.

Loman, S., & Merman, H. (1996). The KMP: A tool for dance/movement therapy. *American Journal of Dance Therapy, 18* (1), 29–52.

Loman, S., & Sossin, K.M. (1983). *Clinical applications of the Kestenberg Movement Profile*. (unpublished manuscript).

Merman, H. (1990). The use of precursors of effort in dance/movement therapy. In P. Lewis & S. Loman (Eds.). *The Kestenberg Movement Profile, its past, present applications, and future directions*, (pp. 85–100). Keene, NH: Antioch/New England Graduate School.

Ojala, E. (1995). *Dance/movement therapy with a developmentally disabled adolescent utilizing the Kestenberg Movement Profile*. Unpublished master's thesis, Antioch/New England Graduate School, Keene, NH.

Sossin, K.M. (1983). Movement patterns of infant and mother and the ontonogenesis of aggression. Doctoral dissertation, Ferkauf Graduate School of Psychology, Yeshiva University, New York.

Sossin, K.M. (1987). Reliability of the Kestenberg Movement Profile. *Movement Studies: Observer Agreement 2*, 23–28. New York: Laban/Bartenieff Institute of Movement Studies.

Williams, A. (1994). *Dance/movement therapy and drama therapy as co-modalities with an adolescent population*. Unpublished master's thesis. Antioch/New England Graduate School.

제14장

Bartenieff, I. (1972). Dance therapy: A new profession or a rediscovery of an ancient role of the dance? *Dance Scope, Fall/Winter*, 6–18.

Bartenieff, I., & Lewis, D. (1980). *Body movement: Coping with the environment*. New York: Gordon and Breach.

Berger, M. R. (1999). Movement patterns in borderline and narcissistic personality disorders. *Dissertation Abstracts International: Section B: The Sciences & Engineering, 60*(9-B), April 2000, 4875.

Berrol, C. F., & Katz, S. S. (1985). Dance/movement therapy with individuals surviving severe head injury. *American Journal of Dance Therapy, 8*, 46–66.

Berrol, C. Ooi, W. L., & Katz, S. (1997). Dance/movement therapy with older adults who have sustained neurological insult: A demonstration project. *American Journal of Dance Therapy, 19*, 2, 135–154.

Bojoner-Horowitz, E., Theorell, T., & Anderberg, U. (2003). Dance/movement therapy and changes in stress-related hormones: A study of fibromyalgia patients with video-interpretation. *The Arts in Psychotherapy, 30*(5), 255–264.

Bojoner-Horowitz, E., Theorell, T., & Anderberg, U. (2004). New technique for assessment of self-perception in fibromyalgia patients: A pilot study with video-interpretation. *The Arts in Psychotherapy, 31*(3), 153–164.

Bridges, L. (1989). *Measuring the effect of dance/movement therapy on body image of institutionalized elderly using the Kestenberg Movement Profile and projective drawings*.

Brugman H., & Kita, S. (1995). Impact of digital video technology on transcription: A case of spontaneous gesture transcription. *Ars Semiotica, 18*, 95–112.

Chace, M. (1975). *Marian Chace: Her papers*. H. Chaiklin (Ed.). Washington, DC: American Dance Therapy Association.

Chodorow, J. (1991). *Dance therapy and depth psychology: The moving imagination*. London: Routledge.

Cohen, L., Sargent, M., & Sechrest, L. (1986). Use of psychotherapy research by professional psychologists. *American Psychologist, 41*, 198–206.

Cruz, R.F. (1995). An empirical investigation of the Movement Psychodiagnostic Inventory. *Dissertation Abstracts International: Section B: The Sciences & Engineering Vol. 57*(2-B), August, 1996, 1495.

Cruz, R. F., & Hervey, L. W. (2001). The American Dance Therapy Association research survey. *American Journal of Dance Therapy, 23*(2), 89–118.

Cruz, R. F., & Koch, S. (2004) Issues of validity and reliability in the use of movement observations and scales. In R. Cruz & C. Berrol (Eds.). *Dance/movement therapists in action: A working guide to research options.* Springfield, IL: Charles C Thomas, Publisher, Ltd.

Davis, M. (1970). Movement characteristics of hospitalized psychiatric patients. *Proceedings of the Fifth Annual Conference of the American Dance Therapy Association*, 25–45.

Davis, M. (1972). *Understanding movement behavior: An annotated bibliography.* New York: Arno Press.

Davis, M. (1983). An introduction to the Davis Nonverbal Communication Analysis System (DaNCAS). *American Journal of Dance Therapy, 6*, 49–73.

Davis, M. (1974). *Analysis of movement styles and interaction in psychotherapy.* Paper presented at the First International Symposium on Nonverbal Aspects and Techniques of Psychotherapy, Vancouver, BC.

Davis, M. (1991). *Guide to movement analysis methods part 2: Movement Psychodiagnostic Inventory.* (available from [Martha Davis, 1 West 85th Street, New York, NY 10024]).

Dell, C. (1977). *A primer for movement description* (2nd ed.). New York: Dance Notation Bureau.

Dibbell-Hope, S. (2001). The use of dance/movement therapy in psychological adaptation to breast cancer. *The Arts in Psychotherapy, 27*(1), 51–68.

Dulicai, D. (1977). Nonverbal assessment of family systems: A preliminary study. *Art Psychotherapy, 4*(2), 55–62.

Dulicai, D. (1992). Nonverbal family therapy assessment: Evaluation and application. *Proceedings, 27th Annual Conference of the American Dance Therapy Association*, pp. 1–4. Columbia, MD: ADTA.

Eisenberg, A. (2003, October 9). Decoding the subtle dance of ordinary movements. *The New York Times.*

Espenak, L. (1981). *Dance therapy: Theory and application.* Springfield, IL: Charles C Thomas, Publisher, Ltd.

Feder, B., & Feder, E. (1998). *The art and science of evaluation in the arts therapies.* Springfield, IL: Charles C Thomas, Publisher, Ltd.

Freud, A. (1965). Normality and pathology in childhood: Assessments of development. In *The writings of Anna Freud, Vol. VI.* New York: International University Press.

Goodill, S., & Morningstar, D. (1993). The role of dance/movement therapy with medically ill children. *International Journal of Medicine, 2*, 24–27.

Gray, A. (2001). The body remembers: Dance/movement therapy with an adult survivor of torture. *American Journal of Dance Therapy, 23*(1), 29–43.

Kalish, B.I. (1975). Developmental studies using the Behavior Rating Instrument for Autistic and Atypical Children (BRIAAC) [Summary]. *Proceedings of the Ninth Annual Conference of the American Dance Therapy Association* (pp. 131–136).

Kestenberg, J.S. (1979). *The role of movement patterns in development* (Vol. 2). New York: Dance Notation Bureau Press.

Kestenberg, J. S. (1995). *Sexuality, body movement and rhythms of development.* Northvale, NJ: Jason Aronson, Inc.

Kestenberg-Amighi, J. (1990). The application of the KMP cross-culturally. In P. Lewis & S. Loman (Eds.). *The Kestenberg Movement Profile: Its past, present applications and future directions* (pp. 114–125). Keene, NH: Antioch New England Graduate School.

Kestenberg-Amighi, J., Loman, S., Lewis, P. & Sossin, K. M. (1999). *The meaning of movement: Developmental and clinical perspectives of the Kestenberg Movement Profile.* Amsterdam: Gordon Breach.

Koch, S., Cruz, R., & Goodill, S. (2001). The Kestenberg Movement Profile: Performance of novice raters. *American Journal of Dance Therapy, 23*, 71–87.

Koch, S. (February, 2004). *Men and women at work: KMP analysis of movement qualities.* Poster presented at the 1st international dance/movement therapy research colloquium of the BTD, Hanover, Germany.

Krantz, A. M. (1999). Growing into her body: Dance/movement therapy for women with eating disorders. *American Journal of Dance Therapy, 21*, 81–103.

Lewin, J. N. (1998). *Dance therapy notebook.* Washington, DC: American Dance Therapy Association.

Lotan, N. & Yirmiya, N. (2002). Body movement, presence of parents, and the process of falling asleep in toddlers. *International Journal of Behavioral Development, 26*(1), 81–88.

Martin, P.R. (1989). The scientist-practitioner model and clinical psychology: Time for a change? *Australian Psychologist, 24*(1), 71–92.

McCoubrey, C. (1984). *Effort observation in movement research: An interobserver reliability study.* Unpublished master's thesis, Hahnemann University, Philadelphia, PA.

McCoubrey, C. (1987). Intersubjectivity vs. objectivity: Implications for effort observation and training. *Movement Studies: A Journal of the Laban/Bartenieff Institute of Movement Studies, 2*, 3–6.

Mendelsohn, J. (1999). Dance/movement therapy with hospitalized children. *American Journal of Dance Therapy, 21*, 65–80.

Noldus, L. P. (1996). *The Observer: Base package for Windows reference manual* (3rd ed.). Wageningen, The Netherlands: Noldus Information Technology.

North, M. (1972). *Personality assessment through movement.* London: Macdonald & Evans.

Nicholas, M.J., & Gilbert, J.P. (1980). Research in music therapy: A survey of music therapists' attitudes and knowledge. *Journal of Music Therapy, 17*(4), 207–213.

Overall, J., & Gorham, D. (1962). The brief psychiatric rating scale. *Psychological Reports, 10*, 799–812.

Riordan, K., & Cruz, R. F. (October, 2003). *Acute care dance/movement therapy practice in 2003: Descriptive data.* Poster presented at the 38th annual conference of the American Dance Therapy Association, Denver, CO.

Sack, J. (October, 2001). *Assessment in the creative arts therapies: When an assessment of movement is an assessment of functioning.* Poster presented at the 36th annual conference of the American Dance Therapy Association, Raleigh, NC.

Sack, J. & Bolster, G. (October, 2002). *Scoring and interpreting movement: Using the Functional Assessment of Movement (FAM) scale in multi-modal research.* Poster presented at the 37th annual conference of the American Dance Therapy Association, Burlington, VT.

Samuels (1972). Movement change through dance therapy: A study. *American Dance Therapy Association Monograph, 2,* 50–77.

Serlin, I., Classen, C., Frances, B., & Angell, K. (2000). Symposium: Support groups for women with breast cancer: Traditional and alternative expressive approaches. *The Arts in Psychotherapy, 27,* 123–138.

Sossin, M. (October, 2002). *Recent statistical and normative findings regarding the KMP: Implications for theory and application.* Paper presented at the 37th annual conference of the American Dance Therapy Association, Burlington, VT.

Thornton, S. (1971). *A movement perspective of Rudolf Laban.* London: Macdonald & Evans.

Westbrook, B. K., & McKibben, H. (1989). Dance/movement therapy with groups of outpatients with Parkinson's disease. *American Journal of Dance Therapy, 11,* 27–38.

Westbrook, B. K., & Sing, M. (1988). A psychiatric movement assessment scale with developmental considerations. *The Arts in Psychotherapy, 15* (1), 37–46. Unpublished master's thesis, Antioch New England Graduate School, Keene, NH.

제15장

American Psychiatric Association (1994). *Diagnostic and statistical manual of mental disorders* (4th ed.). Washington, DC: American Psychiatric Association.

American Psychiatric Association (2000) *Diagnostic and statistical manual of mental disorders* (4th ed.). Text Revision (DSM-IV). Washington, D.C.: American Psychiatric Association.

Dosamantes-Beaudry, I. (2003). *The arts in contemporary healing.* Westport, CT: Praeger Publishers.

Friedrich, W. N. (1990). *Psychotherapy of sexually abused children and their families.* New York: Norton & Co.

James, B. (1989). *Treating traumatized children: New insights and creative interventions.* New York: The Free Press, Simon & Schuster Inc.

Karp, C.L, & Butler, T. L. (1996). *Treatment strategies for abused children.* London, United Kingdom: Sage Publications, Inc.

Kornblum, R. (2002). *Disarming the playground: Violence prevention through movement and pro-social skills.* Oklahoma City, OK: Wood 'N' Barnes.

Kornblum, R., & Perry, Kristin. (2003). *Mental health assessment through movement (MHAM).* Unpublished.

Lars. (Ed). (1996). *Traumatic stress.* New York: The Guilford Press.

Levy, F. (1992). *Dance/movement therapy: A healing art.* Reston, VA: National Dance Association, American Alliance for Health, Physical Education, Recreation, and Dance.

Meekums, Bonnie, (2002). *Dance movement therapy: A creative psychotherapeutic approach.* London, England: Sage Publications.

Schwartz, R. C. (1995). *Internal family systems therapy.* New York: The Guilford Press.

van der Kolk, McFarlane (1996). The black hole of trauma. In van der Kolk, Bessel A, McFarlane, Alexander C., Weisaeth, Lars (Eds.). (1996). *Traumatic stress.* (pp. 3–19). New York: The Guilford Press.

van der Kolk, M. The body keeps the score: Approaches to the psychobiology of posttraumatic stress disorder. In Van der Kolk, Bessel A., McFarlane, Alexander C., Weisaeth, Lars (Eds.). (1996). *Traumatic stress.* (pp. 214–241). New York: The Guilford Press.

제16장

Alexander, C. N., Rainforth, M. V., & Gelderloos, P. (1991). Transcendental meditation, self-actualization, and psychological health: A conceptual overview and statistical meta-analysis. *Journal of Social Behavior and Personality, 6,* 189–247.

Alter, R. M., & Alter, J. (2001). *How long till my soul gets it right?: One hundred doorways on the journey to happiness.* New York: Harper Collins.

American Academy of Pediatrics. (2002). *AAP evaluates progress of SCHIP Program: Recommendations for improvements.* Washington, DC: American Academy of Pediatrics.

American Psychiatric Association. (2000). *Quick reference to the diagnostic criteria from DSM-IV-TR.* Washington, DC: American Psychiatric Association.

Barath, A. (2003). Cultural art therapy in the treatment of war trauma in children and youth: Projects in the former Yugoslavia. In S. Krippner, & T. M. McIntyre (Eds.). *The psychological impact of war trauma on civilians* (pp. 155–170). Westport, CT: Praeger.

Blair, C. (2002). School readiness: Integrating cognition and emotion in a neurobiological conceptualization of children's functioning at school entry. *American Psychologist, 57,* 111–127.

Bremner, J. D., Randall, P., Scott, T. M., & Bronen, R. A. (1997). MRI-based measurement of hippocampal volume in PTSD related to childhood physical and sexual abuse: A preliminary report. *Biological*

Psychiatry, 41, 23–32.

Bremner, J. D., Randall, P., Scott, T. M., Capelli, S., Delaney, R., McCarthy, G., et al., (1995). Deficits in short-term memory in adult survivors of childhood abuse. *Psychiatry Research, 59,* 97–107.

Brotman, L. M., Gouley, K. K., Klein, R. G., Castellanos, F. X., & Pine, D. S. (2003). Children, stress, and context: Integrating basic, clinical, and experimental prevention research. *Child Development, 74,* 1053–1057.

Cannon, W. B. (1929). *Bodily changes in pain, hunger, fear, and rage,* (Rev. ed.). New York: Appleton-Century.

Cicchetti, D., & Toth, S. L. (1995). A developmental psychopathology perspective on child abuse and neglect. *Journal of the American Academy of Child and Adolescent Psychiatry, 34,* 541–565.

Cohen, B. B. (1993). *Sensing, feeling, and action: The experiential anatomy of body-mind centering.* Northampton, MA: Contact Editions.

Coster, W. J., Gersten, M. S., Beeghly, M., & Cicchetti, D. (1989). Communicative functioning in maltreated toddlers. *Developmental Psychology, 25,* 777–793.

Debellis, M. D., Baum, A. B., & Birmaher, B. (1999). Developmental traumatology part I: Biological stress symptoms. *Biological Psychiatry, 45,* 1259–1270.

Dodge, K. A. (1993). Social-cognitive mechanisms in the development of conduct disorder and depression. *Annual Review of Psychology, 44,* 559–584.

Dodge, K. A., Bates, J. E., & Pettit, G. S. (1990). Mechanisms in the cycle of violence. *Science, 250,* 1678–1683.

Dosamantes-Alperson, E. D. (1974). Carrying experiencing forward through authentic body movement. *Psychotherapy: Theory, Research, and Practice, 11,* 211–214.

Elliot, D. S., Wilson, W. J., & Huizinga, D. (1996). The effects of neighborhood disadvantage on adolescent development. *Journal of Research on Crime and Delinquency, 33,* 389–426.

Everly, G. S., & Lating, J. M. (2004). Neurological desensitization in the treatment of post-traumatic stress. In G. S. Everly, & J. M. Lating (Eds.). *Personality-guided therapy for Post-Traumatic Stress Disorder.* Washington, DC: American Psychological Association.

Famularo, R., Kinscherff, R., & Fenton, T. (1992). Psychiatric diagnoses of maltreated children: Preliminary findings. *Journal of the American Academy of Child and Adolescent Psychiatry, 31,* 863–867.

Fleshman, B., & Fryrear, J. L. (1981). *The arts in therapy.* Chicago, IL: Nelson-Hall.

Gelderloos, P., Lockie, R. J., & Chuttoorgoon, S. (1987). Field independence of students at Maharishi School of the Age of Enlightenment and a Montessori school. *Perceptual and Motor Skills, 65,* 613–614.

Glaser, D. (2000). Child abuse and neglect and the brain – A review. *Journal of Child Psychology and Psychiatry, 41,* 97–116.

Godden, D. R., & Baddeley, A. D. (1975). Context-dependent memory in two natural environments: On land and underwater. *British Journal of Psychology, 66,* 325–331.

Green, A. H. (1997). Physical abuse of children. In J. Weiner (Ed.). *American Academy of Child and Adolescent Psychiatry textbook of child and adolescent psychiatry* (pp. 17–38). Washington, DC: American Psychological Association.

Hackney, P. (2002). *Making connections: Total body integration through Bartenieff fundamentals.* New York: Routledge.

Herrenkohl, R. C., Egolf, B. P., & Herrenkohl, E. C. (1997). Preschool antecedents of adolescent assaultive behavior: A longitudinal study. *American Journal of Orthopsychiatry, 67,* 422–432.

Hinde, R. A. (1985). Expression and negotiation. In G. Zivin (ed.). *The development of expressive behavior* (pp. 103–116). Orlando, FL: Academic Press.

Hoyle, J. D., & White, L. J. (2003). Treatment of pediatric and adolescent mental health emergencies in the United States: Current practices, models, barriers, and potential solutions. *Prehospital Emergency Care, 7,* 66–73.

Irwin, E. C. (1987). Drama: The play's the thing. *Elementary School Guidance and Counseling,* 276–283.

Joshi, P. T., & O'Donnell, D. A. (2003). Consequences of child exposure to war and terrorism. *Clinical Child and Family Psychology Review, 6,* 275–292.

Kandel, E. W. (2001). The molecular biology of memory storage: A dialogue between genes and synapses. *Science, 294,* 1030–1038.

Kaplan, S. J., Pelcovitz, D., Salzinger, S., Weiner, M., Mandel, F. S., Lesser, M.L., et al. (1998). Adolescent physical abuse: Risk for adolescent psychiatric disorders. *American Journal of Psychiatry, 155,* 954–959.

Keane, T. M., Kolb, L. C., & Kaloupek, D. G. (1998). Utility of psychophysiology measurement in the diagnosis of posttraumatic stress disorder: Results from a department of Veteran's Affairs cooperative study. *Journal of Consulting and Clinical Psychology, 66,* 914–923.

Klimes-Dougan, B., & Kistner, J. (1990). Physically abused preschoolers' responses to peers' distress. *Developmental Psychology, 26,* 599–602.

Levy, F. J. (1979). Psychodramatic movement therapy: A sorting out process. *American Journal of Dance Therapy, 3,* 32–42.

Levy, F. J. (1992). *Dance movement therapy: A healing art.* Reston, VA: National Dance Association.

Livingston, R., Lawson, L., & Jones, J.G. (1993). Predictors of self-reported psychopathology in children abused repeatedly by a parent. *Journal of the American Academy of Child and Adolescent Psychiatry, 32,* 948–953.

McEwen, B. S., & Magarinos, M. (1997). Stress effects on morphology and function of the hippocampus. In R. Yehuda, & A. C. McFarlane (Eds.). *Psychobiology of posttraumatic stress disorder* (pp. 271–284). New York: New York Academy of Sciences.

McFadyen, R. G., & Kitson, W. J. H. (1996). Language comprehension and expression among adolescents who have experienced childhood physical abuse. *Journal of Child Psychology and Psychiatry, 37,* 551–562.

Moreno, J. L. (1946). *Psychodrama, Volume 1.* Beacon, NY: Beacon House.

Nelson, C. A., & Carver, L. J. (1998). The effects of stress and trauma on brain and memory: A view from developmental cognitive neuroscience. *Development and Psychopathology, 10,* 793–809.

Nystul, M. S. (2003). *Introduction to counseling: An art and science perspective.* Boston: Allyn and Bacon.

O'Donnell, D. A., Schwab-Stone, M. E., & Muyeed, A. Z. (2002). Multidimensional resilience in urban children exposed to community violence. *Child Development, 73,* 1265–1282.

Pelcovitz, D., Kaplan, S., Goldenberg, B., & Weinblatt, M. (1994). Post-traumatic stress disorder in physically abused adolescents. *Journal of the American Academy of Child and Adolescent Psychiatry, 33,* 305–312.

Perry, B. D. (2001). The neurodevelopmental impact of violence in childhood. In D. Schetky, & E. Benedek (Eds.). *Textbook of child and adolescent forensic psychiatry* (pp. 221–238). Washington, DC: American Psychiatric Press.

Perry, B. D., & Pollard, R. (1998). Homeostasis, stress, trauma and adaptation – A neurodevelopmental view of childhood trauma. *Child and Adolescent Psychiatric Clinics of North America, 7,* 33–51.

Sapolsky, R. M. (1994). *Why zebras don't get ulcers.* New York: Freeman.

Schwab-Stone, M. E., Ayers, T. S., Kasprow, W., Voyce, C., Barone, C., Shriver, T., & Weissberg, R. P. (1995). No safe haven: A study of violence exposure in an urban community. *Journal of the American Academy of Child and Adolescent Psychiatry, 34,* 1343–1352.

Schwab-Stone, M. E., Chen, C., Greenberger, E., Silver, D., Lichtman, J., & Voyce, C. (1999). No safe haven II: The effects of violence exposure in urban youth. *Journal of the American Academy of Child and Adolescent Psychiatry, 38,* 359–367.

Shapiro, D. H. (1984). Overview: Clinical and physiological comparison of meditation with other self-control strategies. In D. H. Shapiro, & R. N. Walsh (Eds.). *Meditation: Classic and contemporary perspectives* (pp. 5–12). New York: Aldine.

Shapiro, D. H., & Giber, D. (1984). Meditation and psychotherapeutic effects: Self-regulation strategy and altered state of consciousness. In D. H. Shapiro, & R. N. Walsh (Eds.). *Meditation: Classic and contemporary perspectives* (pp. 62–69). New York: Aldine.

Shin, L. M., McNally, R. J., Kosslyn, S. M., Thompson, W. L., Rauch, S. L., Alport, N. M., et al. (1999). Regional cerebral blood flow during script-driven imagery in childhood sexual abuse related PTSD: A PET investigation. *American Journal of Psychiatry, 156,* 575–584.

Smith, M. S., & Womack, W. M. (1987). Stress management techniques in childhood and adolescence. *Clinical Pediatrics, 26,* 581–585.

Talbot, J. A. (2001, October 26). Look behind classic symptoms to spot PTSD in affected kids. *Clinical Psychiatry News, 12.*

Terr, L. C. (1996). Acute responses to external events and posttraumatic stress disorder. In M. Lewis (Ed.). *Child and adolescent psychiatry: A comprehensive textbook.* Baltimore: Williams and Wilkins.

Vontress, C. E. (1999). Interview with a traditional African healer. *Journal of Mental Health Counseling, 21,* 326–336.

Widom, C. S. (1989). Child abuse, neglect, and adult behavior. *Criminology, 27,* 251–271.

Wodarski, J. S., Kurtz, P. D., Gaudin, J. M., Jr, & Howing, P. T. (1990). Maltreatment and the school age child: Major academic, socioemotional, and adaptive outcomes. *Social Work, 35,* 581–589.

Woolfolk, R. L. (1984a). Psychophysiological correlates of meditation: A review. In D. H. Shapiro, & R. N. Walsh (Eds.). *Meditation: Classic and contemporary perspectives* (pp. 369–375). New York: Aldine.

Woolfolk, R. L. (1984b). Self-control meditation and the treatment of chronic anger. In D. H. Shapiro, & R. N. Walsh (Eds.). *Meditation: Classic and contemporary perspectives* (pp. 550–554). New York: Aldine.

Yehuda, R., Spertus, I., & Golier, J. (2001). Relationship between childhood traumatic experiences and PTSD in adults. In S. Eth (Ed.). *PTSD in children and adolescents* (pp. 117–146). Washington, DC: American Psychiatric Publishing.

제17장

American Music Therapy Association (n.d.) Retrieved January 13, 2005 from http://www.musictherapy.org.

Boxberger, R. (1962). *Music therapy 1961, eleventh book of proceedings of the National Association for Music Therapy, Inc. Part VI.* Lawrence, KS: Allen Press.

Certification Board for Music Therapists (n.d.). Retrieved January 31, 2005 from http://www.cbmt.org/default.asp.

Darrow, A. A., Gibbons, A. C., & Heller, G. N. (1985). Music therapy past, present, and future. *The American Music Teacher,* September–October, 18–20.

Davis, W.B. (1993). Keeping the dream alive: Profiles of three early twentieth century music therapists. *Journal of Music Therapy, 30*(1), 34–45.

Davis, W.B., Gfeller, K.E., & Thaut, M. (1999). *An introduction to music therapy. Theory and practice* (2nd ed.). Boston: McGraw-Hill College.

Darrow, A. A., Gibbons, A. C., & Heller, G. N. (1985). Music therapy past, present, and future. *The American Music Teacher,* September–October,18–20.

De l'Etoile, S. (2000). The history of the undergraduate curriculum in music therapy. *Journal of Music Therapy, 37*(1), 51–71.

Feder, E., & Feder, B. (1981). *The expressive arts therapies: Art, music and dance as psychotherapy.* Englewood Cliffs, NJ: Prentice Hall.

Grout, D. J., & Palisca, C. V. (1996). *A history of Western music* (5th ed.). New York: Norton & Company.

Maranto, C.D. (1993). *Music therapy international perspectives.* Pipersville, PA: Jeffrey Books.

Page, W. F. (2001). Spirit possession. *Encyclopedia of African history and culture.* Vol. 1, *Ancient Africa.* New York: Facts On File.

Rorke, M.A. (1996). Music and the wounded of World War II. *Journal of Music Therapy, 33*(3), 189–207.

Rudhyar, G. (1982). *The magic of tone and art of music.* Boulder: Shambhala.

Ruud, E. (2000). Music therapy—History and cultural contexts. Two major new texts on music therapy. *Nordic Journal of Music Therapy, 9*(2).

Taylor, D.B. (1981). Music in general hospital treatment from 1900 to 1950. *Journal of Music Therapy, 18*(2), 62–73.

Tyson, F. (1981). *Psychiatric music therapy. Origins and development.* New York: Creative Arts Rehabilitation Center.

Weldin, C., & Eagle, C.T. (1991). An historical overview of music medicine. In C. Maranto-Dileo (Ed.), *Applications of Music in Medicine I* (pp. 7–27). Silver Spring, MD: The National Association for Music Therapy.

Winn, T., Crowe, B., & Moreno, J. (1989). Shamanism and music therapy. *Music Therapy Perspectives, 7,* 67–71.

제18장

Aigen, K. (1995). Interpretational research. In B.L. Wheeler (Ed.). *Music therapy research: Quantitative and qualitative perspectives.* Phoenixville, PA: Barcelona Publishers.

American Music Therapy Association. (2004). *About the American Music Therapy Association.* Retrieved May 5, 2004 from http://www.musictherapy.org/

Association for Music and Imagery. (2003). *Core elements of the Bonny Method of Guided Imagery and Music.* Retrieved May 5, 2004 from http://www.bonnymethod.com/ami/

Barrera, M.E., Rykov, M.H., & Doyle, S.L. (2002). The effects of interactive music therapy on hospitalized children with cancer: A pilot study. *Psycho-Oncology, 11,* 379–388.

Blake, R.L., & Bishop, S.R. (1995). The Bonny Method of Guided Imagery and Music (GIM) in the treatment of post-traumatic stress disorder (PTSD) with adults in a psychiatric setting. *Music Therapy Perspectives, 12,* 125–129.

Bonny, H.L. (1999, November 19). *History and development of the Bonny Method.* Presented at the World Congress of Music Therapy Plenary Session: Panel of Founders in Washington, DC. Retrieved May 5, 2004 from http://www.bonnyfoundation.org/bonny.html

Bright, R. (1999). Music therapy in grief resolution. *Bulletin of the Menninger Clinic, 63*(4), 481–499.

Brooke, S.L. (2005). Origins of the social mind: Evolutionary psychology and child development. *PsycCRITIQUES-Contemporary Psychology: APA Review of Books.* http://www.psycinfo.com/psyccritiques/

Bruscia, K.E. (1998). *Defining music therapy: Second edition.* Gilsum, NH: Barcelona Publishers.

Bruscia, K.E. (1995). The boundaries of music therapy research. In B.L. Wheeler (Ed.). *Music therapy research: Quantitative and qualitative perspectives.* Phoenixville, PA: Barcelona Publishers.

Bunt, L. (2002). Transformation, ovid, and Guided Imagery and Music (GIM). In L. Bunt, & Hoskyns, S. (Eds.). *The handbook of music therapy.* New York: Brunner-Routledge.

Certification Board for Music Therapists. (2004). Retrieved May 1, 2004 from http://www.cbmt.org/default.asp

Duffy, B., & Fuller, R. (2000). Role of music therapy in social skills development in children with moderate intellectual disability. *Journal of Applied Research in Intellectual Disabilities, 13,* 77–89.

Forinash, M. (2001). Music therapy in the United States. *Voices: Main Issue, 1*(2). Retrieved May 15, 2004 from http://www.voices.no/mainissues/Voices1(2)Forinash.html.

Gallant, W., Holosko, M., & Siegel, S. (1997). The use of music in counseling with addictive clients. *Journal of Alcohol & Drug Information, 42*(2), 42–52.

Hayashi, N., Tanabe, Y., Nakagawa, S., Noguchi, M., Iwata, C., Koubuchi, Y., et al. (2002). Effects of group musical therapy on inpatients with chronic psychoses: A controlled study. *Psychiatry and Clinical Neurosciences, 56,* 187–193.

Hogan, B.E. (2003). Soul music in the twilight years: Music therapy and the dying process. *Topics in Geriatric Rehabilitation, 19*(4), 275–281.

LaTorre, M.A. (2003). The use of music and sound to enhance the therapeutic setting. *Perspectives in Psychiatric Care, 39*(3), 129–131.

Lindberg, K.A. (1998). *Music therapy: Frequently asked questions.* Retrieved April 10, 2004 from http://www.members.aol.com/kathysl/questions.html.

Longhofer, J., & Floersch, J. (1993). African drumming and psychiatric rehabilitation. *Psychosocial Rehabilitation Journal, 16*(4), 3–11.

McKinney, C.H., Antoni, M.H., Kumar, M., Tims, F.C., & McCabe, P.M. (1997). Effects of Guided Imagery and Music (GIM) Therapy on mood and cortisol in healthy adults. *Health Psychology,* 16(4), 390–400.

Nayak, S., Wheeler, B.L., Shiflett, S.C., & Agostinelli, S. (2000). Effect of music therapy on mood and social

Hogan, B.E. (2003). Soul music in the twilight years: Music therapy and the dying process. *Topics in Geriatric Rehabilitation, 19*(4), 275–281.

LaTorre, M.A. (2003). The use of music and sound to enhance the therapeutic setting. *Perspectives in Psychiatric Care, 39*(3), 129–131.

Lindberg, K.A. (1998). *Music therapy: Frequently asked questions.* Retrieved April 10, 2004 from http://www.members.aol.com/kathysl/questions.html.

Longhofer, J., & Floersch, J. (1993). African drumming and psychiatric rehabilitation. *Psychosocial Rehabilitation Journal, 16*(4), 3–11.

McKinney, C.H., Antoni, M.H., Kumar, M., Tims, F.C., & McCabe, P.M. (1997). Effects of Guided Imagery and Music (GIM) Therapy on mood and cortisol in healthy adults. *Health Psychology,* 16(4), 390–400.

Nayak, S., Wheeler, B.L., Shiflett, S.C., & Agostinelli, S. (2000). Effect of music therapy on mood and social interaction among individuals with acute traumatic brain injury and stroke. *Rehabilitation Psychology, 45*(3), 274–283.

Pavlicevic, M. (2002). Fragile rhythms and uncertain listenings: Perspectives from music therapy with South African children. In J.P. Sutton (Ed.). *Music, music therapy, and trauma: International perspectives.* Philadelphia, PA: Jessica Kingsley Publishers.

Pellitteri, J. (2000). Music therapy in the special education setting. *Journal of Educational and Psychological Consultation, 11*(3&4), 379–391.

Saroyan, J.S. (1990). The use of music therapy on an adolescent psychiatric unit. *Journal of Group Psychotherapy, 43*(3), 139–141.

Sharf, R.S. (2000). *Theories of psychotherapy and counseling.* Belmont, CA: Wadsworth/Thomson Learning.

Sidorenko, V.N. (2000). Clinical application of medical resonance therapy music in high-risk pregnancies. *Integrative Physiological and Behavioral Science, 35*(3), 199–207.

Silber, F., & Hes, J.P. (1995). The use of songwriting with patients diagnosed with Alzheimer's disease. *Music Therapy Perspectives, 31*(1), 31–34.

Stewart, R.W., & Stewart, D. (2002). See me, hear me, play with me: Working with the trauma of early abandonment and deprivation in psychodynamic music therapy. In J.P. Sutton (Ed.). *Music, music therapy, and trauma: International perspectives.* Philadelphia, PA: Jessica Kingsley Publishers.

Wigram, T., Pedersen, I.N., & Bonde, L.O. (2002). *A comprehensive guide to music therapy: Theory, clinical practice, research and training.* Philadelphia, PA: Jessica Kingsley Publishers.

Wimpory, D.C., & Nash, S. (1999). Musical interaction therapy: Therapeutic play for children with autism. *Child Language Teaching and Therapy, 15*(1), 17–28.

Winkelman, M. (2003). Complementary therapy for addiction: "Drumming out drugs." *American Journal of Public Health, 93*(4), 647–652.

제19장

Aigen, K. (1993). The music therapist as qualitative researcher. *Music Therapy, 12*(1) 16–39.

Aigen, K. (1998). Creativity in qualitative music therapy research. *Journal of Music Therapy, 35*(3), 142–149.

Aldridge, D. (1994). An overview of music therapy research, *Complementary Therapies in Medicine, 2*(4), 204–216.

AMTA (2001). Standards of clinical practice. in Elkins, A. (ed.). *AMTA member sourcebook.* Silver Spring, MD: American Music Therapy Association.

Austin, D. (2001). In search of the self: The use of vocal holding techniques with adults traumatized as children. *Music Therapy Perspectives, 19*(1), 22–30.

Bonny, H. L. (1975). *Guided imagery and music therapy: Past, present and future implications.* Baltimore: ICM Press.

Brunk, B. K., & Coleman, K. (2000). Development of a special education music therapy process. *Music Therapy Perspectives, 18*(1), 59–68.

Bruscia, K. (1987). *Improvisational models of music therapy.* Springfield, IL: Charles C Thomas, Publisher, Ltd.

Bruscia, K. (1998). *Defining music therapy.* 2nd edition. Gilsum, NH: Barcelona Publishers.

Chase, K. (2002). *The music therapy assessment handbook..* Columbus, MS: Southern Pen Publishing.

Chase, K. (2004). Music therapy assessment for children with developmental disabilities: A survey study. *Journal of Music Therapy, 41*(1) 28–54.

Cohen, G., Auerbach, J., & Katz, E. (1978). Music therapy assessment of the developmentally disabled client. *Journal of Music Therapy, 15*(2), 88–99.

Dunn, L. M., & Dunn, L. M. (1997). *Peabody picture vocabulary test,* third edition. Circle Pines, MN: American Guidance Service.

Gileno, J. A. (1992). An introduction to cyberspace in music therapy. Paper presented at the *First Conference on Cyberspace in Music Therapy,* World Congress on Arts and Medicine, NY.

Goodman, K. (1989). Music therapy assessment of emotionally disturbed children. *The Arts in Psychotherapy, 16*(3), 179–192.

Gregory, D., (2000). Test instruments used by the Journal of Music Therapy. *Journal of Music Therapy, 37*(2), 79–94.

Kenny, C. & Stige, B. (2002). Contemporary voices in music therapy – Communication, culture, and community. Oslo: Unipub Forlag.

Langenberg, M., Aigen, K. & Frõmmer, J. (1996). *Qualitative music therap research: Beginning dialogues.* Phoenixville, PA: Barcelona Publishers.

Loewy, J. (2000) Music psychotherapy assessment. *Music Therapy Perspectives, 18*(1), 47–58.

Miller, E. (1994). Musical intervention in family therapy. *Music Therapy, 12*(2), 39–57.

Nordoff, P., & Robbins, C. (1971). *Therapy in music for handicapped children.* London: Victor Gollancz, Ltd.

Nordoff, P., & Robbins, C. (1977). *Creative music therapy.* New York: Harper and Row, Gollancz, Ltd.

Reilly, J. F. (1997). LIGHTNING strikes: A correlational study of the gesturo-musical responses of in-patients with acute manic or depressive symptomatology using the LIGHTNING module. *Journal of Music Therapy, XXXIV*(4), 260–276.

Rugenstein, L. (2000). Music as a vehicle for inner exploration: The Bonny method of guided imagery and music (GIM). *Guidance & Counseling, 15*(3), 23–59.

Ruud, E. (1998). Science as metacritique. *Journal of Music Therapy, 35*(3), 218–224.

Sabatella, P. E. (2004) Assessment and clinical evaluation in music therapy: An overview from literature and clinical practice. *Music Therapy Today, 5*(1), retrieved from http://musictherapyworld.net

Sabatella, P. (1998) *How to evaluate music therapy?*

Abstracts International European Music Therapy Congress.

Smeijsters, H. (1997). *Multiple perspectives: A guide to qualitative research in music therapy.* Phoenixville, PA: Barcelona Publishers.

Thorndike RL, Hagen EP, & Sattler JM. (1986). *Stanford-Binet Intelligence Scales.* (4th ed.). Itasca, IL: Riverside Publishing Company;

Wheeler, B. (Ed.). (1995). *Music therapy research: Quantitative and qualitative perspectives.* Phoenixville, PA: Barcelona Publishers.

Wigram, T., Pederson, N., et al. (2002). *A comprehensive guide to music therapy.* London: Jessica Kingsley.

Wigram, T. (1999). Assessment methods in music therapy: A humanistic or natural science framework? *Nordic Journal of Music Therapy, 8*(1), 6–24.

Wigram, T. (1995) A model of assessment and differential diagnosis of handicap in children through the medium of music therapy. In Wigram, Saperston, & West (Eds.). *The art and science of music therapy: A handbook.* London: Harwood Academic Publishers.

Wilson, B., & Smith, D. (2000) Music therapy assessment in school settings: A preliminary investigation. *Journal of Music Therapy, 37*(2), 95–117.

제20장

Berger, L. M. (2000). Emotional and intellectual aspects of protest music: Implications for community organizing education. *Journal of Teaching in Social Work, 20*(1–2), 57–76.

Bronstein, L. R. (2003). Model for interdisciplinary collaboration. *Social Work, 48*(3), 297–306.

Brooke, S.L. (1995). Art expression: An approach to working with incest survivors. *The Arts in Psychotherapy, 22*(5), 447–466.

Brooke, S. L. (1996). *A therapist's guide to art therapy assessments: Tools of the trade.* Springfield, IL: Charles C Thomas, Publisher, Ltd.

Brooke, S.L. (1997). *Healing through art: Art therapy with sexual abuse survivors,* with foreword by Dr. Dee Spring, ATR. Springfield, IL: Charles C Thomas, Publisher, Ltd.

Brooke, S.L. (2004). Breaking down the myths surrounding sexual abuse. *Expository Magazine, 3*(1). Retrieved on April 7, 2004 from www.expositorymagazine.net/myths_sexual_abuse.php

Burstow, B. (1992). *Radical feminist therapy: Working in the context of violence.* Newbury Park, CA: Sage Publications.

Butler, S. (1985). *Conspiracy of silence: The trauma of incest.* Volcano, CA: Volcano Press.

Chew, J. (1998). *Women survivors of childhood sexual abuse: Healing through group work: Beyond survival.* Binghamton, NY: Haworth Press.

Clendenon-Wallen, J. (1991). Use of music therapy to influence the self-confidence and self-esteem of adolescents who are sexually abused. *Music Therapy Perspectives, 9,* 73–81.

Curtis, S. L. (in press). Feminist music therapy: Transforming theory, transforming lives. In Susan Hadley (Ed.). *Feminist perspectives in music therapy: Empowering women's voices.* Philadelphia, PA: Barcelona Publishers.

Curtis, S. L. (2000). Singing subversion, singing soul: Women's voices in feminist music therapy. (Doctoral dissertation, Concordia University, 1997). *Dissertation Abstracts International, 60*(12-A), 4240.

Dolan, Y. (1991). *Resolving sexual abuse: Solution-focused therapy and Ericksonian hypnosis for adult survivors.* New York: W.W. Norton & Company.

Fedele, N. M, & Harrington, E. A. (1990). *Women's groups: How connections heal. Work in progress no. 47.* Wellesley, MA: Stone Center.

Finkelhor, D.H., Gerald, L., & Smith, C. (1990). Sexual abuse in a national survey of adult men and women: Prevalence, characteristics, and risk factors. *Child Abuse & Neglect, 14*(1), 19–28.

Graham, J. R., & Barter, K. (1999). Collaboration: A social work practice method. *Families in Society, 80*(1), 6–13.

Group work with survivors of childhood sexual assault. (n.d.). Unpublished manuscript.

Hammel-Gormley, A. (1996). Singing the songs: A qualitative study of music therapy with individuals having psychiatric illnesses as well as histories of childhood sexual abuse. (Doctoral dissertation, New York University, 1995). *Dissertation Abstracts International, 56*(10B), 5768.

Hay, T. (1997). Child sexual abuse. Overview paper. Retrieved July 10, 2004 from Health Canada National Clearinghouse on Family Violence Web site: http://www.hc-sc.gc.ca/hppb/familyviolence/nfntsabus_e.html

Herman, J. L. (1997). *Trauma and recovery: The aftermath of violence – from domestic abuse to political terror.* New York: Basic Books.

Ivy, V. A. (1980). Music behaviors of social workers and music therapists: Characteristic profiles and their predicting factors. Unpublished master's thesis, University of Windsor, Canada.

Jacobs, J. L. (1994). *Incest and the development of the female self.* New York: Routledge.

Lindberg, K. A. (1995). Songs of healing: Songwriting with an abused adolescent. *Music Therapy, 13*(1), 93–108.

MacIntosh, H. B. (2003). Sounds of healing: Music in group work with survivors of sexual abuse. *Arts in Psychotherapy, 30*(1), 17–23.

Matsakis, A. (1996). *I can't get over it: A handbook for trauma survivors* (2nd ed.). Oakland, CA: New Harbinger Publications.

Mazza, N. (1999). Poetic in family social work. *Journal of Family Social Work, 3*(3), 69–73.

Music Therapy Centre. (2003). *Music Therapy Centre mission statement.* Retrieved July 12, 2004, from the

University of Windsor, Music Therapy Centre website: http://www.musictherapycentre.org
Palmer, N. (1991). Feminist practice with survivors of sexual trauma and incest. In Bricker-Jenkins, Mary, Hooyman, Nancy, and Gottlieb, Naomi (Eds.). *Feminist social work practice in clinical settings* (pp. 63–82). Newbury Park, CA: Sage Publications.
Rogers, P. J. (1995). Childhood sexual abuse: Dilemmas in therapeutic practice. *Music Therapy Perspectives. Special Issue. International Music Therapy, 13*(1), 24–30.
Rogers, P. J. (1993). Research in music therapy with sexually abused clients. In Helen Payne (Ed.). *Handbook of inquiry in the arts therapies: One river, many currents* (pp. 197–217). Philadelphia, PA: Jessica Kingsley, Publishers.
Rogers, P. J. (1994). Sexual abuse and eating disorders: A possible connection indicated through music therapy? In Ditty Dokter (Ed.). *Arts therapies and clients with eating disorders: Fragile board* (pp. 262–278). Philadelphia, PA: Jessica Kingsley, Publishers.
Schachter, C., Stalker, C., & Teram, E. (2001). *Handbook on sensitive practice for health professionals: Lessons from women survivors of childhood sexual abuse.* Retrieved July 10, 2004 from Health Canada National Clearinghouse on Family Violence Web site: http://www.hc-sc.gc.ca/hppb/familyviolence/html/nfntsxsensi_e.html.
Seaburn, D. B., Lorenz, A. D., Gunn, W. B., Gawinski, B. A., & Mauksch, L. B. (1996). *Models of collaboration.* New York: Basic Books.
Slotoroff, C. (1994). Drumming technique for assertiveness and anger management in the short-term psychiatric setting for adult and adolescent survivors of trauma. *Music Therapy Perspectives. Special Issue. Psychiatric music therapy. 12*(2), 111–116.
Ventre, M. (1994). Healing the wounds of childhood abuse: A guided imagery and music case study. *Music Therapy Perspectives. Special Issue. Psychiatric music therapy, 12*(2), 48–53.
Wells, M., Glickauf-Hughes, C., & Beaudoin, P.. (1995). Ego/object relations approach to treating childhood sexual abuse survivors. *Psychotherapy, 32*(3), 416–429.
Whipple, J., & Lindsey, R. S. (1999). Music for the soul: A music therapy program for battered women. *Music Therapy Perspectives, 17*(2), 61–68.

제21장

Brooks, D.M. (1989). Music therapy enhances treatment with adolescents. *Music Therapy Perspectives, 6*, 37–39.
Brooks-Gunn, J. & Duncan, G.J. (1997). The effects of poverty on children. *The Future of Children, 7*(2), 55–71.
Dwivedi, K.N. (1993). *Groupwork with children and adolescents: A handbook.* London: Jessica Kingsley, Publishers.
Eidson, C.G. (1989). The effect of behavioral music therapy on the generalization of interpersonal skills from sessions to the classroom by emotionally handicapped middle school students. *Journal of Music Therapy, 26*(2), 206–221.
Farr, M. (1997). The role of dance/movement therapy in treating at-risk African American adolescents. *The Arts In Psychotherapy, 24*(2), 183–191.
Friedlander, L.H. (1994). Group music psychotherapy in an inpatient psychiatric setting for children: A developmental approach. *Music Therapy Perspectives, 12*, 92–97.
Frisch, A. (1990). Symbol and structure: Music therapy for the adolescent psychiatric inpatient. *Music Therapy, 9*(1), 16–34.
Haines, J.H. (1989). The effects of music therapy on the self-esteem of emotionally disturbed adolescents. *Music Therapy, 8*(1), 78–91.
Hibben, J.K. (1991). Identifying dimensions of music therapy activities appropriate for children at different stages of group development. *The Arts In Psychotherapy, 18*, 301–310.
Long, J.K. & Soble, L. (1999). Report: An arts-based violence prevention project for sixth grade students. *The Arts in Psychotherapy, 24*(5), 329–344.
McWhirter, J.J. (1998). *At-risk youth: A comprehensive response.* Pacific Grove, CA: Brooks/Cole Publishing Company.
Noguera, P. (2003). *City schools and the American dream.* New York: Teachers College Press.
Sagrestano, L.M., Paikoff, R.L., Holmbeck, G.N., & Fendrich, M. (2003). A longitudinal examination of familial risk factors for depression among inner-city African American adolescents. *Journal of Family Psychology, 17*(1), 108–120.
Shiraishi, I.M. (1997). A home-based music therapy program for multi-risk mothers. *Music Therapy Perspectives, 15*, 16–23.
Slotoroff, C. (1994). Drumming technique for assertiveness and anger management in the short-term psychiatric setting for adult and adolescent survivors of trauma. *Music Therapy Perspectives, 12*, 111–116.
U.S. Census Bureau. (2001, May). *Profiles of general demographic characteristics: 2000 Census of Population and Housing.*
U.S. Census Bureau. (2001, July). *Cartographic boundary files: Metropolitan areas cartographic boundary files descriptions and metadata.*
U.S. Census Bureau (2003, September). *Poverty in the United States.*
Wheeler, B.L. (1987). Levels of therapy: The classification of music therapy goals. *Music Therapy, 6*(2), 39–49.
Yalom, I.D. (1998). *The Yalom reader.* New York: Basic Books.

제22장

Aristotle. (1954). *Aristotle's rhetoric and poetics.* New York: The Modern Library.

Blair, R. (2002). Reconsidering Stanislavsky: Feeling, feminism, and the actor. *Theatre Topics. 12*(2), 177–190.

Blatner, A. (2000). *Foundations of psychodrama.* New York: Springer Publishing Company.

Brockett, O. (1968). *History of the theatre.* Boston: Allyn and Bacon, Inc.

Boal, A. (1985). *Theatre of the oppressed.* New York: Theatre Communications Group.

Casson, J. *Tribute to Peter Slade,* read at Peter Slade's funeral, June 30, 2004.

Cockerham, W. C. (2000). *Sociology of mental disorder.* Englewood Cliffs, NJ: Prentice Hall.

Damasio, A. (1994). *Descartes' error: Emotion, reason, and the human brain.* New York: Avon Books.

Damasio, A. (1999). *The feeling of what happens: Body and emotion in the making of consciousness.* San Diego: Harcourt, Inc.

Finneran, L. (1999). Beginnings: Letters to and from Gert. *Dramascope. 19*(2), 18–20.

Goldberg, M. (1974). *Children's theatre: A philosophy and a method.* Englewood Cliffs, NJ: Prentice Hall.

Gordon, R. (1999). Beginnings: Cell Block Theatre. *Dramascope. 19*(1), 13–26.

Harrison, J. E. (1913). *Ancient art and ritual.* Bath, England: Moonraker Press.

Hecht, S. J. (1991). Edith de Nancrede at Hull House: Theatre programs for youth. *Youth Theatre Journal. 6*(1), 3–10.

Jackson, S. (2001). *Lines of activity: Performance, historiography, Hull-House domesticity.* Ann Arbor, MI: University of Michigan.

Jones, P. (1996). *Drama as therapy: Theatre as living.* London: Routledge.

Landy, R. (1997). Drama therapy – The state of the art. *The Arts in Psychotherapy. 24*(1), 5–15.

Lease, R. & Siks, G.B. (1952). *Creative dramatics: In home, school, and community.* New York: Harper & Brothers Publishers.

Lewis, P. & Johnson D. R. (Eds.). (2000). *Current approaches in drama therapy.* Springfield, IL: Charles C Thomas, Publisher, Ltd.

Lewis-Williams, D. (2002). *The mind in the cave: Consciousness and the origins of art.* London: Thames & Hudson.

Martin, H. (2004, June 2). Personal Communication.

McCaslin, N. (1971). *Theatre for children in the United States: A history.* Norman, OK: University of Oklahoma Press.

Mithen, S. (1996). *The prehistory of the mind: The cognitive origins of art, religion and science.* London: Thames and Hudson, Ltd.

Pfeiffer, J.E. (1982). *The creative explosion: An inquiry into the origins of art and religion.* New York: Harper & Row.

Philips, M. E. (1996). The use of drama and puppetry in occupational therapy during the 1920s and 1930s. *The American Journal of Occupational Therapy, 50*(3), 229–233.

Reiter, S. (1996). Honoring Gert Schattner. *Dramascope, 14* (1), 1–3.

Schattner, G. & Courtney, R. (1981). *Drama in therapy, Volume One: Children.* New York: Drama Book Specialists.

Seligman, M.E.P. (1993). *What you can change . . . and what you can't.* New York: Fawcett Columbine

Slade, P. (1954). *Child drama.* London: Hodder and Stoughton.

Slade, P. (1959). Dramatherapy as an aid to becoming a person. Pamphlet, Guild of Pastoral Psychology.

Spolin, V. (1963). *Improvisation for the theatre.* Evanston, IL: Northwestern University.

Stanislavsky, C. (1936). *An actor prepares.* New York: Theatre Arts Books.

Way, B. (1967). *Development through drama.* Atlantic Highlands, NJ: Humanities Press.

Whitaker, R. (2001). *Mad in America: Bad science, bad medicine, and the enduring mistreatment of the mentally ill.* Cambridge, MA: Perseus Publishing.

제23장

Bettelheim, B. (1976). *The uses of enchantment.* New York: Knopf.

Boal, A. (1979). *Theatre of the oppressed.* New York: Urizen Books.

Brooke, S.L. (2005). Metaphors as teaching tools for abnormal psychology. *Journal for Student Centered Learning,* (3), in print.

Campbell, J. (1968). *The hero with a thousand faces,* (2nd ed.). Princeton, NJ: Princeton University Press.

Chesner, A. (1995). *Dramatherapy for people with learning disabilities: A world of difference.* London: Jessica Kingsley.

Feldman, D., & Jones, S. F. (2000). Unwinding resistance and externalizing the unspoken: The enact method in the schools. In Lewis & Johnson (Eds.). *Current approaches in drama therapy.* (pp. 331–345). Springfield, IL: Charles C Thomas, Publisher, Ltd.

Gersie, A. (1997). *Reflections on therapeutic storymaking: The use of stories in groups.* London: Jessica Kingsley.

Gersie, A., & King, N. (1990). *Storymaking in education and therapy.* London: Jessica Kingsley.

Irwin, E. (2000). Psychoanalytic approach to drama therapy. In Lewis & Johnson (Eds.). *Current approaches in drama therapy.* (pp. 27–49). Springfield, IL: Charles C Thomas, Publisher, Ltd.

Irwin, E. & Malloy E. (1975). Family puppet interview. *Family practice. 14*(2) pp. 179–191

Jenkins, M., & Barham, M. (1991). *BADth Application to join the council for professions supplementary to medicine on behalf of the profession of drama therapy.* BADth

Jennings, S. (1990). Masking and unmasking: the interface of dramatherapy. In Jennings, S. *Drama therapy with families, groups, and individuals.* (pp. 108–128) London: Jessica Kingsley.

Jennings, S., Cattanach, A., Mitchell, S., Chesner, A., & Meldrum, B. (1994). *The handbook of dramatherapy.* London: Routledge.

Johnson, D. (1992). Developmental transformations: Toward the body as presence. In Lewis & Johnson (Ed.). *Current approaches in drama therapy* (pp. 87–110). Springfield, IL: Charles C Thomas, Publisher, Ltd.

Jones, P. (1996). *Drama as therapy – theatre as living.* London: Routledge.

Landy, R. (1993). *Persona and performance: The meaning of role in drama therapy, and everyday life.* New York: The Guilford Press.

Lahad, M. (1992). *Dramatherapy theory and practice* 2. London: Tavistock/Routledge.

Lewis, P. (2000). The developmental themes approach in drama therapy. In Lewis & Johnson (Eds.). *Current approaches in drama therapy* (pp. 129– 161). Springfield, IL: Charles C Thomas, Publisher, Ltd.

Mahler, M. (1963). Thoughts about development and individuation. *Psychoanalytic study of the child, 18,* 307–342.

May, R. (1975). *The courage to create.* New York: Norton.

May, R. (1991). *The cry for myth.* New York: Bantam Doubleday Dell Publishing Group.

Meldrum, B. (1993). A theatrical model of drama therapy. *Drama Therapy, 14*(2) 10–13.

Mitchell, S. (1990). The theatre of Peter Brook as a model for drama therapy. *Drama Therapy, 13*(1).

Mitchell, S. (1994). The theatre of self-expression: A therapeutic theatre model of dramatherapy. In Jennings, S., Cattanach, A., Mitchell, S., Chesner, A., & Meldrum, B. (Eds.). *The handbook of dramatherapy.* (pp. 41–57) London: Routledge.

Moreno, J. L. (1993). *Who shall survive?* (Student edition). Roanoke, VA: Royal Publishing Co.

Schattner, G., Courtney, R. (1981). *Drama in therapy.* New York : Drama Book Specialists.

Silverman, Y. (2004). The story within – myth and fairy tale in therapy. *The Arts in Psychotherapy, 31*(3), 127–135

Snow, S. (1996). Focusing on mythic imagery in brief dramatherapy with psychotic individuals. In Gersie, A. (Ed.). *Dramatic approaches to brief therapy.* London: Jessica Kingsley.

Stanislavsky, C. (1961). *Creating a role.* New York: Routledge, Chapman and Hall Inc.

Winnicott, D. W. (1971). *Playing and reality.* New York: Penguin Books.

Yalom, I.D. (1985). *The theory and practice of group psychotherapy.* (3rd ed.). New York: Basic Books.

제24장

American Heritage Dictionary. (2000). Boston, MA: Houghton Mifflin.

Bandura, A. (1977). *Social learning theory.* Oxford, England: Prentice-Hall.

Bellak, A. S., Hersen, M., & Turner, S. M. (1979). Relationship with role-playing and knowledge of appropriate behavior to assertion in the natural environment. *Journal of Consulting and Clinical Psychology, 47,* 670–678.

Bilodeau, E. A., & Bilodeau, I. M. (1969). *Principles of skill acquisition.* Oxford, England: Academic Press.

Blake, D. D., & Andrasik, F. (1986). Between-measure consistency in social-skills assessment. *Journal of Psychopathology & Behavioral Assessment, 8*(3), 227–240.

Blass, T. (1999). The Milgram paradigm after 35 years: Some things we now know about obedience to authority. *Journal of Applied Social Psychology, 29* (5), 955–978.

Blatner, A. (1985). The dynamics of catharsis. *Journal of Group Psychotherapy, Psychodrama & Sociometry, 37,* 157–166.

Boal, A. (1997). Theater of the oppressed. *UNESCO Courier, 50*(11), 32–37.

Boal, A. (1992). *Games for actors and non-actors.* (A. Jackson, trans.). New York: Routledge. (Original work published 1976).

Borgatta, E. F. (1951). An analysis of three levels of response: An approach to some relationships among dimensions of personality. *Sociometry, 14,* 267–316.

Bowers, P. & London, P. (1965). Developmental correlates of role-playing ability. *Child Development, 36*(2), 499–508.

Bronfenbrenner, U., & Newcomb, T. M. (1948). Improvisations – An application of psychodrama in personality diagnosis. *Sociatry, 4,* 367–382.

Brooke, S.L. (2004). *A therapist's guide to art therapy assessments: Tools of the trade,* (2nd ed.). with a foreword by Barry Cohen, ATR. Springfield, IL: Charles C Thomas, Publisher, Ltd.

Chiauzzi, E. J., Heimberg, R. G., Becker, R. E., & Gansler, D. (1985). Personalized versus standard role-plays in the assessment of depressed patients' social skill. *Journal of Psychopathology & Behavioral Assessment, 7*(2), 121–133.

Dallimore, E. J., & Souza, T. J. (2002). Consulting course design: Theoretical frameworks and pedagogical strategies. *Business Communication Quarterly, 65*(4), 86.

Davies, M. H. (1972). Social imitation: A neglected factor in psychotherapy? *British Journal of Psychiatry, 121*(562), 281–285.

Dow Jones and Company (2002). Gross Domestic Product for 2nd Quarter of 2002. Retrieved November 26, 2002, from onlinewsj.com/document/bbgdp.

Doyle, C. (1998). A self psychology theory of role in drama therapy. *Arts in Psychotherapy, 25*(4), 223–235.

Edelstein, B. C., & Armstrong, D. J. (1993). A model for executive development. *Human Resource Planning, 16*(4), 51.

Elms, A. C. (1966). Influence of fantasy ability on attitude change through role playing. *Journal of Personality and Social Psychology, 4*, 36–43.

Exner, J. E. (1993). *The Rorschach: A comprehensive system.* New York: John Wiley & and Sons.

Freud, S. (1933). The interpretation of dreams. In A.A. Brill (Ed. and Trans.). *The basic writings of Sigmund Freud.* New York: Modern Library (Original work published in 1900).

Gallassi, M.D., & Gallassi, J. P. (1976). The effects of role-playing variations on the assessment of assertive behavior. *Behavior Therapy, 7*(3), 343–347.

Garvey, C. (1977). *Play.* Cambridge, MA: Harvard University Press.

Goffman, E. (1959). *The presentation of self in everyday life.* New York: Doubleday.

Groth-Marnat, G. (1990). *Handbook of psychological assessment, Second Edition.* New York: Wiley-Interscience Publication.

Haney, C., Banks, C., & Zimbardo, P. (1973). Interpersonal dynamics in a simulated prison. *International Journal of Criminology & Penology, 1*, 69–97.

Harding, C., Gibb, S. L., Kavanagh, J., & Bania, R. (1996). Using live theatre combined with role-playing and discussion to examine what at-risk adolescents think about substance abuse, its consequences, and prevention. *Adolescence, 31*(124), 783–796.

Higgins, R. L., Alonso, R. R., & Pendleton, M. (1979). The validity of role-play assessments of assertiveness. *Behavior Therapy, 10*, 655–662.

Horvath, R. L., Alonso, R. R., & Pendleton, M. (1979). Demand characteristics and inferential processes in psychotherapeutic change. *Journal of Consulting and Clinical Psychology, 52*, 616–624.

Hughes, J. N., Boodoo, G., Alcala, J., & Maggio, M. (1989). Validation of a role-play measure of children's social skills. *Journal of Abnormal Child Psychology, 17*(6) 633–646.

Johnson, D. R. (1988). The Diagnostic Role-playing Test. *The Arts in Psychotherapy, 15*(1), 23–36.

Johnson, D., & Quinlan, D. M. (1980). Fluid and rigid boundaries of paranoid and non paranoid schizophrenics on a role-playing task. *Journal of Personality Assessment, 44*(5), 523–531.

Kazdin, A. E., Esveldt-Dawson, K., & Matson, J. L. (1983). The effects of instructional set on social skills performance among psychiatric inpatient children. *Behavior Therapy, 14*(3), 413–423.

Kazdin, A. E., Matson, J. L., & Esveldt-Dawson, K. (1984). The relationship of role-play assessment of children's social skills to multiple measures of social competence. *Behaviour Research & Therapy, 22*(2), 129–139.

Kedem-Tahar, E., & Felix-Kellerman, P. (1996). Psychodrama and drama therapy: A comparison. *The Arts in Psychotherapy, 23*, 27–36.

Kelly, G.A. (1955). *The psychology of personal constructs: Volume 1.* New York: W. W. Norton and Company.

Kern, J. M. (1991). An evaluation of a novel role-play methodology: The standardized idiographic approach. *Behavior Therapy, 22*(1), 13–29.

Kern, J. M., Miller, C., & Eggers, J. (1983). Enhancing the validity of role-play tests: A comparison of three role-play methodologies. *Behavior Therapy, 14*(4), 482–492.

Kipper, D. A. (1988). On the definition of psychodrama: Another view. *Journal of Group Psychotherapy, Psychodrama & Sociometry, 40*, 164–168.

Kipper, D. A. & Har-Even, D. (1984). Role-playing techniques: The differential effect of behavior simulation interventions on the readiness to inflict pain. *Journal of Clinical Psychology, 40*(4), 936–941.

Kirsh, B. (1996). A narrative approach to addressing spirituality in occupational therapy. Exploring personal meaning and purpose. *Canadian Journal of Occupational Therapy, 63*(1), 55–61.

Klein, M. (1955). The psychoanalytic play technique: Its history and significance, In M. Klein, P. Heimann & R.E. Money-Kyrle (Eds.). *New directions in psychoanalysis*, pp. 3–22. New York: Basic Books, Inc.

Landy, R. (1996). *Essays in drama therapy: The double life.* Bristol, PA: Jessica Kingsley Publishers.

Levenson, R. L., & Herman, J. (1991). The use of role-playing as a technique in the psychotherapy of children. *Psychotherapy: Theory, Research, Practice, and Training, 28*, 660–666.

Mahoney, M. J. (1991). *Human change processes: The scientific foundations of psychotherapy.* New York: Basic Books.

Mann, J. H. (1956). Experimental evaluations of role-playing. *Psychological Bulletin, 53*, 227–234.

Mann, J. H., & Borgatta, E. F. (1959). Personality and behavior correlates of changes produced by role playing experience. *Psychological Reports, 5*(3), 505–526.

May, G. L., & Kahnwiler, W. M. (2000). The effect of a mastery practice design on learning and transfer in behavior modeling training. *Personnel Psychology, 53*(2), 353.

McNamara, J. R., & Blumer, C. A. (1982). Role-playing to assess social competence: Ecological validity considerations. *Behavior Modification, 6*(4), 519–549.

McReynolds, P., & DeVoge, S., (1977). Use of improvisational techniques in assessment. In P. McReynolds (Ed). *Advances in psychological assessment, 4*, pp. 222–277. San Francisco: Jossey-Bass.

Mead, M. (1954). *Cultural discontinuities and personality transformation.* New York: Association Press.

Michelson, L., DiLorenzo, T. M., Calpin, J. P., & Ollendick, T. H. (1982). Situational determinants of the behavioral assertiveness role-play test for children. *Behavior Therapy, 13*(5), 724–734.

Middleton, P. (1978). A test of Sarbin's self-role congruency theory within a role-playing therapy analogue situation. *Journal of Clinical Psychology, 34*(2), 505–511.

Moreno, J. L. (1960). Definitions of group psychotherapy. *Group Psychotherapy, 13*, 57–72.

Neimeyer, G. J. (1995) The challenge of change. In R.A. Neimeyer & M. J. Mahoney (Eds.). *Constructivism in Psychotherapy* (111–126). Washington, DC: American Psychological Association.

Perri, M. G., & Richards, C. S. (1979). Assessment of heterosocial skills in male college students: Empirical development of a behavioral role-playing test.

Behavior Modification, 3(3), 337–354.

Piaget, J. (1962). *Plays, dreams and imitation in childhood.* (G. Gattegno & F.M. Hodgson, Trans.). New York: W. W. Norton. (Original work published 1945).

Pickett, J. P. (Ed.). (2000). American *Heritage Dictionary of the English Language* (4th ed.). Boston: Houghton Mifflin Company.

Santrock, J. W. (1983). *Life-span development.* Madison, WI: Brown and Benchmark.

Sarbin, T. R., & Allen, V. L. (1968). Increasing participation in a natural group setting: A preliminary report. *Psychological Record, 18,* 1–7.

Sattler, J. (1988). *Assessment of children: Revised and updated third edition.* San Diego, CA: Jerome Sattler, Publisher, Inc.

Schwebel, M. (1953). Role-playing in counselor-training. *Personnel & Guidance Journal, 32,* 196–201.

Shakespeare, W. (1598/1988). As you like it. In A.L. Rowse (Ed.). *The annotated Shakespeare,* pp. 334–389.

Simon, T., & Smith, P. K. (1985) Play and problem solving: A paradigm questioned. *Merrill-Palmer Quarterly, 31*(3), 265–277.

Singer, D. G., & Singer, J. L. (1990). *The house of make-believe: Children's play and the developing imagination.* Cambridge, MA: Harvard University Press.

Stanislavski, C. (1987) *Building a character* (E. R. Hapgood, Trans.). New York: Theatre Arts Books. (Original Work published in 1949.)

Stanton, H., Back, K. W., & Litwak, E. (1956). Role-playing in survey research. *American Journal of Sociology, 62,* 172–176.

Swan, G. E., & MacDonald, M. L. (1978). Behavior therapy in practice: A national survey of behavior therapists. *Behavior Therapy, 9,* 799–807.

Swink, D. F., & Buchanan, D. R. (1984). The effects of sociodramatic goal-oriented role-play and non-goal-oriented role-play on locus of control. *Journal of Clinical Psychology, 40*(5), 1178–1183.

Van Hasselt, V. B., Hersen, M., & Bellack, A. S. (1981). The validity of role-play tests for assessing social skills in children. *Behavior Therapy. 12*(2), 202–216.

Watkins, C. E., Campbell, V. L., Nieberding, R., & Hallmark, R. (1995). Contemporary practice of psychological assessment by clinical psychologists. *Professional Psychology: Research & Practice, 26,* 54–60.

Westby, C. E. (1991). A scale for assessing children's pretend play. In C. E. Schaeffer, K. Gitlin, & A. Sandgrund (Eds.). *Play diagnosis and assessment* (pp. 131–161). New York: John Wiley & Sons.

Williamson, D. (1983). Criterion-related validity of a role-play social skills test for children. *Behavior Therapy, 14*(4), 466–481.

제25장

Jenson, S.B. (1996). Frontlines of mental health under war conditions: The example of former Yugoslavia. In *Helping the children: A practical handbook for complex humanitarian emergencies.* Mandalakas, A., Torjesen, K., Olness, K. (Eds.). Kenyon, MN: Health Frontiers.

Mandalakas, A., Olness, K, & Torjesen, K. (1999). *Helping the children: A practical handbook for complex humanitarian emergencies.* Health Frontiers.

Rana, Y. (2001; October). Frontlines of mental health under war conditions: The case example of the former Yugoslavia. Paper presented at New York University's International Trauma Studies Program in New York City.

Winn, L. (1994). *Post-traumatic stress disorder and dramatherapy: Treatment and risk reduction.* London: Jessica Kingsley Publishers.

제26장

Baim, C., Brookes, S., & Mountford, A. (Eds.). (2002). *The Geese Theatre handbook: Drama with offenders and people at risk.* Winchester, England: Waterside Press.

Bergman, J. & Hewish, S. (2003). *Challenging experience: An experiential approach to the treatment of serious offenders.* Oklahoma City: Woods N Barnes.

Blatner, A. (1988). *Acting-in: Practical application of psychodramatic methods.* (2nd ed.). New York: Springer Publishing Co.

Blatner, A. (1998). *Foundations of psychodrama: History, theory and practice.* (4th ed.). New York: Springer Publishing Co.

Dayton, T. (1994). *The drama within: Psychodrama and experiential therapy.* Deerfield Beach, FL: Health Communications.

Dayton, T. (2005). *The living stage: A step-by-step guide to psychodrama, sociometry and experiential group therapy.* Deerfield Beach, FL: Health Communications.

Elliott, R., Greenberg, L. S. & Lietaer, G.. (2003). Research on experiential psychotherapies. In M. Lambert, A. Bergin, & S. Garfield (Eds.). *Handbook of psychotherapy and behavior change* (5th ed.), New York: Wiley.

Fox, J. (Ed.). (1987). *The essential Moreno: Writings on psychodrama, group method and spontaneity.* New York: Springer Publishing Co.

Fox, J. (Ed.). (1999). *Gathering voices: Essays on playback theatre.* New Paltz, NY: Tusitala.

Fox, J. (Ed.). (1987). *The essential Moreno: Writings on psychodrama, group method and spontaneity.* New York: Springer Publishing Co.

Gershoni, J. (Ed.). (2003) *Psychodrama in the 21st century.* New York: Springer Publishing Co.

Gong, S. (2004). *Yi shu: the art of living with change – Integrating traditional Chinese medicine, psychodrama and the creative arts.* St. Louis, MO: F.E. Robbins & Sons Press.

Hare, P., & Hare, J. R. (1996). *J. L. Moreno.* London: Sage.

Hollander, C.E. (1969). *A process for psychodrama training: The Hollander Psychodrama Curve.* Denver, CO: Snow

Lion Press.
Hollander, C. E. (1978). *The warm-up box.* Littleton, CO: Hollander Institute for Human Development and Family Growth.
Holmes, P., Karp, M. & Watson, M. (Eds.). (1994). *Psychodrama since Moreno: Innovations in theory and practice.* London & New York: Tavistock/Routledge.
Hudgins, M. K. (2000). The therapeutic spiral model: Treating PTSD in action. In P. F. Kellermann & M. K. Hudgins, (Eds.). *Psychodrama with trauma survivors: Acting out your pain.* London & Philadelphia: Jessica Kingsley.
Hudgins, M. K. (2002). *Experiential treatment of PTSD: The therapeutic spiral model.* New York: Springer.
Kellermann, P. F. & Hudgins, M. K. (2000). *Psychodrama with trauma survivors: Acting out your pain.* London & Philadelphia: Jessica Kingsley.
Kipper, D.A. (2002). The cognitive double: Integrating cognitive and action techniques. *Journal of Group Psychotherapy, Psychodrama & Sociometry, 55,* 93–106.
Marineau, R. E. (1989). *Jacob Levy Moreno: 1889–1974.* London & New York: Tavistock/Routledge.
Miller, C. (2002). *Souldrama: A journey into the heart of God.* (2nd ed.). Spring Lake Heights, NJ: Spring Lake Heights Counseling Center.
Moreno, J.L. (1960). *The sociometry reader.* Glencoe, IL: The Free Press.
Moreno, J.L. (1953/1993). *Who shall survive?* (3rd ed.). Princeton, NJ: American Society of Group Psychotherapy and Psychodrama.
Moreno, J. (1999). *Acting your inner music: Music therapy and psychodrama.* St. Louis, MO: MMB Publications.
Pitzele, P. (1998). *Scripture windows: Toward a practice of bibliodrama.* Los Angeles: Torah Aura.
Pitzele, P. (1995). *Our fathers' wells.* San Francisco: Harper.
Sachnoff, E.A.. (1996). *The warm up book.* Chicago: The Oasis Psychodrama Training Institute.
Salas, J. (1994). *Improvising real life: Personal story in playback theater.* Dubuque, Iowa: Kendall/Hunt.
Salas, J. & Swallow, J. (1994). *Tracing our roots: Finding our place.* Videotape. McLean, VA: American Society of Group Psychotherapy and Psychodrama.
Razza, N. J. & Tomasulo, D. J. (2004). *Healing trauma: The power of group treatment for people with intellectual disabilities.* Washington, DC: American Psychological Association.
Tomasulo, D. J. (1992). *Group counseling for people with developmental disabilities.* (Video and training manual). New York: Young Adult Institute.
Tomasulo, D. J. (1999). Group therapy for people with mental retardation: The interactive-behavioral therapy approach. In. D. Wiener, (Ed.). *Beyond talk therapy: Using movement and expressive techniques in clinical practice.* Washington, DC: American Psychological Association.

제27장

ARIA. (2005). Awareness of Rape and Incest through Art. Retrieved on June 6, 2005 from http://www.ariany.org/
Abrams, A.S. (1994). Poetry therapy in the psychiatric hospital. In A. Lerner (Ed.). *Poetry in the therapeutic experience.* (2nd ed.). (pp. 64–72). St. Louis: MMB Music.
Alschuler, M. (1995). Finding our way home: Poetry therapy in a supportive single room occupancy residence. *Journal of Poetry Therapy, 9*(2), 63–78.
___ (2000). Healing from addictions through poetry therapy. *Journal of Poetry Therapy, 13*(3), 165–17
Ansell, C. (1994). Psychoanalysis and poetry. In A. Lerner (Ed.). *Poetry in the therapeutic experience.* (2nd ed.). (pp. 12–23). St. Louis: MMB Music.
Bjorklund, R. W. (1999). Exploring diagnostic identity of psychiatric patients throughpoetry therapy. *Journal of Poetry Therapy, 12*(4), 211-217.
Chase, K. (1988). A poet's job on the ward. *Journal of Poetry Therapy, 2*(2), 89–92.
Gillespie, C. (2001). Recovery poetry 101: The use of collaborative poetry in a dual-diagnosis drug and alcohol treatment program. *Journal of Poetry Therapy, 15*(2), 83–92.
Golden, K.M. (2000). The use of collaborative writing to enhance cohesion in poetry therapy groups. *Journal of Poetry Therapy, 13*(3), 125–137.
Gorelick. K. (1987). Greek tragedy and ancient healing: Poems as theatre and Asclepian temple in miniature. *Journal of Poetry Therapy, 1*(1), 38–43.
Harrower, M. (1972). *The therapy of poetry.* Springfield, IL: Charles C Thomas, Publisher, Ltd.
Heninger, O.E. (1994). Poetry therapy in private practice: An odyssey into the healing power of poetry. In A. Lerner (Ed.). *Poetry in the therapeutic experience.* (2nd ed.). (pp. 57–63). St. Louis: MMB Music.
Hynes, A., and Hynes-Berry, M. (1994). *Biblio/poetry therapy: The interactive process: A handbook.* St. Cloud, MN: North Star Press.
Kempler, N.Z. (2003). Finding our voice through poetry and psychotherapy. *Journal of Poetry Therapy, 16*(4), 217–220.
Krystal, H. (1988). *Integration & self-healing: Affect, trauma, alexithymia.* Hillsdale, NJ: The Analytic Press, Inc.
Leedy, J.J. (Ed.). (1985). *Poetry as healer: Mending the troubled mind.* New York: Vanguard Press.
Lerner, A. (Ed.). (1994). *Poetry in the therapeutic experience.* (2nd ed.). St. Louis: MMB Music, Inc.
—— (1991a). Poetry therapy corner. *Journal of Poetry Therapy, 4*(4), 235–237.
—— (1991b). Poetry therapy corner. *Journal of Poetry Therapy, 5*(2), 113–115.
—— (1992). Poetry therapy corner. *Journal of Poetry Therapy, 5*(3), 161–163.
—— (1993). Poetry therapy corner. *Journal of Poetry Therapy, 7*(1), 51–54.
—— (1994). Poetry therapy corner. *Journal of Poetry Therapy, 8*(1), 29–33.
—— (1995). Poetry therapy corner. *Journal of Poetry Therapy, 9*(1), 47–49.
Lorenz, D. (1998). The "healing process" of a developmental creative poetry therapy as reflected by the written poems (product analysis). *Journal of Poetry Therapy, 12*(2), 77–83.

Mazza, N. (1999). *Poetry therapy: Interface of the arts and psychology.* Boca Raton, FL: CRC Press.

Mazza, N. (1994). Poetry therapy: Toward a research agenda for the 1990s. *Journal of Poetry Therapy, 7*(3), 121–136.

Morgan, L.B. (1988). Metaphoric communication and the psychotherapeutic process. *Journal of Poetry Therapy, 1*(3), 169–181.

Morrison, M.R. (1985). Poetry therapy with disturbed adolescents. In J.J. Leedy (Ed.). *Poetry as healer: Mending the troubled mind.* (pp. 212–227). New York: Vanguard Press.

Ospina-Kammerer, V. (1999). Poetry therapy within a therapist's practice model. *Journal of Poetry Therapy, 12*(3), 169–175.

Palmer, B.C., Biller, D.L., Rancourt, R.E., & Teets, K.A. (1997). Interactive bibliotherapy: An effective method for healing and empowering emotionally-abused women. *Journal of Poetry Therapy, 11*(1), 3–15.

Pennebaker, J.W. (1990). *Opening up: The healing power of expressing emotions.* New York: Guilford Press.

Perakis, C. R. (2000). Poetry or medicine. *Journal of Poetry Therapy, 13*(4), 225–229.

Pies, R. (1993). Adverse reaction to poetry therapy: A case report. *Journal of Poetry Therapy, 5*(3), 143–147.

Reiter, S. (1997). Poetry therapy: Testimony on Capitol Hill. *Journal of Poetry Therapy, 10*(3), 169–178.

Robinson, S.S,. & Mowbray, J.K. (1985). Why Poetry? In J.J. Leedy (Ed.). *Poetry as healer: Mending the troubled mind.* (pp. 17–27). New York: Vanguard Press.

Rossiter, C., & Brown, R. (1988). An evaluation of interactive bibliotherapy in a clinical setting. *Journal of Poetry Therapy, 1*(3), 157–168.

Rossiter, C. (1992). Commonalities among the creative arts therapies as a basis for research collaboration. *Journal of Poetry Therapy, 5*(4), 227–235.

Schechter, R.L. (1985). Poetry: A therapeutic tool in the treatment of drug abuse. In J.J. Leedy (Ed.). *Poetry as healer: Mending the troubled mind.* (pp. 287–293). New York: Vanguard Press.

Schloss. G.A. (1976). *Psychopoetry.* New York: Grosset & Dunlap.

Silverman, H.L. (1997). The meaning of poetry therapy as part and science: Its essence, religious quality, and spiritual values. *Journal of Poetry Therapy, 11*(1), 49–52.

Stainbrook, E. (1994). Poetry and behavior in the psychotherapeutic experience. In A. Lerner (Ed.). *Poetry in the therapeutic experience.* (2nd ed.). (pp. 1–11). St. Louis: MMB Music.

Talerico, C.J. (1986). The expressive arts and creativity as a form of therapeutic experience in the field of mental health. *The Journal of Creative Behavior, 20,* 229–247.

제28장

Chavis, G. G. & Weisberger, L. L., (Eds.). (2003). *The healing fountain: Poetry therapy for life's journey.* St. Cloud, MN: North Star Press of St. Cloud.

Gillispie, C. (2003) Poetry therapy techniques applied to recreation/adult education group for the mentally ill. *Journal of Poetry Therapy 16*(2), 97–106.

Holliman, D. (2001). Human behavior and the social environment, self-disclosure, and poetry. *Journal of Poetry Therapy 15*(2), 99–105.

Kreisberg, B., & Gillispie, C. (2005). *More than meets the eye: Poetry of the visual arts.* Presentation NAPT's 25th annual conference, "Gateway to Wholeness: Poetry Therapy for the Individual, Family and Community," at St. Louis, Missouri.

Leedy, J. J. (1985). *Poetry as healer: Mending the troubled mind.* New York: The Vanguard Press.

Leedy, J.J. (1973). *Poetry the healer.* Philadelphia, Toronto: J.B. Lippincott Company.

Leedy, N. (1996). *Healing the healer: Poetry created by the staff of Carl Fenichel Day Treatment Center.* Brooklyn, NY: League Treatment Center.

Shimon, L. C. (1936). *The best loved poems of the American people.* New York, London, Toronto, Sydney, Auckland: Doubleday.

제29장

Chorpita, B. F., & Barlow, D. H. (1998). The development of anxiety: The role of control in early environment. *Psychological Bulletin, 124*(1), 3–21.

Erickson, M., Hershman, S., & Secter, I. (1989). *The practical application of medical and dental hypnosis* (3rd ed.). New York: Brunner/Mazel.

Erickson, M., & Rossi, E. (1989). *The February man: Evolving consciousness and identity in hypnotherapy.* New York: Brunner/Mazel.

Erickson, M., Rossi, E. (1981). *Experiencing hypnosis: Therapeutic approaches to altered state.* New York: Irvington.

Erickson, M., Rossi, E. (1979). *Hypnotherapy: An exploratory casebook.* New York: Irvington.

Erickson, M. H., Rossi, E. L., & Rossi, S. I. (1976). *Hypnotic realities: The induction of clinical hypnosis and forms of indirect suggest.* New York: Irvington.

Hand, M.P. (2003). Psychological Resilience: The Influence of Positive and Negative Life Events upon Optimism, Hope, and Perceived Locus of Control. Unpublished doctoral dissertation. Walden University, Minneapolis, MN.

Hart, D., Hofmann, V., Edelstein, W., & Keller, M. (1997). The relation of childhood personality types to adolescent behavior and development: A longitudinal study of Icelandic children. *Developmental Psychology, 33*(2), 195–205.

Maddi, S.R. (1999). The personality construct of hardiness: Effects on experiencing, coping, and strain. *Counseling Psychology Journal: Practice and Research, 51*(2), 83–94.

Peterson, C., Maier, S. F., & Seligman, M. E. P. (1993).

Learned helplessness: A theory for the age of personal control. New York: Oxford University Press.

Rossi, E. L. (Ed.). (1980). *The collected papers of Milton H. Erickson on hypnosis: Vol. 4. Innovative hypnotherapy.* New York: Irvington.

Rotter, J. B. (1990). Internal versus external control of reinforcement: A case history of a variable. *American Psychologist, 45*(4), 489–493.

Rotter, J. B. (1966). Generalized expectancies for internal versus external control of reinforcement. *Psychological Monographs, 81*(1), Whole No. 609.

Rotter, J. B. (1954). *Social learning theory and clinical psychology.* Englewood Cliffs, NJ: Prentice Hall.

Rotter, J. B., Chance, J. E., & Phares, E. J. (Eds.). (1972). *Social learning theory of personality.* New York: Holt, Rinehart and Winston.

Seligman, M. E. P. (1998). *Learned optimism: How to change your mind and your life.* New York: Pocket Books.

Snyder, C. R. (1994). *The psychology of hope: You can get there from here.* New York: The Free Press.

Taylor, S. E., Kemeny, M. E., Bower, J. E., Gruenewald, T. L., & Reed, G. M. (2000). Psychological resources, positive illusions, and health. *American Psychologist, 55*(1), 99–109.

제30장

American Art Therapy Association (2003). Ethical principles for art therapists. Retrieved September 10, 2004 from http://www.arttherapy.org/aboutarttherapy/ethicsfinal2003.pdf

American Counseling Association. (1995). *Code of ethics and standards of practice.* Alexandria, VA: Author.

American Dance Therapy Association. (1966). *ADTA code of ethical practice.* Columbia, MD: Author.

American Music Therapy Association (2003). *AMTA code of ethics.* Retrieved August 30, 2004 from http://www.musictherapy.org/ethics.html

American Psychological Association (2002). Ethical principles of psychologists and code of conduct. *American Psychologist, 57*(12), 1060–1073.

Association for Play Therapy (2000). Recommended play therapy practice guidelines. Retrieved September 7th, 2004 from http://www.a4pt.org/forms/guidelines.pdf.

Brooke, S.L. (2004). *Tools of the trade: A therapist's guide to art therapy assessments.* (2nd ed.). Springfield, IL: Charles C Thomas, Publisher, Ltd.

Brown, J. (2001). Towards a culturally centered music therapy practice. *Canadian Journal of Music Therapy, 8*(1), 11–24.

Bruscia, K. (1988). Standards for clinical assessment in the arts therapies. *The Arts in Psychotherapy, 15,* 5–10.

Clair, A. A. (1994). Ethics and values in music therapy for persons who are elderly. *Activities, Adaptation & Aging, 18*(3-4) 27–46.

Hammond, L. C. & Gantt, L. (1998). Using art in counseling: Ethical considerations. *Journal of Counseling and Development, 76*(3), 271–276.

Larson, K. (in press). Research ethics and the use of human subjects. In S. Lapan (Ed.), *An introduction to research.* Hillsdale, NJ: Lawrence Erlbaum.

Levick, M. F. (1995). The identity of the creative arts therapist: Guided by ethics. *The Arts in Psychotherapy, 22*(4), 283–295.

Malchiodi, C. A. (1998). *Understanding children's drawings.* New York: The Guilford Press.

Malchiodi, C. A. (2003). *Handbook of art therapy.* New York: The Guilford Press.

Miller, C. (2003). Ethical guidelines in research. In J. C. Thomas and H. Hersen (Eds.). *Understanding research in clinical and counseling psychology.* (pp. 271–293).

Moreno, J. L. (1962). *Code of ethics for group psychotherapy and psychodrama.* Oxford, England: Beacon House.

The National Association for Music Therapy (1987). *Code of Ethics.* Silver Spring, MD: Author.

National Fair Access Coalition on Testing (2000). *NAPT code of ethics.* Retrieved July 1, 2004 from http://www.fairaccess.org/naptE.htm

Sieber, J. E. (1992). *Planning ethically responsible research: A guide for students and internal review boards.* Newbury Park, CA: Sage Publications.

Willis, C. (1987). Legal and ethical issues of touch in dance/movement therapy. *American Journal of Dance Therapy, 10,* 41–53.

각 장 저자소개

제1장

Patricia St. John, Ed.D., ATR-BC, is Program Coordinator of the Graduate Art Therapy program at The College of New Rochelle and Associate Professor of Graduate Art Therapy and Art Education. She held elected offices as president of the New England Association of Art Therapists (NEAAT), served on the Board of Directors of the American Art Therapy Association (AATA), and as Associate Editor and, currently, Book Review Editor of *Art Therapy: Journal of the American Art Therapy Association*. She serves on AATA's Research Committee, Education Committee, Conference Program Committee, and is past chair of the Strategic Planning Committee. She has taught the history of art therapy for the past two decades.

제2장

Hoda Mazloomian MAAT, ATR-BC, LCPC, has worked for the last 18 years as an artist, art educator, art therapist, and consultant. He graduated in 1999 from the Masters program at the Art Institute of Chicago. For the last five years, he has been working at the Alternative Behavior Treatment Centers, Mundelein, Illinois, as their full-time art therapist where he initiated and developed an art therapy program. There, he has been working with adolescents with severe emotional and behavioral difficulties. For the last two years he has operated the art therapy program he initiated for Visions Network in Des Plaines, Illinois, working with adults with severe autism. He supervises several interns and has a small private practice in Evanston Illinois, where he currently resides.

제3장

Anne Mills, MA, ATR-BC, LPC, is Director of the Graduate Program in Art Therapy at The George Washington University in Washington, DC, and chair of the AATA Research Committee. She is also in private practice with Art Therapy Services of Washington, DC. Her areas of specialization are supervision, trauma, bereavement, and dissociation.

Professional member of the AATA
Director, Art Therapy Program
The George Washington University,
Washington, DC
Private Practitioner, Art Therapy Services,
Washington, DC

Address for correspondence: Anne Mills, Director, Art Therapy Program, The George Washington University, 2129 G St. NW (Bldg. L, rear), Washington, DC, 20052 USA

제4장

Susan Boyes, MA, LMHC, ATR, is trained as an artist, with a specialty in clay and porcelain objects, both functional and decorative. In the middle 1990s she returned to school and earned a Master's Degree in Art Therapy from Southwestern College in Santa Fe, New Mexico. Although thoroughly grounded in the theory and practice of art therapy techniques, Susan has a strong interest in the spiritual aspects of creativity. Susan is also a shamanic practitioner, with education and training from The Foundation for Shamanic Studies in Mill Valley, California. She believes that the source of creativity is the source of all creation, and tapping in to that reservoir can contribute to a healing experience. Susan's art has been published in *Bridging time and space, essays on layered art*, 1998, Maui: Markowitz Press, and also in *The art of layering*, Mary Carroll Nelson and Nancy Dunaway, (Eds.). 2004, Albuquerque: Society of Layerists in Multi-Media. Since moving to Rhode Island in 2000, Susan has become a state licensed mental health counselor [LMHC] in both Rhode Island and Massachusetts. Susan is also a nationally registered art therapist through the Art Therapy Credentialing Board. She is a credentialed member of the American Art Therapy Association. Susan has experience working in a state women's penitentiary, a psychiatric hospital, community mental health agencies, in a public school as a special educator, and as a private practitioner. She provides trainings for community mental health agencies and schools, as well as at national and regional art therapy conferences. Most recently, Susan presented a training at the national conference for United Cerebral Palsy (Boston, 2004). Susan also co-presented a workshop at the National Association of Drama Therapy conference (Newport, RI, 2004). Susan co-teaches a graduate level course at the University of Rhode Island, titled "Exploring Loss Through Creative Arts Therapy." Susan is currently employed as a clinical supervisor for United Cerebral Palsy of Rhode Island in the Children and Family Services division. She maintains a growing private practice and creates ceramic art as well as collage and painted art.

제5장

Ellen G. Horovitz, Ph.D., ATR-BC, is Professor and Director of Graduate Art Therapy and the Art Therapy Clinic at Nazareth College of Rochester. She has had over thirty years of experience with myriad patient populations and specializes in family art therapy with the deaf. Dr. Horovitz currently is in private practice. She is the author of numerous articles, book chapters, and the following books: *Spiritual Art Therapy: An Alternate Path, A Leap of Faith: The Call to Art and Art Therapy As Witness: A Sacred Guide.* Dr. Horovitz has directed and produced ten films available in DVD format. (Dr. Horovitz's films are available through www.arttx-films.com) Dr. Horovitz is past President Elect of the American Art Therapy Association (AATA). For additional information contact:

Dr. Ellen G. Horovitz, ATR-BC/Director of
Graduate Art Therapy/Nazareth College
4245 East Avenue
Rochester, N.Y. 14618
E-mail: ehorovi4@naz.edu

제6장

Mistie D. Barnes, M.Ed., NCC, RPT, LPC, is a Child and Adolescent Support Therapist with Region IV Mental Health/Mental Retardation Commission in North Mississippi. She received her Bachelor of Arts degree in Psychology and English, as well as a Masters Degree in Counselor Education, both from the University of Mississippi. Miss Barnes holds the credentials of National Certified Counselor (NCC) from the National Board for Certified Counselors, Registered Play Therapist (RPT) from the Association for Play Therapy, Inc., and she is a Licensed Professional Counselor (LPC) in the state of Mississippi. Mistie Barnes is on the Board of Directors of the Mississippi Association for Play Therapy. Miss Barnes is serving as President of the Association for the 2005 term. She has previously served on the Executive Board as Secretary/Treasurer, as well as chairing the Promotions and Support committee. Miss Barnes is a board member of the Oxford Play Therapy Training Institute in Oxford, MS and serves as Secretary of the Board. Miss Barnes is currently engaged in doctoral studies (Ph.D.) at the University of Mississippi in Counselor Education with a specialization in play therapy.

Mistie D. Barnes, M.Ed., NCC, RPT, LPC
171 CR 411, Ripley, MS 38663
Home: 662-837-9168 / Cell: 662-871-8650 /
Work: 662-837-8154
mistiebarnes@yahoo.com

제7장

Joshua Thomas-Acker, MS, LMHC, LPC, is a veteran law enforcement officer, clinician, and educator. His police background includes patrol and detective experience. His clinical practice includes work with children and adults in grief, working with emergency service workers, inpatient psychiatric treatment, and private practice. He has experience in adult education with a large school district and has experience as an adjunct faculty member for Springfield College (Massachusetts). He is licensed as a Professional Counselor in Illinois.

Sally S. Sloan, M.A., has extensive experience as an educator and as an auxiliary police officer. She has worked with children and adults with various learning and emotional needs. Her school experience includes professional involvement in the classroom, school counseling, anwd testing. In Florida, she has been a certified auxiliary police officer for over 20 years. Sally has worked with children and families as a social worker for the State of Florida. She also has volunteer experience working with emergency service professionals and stress management. Sally is certified in Florida as a school psychologist, school social worker, and in guidance and counseling.

제8장

Kevin O'Connor, PhD, RPT-S, is a Clinical Psychologist and Professor. He is the Director of the Clinical PsyD and PhD Programs and the Coordinator of the Ecosystemic Clinical Child Psychology Emphasis at the California School of Professional Psychology – Fresno of Alliant International University. He is the cofounder and now Director Emeritus of the Association for Play Therapy. He is the author of the *Play Therapy Primer, Second Edition* and numerous articles on child psychotherapy and professional practice. He is the co-author of *Play Therapy Treatment Planning and Interventions.* He is the co-editor of the *Handbook of Play Therapy, Volumes I & II* and *Play Therapy Theory and Practice.* He regularly presents workshops across the United States and abroad including workshops conducted in the Netherlands, Canada, Japan, Korea, Singapore, Kuwait, and South Africa. His areas of specialization include: (1) Ecosystemic Play Therapy, (2) treatment planning, (3) Attachment Disorders, (4) the use of interpretation, (5) conducting structured groups, and (6) the treatment of medically ill children. He also maintains a small private practice treating children and adults.

Kevin O'Connor, PhD, RPT-S
Professor
Director, Clinical PsyD Program
Fresno-Sacramento
Director, Clinical PhD Program
Director, Play Therapy Institute
Coordinator, Ecosystemic Clinical Child
Psychology Emphasis

제9장

Charles E. Myers, M.A., RMHCI, NCC, NCSC, RPT, is a Certified School Counselor and Registered Mental Health Counselor Intern in the State of Florida, a National Certified Counselor, a National Certified School Counselor, and a Registered Play Therapist. Mr. Myers has served as school counselor at Cleveland Elementary Academy, an intercity, title I public school in Tampa, Florida. Charles has presented at state conferences, local workshops, and at the University of South Florida on play therapy, filial therapy, sandplay, and elementary counseling. Additionally, he has provided play therapy and filial therapy at Metropolitan Ministries, a homeless shelter in Tampa. Charles has also served in leadership roles for a number of professional organizations, currently as the Vice President of the Florida School Counselor Association, president of the Tampa Bay Chapter of the Florida Play Therapy Association, and Member at Large for the Hillsborough County Counselor Association.

제10장

Hilda R. Glazer, EdD, is a Registered Play Therapist and Supervisor, a licensed psychologist in Missouri, and a Professional Clinical Counselor and Supervisor in Ohio. She has a private practice, The Playful Therapies Center, in Columbus, Ohio and works part-time as a bereavement counselor with the Mount Carmel Hospice and Palliative Care Center. She also holds adjunct teaching positions. Dr. Glazer is Vice-President of the Board of Directors of the Foundation for Play Therapy.

제11장

Laurice D. Nemetz, MA, ADTR, RYT, is an academy-level dance/movement therapist and registered yoga teacher with a diverse background in the arts and healing. Educated at Goucher College with a Master's degree in dance/movement therapy and at Wellesley College with degrees in art history and French. Lauri has performed dance extensively in the United States and France in various disciplines, including European folk dance, modern, and improvisation, and has worked and performed at the prestigious American Dance Festival. She has been a therapist in a variety of settings from children to geriatrics, as well as trauma work post-9/11. A well-known lecturer, she has also published in several professional journals.

제12장

Sabine C. Koch, PhD., M.A., DTR, Social Psychologist and Communication Researcher, studied psychology at the University of Heidelberg, Germany, and Madrid, Spain, and dance/movement therapy at Hahnemann University in Philadelphia, Pennsylvania. She did her PhD in verbal and nonverbal analyses of gendered communication in work teams and publishes in gender research and dance/movement therapy.

제13장

Suzanne C. Hastie, MA, ADTR, NCC, LPC, is a registered dance/movement therapist who has worked in the mental health field with children, adolescents, women, families, and the elderly since 1989. She did part of her dance/movement therapy internship with Judith Kestenberg, MD at the Center for Parents and Children in Roslyn, New York in the late 1980s and is creator of *The Kestenberg Movement Profile Color Wheel* poster, a concise, visual representation of the KMP. In addition to working as a therapist, Ms. Hastie teaches courses on the KMP at Kinections in Rochester, New York and for the Drexel University Creative Arts in Therapies Program in Philadelphia, Pennsylvania. Ms. Hastie offers KMP-based supervision and consultation and may be reached at Lifemoving@aol.com.

제14장

Robyn Flaum Cruz, Ph.D., ADTR, is director of Creative and Expressive Arts Therapies at Western Psychiatric Institute and Clinic of the University of Pittsburgh Medical Center; Vice President, American Dance Therapy Association; Editor-in-Chief of *The Arts in Psychotherapy*, and contributor and co-editor of *Dance/Movement Therapists in Action: A Working Guide to Research Options* (Charles C Thomas, Publisher, Ltd.).

제15장

Rena Kornblum, MCAT, ADTR, DTRL, brings

over twenty-five years of professional experience as a dance/movement therapist to her therapy and prevention work in elementary schools. Ms. Kornblum obtained a Masters in Creative Arts in Therapy from Hahnemann University and is a member of the Academy of Dance Therapists Registered. She has been on the faculty at the University of Wisconsin-Madison for over twenty years. She developed the children and family program at Hancock Center for Movement Arts and Therapies, a center for Dance/Movement therapy where she recently became the Executive Director. Rena has written a book called *Disarming the Playground: Violence Prevention Through Movement*, published by Wood and Barnes Publishers, and edited two training videos by the same name, all of which describe her prevention curriculum in detail. She was recently selected to receive the 2002 Wisconsin Dance Council Research and Journalism Award and became licensed in the state of Wisconsin to practice psychotherapy specifically through the expressive arts therapies.

Robyn Lending Halsten, M.A., ADTR, DTRL, has been working in the field of Dance/Movement Therapy for 20 years. She has worked with children, adolescents, and adults dealing with trauma, mental illness, and eating disorders in inpatient clinical settings as well as in the community and public school settings. Ms. Halsten obtained her Masters of Arts in Dance/Movement Therapy from Columbia College in Chicago where she has taught, guest lectured, and supervised students working towards their Masters in Dance/ Movement Therapy. She has lectured and presented her work nationally. She is trained in The Internal Family Systems Model of psychotherapy and integrates her Dance/Movement Therapy expertise with this model. In addition to Robyn's work as a Dance/Movement Therapist, Robyn also photographed all the pictures in Rena Kornblum's curriculum and book called *Disarming the Playground: Violence Prevention through Movement* and filmed and helped edit the two training videos that complement the book. She is on staff as a therapist at Hancock Center for Movement Arts and Therapies and has a private practice consulting.

제16장

Deborah A. O'Donnell, Ph.D., received a doctorate in clinical psychology from Yale University in 2002. She completed her doctoral clinical internship at Children's National Medical Center, Washington, DC. She is Assistant Professor of Psychology at St. Mary's College of Maryland, Research Consultant to the International Center to Heal Our Children at Children's National Medical Center, and Clinical Consultant to Child Nurture and Relief, a nonprofit organization working for the psychosocial rehabilitation of orphaned and vulnerable children in conflict areas. She is the faculty supervisor for undergraduate directed research projects in cross-cultural psychology in the St. Mary's College of Maryland Summer Field School Program in The Republic of The Gambia, West Africa. Research interests include cross-cultural processes of risk and resilience among violence-exposed youth, the role of self-regulation in overcoming adversity, and prevention and intervention design focusing on the use of meditative and movement therapy approaches for children with traumatic stress reactions. She is a licensed psychologist in Maryland and has written numerous chapters and peer-reviewed manuscripts on a variety of topics related to her clinical and research interests.

제17장

Joke Bradt, PhD, MT-BC, is Assistant Professor and Coordinator of Music Therapy at Montclair State University, New Jersey. As a clinician, she works with children with communication difficulties and women with chronic pain. Joke has presented her work at many national and international music therapy conferences. She is the author of several music therapy articles and book chapters.

Joke Bradt, Ph.D., MT-BC
Assistant Professor and Coordinator,
Music Therapy
Montclair State University
McEachern Music Building
Upper Montclair, NJ 07043, USA
Tel#: 973-655-7583

제18장

E. Magdalena LaVerdiere, M.A., B.S., is currently a PhD (ABD) student attending Walden University. In 2002, she earned her M.A. in Professional Counseling from Liberty University. Former work experiences include that of sexual assault advocate and domestic violence advocate. She maintains a keen interest in helping victims of sexual assault through more current work with victims of sexual assault in crisis.

제19장

Eric B. Miller, Ph.D. MT-BC, is a psychotherapist, certified biofeedback therapist, board-certified music therapist, consultant, and author. Eric directs the Biofeedback Network, and serves as adjunct faculty in Music Therapy at Immaculata University, and has guest lectured at Bryn Mawr College, Pennsylvania State Medical College, Hahnemann University, and the Naropa Institute among other appointments. Eric is actively involved with the non-profit group Music for People and has served as Executive Director since 1997. He is also president of Expressive Therapy Concepts, a nonprofit organization dedicated to bringing the healing power of the arts to our communities. In his spare time, Eric chairs the Pennsylvania Badminton Association. He has been nationally ranked in the United States, and coaches the Bryn Mawr College varsity badminton team. Eric may be reached at Miller@Biofeedback.net.

제20장

Sandra L. Curtis, Ph. D., MT-BC, MTA, is Coordinator of Music Therapy and Associate Professor at the University of Windsor in Canada. She received a bachelor's degree in music from McGill University, Canada, a master's in music therapy from Florida State University, and an interdisciplinary Ph.D. in music therapy and feminist therapy from Concordia University, Canada. Her published articles, chapters, and reviews appear in the *Journal of Music Therapy*, *Music Therapy Perspectives*, the *Journal of Palliative Care*, *Interpersonal Violence, Health, and Gender* (W.C. Brown, 1994), *Research in Music Therapy: A Tradition of Excellence* (AMTA, 1994), and *Feminist Perspectives in Music Therapy* (Barcelona Publishers, forthcoming). She has been actively engaged in social justice work in Canada and the United States. Currently, she serves as chair of the International Relations Committee of the American Music Therapy Association.

Gisèle C. T. Harrison, BA, MSW, is a clinical social worker at the Sexual Assault Crisis Centre of Windsor-Essex County in Canada. She is also a seasonal instructor at the University of Windsor and has a small private practice. She received a bachelor's degree in international relations from the University of Windsor and a master's degree in social work from Wilfrid Laurier University, Canada. She has 15 years experience leading psychoeducational groups and has participated in social justice work in New York, Cameroon, Uganda, and Canada. She is passionate about women's issues and feels honored to work with survivors of sexual violence.

제21장

Vanessa A. Camilleri, MA, MT-BC, studied Psychology and Education at Vassar College and completed her Masters in Music Therapy at New York University. She is a pianist by formation, but uses voice, guitar, and much drumming in her work with children. She began her career in Music Therapy at a school where she began the Music Therapy program, in Spanish Harlem, New York City. The school had predominantly Hispanic and African-American students from the highly chaotic and volatile neighborhood surrounding the school. She now works at The Arts and Technology Academy, Public Charter School, in Washington DC, where she began the Music Therapy program, and continues to work with an inner city African-American population. She is the author of several journal articles, has presented at conferences, supervises bachelor and masters level students, and is currently working on her first book about the use of the creative arts with inner city, at-risk children.

제22장

Sally Bailey, MFA, MSW, RDT/BCT, is director of the drama therapy program at Kansas State University, Manhattan, KS, a site for alternative training in drama therapy. She is a recent past president of the National Association for Drama Therapy and the author of two books: *Wings to fly: Bringing theatre arts to students with special needs* (1993) and *Dreams to sign* (2002).

제23장

Yehudit Silverman M.A., DTR, RDT, is a registered Dance Movement Therapist and a registered Drama Therapist and assistant professor in the Creative Arts Therapies Graduate Program, Concordia University, Montreal, Quebec. In this position she teaches, supervises, is practicum coordinator for all Drama Therapy students, and has developed an arts-based research component. Ms. Silverman created a technique called The Story Within – Myth and Fairytale in Therapy, which is described in her article published in the *Arts in Psychotherapy* journal. She recently completed a documentary film based on this approach, which was shown at the 2004 NADT conference. In clinical practice for twenty years, she has worked at several Montreal hospitals and has presented at conferences internationally. As a professional performer in theatre and dance, she has created her own solo and group shows in Canada and the United States, most recently appearing in a solo performance of the stage and film versions of McGill University's Music Alive production of *JACK*.

Yehudit Silverman DTR, RDT
Assistant Professor

Creative Arts Therapies Graduate Program
Concordia University
1455 de Maisonneuve Blvd. W.
Montreal, Quebec, Canada H3G 1M8
tel: (514) 848-2424 ext. 4231
fax: (514) 848-4969
yehudit@vax2.concordia.ca

제24장

Ted Rubenstein, MFA, RDT, PsyD, received his BA from Indiana University in Psychology and Theatre, his MFA from the DePaul Theatre School, and his PsyD from the Chicago School of Professional Psychology. Dr. Rubenstein is the Vice-President of Expressive Arts Therapy for the Music Institute of Chicago and the Clinical Director of the Institute for Therapy through the Arts, a program of the Music Institute of Chicago. He is a drama therapist and is the Central Regional Representative for the National Association of Drama Therapy. Dr. Rubenstein is a faculty member of DePaul University and adjunct faculty member of the Chicago School of Professional Psychology. Dr. Rubenstein is a stage director, with most recent productions of *Fiddler on the Roof* and *Guys and Dolls*. His play, *Afterimage*, was produced in May of 2004 and is being remounted in September, 2005. Dr. Rubenstein was an ensemble member of the Eclipse Theatre in Chicago and the Raven Theatre also of Chicago.

Ted Rubenstein, PsyD
Clinical Director
Institute for Therapy through the Arts
6160 N. Cicero #122
Chicago, IL 60646

제25장

Yasmine Rana, MFA, MAT, RDT, is a Registered Drama Therapist who has worked in Sarajevo, Bosnia-Herzegovina, and Tbilisi, The Republic of Georgia, as a dramatherapist. Yasmine is also a playwright with productions in New York, Los Angeles, England, and Greece. Many of her plays reflect her experiences as a dramatherapist in areas of conflict.

제26장

Karen Carnabucci, MSS, LCSW, TEP, is a licensed clinical social worker and a nationally board-certified trainer, educator, and practitioner in psychodrama, sociometry ,and group psychotherapy. She practices and teaches psychodrama and the use of the creative arts in psychotherapy, education, and personal growth, and has developed ethics practice-building workshops for helping professionals using action methods. Her consulting, training, and psychotherapy practice is based in Racine, Wisconsin. She may be reached at karen @companionsin healing.com or www.companions inhealing.com.

제27장

Mari Alschuler, LCSW, RPT, M/S, is a Licensed Clinical Social Worker, Registered Poetry Therapist, and Mentor/Supervisor with the National Association for Poetry Therapy. She is the Quality Assurance Coordinator of a major mental health clinic in Miami, Florida and the author of several professional journal articles, a book of poems, *The Nightmare of Falling Teeth* (Pudding House Press, 1998), and teaches creative writing and composition as an Adjunct Professor at Broward Community College. She holds a BA in Semiotics from Brown University, an MFA in Poetry from Columbia University, and master's degrees in psychology (Teachers College/Columbia University) and social work (Fordham University).

제28장

Norma Leedy, MS, RPT, M/S, has been a Registered Poetry Therapist since 1994, a Certified Poetry Therapist since 1969 and in 2004, a Mentor/Supervisor. In the 1960s, her husband, the late Jack J. Leedy, M.D., developed Poetry Therapy as a creative art modality, and founded the Association of Poetry Therapy, which later became the National Association for Poetry Therapy. For over twenty years, Ms. Leedy was a Developmental/Habilitation Specialist, Program Supervisor, and Poetry Therapist at the League Treatment Center, Carl Fenichel Community Services, Brooklyn, New York. As a member of the clinical team, she trained staff in the techniques of Poetry Therapy, devised behavioral approaches for the individual needs of program participants, and worked directly with adults dually-diagnosed with both moderate to severe cognitive impairment and psychiatric disabilities. She has organized and conducted Poetry Therapy groups in a variety of settings ranging from nursery schools to nursing homes, and sees clients in individual Poetry Therapy sessions. She has led workshops and/or assisted others at Poetry Therapy conferences at Brown University, The New England Library Association, Long Island University, University of Louisville, Bangor (Maine) Mental Health Clinic, Ohio State University, and elsewhere. She has also conducted Poetry Therapy groups in collaboration with practitioners in other fields, such as Dance-Movement Therapy, Speech Therapy, and Art Therapy. Ms. Leedy received her Master of Science degree in 1993 from Adelphi University, New York, New York.

제29장

Dr. Michael P. Hand began his career as a psychotherapist while a sophomore undergraduate when hired as a psychological technician by one of his professors in 1970. Since then, he has worked in both private practice and numerous private and public agencies. His experience encompasses a wide range of clients, including children and adolescents, families, couples, and adult individuals of all ages in inpatient and outpatient settings. In addition to general clinical practice, he has extensive experience treating those with substance abuse and addictions, eating disorders, chronic and acute medical conditions, posttrauma stress disorders, developmentally impaired, and the chronically mentally ill. His specialties are posttrauma stress and its concomitant severe anxiety and depression disorders, and behavioral medicine. He also lectures and conducts workshops on psychological resilience and is in the process of writing a book on the topic.

제30장

Kristin Larson, Ed.D., Licensed Clinical Psychologist, is a full-time Visiting Assistant Professor at Monmouth College and a Licensed Clinical Psychologist in Illinois. Her doctorate is in Counseling Psychology. Dr. Larson has been in clinical practice and trained counselors for 10 years, with her research focusing primarily in the area of ethics in research and practice.

찾아보기

■■ 한글

〈ㄷ〉

〈ㄹ〉

〈ㅁ〉

〈ㅂ〉

〈ㅅ〉

〈ㅇ〉

〈ㅈ〉

〈ㅊ〉

〈ㅋ〉

〈ㅌ〉

〈ㅍ〉

■■■ 영문

역자 약력

류 분순

- 이화여대석사, 홍익대학원 상담심리학 박사, 한국체육대학원 운동심리학 박사.
- 1994년 한국무용치료학회 창립, 무용치료선구자로 한국인 최초 미국 공인 무용치료전문가 교수자격 'B-CDMT'(2000-ADTR-867).
- 2001-2004년 한국 처음 예술치료학 석 박사과정 설계자(서울여대).
- 인제대 의대 정신과 외래교수
- 미국 무용 치료학회 국제위원, 일본무용치료학회, 세계 표현 정신 병리학회, 유럽 학회 등 국내외 상담학회, 정신간호, 사회복지 단체 등, 워크숍, 세미나 400여회 이상 주관.
- 현재, (사) 한국무용치료협회이사장, 한국임상예술학회 부회장, 미국무용치료협회 연계 임상중심 석사후 과정, "ATA 한국예술 심리치료원 "대표. 한국 문화예술 진흥원 중앙위원, 순천향 대학원 심리치료학과 무용치료 전공 교수.

창의적 예술 치료 매뉴얼

초판인쇄일	2010년 5월 20일
초판발행일	2010년 5월 25일
저 자	Stephanie L. Brooke, Ph.D., NCC
역 자	류 분 순
펴 낸 이	오 무 근
펴 낸 곳	도서출판 하나의학사
출 판 등 록	1988년 4월 1일 • 제 2-541호
주 소	서울시 종로구 홍파동 13-4
전 화	(02)730-2555, 2556
팩 스	(02)730-2557

정가 35,000원

※ 저자와 합의로 인지 생략

ISBN 978-89-92141-47-5 -93180